"十二五"职业教育国家规划教材
经全国职业教育教材审定委员会审定

住房和城乡建设部"十四五"规划教材

全国住房和城乡建设职业教育教学指导委员会规划推荐教材

市 政 道 路 工 程

（第四版）

（市政工程技术专业适用）

姚昱晨　　主　编

王　岗　　副主编

杨时秀　　主　审

中国建筑工业出版社

图书在版编目（CIP）数据

市政道路工程 ／ 姚昱晨主编；王岗副主编. — 4 版
. — 北京：中国建筑工业出版社，2023.7
"十二五"职业教育国家规划教材 经全国职业教育
教材审定委员会审定 住房和城乡建设部"十四五"规划
教材 全国住房和城乡建设职业教育教学指导委员会规划
推荐教材 市政工程技术专业适用
ISBN 978-7-112-28615-7

Ⅰ. ①市… Ⅱ. ①姚… ②王… Ⅲ. ①市政工程—道
路施工—高等职业教育—教材 Ⅳ. ①U41

中国国家版本馆 CIP 数据核字（2023）第 063891 号

本教材系统介绍了城市道路和公路工程的线形布设原理和方法、路基、路面工程及其构
筑物的基本原理与施工工艺。本教材注重理论联系实际，图片多，例题多，力求做到图文并
茂、通俗易懂、深入浅出、实用性强、便于自学。教材提供了形式多样的二维码数字资源，
主要包括视频和文档，方便学生学习。教材与时俱进，结合节能减排，介绍了市政工程的新
材料、新工艺、新方法，使教材更为实用。

教材分为 3 篇，共 16 个教学单元。其中第 1 篇道路线形，共 4 个教学单元；第 2 篇路基
工程，共 6 个教学单元；第 3 篇路面工程，共 6 个教学单元。

本教材可作为高等职业教育市政工程、土木工程、交通工程、城市道路等相关专业教材，
也可供从事城市道路和公路交通的成人教育、设计、施工的工程技术和管理人员参阅，还可
作为本科相关专业教材。

为了更好地支持相应课程的教学，我们向采用本书作为教材的教师提供课件，有需要者可与
出版社联系。建工书院：http：//edu.cabplink.com，邮箱：jckj@cabp.com.cn，2917266507@
qq.com，电话：（010）58337285。

* * *

责任编辑：聂　伟　王美玲
责任校对：姜小莲

"十二五"职业教育国家规划教材
经全国职业教育教材审定委员会审定
住房和城乡建设部"十四五"规划教材
全国住房和城乡建设职业教育教学指导委员会规划推荐教材

市 政 道 路 工 程
（第四版）
（市政工程技术专业适用）

姚昱晨　主　编
王　岗　副主编
杨时秀　主　审

*

中国建筑工业出版社出版、发行（北京海淀三里河路9号）
各地新华书店、建筑书店经销
北京红光制版公司制版
北京市密东印刷有限公司印刷

*

开本：787毫米×1092毫米　1/16　印张：30¼　字数：676千字
2024年8月第四版　2024年8月第一次印刷
定价：**79.00**元（附数字资源及赠教师课件）
ISBN 978-7-112-28615-7
（41094）

出 版 说 明

党和国家高度重视教材建设。2016 年，中办国办印发了《关于加强和改进新形势下大中小学教材建设的意见》，提出要健全国家教材制度。2019 年 12 月，教育部牵头制定了《普通高等学校教材管理办法》和《职业院校教材管理办法》，旨在全面加强党的领导，切实提高教材建设的科学化水平，打造精品教材。住房和城乡建设部历来重视土建类学科专业教材建设，从"九五"开始组织部级规划教材立项工作，经过近 30 年的不断建设，规划教材提升了住房和城乡建设行业教材质量和认可度，出版了一系列精品教材，有效促进了行业部门引导专业教育，推动了行业高质量发展。

为进一步加强高等教育、职业教育住房和城乡建设领域学科专业教材建设工作，提高住房和城乡建设行业人才培养质量，2020 年 12 月，住房和城乡建设部办公厅印发《关于申报高等教育职业教育住房和城乡建设领域学科专业"十四五"规划教材的通知》（建办人函〔2020〕656 号），开展了住房和城乡建设部"十四五"规划教材选题的申报工作。经过专家评审和部人事司审核，512 项选题列入住房和城乡建设领域学科专业"十四五"规划教材（简称规划教材）。2021年 9 月，住房和城乡建设部印发了《高等教育职业教育住房和城乡建设领域学科专业"十四五"规划教材选题的通知》（建人函〔2021〕36 号）。为做好"十四五"规划教材的编写、审核、出版等工作，《通知》要求：（1）规划教材的编著者应依据《住房和城乡建设领域学科专业"十四五"规划教材申请书》（简称《申请书》）中的立项目标、申报依据、工作安排及进度，按时编写出高质量的教材；（2）规划教材编著者所在单位应履行《申请书》中的学校保证计划实施的主要条件，支持编著者按计划完成书稿编写工作；（3）高等学校土建类专业课程教材与教学资源专家委员会、全国住房和城乡建设职业教育教学指导委员会、住房和城乡建设部中等职业教育专业指导委员会应做好规划教材的指导、协调和审稿等工作，保证编写质量；（4）规划教材出版单位应积极配合，做好编辑、出版、发行等工作；（5）规划教材封面和书脊应标注"住房和城乡建设部'十四五'规划教材"字样和统一标识；（6）规划教材应在"十四五"期间完成出版，逾期不能完成的，不再作为《住房和城乡建设领域学科专业"十四五"规划教材》。

住房和城乡建设领域学科专业"十四五"规划教材的特点，一是重点以修订教育部、住房和城乡建设部"十二五""十三五"规划教材为主；二是严格按照专业标准规范要求编写，体现新发展理念；三是系列教材具有明显特点，满足不同层次和类型的学校专业教学要求；四是配备了数字资源，适应现代化教学的要求。规划教材的出版凝聚了作者、主审及编辑的心血，得到了有关院校、出版单位的大力支持，教材建设管理过程有严格保障。希望广大院校及各专业师生在选用、使用过程中，对规划教材的编写、出版质量进行反馈，以促进规划教材建设质量不断提高。

住房和城乡建设部"十四五"规划教材办公室

2021 年 11 月

第 四 版 序 言

全国住房和城乡建设职业教育教学指导委员会市政工程专业指导委员会（以下简称"专业指导委员会"）是受教育部委托，由住房和城乡建设部牵头组建和管理，对市政工程专业职业教育和培训工作进行研究、咨询、指导和服务的专家组织，每届任期五年。专业指导委员会的主要职能包括：开展市政工程专业人才需求预测分析，提出市政工程专业技术技能人才培养的职业素质、知识和技能要求，指导职业院校教师、教材、教法改革，参与职业教育教学标准体系建设，开展产教对话活动，指导推进校企合作、职教集团建设，指导实训基地建设，指导职业院校技能竞赛，组织课题研究，实施教育教学质量评价，培育和推荐优秀教学成果，组织市政工程专业教学经验交流活动等。

专业指导委员会成立以来，在住房和城乡建设部人事司和全国住房和城乡建设职业教育教学指导委员会的领导下，组织了"市政工程技术专业""给排水工程技术专业"理论教材、实训教材以及市政工程类职教本科教材的编审工作。

本套教材的编审坚持贯彻以能力为本位，以实用为主导的指导思路，毕业的学生具备本专业必需的文化基础、专业理论知识、专业技能和职业素养，成为能胜任市政工程类专业设计、施工、监理、运维及物业设施管理的高素质技术技能人才；坚持以就业为导向，走产学研结合发展道路的办学方针，以提高质量为核心，以增强专业特色为重点，创新教材体系，深化教育教学改革，为我国建设行业发展提供具有爱岗敬业精神的人才支撑和智力支持。专业指导委员会在总结近几年教育教学改革与实践的基础上，通过开发新课程，更新课程内容，增加实训教材，构建了新的教材体系，充分体现了其先进性、创新性、适用性，反映了国内外最新技术和研究成果，突出高等职业教育的特点。

"市政工程技术""给水排水工程技术"专业教材的编写工作得到了教育部、住房和城乡建设部人事司的支持，在全国住房和城乡建设职业教育教学指导委员会的领导下，专业指导委员会聘请全国各高职院校多年从事"市政工程技术""给排水工程技术"专业教学、研究、设计、施工的副高级以上职称的专家担任主编和主审，同时吸收工程一线具有丰富实践经验的工程技术人员及优秀中青年教师参加编写。该系列教材的出版凝聚了全国各高职院校"市政工程技术""给排水工程技术"专业同行的心血，也是他们多年来教学、工作的结晶。值此教材出版之际，专业指导委员会谨向全体主编、主审及参编人员致以崇高的敬意。对大力支持这套教材出版的中国建筑工业出版社表示衷心的感谢，向在编写、审稿、出版过程中给予关心和帮助的单位和同仁致以诚挚的谢意。本套教材全部获评住房和城乡建设部"十四五"规划教材，得到了业内人士的肯定。深信本套教材将会受到高职院校师生和专业工程技术人员欢迎，必将推动市政工程类专业的建设和发展。

全国住房和城乡建设职业教育教学指导委员会
市政工程专业指导委员会

第 一 版 序 言

近年来，随着国家经济建设的迅速发展，市政工程建设已进入专业化的时代，而且市政工程建设发展规模不断扩大，建设速度不断加快，复杂性增加，因此，需要大批市政工程建设管理和技术人才。针对这一现状，近年来，不少高职高专院校开办市政工程技术专业，但适用的专业教材的匮乏，制约了市政工程技术专业的发展。

高职高专市政工程技术专业是以培养适应社会主义现代化建设需要，德、智、体、美全面发展，掌握本专业必备的基础理论知识，具备市政工程施工、管理、服务等岗位能力要求的高等技术应用性人才为目标，构建学生的知识、能力、素质结构和专业核心课程体系。全国高职高专教育土建类专业教学指导委员会是建设部受教育部委托聘任和管理的专家机构，该机构下设建筑类、土建施工类、建筑设备类、工程管理类、市政工程类五个专业指导分委员会，旨在为高等职业教育的各门学科的建设发展、专业人才的培养模式提供智力支持，因此，市政工程技术专业人才培养目标的定位、培养方案的确定、课程体系的设置、教学大纲的制定均是在市政工程类专业指导分委员会的各成员单位及相关院校的专家经广州会议、贵阳会议、成都会议反复研究形成的，具有科学性、权威性、针对性。为了满足该专业教学需要，市政工程类专业指导分委员会在全国范围内组织有关专业院校骨干教师编写了该专业与教学大纲配套的 10 门核心课程教材，包括：《市政工程识图与构造》《市政工程材料》《土力学与地基基础》《市政工程力学与结构》《市政工程测量》《市政桥梁工程》《市政道路工程》《市政管道工程施工》《市政工程计量与计价》《市政工程施工项目管理》。这套教材体系相互衔接，整体性强；教材内容突出理论知识的应用和实践能力的培养，具有先进性、针对性、实用性。

本次推出的市政工程技术专业 10 门核心课程教材，必将对市政工程技术专业的教学建设、改革与发展产生深远的影响。但是加强内涵建设、提高教学质量是一个永恒主题，教学改革是一个与时俱进的过程，教材建设也是一个吐故纳新的过程，所以希望各用书学校及时反馈教材使用信息，并对教材建设提出宝贵意见；也希望全体编写人员及时总结各院校教学建设和改革的新经验，不断积累和吸收市政工程建设的新技术、新材料、新工艺、新方法，为本套教材的长远建设、修订完善做好充分准备。

全国高职高专教育土建类专业教学指导委员会
市政工程类专业指导分委员会

第 四 版 前 言

本教材是住房和城乡建设部"十四五"规划教材。本次修订是在第三版的基础上，根据行业最新规范、教学要求和施工现场对专业的需求进行编写，本教材可作为高职市政工程专业、土木工程等专业的教材，也可以作为大学本科相关专业教材。

本教材以城市道路与公路的路线、路基、路面的专业知识为主，全面地阐述其基本原理、布设方法、施工与工艺。本次修订做了如下补充、改进和删减：

1. 依据《公路路线设计规范》JTG D20—2017，对公路功能与分级、设计车辆、服务水平等进行了修订，突出功能在公路中的主导作用。对道路平面、纵断面、横断面等内容进行了系统梳理，修订了曲线加宽、缓和坡段设置、横断面形式与宽度等内容。

2. 依据《公路路面路基设计规范》JTG D30—2015，修订了路基土的分类、干湿类型及路基平衡湿度（饱和度）。

3. 依据《公路沥青路面设计规范》JTG D50—2017，修订了沥青路面结构组合设计内容，系统讲述了沥青路面结构层的初选、结构层厚度拟定、各结构层材料选用，及相关设计和施工要点。增加了沥青路面组合设计的工程实例，指导学生查阅规范图表，完成课后习题，从而全面掌握沥青路面结构组合设计的方法。

4. 修订了自创水泥混凝土板缝受力变化及钢筋布置，增加了二维动画，使学生加深对混凝土板缝变化、钢筋布置的理解。通过配套的综合例题的学习，学生能掌握学习难点。

5. 注重教学内容的实用性、直观性，理论联系实际，阐述新材料、新工艺、新规范及节能减排。如土工泡沫材料及轻质材料路堤、轻质材料技术、沥青路面就地再生施工技术、沥青应力吸附膜的应用，有效地控制了反射裂缝生成。

6. 通过沥青路面施工案例，详细讲述了沥青路面工程数量计算、各结构层主要材料工程用量、路面主要结构层的施工程序及机械配备。

7. 教材配备了丰富的二维码数字资源。形式多样的数字资源，使学生能更好掌握和理解城市道路、公路工程的设计、施工、检测等方面的基本内容和相关性，并拓宽了学生的专业知识面。

8. 本教材提供配套教学课件，由姚昱晨和王岗制作，其中包含大量高清的施工现场图片。

9. 本教材提供思考题与习题的参考答案，由姚昱晨、王岗、张雪丽完成。

10. 本教材由浙江建设职业技术学院姚昱晨副教授任主编，浙江建设职业技术学院王岗任副主编，由商丘工学院高级工程师杨时秀任主审。参加编写的人员还有：浙江宁波交通工程建设集团公司唐凯高级工程师、浙江建设职业技术学院梁师俊副教授、杭州城建设计研究院有限公司沈兴调高级工程师、杭州科技职业技术学院张雪丽副教授、上海交通职业技术学院刘颖副教授。

其中教学单元1、第15.4节由唐凯编写；教学单元2、教学单元3由王岗编写；教学单元4由沈兴调和王岗编写；教学单元5～教学单元7由姚昱晨、张雪丽编写；教学单元8由梁师俊、刘颖编写；教学单元9、教学单元10（除10.5节）、教学单元11、教学单元12（除12.8节）、教学单元13、教学单元15（除15.4节）由姚昱晨编写；第10.5、12.8节由梁师俊编写；教学单元14、教学单元16由王岗编写。

11.参与二维码数字资源制作的人员有：浙江建设职业技术学院姚昱晨、浙江建设职业技术学院梁师俊、安徽省交通控股集团有限公司黄志福、安徽省高等级公路工程监理有限公司杨冬林、杭州城建设计研究院有限公司沈兴调、浙江省金华市龙晟建设有限公司伍星华、浙江交工集团股份有限公司盛军伟、浙江中荣建设集团有限公司陈国泉、浙江交工集团股份有限公司朱浩、宁波建工工程集团有限公司王海波、浙江交工集团股份有限公司林大干、浙江交工集团股份有限公司陈建军、浙江交工集团股份有限公司宋伟程、浙江交工集团股份有限公司施福勇、浙江交工集团股份有限公司王佳辉、宁波市城建设计研究院有限公司严晔、浙江数智交院科技股份有限公司严石磊、浙江建设职业技术学院赵筱斌、宁波市路航建设工程有限公司潘晓策。感谢安徽省高等级公路工程监理有限公司、宁波建工工程集团有限公司、浙江省金华市龙晟建设有限公司、浙江交工集团股份有限公司对数字资源制作的大力支持。

本教材修订，得到了东南大学王凯教授、浙江大学黄志义教授的指导及企业专家、各学校一线骨干教师的大力支持和帮助，此外还得到多位中国建筑工业出版社编辑的帮助，在此一并表示衷心的感谢！同时对浙江建设职业技术学院多年来对编者的大力支持表示感谢！

由于我国市政工程与道路工程设计和施工技术发展迅速、规范更新快、新材料多、先进的生产工艺大量涌现、涉及面广、教学手段的智能化、多样化，加之编者水平有限，书中难免有疏漏和欠妥之处，敬请读者批评、指正。如有意见和建议，请与主编或中国建筑工业出版社联系，编者在此深表谢意！

第 三 版 前 言

本教材是住房城乡建设部土建类学科专业"十三五"规划教材。本次修订是在第二版的基础上，根据最新的行业规范编写，可作为高职市政工程专业、公路工程专业的教材，也可以作为大学本科土建类专业的实用参考教材。

本教材以公路与城市道路的路线、路基、路面专业知识为主，全面地阐述其基本原理、布设方法、施工与工艺。本次修订做了如下删减补充和改进：

1. 本教材依据《公路沥青路面设计规范》JTF D50—2017、《公路工程质量检验评定标准 第一册 土建工程》JTG F80/1—2017、《公路路面路基设计规范》JTG/T F20—2015、《公路路面基层施工技术细节》JTG/T F20—2015、《公路工程技术标准》JTG B01—2014、《沥青路面就地热再生施工技术规范》DB32/T 3134—2016、《汽车和挂车类型的术语和定义》GB/T 3730.1—2001 等现行规范进行了全面修订。在修订过程中运用对比讲述的方法，方便学生自学，并能掌握市政工程与公路工程的异同点，且适应国家提出的"一带一路"要求，规范工程技术与世界接轨。

2. 本教材在理论知识方面力求突出简捷实用的原则。受篇幅所限，施工方面选择有代表性、实用的方法进行讲解，使学生做到触类旁通。

3. 本教材根据《公路沥青路面设计规范》JTF D50—2017 对教学单元 12 一般沥青路面设计进行了全面修订。现行《公路沥青路面设计规范》规范了轴载谱及交通参数的调查分析方法，改变了路面材料设计参数，提出多种不同基层材料的典型沥青路面结构组合类型，采用 5 项验算指标对拟订的路面结构进行验算，采用熟悉的弯沉值作为路基顶面和路表的验收弯沉值，再经过经济比选，来确定沥青路面结构层厚度。这种设计方法很好地控制了路面结构在使用中容易产生反射裂缝及结构裂缝的损害现象。

4. 根据现行规范运用平衡湿度对路基干湿类型进行分类，修订后分类试验容易操作，方便课堂教学与自学使用。

5. 在本次修订中，注重教学内容的实用性、直观性并结合了节能减排，注重阐述新材料、新工艺、新规范。如：土工泡沫材料及轻质材料路堤、轻质材料技术、附属设施（可导向旋转护栏）、沥青路面就地再生施工技术、沥青应力吸附膜的应用，有效地控制了反射裂缝生成，以及强夯法处理软基的新技术。在沥青组合设计重点内容部分，引入实际的工程案例，直观、系统、深入地讲解组合设计，通俗易懂，效果良好。

6. 通过沥青路面施工案例，详细讲述了沥青路面工程数量计算、各结构层主要材料工程用量、路面主要结构层的施工程序及机械配备。

7. 在重要和关键知识点处增加了二维码数字资源，主要为图片和视频，内容涉及道路平面线形、附属设施（可导向旋转护栏）、软基础强夯、沥青混合料的摊铺碾压施工、水泥混凝土路面施工、水泥稳定类摊铺碾压施工、路面构造深度和摆式仪试验、水泥混凝土冬期施工保温措施等。可辅助学生学习道路工程设计、施工、试验等一线施工内容，了解施工机械，拉近了课堂教学和专业实训的距离。

8. 为了方便老师指导和学生自学本教材，姚昱晨和王岗制作了教学课件。

9. 本教材由浙江建设职业技术学院姚昱晨副教授任主编，浙江建设职业技术学院王岗任副主编，由徐州建设职业技术学院杨时秀高级工程师主审。参加编写的人员还有：河北交通职业技术学院张君纬教授、浙江宁波交通工程建设集团公司唐凯高级工程师、浙江建设职业技术学院梁师俊副教授、上海城市管理职业技术学院刘颖副教授、杭州城建设计研究院有限公司沈兴调高级工程师。

其中教学单元1、教学单元15的15.4节由唐凯编写；教学单元2、教学单元3由张君纬和王岗编写；教学单元4由沈兴调编写；教学单元5、教学单元6、教学单元9由姚昱晨编写；教学单元7由刘颖编写；教学单元8的8.1节~8.5节由梁师俊和姚昱晨编写；教学单元8的8.6节由刘颖编写，教学单元10的10.1节~10.4节、10.6节及教学单元14、教学单元16由王岗编写；教学单元10的10.5节由梁师俊编写；教学单元11~教学单元13、教学单元15的15.1节~15.3节、15.5节由姚昱晨编写。

二维码数字资源由浙江建设职业技术学院姚昱晨、安徽省交通控股集团有限公司黄志福、浙江交工集团股份有限公司盛军伟、朱浩、林大干、王佳辉及浙江省大成建设集团有限公司叶凤英共同完成。

本次修订得到了浙江大学黄志义教授的指导以及东南大学王凯教授的帮助。此外，宁波城建设计研究院有限公司严晔高级工程师、浙江省嘉维交通科技发展有限公司严石磊高级工程师及浙江临安市公路建设工程有限公司为本次修订提供了大力支持和帮助，编者在此一并表示衷心感谢！

由于我国市政工程与公路工程设计和施工技术发展迅速、规范更新快、涉及面广，加之编者水平有限，书中难免有疏漏和欠妥之处，敬请读者批评、指正。如有意见和建议，请与主编或中国建筑工业出版社联系，编者在此深表谢意！

第 二 版 前 言

本书是住房和城乡建设部普通高等教育土建学科专业"十二五"规划教材。这次再版的《市政道路工程》教材，在第一版的基础上，采用最新的行业规范编写，整个修订过程历经两年多时间，是一本能广泛适用于高职类市政工程专业、公路工程专业的教材，也可以作为大学本科土建类专业参考教材。

本教材以公路与城市道路的路线、路基、路面专业知识为主，全面地阐述其基本原理、布设方法、施工与工艺。本次编写做了如下删减、补充和改进：

1. 本教材依据《水泥混凝土路面设计规范》JTF D 40—2011、《城市道路工程设计技术措施》（2012）、《城市道路工程设计规范》CJJ 37—2012 等二十几本现行的规范进行了全面修订。修订过程中运用对比讲述方法，突出了市政工程与公路工程的异同点。

2. 本教材在理论知识方面突出简捷实用的原则。受篇幅所限，施工方面选择有代表性、实用的方法进行讲解，力求做到触类旁通。本次修订删减了部分基层材料施工、沥青材料和路面养护与质量控制内容。

3. 增加了有关道路横断设计、城市道路排水、路缘石材料和施工、城市快速路、软土地基处理方法等方面的内容，兼顾阐述了现今新型的透水路面的原理与施工工艺、泡沫沥青技术应用简介、双层沥青混合料摊铺机简介，修订了重力式挡土墙和平面交叉口计算以及在附录中增加了道路工程图纸，方便了课堂教学与学生自学。

4. 在本次编写中，注重教学内容的实用性、直观性并结合了节能减排内容，注重阐述新材料、新工艺、新规范。如：泡沫沥青技术性能及施工工艺、双层沥青混合料摊铺、城市道路排水新的管材、水泥混凝土路面设计。在教学素材中提供了一线施工内容和施工机械，拉近了课堂教学和专业实训的距离。

5. 通过沥青路面施工案例，详细讲述了沥青路面工程数量计算、各结构层主要材料用量、路面主要结构层的施工程序及机械配备。

6. 本教材在沥青路面的结构层计算中，采用传统计算和公路路面设计程序系统两种计算方法，"公路路面设计程序系统"（HPDS2012 版）由东南大学王凯教授提供，强化了实际技能教学的要求，又符合公路路面设计规范要求。

7. 为了方便本教材的教学需要，姚昱晨老师制作了教学课件。

8. 本教材由浙江建设职业技术学院姚昱晨副教授主编，由徐州建设职业技术学院杨时秀高级工程师主审。参加编写人员还有：河北交通职业技术学院张君纬教授、浙江建设职业技术学院王岗讲师、上海建设职业技术学院刘颖副教授、浙江宁波交通工程建设集团公司唐凯高级工程师、浙江建设职业技术学院梁师俊讲师、宁波东钱湖建设局蒋建华工程师、杭州城建设计研究院有限公司沈兴调工程师。

其中教学单元 1、教学单元 15 的 15.4 节由唐凯编写；教学单元 2、教学单元 3 由张君纬、王岗编写；教学单元 4 由沈兴调与蒋建华编写；教学单元 5、教学单元 6、教学单元 9 由姚昱晨编写、教学单元 7 由刘颖编写；教学单元 8（除 8.6 节）由梁师俊和姚昱晨编写；教学单元 8 的 8.6 节由刘颖编写；教学单元 10（除 10.5 节）、教学单元 14、教学单元 16 由王岗编写；教学单元 10 的 10.5 节由梁师俊编写；教学单元 11～教学单元 13、教学单元 15（除 15.4 节）由姚昱晨编写。

在本书重新编写过程中，得到了东南大学邓学钧教授的指导及东南大学王凯教授的帮助，并得到中交公路设计院杨孟余教授级高级工程师的指点；此外，还得到浙江建设职业技术学院郭良娟高级工程师、宁波城建设计研究院有限公司严晔高级工程师、浙江省嘉维交通科技发展有限公司严石磊工程师的大力支持和帮助，在此表示衷心的感谢！

由于市政工程与公路工程设计和施工技术发展迅速、规范更新快、涉及面广，加之编者水平有限，书中难免有疏漏和欠妥之处，敬请读者批评、指正。如有意见和建议，请与主编或中国建筑工业出版社联系，编者在此深表谢意！

第 一 版 前 言

本书是普通高等教育土建学科专业"十一五"规划教材，是为满足高职高专类市政工程技术专业需要而编写的专业课教材。

本教材以道路路线、路基、路面施工为主，全面地阐述其基本原理、布设方法与施工工艺，力争突出新技术和实用性。本书与本科教材相比，做了如下删减、补充和改进：

1. 本教材全部采用公路和市政现行的最新规范。

2. 本教材在理论知识方面突出简捷实用的原则，受篇幅所限，施工方面选择有代表性实用方法进行讲解，使学生做到触类旁通。删减了比较陈旧的知识内容和大量烦琐的理论计算过程。

3. 本教材注重直观教学，增加了必要的图片和表格，图文并茂，同时在重点和难点处，增加了例题和习题，以便于学生自学、理解，做到了深入浅出。

4. 本教材在沥青路面和水泥混凝土路面的结构层计算中，采用传统计算和公路路面设计程序系统两种计算方法，"公路路面设计程序系统"（HPDS2006）由东南大学王凯教授提供，既满足教学的要求，又符合公路路面设计规范要求。

5. 本教材注意新材料和新工艺的介绍，如阐述了现今新型的透水路面的原理及施工工艺。

6. 增加了沥青路面施工的工程案例。通过工程案例，详细讲述了沥青路面工程数量计算、各结构层主要材料用量、路面主要结构层的施工程序及机械配备。

本教材由浙江建设职业技术学院姚昱晨副教授主编，由徐州建设职业技术学院高级工程师杨时秀主审。参加编写的人员有：宁波工程学院蒋庆华、上海城市管理职业技术学院刘颖、浙江建设职业技术学院陈静芳。其中第一章、第二章由蒋庆华编写，第三章、第四章由陈静芳编写；第五章、第六章、第八章、第九章、第十章由刘颖编写；第七章、第三篇第十一～十六章由姚昱晨编写。

在本书编写过程中，得到了东南大学邓学钧教授和王凯教授、中交公路设计院杨孟余教授级高级工程师、浙江宁波交通工程建设集团公司唐凯高级工程师及浙江建设职业技术学院市政教研室梁师俊、郭良娟、王岗的大力支持和帮助，编者在此表示衷心的感谢！

由于市政工程设计和施工技术不断发展、更新，加之编者水平有限，书中难免有疏漏和欠妥之处，敬请读者批评、指正，编者在此深表谢意！

目　　录

第 2 篇　路　基　工　程

二维码索引

第1篇　道　路　线　形

教学单元 1 绪 论

【**教学目标**】 本教学单元主要包括：道路运输、道路的功能、道路的红线、公路和城市道路的组成、作用、分类与分级以及道路工程设计和施工方面等内容。通过学习使学生初步了解公路和城市道路的异同点，初步熟悉公路和城市道路技术指标，同时掌握公路技术分级和城市道路分类，熟悉道路工程概况以及公路功能分类指标的重要性。

1.1 概 述

交通运输是国民经济的命脉，是商品流通的重要条件，也是国民经济基础产业之一，在社会物质产品的生产、分配和交换过程中以及人民生活中都起着极其重要的作用，人们的衣、食、住、行均离不开交通运输。

1.1.1 交通运输的概念

交通是指人或运输工具在空间线路上的移动过程。交通运输是指人或物在空间线路上的移动过程。现代的交通运输方式主要由道路、铁路、航空、水运、管道运输等组成。现代的道路交通是由人、车辆和道路组成的交通运输系统。

我国道路经过几千年的发展，特别是中华人民共和国成立后，道路交通运输业迅速发展，改革开放 40 多年来的建设成就，更让世界瞩目。

到 2021 年底，我国公路总里程达到 528.07 万千米，其中高速公路达 16.91万千米，排名世界第一。同样，由于城市规模的扩大和发展，我国城市道路及快速路飞速发展。

1.1.2 道路的概念

（1）道路：道路是一条三维空间的实体，它是由路基、路面、桥梁、涵洞、隧道和沿线设施所组成的线形构造物。一般所说的路线，是指道路中线的空间位置。道路是供各种车辆（无轨）通行的工程设施。

（2）城市道路：位于城市规划区范围内的道路称为城市道路。

（3）公路：位于城市规划区范围以外的道路称为公路。

（4）专用道路：专为大型厂（场）、小区、矿区服务的道路称为专用道路，如林区道路、矿区道路等。

1.1.3 道路的功能

道路具有交通运输、城乡骨架、公共空间、抵御灾害和发展经济的功能。

公路是乡镇布局的骨架，城镇之间依靠干线公路网相互连接。"十三五"期间，我国公路建设取得巨大的成绩，以高速公路为主骨架的国家干线公路网形成。

城市道路系统的规划往往是涵盖了道路通行空间（红线）、两侧用地、街道景观的综合规划道路网络的交通出行载体这一基本功能，被赋予了更多城市公共空间的功能，如游憩、观赏、交往和信息流通等，对于不同的交通特性和功能类型的道路，其沿街面使用、街道平面景观等各方面均有严格的规定和精心的设计与之相应。

在整个城市中间，干线道路作为城市的骨架，它不仅为交通提供了条件，而且又保证了日照、通风，提供绿化、排水管道的布置空间。

道路的使用功能主要表现在交通运输方面。社会的一切活动要求必须有一个安全、通畅、方便、舒适、快捷的交通运输体系。工农业生产、商品流通、国土发展、国防建设、旅游事业等均依赖道路来先行实现，道路经济在经济发展中起着举足轻重的作用。

1.1.4　道路红线

道路红线是指道路用地与其他用地的分界线。城市道路红线是指城市道路用地与城市建筑用地及其他用地的分界线。城市道路设计应在城市道路规划红线宽度范围内进行。

1.2　城　市　道　路

1.2.1　城市道路的组成

城市道路是联系城镇各组成部分的道路。城市道路的组成，包括各类车辆行驶用的机动车道、非机动车道和人行道、绿化带；沿路偏沟、进水口、地下管道、窨井、排水构筑物；沿街地面设施，如照明灯柱、电杆等；地下各种管线，如电缆、煤气管、供水供热管等；交通安全设施；交叉口、停车场、公交车站等。道路的立体组成则包括高架桥、隧道、立体交叉等。

城市道路网规划是城市总体规划的重要组成部分，受到城市的规划人口、规模、布局、环境及土地利用规划等重要因素的制约与影响。从总体上讲城市道路设计的依据之一是城市道路网规划。城市道路用地面积占城市建设用地面积的 $8\%\sim15\%$，对规划人口在 200 万人以上大城市，宜为 $15\%\sim20\%$。道路用地应包括交通广场、停车场及其他道路交通设施的用地。

1.2.2　城市道路的主要功能

城市道路是城市交通的主要设施，是城市生产的命脉，又是组织城市布局结构的骨架。其主要包括：机动车道、非机动车道、行人步道、绿化带、平面交叉口、立交、广场、交通工程设施以及公共设施、地上和地下市政管线等。城市道路具有迅速排水、通风、照明、布置绿化、体现城市景观、美化环境的作用，并具有改善城市景观及道路影响区域生态环境，降低车辆噪声、净化空气质量等功能。

1.2.3　城市道路的分类和分级

城市道路应按道路在道路网中的地位、交通功能及沿线服务功能等，分为快速路、主干路、次干路、支路四个等级。

快速路：又称城市快速交通干道，快速路应为中央分隔、全部控制出入、控

制出入口间距及形式，应实现交通连续通行，单向设置不应少于两条车道，并应设有配套的交通安全与管理设施的城市道路。规划人口大于 200 万人的大城市和长距离超过 30km 的带状城市应设置快速路。

主干路：又称城市主干道，为连接城市各主要分区的干线道路，以交通功能为主。主干路两侧不应设置吸引大量车流、人流的公共建筑的出入口。

次干路：应与主干道结合组成干线网，起集散交通的功能，兼有服务功能。

支路：又称城市一般道路或地方性道路，支路宜与次干路和居民区、工业区、交通设施等内部道路相连线，解决局部区域的交通，以服务功能为主。我国城市道路分类及主要技术指标详见表 1-1。

我国城市道路分类及主要技术指标　　　　　　　　　　表 1-1

类别	项目				
	设计速度 （km/h）	双向机动车道数 （条）	机动车道宽度 （m）	分隔带设置	横断面 宜采用形式
快速路	100，80，60	≥4	3.75	必须设	双、四幅
主干路	60，50	≥4	3.75	应设	三、四幅
	50，40	3～4	3.75	应设	三、四幅
次干路	50，40	2～4	3.75	可设	单、双幅
	40，30	2～4	3.75、3.5	不设	单幅
支路	40，30	2	3.5	不设	单幅
	30，20	2	3.5	不设	单幅

注：1. 改建道路根据地形、地物限制、房屋拆迁、占地困难等具体情况，选用表中适当的道路等级。
　　2. 省会、自治区首府所在地的中、小城市，其道路等级可根据实际情况提高一级。
　　3. 各城市文化街、商业街，根据具体情况参照表中次干路及支路的标准设计。

1.3　公　　路

1.3.1　公路的组成部分

公路是一种线形带状的三维空间结构物，是在城镇以外联系相邻市县或工矿区的道路。道路设计是由线形设计和结构设计两大内容组成。

1. 线形组成

公路的线形组成包括平面线形、纵面线形、横断面、空间线形。

2. 结构组成

公路是交通运输的建筑结构物，它不仅承受荷载的作用，而且受着自然条件的影响，其结构组成主要包括：路基、路面、桥涵、隧道、防护等工程实体以及交通设施、服务设施、高速公路，还有监控设施、服务区等。

1.3.2　公路的作用

公路位于城镇管辖区以外，连接城镇、乡村的道路，主要供机动车辆安全、迅速行驶。

1.3.3　公路的分级

公路的分级有行政分级和技术分级两种方法，对于公路设计和建设来说，主要使用技术分级。

1. 行政分级

公路的行政分级把公路分为国道、省道、县道、乡道、村道。

2. 技术分级

根据公路的使用任务、性质、交通量和地形等因素，我国公路分为高速公路、一级公路、二级公路、三级公路和四级公路五个等级。

高速公路为专供汽车分向、分车道行驶并应全部控制出入的多车道公路。

一级公路为供汽车分向、分车道行驶，并可根据需要控制出入的多车道公路。

二级公路为供汽车行驶的双车道公路。

三级公路为主要供汽车行驶的双车道公路。

四级公路为主要供汽车行驶的双车道或单车道公路。

我国公路主要技术指标详见表1-2。

各级公路主要技术指标汇总　　　　　　　　　　　　　　　　　　表 1-2

公路等级		高速公路			一级公路		
设计速度（km/h）		120	100	80	100	80	60
车道宽度（m）		3.75	3.75	3.75	3.75	3.75	3.5
车道数		≥4			≥4		
圆曲线最小半径（m）	一般值	1000	700	400	700	400	200
	极限值（超高取4%）	810	500	300	500	300	150
停车视距（m）		210	160	110	160	110	75
最大纵坡（%）		3	4	5	4	5	6
桥涵设计车辆荷载		公路-I级					

公路等级		二级公路		三级公路		四级公路
设计速度（km/h）		80	60	40	30	20
车道宽度（m）		3.75	3.50	3.50	3.25	3.0（单车道时为3.50）
车道数		2		2		2 或 1
圆曲线最小半径（m）	一般值	400	200	100	65	30
	极限值（超高取4%）	300	150	65	40	20
停车视距（m）		110	75	40	30	20
最大纵坡（%）		5	6	7	8	9
桥涵设计车辆荷载		公路-II级				

1.4 城市道路与公路的异同点

1.4.1 城市道路与公路的相同点

道路的使用性质决定了城市道路与公路的共同点都是为人、车的交通提供安全、便捷、舒适的服务，因此两者的共同点如下：

（1）道路结构：道路结构物必须保证有足够的强度、稳定性。

（2）道路净空：有足够的宽度和净空高度方面的尺寸要求。

（3）道路排水：畅通、良好的排水系统。

（4）安全设施：设置足够的安全防护设施，如防撞护栏、防护网、分隔带等。

（5）交通管理设施：设置必要的交通标志、道路标线、信号标志等设施。

1.4.2 城市道路与公路的不同点

由于城市道路与公路的功能和作用不同，存在以下不同点：

1. 交通服务对象不同

公路是连接各城市、城市与乡村和厂矿之间的道路，主要为长距离客户运输的道路，主要考虑服务对象机动车辆的行驶安全、畅通。

城市道路位于城市规划区范围之内，主要承担城市本身交通服务功能。城市道路除服务大量的机动车安全行驶外，还承担大量非机动车交通量及行人交通量。当其交通量较大时，考虑设置专用的非机动车道和人行道，将它们隔离、分流，减少干扰，以保障各自的安全便捷行驶。同时城市道路还具有市政公用设施载体的功能，如给水、排水、燃气、热力、消防等管路；电力、电信等线路和其他配套的市政公用设施。所以城市道路具有交通服务与市政设施载体这两方面的功能。

2. 规划建设管理机构不同

公路的规划建设原则是根据国民经济和社会发展及国防建设的需要进行，与城市建设发展和其他交通运输的发展相协调。公路的建设管理工作统一由当地交通部门负责。

城市道路是按照统一规划、配套建设、协调发展的方针和建设、养护、管理并重的原则建设。进行城市供水、排水、燃气、供热、供电、通信、消防等依附于城市道路的各种管线、杆线等设施的建设是与该城市道路的发展建设计划相协调，坚持先地下、后地上的施工原则，与城市道路同步建设，其城市道路的建设管理由当地住建部门负责。

3. 设计要求不同

公路设计主要考虑线形流畅，公路、桥涵设计相关技术标准、规范由国家交通运输部颁布。而城市道路在设计时，道路周围建筑物、构造物成为道路线形的控制要素，因此城市道路的竖向设计、市政管线设计与用地衔接要求更密切，其相关技术标准由国家住房和城乡建设部颁布。

由于公路的服务对象主要是机动车，其分级首先考虑交通量的大小，而技术指标选用主要考虑汽车荷载与动力特性，因此公路的通行能力与服务水平应满足汽车安全行驶要求；而城市道路位于人口集中、密集地区，服务对象包括机动车、非机动车和行人，所以要综合考虑三方面的交通安全、畅通、舒适要求，同时城市道路必须与城市总体规划及城市给水、排水、电力、电信、燃气、热力、消防等设施紧密结合，并服从于道路沿线土地开发，强调景观与行人便利，因此在道路设计布局上有以下几点不同：

（1）路线设计

公路为三维空间带状构造物，路线长、经过的地形地貌较为复杂多变，因此强调线形与地形相适应，所以平、纵线形设计合理，平面线形以曲线为主，公路设计首先应进行选线，以确定一条经济合理、线形美观、行车舒适与安全的线路。

城市道路位于市区内，道路红线已在城市规划时确定，立面设计又受道路建筑物、构造物标高制约，路线选择的余地很小，所以城市道路平面线形设计主要为直线，强调与周围建筑、景观相适应。

（2）道路横断面布置

公路的横断面一般包括中央分隔带、行车道、路肩、边坡和边沟等；城市道路横断面由中央分隔带、机动车和非机动车道、人行道、绿带、路缘石等。城市道路的横断面形式有单幅、双幅、三幅和四幅等多种形式；公路的横断面主要为单幅和双幅两种，只设置了机动车道和路肩；而城市道路横断面要设置机动车道、非机动车道和人行道。

（3）管线设置

公路上一般不设置管线，只有高速公路中间带内设置通信线路。城市道路中的市政管线包括给水、排水、电力、通信、照明、燃气、热力管线等，一般均根据规划设计，确定管线在道路横断面中的位置，一般在中央分隔带内、侧分带内、共同沟内及人行道下方等处设置预埋管道系统。

（4）交叉口

公路交叉口是根据相交道路的等级、交通量等因素，分别采用互通式立体交叉、分离式立体交叉或平面交叉等。城市道路一般采用信号灯控制平面渠化交叉口，根据过街行人交通量需要设置人行横道线、安全岛、人行过街天桥等设施。城市道路与各类道路、铁路、管线交叉采用立体交叉时，应遵守设计规范规定的净空尺寸的要求。

（5）绿化景观

随着社会经济的不断发展，给道路建设提出了更高的要求，"环保路、生态路、旅游路"成为众多道路工程建设的目标，无论是城市道路还是公路，越来越重视绿化景观设计。

公路建设中，高等级公路中央分隔带较窄，绿化往往结合夜间行车防眩的要求，按照一定高度种植灌木或乔木，公路边绿化与边坡防护结合，同时很好地诱导行车视线，改善路容，减低噪声。

城市道路分隔带较宽，行人多，绿化则注重景观要求，选择园林绿化方式，通过点、线、面、体形或空间造型的立体结构，以美化环境。绿化不但可以减低机动车噪声、汽车尾气污染、吸附粉尘，同时营造了大片城市绿地，从源头上解决城市"热岛效应"。

4. 分级标准不同

按其在道路系统中的地位、交通功能及服务功能，我国城市道路分为快速路、主干路、次干路、支路四类，详见《城市快速路设计规程》CJJ 129—2009、《城市道路工程设计规范（2016 年版）》CJJ 37—2012 及城市道路分类及主要技术指标（表 1-1）。

根据公路在公路网中所处的地位在政治、经济上所起的作用，把公路分为国道、省道、县道、乡道、村道五个级别。根据其使用任务、使用性质和交通量，我国公路工程技术标准将公路分为高速公路、一级公路、二级公路、三级公路和四级公路五个等级，详见《公路工程技术标准》JTG B01—2014、《公路路线设计规范》JTG D20—2017、《公路勘测规范》JTG C10—2007 及各级公路主要技术指标，见表 1-2。

我国道路设计，采用相关部属或省级规范作为道路工程规划、勘测、设计、施工、养护全过程技术执行标准与质量控制方面的法律依据。

1.5　公路功能分类指标

公路功能分类指标包括适应地域与路网连续性、路网服务指标、期望速度、出入控制等定性和定量指标。不同地区经济发展水平与地形、地貌差异直接相关，各地公路交通发展不均衡，为了体现差异，同一功能类别的公路不宜对应一个技术等级的公路。选用技术等级时，首先根据公路网规划、地区特点、公路交通特性等因素确定公路功能，然后根据功能结合交通量论证选用公路等级。推荐的公路功能分类指标见表 1-3。

公路按照交通功能分为干线公路、集散公路和支路三类。干线公路细分为主要干线公路和次要干线公路；集散公路细分为主要集散公路与次要集散公路，详见《公路工程技术标准》JTG B01—2014 的基本要求。

公路功能分类指标　　　　　　　　　　　　　　　　表 1-3

分类指标	功　能　分　类				
	主要干线公路	次要干线公路	主要集散公路	次要集散公路	支线公路
适应地域与路网连续性	人口 20 万以上的大中城市	人口 10 万以上的重要市县	人口 5 万以上的县城或连接干线公路	连接干线公路与支线公路	直接对应于交通发生源
路网服务指标	≥15	10～15	5～10	1～5	1
期望速度	80km/h 以上	60km/h 以上	40km/h 以上	30km/h 以上	不要求
出入控制	全部控制出入	部分控制出入或接入管理	接入管理	视需要控制横向干扰	不控制

码1-3 教学单元1
思考题与习题
参考答案

思 考 题 与 习 题

1. 简述城市道路的组成、作用。
2. 公路与城市道路的功能分别是什么？写出城市道路和公路工程技术标准的编号。
3. 城市道路和公路分为哪些等级？
4. 试述公路和城市道路的相同点和不同点。

教学单元 2　路线平面及纵断面设计

【教学目标】　本教学单元主要以对比方式讲述了城市道路与公路路线设计依据、交通量和通行能力计算方法，介绍了道路平面设计、纵断面设计的基本原理，内容包括道路平面设计中的直线、缓和曲线、圆曲线设计要素的组合及设计方法，道路纵断面设计的坡度及竖曲线设计方法。通过学习使学生熟悉道路平曲线的大小选择及曲线长度的要求，初步掌握道路平面设计图、纵断面设计图、平曲线一览表及路基设计表的计算方法，了解城市道路锯齿形偏沟的计算，能掌握道路平面桩号的推算、纵断面线形标高的推算。

2.1　路线设计依据

新建道路和改建道路设计是以道路的使用任务、性质、地位及交通功能为准则，以道路行车交通量为条件来确定道路等级，并根据道路所在地区的自然与地形条件，合理地选择，确定道路各部分几何设计指标。因此在路线设计中最基本的技术经济依据是：设计车辆、设计速度、设计使用年限、交通量、通行能力和服务水平。

2.1.1　设计车辆

道路上行驶的车辆种类繁多、尺寸各异，因此道路的几何设计中应考虑车辆的形状与尺寸，选择有代表性的标准车型作为设计车道宽度、弯道加宽、道路净空等方面的设计依据。

1. 公路设计车辆

根据车辆的外廓尺寸，我国公路设计车辆外廓尺寸如表 2-1 所示，设计车辆有小客车、大型客车、铰接客车、载重汽车、铰接列车五类。

公路设计车辆外廓尺寸（单位：m）　　　　　　　　　　　表 2-1

车辆类型	总长	总宽	总高	前悬	轴距	后悬
小客车	6	1.8	2	0.8	3.8	1.4
大型客车	13.7	2.55	4	2.6	6.5+1.5	3.1
铰接客车	18	2.5	4	1.7	5.8+6.7	3.8
载重汽车	12	2.5	4	1.5	6.5	4
铰接列车	18.1	2.55	4	1.5	3.3+11	2.3

注：铰接列车的轴距 3.3+11 中的 3.3m 为第一轴至铰接点的距离，11m 为铰接点至最后轴的距离。

2. 城市道路设计车辆

（1）机动车设计车辆

我国城市道路机动车设计车辆包括小客车、大型车、铰接车，其外廓尺寸应符合表 2-2 的规定，详见《城市道路工程设计规范（2016 年版）》GJJ 37—2012。

城市道路机动车设计车辆以及外廓尺寸 表 2-2

车辆类型	总长（m）	总宽（m）	总高（m）	前悬（m）	轴距（m）	后悬（m）
小客车	6	1.8	2.0	0.8	3.8	1.4
大型车	12	2.5	4.0	1.5	6.5	4.0
铰接车	18	2.5	4.0	1.7	5.8+6.7	3.8

注：1. 总长：车辆前保险杠至后保险杠的距离（m）。
　　2. 总宽：车厢宽度（不包括后视镜）（m）。
　　3. 总高：车厢顶或装载顶至地面的高度（m）。
　　4. 前悬：车辆前保险杠至前轴轴中线的距离（m）。
　　5. 轴距：双轴车时为前轴轴中线至后轴轴中线的距离；铰接车时为前轴轴中线至中轴轴中线的距离及中轴轴中线至后轴轴中线的距离（m）。
　　6. 后悬：车辆后保险杠至后轴轴中线的距离（m）。

（2）非机动车设计车辆

我国城市道路非机动车设计车辆外廓尺寸见表 2-3。

城市道路非机动车设计车辆外廓尺寸 表 2-3

车辆类型	总长（m）	总宽（m）	总高（m）
自行车	1.93	0.60	2.25
三轮车	3.40	1.25	2.25

注：1. 总长：自行车为前轮前缘至后轮后缘的距离，三轮车为前轮前缘至车厢后缘的距离，板车、畜力车均为车把前端至车厢后缘距离。
　　2. 总宽：自行车为车把宽度，其余车种均为车厢宽度。
　　3. 总高：自行车为骑车人骑在车上时，头顶至地面的高度，其余车种均为载物顶部至地面的高度。

2.1.2 设计速度

设计速度也称计算行车速度，是道路设计时确定几何线形的基本要素，是在天气条件良好，车辆行驶只受道路本身条件影响时，具有中等驾驶技术的人员能够安全、顺适地驾驶车辆的速度。设计速度一经选定，道路的所有相关特征必须与其配合以获得均衡设计。一条道路的设计速度确定后，相应的最小圆曲线半径、超高、最大纵坡、坡长等指标也就随之确定了。所以设计速度是道路设计的重要依据，是关键性指标。我国公路设计速度的规定见表 2-4，城市道路的设计速度见表 2-5。

各级公路的设计速度 表 2-4

公路等级	高速公路			一级公路			二级公路		三级公路		四级公路	
设计速度（km/h）	120	100	80	100	80	60	80	60	40	30	30	20

城市各级道路的设计速度 表 2-5

道路等级	快速路			主干路			次干路			支路		
设计速度（km/h）	100	80	60	60	50	40	50	40	30	40	30	20

快速路、主干路的辅路，设计速度宜为主路的 0.4～0.6 倍。在立体交叉范围内，主路设计速度应与路段一致，匝道及集散车道设计速度宜为主路的 0.4～

0.7 倍。平面交叉口内的设计速度宜为路段的 0.4～0.7 倍。

应当特别指出：设计速度并不代表实际行车速度，道路上驾驶员是根据路况、交通情况、车辆性能、驾驶技术等多方面因素来选择行车速度的。所以在规定的设计速度下选择具体道路各项设计指标时，应尽量采用较高的设计指标。

设计速度是根据道路的使用任务和性质、交通量、地形等条件规定的，它对工程费用和运输效益两方面均有较大影响，确定设计速度时应全面考虑各方面的因素并注意以下几点：

1）高速公路的设计速度为 120km/h、100km/h、80km/h，目的是要保证高速公路的高速、舒适、安全等特点。世界各国高速公路的最低车速为 80km/h，部分国家，如匈牙利、保加利亚、日本也有采用 60km/h 的，但采用过低的车速不利于今后道路的改造。另外，设计车速低而运行速度高会诱发交通事故，所以我国《公路工程技术标准》JTG B01—2014 规定：特殊困难路段可以采用 60km/h，但长度不宜大于 15km。

2）一级公路作为干线公路时，设计速度宜采用 100km/h 或 80km/h。一级公路作为集散公路时，根据混合交通量、平面交叉间距等因素，设计速度宜采用 80km/h 或 60km/h。

3）二级公路作为干线公路时，设计速度宜采用 80km/h。作为集散公路时，混合交通量较大、平面交叉间距较小的路段，设计速度宜采用 60km/h。位于地形地质等自然条件复杂的山区，经论证该路段的设计速度可采用 40km/h。

4）在设计过程中要避免设计车速选择过高或者过低，若设计车速取值过高，会造成在山岭及地形复杂地区工程费用过高。若设计车速选择太低，不能满足车辆行驶需要，如果超过设计车速行驶车辆过多，会造成交通堵塞，增加交通事故而影响运输效益。

5）对于一条道路，应尽量采用同一设计车速，以保证设计路段的技术指标均衡和行车的连续性。当地形或其他条件发生变化时，必须改变路段设计车速，高速公路各设计路段长度不宜小于 15km；一、二级公路不宜小于 10km，变更后的设计车速和对应的技术指标与原指标相差越小越好。道路设计车速变更位置应选在交通量、地形变化较大处，驾驶员容易判断处，路段设计车速变更处应设足够里程长度的指标过渡段。

2.1.3　设计使用年限

所谓设计使用年限，是指设计规定的结构或结构构件不需要进行大修即可按其预定目标使用的年限，即结构物在正常设计、正常施工、正常使用和一般维护条件下所应达到的使用年限，又称为服务期等。结构在规定的设计使用年限内应具有足够的可靠性，满足安全性、适用性和耐久性的功能要求。

1. 城市道路设计年限

（1）城市道路交通达到饱和的年限

按中华人民共和国行业标准《城市道路工程设计规范（2016 年版）》CJJ 37—2012，道路交通量达到饱和状态时的设计年限为：快速路、主干路为 20 年；次干路为 15 年；支路宜为 10～15 年。

（2）路面结构达到临界状态的年限

1）对水泥混凝土路面，快速路、主干路应为 30 年；次干路应为 20 年；支路应为 20 年。

2）对沥青混凝土路面，快速路、主干路应为 15 年；次干路应为 10 年；支路应为 10 年，采用砌块路面宜为 10（20）年。透水路面属于粒料路面，设计年限为 5 年。

2. 公路设计年限

（1）公路交通达到饱和的年限

按《公路工程技术标准》JTG B01—2014，高速公路和具干线功能的一级公路的设计交通量应按 20 年预测；具集散功能的一级公路以及二、三级公路的设计交通量应按 15 年预测；四级公路可根据实际情况确定。

（2）路面结构达到临界状态的年限

路面结构或结构下不需要进行大修即可按预定目标使用的年限（或达到预定损坏标准时所使用的年限），称为路面设计使用年限。超过年限路面的使用性能太差和运行费用太高。

1）按《公路沥青路面设计规范》JTG D50—2017，根据路面结构达到临界状态的设计年限规定，各级公路沥青路面设计年限不低于：高速公路、一级公路应为 15 年；二级公路应为 12 年；三级公路应为 8 年；四级公路应为 6 年。

2）按《公路水泥混凝土路面设计规范》JTG D40—2011，根据各级公路水泥混凝土路面结构对应的公路等级、设计安全等级得到相应的设计基准期，高速公路、一级公路应为 30 年；二级公路应为 20 年；三级公路应为 15 年；四级公路应为 10 年。设计基准期为确定可变作用等的取值而选定的时间参数。

3. 桥梁结构的设计使用年限

特大桥、大桥、重要的中桥为 100 年；中桥、重要的小桥为 50 年；小桥为 30 年。

2.1.4　交通量

1. 道路交通量

道路交通量是指单位时间（每小时、每日）内通过道路上某点（断面）的车辆数。交通量的具体数值由交通调查和交通预测确定。交通量的主要分类有：

1）年平均日交通量 N_1：即一年 365 天日交通量的平均值，单位为"cpu/d"。

2）最大日交通量 N_2：即一年 365 天中日交通量的最大值，单位为"cpu/d"。

3）高峰小时交通量 N_3：即一天内的高峰期间连续 60min 的最大交通量，单位为"cpu/h"。

4）30 位小时交通量 N_4：将一年 8760h 交通量按大小顺序排列，从大到小序号第 30 位的小时交通量，如图 2-1 所示。

5）远景交通量：道路设计年限末达到的交通量。

根据我国多年交通量变化规律的统计，以上交通量的关系见式(2-1)和式(2-2)。

$$\frac{N_2}{N_1} = F_1 \tag{2-1}$$

$$\frac{N_3}{N_4} = F_2 \tag{2-2}$$

式中　F_1——年不平衡系数，它反映我国一年中昼夜交通量变化情况，一般取

　　　　　　$F_1＝1.6$；

　　　F_2——日不平衡系数，它反映我国一昼夜中小时交通量变化范围，

　　　　　　$F_2＝2.1$。

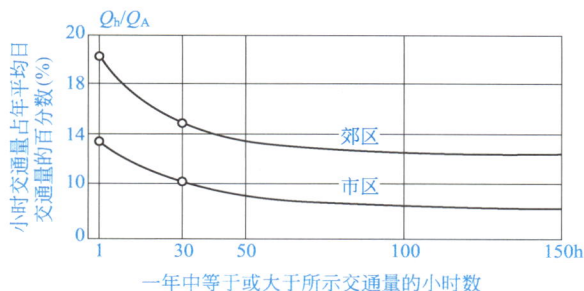

图 2-1　道路 30 位小时交通量

2. 设计交通量

道路上的交通量在一年中不同时间的分布都是不一样的，甚至一昼夜中各小时的交通量也是不一样的，如果取年平均日交通量作为设计交通量，它根本就无法反映出一昼夜内交通量的变化特点；如果取日平均小时交通量作为道路设计的依据，那么道路上一天中的高峰期间出现的交通量，将会严重堵塞道路。那我们在道路设计过程中，究竟应以哪个交通量作为设计交通量呢？

设计交通量是指公路或城市道路（路段、平面及立体交叉口）及其他交通设施在设计年限末年，所需通过的车辆数。道路设计交通量用于确定车道数、交叉口选型和交通信号及其他交通设施的设计等，通常用设计小时交通量来表示。

在公路和城市道路设计中，通常选用设计小时交通量作为交通量计算依据。设计小时交通量是确定公路等级、评价公路运行状况和服务水平的重要参数。设计小时交通量越小，公路的建设规模就越小，建设费用也就越低。但是，不恰当地降低设计小时交通量会使公路的交通条件恶化、交通堵塞和交通事故增多，公路的综合经济效益降低。因此将全年小时交通量从大到小按序排列，设计小时交通量的位置一般采用第 30 位小时，或根据当地调查结果控制在第 20～40 位之间。城市道路全年的日交通量不像公路那样有大幅度的变化，所以当无第 30 位小时交通量资料时，也可用年平均日交通量计算确定。

（1）道路设计交通量预测

各级道路设计交通量的预测应符合下列规定：

1）高速公路和一级公路设计交通量预测年限为 20 年；二、三级公路的设计交通量预测年限为 15 年；四级公路可根据实际情况确定。

2）设计交通量预测的起算年应为该项目可行性研究报告中的计划通车年。

3）设计交通量的预测应充分考虑走廊带范围内远期社会、经济的发展和综合运输体系的影响。

（2）设计交通量的计算方法

1）公路的设计交通量

① 高速公路、一级公路的年平均日交通量

高速公路、一级公路控制出入，具有中央分隔带结构，双向行驶车辆之间没有干扰，计算时应按单向单车道的设计小时交通量考虑。现行《公路工程技术标准》仍沿用年平均日交通量指标，多车道公路远景年不同服务水平下的年平均日交通量按式（2-3）计算：

$$AADT = \frac{C_D N}{KD} \tag{2-3}$$

式中　$AADT$——预测年的年平均日交通量（pcu/d）；

C_D——设计服务水平下单车道服务交通量；

N——单方向车道数；

D——方向不均匀系数；

K——设计小时交通量系数，K 值范围：近郊 $0.085 \sim 0.11$，公路 $0.12 \sim 0.15$，也可根据当地交通量观测数据确定。

按照公路功能决定技术等级的原则，干线功能公路设计服务水平取二级，设计小时交通量系数、方向不均匀系数均采用最不利数值，推算出高速公路、一级公路设计年平均日交通量下限值为 15000 辆/日。

② 二、三、四级公路的年平均日交通量

双车道公路通行能力与设计交通量受双方向流量比、超车视距、管理水平、路侧干扰等多项因素的影响，故二、三、四级公路设计小时交通量应按整个断面交通量计算，其年平均日交通量按式（2-4）计算：

$$AADT = C_D R_D / K \tag{2-4}$$

式中　C_D——二、三、四级公路的设计通行能力；

R_D——二、三、四级公路的方向分布修正系数；

K——设计小时交通量系数，根据当地交通量观测数据确定。

二、三、四级公路的年平均日设计交通量见表 2-6。

二、三、四级公路的年平均日设计交通量　　　　　　　　　表 2-6

公路等级	设计速度（km/h）	设计通行能力（pcu/h）	方向分布修正系数	设计小时交通量系数	年平均日设计交通量（pcu/d）
二级公路	$40 \sim 80$	$550 \sim 1600$	$0.88 \sim 1.0$	$0.09 \sim 0.19$	$5000 \sim 15000$
三级公路	$30 \sim 40$	$400 \sim 700$	$0.88 \sim 1.0$	$0.1 \sim 0.17$	$2000 \sim 6000$
四级公路	20	<400	$0.88 \sim 1.0$	$0.13 \sim 0.18$	<2000

③ 公路分级指标

我国新建或改建公路，根据交通特性和控制干扰的能力分为五个等级：高速公路、一级公路、二级公路、三级公路、四级公路。高速、一级公路为汽车分向、分车道行驶的专用公路，二级、三级和四级公路都为汽车和其他车辆共用（混合交通）的公路。

高速公路为专供汽车分向、分车道行驶并应全部控制出入的多车道公路。高速公路的设计交通量宜在 15000 辆小客车/日以上。

一级公路为供汽车分向、分车道行驶，可根据需要控制出入的多车道公路。一级公路的设计交通量宜在 15000 辆小客车/日以上。

二级公路为供汽车行驶的双车道公路。二级公路的设计交通量宜在 5000～15000 辆小客车/日。

三级公路为供汽车、非汽车交通混合行驶的双车道公路。三级公路的设计交通量宜在 2000～6000 辆小客车/日。

四级公路为供汽车、非汽车交通混合行驶的双车道或单车道公路。双车道四级公路设计交通量宜在 2000 辆小客车/日以下；单车道四级公路设计交通量宜在 400 辆小客车/日以下。

2）城市道路的设计交通量

《城市道路工程设计技术措施》2011JSCS-MR 规定，城市道路设计小时交通量按式（2-5）计算：

$$N_h = N_{da} K \delta \tag{2-5}$$

式中　N_h——单向设计小时交通量（pcu/h）；

　　　N_{da}——设计年限末的年平均日交通量（pcu/d）；

　　　K——设计高峰小时交通量与年平均日交通量的比值，参考取值范围 0.07～0.12；

　　　δ——主方向不均匀系数，即主要方向交通量与断面交通量的比值，参考取值范围 0.5～0.6，或依据道路性质及交通状况确定。

【例 2-1】　某城市道路年平均日交通量为 4600 辆/昼夜，第 30 位高峰小时交通量为 506 辆/h，道路的方向不均匀系数为 $\delta=0.6$。试求高峰小时交通量系数 K 及单向设计高峰小时交通量。

【解】　$K=506/4600=0.11$

　　　　$N_h=4600 \times 0.11 \times 0.6=304$ 辆/h 或 $N_h=506 \times 0.6=304$ 辆/h

确定设计年限的年平均日交通量时，应综合考虑现有交通量、正常增长交通量、吸引交通量、发展交通量等。

3. 设计交通量的标准车型与换算系数

道路上行驶的车辆类型各不相同，设计中必须把不同尺寸、不同种类、不同行驶速度的各种车辆的交通量换算成同一种"标准车型"的交通量作为计算设计交通量的依据。

（1）公路标准车型及换算系数

所谓公路设计标准，就是公路设计时为使各断面设计要素之间保持均衡而制定的技术标准。高速公路设计标准最高，一个路段设计标准尽量保持一致。

目前我国公路交通量车辆换算，以小汽车和中型载重汽车考虑，小客车主要从视觉要求方面考虑，中型载重汽车主要从外形和动力性能考虑，考虑到集装箱的发展，半挂车也作为主要设计车型。小客车作为标准车型，各种车辆换算成标准车。设计时必须考虑远期汽车交通量的情况及有关技术指标的变化。

汽车代表车型分类见表 2-7，交通量换算的标准车型应采用小客车。非汽车交通的交通量换算应符合下列规定：

1）公路上行驶的拖拉机每辆折算为 4 辆小客车。

2）被交支路车辆（与主路相交叉的支路上的车辆）、路侧停车、兽力车、人力车、自行车等非机动车，街道化程度等影响因素按路侧干扰因素计。

汽车代表车型分类   表 2-7

汽车代表车型	说明
小客车	座位≤19 座的客车和载质量≤2t 的货车
中型车	座位>19 座的客车和 2t<载质量≤7t 的货车
大型车	7t<载质量≤20t 的货车
汽车列车	载质量>20t 的货车

（2）城市道路车辆标准车型及换算系数

城市道路交通量换算采用小客车作为标准车型，考虑大型车、铰接车外廓尺寸，将各种车辆换算成标准车型的交通量进行通行能力计算。机动车与非机动车的外廓尺寸见《城市道路工程设计规范（2016 年版）》CJJ 37—2012。城市道路交通量是将道路上行驶的各种车辆的数量，统一换算成小客车为标准车型。换算系数应符合表 2-8、表 2-9 规定。

车 辆 换 算 系 数   表 2-8

车辆类型	小型车	大型客车	大型货车	铰接车
换算系数	1.0	2.0	2.5	3.0

平面交叉口车种换算系数   表 2-9

交叉口形式	车种		
	小客车	普通汽车	铰接车
环行交叉口	1.0	1.4	2.0
灯控交叉口	1.0	1.6	2.5

（3）路面设计标准车及标准轴载

道路等级确定与路面交通等级确定不同，路面设计的荷载标准，目前我国的公路和城市道路路面设计中，均采用双轮组单轴 BZZ-100 为标准轴载，相当于国际的中等水平。贝克曼梁测定路基路面回弹弯沉试验，采用黄河 JN150 车型作为标准车。

4. 交通量估算

（1）公路设计年限末交通量的估算

根据公路目前交通量所获得的设计小时交通量，推算出设计年限末的交通量，作为正式的设计依据。因为设计交通量是指一定的设计年限内的交通量。

设计年限交通量是根据两部分的交通量计算而得的，第一部分是现行交通量，包括道路的现有交通量和道路建成以后从其他道路吸引过来的交通量；第二部分是设计年限内增加的交通量，包括正常的交通增长量和由于规划变化而产生的交通量的增长。

设计年限末交通量目前按式（2-6）计算确定。

$$N_n = N_0 (1+r)^{n-1} \tag{2-6}$$

式中　N_n——设计年限末的交通量（辆/昼夜或辆/小时）；

　　　　N_0——起始年的交通量（辆/昼夜或辆/小时）；

　　　　n——计算年限；

　　　　r——车辆年平均增长率（%）。

（2）城市快速路年平均交通量

对于城市快速路，在《城市道路工程设计规范（2016 年版）》CJJ 37—2012 中规定，设计适用交通量的范围，根据设计速度及不同服务水平下的设计交通量决定。

其年平均日交通量按式（2-7）计算：

$$AADT = \frac{C_D N}{K} \tag{2-7}$$

式中　$AADT$——年平均日交通量（pcu/d）；

　　　　C_D——一条车道的设计通行能力（pcu/h）；

　　　　N——单向车道数；

　　　　K——设计小时交通量系数：设计高峰小时交通量与年平均日交通量的比值。当不能取得年平均日交通量时，可用代表性的平均日交通量代替；新建道路可参照性质相同的同类型道路的数值选用。参考范围取值 0.07～0.12。

快速路能适应的年平均日交通量见表 2-10。

快速路能适应的年平均日交通量　　　　表 2-10

设计速度 （km/h）	一条车道设计通行能力 （pcu/h）	年平均日交通量（pcu/d）		
		四车道	六车道	八车道
100	2000（三级服务水平）	80000	120000	160000
80	1280（二级服务水平）	—	—	102000
60	990（二级服务水平）	39600	59400	—

2.1.5 通行能力和服务水平

通行能力和服务水平分析的目的，是确定在特定的运行条件下，疏导交通需求的道路几何构造，如车道数、车道宽度、交叉类型等，从而更好地指导设计。

道路通行能力和交通量概念不同，一般交通量均小于道路的通行能力。在很多的情况下，驾驶员可以自由行驶，可以变更车道、改变车速，还可以超车。交通量等于或接近于道路通行能力时，车辆行驶的自由度就明显降低，一般只能以同一速度列队循序行进。当交通量超过通行能力时，车辆就会出现拥挤甚至堵塞。所以，道路通行能力是一定条件下通过车辆的极限值。

1. 通行能力分类

从规划设计和运营的角度考虑，通行能力分为：基本通行能力、实际通行能力和设计通行能力三种类型。首先确定道路和交通都处于理想条件下，由技术性能相同的一种标准车，以最小的车头间距连续行驶的理想交通流，在单位时间内通过道路断面的最大车辆数，即基本通行能力。

（1）基本通行能力

基本通行能力是指在一定的时段，在理想的道路、交通、控制和环境条件下，道路的一条车道或一均匀段或一交叉路口，期望能通过人或车辆的合理的最大小时流率。

（2）实际通行能力

实际通行能力的定义，是在基本通行能力的基础上，将"理想"改为"具体"。

（3）设计通行能力

设计通行能力是指在一定的时段，在具体的道路、交通、控制和环境条件下，道路的一条车道或一均匀段上的交叉路口，对应设计服务水平下的最大服务交通流率。

2. 道路设施和交通实体分类

不同设计速度的设计通行能力应为基本通行能力乘以道路相应设计服务水平的交通量与道路容量的比率及道路条件修正系数。根据道路设施和交通实体的不同，通行能力可分为快速路交通通行能力、其他等级道路通行能力和人行设施通行能力。

（1）快速路交通通行能力

快速路应根据交通流行驶特征分为基本路段、分合流区和交织区，应分别采用相应的通行能力和服务水平。快速路基本路段一条车道的基本通行能力和设计通行能力应符合表 2-11 的规定，按三级服务水平设计，车辆折算系数按表 2-12 规定。

快速路基本路段一条车道的通行能力　　　　　　　　　　　表 2-11

设计速度（km/h）	100	80	60
基本通行能力（pcu/h）	2200	2100	1800
设计通行能力（pcu/h）	2000	1750	1400

快速路基本路段车辆折算系数　　　　　　　　　　　表 2-12

车型	小客车	小型客（货）车	大型客（货）车	铰接客车
折算系数	1.0	1.5		2.0

快速路设计时采用的最大服务交通量应符合下列规定：

1）双向四车道快速路折合成当量小客车的年平均交通量为 4000pcu。

2）双向六车道快速路折合成当量小客车的年平均交通量为 6000～120000pcu。

3）双向八车道快速路折合成当量小客车的年平均交通量为 100000～160000pcu。

（2）其他等级道路通行能力

其他等级道路根据交通流特性和交通管理方式，可分为路段、信号交叉口、无信号交叉口等，应分别采用相应的通行能力和服务水平。

其他等级道路路段一条车道的基本通行能力和设计通行能力应符合表 2-13 的规定，所有等级道路均按三级设计服务水平，折减系数统一为 0.8。

其他等级道路路段一条车道的通行能力　　　　表 2-13

设计速度（km/h）	60	50	40	30	20
基本通行能力（pcu/h）	1800	1700	1650	1600	1400
设计通行能力（pcu/h）	1400	1350	1300	1300	1100

（3）人行设施通行能力

人行设施通行能力计算、宽度及要求，详见教学单元 3 道路横断面设计中，人行道及人行设施内容。自行车道通行能力，分为三种情况，详见《城市道路工程设计规范（2016 年版）》CJJ 37—2012。

3. 城市道路路段通行能力的计算

在一条车道连续行驶的车流中，跟随运行的前后相邻两车的间隔距离，即从前车的前端到后车的前端的间隔距离，叫车头间距。用行车时间来表示车头间隔的称为车头时距（s）。计算道路的基本通行能力是以车头时距为计算标准，原因是车头时距更能反映车流的运行情况。

（1）一条车道通行能力计算

一条车道的基本通行能力按式（2-8）进行计算：

$$N_P = \frac{3600}{t_i} \tag{2-8}$$

式中　N_P——一条车道的基本通行能力（pcu/h）；

　　　　t_i——饱和连续车流的平均车头时距（s）。

当本市没有 t_i 的观测值时，一条车道可能通行能力可按表 2-13 取定。

（2）影响路段通行能力的因素

影响道路通行能力的因素很多，在城市道路设计中主要考虑多车道对路段通行能力的影响、交叉口对路段通行能力的影响、行人过街等因素对路段通行能力的影响、车道宽度对道路通行能力的影响。

1）不受平交口影响的道路

$$N_m = \alpha_c \cdot N_p \tag{2-9}$$

式中　N_m——一条机动车道的设计通行能力（pcu/h）；

　　　　α_c——机动车道通行能力的道路分类系数，见表 2-14；

　　　　N_p——一条机动车道路段的可能通行能力（pcu/h）。

机动车道通行能力的道路分类系数　　　　　　　表 2-14

道路分类系数	快速路	主干路	次干路	支路
α_c	0.75	0.80	0.85	0.90

2）多车道对路段通行能力的影响

在多车道的情况下，同向行驶的车辆由于超车、超越、停车等因素会影响另一车道上车辆的通行能力。一般越靠近路中心线的车道，受影响越小。因此，在无分隔带的同向车行道上，靠近路中心线的车道的通行能力越大，靠人行道侧的车道通行能力越小。其折减系数用 α_n 来表示。多车道基本通行能力见式（2-10）：

$$C_n = N_p \sum \alpha_n \tag{2-10}$$

式中　n——车道数；

　　　C_n——n 条车道的基本通行能力（pcu/h）；

　　　$\sum \alpha_n$——各车道的折减系数之和。通常以靠近路中线或中央分隔带的车行道为第一条车道，其通行能力为 1.0（即 100%），第二条车道的通行能力为第一条车道的 0.8~0.9，第三条车道为第一条车道的 0.65~0.8，第四条车道为第一条车道的 0.5~0.65，第五条车道为第一条车道的 0.4~0.52。

由以上的折减系数可以看出，当设计的车道数越多，则靠路边的车道的折减系数就越小。因此过多地设计车道数对于增加道路的通行能力的作用不大，相反会造成交通的过分集中和交通混乱，给交通组织管理工作造成一定的困难。在一般的中、小城市，主干道多以设计 4 条（双向）车道为宜，大城市和特大城市主干道多以设计 4~6 条（双向）机动车道为好。

3）交叉口对路段通行能力的影响

在城市道路里，道路纵横相交形成了许多交叉口，交叉口对于道路的通行能力的影响较大。在影响通行能力的许多因素中，交叉口是主要的影响因素，它对于通行能力起到控制性的作用。交叉口通行能力的影响系数见式（2-11）：

$$\alpha_j = \frac{交叉口之间无阻的行程时间（s）}{交叉口之间实际的行程时间（s）} \tag{2-11}$$

4）行人过街等因素对于路段通行能力的影响

行人过街对道路通行能力的影响与过街行人的数量有直接的影响，当双向过街人数达到 500 人次/h 以上时，其折减系数为 $\alpha_r = 0.63$。

5）车道宽度对于路段通行能力的影响

当车道的宽度大于 3.5m 时，不影响通行能力。当车道的宽度小于 3.5m 时，会影响车速，以致通行能力下降，车道宽度的折减系数见表 2-15。

车道宽度的折减系数　　　　　　　表 2-15

车道宽度 b（m）	α_k	车道宽度 b（m）	α_k
3.50	1.00	3.00	0.85
3.25	0.94	2.75	0.77

2.2　道路平面设计

码2-1　道路选线和平面线形

　　道路是一个三维空间的实体，路线是道路中线的空间位置，如图 2-2 所示。路线在水平面上的投影称作路线的平面线形，由直线、圆曲线和缓和曲线构成。路线设计是指确定路线空间位置和各部分几何尺寸的工作。为方便设计，路线设计分解为道路平面设计、道路纵断面设计和道路横断面设计，三者既相互配合，同时更要与地形、地物、环境、景观相协调。

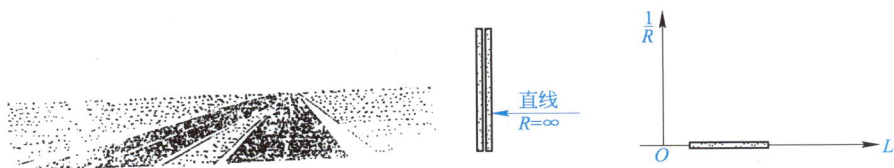

图 2-2　直线与曲率

　　为使道路线形适应汽车行驶轨迹要求，达到安全、舒适的目的，公路平面线形设计常用：直线——缓和曲线——圆曲线——缓和曲线——直线的组合；城市道路一般采用：直线——圆曲线——直线的组合方式。

2.2.1　直线

　　直线是平面线形设计的基本要素之一，具有距离短、易布设等特点，在公路中使用最为广泛。两点之间以直线为最短，给人以短捷、直达的良好印象，加之汽车在直线上行驶受力简单，方向明确，驾驶操作简易。但直线线形缺乏灵活性，大多难于与地形、地物相协调；强定直线，往往造成工程量大，破坏自然条件。过长的直线易使驾驶人员感到单调、疲倦，难以目测车间距离，易于产生尽快驶出直线的急躁情绪。长直线还容易导致高速行驶，危及交通安全（图 2-2）。

　　作为平面线形要素之一的直线，在道路设计中使用最为广泛。在道路线形设计时，一般根据路线所处地带的地形、地物条件，驾驶员的视觉、心理条件以及保证行车安全等因素，对直线的最大和最小长度应有所限制。

　　1. 直线的最大长度

　　关于直线的极限长度（最大与最小长度），从理论上求解是非常困难的，主要应根据驾驶人员的视觉效果和心理上的承受能力来确定，目前尚在研究中。各国都从经验出发，通过调查确定限制最大直线长度。如德国规定不超过计算行车速度（km/h）的 20 倍，苏联规定为 8km，美国为 3mile（4.83km）。我国已建成的位于平原微丘区的十多条高速公路的直线长不超过 3200m；沈大高速公路多处出现 5~8km 的长直线，最大 13km。据国内外调查研究结果，最大直线长度为汽车按计算车速行驶 70s 左右的距离控制为宜。

　　2. 直线的最小长度

　　考虑到线形的连续和驾驶的方便，相邻两曲线之间应有一定的直线长度。

23

《公路工程技术标准》JTG B01—2014 规定：当 $V \geqslant 60$km/h 时，同向曲线的直线最小长度为 $6V$，反向曲线的最小长度不小于 $2V$。城市道路相关规范对直线长度的规定宜符合表 2-16 规定。反向曲线见图 2-3（a），回头曲线见图 2-3（b）。

道 路 直 线 长 度   表 2-16

设计车速（km/h）	100	80	60
最大直线长度（m）	2000	1600	1200
同向曲线间最小直线长度（m）	600	480	360
反向曲线间最小直线长度（m）	200	160	120

注：1. 当同向曲线间和反向曲线间最小直线长度不满足表中数值时，可调整平面线形组合，从而形成"C形"和"S形"平曲线，取消曲线间直线长度。

2. 当设计速度小于 60km/h，地形条件困难时，直线段长度可不受上述限制，但应满足设置缓和曲线最小长度的要求。

(a)   (b)

图 2-3　平面曲线

（a）反向曲线；（b）回头曲线

对于低速道路（$V \leqslant 50$km/h），可以参考执行。

3. 直线运用应注意的情况

1）在长直线上纵坡不宜过大，因长直线再加下陡坡行驶更易导致高速度；

2）长直线与大半径、凹形竖曲线组合为宜，这样可以使生硬呆板的直线得到一些缓和；

3）道路两侧地形过于空旷时，宜采取植不同树或设置一定建筑雕塑、广告牌等措施，以改善单调的景观；

4）长直线或长下坡尽头的平曲线，除曲线半径、超高、视距等必须符合规定外，还必须采取设置标志、增加路面抗滑能力等安全措施。

2.2.2　圆曲线

圆曲线是道路平面走向改变方向，所设置的连接相邻两直线的圆弧形曲线。各级公路和城市道路不论转角大小均应设置平曲线，而圆曲线是平面线形中的主要组成部分。在平面线形中的单曲线、复曲线、虚交点曲线和回头曲线等，一般都包括有圆曲线。圆曲线具有与地形适应性强、可视性好、线形美观和易于测设等优点，因此使用十分普遍。这种线形使行车景观不断变化，驾驶员保持适度的警惕，增加行车安全性，也可起到诱导行车视线的作用。如图 2-4 所示，这种线形曲率不连续。

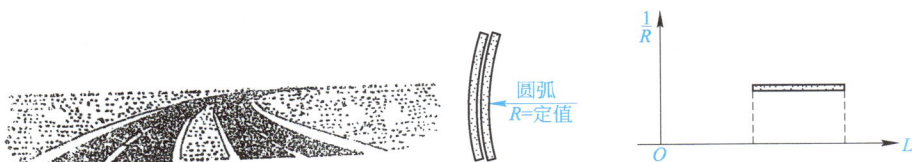

图 2-4　圆曲线与曲率

1. 圆曲线的平面布设

（1）圆曲线上技术代号

如图 2-5 所示道路平曲线处主点桩技术符号是：

JD——交点（转角点）；

ZY——直圆（圆曲线起点）；

QZ——曲中（圆曲线中点）；

YZ——圆直（圆曲线终点）。

（2）几何要素

如图 2-5 所示，在曲线半径确定后，根据平面导线转角 α 值，按式（2-12）计算确定圆曲线各几何要素。

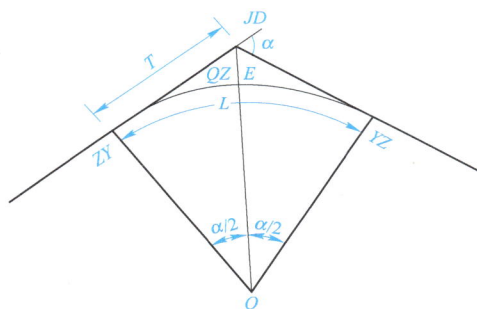

图 2-5　不带缓和曲线的平曲线布设

$$
\left.
\begin{aligned}
&切线长\ T = R \cdot \tan\frac{\alpha}{2} \\[8pt]
&曲线长\ L = \frac{\pi}{180}R\alpha \\[8pt]
&外距值\ E = R \cdot \left(\sec\frac{\alpha}{2} - 1\right) \\[8pt]
&校正值\ J = 2T - L
\end{aligned}
\right\}
\qquad (2\text{-}12)
$$

（3）曲线主点桩号里程计算

根据已知交点桩的里程和计算出的曲线几何要素值，曲线各主点桩号里程计算如下：

$$ZY = JD - T$$

$$QZ = ZY + \frac{L}{2}$$

$$YZ = ZY + L$$

曲线主点桩计算校核如下：

$$JD=YZ+J-T$$

【例 2-2】　某道路 JD_5 桩号为 K2＋680，测得该转角 $\alpha_左=56°32'$，选定该交点处曲线半径为 200m，试计算曲线主点桩里程。

【解】　（1）曲线几何要素

$$T=R\tan\frac{\alpha}{2}=200\tan\frac{56.53°}{2}=107.54\text{m}$$

$$L=\frac{\pi}{180}R\alpha=\frac{3.14}{180}\times200\times56.53°=197.33\text{m}$$

（2）主点桩里程计算

$$ZY=JD-T=\text{K2}+680-107.54=\text{K2}+572.46$$

$$QZ=ZY+\frac{L}{2}=\text{K2}+572.46+\frac{197.33}{2}=\text{K2}+671.13$$

$$YZ=ZY+L=\text{K2}+572.46+197.33=\text{K2}+769.79$$

$$J=2T-L=2\times107.54-197.33=17.75\text{m}$$

$$JD=YZ+J-T=\text{K2}+769.79+17.75-107.54=\text{K2}+680$$

计算无误。

2. 圆曲线半径

行驶在曲线上的汽车在离心力的作用下其稳定性受到影响，而离心力的大小又与曲线半径密切相关，半径越小越不利。圆曲线路段行驶时，产生的离心力见式（2-13）。

$$F=\frac{Gv^2}{gR} \tag{2-13}$$

式中　F——离心力（N）；

　　　G——汽车重量（N）；

　　　v——汽车行驶速度（m/s）；

　　　R——曲线半径（m）；

　　　g——重力加速度（$g=9.8\text{m/s}^2$）。

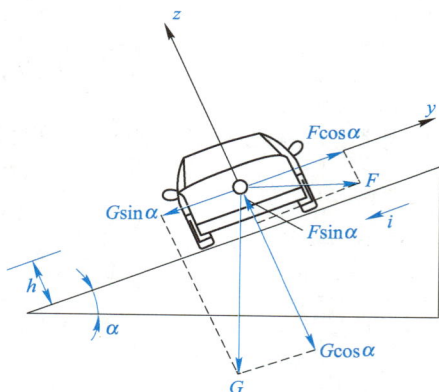

图 2-6　汽车转弯时受力分析图

由于汽车受到离心力的作用，将可能产生横向滑移或横向倾覆。所以汽车在小半径曲线路段行驶时，容易发生横向失稳。因此，在平面曲线设计中，应首先研究如何选择圆曲线半径。

曲线半径指标可由车辆在曲线上行驶时的受力情况建立平衡方程求得。由汽车转弯时的受力分析图（图 2-6）得平衡方程（按内侧行驶）为：

$$F\cos\alpha-G\sin\alpha=(F\sin\alpha+G\cos\alpha)\mu$$

方程两边同除以 $\cos\alpha$，且令 $i_b=\tan\alpha$

得：$F-Gi_b=\mu(G+Fi)$

将 $F=\dfrac{Gv^2}{gR}$ 代入上式，略去高阶小数整理后得到式（2-14）：

$$R=\frac{v^2}{127(\mu\pm i_b)} \qquad (2-14)$$

式中 i_b——路面横坡度，无超高时为路拱横坡，有超高时为超高横坡。其中"—"表示汽车在公路圆曲线外侧行驶；

μ——横向力系数。

从式（2-14）中看出，曲线半径 R 与横向力系数 μ、横坡度 i_b、设计车速 V 有关。这对分析选择曲线半径与超高横坡有重要作用。

（1）横向力系数 μ 与取值

由式（2-14）得：$\mu=\dfrac{V^2}{127R}-i_b$

横向力系数 μ 表示单位车重所受到的横向力（离心力），它反映曲线上行车的横向稳定程度，μ 值越大越不利。μ 取值大小取决以下几方面：

1）行车安全。保证曲线路段行车与横向稳定的控制条件是：确保行车不产生横向滑移，即要求 μ 低于轮胎与路面所提供的横向摩阻系数 φ_0，即 $\mu\leqslant\varphi_0$。φ_0 值与路面种类及轮胎状况有关。在干燥路面上 $\varphi_0=0.4\sim0.8$，潮湿路面 $\varphi_0=0.25\sim0.4$，冰雪路面上 φ_0 一般小于 0.2，而对于黑色路面，不良路面状况时：$\mu\leqslant\varphi_0=0.2$。

2）操作方便、行车经济。汽车在弯道上行驶，其驱动方向与行驶方向的不同形成一个偏移角，曲线半径越小，偏移角就越大。偏移角的增大会造成操作困难，增加燃料消耗与轮胎磨损。燃料消耗、轮胎磨耗与 μ 值的关系见表 2-17。从操作方便、减少消耗的角度看，横向力系数取值 $\mu<0.15$ 为好。

μ 与燃料消耗和轮胎磨耗变化关系表　　　　　　　　　　　　表 2-17

μ 值	0	0.05	0.10	0.15	0.20
燃料消耗（%）	100	105	110	115	120
轮胎磨损（%）	100	160	220	300	390

3）行车平稳、舒适。汽车在弯道上行驶产生 μ 值过大，影响行车的稳定性，使司机和乘客感到紧张和不舒适。据测定，随着 μ 值的变化，反应如下：

当 $\mu<0.10$ 时，不感到曲线存在，很平稳；

当 $\mu=0.15$ 时，稍感到曲线存在，尚平稳；

当 $\mu=0.20$ 时，感到曲线存在，稍感不平稳；

当 $\mu=0.35$ 时，感到曲线存在，不平稳；

当 $\mu\geqslant0.4$ 时，非常不稳，有倾倒的感觉。

综合上述，从行车安全、经济、舒适诸方面要求上，常取 $\mu\leqslant0.15$，在设计中高速道路应取较低值，一般取 $\mu_{max}=0.15$，作为控制值。确定一般圆曲线最小半径采用的横向力系数值为 $0.05\sim0.06$。

（2）圆曲线半径的标准

1）公路圆曲线最小半径

为避免在路线设计时只考虑节约投资、不考虑线形的整体协调和今后提高公路等级而过多采用极限最小半径的片面倾向，也要考虑在地形比较复杂的情况下不会过多地增加工程量，同时也具有充分的舒适感。为此，《公路工程技术标准》JTG B01—2014提出了圆曲线最小半径的确定原则，圆曲线最小半径的实质是汽车行驶在公路曲线部分时，所产生的离心力等横向力不超过轮胎与路面的摩阻力所允许的界限。根据车辆在弯道上行驶时的受力状况及各种力的几何关系，《公路工程技术标准》JTG B01—2014给出了一般最小半径、极限最小半径、不设超高最小半径的设计思路，圆曲线最小半径（一般值）、圆曲线最小半径（极限值）取值如表2-18所示。路线设计中，为了确定行车安全和一定的舒适性，采用大于或等于表中一般最小半径值，避免采用极限半径。在地形有利，不过分增加工程量与工程费用时，应尽可能采用不设超高的半径值，对改善行车条件，提高道路使用质量，及今后道路改建、等级提高等方面均是有益的。

一般曲线最小半径可按式（2-15）计算：

$$R = \frac{v^2}{127(\mu + i_b)}$$ （2-15）

式中　R——曲线半径（m）；

　　　v——车辆速度（km/h）；

　　　i_b——路面横坡度或超高横坡度，以小数表示；

　　　μ——横向力系数，极限值为轮胎与路面之间的横向摩阻力系数。

各级公路圆曲线最小半径　　　　　　　　　　表 2-18

设计速度（km/h）		120	100	80	60	40	30	20
圆曲线最小半径（一般值）（m）		1000	700	400	200	100	65	30
圆曲线最小半径（极限值）（m）	$I_{max}=4\%$	810	500	300	150	65	40	20
	$I_{max}=6\%$	710	440	270	135	60	35	15
	$I_{max}=8\%$	650	400	250	125	60	30	15
	$I_{max}=10\%$	570	360	220	115	—	—	—

注："一般值"为正常情况下的采用值，"极限值"为条件受限制时可采用的值；"I_{max}"为采用的最大超高值；"—"为不考虑采用最大超高值的情况。

① 圆曲线最小半径（极限值）

圆曲线最小半径（极限值）是路线设计中各级公路所能允许的极限值，其 μ 值的选用主要满足安全要求，兼顾舒适性。因此在非特殊困难的情况下，一般不采用。圆曲线最小半径（极限值）可按式（2-15）计算，《公路工程技术标准》JTG B01—2014规定的 i_b 取 4%～10%，μ 取 0.1～0.17，将超高横坡度和横向力系数代入式（2-15），即得出圆曲线最小半径（极限值）。设计中常采用8%超高的圆曲线最小半径（极限值）。

【例 2-3】证明当采用设计速度 $v=30\text{km/h}$ 时的最小极限半径指标。

【解】查《公路工程技术标准》得：$v=30\text{km/h}$；$i_b=8\%$；$\mu=0.16$

则：$R_{\min}=\dfrac{30^2}{127\times(0.16+0.08)}=30.8\text{m}$

《公路工程技术标准》JTG B01—2014 规定：$R_{\min}=30\text{m}$，得证。

② 圆曲线最小半径（一般值）

圆曲线最小半径（一般值）是通常情况下推荐采用的最小半径值，对于按设计速度行驶的车辆能保证其安全性和舒适性。《公路工程技术标准》JTG B01—2014 规定 i_b 取 6%～8%、μ 取 0.05～0.06 计算取整得到圆曲线最小半径（一般值）。

③ 不设超高的圆曲线最小半径

当圆曲线半径较大时，离心力的影响较小，路面摩阻力可保证汽车有足够的稳定性，这时道路曲线段可不设超高，与直线段采用相同的双向横坡路拱形式。当曲线段的半径大到一定值时，即使汽车在曲线的外侧时，也能获得足够的安全性和很好的舒适性。《公路工程技术标准》JTG B01—2014 规定了不设超高的圆曲线最小半径，见表 2-19。

公路不设超高圆曲线最小半径　　　　　　　　　　　　　　　表 2-19

设计速度（km/h）		120	100	80	60	40	30	20
不设超高圆曲线最小半径（m）	路拱≤2%	5500	4000	2500	1500	600	350	150
	路拱>2%	7500	5250	3350	1900	800	450	200

2）城市道路圆曲线最小半径

《城市道路工程设计规范（2016 年版）》CJJ 37—2012 规定了三种平曲线最小半径：设超高最小半径极限值、设超高最小半径一般值、不设超高最小半径，其值见表 2-20。前三种最小半径的含义与公路相同，只是 μ、i 取值不同，如城市道路的不设超高最小半径 $\mu=0.06$、$i=-0.015$。城市道路中，考虑到道路与两侧建筑立面关系，路边缘两侧非机动车行驶安全的要求，平面曲线半径常大于不设超高最小半径。一般尽可能采用不设缓和曲线的圆曲线半径。

城市道路圆曲线最小半径　　　　　　　　　　　　　　　表 2-20

设计速度（km/h）		100	80	60	50	40	30	20
不设超高最小半径（m）		1600	1000	600	400	300	150	70
设超高最小半径（m）	一般值	650	400	300	200	150	85	40
	极限值	400	250	150	100	70	40	20

（3）圆曲线半径的应用

在应用平曲线半径时，应遵循的原则是：在地形条件许可时，尽可能采用大于或者等于不设超高最小半径；在一般情况下或地形条件受限制时，应尽量采用大于或等于一般最小半径，只有在地形特别困难时，方可采用极限最小半径。

2.2.3 缓和曲线

在平面线形中，缓和曲线是设置在直线与圆曲线之间或大圆曲线与小圆曲线之间，由较大圆曲线向较小圆曲线过渡的线形，是道路平面线形要素之一。它的主要特征是曲率均匀变化。《公路工程技术标准》JTG B01—2014 规定，除四级公路可不设缓和曲线外，其他各级公路，当平曲线半径小于不设超高的最小半径时，应设缓和曲线。缓和曲线采用回旋线。

它易于适应地形，能很好地与汽车行驶轨迹相适应，使线形连续、美观，但缓和曲线计算、布设较烦琐。

在道路线形设计中若将直线与圆曲线直接连接，如图 2-7 所示，会导致直线与圆曲线衔接点处产生曲率间断，而行车轨迹是连续的，若在平面线形设计中不采用缓和曲线，对于进出弯道行驶车辆，特别对那些以较高速度行驶的车辆来说，在行车安全、行车连续方面的影响将是明显的，甚至会使行车偏离车道而发生事故。所以，从道路线形必须适应行车轨迹方面来看，设置缓和曲线是十分必要的。

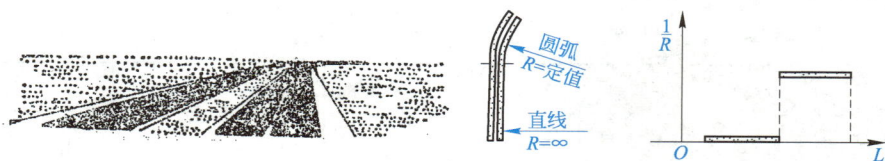

图 2-7　直线-圆曲线与曲率

缓和曲线曲率由零逐渐连续变化，符合匀速行驶汽车的行驶轨迹。在图 2-8 中可以看出，用缓和曲线将直线与圆曲线连接，提高了平面线形在视觉上的平顺性、行车方面的连续性，缓和了离心加速度对乘客的影响，驾驶员可从容操纵方向。所以缓和曲线的设置对行车安全、连续、线形美观等方面是有益的。

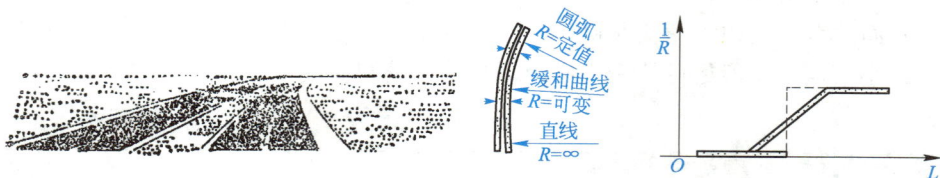

图 2-8　直线-缓和曲线-圆曲线与曲率

1. 缓和曲线的性质

汽车由直线段驶入曲线时，其弯道半径由无限大（直线段）过渡为一定值 R（圆曲线），其中曲率是一个逐渐变化的过程。为了使行车顺利转弯，路线设计符合汽车转弯时的行驶轨迹，可在直线和圆曲线间插入一条缓和曲线，使曲率形成一个连续变化的过程。

如图 2-9 所示分析汽车由直线驶入曲线过程的理论行驶轨迹。设汽车以等速 v 行驶；等角速度 ω 转动方向盘，在时间 t 后汽车后轴中心通过的轨迹线（图 2-9）长度为 s，方向盘转动角度为 $\varphi=\omega t$，前轮转角度 $\phi=k\varphi$，则前轮的转向角为：

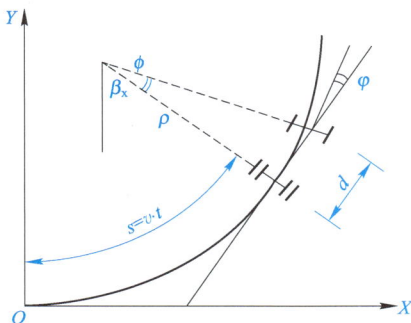

图 2-9　从直线到曲线的理论行驶轨迹

$$\phi=k\omega t$$

设汽车前后轴之距为 d，此时汽车的转弯半径 r，由图 2-9 得：

$$r=\frac{d}{\tan\varphi}=\frac{d}{\phi}=\frac{d}{k\omega t}$$

汽车转弯 t 时间行驶的距离为 $s=vt$，得：

$$s=\frac{vd}{k\omega t}$$

因该式中：v、d、k、ω 均为常数，并令：

$$\frac{vd}{k\omega}=c\ （常数）$$

所以汽车转弯时的理论轨迹方程为：

$$r=\frac{c}{s} \tag{2-16}$$

式中　c——常数值；

　　　　r——汽车转弯 t 时间后所在位置的曲率半径；

　　　　s——汽车由直线转弯经 t 时间后行驶距离。

式（2-16）表明：汽车以等速转弯时，行驶轨迹曲线上任意一点所对应的曲率半径与行驶的距离（弧长）成反比，这一行驶轨迹特性正好与数学上回旋线方程性质相同。因此，回旋线能够满足转弯车辆行驶轨迹的要求，也正是采用回旋线作缓和曲线的依据。

2. 回旋线作为缓和曲线的基本方式

回旋线是曲率随着曲线长度呈比例变化的曲线。这一性质与前面讨论过的驾驶员以匀速转动方向盘，汽车由直线驶入圆曲线或由圆曲线驶入直线的轨迹线相符，其基本公式见式（2-17）：

$$rl=A^2 \tag{2-17}$$

式中　r——回旋线上某点的曲率半径（m）；

　　　　l——回旋线上某点到原点的曲线长（m）；

　　　　A——回旋线参数（表征回旋线曲率变化的缓急程度）。

在回旋线的任意点上，r 是随 l 的变化而变化的，但在缓和曲线的终点处，$l=L_s$，$r=R$，则 $RL_s=A^2$，即 $A=\sqrt{RL_s}$。

31

式中 R——回旋线所连接的圆曲线半径（m）；

L_s——回旋线形的缓和曲线长度（m）。

3. 带缓和曲线的平曲线平面布设

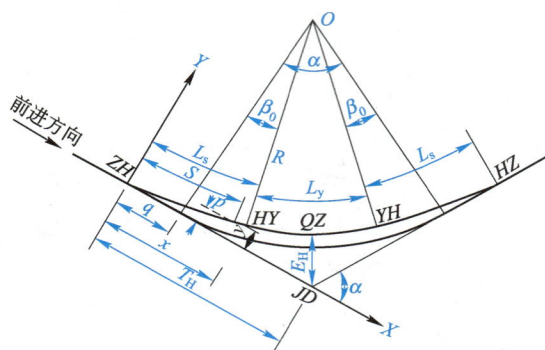

图 2-10 缓和曲线布置

（1）缓和曲线常数

在设有缓和曲线的平曲线布设计算中，首先得到几个基本常数，如图 2-10 所示缓和曲线常数如下：

1）缓和曲线中心角见式（2-18）

$$\beta_0 = 28.6479 \frac{L_s}{R} \ (°) \quad (2\text{-}18)$$

2）曲线内移值见式（2-19）。

$$p = \frac{L_s^2}{24R} - \frac{L_s^4}{2384R^3} \quad (2\text{-}19)$$

3）曲线切线增长值见式（2-20）。

$$q = \frac{L_s}{2} - \frac{L_s^3}{240R^2} \quad (2\text{-}20)$$

缓和曲线布设，它的全长 L_s 一半左右设在直线段上；另一半则插入圆曲线中，所以，圆曲线上布设缓和曲线的条件是：圆曲线长度 L 不得小于缓和曲线长（即 $L \geqslant L_s$）。

（2）技术代号

设有缓和曲线的平曲线主点桩技术代号有：

JD——交点（转角点）；

ZH——直缓（第一缓和曲线起点）；

HY——缓圆（第一缓和曲线终点）；

QZ——曲中（曲线中点）；

YH——圆缓（第二缓和曲线起点）；

HZ——缓直（第二缓和曲线终点）。

（3）几何要素计算

当圆曲线半径 R、曲线转角 α、缓和曲线长度 L_s 确定后，设有缓和曲线的平曲线几何要素计算式见式（2-21）。

$$\begin{cases} \text{切线长：} T_H = (R+p)\tan\frac{\alpha}{2} + q \\[2mm] \text{曲线长：} L_H = (\alpha - 2\beta_0)\frac{\pi}{180}R + 2L_s = \frac{\pi}{180}\alpha R + L_s \\[2mm] \text{圆曲线长：} L_y = (\alpha - 2\beta_0)\frac{\pi}{180}R \\[2mm] \text{外矢距：} E_H = (R+p)\sec\frac{\alpha}{2} - R \\[2mm] \text{校正值：} J_H = 2T_H - L_H \end{cases} \quad (2\text{-}21)$$

（4）曲线主点桩里程计算

根据已知交点桩里程和计算出的平曲线几何要素值，设有缓和曲线的平曲线主点桩为：

$$ZH = JD - T_H$$

$$HY = ZH + L_s$$

$$QZ = HY + \frac{L_y}{2}$$

$$YH = HY + L_y$$

$$HZ = YH + L_s$$

曲线主点桩里程校核：$JD = HZ + J_H - T_H$

【例 2-4】 某道路交点 JD_6 桩号为 K1+483.12，转角 $\alpha_{右} = 43°15'$，交点处曲线半径为120m，缓和段长度 $L_s = 40$m，如图 2-11 所示，试推算该交点处曲线主点桩里程。

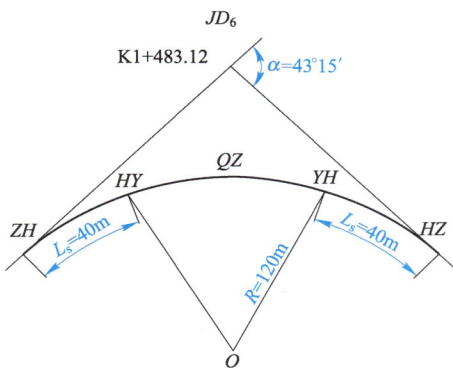

图 2-11 弯道平面布置图

【解】 （1）曲线常数

$$\beta_0 = 28.6479 \frac{L_s}{R} = 28.6479 \frac{40}{120} = 9.55°$$

$$p = \frac{L_s^2}{24R} - \frac{L_s^4}{2384R^3} = \frac{40^2}{24 \times 120} - \frac{40^4}{2384 \times 120^3} = 0.555\text{m}$$

$$q = \frac{L_s}{2} - \frac{L_s^3}{240R^2} = \frac{40}{2} - \frac{40^3}{240 \times 120^2} = 19.98\text{m}$$

（2）几何要素

$$T_H = (R+p)\tan\frac{\alpha}{2} + q = (120+0.555)\tan\frac{43.25°}{2} + 19.98 = 67.77\text{m}$$

$$L_Y = (\alpha - 2\beta_0)\frac{\pi}{180}R = (43.25° - 2 \times 9.55°)\frac{3.14}{180} \times 120 = 50.58\text{m}$$

$$L_H = L_y + 2L_s = 50.58 + 2 \times 40 = 130.58\text{m}$$

$$E_H = (R+p)\sec\frac{\alpha}{2} - R = (120+0.555)\sec\frac{43.25°}{2} - 120 = 9.68\text{m}$$

$$J_H = 2T_H - L_H = 2 \times 67.79 - 130.58 = 5.00\text{m}$$

（3）主点桩里程计算

$$ZH = JD - T_H = \text{K1}+483.12 - 67.79 = \text{K1}+415.33$$

$$HY = ZH + L_s = \text{K1}+415.33 + 40 = \text{K1}+455.33$$

$$QZ = HY + \frac{L_y}{2} = \text{K1}+455.33 + \frac{50.58}{2} = \text{K1}+480.62$$

$$YH = HY + L_y = \text{K1}+455.33 + 50.58 = \text{K1}+505.91$$

$$HZ = YH + L_s = \text{K1}+505.91 + 40 = \text{K1}+545.91$$

（4）主点桩校核

$JD = HZ + J_H - T_H = K1 + 545.91 + 5.00 - 67.79 = K1 + 483.12$

计算无误。

2.2.4　曲线超高

超高是为抵消车辆在平面曲线路段上行驶时所产生的离心力，而在该路段横断面上设置的外侧高于内侧的单向横坡。其作用是用车重产生的向内水平分力来抵消部分离心力，以利于行车安全与稳定。当公路与城市道路曲线半径分别小于表 2-19、表 2-20 中规定的不设超高最小半径时，均应设置超高。

1. 全超高横坡度

超高横坡度计算式由式（2-14）得到：

$$i_y = \frac{V^2}{127R} - \mu \tag{2-22}$$

当 V 为设计车速，R 为极限最小半径 R_{min} 时，则 i_y 为最大超高值 i_{ymax}。公路圆曲线最大超高值见表 2-21，城市道路最大超高横坡值见表 2-22。

公路圆曲线最大超高值　　　　　　　　　　　　　　　表 2-21

公路技术等级	高速公路、一级公路	二级公路、三级公路、四级公路
一般地区（%）	8 或 10	8
积雪冰冻地区（%）	6	
城镇地区（%）	4	

注：一般地区公路，圆曲线最大超高应采用 8%；以通行中、小型客车为主的高速公路和一级公路，最大超高可采用 10%。

城市道路最大超高横坡值　　　　　　　　　　　　　表 2-22

设计速度（km/h）	100，80	60，50	40，30，20
最大超高横坡（%）	6	4	2

由于车速是驾驶员根据道路实际情况判断后采用的，因此，在计算超高值时需要将设计车速加以调整。实际车速 V_A 与设计车速 V 之间的关系可按表 2-23 取用。

V_A 与 V 关系表　　　　　　　　　　　　　　　　表 2-23

设计车速 V（km/h）	120	100	80	60	40	30	20
实际车速 V_A（km/h）	81	74	64	52	37	28	19

由式（2-22），令 $V = V_A$，并取横向力系数值 $\mu = 0$ 时，得到的任意半径超高值对行车安全、经济、舒适方面最为有利。因此，超高值计算见式（2-23）：

$$i_y = \frac{V_A^2}{127R} \tag{2-23}$$

超高计算值取值要求：

（1）当计算结果 $i_y \geq i_{ymax}$ 时，取 $i_y = i_{ymax}$。

（2）当计算结果 $i_b < i_y < i_{ymax}$ 时，将 i_y 按 0.5% 的坡度倍数取整。

（3）当计算结果 $i_y \leq i_b$（路拱坡度），取 $i_y = i_b$。

总之，任意半径超高横坡度 i_y 不得大于极限超高横坡度 i_{ymax}，又不得小于路拱横坡度 i_b。当曲线半径大于不设超高的最小半径时可不设超高。

2. 超高的过渡

平曲线路段超高缓和段的布置如图 2-12 所示。当圆曲线上超高值 i_y 和缓和段长度 L_s 一定后，超高缓和应在 L_s 全长上布设。在设计中应根据超高变化情况计算出任意断面上路肩两侧边缘及路中点与原设计标高（未加宽前路肩边缘标高）的相对高差，为施工放样提供依据。超高缓和旋转变化方式有：边轴旋转、中轴旋转两种。缓和段任意断面上内、中、外相对高差计算与缓和段布置方法如下。

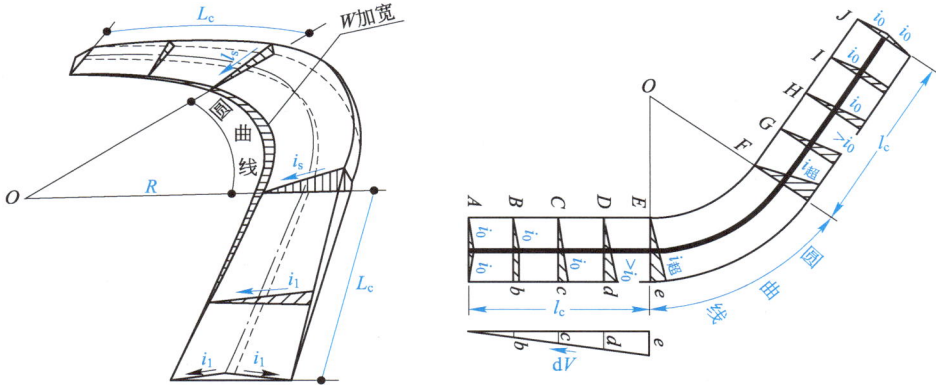

图 2-12　平曲线路段超高缓和段布置图

（1）公路超高方式

1）无中间带的公路

① 超高横坡等于路拱横坡时，外侧车道绕路中线旋转，直至超高横坡。

② 超高横坡大于路拱横坡，有以下三种过渡方式：

A. 绕车道内侧边轴旋转超高方式如图 2-13 所示。绕车道内侧边缘旋转的超高变化过程为：外侧路拱先绕路中线旋转（内侧路拱保持不变）至与内侧路拱横坡相同的单坡断面后，将整个单坡断面一起绕内边轴（路面未加宽前的内侧边缘）旋转，使单坡断面横坡达到圆曲线路段的超高横坡为止。对新建公路，挖方较多的路段，为减少挖方工程量，适宜采用边轴旋转的超高缓和段。

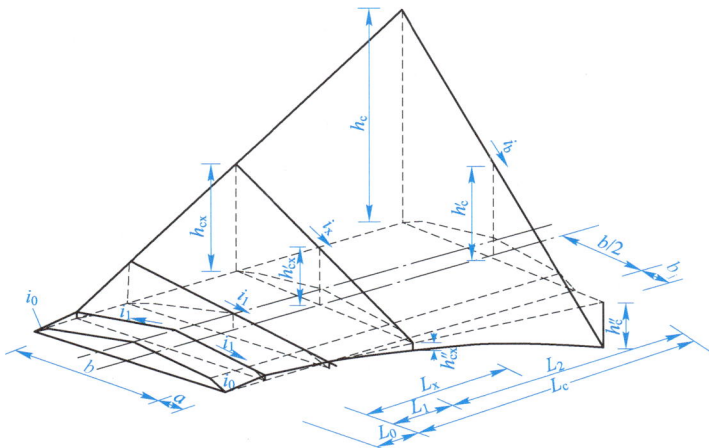

图 2-13　绕车道内侧边轴旋转超高方式

在设计与施工中，超高缓和段上任意断面上内、中、外各点与原设计标高的相对高差可按表 2-24 所列公式计算。

边轴旋转超高计算公式表　　　　　　　　　　　　　　表 2-24

超高值		计算公式		备注
		$0 \leqslant x \leqslant L_1$	$L_1 \leqslant x \leqslant L_c$	
圆曲线段	h_c	$ai_0 + (a+b)\,i_b$		表列值均与设计标高相比
	h_c'	$ai_0 + \dfrac{b}{2} i_b$		$L_1 = \dfrac{i_1}{i_b} L_c$
	h_c''	$ai_0 - (a+b)\,i_b$		$b_{jx} = \dfrac{x}{L_c} b_j$
缓和段	h_{cx}	$\dfrac{x}{L_s} h_c$		
	h_{cx}'	$ai_0 + \dfrac{b}{2} i_1$	$ai_0 + \dfrac{b}{2}\dfrac{x}{L_0} i_1$	
	h_{cx}''	$ai_0 - (a+b_{jx})\,i_1$	$ai_0 - (a+b_{jx})\dfrac{x}{L_s} i_1$	

注：公式中计算各值所对应标高为路间边缘点标高。

表中：

h_c、h_c'、h_c''——终点（与全超高 i_y 连接点）断面处路基外、中、内三点超高值（m）；

h_{cx}、h_{cx}'、h_{cx}''——缓和段上任意断面处路基外、中、内三点超高值（m）；

　　　　a——路肩宽度（m）；

　　　　b——路面宽度（m）；

　　　　i_0——路肩坡度（%）；

　　　　i_1——路拱坡度（%）；

　　　　i_b——超高坡度（%）；

　　　　b_j——圆曲线段全加宽（m）；

　　　　b_{jx}——缓和段任意断面加宽值（m）；

　　　　x——缓和段任意断面至起点距离（m）；

　　　　L_c——缓和段长度（m）。

B. 绕车道中轴旋转超高方式如图 2-14 所示。中轴旋转超高变化过程为：外

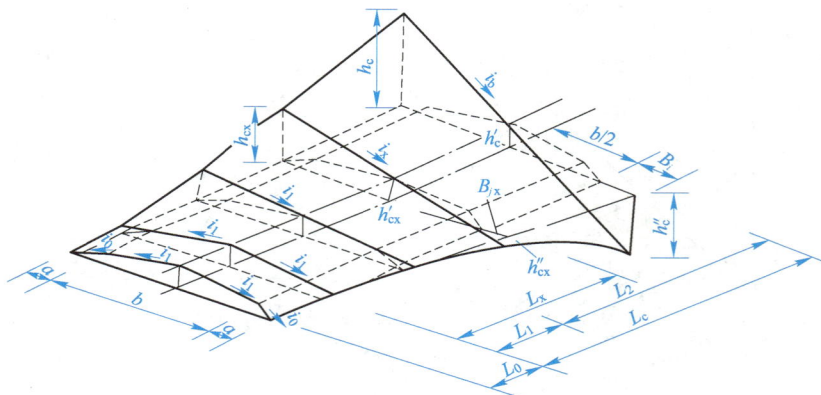

图 2-14　绕车道中轴旋转超高方式

侧路拱绕中线（中轴）旋转（内侧路拱保持不变）至路拱横坡相同的单坡断面后，再将整体断面继续绕中轴旋转，使单坡断面坡度达到圆曲线路段超高横坡为止。其适用于旧路改建的路基填方路段，以减少填方工程量。城市道路中均采用中轴旋转超高缓和便于控制路中设计标高。中轴旋转时，缓和段上任意断面上外、中、内各点的超高值可按表 2-25 所列公式计算（式中符号意义同前）。

中轴旋转超高计算公式　　　　　　　　　　　　　表 2-25

超高值	计算公式		备注
	$x \leqslant x_0$	$x > x_0$	
h_c	$a(i_0 - i_1) + \left(a + \dfrac{b}{2}\right)(i_1 + i_b)$		表列超高值均与设计标高相比较 $$x_0 = \dfrac{i_x}{i_b} L_c$$ $$b_{jx} = \dfrac{x}{L_c} b_j$$
h_c'	$ai_0 + \dfrac{B}{2} i_1$		
h_c''	$ai_0 + \dfrac{b}{2} i_1 - \left(a + \dfrac{b}{2} + b_j\right) i_b$		
h_{cx}	$\dfrac{x}{L_c} h_0$		
h_{cx}'	$ai_0 + \dfrac{B}{2} i_1$		
h_{cx}''	$ai_0 - (a + b_{jx}) i_1$	$ai_0 + \dfrac{b}{2} i_1 - \left(a + \dfrac{b}{2} + b_{jx}\right) \dfrac{x}{L_c} i_y$	

C. 绕车道外侧边轴旋转超高方式如图 2-15 所示。先将外侧车道绕外侧边缘旋转，与此同时，内侧车道随中线的降低而降低，待达到单向横坡后，整个断面仍绕外侧车道边缘旋转，直至达到超高横坡为止。该法仅在特殊设计中采用，如强调路容美观、外侧因受条件限制不能抬高等。

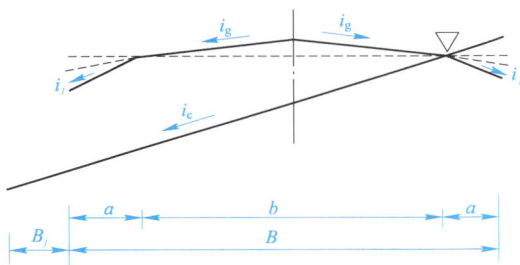

图 2-15　绕车道外侧边轴旋转超高方式

2）中间带的公路有三种超高方式。

① 绕中间带中心线旋转如图 2-16 所示。

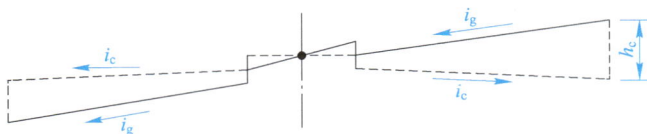

图 2-16　绕中间带中心线旋转

先将外侧行车道绕中间带的中心线旋转，待达到与内侧行车道构成单向横坡后，整个断面一同绕中心线旋转，直至超高横坡度值。此时，中央分隔带呈倾斜状。其适用于窄中间带的公路，一般中间带宽度小于等于 4.5m 时采用。

② 绕中央分隔带边缘旋转如图 2-17 所示。

37

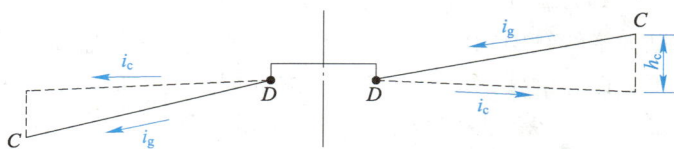

图 2-17 绕中央分隔带边缘旋转

将两侧行车道分别绕中央分隔带边缘旋转，使之各自成为独立的单向超高断面，此时中央分隔带维持原水平状态。各种宽度的中间带均适用此种方式。超高值可按表 2-26 所列公式计算（式中符号意义同前）。

绕中央分隔带边缘旋转超高值计算公式　　　　　　表 2-26

超高位置		计算公式	x 距离处行车道横坡值	备注
外侧	C	$(b_1+B+b_2)\,i_x$	$i_x=\dfrac{i_g+i_b}{L_c}x-i_g$	1. 计算结果为与设计高程之差；
	D	0		2. 设计高程为中央分隔带外侧边缘的高程；
内侧	D	0	$i_x=\dfrac{i_h-i_g}{L_c}x+i_g$	3. 加宽值 b_x，按加宽计算公式计算；
	C	$-(b_1+B+b_x+b_2)\,i_x$		4. 当 $x=L_x$ 时，为圆曲线上的超高值

③ 绕各自行车道中线旋转如图 2-18 所示。

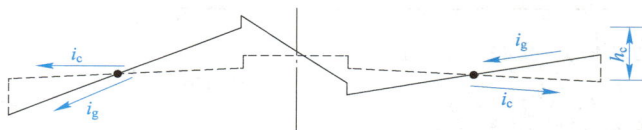

图 2-18 绕各自行车道中线旋转

将两侧行车道分别绕各自的中线旋转，使之各自成为独立的单向超高断面。此时中央分隔带边缘分别升高与降低而成为倾斜断面。单向车道数大于四条的公路可采用此种方式。超高值计算公式见表 2-27（式中符号意义同前）。

绕各自行车道中线旋转超高值计算公式　　　　　　表 2-27

超高位置		计算公式	x 距离处行车道横坡值	备注
外侧	C	$\left(\dfrac{B}{2}+b_2\right)i_x-\left(\dfrac{B}{2}+b_1\right)i_z$	$i_x=\dfrac{i_G+i_b}{L_c}x-i_G$	1. 计算结果为与设计高程之差；
	D	$-\left(\dfrac{B}{2}+b_1\right)(i_x+i_z)$		2. 设计高程为中央分隔带外侧边缘的高程；
内侧	D	$\left(\dfrac{B}{2}+b_1\right)(i_x-i_z)$	$i_x=\dfrac{i_h-i_G}{L_c}x+i_G$	3. 加宽值 b_x，按加宽计算公式计算；
	C	$-\left(\dfrac{B}{2}+b_x+b_2\right)i_x-\left(\dfrac{B}{2}+b_1\right)i_x$		4. 当 $x=L_c$ 时，为圆曲线上的超高值

（2）城市道路超高方式

城市道路超高方式应根据地形状况、车道数、超高横坡值、横断面形式、便于排水、路容美观等因素决定。单幅路及三幅路机动车道宜绕中轴旋转；双幅路及四幅路机动车道宜绕中央分隔带边缘旋转，使两侧车行道各自成为独立的超高横断面（图 2-19）。

图 2-19 城市道路超高过渡方式示意图

2.2.5 曲线加宽

1. 加宽值确定

汽车在弯道上行驶时车身占用路面宽度比直线路段要大，为了使汽车在转弯时不侵占相邻车道，所以，曲线路段的行车道应进行加宽来满足车辆转弯行驶需要。加宽量的取值取决于以下两个方面。

（1）汽车轮迹需要

弯道上行驶的汽车，各个车轮行驶轨迹是不同的，如图 2-20 所示，后轴内侧轮行驶轨迹半径最小，前轴外侧轮行驶轨迹半径最大。因而

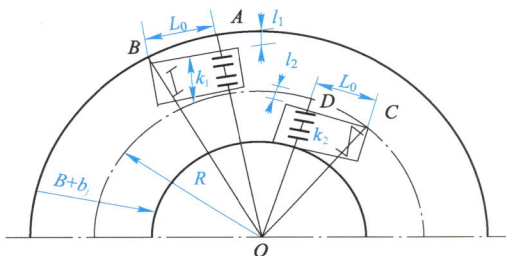

图 2-20 曲线加宽

在车道内侧需要加宽路面，来满足后轴内侧轮行驶要求。加宽量值随半径减小而增加。

由图 2-20 中的三角形 COD 中得到：$L_0^2 + (R-l_2)^2 = R^2$

则有：
$$l_2 = R - \sqrt{R^2 - L_0^2}$$

行车道为双车道，取 $b_j = l_2 + l_1 = 2l_2$（$l_2 > l_1$）

所以：
$$b_j = 2(R - \sqrt{R^2 - L_0^2})$$

即：
$$R^2 - L_0^2 = R^2 - Rb_j + \frac{b_j^2}{4}$$

因为 $\dfrac{b_j^2}{4}$ 与 R 相比甚小，略去后所得双车道行驶轨迹需要加宽量见式（2-24）：

$$b_j = \frac{L_0^2}{R} \tag{2-24}$$

式中 R——圆曲线半径（m）；

       L_0——汽车后轴至车身前缘的尺寸（m）。

（2）汽车行驶摆动需要

汽车做曲线行驶时，由于行驶方向与驱动方向不一致，会造成行驶摆动。行驶摆动随速度的提高而增大，随半径的变小而增大。因此也考虑曲线路段行车道加宽，用以满足行车摆动需要，以保行车安全。根据测定，弯道上行车的摆动要求加宽值见式（2-25）：

$$b' = \frac{0.05V}{\sqrt{R}} \tag{2-25}$$

综上所述：双车道曲线路段的全加宽值由式（2-24）和式（2-25）计算得到，即：

$$b_j = \frac{L_0^2}{R} + \frac{0.05V}{\sqrt{R}}$$
（2-26）

一般双车道加宽值可按《公路工程技术标准》JTG B01—2014 规定直接查用，表 2-28 中所列值为双车道加宽值。单车道公路路面加宽值按表列数值折半，行车道为多车道时应按双车道加宽计算值折算。

二级公路、三级公路、四级公路的圆曲线半径小于或等于 250m 时，道路应设置加宽。公路双车道曲线部分路面加宽值应符合规定表 2-28 的规定。圆曲线加宽值应根据公路功能、技术等级和实际交通组成确定。为适应行车轨迹，节省工程量，增进路容美观，曲线路段加宽宜布置在弯道内侧。

规范对加宽类别选用规定如下：

1）作为干线的二级公路应采用第 3 类加宽值。

2）作为集散的二级公路和三级公路，在考虑铰接列车通行时，应采用第 3 类加宽值；不考虑通行铰接列车时，可采用第 2 类加宽值。

3）作为支线的三级公路、四级公路可采用第 1 类加宽值。

4）有特殊车辆通行的专用公路，应根据特殊车辆验算以确定其加宽值。

圆曲线上的路面加宽应设置在曲线的内侧，各级公路的路面加宽后，路基也应相应加宽。双车道公路在采取强制性措施实行分向行驶的路段，其圆曲线半径较小时，内侧车道的加宽值应大于外侧车道的加宽值，设计时应通过计算分别确定。

公路双车道曲线部分的路面加宽值　　　　　　　　　　表 2-28

加宽类别	设计车辆	圆曲线半径（m）								
		200～250	150～200	100～150	70～100	50～70	30～50	25～30	20～25	15～20
第1类	小客车	0.4	0.5	0.6	0.7	0.9	1.3	1.5	1.8	2.2
第2类	载重汽车	0.6	0.7	0.9	1.2	1.5	2	—	—	—
第3类	铰接列车	0.8	1.0	1.5	2	2.5	—	—	—	—

注：单车道公路路面加宽值应为表列规定值的一半。

《城市道路工程设计规范（2016 年版）》CJJ 37—2012 规定，圆曲线半径小于等于 250m 时，应在圆曲线内侧加宽，圆曲线每条车道加宽值见表 2-29。

城市道路圆曲线每条车道的加宽值（单位：m）　　　　表 2-29

车辆类型	圆曲线半径(m)								
	200<R≤250	150<R≤200	100<R≤150	60<R≤100	50<R≤60	40<R≤50	30<R≤40	20<R≤30	15<R≤20
小客车	0.30	0.32	0.36	0.40	0.45	0.50	0.62	0.75	0.80
大型车	0.40	0.45	0.60	0.65	0.80	0.90	1.10	1.60	2.00
铰接车	0.45	0.55	0.75	0.95	1.25	1.50	1.90	2.80	3.50

2. 加宽缓和段

（1）加宽缓和段的长度

加宽缓和段长度取决于三方面的要求：

1）加宽所需要的最小长度。在不设缓和曲线或超高缓和段时，加宽缓和段长度应按渐变率 1∶15 且不小于 20m 的要求设置。

2）设置缓和曲线或超高缓和段时，加宽缓和段长度采用与缓和曲线或超高缓和段长度相同的数值。

3）不设缓和曲线，加宽缓和段长度取超高缓和段长度，渐变率不小于1∶15，且长度不小于 10m。此时，超高、加宽缓和段一般设于紧接圆曲线起、终点的直线段。在地形困难地段，允许将超高、加宽缓和段的一部分插入曲线，但插入曲线内的长度不得超过超高、加宽缓和段长度的一半。

（2）加宽过渡方式

当圆曲线路段的全加宽值和缓和段长度 L_s 确定后，加宽缓和应在 L_s 全长上布设，并计算出加宽缓和段任意断面处加宽量，为施工提供依据。加宽缓和段任意断面的加宽值的计算方法如下：

1）直线比例加宽方法

如图 2-21 所示，设加宽缓和段起点加宽值为零，终点加宽值为 b_j（与圆曲线路段全加宽相等），加宽缓和段上任意断面处加宽值见式（2-27）：

$$b_{jx} = \frac{x}{L_s} b_j \tag{2-27}$$

式中 x——计算断面至缓和段起点距离（m）。

其余符号同前。

这种过渡方式线形不圆滑美观，适用于二、三、四级公路。

2）高次抛物线加宽方法

如图 2-22 所示，高次抛物线加宽缓和段上任意断面处的加宽值按式（2-28）计算：

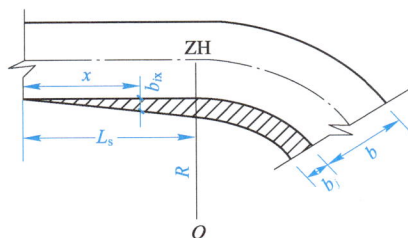

图 2-21　直线比例加宽

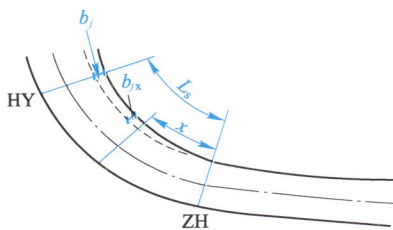

图 2-22　高次抛物线加宽

$$b_{jx} = \left[4\left(\frac{x}{L_s}\right) - 3\left(\frac{x}{L_s}\right)^4 \right] b_j \tag{2-28}$$

式中各符号意义同前。

高次抛物线加宽方法线形圆滑、顺适，适用于高速公路、一级公路及对路容要求较高的二级公路。

2.2.6　缓和段设置

1. 缓和段设置目的

为了使行车能够安全、平稳、顺利地由直线向曲线，由大半径曲线向小半径曲线行驶，必须设置过渡段，这个过渡段称为缓和段。它包括：缓和曲线、超高缓和段、加宽缓和段。

1）为消除行车转弯时曲率突变，使行车能从容、顺适地进行曲率变化而设置的曲线缓和过渡段为缓和曲线。

2）为使行车平稳、顺适地进行横坡变化而设置的超高变化过渡段为超高缓和段。

3）为适应行车轨迹，顺适地进行宽度变化而设置的加宽过渡段为加宽缓和段。

2. 缓和段长度

道路设计时，缓和段长度由离心加速度变化、操纵时间、超高变化三方面因素来确定。

（1）离心加速度变化的缓和长度 L_s

曲线上行车产生的离心加速度为 $\dfrac{v^2}{R}$；汽车走完缓和曲线全长 L_s 所用时间为 $\dfrac{L_s}{v}$；所以该缓和曲线段离心加速度变化率为：$p = \dfrac{v^2}{R} \div \dfrac{L_s}{v} = \dfrac{v^3}{L_s R}$

由上式得缓和段长度计算式为：$L_s = \dfrac{v^3}{pR}$

从行车舒适测定可知，离心加速度变化率取为 $0.5 \sim 0.75\mathrm{m/s^3}$，我国一般取 $p = 0.6\mathrm{m/s^3}$。将 v 的单位由"m/s"换算为"km/h"并代入上式得式（2-29）：

$$L_s = 0.035 \frac{V^3}{R} \tag{2-29}$$

式中　L_s——缓和曲线长度（m）；

　　　V——设计车速（km/h）；

　　　R——曲线半径（m）。

（2）操纵时间要求缓和段长度 L_s

为了行车安全，汽车在缓和段 L_s 上行驶时，必须给驾驶员从容驾驶操纵方向盘的时间，一般取时间 $t = 3s$，所对应缓和段长度见式（2-30）：

$$L_s = \frac{Vt}{3.6} = \frac{V}{1.2} \tag{2-30}$$

（3）超高变化要求缓和段长度 L_s

由直线的双向路拱横坡向圆曲线段的单坡断面（超高）变化过渡时，为满足行车平稳要求，所需用的缓和段长度见式（2-31）：

$$L_s = \frac{b\Delta i}{q} \tag{2-31}$$

式中　q——超高渐变率，按表 2-30、表 2-31 取值；

　　　b——超高旋转轴至路面外边缘的距离（m）；中轴旋转时取 $b = \dfrac{B}{2}$；边轴旋转时取 $b = B$（B 为路面宽度）；

Δi——超高悬转轴以外，超高横坡与原路拱坡度的代数差，中轴旋转时 $\Delta i = i_y + i_g$；边轴旋转时 $\Delta i = i_y$。

公路超高渐变率　　　　　　　　　　表 2-30

计算行车速度（km/h）	超高悬转轴位置	
	绕中线旋转	绕边缘旋转
120	1/250	1/200
100	1/225	1/175
80	1/200	1/150
60	1/175	1/125
40	1/150	1/100
30	1/125	1/75
20	1/100	1/50

城市道路超高渐变率　　　　　　　　表 2-31

设计速度（km/h）	60	50	40	30	20
超高渐变率	1/125	1/115	1/100	1/75	1/50

综上所述，缓和段长度的确定应综合考虑以上三方面要求，一般根据三方面缓和段长度的计算结果，取其中最长的并按 5m 倍数取整后作为缓和段长度，这个长度不得小于各级道路所规定的缓和曲线长度（表 2-32、表 2-33）。当缓和段长度最终确定，其缓和曲线、超高缓和段、加宽缓和段均应在缓和长度全长 L_s 上进行布设。缓和曲线应采用回旋线。

当城市道路设计速度小于 60km/h，地形条件困难时，直线段长度可不受上述限制，但应满足设置缓和曲线最小长度的要求，见表 2-33。

公路缓和曲线最小长度　　　　　　　表 2-32

设计速度（km/h）	120	100	80	60	40	30	20
最小长度（m）	100	85	70	60	40	30	20

注：四级公路为超高、加宽缓和段长度。

城市道路缓和曲线最小长度　　　　　表 2-33

设计速度（km/h）	100	80	60	50	40	30	20
缓和曲线最小长度（m）	80	70	50	45	35	25	20

注：当圆曲线半径大于不设缓和曲线的最小圆曲线半径时，直线和圆曲线可直接连接，详见《城市道路工程设计规范（2016 年版）》CJJ 37—2012。

2.2.7　平曲线长度

1. 平曲线最小长度

为使汽车在曲线路段顺适行驶，减缓驾驶员的紧张操作，要求曲线必须有一定长度。若曲线长度过短，驾驶行车要很快地急转方向盘，导致驾驶员紧张，不利于行车安全，破坏了行车舒适性。一般驾驶员能从容操作方向的（左右转动方向）时间为 6s，由此得曲线最小长度的计算式，见式（2-32）。

$$L_{\min} \geqslant \frac{Vt}{3.6} = 1.67V \qquad (2-32)$$

式中　V——设计车速（km/h）；

$\quad\quad\quad t$——操作时间（s），取 6s。

公路和城市道路平曲线设计中平曲线最小长度分别按表 2-34 和表 2-35 规定执行。当城市道路设计速度小于 40km/h 时，缓和曲线可采用直线代替。

各级公路平曲线最小长度　　　　　表 2-34

设计速度（km/h）		120	100	80	60	40	30	20
平曲线最小长度（m）	一般值	600	500	400	300	200	150	100
	最小值	200	170	140	100	70	50	40

注："一般值"为正常情况下的采用值，"最小值"为条件受限时可采用的值。

城市道路平曲线与圆曲线最小长度　　　　　表 2-35

设计速度（km/h）		100	80	60	50	40	30	20
平曲线最小长度（m）	一般值	260	210	150	130	110	80	60
	般限值	170	140	100	85	70	50	40
圆曲线最小长度（m）		85	70	50	40	35	25	20

2. 小偏角时的平曲线长度

当道路转角较小时，即使采用相当大的曲线半径，驾驶员都会感到曲线半径和曲线长度比实际小。当道路转角小于 7°时，为防止驾驶员在视觉上产生急弯错觉，而导致操纵失误，应设较长的平曲线，并按表 2-36、表 2-37 取值计算。

公路转角小于或等于 7°时的平曲线长度　　　　　表 2-36

设计速度（km/h）	120	100	80	60	40	30	20
一般值（m）	1400/Δ	1200/Δ	1000/Δ	700/Δ	500/Δ	350/Δ	280/Δ
最小值（m）	200	170	140	100	70	50	40

注：表中 Δ 为路线转角值（°），当 Δ＜2°时，按 Δ＝2°计算。

城市道路小转角平曲线最小长度　　　　　表 2-37

设计速度（km/h）	60	50	40	30	20
平曲线长度（m）	700/θ	600/θ	500/θ	350/θ	280/θ

注：表中的 θ 角为路线转角值（°），当 θ＜2°时，按 θ＝2°计算。

2.2.8　平面线形的连接

平面线形设计的基本问题主要是圆曲线与缓和段的组成设计，但这对于整体平面线形设计组合来说只能是局部的。实践证明：直线、缓和段、圆曲线三方面的组合搭配是否得当，线形与自然条件是否协调是影响行车安全通畅舒适及反映道路使用质量的重要因素。而不良的组合有时会导致行车事故，降低道路通行能力。所以在整体平面线形组合设计中应注意以下几点。

1. 线形与地形

（1）地形平坦、开阔的平原地区

城镇道路网与公路的平面线形设计，直线应占较大的比例，并在路线转弯处配以大半径曲线。

（2）起伏的山岭、丘陵地区

道路平面线形设计应以曲线为主，以线形适应地形为宜。

（3）平面线形设计

平面线形设计整体上尽可能顺直，选择曲线半径尽可能大一些，应与自然地形等高线相适应为宜。选用曲线半径时注意：

1）一般地形情况下，应选用极限半径的 4～8 倍、对应超高为 2‰～4‰ 的圆曲线半径为宜。在不增加工程量时宜选用大曲线半径，但平曲线半径不宜大于 10000m。

2）当平面线形受地形条件限制时，应尽可能选用大于或等于一般最小半径值，避免采用极限半径。

2. 直线与曲线

（1）在桥梁、隧道内部与进出口路段和平面交叉口前后路段，为缩短构造物长度，争取良好的通视条件，应采用直线为宜。

（2）长直线尽头不得设置小半径曲线。长直线或大半径曲线路段易形成较高的行车速度，若以小半径曲线行车转弯容易导致事故。据国外资料，一般情况下直线长度与曲线半径良好的组合关系为：

当直线长度 $L<500m$ 时，最小半径 $R=L$；

当直线长度 $L\geq500m$ 时，最小半径 $R=500m$。

其中直线长度 L 指加设缓和曲线后两曲线间的直线段长度。

（3）道路交点处不论转角大小，均应设置平曲线（包括圆曲线和缓和曲线），一般平面线形设置的转角不宜小于 $10°$。

（4）转向相同的两相邻圆曲线称为同向曲线。同向曲线之间连以短直线的线形称为"断背曲线"。这种线形易使驾驶员产生判断错误，对行车极不安全，且线形难看，线形中不允许出现。设计中应将"断背曲线"加以调整，可将曲线间的直线段取消合并为复合曲线或单圆曲线（复曲线中的小圆的临界曲线半径见表 2-39）；也可以拉开两相邻交点，在两个圆曲线之间插入足够长度的直线段。同向曲线间的最小直线长度应满足表 2-38 的规定。

直线长度参考值表　　　　　　表 2-38

计算行车速度（km/h）		100	80	60	40	30	20
最小直线长度（m）	同向曲线间 一般值	600	480	360	240	180	120
	同向曲线间 特殊值	—	—	—	100	75	50
	反向曲线间	200	160	120	80	60	40

表中规定情况下，同向曲线间直线段长度不宜小于 $6V$（V 为设计车速，下同）；当设计车速在 40km/h 或以下的地形复杂地区道路，同向曲线间直线段长

度不宜小于表列"特殊值"，即不小于 $2.5V$。其中，直线段长为设缓和曲线前两圆曲线间的直线段长。

（5）转向不同的两相邻圆曲线称为反向曲线。反向曲线间的直线段长度不宜小于表 2-38 规定值，即不小于 $2V$。在地形复杂地区，布线受限制时，反向曲线间的直线段不得小于缓和曲线长度，即必须保证缓和曲线的布设。

复曲线中的小圆的临界曲线半径表   表 2-39

设计速度（km/h）	120	100	80	60	40	30
临界曲线半径（m）	2100	1500	900	500	250	130

3. 平面线形连接

（1）为了使行车能够保持匀速行驶状态，在同一设计路段上的平面线形组合指标应保持相对均衡与连续，应避免线形突变造成行车困难。对于不同设计路段之间必须设置足够距离过渡段，使线形指标逐渐变化，适应行车。

（2）在对向混行的双车道道路上，为提供较好的超车条件，路线每隔适当间距必须布设一定长度（超车视距长度）的直线段。

（3）为保证道路整体线形的连续性，在直线为主或大半径曲线路段中，当设有个别较小的曲线半径时会造成路线突然转折，会影响行车安全。此时，适当增加工程费用，改善局部线形指标，以提高行车安全性，增进运输效益显然是可取的。

（4）路线平面线形应避免任何连续线形，要使圆曲线、缓和曲线、曲线间的直线段都应有足够的、符合规定的长度，且搭配组合合理以达到线形美观，行车安全、顺适的目的。

2.2.9　平面视距

为了行车安全，保证驾驶员能随时看到前方一定距离的道路路段，发现道路上的障碍、迎面来车，及时采取制动或避让措施，所必需的最短距离称为行车视距，在平面线形和纵断面线形设计中都应有足够的行车视距。

平面上为确保行车安全，必须具有一定的行车视距，由于道路行车情况的不同，平面行车视距有：停车视距、会车视距、超车视距。

1. 停车视距

小客车行驶时，当目高为 1.2m，物高为 0.1m 时，驾驶人员自看到前方障碍物时起，至障碍物前能安全停车所需要的最短行车距离，称为小客车停车视距（停车视距）。货车行驶时，当目高为 2.0m，物高为 0.1m 时，驾驶人员自看到前方障碍物时起，至障碍物前能安全停车所需要的最短行车距离，称为货车停车视距。公路停车视距见表 2-40～表 2-42。城市道路停车视距见表 2-43。停车视距由三部分组成，即反应距离 l_1、制动距离 l_t、安全距离 l_0，如图 2-23 所示。

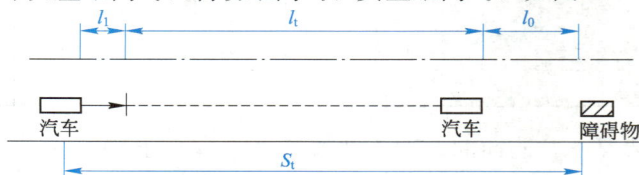

图 2-23　停车视距

（1）反应距离

从驾驶员发现前方障碍到采取制动措施所用时间（称为反应时间 t_1）内，汽车所行驶的距离为反应距离，见式（2-33）：

$$l_1 = \frac{Vt_1}{3.6} \tag{2-33}$$

（2）制动距离

汽车由开始制动到完全停车所行驶距离为制动距离。制动距离取决于汽车制动力与车速，而制动力由车重 G 和轮胎与路面的摩阻系数 φ 决定，即制动力 $P = \varphi G$。

制动力 P 与制动距离 l_t 的乘积所做的功，消耗了汽车原动能，使车速由 v_1 降至 v_2，即：$l_t G\varphi = \frac{G}{2g}(v_1^2 - v_2^2)$，得式（2-34）：

$$l_t = \frac{v_1^2 - v_2^2}{2g\varphi} \tag{2-34}$$

将 $g = 9.8 \text{m/s}^2$ 代入上式，并将 v（m/s）换算成 V（km/h）得式（2-35）：

$$l_t = \frac{V_1^2 - V_2^2}{254\varphi} \tag{2-35}$$

当停车时 $V_2 = 0$，制动效果又受到道线纵坡度 i 的制约，修正上式得到制动距离，见式（2-36）：

$$l_t = \frac{V^2}{254(\varphi \pm i)} \tag{2-36}$$

（3）安全距离

当汽车制动停车后与障碍物所应保持的距离为安全距离。安全距离 l_0 一般取值 5~10m。

由上述分析综合后得到的停车视距见式（2-37）：

$$S_t = \frac{Vt}{3.6} + \frac{V^2}{254(\varphi \pm i)} + l_0 \tag{2-37}$$

式中　V——设计车速，km/h；

　　　　t——司机反应时间，一般取 1.5~2s；

　　　　i——道路纵坡，取"＋"为上坡，取"－"为下坡；

　　　　φ——轮胎与路面的纵向摩阻系数，干燥路面为 0.5~0.7，潮湿路面为 0.3~0.5，泥泞和冰滑路面为 0.1~0.2。

2. 会车视距

在无中央分隔带，双向混行道路上，当行车遇到迎面来车时，来不及错车，双向制动到完全停车，所需用的安全距离，称为会车视距。

如图 2-24 所示会车视距长度为：

$$S_H = l_1 + l_2 + l_{1t} + l_{2t} + l_0$$

近似取 $l_1 = l_2$，$l_{1t} = l_{2t}$，得式（2-38）：

$$S_H = 2l_1 + 2l_{1t} + l_0 = 2S_t \tag{2-38}$$

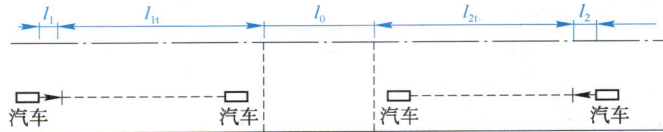

图 2-24 会车距离

由以上计算公式得知，会车视距其值应为停车视距的 2 倍。参照国内外普通做法，取停车视距的 2 倍值。对于二、三、四级公路，除必须保证会车视距的要求外，双车道公路还应考虑超车视距要求。高速公路和一级公路有中央分隔带，无对向车，不用考虑会车视距。

3. 超车视距

对于交通量较大的双向混行双车道道路，当目高为 1.2m，物高 1.2m，后车从开始驶离原车道之处起，至可见对向来车并能超车后安全驶回原车道所需要的最短距离，称为超车视距。超车视距如图 2-25 所示。

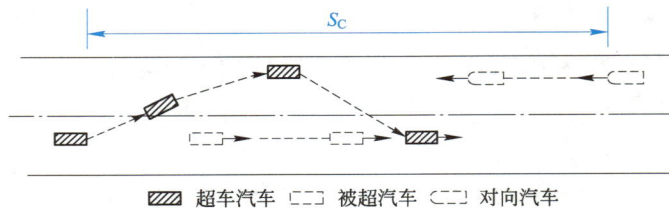

图 2-25 超车视距

三种视距主要根据公路等级、车辆类型及道路具体路况进行运用，还应注意：

1）对向行驶的双车道公路，应根据需要并结合地形在适当的距离内设置具有超车视距的路段。

2）积雪冰冻地区的停车视距应适当增长。

3）高速公路、一级公路以及大型车比例高的二级公路、三级公路的下坡路段，应采用下坡路段货车停车视距对相关路段进行检验，平坡段货车停车视距和下坡段的货车停车视距见表 2-40～表 2-42，城市道路停车视距见表 2-43。

高速公路、一级公路停车视距及货车停车视距　　　　表 2-40

设计速度（km/h）	120	100	80	60
停车视距（m）	210	160	110	75
货车停车视距（m）	245	180	125	85

二级公路、三级公路、四级公路的视距应采用会车视距，受地形条件或其他特殊情况限制而采用分道行驶措施的路段，可采用停车视距，会车视距与停车视

距应不小于表 2-41 的规定。另外，具有干线功能的二级公路宜在 3min 的行驶时间内，提供一次满足超车视距要求的超车路段。超车视距最小值应符合表 2-41 的规定。

二、三、四级公路会车视距、停车视距、超车视距及货车停车视距　表 2-41

设计速度（km/h）		80	60	40	30	20
会车视距（m）		220	150	80	60	40
停车视距（m）		110	75	40	30	20
超车视距最小值（m）	一般值	550	350	200	150	100
	极限值	350	250	150	100	70
货车停车视距（m）		125	85	50	35	20

注："超车视距一般值"为正常情况下的采用值，"超车视距极限值"为条件受限时可采用的值。

下坡段货车停车视距　表 2-42

设计速度（km/h）		120	100	80	60	40	30	20
纵坡坡度（%）	0	245	180	125	85	50	35	20
	3	265	190	130	89	50	35	20
	4	273	195	132	91	50	35	20
	5		200	136	93	50	35	20
	6			139	95	50	35	20
	7				97	50	35	20
	8						35	20
	9							20

城市道路停车视距　表 2-43

设计速度（km/h）	100	80	60	50	40	30	20
停车视距（m）	160	110	70	60	40	30	20

4. 弯道内侧视距的保证

汽车在弯道上行驶时，弯道内侧的树木、路堑边坡及建筑物等都可能会阻挡行车视线。因此，要保证汽车的平面视距，必须清除弯道内侧一定范围的障碍物。

在图 2-28（a）中与这些视线相切的曲线为视距曲线。因此，在视距曲线与行车轨迹线之间一切阻挡视线的障碍物必须清除。

h 为行车轨迹线与视距曲线之距，称为横净距。h_0 称为障碍物至行车轨迹线之距。

当 $h > h_0$ 时，障碍物会阻挡行车视线，应予清除；

当 $h \leqslant h_0$ 时，行车视距能得到保证。

（1）解析法确定最大横净距

横净距的计算如图 2-26、图 2-27 所示，最大横净距计算公式见表 2-44。

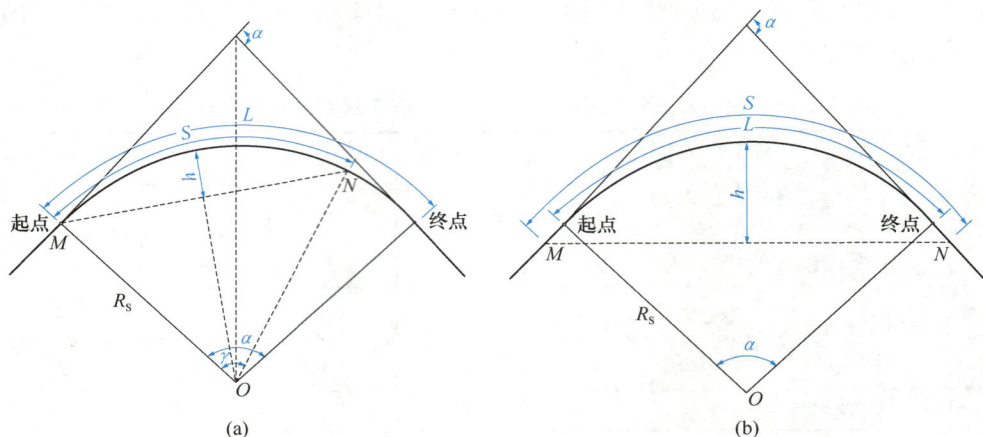

图 2-26 不设缓和曲线时横净距的计算

(a) $L \geqslant S$；(b) $L < S$

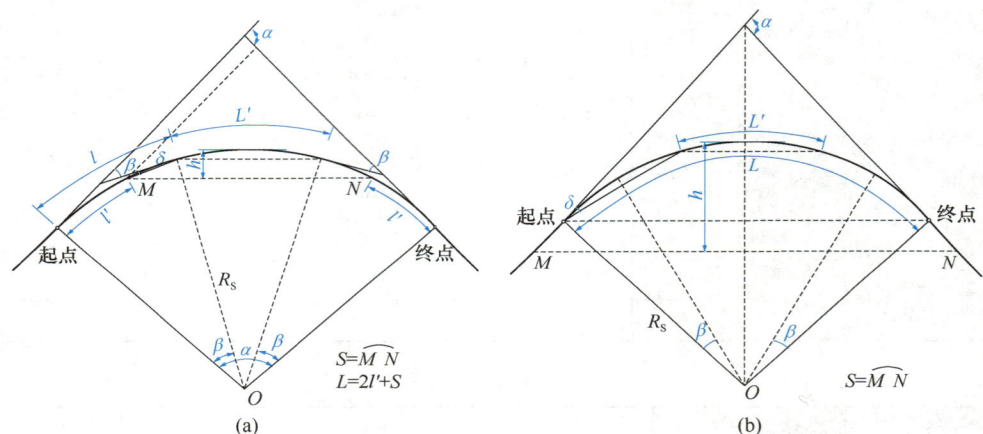

$S = \overparen{MN}$
$L = 2l' + S$

$S = \overparen{MN}$

图 2-27 设缓和曲线时横净距的计算

(a) $L \geqslant S$；(b) $L < S$

最大横净距计算公式 表 2-44

不设缓和曲线	$L \geqslant S$ $h = R_s \left(1 - \cos \dfrac{\gamma}{2} \right)$ （图 2-26a）	$\gamma = \dfrac{180°S}{\pi R_s}$
	$L < S$ $h = R_s \left(1 - \cos \dfrac{\gamma}{2} \right) + \dfrac{1}{2}(S - L_s) \sin \dfrac{\alpha}{2}$ （图 2-26b）	$L_s = \dfrac{\pi}{180°} \alpha R_s$ $\gamma = \dfrac{180°S}{\pi R_s}$

续表

设缓和曲线	$L' \geqslant S$ $h = R_s \left(1 - \cos \dfrac{\gamma}{2} \right)$ （图 2-27a）	$\gamma = \dfrac{180° S}{\pi R_s}$
	$L > S \geqslant L'$ $h = R_s \left(1 - \cos \dfrac{\alpha - 2\beta}{2} \right) + \sin \left(\dfrac{\alpha}{2} - \delta \right)(l - l')$ （图 2-27a）	$\delta = \arctan \left\{ \dfrac{l}{6 R_s} \left[1 + \dfrac{l'}{l} + \left(\dfrac{l'}{l} \right)^2 \right] \right\}$ $l' = \dfrac{1}{2}(L - S)$
	$L < S$ $h = R_s \left(1 - \cos \dfrac{\alpha - 2\beta}{2} \right) + \sin \left(\dfrac{\alpha}{2} - \delta \right) l + \dfrac{S - L}{2} \sin \dfrac{\alpha}{2}$ （图 2-27b）	$\delta = \arctan \dfrac{l}{6 R_s}$

注：h—最大横净距（m）；S—视距（m）；L—平曲线长度（m）；l—缓冲曲线长度（m）；R_s—曲线内侧视点轨迹线的半径，其值为未加宽前路面内缘的半径加上 1.5m；α—曲线转角（°）；β—道路中线缓和曲线全长所对应的回旋线角（°）；δ—视线所对应的圆心角（°）。

（2）几何法确定最大横净距

用绘图方法确定清除障碍物的范围，称为视距包络图，如图 2-28 所示。

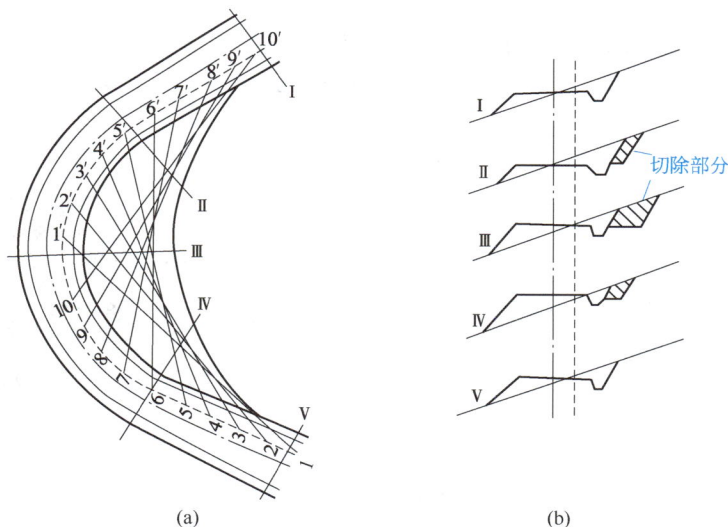

(a)　　　　　　　　　　　　　　(b)

图 2-28　视距包络图

视距包络图作图步骤：

1）按比例画出弯道平面图及视距加宽前路面内侧边缘 1.5m 的行车轨迹。

2）计算最大横净距。

3）在平曲线起（终）点向直线段方向沿轨迹线量取设计视距 S 长度，定出 O 点。从起点到中点（或中点到终点）的轨迹进行若干等分（一般分为 10 等分）得 1、2、3 等。

4）从 1、2、3 等各点在曲线上量取 S，得到 $1'$、$2'$、$3'$ 等，连接得 $11'$、$22'$、$33'$。

5）画一曲线内切所有连线，得到视距包络图，视距包络图内的所有障碍物必须清除。

（3）开挖视距台

用计算方法或视距包络图的方法，计算出横净距以后，就可按比例在各桩号的横断面图上画出视距台，以供施工放样，如图 2-29 所示。其步骤如下：

1）按比例画出需要保证设计视距的各桩号横断面图。

2）由未加宽路面边缘向路中心线量取 1.5m，并垂直向上量 1.2m 得 A 点，则 A 点为驾驶员眼睛的位置。

3）由 A 点作水平线，并沿内侧方向量取横净距得 B 点。

4）由 B 点垂直向下量取 y 高度（边坡为土质时 $y=0.3m$，边坡为石质时 $y=0.1m$）。

5）由 C 点按边坡比例画出边坡线，则图中阴影部分即为挖除部分。

6）各桩号分别按需要的横净距计算开挖视距台，连接起来就能保证设计视距。

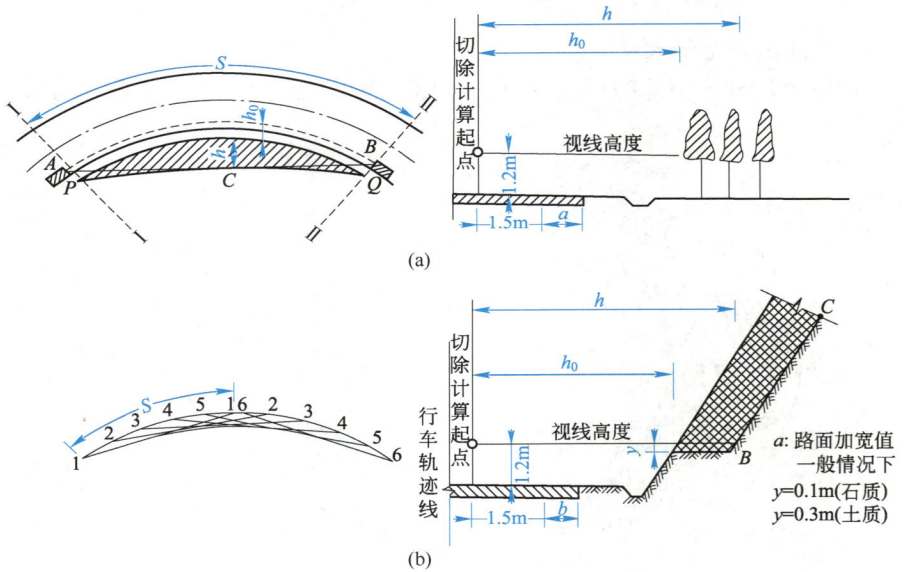

图 2-29　开挖视距台

2.2.10　平面设计成果

1. 直线、曲线、转角一览表

直线、曲线、转角一览表是道路设计文件内容，也是平面设计主要成果。它反映了设计者对路线平面线形的设计意图，也是绘制平面设计图的依据，见表 2-45，填表步骤如下：

（1）根据平面定线方案，测定各交点处转角 α，并测量相邻两交点间距。对各交点进行编号并填表。

（2）在路线各交点处，选择平曲线半径 R，缓和段长度 L_s，并布设平曲线。

直线、曲线、转角一览表

路线名称：二级公路

表2-45
第1页 共1页

交点号	交点桩号	转角值		半径(m)	曲线要素值(m)				曲线主点桩号					直线长度(m)		备注
		左	右		T_H	L_H	E_H	L_u	ZH(ZY)	HY	QZ	YH	HZ(YZ)	直线长度	交点间距	
A	K0+000													1394.68	1538.7	1. 本设计路段为汽车专用二级公路
JD	K1+538.7	26°		450	144.02	284.1	12.63	80	K1+394.68	K1+474.68	K1+536.73	K1+598.78	K1+678.78	338.22	478.3	2. 设计车速为80km/h
B	K2+017.0															3. 转角大于7°
																4. 平曲线一般最小半径为400m
																5. 平曲线最小长度为140m，缓和段最小为70m
																6. 本设计路线所处地为平原微丘IV3区

（3）计算每个交点曲线的几何要素（T、L、E、J）并填表。

（4）由路线起点开始，根据交点间距和曲线几何要素，推算各曲线主点桩里程并校核。计算出整个设计路线里程，将各主点桩号填表。

（5）对直线、曲线、转角一览表进行校核

$$\Sigma 交点间距-\Sigma J=路线总里程$$
$$\Sigma 直线段长+\Sigma 曲线长=路线总里程$$

2. 路线平面图

路线平面图可体现路线平面位置、走向，反映沿线人工构造物和工程设施的布置情况以及路线与地形、地物的关系。路线平面图是直线、曲线、转角一览表形象化的表现，平面图全面地体现路线方案特点，也是道路平面设计的重要成果。其图绘制步骤如下：

（1）为清晰地表示地形地物情况，地形图要采用不同的比例，对于公路工程一般山岭地区采用 1∶2000 的比例，丘陵平原地区采用 1∶5000 的比例，城市道路一般采用 1∶1000 或 1∶500 的比例。

（2）根据直线、曲线、转角一览表，按比例绘制道路中线图。

（3）在道路中线图上标注出起点、里程表桩、百米桩、曲线主点桩、桥涵与人工构造物桩号位置。

（4）按比例根据实测资料，结合实际地形勾绘道路中线左右各 100～200m 范围内的地形等高线，标注地物、地貌、建筑物与构造物位置和名称。

（5）城市道路平面图，应在现状地形图上绘出道路设计红线、中线、行车道与人行道的分界线，并绘出分隔带、绿化带、交通岛、沿街建筑及出入口位置与外形。图中要示出管线、排水设施，包括：检查井、进水口、桥、涵等位置。对交叉口应标明道口位置、侧石转弯半径、中心岛等。

（6）整理、修正（等高线、地物、建筑物、构筑物等）图纸。道路平面设计图详见附图 1。若有设计路段地形图，则可直接在图上设计、绘制道路平面图。

2.3　道路纵断面设计

2.3.1　概述

通过道路中线的竖向剖面称为路线纵断面图。由于地形、地物、地质、水文等自然因素的影响以及满足经济性的要求，公路路线在纵断面上不可能从起点至终点是一条水平线，而是一条有起伏的空间线。纵断面设计的主要任务就是根据汽车的动力性能、公路等级和性质、当地的自然地理条件以及工程经济等，来研究这条空间线形的纵坡大小及其长度。它是公路设计的重要内容之一，而且将直接影响到行车的安全和速度、工程造价、运营费用和乘客的舒适程度。

图 2-30 为道路纵断面示意图。在纵断面图上，通过路中线的原地面上各桩点的高程，称为地面标高，相邻地面标高的起伏折线的连线，称为地面线。设计公路的路基边缘相邻标高的连线，称为设计线，设计线上表示路基边缘各点的标高，称为设计标高。在同一横断面上设计标高与地面标高之差，称为施工

高度。当设计线在地面线以上时，路基构成填方路堤；当设计线在地面线以下时，路基构成挖方路堑。施工高度的大小直接反映了路堤的高度和路堑的深度。

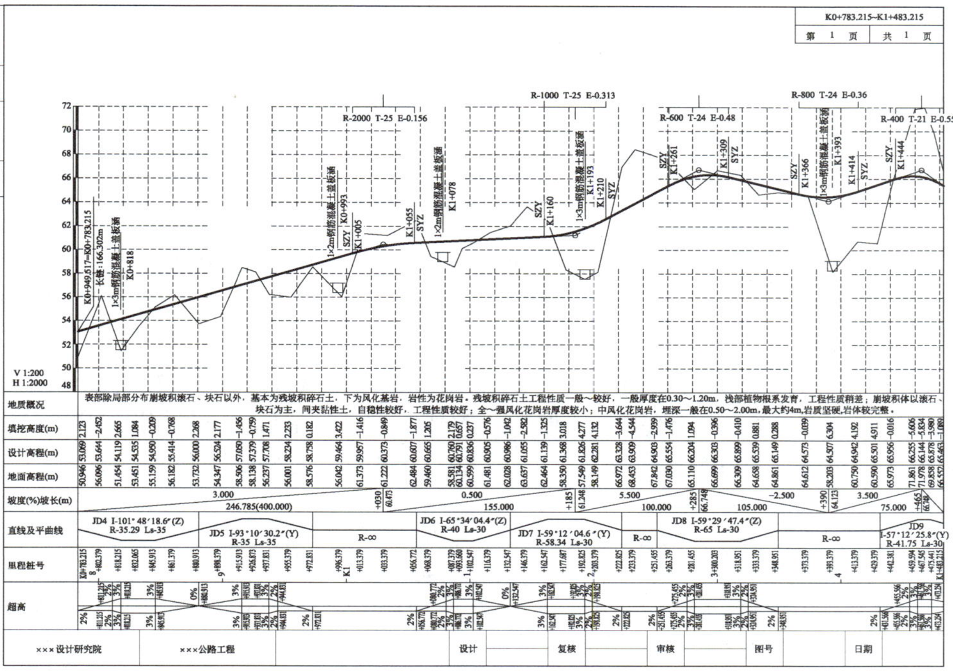

图 2-30　道路纵断面示意图

公路纵断面的基本线形有：直线（直线坡）和竖曲线两种，竖曲线常采用圆曲线，可分为凸形和凹形。它是根据汽车的动力性能、地形条件、路基临界高度以及运输与工程经济等方面的要求，通过技术、经济以及视觉效果等多方面的比较后确定的，反映了公路路线的起伏变化情况。直线有上坡和下坡，是用高差、水平长度及纵坡度表示的。纵坡度 i 表征匀坡路段坡度的大小，用高差 h 与水平长度 l 之比量度，即 $i = h/l$（%）。为了平顺过渡在直线的纵坡转折处，须设置一定长度的竖曲线来进行缓和。

在纵断设计中首先考虑路基设计标高。对于公路、城市道路、改建公路，设计标高所指的位置有所不同。城市道路和改建公路的设计标高是指建成后的路中心线处路面标高，设计中各种控制点、特殊构筑物的标高。

2.3.2　纵坡与坡长设计

纵断面线形设计，首先考虑不是在平面线形上，尽量多采用直线，或者必须是由直线和曲线构成。直线的坡度与坡长影响着汽车的行驶速度和运输的经济以及行车的安全，它们的一些临界值和必要的限制，是由通行汽车的类型和行驶性能来确定的。

对于同一设计路段，应使车辆以同一设计车速连续、安全行驶。若同一道路上快、慢车速相差过大，超车车辆过多，也会导致交通事故的增加，带来安全上的问题。坡度增大对于下坡汽车来说，车重产生的水平分力会使汽车加速行驶，越跑越快，此时必须制动减速，若制动不灵很容易造成事故。因此，纵坡设计时应使坡度平缓，起伏均匀，使各类车辆在保证行车安全情况下以接近设计车速匀速行驶，并使纵断设计线尽可能接近自然地形，降低工程费用，提高道路使用质量。

1. 最大纵坡与最小纵坡

纵坡的大小用坡度值来表示，纵坡是两点间高差 h 与两点水平距离 L 之比的百分数，见式（2-39）：

$$i = \frac{h}{L} \times 100\% \tag{2-39}$$

式中　i——纵坡度，坡度值为正表示上坡，坡度值为负表示下坡。

（1）最大纵坡

1）公路最大纵坡

最大纵坡是指各级公路容许采用的最大坡度值，它是公路纵断面设计的重要控制指标。最大纵坡的确定主要取决于汽车的动力性能、公路等级和自然因素，但另一方面还必须保证行车安全。我国各级公路的最大纵坡规定见表 2-46。

公路的最大纵坡　　　　　　　　　　　　　　　表 2-46

设计速度（km/h）	120	100	80	60	40	30	20
最大纵坡（%）	3	4	5	6	7	8	9

高速公路受地形条件或其他特殊情况限制时，经技术经济论证合理，最大纵坡可增加 1%。平原、微丘区一般不大于 2%～3%；山岭、重丘区一般不大于 4%～5%。

小桥涵处的纵坡可按表 2-47 的限值设计，但大、中桥上的纵坡不宜大于 4%，桥头引道纵坡不大于 5%；位于城镇附近非汽车交通量较大的路段，桥上及桥头引道纵坡均不得大于 3%；紧接大、中桥桥头两端的桥头引道纵坡应与桥上纵坡一致。

隧道内的纵坡不应大于 3%，并不小于 0.3%；独立的明洞和长度小于 50m 的隧道其纵坡不受此限；紧接隧道洞口的路线纵坡应与隧道内纵坡相同。

2）城市道路最大纵坡

城市道路最大纵坡的确定考虑了公路的制定依据，还考虑了非机动车特别是自行车的行驶要求。新建道路机动车道最大纵坡应采用小于或等于最大纵坡一般值；改建道路、受地形条件或其他特殊情况限制时，方可采用最大纵坡极限值，见表 2-47。

城市道路机动车最大纵坡　　　　　　　　　　　表 2-47

设计速度（km/h）		100	80	60	50	40	30	20
最大纵坡度（%）	一般值	3	4	5	5.5	6	7	8
	极限值	4	5	6		7		8

除城市快速路外的其他等级道路，受地形条件或其他特殊情况限制时，经技术经济论证后，最大纵坡极限值可增加 1.0%。

积雪或冰冻地区的快速路最大纵坡不应大于 3.5%，其他等级道路最大纵坡不应大于6.0%。

城市道路最小纵坡不应小于0.3%；当遇到特殊困难纵坡小于0.3%时，应设置锯齿形边沟或采取其他排水措施。

（2）高原纵坡折减

在高海拔地区，因空气密度下降而使汽车发动机的功率、汽车的驱动力和空气阻力降低，导致汽车的爬坡能力下降，而且，汽车水箱中的水易于沸腾，破坏冷却系统。位于海拔3000m以上的高原地区，各级公路的最大纵坡值应按照表2-48的规定予以折减。折减后若小于4%，则仍采用4%。

高原纵坡折减值　　　　　　　　　　表2-48

海拔高度（m）	3000～4000	4000～5000	＞5000
折减值（%）	1	2	3

（3）合成坡度

合成坡度是指在设有超高的平曲线上，路线纵坡与超高横坡或路面横坡组合而成的最大坡度。其方向为流水方向，又称流水线坡度。合成坡度的计算公式为式（2-40）。

$$i_合 = \sqrt{i^2 + i_y^2}$$　　　　　　　　　（2-40）

式中　$i_合$——合成坡度；

　　　i——道路设计纵坡度；

　　　i_y——超高横坡度。

汽车在有合成坡度的路段行驶时，如果合成坡度过大，由于离心力的作用，可能使汽车向合成坡度方向的倾斜和侧向滑移，给汽车行驶带来危险。因此，应将合成坡度控制在一定的范围之内。我国《公路工程技术标准》JTG B01—2014规定各级公路的最大合成坡度值如表2-49、表2-50所示。

公路最大合成坡度值　　　　　　　　表2-49

公路等级	高速公路、一级公路				二、三、四级公路				
设计速度（km/h）	120	100	80	60	80	60	40	30	20
合成坡度（%）	10.0	10.0	10.5	10.5	9.0	9.5	10.0	10.0	10.0

注：在积雪冰冻地区，公路的合成坡度值应不大于8%。

城市道路最大合成坡度值　　　　　　表2-50

设计速度（km/h）	100，80	60，50	40，30	20
合成坡度（%）	7.0	7.0	7.0	8.0

注：积雪地区各级道路的合成坡度值应不大于6%。

（4）最小纵坡

1）城市道路规定最小纵坡不得小于0.3%，如遇特殊困难必须小于0.3%时，应设置锯齿形偏沟或采取其他综合排水措施。

2）为使公路上汽车行驶快速和安全，纵坡小一些总是有利的。但在挖方路段，设置边沟的低填路段和横向排水不畅路段，为保证排水的要求，防止积水渗入路基而影响其稳定性，一般在这些路段应避免采用水平纵坡，以免因为排水而将边沟挖得过深。故《公路工程技术标准》JTG B01—2014 规定，在各级公路的长路堑路段以及其他横向排水不畅的路段，均应采用不小于 0.3％的纵坡，否则应对其边沟作纵向排水设计。

3）干旱地区以及横向排水良好的路段，其最小纵坡可不受上述限制。

2. 坡长限制与缓和坡段

坡长限制包括最小坡长和最大坡长两个方面。

（1）最大坡长

汽车在道路上行驶，长、大纵坡对载重汽车行驶很不利，上坡时车速减慢，妨碍后续车辆，使超车需求增多，"强超硬会"的可能性增大，安全性降低；而下坡时制动过热、制动效能减弱，更容易发生交通事故。因此，各级公路必须对连续上坡和连续下坡路段按平均纵坡进行控制。如果坡长过短，连续转坡过多，使纵坡线形呈锯齿形状，路容也不美观。在设计中，对道路纵坡的最小坡长和最大坡长应有规定。

（2）最大坡长

最大坡长限制是指比较大的纵坡对正常行车的影响。国内外事故资料表明，下坡路段的事故发生频率明显高于上坡路段，特别是长大下坡路段。重型载重车辆的快速行驶更容易发生重大、恶性交通事故。我国《公路工程技术标准》JTG B01—2014 规定，各级公路不同纵坡的最大坡长应符合表 2-51 规定。

公路不同纵坡最大坡长（m）　　　　　　　　　　表 2-51

设计速度（km/h）		120	100	80	60	40	30	20
纵坡坡度（%）	3	900	1000	1100	1200	—	—	—
	4	700	800	900	1000	1100	1100	1200
	5	—	600	700	800	900	900	1000
	6	—	—	500	600	700	700	800
	7	—	—	—	—	500	500	600
	8	—	—	—	—	300	300	400
	9	—	—	—	—	—	200	300
	10	—	—	—	—	—	—	200

高速公路、一级公路当连续陡坡由几个不同坡度值的坡段组合而成时，应对纵坡长度受限制的路段采用平均坡度法进行验算。二、三、四级公路当连续纵坡大于 5％时，对纵坡长度应加以限制，以利提高车速和行驶安全。

在城市道路中，当道路纵坡大于表 2-47 所列的一般值时，纵坡最大坡长应符合城市道路机动车道最大坡长限制，见表 2-52。

城市道路机动车道最大坡长　　　　　　　　　　表 2-52

设计速度（km/h）	100	80	60			50			40		
纵坡（%）	4	5	6	6.5	7	6	6.5	7	6.5	7	8
最大坡长（m）	700	600	400	350	300	350	300	250	300	250	200

城市道路非机动车道的纵坡最大坡长见表2-53。

城市道路非机动车道纵坡最大坡长（m）　　　　　　表2-53

纵坡（%）		3.5	3.0	2.5
最大纵坡长 （m）	自行车	150	200	300
	三轮车	—	100	150

【例2-5】　某一级公路计算行车速度为80km/h，第一段纵坡坡度为6.0%，长度为200m；第二段纵坡坡度为5.0%，长度为210m；第三段纵坡坡度为4%，求最大坡长。

【解】　查表2-51得，纵坡为6%的最大坡长是500m，纵坡为5%的最大坡长为700m，纵坡为4%的最大坡长是900m，则：

第一段占限制长度的(200/500)=0.4

第二段占限制长度的(210/700)=0.3

则第三段占限制长度的1-0.4-0.3=0.3

则第三段的最大长度为900×0.3=270m

（3）最小坡长

为了防止纵断面设计出现频繁起伏，崎岖不平的现象，要求纵断变坡应有一定距离，纵坡有一定长度。考虑到地形情况及竖曲线布设要求，一般纵坡长度最少不应该小于9s行程，见式（2-41）。

$$S_{min}=\frac{Vt}{3.6}=2.5V \qquad (2-41)$$

式中　V——设计车速（km/h）。

（4）缓和段

缓和段的作用主要是为了改善汽车在连续陡坡上行驶的紧张状况，避免汽车长时间低速行驶或汽车下坡产生不安全因素。因此，当陡坡的长度达到限制坡长时，应安排一段缓坡，用以恢复在陡坡上行驶所降低的速度。

对于二、三、四级公路当连续纵坡大于5.0%时，最小坡长超过规定值时，应设纵坡缓和段。缓和段的纵坡应不大于3%，其长度符合表2-54中最小坡长的规定。

各级公路最小坡长　　　　　　表2-54

设计速度（km/h）	120	100	80	60	40	30	20
最小坡长（m）	300	250	200	150	120	100	60

《城市道路设计规范（2016年版）》CJJ 37—2012规定的纵坡最小坡长见表2-55。道路连续上坡或连续下坡，应在不大于表2-52规定的纵坡长度之间设置纵坡缓和段。缓和段纵坡不应大于3%，其长度应符合表2-55最小坡长的规定。

城市道路纵坡段最小坡长　　　　　　表2-55

设计速度（km/h）	100	80	60	50	40	30	20
最小坡长（m）	250	200	150	130	110	85	60

2.3.3　竖曲线

纵断面上相邻两条纵坡线相交的转折处（被称为变坡点），为了行车平顺用一段曲线来缓和，该曲线称为竖曲线。竖曲线的形状，通常采用平曲线或二次抛物线。但在设计和计算上抛物线更为方便，故一般采用二次抛物线的形式，公式为：$y = \dfrac{x^2}{2R}$。

在纵坡设计时，由于纵断面上只反映水平距离和竖直高度，因此竖曲线的切线长与弧长是其在水平面上的投影，切线支距是竖直的高程差，相邻两条纵坡线相交角用转坡角表示。当竖曲线转坡点在曲线上方时为凸形竖曲线，反之为凹形竖曲线。

1. 竖曲线半径

在纵断面设计中，其中有三个限制因素决定着竖曲线的最小半径或长度。

（1）按行程时间要求竖曲线的最小长度和半径

汽车从直坡行驶到竖曲线上时，尽管竖曲线的半径较大，但是坡角很小时，竖曲线的长度也就会很短，会使驾驶员产生变坡很急的错觉，乘客也会感到不舒服。因此，应该限制竖曲线上的行程时间不能过短，最短应满足 3s 的行程时间。见式（2-42）：

$$L_{\min} = \frac{Vt}{3.6} = \frac{V}{1.2} \quad \text{或} \quad R_{\min} = \frac{Vt}{3.6\omega} = \frac{V}{1.2\omega} \tag{2-42}$$

（2）离心力要求竖曲线的最小长度和最小半径

汽车行驶在竖曲线上时，会产生离心力，如果处于凹形竖曲线上时，感觉是增重，如果处于凸形竖曲线时，感觉是失重。这种增重与失重达到一定的程度时，就会给乘客产生不舒适感，同时对于汽车的悬挂系统也是不利的。所以在确定竖曲线半径时，就必须对离心加速度进行控制。汽车在竖曲线上行驶的离心加速度为 $a = \dfrac{v^2}{R}$（m/s^2），用 V（km/h）表示并整理后得式（2-43）：

$$R = \frac{V^2}{13a} \tag{2-43}$$

我国《公路工程技术标准》JTG B01—2014 规定离心加速度取 $a = 0.278\text{m/s}^2$，得式（2-44）：

$$L_{\min} = \frac{V^2 \omega}{3.6} \quad \text{或} \quad R_{\min} = \frac{V^2}{3.6} \tag{2-44}$$

（3）停车视距要求竖曲线的最小长度和最小半径

汽车行驶在竖曲线上时，不管是凹形或是凸形竖曲线，如果半径过小，都会阻挡驾驶员的视线，因此为了保证行车安全，对竖曲线的最小半径和最小长度应加以限制。

1）凸形竖曲线的最小半径和最小长度

① 竖曲线的长度 $L < S_T$ 时，得式（2-45）：

$$L_{\min} = 2S_T - \frac{4}{\omega} \quad \text{或} \quad R_{\min} = \frac{L_{\min}}{\omega} = \frac{1}{\omega}\left(2S_T - \frac{4}{\omega}\right) \tag{2-45}$$

② 竖曲线的长度 $L > S_T$ 时，得式（2-46）：

$$L_{min} = \frac{S_T^2 \omega}{4} \quad 或 \quad R_{min} = \frac{L_{min}}{\omega} = \frac{S_T^2}{4} \tag{2-46}$$

2）凹形竖曲线的最小半径和最小长度

① 竖曲线的长度 $L < S_T$ 时，得式（2-47）：

$$L_{min} = 2\left(S_T - \frac{h + S_T \tan\delta}{\omega}\right) \tag{2-47}$$

② 竖曲线的长度 $L > S_T$ 时，得式（2-48）：

$$L_{min} = \frac{S_T^2 \omega}{2(h + S_T \tan\delta)} \tag{2-48}$$

式中，$\delta = 1.5°$；$h = 0.75m$。

（4）凹形竖曲线和凸形竖曲线半径比较

1）凹形竖曲线的径向离心力和行程时间的计算公式与凸形竖曲线完全相同。

2）凸形竖曲线最不利的情况是以满足视距作为主要控制因素，而凹形竖曲线最不利的情况是以径向离心力产生的冲击作为主要控制因素。

3）在条件相同处，凸形竖曲线的最小半径较凹形竖曲线最小半径大，这是因为凸形竖曲线的视距要求较高所致。

4）凹形竖曲线的视距是以保证夜间行车安全，前灯照明应有足够的距离来确定最小长度和半径的。

（5）竖曲线极限半径的控制

1）凸形竖曲线最不利的情况是以满足视距作为主要控制因素的。

$$R_{min} = \frac{S_T^2}{4} > R_{min} = \frac{1}{\omega}\left(2S_T - \frac{4}{\omega}\right)$$

因此凸形竖曲线的半径是以 $R_{min} = \frac{S_T^2}{4}$ 来控制的。

2）凹形竖曲线最不利的情况是以径向离心力产生的冲击作为主要控制因素，按式（2-49）计算。

$$R_{min} = \frac{V^2}{3.6} \tag{2-49}$$

（6）竖曲线一般最小半径

竖曲线最小半径分为"一般值"和"极限值"。"极限值"是汽车在纵坡变化处行驶时，为了缓和冲击和保证视距所需的最小半径的计算值，该值在地形特殊情况下方可用。竖曲线半径"一般值"是竖曲线最小半径"极限值"的 1.5～2.0 倍。我国各级公路和城市道路的凹形和凸形竖曲线一般最小半径和最小长度规定见表 2-56、表 2-57，表列极限半径应作为控制界线指标，不应轻易采用。一般应选大于或等于一般最小半径值。在不增加工程量的情况下，尽可能取大一些的指标，这对线形平缓，行车安全，舒适美观均有良好的效果。

公路竖曲线最小半径与最小长度　　　　　　　　表 2-56

设计速度（km/h）		120	100	80	60	40	30	20
凸形竖曲线半径（m）	一般值	17000	10000	4500	2000	700	400	200
	极限值	11000	6500	3000	1400	450	250	100
凹形竖曲线半径（m）	一般值	6000	4500	3000	1500	700	400	200
	极限值	4000	3000	2000	1000	450	250	100
竖曲线长度（m）	一般值	250	210	170	120	90	60	50
	极限值	100	85	70	50	35	25	20

城市道路竖曲线最小半径与最小长度　　　　　　　　表 2-57

设计速度（km/h）		100	80	60	50	40	30	20
凸形竖曲线半径（m）	一般值	10000	4500	1800	1350	600	400	150
	极限值	6500	3000	1200	900	400	250	100
凹形竖曲线半径（m）	一般值	4500	2700	1500	1050	700	400	150
	极限值	3000	1800	1000	700	450	250	100
竖曲线长度（m）	一般值	210	170	120	100	90	60	50
	极限值	85	70	50	40	35	25	20

2. 竖曲线布设

纵断面上相邻两坡度线相交时的交角为转坡角，用 ω 表示，如图 2-31 所示，ω 的大小近似等于相邻两纵坡的代数差，即：

$$\omega = i_1 - i_2 \tag{2-50}$$

式中　i_1、i_2——分别为相交两坡度的坡度值。上坡取正值，下坡取负值。

ω 为正时，是凸曲线；ω 为负时，是凹曲线。

（1）竖曲线几何要素计算

选定竖曲线半径 R 和得到转坡角 ω 以后，如图 2-31 所示，布设竖曲线时的几何要素，其计算见式（2-51）：

切线长：$T = \dfrac{1}{2} R\omega$

曲线长：$L = R\omega$ 　　　（2-51）

外距值：$E = \dfrac{T^2}{2R}$

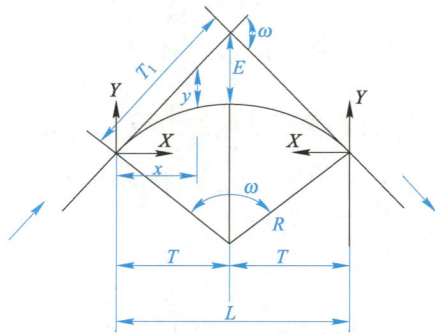

图 2-31　竖曲线基本要素

竖曲线采用二次抛物线，在纵断面计算中，只计算水平距离和垂直高度，故近似地将切线长、曲线长以水平面上的投影计算，见图 2-31。

（2）竖曲线的坐标及方程

1）竖曲线坐标。竖曲线坐标原点设在曲线的起点与终点处，如图 2-31 所示，坐标点的桩号为：

起点桩号＝变坡号桩号－T　　　　　　　　　　（2-52a）

$$终点桩号＝变坡号桩号＋T \tag{2-52b}$$

2）竖曲线标高修正值方程。竖向曲线范围内任意一点的标高修正值方程见式（2-53）：

$$y_i = \frac{x_i^2}{2R} \tag{2-53}$$

式中 R——竖曲线半径（m）；

x_i——竖曲线任意桩点到竖曲线坐标原点（起点或终点）的水平距离（m）；

y_i——对应于桩点的切线点到竖曲线点上的垂直高度（标高修正值）（m）。

3）竖曲线上设计标高计算。在竖曲线路段内，竖曲线上的设计标高是根据任意桩点上切线的标高与对应的标高修正值得到的，即：

$$凸曲线设计标高＝切线标高－y_i \tag{2-54a}$$

$$凹曲线设计标高＝切线标高＋y_i \tag{2-54b}$$

【例 2-6】 某山岭区二级公路，变坡点桩号为 K5＋030，高程为 427.68m，$i_1=+5\%$，$i_2=-4\%$，竖曲线半径 $R=2000$m，试计算竖曲线半径各要素及桩号 K5＋000 和 K5＋100 处的设计标高。

【解】 1）计算竖曲线要素

$\omega=i_1-i_2=0.05-(-0.04)=+0.09$（"＋"为凸形竖曲线）

曲线长：$L=R\omega=2000\times0.09=180$m

切线长：$T=\dfrac{L}{2}=\dfrac{180}{2}=90$m

外距：$E=\dfrac{T^2}{2R}=\dfrac{90^2}{2\times2000}=2.03$m

2）计算设计标高

竖曲线起点桩号：（K5＋030）－90＝K4＋940

竖曲线起点高程：427.68－90×0.05＝423.18m

竖曲线终点桩号：（K5＋030）＋90＝K5＋120

竖曲线终点高程：427.68－90×0.04＝424.08m

① 桩号 K5＋000 处：

横距 $x_1=$（K5＋000）－（K4＋940）＝60m

竖距 $y_1=\dfrac{x_1^2}{2R}=\dfrac{60^2}{2\times2000}=0.9$m

该处切线高程：423.18＋60×0.05＝426.18m

设计高程：426.18－0.9＝425.28m

② 桩号 K5＋100 处：

横距 $x_2=$（K5＋120）－（K5＋100）＝20m

竖距 $y_2=\dfrac{x_2^2}{2R}=\dfrac{20^2}{2\times2000}=0.1$m

该处切线高程：424.08＋20×0.04＝424.88m

设计高程：424.88－0.1＝424.78m

2.3.4　纵断面线形

1. 纵坡

（1）纵坡设计时缓坡宜长，陡坡宜短。最大纵坡、坡长限制等极限指标不应轻易采用。

（2）纵坡长度不应过短，避免短距离内起伏过频，应使纵断线形均衡平顺。连续上坡（下坡）路段的纵坡避免设置反坡。

（3）沿河布线的路线纵断面设计线应高出表 2-58 频率水位标高 0.5m 以上。

路基设计洪水频率　　　　　　　　　　　　　　　表 2-58

公路等级 城市道路等级	高速公路 快速路	一级公路 主干路	二级公路 次干路	三级公路 支路	四级公路
路基设计洪水频率	1/100	1/100	1/50	1/25	按具体情况确定

（4）桥上纵坡不宜超过 4%，桥头引道纵坡不宜超过 5%，位于市、镇或交通繁忙路段的桥上与桥头引道纵坡均不得超过 3%。

（5）纵坡设计除满足汽车行驶要求，尚应考虑各种车辆及运输工具爬坡能力，下坡安全方面的要求。城镇道路和机动车与非机动车混行车道的最大纵坡不大于 3%。

（6）纵断设计应在保证路基强度和稳定性的前提下，尽可能适应自然地形争取填挖平衡，节省土石方工程量与其他工程量，降低造价。

（7）城市道路纵断设计尚应注意

1）满足道路与两侧街坊排水，道路与侧石顶面标高低于两侧街坊或建筑物地坪标高。

2）设计线必须满足城市地下管线的最小覆土深度要求。防止损坏地下管线最小覆土，深度不小于 0.7m。

3）道路纵断面设计，协调城市立面布置，应与相交广场、道路、出入口等平顺衔接。

2. 竖曲线

（1）竖曲线设计应同时使曲线半径和曲线长度两方面符合规定。竖曲线半径应尽可能大一些，以利于视觉和路容美观。在有条件的情况下应考虑优先按表 2-59 所列半径值设计竖曲线来获得平顺连续的线形。

从视觉观点所需的最小竖曲线半径值　　　　　　　　表 2-59

计算行车速度（km/h）	凸形竖曲线半径（m）	凹形竖曲线半径（m）
120	20000	12000
100	16000	10000
80	12000	8000
60	9000	6000
40	3000	2000

（2）对于同向竖曲线，若竖曲线间直线坡段不长时，应尽可能将两竖曲线连接起来，取消直坡段，合并为单竖曲线或复曲线，避免出现断臂竖曲线。

（3）反向竖曲线之间，必须设直坡段，直坡段长度一般不小于按设计车速 3s 行程长度，即不短于 $\dfrac{V}{1.2}$（V 为设计车速，单位为"km/h"）。

3. 平、纵线形组合

（1）平曲线（包括圆曲线和缓和曲线）竖曲线两方面重合，是平、纵线形最好的组合。平曲线长于竖曲线（将竖曲线包括在内）更好。这样可以引导行车视线，而且可得到平顺、美观、立体线形。图 2-32 为平、竖曲线的组合情况。

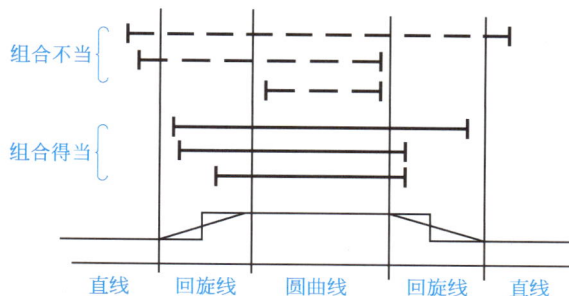

图 2-32 平、竖曲线组合

（2）平、竖曲线重合时其曲线半径大小应保持均衡，一般平、竖曲线半径之比为（1∶20）～（1∶10），方可在视觉上获得较好的效果，如图 2-33（a）中平、竖线形均衡，线形平顺，而图 2-33（b）中竖曲线过小破坏了线形的平顺、连续，产生扭曲。

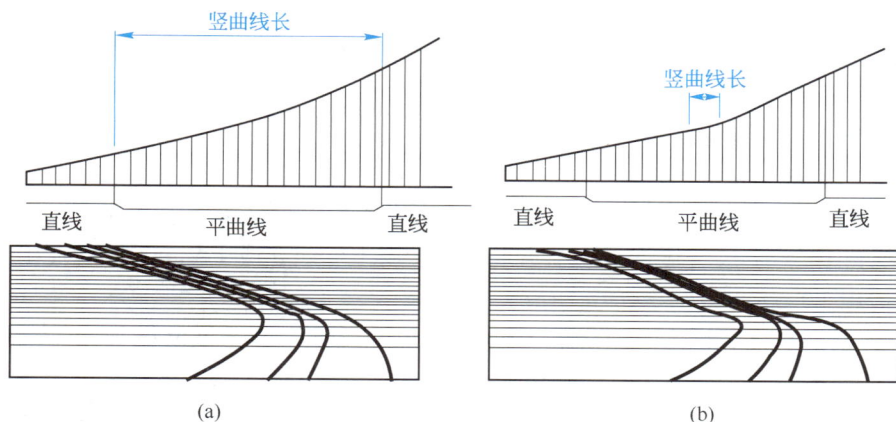

图 2-33 平曲线和竖曲线的均衡
（a）大的平曲线与大的竖曲线的组合；（b）大的平曲线与小的竖曲线的组合

（3）不得在凸曲线的底部，设置平曲线的起（终）点，这种组合使驾驶员失去视线，行车至凸曲线顶部才发现平曲线，急转方向盘易发生事故。凹曲线上驾驶员容易超速行驶至曲线底部转弯也是危险的，且线形扭曲难看。

（4）避免在一个平面曲线内设置两个竖曲线或平面的直线段上包括两个以上的竖曲线。这样的线形组合看不见前面路段方向，使驾驶员视线中断，判断不清行车方向，不敢以正常速度行驶，而且线形扭曲，不连续，使行车的连续性遭到破坏。同样，在一个竖曲线内也不得包括两个或两个以上平曲线，这样会形成线形扭曲、行车不连续等方面的问题。

（5）长陡坡下避免设置小半径平曲线，也不得将陡坡与小半径平曲线重合，以防车辆下坡速度过高时拐弯而发生事故。

道路线形设计，不但要使平面线形、纵断面线形本身的线形要素组合良好，还要注重平面与纵断面线形之间的良好组合，这对于行车安全、舒适、线形美观，提高道路使用质量等方面有重要的意义。线形设计同时应根据地形、地物、地貌等条件选用各线形要素，合理组合，使路线与周围环境、自然景观相协调，加强道路绿化，使道路经济、安全、舒适。

2.3.5　纵断面设计成果

1. 纵断面设计图

实地定线的纵坡设计，一般是在平面已经确定的基础上进行的。虽然实地定线时，已充分考虑了纵断面及横断面的具体要求，但限于定线的经验、视野以及对所经地形、地质的了解程度，定出的路线难免会顾此失彼，存在一定的局限性。因此，实地定线的室内纵坡设计，不仅要解决工程经济和技术标准问题，还要实现平、纵面线形的配合和协调，这就要求设计人员不断调整纵坡，通过反复试坡修改，才能取得满意的结果。

在纵断面设计中，如果靠调整纵坡无法满足要求时，则应考虑调整平面线形。若平面线形改动不大，可根据已有路线导线和横断面资料，绘制带状平面图，通过纸上移线的办法解决；若因工程经济与平、纵面线形配合矛盾很大时，平面线形必须作重大的改动，此时应按定线的具体要求，通过现场改线，重新定出路线。道路纵断设计图见附图2。

纵断图绘制步骤如下：

（1）准备工作

1）纵断面采用直角坐标。横坐标表示水平距离，纵坐标表示高程。在计算纸（毫米方格纸）上选定比例，图中水平比例尺用1∶2000或1∶5000，垂直比例尺相应地用1∶200或1∶500。

2）根据测设资料完成图2-30中各栏：①地质概况；②坡度坡长；③里程桩号；④直线及平曲线等。

3）根据中桩和水准测录设计各桩点地面标高，并绘于图上，连接各点后得到地面线。

（2）标注控制点

控制点是影响纵坡设计高程的制约点。纵断图上标注的控制点有两类。

1）标高控制点：包括起点、终点、垭口、洪水位、桥涵标高、隧道进出口标高、交叉点标高、路基最小填土高度等，可作为控制设计坡度的依据。

2）经济参考点：包括路基横向填挖平衡、多挖少挖（保证路基稳定）、全挖方路基（减少防护工程）等，以降低工程造价作为纵坡设计的参考因素。

（3）初定设计线

根据地形情况，标高控制点与经济参考点要求，考虑纵断面技术指标与设计规定和路线设计意图，在纵断图上初拉坡度线。

（4）调整设计线

根据初定设计线进行全面细致检查，核对线形指标是否符合规定，线形组合、平纵配合是否得当，是否满足控制点，照顾到大多数经济点要求。从平面、横断面方面对纵断线加以调整修正，全面分析比较选取合理的纵断设计线，最后在整桩点处确定变坡点。

（5）确定设计线

经调整核对合理后，确定纵坡设计线。由控制标高（起点标高）开始根据纵坡和坡长计算出各变坡点的标高。校核无误后，设计线随之落实。

（6）布设竖曲线，计算设计标高

在变坡点之间，按纵坡坡度值和变坡点标高计算出各桩点的设计高程。在变坡点处布设竖曲线，计算竖曲线范围内各桩点修正值，计算出竖曲线范围各桩的设计高程。

（7）绘图

经拉坡和设置竖曲线后，将设计线与竖曲线绘于图上，并注明纵坡度、坡长、竖曲线要素。同时注明各有关资料，如：平曲线资料、桥涵与人工构筑物、道路交叉资料、河流及洪水位、水准点资料等。最后整理图纸，按有关规定绘图。

2. 路基设计表

路基设计表是道路设计文件组成内容之一。它是道路平、纵、横三方面主要设计资料的综合。路基设计表为路基横断面设计提供数据，也是道路施工的根本依据之一，如表 2-60 所示。

（1）桩号与平曲线：桩号为平面线形中线上所设各桩里程；平曲线栏内是平面线所设曲线资料。

（2）纵坡、竖曲线：纵坡与竖曲线内均为纵断面设计资料。

（3）设计标高：是各桩点设计高程，也是纵断面设计线。设计标高是根据变坡点标高、坡度值和桩距推算而得。

（4）地面标高：是平面中线各桩水准测量得到的原地面标高。

（5）填挖高度：是设计标高与同桩位地面标高之差，即：当设计标高＞地面标高时，为填方高度；当设计标高＜地面标高时，为挖方深度。

（6）路基宽度：指道路平面路中线两侧的路基宽度（包括加宽和加缓和段）。

（7）路基边缘及中桩与设计标高之高差：主要取决于路拱横坡（直线）与曲线段超高横坡的变化（包括圆曲线上全超高和超高缓和段）。

（8）施工时中桩填挖高度：填高(21)栏＝(13)栏＋(19)栏，而挖深(22)栏＝(14)栏－(19)栏。

路基设计表

表 2-60
第 页 共 页

路线名称：K1+000～K1+620

桩号	平曲线		纵坡(%)及坡长(m)	竖曲线		未计竖曲线之设计标高(m)	野外切点距离(m)	改正值(m)		设计标高(m)	地面标高(m)	填挖高度(m)		路基宽度(m)			路基边缘及中桩与设计标高之高差(m)			施工时中桩填挖高度(m)		备注
	左	右	及坡长(m)	凹	凸		距离(m)	+	一			填	挖	左	右	全宽	左	中	右	填	挖	
1	2	3	4	5	6	7	8	9	10	11	12	13	14	15	16	17	18	19	20	21	22	23
K1+000						184.00	1.62		1.62	182.38	204.00			6	6	12		0.08				
K1+050					R=1000	183.20	0.85		0.85	182.35	197.00			6	6	12		0.08				
K1+100					T=180	182.40	0.32		0.32	182.08	198.00			6	6	12		0.08				
K1+150					E=1.62	181.60	0.05		0.05	181.56	202.00			6	6	12		0.08				
K1+200						180.80				180.80	179.00	1.80		6	6	12		0.08		1.88		
K1+250					K1+180	180.00				180.00	180.00	0.00		6	6	12		0.08		0.08		
K1+300						179.20				179.20	181.60		2.40	6	6	12		0.08			2.32	
K1+350						178.40				178.40	179.40		1.00	6	6	12		0.08			0.92	
K1+394.68	ZYK1+429.06					177.69				177.69	184.00		6.31	6	6	12		0.08			6.23	
K1+420						177.28				177.28	183.00		5.72	6	6	12	0.01	0.08	0.14		5.64	
K1+440						176.96				176.96	183.00		6.04	6	6	12	0.00	0.08	0.25		5.91	
K1+460			i=1.6% L=580			176.64				176.64	180.00		3.36	6	6	12	-0.01	0.13	0.35		3.19	
K1+474.68				K1+502.2		176.41				176.41	176.10	0.31		6	6	12	-0.02	0.17	0.43	0.52		
K1+500						176.00				176.00	175.00	1.00		6	6	12	-0.02	0.21	0.43	1.21		
K1+520	JDK1+538.7 R=450m α=20°		174.72		R=400	175.68	0.04	0.04		175.72	176.00		0.28	6	6	12	-0.02	0.21	0.43		0.07	
K1+538.7					T=77.8	175.38	0.19	0.19		175.57	174.50	1.07		6	6	12	-0.02	0.21	0.43	1.28		
K1+560					E=0.7568	175.04	0.42	0.42		175.46	174.50	0.96		6	6	12	-0.02	0.21	0.43	1.17		
K1+580			K1+580			174.72	0.76	0.76		175.48	173.50	1.98		6	6	12	-0.02	0.21	0.43	2.19		
K1+598.78						175.15	0.34	0.34		175.49	172.00	3.49		6	6	12	-0.02	0.21	0.43	3.70		
K1+620						175.64	0.18	0.18		175.82	173.00	2.82		6	6	12	-0.01	0.16	0.32	2.98		

计算：　　　　　　　　　　　　复核：

2.3.6　锯齿形偏沟设计

锯齿形偏沟是指在保持立缘石顶面线与道路中心线纵坡设计平行的条件下，交替地改变立缘石顶面线与平缘石（或路面）之间的高度，即交替改变立缘石外露高度，在最低处设置雨水进水口，并使进水口处的路面横坡度放大（或保持正常横坡），在雨水口之间的分水点标高处，该处横坡度减小，使车行道两侧平石的纵坡度随着进水口和分水点标高的变化而变动。这样偏沟的纵坡就会由升坡变为降坡，再变为升坡，如此连续交替，其偏沟的纵坡就变为锯齿形，所以称之为锯齿形偏沟。

1. 设置锯齿形偏沟的目的

我国大部分城市的地形都较平坦，在城市道路设计中，为了减少填挖方量，保证道路中线标高与两侧建筑物标高的衔接，有时不得不采用很小甚至水平的纵坡度。这样对行车是有利的，但对于纵向排水不利。尽管设置了横坡，但纵坡小使纵向排水不畅，特别是在暴雨或多雨季节，会使路面积水，因此在纵坡很小时要采用适当的方法进行排水设计。锯齿形偏沟设计是解决路面排水的一种有效方法。

2. 设置锯齿形偏沟的条件

当城市道路的纵坡小于 0.3% 时，靠偏沟自然排水，一般偏沟的纵坡度与道路中心线保持一致。纵坡大于 0.3% 时，应设置锯齿形偏沟于道路两侧车行道边缘 1~3m 范围内。

3. 锯齿形偏沟设计

在城市道路偏沟设计中，一般偏沟挑水点处立缘石外露高度为 15~20cm（或采用正常横坡），如图 2-34 所示。一般偏沟落水点采用压低平缘石 0~6.0cm 方式，使用立缘石外露高度为 15~20cm 或 20~26cm。应在路面边缘较小的宽度内完成，避免影响边侧车道的行驶平稳性。

雨水口间距宜根据路面宽度不同采用 20~40m，并满足排水规范要求。

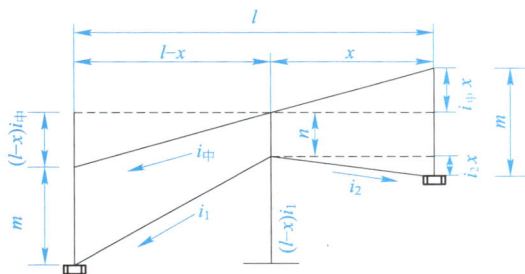

图 2-34　锯齿形偏沟进水口布置图

设雨水进水口处侧石高度为 m，分水点处侧石的高度为 n，两进水口之间的纵坡度为 i_1、i_2，分水点距离两边的距离为 x、$l-x$，则计算如下：

左端：$(l-x)i_1+n-(l-x)i_中=m \Rightarrow l=\dfrac{m-n}{i_1-i_中}+x$

右端：$i_中 x+n+i_2 x=m \Rightarrow x=\dfrac{m-n}{i_中+i_2}$

将 x 代入雨水口间距 l，则可得：$l=\dfrac{m-n}{i_1-i_中}+\dfrac{m-n}{i_2+i_中}$

如果采用 $i_1=i_2$，则

$$l=\frac{2i_1(m-n)}{i_1^2-i_{中}^2} \qquad (2\text{-}55)$$

若道路的纵坡 $i_{中}=0$，则 $x=\dfrac{l}{2}$，所以

$$l=\frac{2(m-n)}{i_1} \qquad (2\text{-}56)$$

【例 2-7】　已知某道路规划横断面如图 2-35 所示：车行道的横坡度为 2％，路中心的桩号为 K0＋300 处的设计标高为 10m，设计纵坡度为 0.2％，试设计该路段的锯齿形偏沟及计算前、后、中间的雨水口、分水点处的设计标高和 i_1 的坡度值（$l＝40$m，$m＝0.18$，$n＝0.12$）。

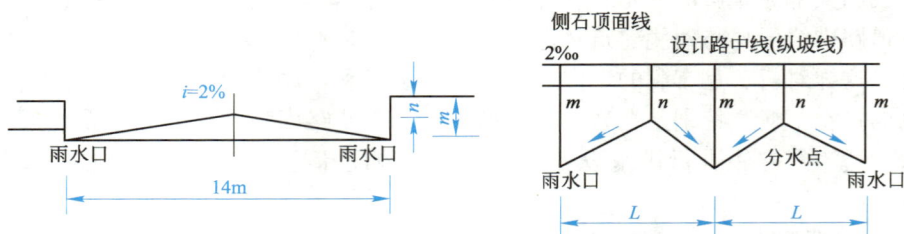

图 2-35　锯齿形偏沟进水口布置图

【解】　由式（2-55）得：$l=\dfrac{2i_1(m-n)}{i_1^2-i_{中}^2}\Rightarrow 40=\dfrac{2\times i_1(0.18-0.12)}{i_1^2-0.002^2}\Rightarrow i_1=0.004$

所以 $l=40$m 符合要求

$x=\dfrac{m-n}{i_{中}+i_1}=\dfrac{0.18-0.12}{0.002+0.004}=10$m

$l-x=40-10=30$m

计算雨水口和分水点处各点的设计标高：

雨水口 K0＋260 处：$10-40\times0.002-7\times0.02-0.03=9.75$m

或：$9.87-30\times0.004=9.75$m

分水点 K0＋290 处：$10-10\times0.002-7\times0.02+0.03=9.87$m

或：$9.83+10\times0.004=9.87$m

雨水口 K0＋300 处：$10-7\times0.02-0.03=9.83$m

分水点 K0＋330 处：$10+30\times0.002-7\times0.02+0.03=9.95$m

或：$9.83+30\times0.004=9.95$m

雨水口 K0＋340 处：$10+40\times0.002-7\times0.02-0.03=9.91$m

或：$9.95-10\times0.004=9.91$m

思考题与习题

1. 试述我国公路和城市道路设计车辆的类型，设计车辆对公路设计有何意义？
2. 什么是设计速度？确定道路设计速度应考虑哪些因素？
3. 交通量和通行能力的区别是什么？
4. 理解以下概念：第30位小时交通量、设计交通量、公路和城市道路的设计通行能力。

5. 为什么限制最大超高横坡度？

6. 设置缓和曲线的目的是什么？

7. 简述超高缓和段绕路面内边轴旋转形成的过程。

8. 什么是行车视距，哪些场合下行车视距会受限制？

9. 应用圆曲线的半径应遵循什么原则？

10. 简述纵坡设计的步骤。

11. 确定转坡点时应考虑哪些因素？

12. 道路纵断面设计图的主要内容有哪些？

13. 陡坡为什么要加以控制？

14. 平曲线与竖曲线的组合设计有何要求？

15. 根据某城市道路交通量观测计算得到设计年限末的年平均日交通量为 6800 辆/昼夜，设计高峰小时 2 个方向交通量分别为 420 辆/h 和 350 辆/h，计算设计小时交通量。

16. 某道路交通量记录如下：小型车 680 辆/昼夜，中型载货汽车 460 辆/昼夜，中型公共汽车 370 辆/昼夜，大型公共汽车 310 辆/昼夜，铰接车 90 辆/昼夜。车辆相对于最后统计年度末的年平均增长率为 8%，道路设计年限为 15 年。

   (1) 计算设计交通量。

   (2) 计算设计年限末的交通量。

17. 某平原区二级公路有一弯道 $R=300\text{m}$，交点 JD 桩号：K4+650.56，缓和曲线长为 60m，转角 $\alpha=35°$，计算该曲线设置缓和曲线的 5 个基本桩号。

18. 某路段路线如图 2-36 所示，JD_1 的桩号为 K3+235，切线长 T_{h1} 为 35m，曲线全长 L_{h1} 为 69.80m，$JD_1 \sim JD_2$ 的距离为 400m，JD_2 处设置 $R=100\text{m}$ 的曲线，其缓和曲线长度为 $L_s=30\text{m}$，切线长 T_{h2} 为 72.94m，曲线全长 $L_{h2}=134.71\text{m}$。求 JD_2 及其各主点的桩号。

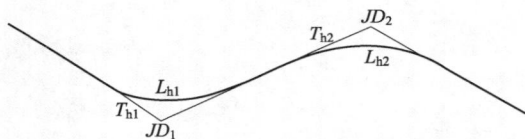

图 2-36 路线平面布置图

19. 下面给出一组路线平面设计资料：

$JD_1=\text{K4}+650.56$ $JD_2=\text{K5}+321.21$

$ZH_1=\text{K4}+525.82$ $ZH_2=\text{K5}+238.27$

$HY_1=\text{K4}+585.82$ $HY_2=\text{K5}+298.27$

$YH_1=\text{K4}+709.82$ $YH_2=\text{K5}+339.50$

$HZ_1=\text{K4}+769.08$ $HZ_2=\text{K5}+399.50$

试求：

   (1) 两曲线的切线长、曲线长、缓和曲线长及曲线中点桩号；

   (2) 两曲线间的交点间距及所夹直线段长度。

20. 某公路变坡点的桩号为：K2+260，高程为 387.62m，前一坡段 $i_1=5\%$，后一坡段 $i_2=1\%$，竖曲线的半径 $R=5000\text{m}$，试：

   (1) 判别竖曲线的凹凸性；

   (2) 计算竖曲线的起终点桩号；

   (3) 计算 K2+240，K2+380 各点的设计标高。

21. 已知上坡 $i_1=2\%$，下坡 $i_2=-1.2\%$，停车视距 $S_停=75\mathrm{m}$，在该纵坡转折点处需设置的竖曲线最小半径为多少？

22. 某竖曲线半径 $R=3000\mathrm{m}$，其相邻坡段的纵坡度分别为：$i_1=3\%$，$i_2=1\%$，转坡点的桩号为 K6+770，高程为 396.67m。要求完成：

(1)竖曲线各要素计算；

(2)如果曲线上每隔 10m 设一桩，请按表 2-61 完成竖曲线上各桩点的高程计算。

竖曲线高程计算表　　　　　　　　表 2-61

桩号	至起、终点的距离(m)	标高改正值(m)	坡道高程(m)	竖曲线高程(m)

码2-2 教学单元2
思考题与习题
参考答案

教学单元 3 道路横断面设计

【教学目标】 本教学单元主要讲述了城市道路与公路的标准横断面相关知识，主要内容包括横断面组成及宽度、路基典型横断面、路基附属工程、路拱计算、横断面设计方法及设计成果、城市道路与公路的建筑限界、横断面的布置及设计步骤、城市快速路概念。通过学习学生要掌握公路与城市道路典型横断面的绘制方法，熟悉在横断面图上判断路基填挖高度，初步掌握路基土石方工程数量的计算方法。

3.1 道路的横断面组成

道路中线的法线方向剖面图称为公路横断面图，简称横断面，它是由横断面设计线与横断面地面线所围成的图形。公路与城市道路等级不同，中线的法线位置不同。

公路横断面的组成包括：行车道、中间带、路肩、边沟、边坡、截水沟、排水沟、支挡防护结构等。城市道路横断面的组成包括：机动车道、非机动车道、人行道、绿化带、分隔带、地下管线等。

路基横断面两端路肩边缘之间的距离称为路基宽度。若含边沟、边坡宽度在内，则为用地范围，称为地界宽度。横断面宽度，通常称为路幅宽度，远期规划道路用地总宽度则称为红线宽度。红线是指城市中的道路用地和其他用地的分界线。公路横断面组成如图 3-1 所示。

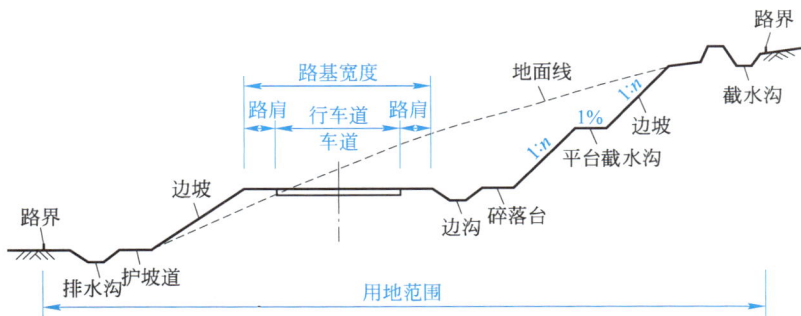

码3-1 道路中央分隔带施工和附属设施

图 3-1 公路横断面组成

横断面设计是路线设计的重要组成部分，它和纵断面设计、平面设计相互影响，所以在设计中应对平、纵、横三个方面结合起来综合考虑，反复比较和调整后，才能达到各元素之间的协调一致，做到组成合理、用地节省、工程经济和有利于环境保护。

横断面设计的主要内容是：确定横断面的形式，各组成部分的位置和尺寸以及路基土石方的计算和调配。路拱、路面结构和厚度、路基的强度和稳定性以及超高、加

73

宽、平面视距、路面结构、边沟、边坡、防护支挡结构的位置都应初步确定。

3.1.1　公路横断面的组成

1. 公路路基标准横断面

路基标准横断面是根据设计交通量、交通组成、设计车速、通行能力和满足交通安全的要求，按公路等级、断面的类型、路线所处地形规定的路基横断面各组成部分横向尺寸。各级公路的路基标准横断面如图 3-2 所示。

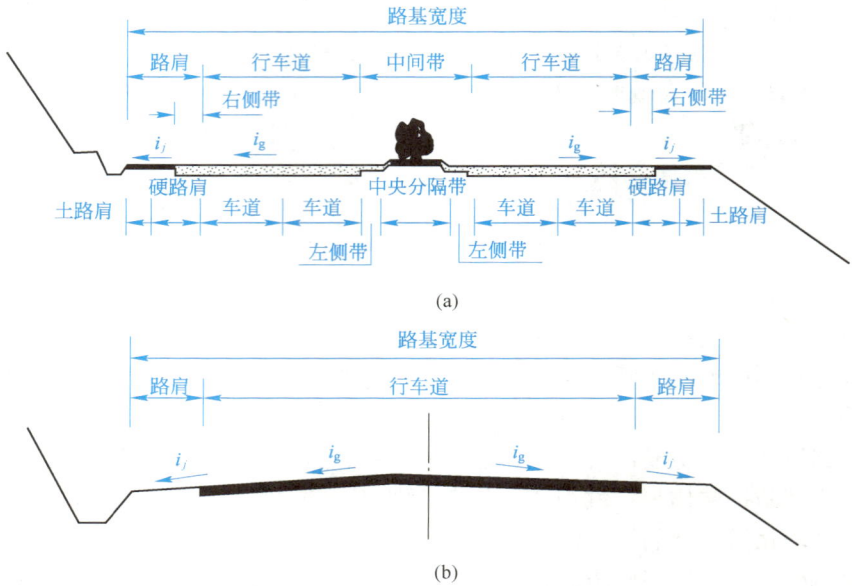

(a)

(b)

图 3-2　公路路基标准横断面

(a)高速公路、一级公路路基标准横断面；(b)二、三、四级公路路基标准横断面

2. 路基横断面组成及宽度

（1）公路横断面分类

高速公路和一级公路的路基横断面分为整体式和分离式两类，如图 3-3 和图 3-4所示。整体式为上下行的公路的横断面由一个路基形成；分离式由两个路基分别独立形成，整体式横断面上包括行车道、中间带、路肩、紧急停车带、爬坡车道、变速车道等；分离式的断面没有中间带，其他部分和整体式断面相同。

图 3-3　整体式路基横断面

图 3-4　分离式路基横断面

高速公路、一级公路标准横断图如图 3-5(a)所示。二、三、四级公路采用整体式断面，不设中间带，它的组成包括行车道、路肩、错车道等，如图 3-5(b)所示。

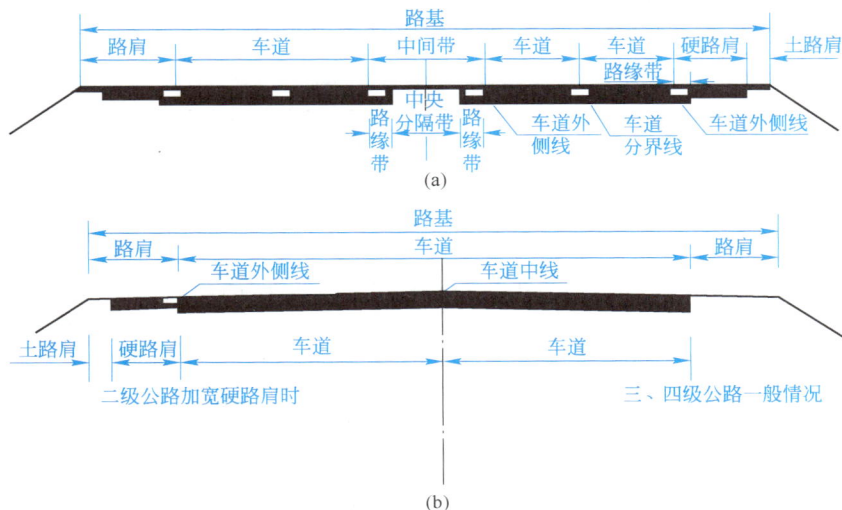

图 3-5 公路标准横断图
(a)高速公路、一级公路路基标准横断面；(b)二、三、四级公路路基标准横断面

（2）路基宽度

路基宽度是指在一个横断面上两路肩外缘之间的宽度，一般是指行车道与路肩宽度之和，当设有中间带、加（减）速车道、爬坡车道、紧急停车带、错车道、超车道、侧分隔带、非机动车道（或慢车道）和人行道等时，应包括在路基宽度内。公路路基横断面中各部分组成宽度应根据公路技术等级、交通量和交通组成、横断面各部分的功能综合确定，根据横断面各部分宽度最终确定路基宽度。

非机动车、行人密集公路和城市出入口的公路，可根据需要设置侧分隔带、非机动车道和人行道。

考虑到未来的改扩建，新建道路有条件时还可适当增加硬路肩和路基宽度，以利交通组织和日后交通量增加时拓宽行车道。四级公路一般采用 3.5m 的行车道和 6.5m 的路基；当交通量较大时，可采用 6.0m 的行车道和 7.0m 的路基；当交通量很小时或工程特别艰巨的路段，可采用 4.5m 的路基和 3.5m 的单车道，但必须设置错车道。

（3）行车道

1）行车道的功能

行车道为车辆行驶提供通行条件，行车道的宽度和路面状况影响车辆行驶的安全性、舒适性和公路的通行能力，行车道过窄会使不同车道之间的横向间距不足，车辆的横向干扰增加，平均速度和通行能力下降。

2）车道数

公路的车道数主要根据该路的预测交通量、设计速度、服务水平等来确定。行车道的基本数目应在一个较大的路线长度内保持不变，而且当车道数目需要增加或减少时，一次应不多于一条车道。当车道数为双车道以上时应按双数、两侧对称增加。各级公路的基本车道数符合表3-1的规定。四级公路一般路段应采用双车道，交通量少或工程特别艰巨的路段可采用单车道。

各级公路的基本车道数 表 3-1

公路技术等级	高速公路、一级公路	二级公路	三级公路	四级公路
车道宽度（m）	≥4	2	2	2（1）

3）行车道宽度

一条车道的宽度必须能满足设计车辆在有一定横向偏移的情况下运行，并能为相邻车道上的车流提供余宽，所以汽车所需车道的宽度受车速、交通量、驾驶员的驾驶能力、会车等影响，各级公路一条车道宽度应符合表3-2的规定。

车道宽度 表 3-2

设计速度（km/h）	120	100	80	60	40	30	20
车道宽度（m）	3.75	3.75	3.75	3.50	3.50	3.25	3.00（单车道时为3.50）

注：高速公路为八车道，当设置左侧硬路肩时，内侧车道宽度可采用3.50m。

（4）变速车道

当车辆需要加速合流或减速分流时，应根据公路的等级、使用性质等增加一段使车辆速度过渡的车道，使变速车辆不致因速度的变化而影响其他车辆的正常行驶。在高速公路和一级公路的互通式立体交叉、服务区等与主线连接处，设有变速车道，其宽度一般为3.5m，长度与速度变化范围、车辆特性等因素有关，可经计算确定，一般情况下可采用《公路路线设计规范》JTG D20—2017规定的数值。

（5）错车道

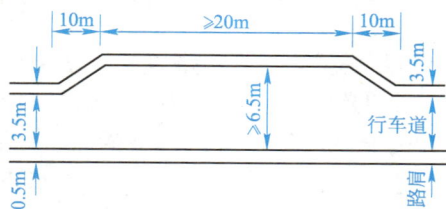

图 3-6　错车道

四级公路路基宽度采用4.5m时，路面只能设一个车道。错车道是为了解决双向行车的错车而设置的，错车道应设在有利地点，使驾驶人能够看清相邻两错车道间的车辆，错车路段的路基宽度不小于6.5m，有效长度不小于20m，如图3-6所示。错车道的间距应根据错车时间、视距、交通量等确定，在不大于300m的距离内选择有利地点设置错车道。

（6）中间带

中间带由路线双向的两条左侧路缘带和中央分隔带组成。中央分隔带是分隔高速公路或一级公路上对向行车道的地带。左侧路缘带是相对于汽车行驶方向的位置而定，如图 3-7 所示。高速公路、一级公路整体式路必须设置中间带。

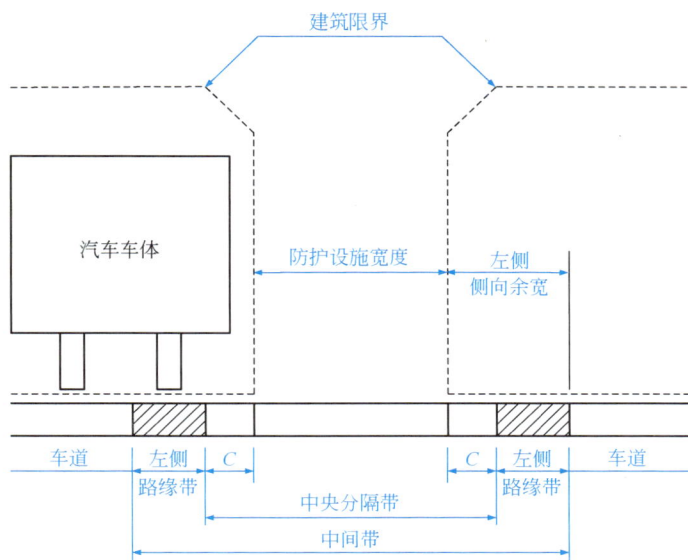

图 3-7　中间带

1）中间带的功能

① 分离不同方向的交通流，减少车辆的对向干扰，以防止无序的交叉运行和转弯运行。

② 在不妨碍公路限界的前提下，作为设置公路标牌的场地。

③ 在交叉路口为左转车辆提供避让区域。

④ 提供绿化带，以遮挡对向车灯的眩光。

⑤ 引导驾驶员的视线，同时为失控车辆提供救险区域。

⑥ 埋设管线等设施。

2）中间带的宽度

中间带的作用明显，但投资大、占地多。一般采用窄分隔带高出行车道表面的中央分隔带，称为凸形；也有宽度大于 4.5m 的凹形，表面采用植草、栽灌木或铺面。

中间带可不等宽，也不一定等高，应与地形、景观等配合。不等宽的中间带应逐步过渡，避免突变，以保持行车轨迹的连续性。中央分隔带按需要设置开口，供紧急特殊情况使用，最小间距应不小于 2km。

现行相关规范没有给出具体的中央分隔带的宽度值，中央分隔带宽度应从对向隔离、安全防护的主要功能出发，综合考虑中央分隔带护栏的防护形式和防护能力确定。高速公路和作为干线的一级公路的，中央分隔带宽度应根据公路项目中央分隔带功能来确定；作为集散的一级公路，中央分隔带宽度应根据中间隔离设施的宽度来确定。

中央分隔带由防护设施和两侧对应的余宽 C 组成。其中，左侧路缘带和余宽

C 提供了安全行车所必需的侧向安全余宽，并能引导驾驶员的视线。余宽 C 值在设计速度大于 100km/h 时取 0.50m，在设计速度小于或等于 100km/h 时取 0.25m。中间带各部分的空间关系如图 3-7 所示，高速公路行车道侧向安全余宽要求如表 3-3 所示。

高速公路行车道侧向安全余宽　　　　　　　　　　　表 3-3

运行速度（km/h）	车道侧向安全余宽（m）	
	左侧	右侧
120	1.25	1.75
100	1.00	1.50
80	0.75	0.75

（7）左侧路缘带

路缘带既可以是硬路肩的一部分，又可以是中间带的一部分，主要取决于它的位置，如图 3-5 所示。高速公路和一级公路整体式断面必须设置中间带。中间带由中央分隔带和两条左侧路缘带组成。左侧路缘带宽度不应小于表 3-4 的规定。设计车速为 120km/h、100km/h，受地形、地物限制的路段或多车道公路内侧车道仅限小型车车辆通行的路段、左侧路缘带可论证采用 0.5m。

左侧路缘带宽度　　　　　　　　　　　表 3-4

设计速度（km/h）		120	100	80	60
左侧路缘带宽度（m）	一般值	0.75	0.75	0.50	0.50
	最小值	0.50	0.50	0.50	0.50

注：1. "一般值"为正常情况下的采用值。
　　2. 设计速度为 120km/h、100km/h 时，受地形、地物限制的路段或多车道公路内侧仅限小型车辆通行的路段，可论证采用"最小值"。

在中间带范围内的路缘带（左侧路缘带）是中间带的组成部分；在路肩范围内的路缘带（右侧路缘带）属路肩的组成部分，主要功能是诱导驾驶员视线和提供部分侧向余宽。当汽车越出行车道时，能加强行车安全。

（8）路肩（右侧）

路肩位于行车道外缘至路基边缘之间，是具有一定宽度的带状结构物，高速公路和一级公路的路肩包括硬路肩和土路肩两部分；二、三、四级公路的路肩一般只设土路肩。路肩的主要作用是保护行车道，供行人、自行车通行和临时停放车辆。一般城市道路的外侧在不设人行道及分隔带的情况下，应设置路肩（右侧）。各级公路路肩宽度应符合表 3-5 的规定，并应符合下列要求：

1）高速公路和一级公路应在右侧硬路肩宽度内设右侧路缘带，其宽度为 0.5m。

2）高速公路和一级公路采用分离式断面时，应设置左侧硬路肩，其路肩宽度不应小于表 3-6 的规定值。左侧硬路肩包含左侧路缘带宽度。

3）八车道及以上高速公路宜设置左侧硬路肩，其宽度应不小于 2.2m。左侧硬路肩宽度包含左侧路缘带宽度。爬坡车道宽度不应小于 3.5m。

路肩宽度　　　　　　　　　　　　　　　　　　　表 3-5

公路等级（功能）		高速公路			一级公路	
		120km/h	100km/h	80km/h	100km/h	80km/h
硬路肩宽度（m）	一般值	3.00 (2.50)	3.00 (2.50)	3.00 (2.50)	3.00 (2.50)	3.00 (2.50)
	最小值	1.50	1.50	1.50	1.50	1.50
土路肩宽度（m）	一般值	0.75	0.75	0.75	0.75	0.75
	最小值	0.75	0.75	0.75	0.75	0.75
公路等级（功能）		一级公路（集散功能）和二级公路		二、三、四级公路		
		80km/h	60km/h	40km/h	30km/h	20km/h
硬路肩宽度（m）	一般值	1.50	0.75	—	—	—
	最小值	0.75	0.75			
土路肩宽度（m）	一般值	0.75	0.75	0.75	0.50	0.25（双车道） 0.50（单车道）
	最小值	0.50	0.50			

注：1. 正常情况下，应采用"一般值"；在设爬坡车道、变速车道及超车道路段、受地形、地物等条件限制路段及多车道公路特大桥，可论证采用"最小值"。

2. 高速公路和作为干线的一级公路以通行小客车为主时，右侧硬路肩宽度可采用括号内数据。

分离式断面高速公路和一级公路左侧路肩宽度　　　　　表 3-6

设计速度（km/h）	120	100	80	60
左侧硬路肩宽度（m）	1.25	1.00	0.75	0.75
左侧土路肩宽度（m）	0.75	0.75	0.75	0.75

（9）紧急停车带

紧急停车带是车辆发生故障时紧急停车的区域，当硬路肩宽度足以停车时就无须设置紧急停车带。高速公路和作为干线的一级公路的右侧硬路肩宽度小于 2.50m，不足以停车时，为使发生故障的车辆尽快离开行车道，应设置紧急停车带。

紧急停车带的间距主要考虑发生故障车辆可能滑行的距离和工程量、交通量等因素，使其既能发挥应急停车的作用，又不造成工程量的大幅增加，所以《公路工程技术标准》JTG B01—2014 规定，紧急停车带的间距不宜大于 500m。

紧急停车带的宽度包括硬路肩在内应不小于 3.50m，有效长度不小于 40m。此外在紧急停车带的两端还需设置一个斜线的缓和过渡段，长度为 70m。

高速公路、一级公路的特大桥、特长隧道，根据需要可设置紧急停车带，其间距宜不大于 750m。二级公路根据需要可设置紧急停车带，其间距根据实际情况确定。

3.1.2 城市道路横断面组成

横断面设计应按道路等级、服务功能、交通特性，结合各种控制条件，在规划红线宽度范围内合理布设。城市道路上供各种车辆行驶的部分统称为行车道，行车道又包括机动车道和非机动车道。城市道路的交通比较复杂，表现在行人和非机动车较多，所以在城市道路设计中，突出"公路优先""以人为本"的设计原则。

1. 城市道路典型横断面

城市道路的各组成部分相互联系、相互影响，其位置的安排和宽度的确定必须保证车辆和行人的安全畅通，城市道路横断面宽由机动车道、非机动车道、人行道、分车带、设施带、绿化带等组成，特殊断面还包括应急车道、路肩和排水沟等。城市道路横断面的基本形式如图3-8所示。

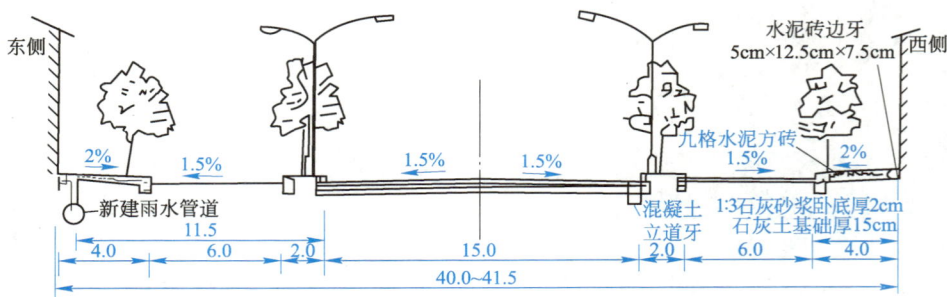

图3-8 城市道路横断面基本形式（单位：m）

横断面设计应满足远期交通功能需要。分期修建时应近远期结合，使近期工程成为远期工程的组成部分，并应预留管线位置，控制道路用地，给远期实施留有余地。城市建成区道路不宜分期修建。

2. 城市道路横断面组成及宽度

（1）行车道

城市道路行车道包括机动车道和非机动车道。

1）机动车道宽度

行车道中供汽车、电车、摩托车等机动车行驶的部分称为机动车道。一条机动车道最小宽度应符合表3-7规定。

一条机动车道最小宽度　　　　　　　　　　　　　　　表3-7

车型及车道类型	设计速度（km/h）	
	>60	≤60
大型车或混行车道	3.75	3.50
小客车专用车道	3.50	3.25

注：小型汽车包括2t以下载货车、小型旅行车、小客车及摩托车等。大型汽车包括普通汽车及铰接车。

机动车道路面宽度应包括车行道宽度及两侧路缘带宽度，单幅路及双幅路采用中间分隔物或双黄线分隔对向交通时，机动车道路面宽度还应包括分隔物或双黄线宽度。

城市道路常采用两车道、三车道、四车道、六车道等，一般不宜超过六车道。车道过多，路宽过大不但引起行人车辆过街不便，也容易造成行车超车、抢道，形成交通秩序混乱，而且工程费用过高，对提高道路通过能力方面作用不大。

我国城市道路机动车宽度经验值：双车道一般取 7.5～8.0m，三车道 10.0～11.0m，四车道 13.0～15.0m，六车道 19.0～22.0m。

机动车车行道的总宽度可按式(3-1)、式(3-2)进行计算：

$$机动车车行道宽度＝所需要的车道数×一条车道所需宽度 \qquad (3\text{-}1)$$

$$机动车车行道宽度＝\frac{单向高峰小时交通量×2 条×一条车道宽度}{一条车道可能通行能力} \qquad (3\text{-}2)$$

2）非机动车道宽度

行车道中主要供自行车、三轮车、板车等非机动车行驶的路面部分称为非机动车道。

与机动车合并设置的非机动车道，车道数单向不应小于 2 条，宽度不应小于 2.5m。非机动车专用道路路面宽度应包括车道宽度及两侧路缘带宽度，单向不宜小于 3.5m，双向不宜小于 4.5m。

我国城镇、城郊道路非机动车道占有相当大的比重，非机动车车道宽度宜宁宽勿窄，留有余地。非机动车单车道宽度设计原理与机动车道设计基本相同，由车辆的宽度与行车两侧横向安全距离而定。一条非机动车道最小宽度应满足表 3-8的规定。

一条非机动车道最小宽度　　　　　　　　　　　　　表 3-8

车辆种类	自行车	三轮车
非机动车道宽度(m)	1.0	2.0

非机动车道的总宽度主要是根据非机动车的横向组合方式，确保较宽的车型能够与其他车型并行或超车行驶来确定。

根据经验，我国独立的非机动车车道的基本宽度取 3.5m 以上。非机动车道沿道路对称布置在机动车道和人行道之间。为保证行车安全、提高行车速度，非机动车道与机动车道应用标志线或分隔带分隔开。交通量很小的道路(支路或住宅区路)上，非机动车与机动车可混行，但必须靠右侧行驶。

（2）人行道及人行设施

城市道路的路侧带可由人行道、绿化带、设施带等组成。人行道的主要功能是满足行人步行交通需要，同时用来布置绿化带、地上杆线、交通标志，埋设地下管线等设施。路侧带可由人行道、绿化带、设施带组成，如图 3-9 所示。

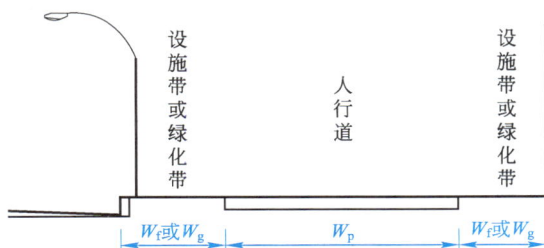

图 3-9　路侧带

1）人行设施的基本通行能力

人行设施的基本通行能力一般以 1h、1m 宽道路上通过的行人数（人/h·m）表示。人行道、人行横道、人行天桥、人行地道等单位宽度内基本通行能力根据行驶速度、纵向间距和占用宽度计算。人行横道间距为 250～300m。一条步行道的通行能力与行人步行速度和街道性质相关，见表 3-9。不同人行设施基本通行能力计算参数值可按表 3-9 取用。根据《城市道路工程设计规范（2016 年版）》CJJ 37—2012，计算公式如下：

$$C_p = \frac{3600 v_p}{S_p b_p} \tag{3-3}$$

式中　C_p——人行设施的基本通行能力，人/(h·m)；

　　　　v_p——行人步行速度，可按表 3-9 取值；

　　　　S_p——行人行走时纵向间距，取 1.0m；

　　　　b_p——一队行人占用的横向宽度，m，可按表 3-9 取值。

不同人行设施基本通行能力计算参数推荐值　　　　表 3-9

人行设施	步行速度 v_p(m/s)	一队行人的宽度 b_p(m)
人行道	1.00	0.75
人行横道	1.00～1.20	0.75
人行天桥、人行地道	1.00	0.75
车站、码头等处的人行天桥、通道	0.50～0.80	0.75

人行设施的基本通行能力和设计通行能力应符合表 3-10 的规定。行人较多的重要区域设计通行能力宜采用低值，非重要区域宜采用高值。

人行设施基本通行能力和设计通行能力　　　　表 3-10

人行设施类型	基本通行能力	设计通行能力
人行道，人/(h·m)	2400	1800～2100
人行横道，人/(hg·m)	2700	2000～2400
人行天桥，人/(h·m)	2400	1800～2000
人行地道，人/(h·m)	2400	1440～1640
车站、码头的人行天桥、人行地道，人/(h·m)	1850	1400

注：hg 为绿灯时间。

2）人行道宽度

人行道宽度可参考行人纵向间距、横向间距和步行速度等指标进行分级。其主要取决道路功能、沿街建筑物的性质。人行道宽度必须满足行人安全顺畅通过的要求，并应设置无障碍设施，必须考虑行人和非机动车交通系统的连续性和完整性，保证必需的通行空间，以及布置绿化带、线杆等用地宽度，并注意地下埋设管线需用宽度。

人行道宽度＝步行道宽度＋绿化带宽度＋设施带宽度　　　　(3-4)

① 步行道宽度

步行道宽度(一侧)＝一条步行道宽度×

高峰小时人流量(单侧双向)/一条步行道的通行能力

$$(3-5)$$

一条步行道宽与行人性质有关(空手、提、背、抱、挑时宽度不同)。一般道路上，单行步道宽 0.75m，在火车站、港口码头、商场及闹市附近的干道上，携物行人较多时，单行步道宽度可取 0.90m。

城市道路，一般情况下行人步行道宽度应满足双人对向并行的要求，即单侧布置行人步行道条数不小于 4 条(3m)，主干道上单侧行人步行道数不少于 6 条，支路、街坊内单侧行人步行道数不少于 2 条。对行人交通数量大的商业街、闹市路段应根据行人交通量实际数量确定步行道数量。

② 绿化带、设施带所需宽度

为了保证植物能良好的生长，绿化带宽度为 1.0~2.0m，最好不小于 1.5m。

设施带宽度应考虑设置护栏、照明灯柱、标志牌、信号灯、城市公共服务设施等的要求，各种设施布局应综合考虑。地面杆线常布置在绿化带上。埋设电力、电信、给水三种管线所需最小宽度不小于 4.5m，加上绿化带宽度，则单侧人行道宽度应为 6m。设计人行道宽度可参考表 3-11 采用。

人行道宽度计算的参考数据　　　　表 3-11

项目	占地宽度（m）
设置电线杆和电灯的地带	1.0~1.5
种植单排行道树的地带	1.5
种植双排行道树的地带	2.5~5.0
设置行人护栏的宽度	0.25~0.5

步行道宽度加上绿化、杆线所用宽度，即得到人行道单侧宽度，一般不小于 4.5m。当管线埋设在人行道下面时，人行道宽度要求既能满足步行交通的需要，又要满足铺设地下管线的要求。根据经验，一侧人行道宽度和道路总宽度之比在 1：7~2：7 范围内较适当，人行道最小宽度见表 3-12。

人行道最小宽度　　　　表 3-12

项目	人行道最小宽度(m)	
	大城市	中、小城市
各级道路	3.0	2.0
商业或文化中心以及大型商店或大型公共文化机构集中路段	5.0	4.0
火车站、码头附近路段	5.0	4.0
长途汽车站	4.0	3.0

3）人行道布置

人行道通常对称布置在行车道两侧，在受限于地形、地物或有特殊要求时，也可作不等宽布置或仅在一侧布置。

为了保证交通安全，避免人、车相互干扰，通常人行道要高出行车道 8～20cm，宜采用 15cm，并采用混凝土预制块（或条石）设置路缘石（侧、平石），作为行车道、人行道之间的分界线，也可起到支撑路面与支挡人行道边缘的作用。为了排水，人行道上应设向行车道方向倾斜的直线形排水横坡。有铺砌的人行道横坡为 1.5%～2.5%。

（3）分车带

分车带按其在横断面中的不同位置及功能，可分为中间分车带（简称中间带）及两侧分车带（简称侧分带）两类，分车带由分隔带及两个左侧路缘带组成。城市道路分车带宽度如图 3-10 所示。

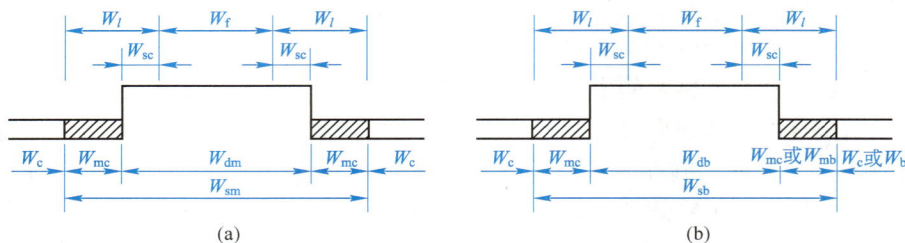

图 3-10　分车带
(a)中间带；(b)两侧带

分车带除用以分隔车流外，还用作道路绿化、照明、设置交通标志、布置管线、布置公交停靠站台及自行车停车场等，并可为道路今后拓宽发展留设余地。对于用地紧张的地区，固定式分车带宽度一般不宜小于 1.2～1.5m，并兼作绿化带，用缘石或栏杆与行车道分离。当分车带用作公交停靠站或自行车停放场时，宽度不宜小于 2m。除为远期保留拓宽行车道的备用土地外，一般分车带宽度不宜大于 4.5m。分隔带及缘石开口的规定见《城市道路工程设计规范（2016 年版）》GJJ 37—2011。

1）中间分车带（中间带）

快速路、主干路整体式断面必须设置中间带。中间带由两条左侧带和中央分隔带组成。分车带（中间带）的最小宽度符合表 3-13 规定。分隔带可用立缘石围砌，需要考虑防撞要求时，应采用相应等级的防撞护栏。一般高出路面 15～20cm，在人行横道及停车站处应设置铺装层。

当快速路单向机动车道数小于 3 条时，应设不小于 3.0m 应急车道。当连续设置有困难时，应设置应急停车港湾，间距不应大于 500m，宽度不应小于 3.0m。

2）两侧分车带（两侧带）

机动车道与非机动车道间的分隔带设置于机动车道两侧，用以分离机动车与非机动车车流。常用于城市道路"三块板""四块板"横断面中，如机动车和非机动车交通量较大的主干道，或快速干道上分离非机动车辆。

两侧带的最小宽度为 2.0～2.25m。北方寒冷积雪地区，在满足最小宽度前提下，还应考虑能否满足临时堆积雪的要求。城市道路分车带最小宽度见表 3-13。

城市道路分车带最小宽度　　　　　　　　表 3-13

分车带类别		中间带		两侧带	
设计速度(km/h)		$\geqslant 60$	<60	$\geqslant 60$	<60
路缘带宽度(m)	机动车道	0.50	0.25	0.50	0.25
	非机动车道	—	—	0.25	0.25
安全带宽度 W_{sc}(m)	机动车道	0.50	0.25	0.50	0.25
	非机动车道	—	—	0.25	0.25
侧向净宽 W_l(m)	机动车道	1.00	0.50	0.75	0.50
	非机动车道	—	—	0.50	0.50
分隔带最小宽度(m)		2.00	1.50	1.50	1.50
分车带最小宽度(m)		3.00	2.00	2.50(2.25)	2.00

注：1. 侧向净宽为路缘带宽度与安全带宽度之和。

　　2. 两侧带分隔宽度中，括号外为两侧均有机动车道时取值；括号内为一侧为机动车道，另一侧为非机动车道时的取值。

　　3. 分隔带最小宽度系按设施带宽度 1m 考虑的，具体应用时，应根据设施带实际宽度确定。

（4）停车带及港湾式公交停靠站

高架、立交或地道的单向单车道匝道右侧应设紧急停车带，紧急停车带最小宽度为 2.5m。

城市支路或辅路的路侧考虑路边停车时，可考虑设置停车带。主、次干路路侧不应设置停车带。

在道路上设置公交站点宜采用港湾式公交停靠站方式，考虑建筑物结构、出入口通道、售检票亭宽度等因素，单侧停靠站台车道宽度一般不应小于 3m，双侧停靠站台宽度不应小于 5m。根据出租车的运营情况，为避免公交上下乘客对道路上正常交通的干扰，应对出租车站的设置进行原则上的规定。

公共交通设施、公共停车场和城市广场设计详见《城市道路工程设计规范（2016 年版）》CJJ 37—2012。

（5）路肩

对于城市道路采用边沟排水的道路应在路面外侧设置保护性路肩，中间设置排水沟的道路应设置左侧保护性路肩。

保护性路肩宽度自路缘带算起，快速路不小于 0.75m；其他等级道路不应小于 0.5m；当有少量行人时，不应小于 1.50m。设计速度不小于 60km/h 时，路肩宽度不小于 0.75m；设计速度小于 60km/h 时，路肩最小宽度为 0.50m。当需要设置护栏、杆柱、交通标志牌时，应满足其设置宽度要求。

当采用硬路肩时，可根据路面情况，采用合适路面材料进行铺装，如：水泥混凝土路、沥青混凝土路面等。

（6）路缘石

路缘石为设在路面边缘的界石，分为平缘石和立缘石。

3.1.3　路基典型横断面

1. 公路路基典型横断面

在公路设计中，把起伏不平的地形变成了可供汽车行驶的公路，因此原地面低于公路的设计线，就需要填筑不足部分；反之，就需要挖去多余部分；若上述两种情况同时出现在一个断面内，就形成既填又挖。把高于原地面的填方路基称为路堤，低于原地面的挖方路基称为路堑，在一个断面内，部分要填，另一部分要挖的路基称为半填半挖路基，如图 3-11 所示。

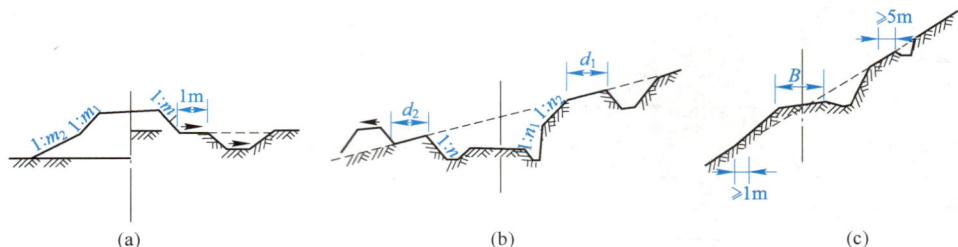

图 3-11　路基横断面基本形式

(a)填方路堤；(b)挖方路堑；(c)半填半挖路基

以上介绍的路基横断面的三种基本形式：填方路堤、挖方路堑、半填半挖路基。由于自然地形、地质条件的多样性，由此可派生出一系列类似的断面形式，它们在公路设计中经常被采用，故称为典型横断面。了解典型横断面的特点，对于结合地形正确地设计路基横断面是十分必要的。

（1）路堤

常用的各种路堤形式如图 3-12 和图 3-13 所示。

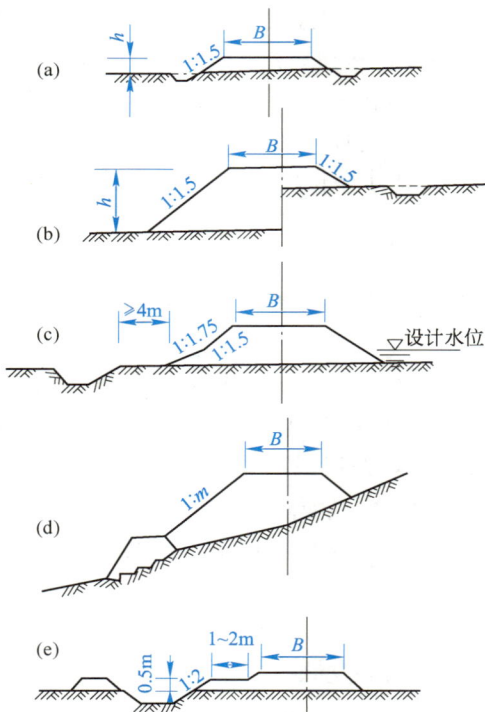

图 3-12　填方路堤断面

(a)

(b)

图 3-13　填方路堤类型

(a)填土路堤；(b)填石路堤

1）一般路堤：填土高度大于 1m 小于 20m 的路堤。

2）矮路堤：填土高度小于 1m，为排水常需设置边沟。

3）沿河路堤：路堤浸水部分的路堤边坡坡度采用 1∶2，并视水流冲刷情况采取措施。

4）陡坡护脚路堤：当路堤的坡脚伸出较远且不稳定或坡脚占用耕地较多时，用护脚取代坡脚的路堤。

5）利用挖渠土填筑路基：这是农田水利建设与公路建设相结合的形式，但需要考虑渠道的水流是否影响公路的正常使用，以及路基在渠道设计水位的影响下强度、稳定性是否满足要求。

（2）路堑

常用的路堑形式如图 3-14 和图 3-15 所示。

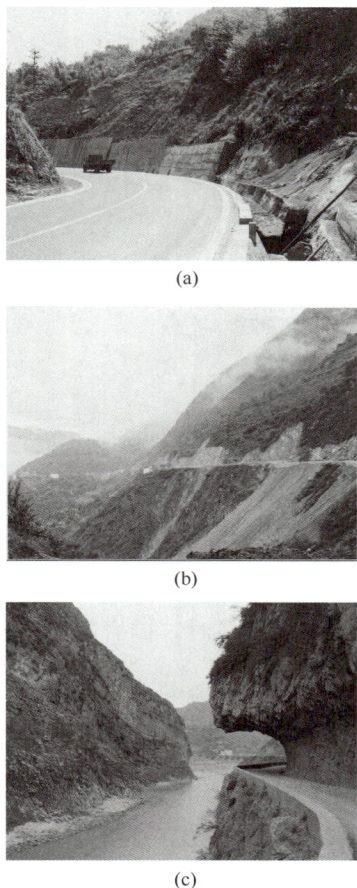

图 3-14　路堑断面类型

（a）一般路堑；（b）台口式路堑；（c）半山洞

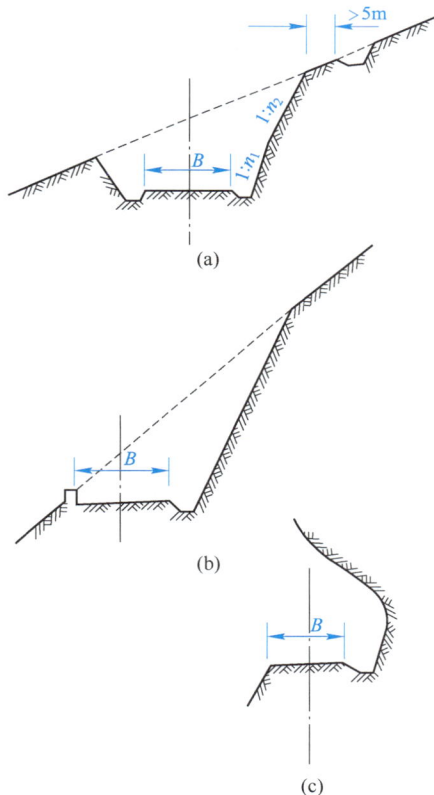

图 3-15　挖方路堑断面

1）一般路堑：路堑必须设置边沟，以排除路面积水；为拦截山坡上方的地面水流向路基，在坡顶外至少 5m 处设置截水沟。路堑挖出的废弃土石方，置于地形下侧的路堑坡顶以外至少 3m，形成弃土堆。详见本节路基附属设施部分。

2）台口式路堑：山体的自然坡面为路堑的下边坡，适用于地质状况良好的地段。

3）半山洞：半山洞适用于整体坚硬的岩石层上，为节省工程量采用的一种形式，应用时注意公路的安全和建筑限界的要求。

（3）半填半挖路基

常用的半填半挖路基如图 3-16 所示。

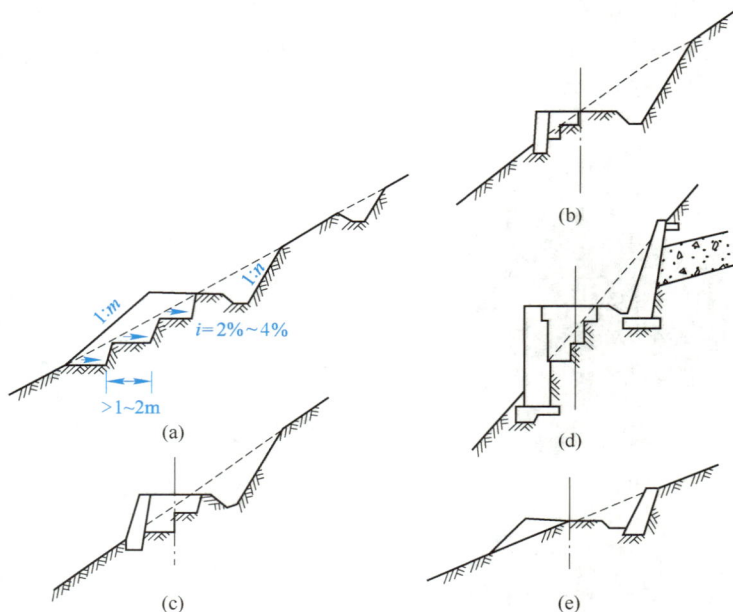

图 3-16　半填半挖路基断面形式

（a）半填半挖路基；（b）护肩路基；（c）砌石路基；（d）挡土墙路基；（e）矮墙路基

1）半填半挖路基：半填半挖路基是比较经济的断面形式，注意当原地面横坡坡度大于 1：5 时，将原地面挖成台阶，以保证填土的稳定。

2）护肩路基：用于填土高度不大，但坡脚太远不易填筑时，护肩高度一般不超过 3m。

3）砌石路基：用于地面横坡太陡，坡脚落空，不能填筑时。

4）挡土墙路基：挡土墙是不依靠路基独立稳定的结构物，它也能支挡填方，稳定路基。

5）矮墙路基：用于挖方边坡土质松散，易产生碎落的情况。

各种典型路基横断面要结合实际地形选用，且应以路基稳定、行车安全、工程量小和经济适用为前提。

2. 城市道路横断面布置形式

道路断面交通主要由行人和车辆交通组成，因此，断面宽度组成主要取决于人行道和车行道两部分。在断面的布设中必须合理地解决人与车，车与车之间的矛盾。城市道路通常采用侧石和绿化带将人行道、车行道布置在不同高度上，做到人车分流，防止互相干扰。而机动车与非机动车道安排是根据道路交通组成、交通量大小、道路等级与功能等具体情况，采用混合行驶、对向分流、车种分流等几种不同的交通组织要求来布设断面。

道路横断面形式与组成部分的影响因素很多，如城市规模、道路红线宽度、交通量、车辆类型与组成、设计速度、地理位置、排水方式、结构物位置、相交道路交叉口形式等。从横向布置分类，目前使用的横断面从单幅到八幅均有。较为常见的是，单幅路、双幅路、三幅路、四幅路以及公交专用车道，如图 3-17 所示。从竖向布置分类，有地面式、高架式或路堑式。本节只针对横向分类描述。

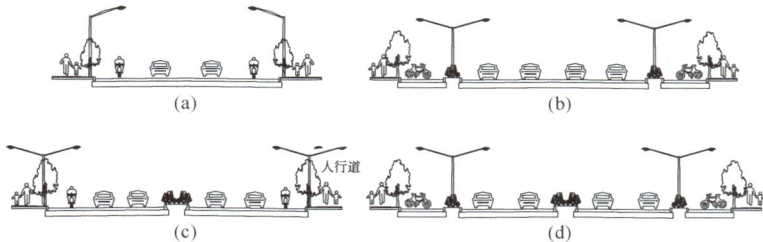

图 3-17　城市道路断面形式
(a)单幅路；(b)双幅路；(c)三幅路；(d)四幅路

（1）单幅路

单幅路断面又称"一块板"。道路上机动车与非机动车混合行驶。其适用于机动车与非机动车量不大的次干路、支路，商业街、旅游道路，并适用于公路交通量不大的二、三、四级公路，均采用一块板的断面布置，如图 3-17(a) 所示。由于对向行驶在同一幅车道，机动车与非机动车之间干扰大，行车速度低，但造价低、用地省、起伏小、行人过街方便。城市次干路宜采用单幅路或两幅路。

（2）双幅路

双幅路断面又称"二块板"。机动车与非机动车仍为混合行驶，适用于单向两条机动车道以上，非机动车较少的道路。利用中间分隔带把行车道一分为二，使对向行驶车辆分开行驶，形成对向分流的断面形式，有效地避免了对向行车的相互干扰，对绿化、照明、管线敷设较有利。它适用于高速公路、一级公路；机动车交通量不大，而非机动车少的主干路；红线宽度较宽的次干路。双幅路如图 3-17(b)所示。城市道路为两侧不设辅路时，应采用双幅路。

（3）三幅路

三幅路断面又称"三块板"。机动车与非机动车分行，用两条分隔带把行车道分成三部分，中间为双向行驶的机动车道，两边为单向行驶的非机动车道。这种断面路面宽，占地面积较大，费用较高，但解决了机动车与非机动车之间相互干扰的问题。其适用于机动车及非机动车交通量大，红线宽度大于或等于 40m 的主干道，有利于提高机动车辆行驶速度。但由于断面宽度较大，不适应地形变化，在公路的断面布置中一般不宜采用。三幅路如图 3-17(c)所示。城市主干路宜采用四幅路或三幅路。

（4）四幅路

四幅路断面也称"四块板"。机动车与非机动车分行，保障了交通安全，提高机动车的行驶速度。其采用双向机动车道，中间设有中央分隔带，机动车道与非机动车道或辅路间设有两侧带分隔，使行车道一分为四，能保证行车安全。实现了车种分流、对向分流。其适用于机动车车速高，单向机动车道 2 条以上，非机动车多的快速路与主干路。四幅路如图 3-17（d）所示。城市快速路两侧设置辅道时，应采用四幅路。

（5）公交专用车道

公交专用车道分为常规公交专用车道和快速公交专用车道两种。应根据公交专用车道类型，结合车站布置，道路功能综合选定横断面形式。

3.1.4　路基的附属设施

为了保证路基稳定和行车安全，根据实际需要设置取土坑、弃土堆、护坡道、碎落台、堆料坪等路基附属设施，这些都应视为路基主体工程不可缺少的部分。

1. 取土坑与弃土堆

在公路沿线挖取土方填筑路基或用于养护所留下的整齐土坑称为取土坑。将开挖路基所废弃的土堆放于公路沿线一定距离的整齐土堆称为弃土堆。

（1）取土坑

为了路基的稳定和保护自然环境，及土方合理调配，路线外集中取土坑的设置原则为：取土坑至路基之间的距离不得影响路基边坡稳定；桥头引道两侧不宜设置取土坑；兼作排水的取土坑，应确保水流通畅排泄，其深度不宜超过该地区地下水水位，并应与桥涵进口高程相衔接；其纵坡不应小于 0.2%，平坦地段也不应小于 0.1%；对取土坑应采取必要的排水、防护和绿化措施，避免水土流失。

平原地区，如果用土量较小，可以沿道路两侧设置取土坑，但应与路基排水和农田灌溉相结合。路旁取土坑如图 3-18 所示，深度约为 1.0m 或稍大一些，宽度依据用土数量和用地允许而定。

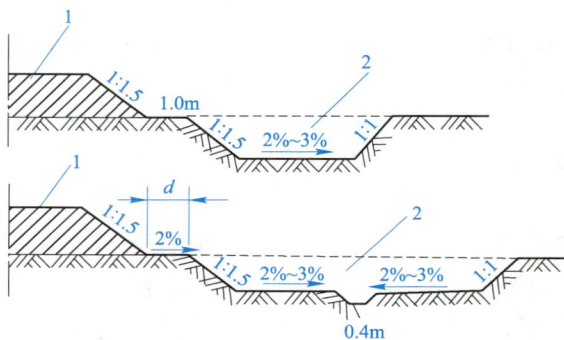

图 3-18　路旁取土坑示意图

1—路堤；2—取土坑

当堤顶与坑底高差（边坡高度）$h \geq 3.0$m 时，在路基坡脚与坑之间需设宽度不小于 1.0m 的护坡道。坑底设纵横排水坡及相应设施。取土坑要距河流中水位边界 10m 以外，并与调治构造位置相适应。

（2）弃土堆

弃土堆设置应符合下列规定：应合理设置弃土堆，不得影响路基稳定及斜坡稳定；弃土堆应堆放规则，进行适当碾压，并应采取必要的排水、防护和绿化措施；沿河弃土时，应防止加剧下游路基与河岸的冲刷，避免弃土阻塞、污染河道，必要时应设置防护支挡工程；桥头弃土不得挤压桥墩，阻塞桥孔。

弃土堆通常设在就近低地或路堑的下边坡一侧，当地面横坡小于 1∶5 时，可设在两侧。沿河路基应尽量避免弃方入河，堵塞河道。路旁弃土堆的设置，如图 3-19 所示，要求堆弃整平，顶面具有适当的横坡，并设置排水沟。宽度 d 与地面土质有关，最小 3.0m，最大可按路堑深度加 5.0m，即 $d \geqslant H + 5.0$m。弃土堆表面应进行绿化设计，以使其尽快恢复生态。

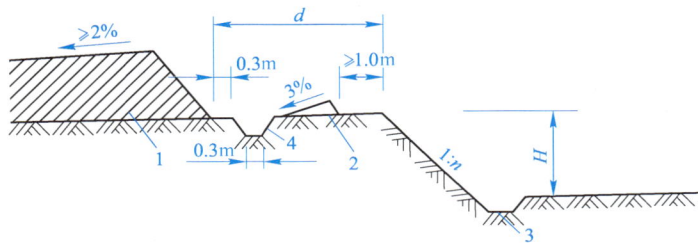

图 3-19　弃土堆横断面图
1—弃土堆；2—三角平台；3—边沟；4—截水沟；
d—弃土堆内侧坡脚与路堑坡顶的距离；H—路堑高度

积砂或积雪地区的弃土堆，宜有利于防砂防雪，可设在迎风面一侧，并且距路基有足够的距离。

2. 护坡道与碎落台

护坡道设置的目的是加宽边坡横距，减少边坡平均坡度，增加边坡整体稳定性。护坡道一般设置在路堤坡脚，如取土坑与坡脚之间，高路堤边坡中部的变坡处等，护坡道是沿原地面或边坡坡面纵向做成的有一定宽度的平台。护坡道越宽，越有利于边坡稳定，但工程量也随之增加。护坡道宽度至少为 1.0m，兼顾路基稳定与经济合理，通常护坡道宽度 d 视边坡高度 h 而定，$h \leqslant 3.0$m 时，$d = 1.0$m；$h = 3 \sim 6$m 时，$d = 2.0$m；$h = 6 \sim 12$m 时，$d = 2 \sim 4$m。浸水路基的护坡道，可设在浸水线以上的边坡上。在岩石破碎，土质较差或土夹石地段开挖路堑，在雨水作用下，路堑边坡经常发生碎落塌方，容易堵塞边沟或阻碍交通。因此，可在边沟外侧或路堑边坡中间设碎落台，如图 3-20 所示，以供风化碎落土石块积聚，养护时再作定期清除。设置碎落台，同时提高了边坡稳定性，兼有护坡道和视距台（弯道）的作用。碎落台宽度一般为 1.0 ～ 1.5m。

3. 堆料坪

为避免在路肩上堆放路面养护用料，在用地条件许可时，可在路肩外或边沟外缘设置堆料坪，一般每隔 50 ～ 100m 设置一个，其长度为 5 ～ 8m，宽度为 2m 左右，如图 3-21 所示。

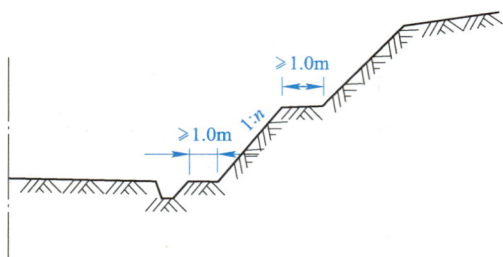

图 3-20　碎落台示意图

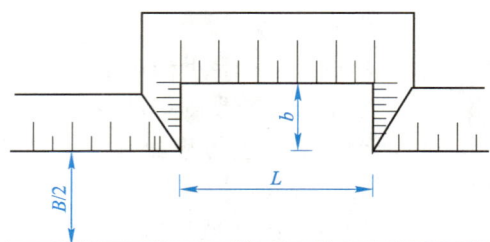

图 3-21　堆料坪示意图

b—堆料坪宽度；L—堆料坪长度；B—路基宽度

3.2　路拱与横坡

为了迅速排除路面上的雨水，路面表面做成中间高两边低的拱形，称为路拱。

3.2.1　路拱横坡

人行道、行车道在道路横向单位长度内升高或降低的数值，称为道路横坡，横坡大小以横坡 i_g 表示，见式(3-6)：

$$i_g = \tan\alpha = \frac{h}{d} \tag{3-6}$$

路拱横坡的确定必须有利于排水和保证行车安全和平稳。行车道上横向平均路拱横坡取值见表 3-14、表 3-15。行车道路拱平均横坡度应根据路面宽度、路面类型、纵坡及气候条件确定。行车道面层粗糙，防水性能差，横坡度应大一些。否则，水在路面上流动缓慢，容易渗到路面下层而降低路面强度；在多雨地区道路横坡宜取高限值，干旱地区可取低值；当道路纵坡较大时，为避免合成坡度过大给行车安全带来不良影响，横坡可适当减小。

公 路 路 拱 坡 度　　　　　　　　　　表 3-14

路面类型	路拱设计横坡度 i(%)
水泥混凝土路面	1.0～2.0
沥青混凝土路面	1.0～2.0
其他黑色路面	1.5～2.5
整齐石块路面	1.5～2.5
半整齐和不整齐石块路面	2.0～3.0
碎、砾石等粒料路面	2.5～3.5
加固土路面	2.0～4.0
低等级路面	3.0～4.0

城市道路路拱设计坡度　　　　　　　　　　　　表 3-15

路面类型		路拱设计横坡度 i(%)
水泥混凝土路面		1.0~2.0
沥青混凝土路面		
沥青碎石		
沥青贯入式碎(砾)石		1.5~2.0
沥青表面处治		
碎(砾)石等粒料路面		2.0~3.0
砌块路面	混凝土预制块	1.0~2.0
	天然石材	

注：纵坡度大时宜取低值，纵坡度小时宜取高值。

为了尽快排除路表水，行车道一般设计成双向路拱横坡，当横坡大时对排水有利，而对行车横向平稳性不利，反之亦然。因此，道路横向坡度取值应保证路面排水和保证行车的横向平稳。

高速公路、一级公路整体式路基的路拱宜采用双向路拱坡度，由路中央向两侧倾斜。位于中等强度降雨地区时，路拱坡度宜为 2%；位于降雨强度较大地区时，路拱坡度可适当增大。高速公路、一级公路分离式路基的路拱宜采用单向路拱坡度，并向路基外侧倾斜，也可采用双向路拱坡度。积雪冰冻地区，宜采用双向路拱坡度。二级、三级、四级公路的路拱应采用双向路拱坡度，由路中央向两侧倾斜。路拱坡度应根据路面类型和当地自然条件确定，但不应小于 1.5%。

直线路段的硬路肩应设置向外倾斜的横坡，其坡度值应与车道横坡度值相同。路线纵坡平缓且设置拦水带时，其横坡值宜采用 3%~4%。对于土路肩，位于直线路段且车道或硬路肩的横坡值大于或等于 3% 时，土路肩的横坡应与车道或硬路肩横坡值相同；小于 3% 时，土路肩的横坡应比车道或硬路肩横坡值大 1% 或 2%。位于曲线路段外侧的土路肩横坡，应采用 3% 或 4% 的反向横坡值。

对于城市道路单幅路应根据道路宽度采用单向或双向路拱横坡；多幅路应采用由路中线向两侧的双向路拱横坡；人行道宜采用单向横坡。

机动车路拱横坡应根据路面面层类型参照表 3-15 选用。城市快速路及降雨量大的地区宜采用 1.5%~2.0%；严寒积雪地区、透水路面宜采用 1.0%~1.5%。人行道横坡度宜采用单面坡，横坡度为 1.0%~2.0%，坡向路面。保护性路肩横坡度为路面横坡加大 1%，坡向路外。

3.2.2　路拱形式

路拱的基本形式有：抛物线、直线、曲线直线组合型、折线四种。抛物线路拱常采用的形式有：二次抛物线路拱和半立方抛物线路拱。

1. 抛物线路拱

抛物线路拱横坡从拱顶至拱脚逐渐增大，外形圆顺美观。路拱边部坡度大，有利于排水。中间部分平缓，行车平稳性好。但其易吸引横向行车而造成路面损坏。

抛物线路拱计算时以路中心为原点，水平方向为 x 轴（图 3-22），则路拱表面任意点的标高等于路中点设计标高减去该点纵距，见式(3-7)：

$$H_i = H_{中} - y_i \qquad (3\text{-}7)$$

式中　H_i——路拱表面任意点标高(m)；

$\quad\quad H_{中}$——路中心点设计标高(m)；

$\quad\quad y_i$——任意点的纵距，纵距的计算应根据路拱抛物线类型来决定。

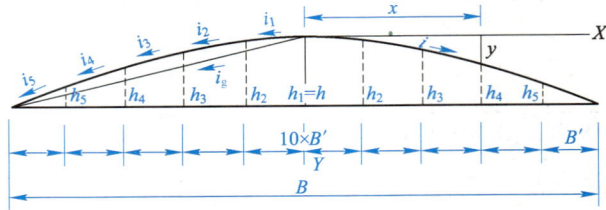

图 3-22　抛物线形路拱的计算图式

（1）二次抛物线路拱

二次抛物线路拱表面任意点标高修正值纵距计算见式(3-8)：

$$y_i = h\left(\frac{2x_i}{B}\right)^2 \qquad (3\text{-}8)$$

式中　B——行车道总宽(m)；

$\quad\quad h$——路拱高度（$h = \dfrac{B}{2}i_g$），为路中点与拱脚标高之差(m)；

$\quad\quad i_g$——路拱平均横坡度（％）；

$\quad\quad x_i$——距路中心线的横向距离(m)。

这种路拱的边缘横坡是随路宽的增加而加大，路拱过大影响行车安全，常用于不大于 12m 的行车道。选择的路拱平均横坡以不超过 3％为宜。

（2）半立方抛物线路拱

半立方抛物线路拱表面任意点标高修正纵距计算见式(3-9)：

$$y_i = h\left(\frac{2x_i}{B}\right)^{\frac{3}{2}} \qquad (3\text{-}9)$$

式中符号意义同前。

半立方抛物线路拱改善了二次抛物线路拱边缘部分横坡较陡的不利情况。这种路拱适用于行车道宽度在 20m 以内的沥青类路面，路拱的平均横坡应小于 3％。

2. 直线路拱

直线路拱是由两条倾斜直线相交而成，如图 3-23 所示。直线路拱坡为定值（不随路宽变化），对于边缘部分行车有利，施工方便，而路中路拱顶点有凸起转折，对行车不利。

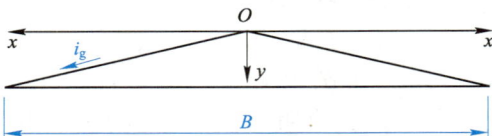

图 3-23　直线路拱

直线路拱表面任意点标高修正纵距计算见式(3-10)：

$$y_i = i_g x_i \tag{3-10}$$

式中符号意义同前。

直线路拱多用于刚性路面（水泥混凝土路面或预制板块铺装路面）和单向排水路面。其适用于任意行车道宽度，横坡度应不小于 1.5%，以利于排水。

3. 折线路拱

折线路拱是由短直线段连接而成，如图 3-24 所示。直线各段横坡由路中向边部逐渐增加。这种路拱横坡容易控制，便于施工整形，排水良好，适用于较宽的柔性路面，对于直线转折的突变点，往往不利行车，应注意在施工中碾压平顺。

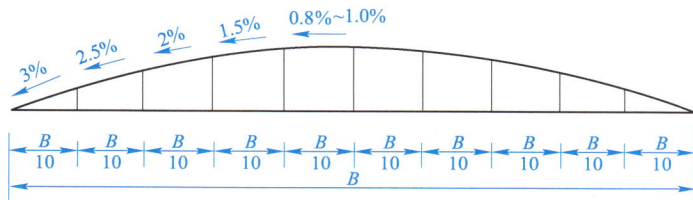

图 3-24   折线路拱

以上所述各种路拱，选择时应根据路面类型、行车道宽度、路拱横坡等条件进行合理的选择。在有分隔带的分离式非机动车道或有中央分隔带的机动车道宜采用单向横坡形式路拱，人行道宜采用单向横坡。采用双向横坡路拱时，路拱顶点两侧的行车道宽度必须对称。

【例 3-1】   已知某沥青混凝土路基宽度 8m，某点路拱两侧的设计标高为 2.08m，路拱采用二次抛物线，$y = \Delta h \left(\dfrac{2x_i}{B} \right)^2$，设计路面横坡 $i = 1.5\%$，试确定路拱控制桩位及各点的控制标高，并用表列出（图示桩点，以 1m 为单位确定各桩点）。

【解】   1）拟定路拱平均横坡度 i 并计算路拱的最大值 $C(\Delta h)$
由于 $i = 1.5\%$

则 $\Delta h = h_0 = i \times (B/2) = 1.5\% \times (8/2) = 0.06\text{m}$

2）确定路拱控制桩位，如图 3-25 所示

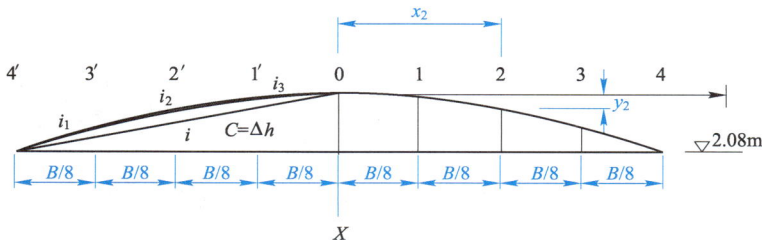

图 3-25   二次抛物线路拱构造图

3）根据抛物线上某点与水平距离 x_i 计算高差 y_i
O 点的设计标高：$2.08 + 0.06 = 2.14\text{m}$

1 点的设计标高：$y_1 = \Delta h \left(\dfrac{2x_i}{B} \right)^2$

$$= 0.06 \times [(2 \times 1)/8]^2 = 0.00375\text{m}$$

则 $2.08 + (0.06 - 0.00375) = 2.136\text{m}$

2 点的设计标高：$y_2 = \Delta h \left(\dfrac{2x_i}{B} \right)^2$

$$= 0.06 \times [(2 \times 2)/8]^2 = 0.015\text{m}$$

则 $2.08 + (0.06 - 0.015) = 2.125\text{m}$

3 点的设计标高：$y_3 = \Delta h \left(\dfrac{2x_i}{B} \right)^2$

$$= 0.06 \times [(2 \times 3)/8]^2 = 0.033\text{m}$$

则 $2.08 + (0.06 - 0.033) = 2.107\text{m}$

4 点的设计标高：$y_4 = \Delta h \left(\dfrac{2x_i}{B} \right)^2$

$$= 0.06 \times [(2 \times 4)/8]^2 = 0.06\text{m}$$

则 $2.08 + (0.06 - 0.06) = 2.08\text{m}$

计算各点的控制标高，并列入表 3-16。

8m 宽路面各桩位标高（采用二次抛物线路拱）　　　表 3-16

桩位	0	1 和 1'	2 和 2'	3 和 3'	4 和 4'
修正值（m）	0.00	0.00375	0.0150	0.0330	0.060
标高（m）	2.14	2.136	2.125	2.107	2.08

3.3　道路建筑限界与用地范围

3.3.1　公路用地与建筑限界

公路用地是供公路修筑路基和排水系统，设置防护设施和服务设施，以及供公路修筑和养护取土、弃土、路侧绿化等，依照法律规定所征用的地幅。

1. 公路直接用地

公路直接用地是公路通过的地域，其范围依据公路的等级和断面特征的不同而有所区别。

1）范围：路堤公路用地为两侧排水沟外边缘（无排水沟时为路堤或护道坡脚）外不小于 1m 的范围。路堑公路用地为边坡坡顶截水沟外边缘（无截水沟时为坡顶）以外不小于 1m 的范围。

2）变化范围：对于高速公路和一级公路，在有条件的情况下，上述"1m 范围"改为"不小于 3m"；二级公路则改为"不小于 2m"。对高填深挖的路段，为保证路基的稳定，应通过计算确定用地的范围。

2. 公路辅助用地

公路沿线房屋、料场、苗圃、停车场等，应在节约用地的原则下，根据实际需要确定用地范围。

3. 公路建筑限界规定

公路建筑限界由净空和净宽两部分组成。即在一定宽度和高度范围内，不得有任何障碍物侵入。如不得修建非路用房屋，开挖渠道，埋设管道、电缆、电杆等。道路建筑限界（图 3-26）是为了保证公路上规定的车辆正常运行与安全，其规定如下：

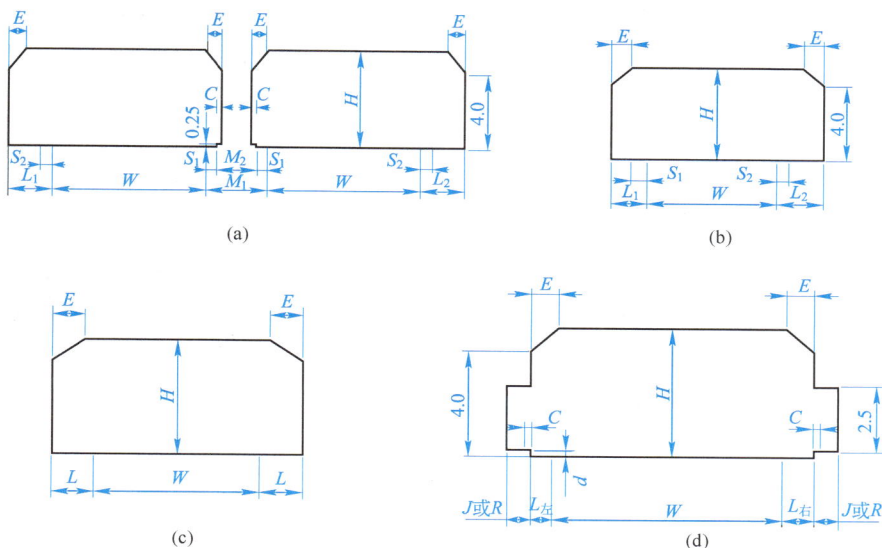

图 3-26　公路建筑界限（单位：m）

（a）高速公路、一级公路（整体式）；（b）高速公路、一级公路（分离式）；（c）二、三、四级公路；（d）公路隧道

图中：W——行车道宽度(m)；

　　　L_1——左侧硬路肩宽度(m)；

　　　L_2——右侧硬路肩宽度(m)；

　　　S_1——左侧路缘带宽度(m)；

　　　S_2——右侧路缘带宽度(m)；

　　　L——侧向宽度。高速公路、一级公路的侧向宽度为硬路肩宽度（L_1 或 L_2）；二、三、四级公路的侧向宽度为路肩宽度减去 0.25m；隧道内侧向宽度（$L_左$ 或 $L_右$）应符合隧道最小侧向宽度的规定；

　　　C——当设计速度大于 100km/h 时为 0.5m，等于或小于 100km/h 时为 0.25m；

　　　M_1——中间带宽度(m)；

　　　M_2——中央分隔带宽度(m)；

　　　J——隧道内检修道宽度(m)；

　　　R——隧道内人行道宽度(m)；

　　　d——隧道内检修道或人行道高度(m)；

　　　E——建筑限界顶角宽度，当 $L \leqslant 1$m 时，$E=L$；当 $L>1$m 时，$E=1$m；

　　　H——净空高度(m)。

（1）设置加（减）速车道、紧急停车带、爬坡车道、错车道、慢车道、车道隔离设施等路段，行车道包括该部分的宽度。

（2）八车道及其以上整体式路基的高速公路，设置左侧硬路肩时，建筑限界应包括相应部分的宽度，如图 3-26（b）所示。

（3）两车道公路隧道建筑限界横断面组成及基本宽度见表 3-17。

97

表 3-17

两车道公路隧道建筑限界横断面组成及基本宽度（m）

公路等级	设计速度（km/h）	左道宽度 W	侧向宽度		余宽 C	检修道宽度 J 或人行道宽度 R		建筑限界基本宽度
			左侧 L_B	右侧 L_B		左侧	右侧	
高速公路 一级公路	120	3.75×2	0.75	1.25	0.50	1.00	1.00	11.50
	100	3.75×2	0.75	1.00	0.25	0.75	0.75	10.75
	80	3.75×2	0.50	0.75	0.25	0.75	0.75	10.25
	60	3.50×2	0.50	0.75	0.25	0.75	0.75	9.75
二级公路	80	3.75×2	0.75	0.75	0.25	1.00	1.00	11.00
	60	3.50×2	0.50	0.50	0.25	1.00	1.00	10.00
三级公路	40	3.50×2	0.25	0.25	0.25	0.75	0.75	9.00
	30	3.25×2	0.25	0.25	0.25	0.75	0.75	8.50
四级公路	20	3.00×2	0.50	0.50	0.25			7.50

注：三车道、四车道隧道除增加车道数外，其他宽度同表 3-17；增加车道的宽度不应小于 3.5m。

（4）桥梁、隧道设置检修道、人行道时，建筑限界应包括相应部分的宽度。

（5）检修道、人行道与行车道分开设置时，其净高应为 2.50m。非机动车净高不小于 3.0m，取 3.5m。

（6）高速公路、一级公路、二级公路的净高为 5.0m；三级公路、四级公路的净高应为 4.5m。

4. 道路建筑限界的边界线规定

道路建筑限界的边界线如图 3-27 所示。

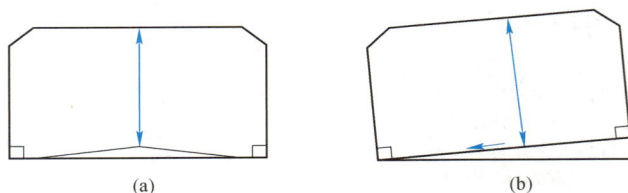

图 3-27　建筑限界的边界线

(a)一般路拱路段；(b)设置超高路段

建筑限界的上缘边界线：

1）不设超高的路段，上缘边界线应为水平线；

2）设置超高的路段，上缘边界线应与超高横坡平行。

建筑限界两侧的边界线：

1）不设超高的路段，两侧边界线应与水平线垂直；

2）设置超高的路段，两侧边界线应与路面超高横坡垂直。

5. 净空与预留

1）根据道路在路网中的地位与位置，同一道路应采用相同的净空高度。

2）三级公路、四级公路的路面采用沥青贯入、沥青碎石、沥青表面处治或砂石路面时，净空高度宜预留 20cm。

3）凹形竖曲线上方设有跨线构造物时，其净高应满足鞍式列车有效净高的要求，如图 3-28 所示。

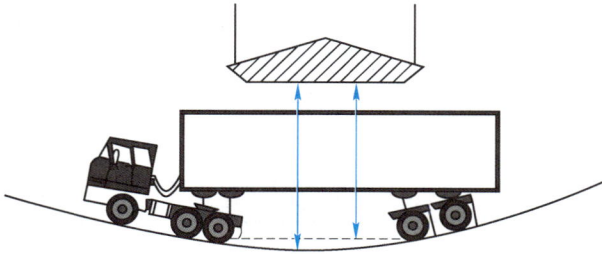

图 3-28　凹形竖曲线上方有效净空高度

3.3.2　城市道路建筑限界

1. 城市道路建筑限界

城市道路建筑限界为道路上净高线和道路两侧侧向净宽边线组成的空间界线，如图 3-29 所示。顶角抹角宽度(E)不应大于机动车道或非机动车道的侧向净宽(W_i)。

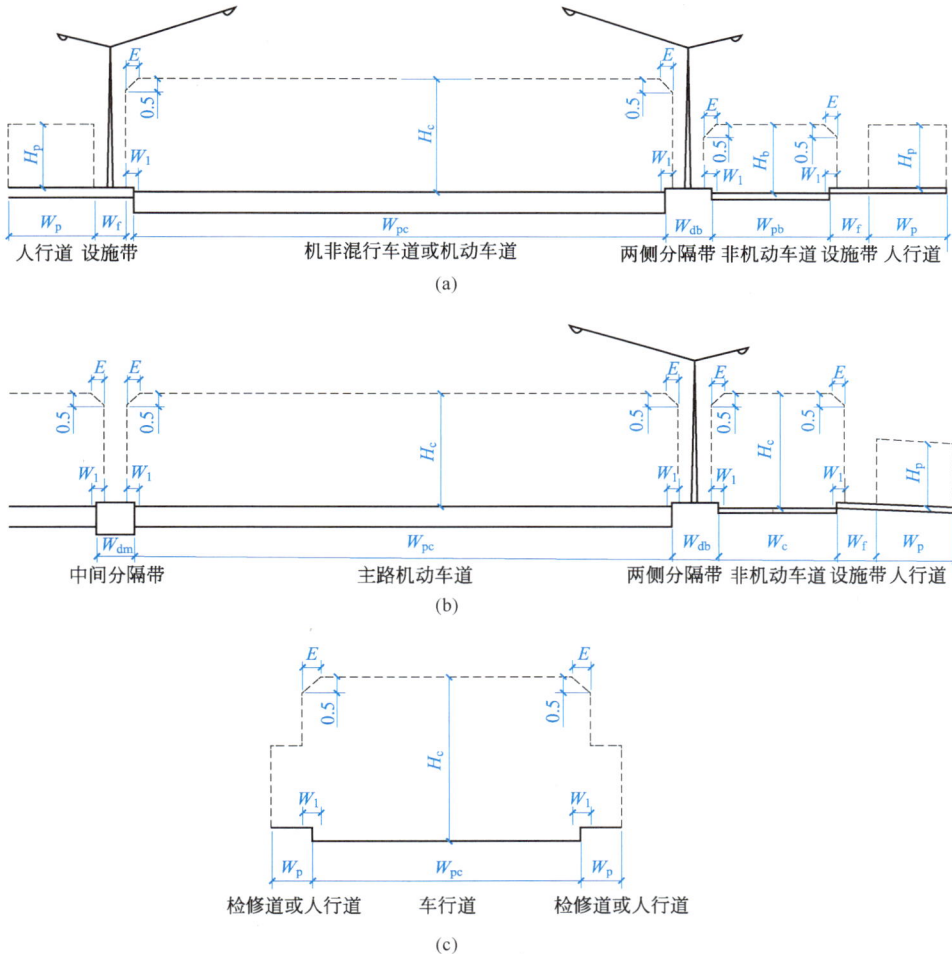

(a)

(b)

(c)

图 3-29　道路建筑限界

(a)无中间分隔带；(b)有中间分隔带；(c)隧道内

城市道路最小净空高度规定如表 3-18 所示。道路设计中应做好与公路以及不同净高要求的道路间的衔接过渡，同时应设置必要的指示、诱导标志及防撞等设施。有条件情况下，比如快速路、主干路有预留超高路线考虑的机动车道净高宜取 5.0m。

城市道路最小净空高度　　　　表 3-18

道路种类	行驶车辆类型	最小净高(m)
机动车道	各种机动车	4.5
	小型车	3.5
非机动车道	自行车、三轮车	2.5
人行道	行人	2.5

2. 城市道路的用地范围规定

远期规划道路用地总宽度称为红线宽度。红线是指城市中的道路用地和其他用地的分界线。道路红线可确定主干道、次干道、交叉口及广场等的用地范围，为道路两侧建筑物近远期的修建和城市公用设施、管线工程的设计、施工提供主要依据。确定红线宽度的主要依据和影响因素有：道路的位置及沿路两侧建筑物性质的要求（包括日照、通风要求，防空、防火、防地震的救灾避难要求，建筑艺术上的要求），交通运输的要求及其他方面要求。

3.4　横断面设计方法

3.4.1　基本要求

横断面是由横断面设计线和横断面地面线所构成的，地面线是自然的真实情况，是客观存在，横断面设计线是设计的结果，是主观表达，它应满足如下要求：

1）稳定性：在荷载、自然因素的共同作用下，不发生倾覆、滑动、沉陷、坍方；

2）经济性：工程量小，节约资金；

3）规范性：断面的某些尺寸（如路基宽）必须符合规范和设计标牌的要求；

4）兼顾性：要兼顾农田基本建设的需要，在取土和弃土以及挡土墙设置等方面应与农田改造、水利灌溉相配合。

3.4.2　设计方法与步骤

横断面设计俗称"戴帽子"，是设计横断面的常用方法，其过程就是绘制横断面图的过程，它有三种基本形式（路堤、路堑、半填半挖），一旦地面线、路线设计标高和路基宽度、边坡等确定后，则只有一种基本横断面形式能够采用。"戴"就是要判定哪种"帽子"能戴在相应桩号的地面线上，在此基础上进一步确定哪种"规格"（各种典型断面）的帽子满足横断面设计的要求，然后把它绘在横断面图上，从而完成"戴帽子"的工作。

1. 横断面图绘制

横断面设计是在平面设计、纵断面设计完成后进行，如图 3-30 所示，以弯道上有超高加宽的横断面设计为例，其方法与步骤如下。

1）从纵断面设计图中查出中桩施工高度，如图 3-30 所示 T 值，从原地面线中桩点处垂直量取 T；

2）垂直路中线向弯道内侧量取路面宽度的一半（$B/2$）得 A 点，过 A 点作一倾斜线，使其斜率等于超高横坡 i_h。垂直

图 3-30　有超高加宽的横断面图

路中线向弯道外侧量取 1/2 倍路基宽（$B/2$）得到外侧路基边缘点 C，再向内侧量取 1/2 倍路基宽加加宽宽度（$B/2+E$）得到内侧加宽后路基边缘点 D，DC 即是路基顶面线；

3）通过 A、C 两点作 1∶m 的边坡线直到与地面线相交便构成该桩设计横断面。

2. 绘制要求

1）绘图顺序是，逐桩绘制横断面地面线（一般在现场与外业同时进行），各桩号的图纸排列，是从左到右，从下到上的顺序，比例一般为 1∶200。

2）逐桩标注图中相应的填（T）或挖（w）高度、路基宽度、超高（h_c）和加宽（B_j）的数值。

3）根据地质调查资料，标出各断面、土石分界线，确定边坡坡度和边沟形状、尺寸。

4）用三角板（也可用"帽子板"）逐桩绘出路基横断面设计线，通常用左右路肩边缘的连线代替路面的路拱横坡线，然后再按边坡坡度绘出边坡线，与地面线相交得坡脚点（路堤）或坡顶点（路堑）。

5）有超高时，应按旋转方式绘出有超高横坡度的路肩边缘连线；有加宽时，按加宽后的路基宽度绘出左右路肩边缘的连线；两者都存在时，按上述方法同时考虑超高、加宽绘出横断面设计线。

6）根据需要绘制护坡道、边沟、取土坑、截水沟、挡土墙等横断面设计内容。

7）分别计算各桩号断面的填方面积（A_t）和挖方面积（A_w）并标注于图上。

在横断面设计时，尽管在横断面图上按比例绘出了边沟、截水沟、护脚、挡土墙等设施，但一般不标注详细尺寸，仅注明其起讫桩号。

8）填方体积、挖方体积应分别进行计算。路基的挖方体积中土方与石方数量应分别统计，计算体积取整数。

9）大、中桥梁与隧道所占体积不应列入路基土石方体积。桥头引道土石方数量应根据要求列入桥梁工程或路基工程。路基土石方可包括小桥、涵洞所占体积。防护与加固工程土石方数量不计入路基土石方体积。原地表进行开挖处理（清挖淤泥、开挖台阶）的土石方体积，应同时计量填方体积和挖方体积两项。

码3-4　路基土石方计算与调配

3.4.3　路基土石方计算与调配

路基土石方工程的工程量在整个工程项目中所占比例较大，它影响公路的造价、工期、用地等许多方面，是主要技术经济指标之一。

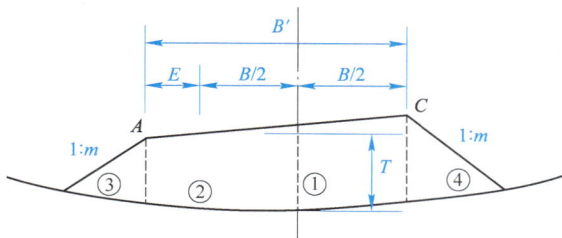

土石方计算与调配的主要任务是计算每千米路段的土石数量和全线总土石方工程数量，设计挖方的利用和填方的来源及运距，为编制工程预（概）算、确定合理的施工方案以及计量支付提供依据。

在公路的测设过程中，土石方的计算通常采用近似方法，计算精度按工程的要求而定。一般情况下，横断面的面积以"m²"为单位，取小数后一位，土石方的体积以"m³"为单位，取至整数。

1. 横断面面积计算

路基填挖的断面面积是指断面图中地面线与路基设计线所围成的面积。土方体积可采用平均断面积法计算，一般常用的计算方法如下。

（1）积距法

积距法的原理是把断面面积垂直分割成宽度相等的若干条块，由于每一条块的宽度相等，所以在计算面积时，只需量取每一条块的平均高度，然后乘以宽度，即可得出每一条块的面积，如图 3-31 所示，可按式(3-11)计算。

$$A_1 = b \times h_1; \quad A_2 = b \times h_2; \quad A_3 = b \times h_3 \cdots A_i = b \times h_i$$

总面积： $$A = \Sigma A_i = b \times \Sigma h_i \tag{3-11}$$

式中　A——横断面面积(m²)；

b——横断面所分成的三角形或梯形条块的宽度（m），通常采用 1m 或 2m 表示；

h_i——横断面所分成的三角形或梯形条块的平均高度(m)。

由此可见，积距法求面积就是在实际操作中转化为量取 h_i 的累加值，这种操作可以用分规按顺序连续量取每一条块的平均高度 h_i；分规最后的累计高就是 Σh_i，将条块宽度乘以累计高度 Σh_i，即为填或挖的面积。积距法也可以用厘米格纸拆成窄条作为量尺，每量一次 h_i，在窄条上画好标记，从开始到最后标记的累计距离就是 Σh_i，然后乘以条块宽度 b，即为所求面积。

（2）坐标法

如图 3-32 所示建立坐标系，给定多边形各顶点的坐标，由解析几何可得多边形图形的计算公式为：

$$A = \frac{1}{2} \Sigma (x_i y_{i+1} - y_i x_{i+1}) \tag{3-12}$$

式中　$x，y$——分别为设计线和地面线围成面积的各顶点的坐标(m)。

坐标法精度较高，方法较繁，适用计算机计算。

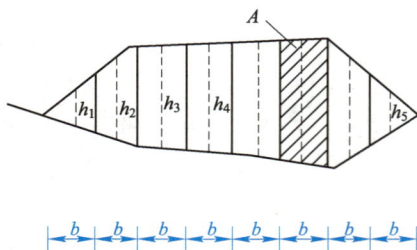

图 3-31　积距法示意图

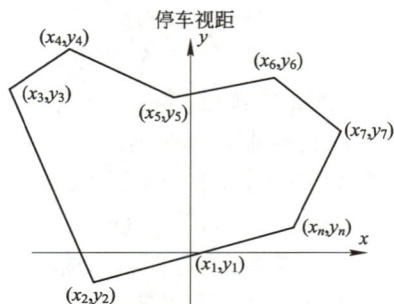

图 3-32　坐标法示意图

（3）几何图形法

当横断面的地面线较规则且横断面面积较大，可将路基横断面分为几个规则的几何图形，分别计算各图形面积后相加得到总面积。

（4）混合法

在一个较大的横断面中，采用几何图形法和积距法，以加快计算速度。

在横断面面积计算中应注意以下几个问题：

1）填方和挖方的面积应分别计算。

2）填方或挖方中的土石应分别计算，因为其工程造价不同。

3）有些情况下横断面上的某一部分面积可能既是挖方面积，又要算作填方面积，例如，既要挖除，又要回填其他材料。

2. 填挖方体积计算

（1）平均断面法

假定两相邻断面组成一棱柱体，如图 3-33 所示，两断面即为棱柱体的上底下底，中线距离（两桩号里程差）即为棱柱的高，其体积为：

$$V=\frac{1}{2}(A_1+A_2)L \tag{3-13}$$

式中 V——两断面间的体积（m³）；

 A_1，A_2——横断面填或挖的面积（m²）；

 L——两断面间的中线距离（m）。

（2）棱台体积法

当两个横断面面积相差较大时，采用另一个计算误差相对较小的棱台体积公式，其公式如下：

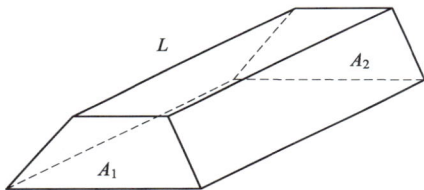

图 3-33 土石方计算示意图

$$V=\frac{1}{3}(A_1+A_2)L\left(1+\sqrt{\frac{m}{1+m}}\right) \tag{3-14}$$

式中 $m=A_1/A_2$，其中 $A_2>A_1$。

从上述两式相比较可知：

当 $A_1=A_2$ 时：

平均断面法：

$$V=\frac{1}{2}(A_1+A_2)L=A_1L \tag{3-15}$$

棱台体积法：

$$V=A_1L \tag{3-16}$$

当 $A_2=0$ 时：

平均断面法：

$$V=\frac{1}{2}A_1L \tag{3-17}$$

棱台体积法：

$$V=\frac{1}{3}A_1L \tag{3-18}$$

由比较可见，只有在 $A_1=A_2$ 时，平均断面法才是准确的，其他情况下，这种方法的计算结果体积比实际偏大，在极端情况下 $A_i=0$ 时，比棱台体积法的计算结果增加了20％。但与棱柱体计算公式计算结果比较，如果误差超过5％，采用棱台体积法计算。

3. 路基土石方的调配

在路基的施工过程中，就某一断面的土石方而言，会发生三种情况。一是挖去多余的土，形成路基，或者本桩有填有挖，利用了本桩的土后，还有多余，需要调走（挖余）；二是借其他地方的土，形成路基，或者本桩有填有挖，利用了本桩的土后，还不够，需要借土（填缺）；三是本桩有填有挖，利用本桩的土填挖平衡（本桩利用）。

针对这些情况，"挖余"有两种处理方法：调至其他断面利用或弃土废方。"填缺"也有两种解决办法：从其他断面调土或从路外借土。土方调配就是要解决这些问题。

（1）调配原则

1）先横向，后纵向，填方首先考虑本桩利用，以减少借方和调运方数量。

2）综合考虑不同的施工方法、运输条件、地形情况等因素，采用合理的经济用距。

3）保护生态环境，避免或防止由于取土或弃土导致水土流失、河道堵塞、塌方等生态环境的恶化，要把保护生态环境放在重要的位置。

4）土和石应分别调配。不同性质的土石应分别调配，以便分层填筑，分别计价。

5）考虑到施工的因素，土石方一般不跨深沟或上坡调运；借土、废方要考虑借土还田，整地造田，排灌养殖，使公路建设和其他相关方面形成良性循环。

（2）调配计算中的几个问题

1）免费运距

根据公路工程概算定额和预算定额，土方作业包括挖、装、运、卸等工序，这里的"运"是指在规定的距离范围内，只按土石方数计价，计价中包括了挖、装、运、卸的所有工作，而不再计算运费，这个不再计算运费所规定的距离就是免费运距。施工方法不同，免费远距也不同，如人工作业时，人工运输的免费运距为20m，铲运机的免费运距为100m，各种作业方法的免费运距可查《公路工程概算定额》和《公路工程预算定额》。城市道路免费运距可查《市政工程预算定额》子目具体内容。

2）经济运距

填方用土来源，一是路上纵向调土，二是路外就近借土。一般情况下，调运路堑挖方来填筑距离较近的路堤是比较经济的，但如果调运距离过长，以致运价超过了在填方附近借土所需费用时，这种以挖作填就不如在附近借土经济，因此，采用"调"还是"借"，有个限度距离，这个限度距离称为"经济运距"，可按式（3-19）计算。

$$L_{经} = \frac{B}{T} + L_{免} \tag{3-19}$$

　　式中　$L_{经}$——经济运距（m）；

B——借方单价(元/m³)；

T——超运运费单价[(元/m³·m)]；

$L_免$——免费运距 (m)。

这个公式的含义是在考虑了免费运距之后，调土的费用和借土的费用相等时的距离称为经济运距，换言之，纵向调土超过了经济运距，就不如借土划算了。

在计算运距时注意预算定额的规定：土石方的运距，第一个 20m(指人工运输)为免费运距，如不足 20m 也按规定 20m 计，此后每增加 10m 为一个超运距单位，尾数不满 5m 时不计，满 5m 时按 10m 计。这个超运距单位称为"级"。

3）平均运距

调土一般是分段进行的，从挖方段体积重心到填方段体积重心之间的距离，称为平均运距。判断调土是免费运距还是经济运距，只需和平均运距比较即可。为了简化计算，通常用挖方段的中心到填方段的中心，来表示平均运距。在纵向调运中，当其平均运距超过免费运距时，应按其超运距计算土石方运量。

4）运量

调配土石方的数量与调运距离的乘积称为运量。在这里调运距离是指超运距，而不包括免费运距，而且运距在计价中是按"级"来计算的，所以运量按式(3-20)计算。

$$W=QN \tag{3-20}$$

式中 W——运量(m³)；

Q——调配土石方数量(m³)；

N——平均超运距(m)，$N=(L-L_m)/T$；

L——平均运距(m)；

L_m——免费运距(m)；

T——超运距(m)。

5）计价土石方数量

在土石方计算与调配中，所有挖方均应计价，但填方则应按土的来源决定是否计价，如果是路外借土就应计价，如果是移"挖"作"填"的纵向调配利用方，则不应再计价，否则形成双重计价(即路堑挖方和路堤填方两次计价)。计价土石方数量按式(3-21)计算。

$$V_计=V_挖+V_借 \tag{3-21}$$

或 $$V_计=挖方+填方-利用方$$

式中 $V_计$——计价土石方数量(m³)；

$V_挖$——挖方数量(m³)；

$V_借$——借方数量(m³)。

（3）调配方法

路基土石方数量计算表调配法是土石方调配常用的方法之一，它具有简捷、方便、清晰、精度符合要求的特点，如表 3-19 所示。调配的方法与步骤如下：

路线名称：

路基土石方数量计算表

表3-19　第　页　共　页

桩号	横断面积(m²)挖	填土	填石	平均面积(m²)挖	填土	填石	距离(m)	挖方分类及数量(m³)总数量	土%	土数量	石%	石数量	填方数量(m³)土	石	利用方数量(m³)及运距 土挖利用 土	石	填缺 土	石	挖余 土	石	运运利用纵向调配示意	借方数量(m³)及运距 土	石	废方数量(m³)及运距 土	石	总运量(m³)土	石
1	2	3	4	5	6	7	8	9	10	11	12	13	14	15	16	17	18	19	20	21	22	23	24	25	26	27	28
K0+000	159																										
K0+050	34.2			102			50	5080	50	2540	50	2540							2540	2540							
K0+100		39	39	17	19	19	50	855	50	427.5	50	427.5	963.8	963.8	427.5	427.5	536.3	536.3									
K0+150		46	46		42	42	50						2105	2105			2105	2105									
K0+200		13	13		29	29	50						1466	1466			1466	1466									
K0+200	63.6			64			300	19074	50	9537	50	9537							9537	9537				2036	2036		
K0+500	63.6																										
K0+500		7.2	7.2		4.3	4.3	50						213.8	213.8			213.8	213.8									
K0+550		1.4	1.4		25	25	50						1268	1268			1268	1268									
K0+600		49	49		44	44	50						2219	2219			2219	2219									
K0+650		39	39		47	47	50						2335	2335			2335	2335									
K0+700		54	54																								
K0+700	63.6			64			500	31790	50	15895	50	15895							15895	15895				11110	11110		
K1+200	63.6																										
K1+200		15	15		7.9	7.9	50						393.3	393.3			393.3	393.3									
K1+250		0.5	0.5	17	0.3	0.3	50	862.5	50	431.25	50	431.3	13.25	13.25	13.25	13.25	13.25	13.25									
K1+300	34.5			29			50	1465	50	732.5	50	732.5							418.1	418.1				24.8	24.8		
K1+350	24.1			59			45	2643	50	1321	50	1321							732.5	732.5				732.5	732.5		
K1+394.68	94.2			89			25	2257	50	1129	50	1129							1321	1321				12.3	12.3		
K1+420	84.1																		1129	1129							

编制：　　　　　　复核：

1) 填表计算：在完成了路基土石方数量计算并复核无误后，计算并填写路基土石方计算表中的"本桩利用""填缺""挖余"各栏，其闭合式为：

$$填方＝本桩利用＋填缺$$
$$挖方＝本桩利用＋挖余$$
（3-22）

2) 分析判断：根据"填缺""挖余"的分布情况，分析调土的方向和大致的数量，然后按施工方法、运输方式，选定经济运距，并以此综合其他因素确定最大调运距离，确定调配方向和数量。经纵向调运后如有填方不足，应考虑借方，本桩利用后又未调运的挖方按废方计。

3) 表格填写：在分析的基础上进行计算，并把结果填入相应栏中。在"远运利用纵向调配示意"栏内，用箭线表示调配方向，并标注调运土石方数量及超运距的级数，在"借方数量及运距"和"废方数量及运距"栏内分别填入本桩路外借土的数量和本桩的废方。最后计算总运量。总运量是本桩废方、借方、调运数量与级数乘积的总和。

4) 复核：调配完成后按下式分页核算

$$填缺＝远运利用＋借方$$
$$挖余＝远运利用＋废方$$
（3-23）

每千米核算：（跨千米调入方）＋挖方＋借方＝（跨千米调出方）＋填方＋废方

每千米土石方数量计算与调配完成后，填写《路基每千米土石方数量表》，并进行全线总计和复核。

（4）道路横断面设计成果

道路横断面设计成果主要有两项：路基土石方数量计算表和道路横断面设计图。

道路横断面设计图，详见附图3。

3.5　城市快速路简介

城市快速路是指在城市辖区内修建的，设中央分隔、全部控制出入、具有单向双车道或以上的多车道，并设有配套的交通安全与管理设施的城市道路。快速路两侧不应设置吸引大量车流、人流的公共建筑物的出入口。

随着城市扩大，快速路的建设能有效地改善城市交通环境。在快速疏导城市交通，节约出行时间，起到了重要的作用，同时也大幅度地减少地面道路交通压力，详见《城市快速路设计规程》CJJ 129—2009。

1. 快速路常见形式

快速路常见形式有：地面快速路、高架快速路、地下（路堑）快速路三种，如图3-34所示。

（1）地面快速路

城市地面快速路横断面可分为整体式和分离式，整体式横断面可采用中央隔离带将上下行分隔单向行驶，分离式横断面上下行车辆可在不同位置单向行驶。城市快速路横断面可分为主路横断面和辅路横断面。主路供机动车道专用，双向车流必须设置中央分隔带分向行驶。辅路可供慢速机动车、非机动车及行人通行。主辅路间必须设置隔离栅、两侧带，并控制出入口。

地面整体式横断面可使用于地势平坦的城区，快速路主路宜布置在中间，辅路宜布置在两侧（车辆单向行驶）或布置在单侧（车辆双向行驶），如图 3-34（a）所示。

（2）高架快速路

高架快速路按道路用地和交通运行特征可分别选用整体式高架路（上下行在同一平面运行）和分离式横断面（上下行在不同平面），分离式横断面又分为单层高架和双层高架两种形式，如图 3-34（b）所示。

（3）地下（路堑）快速路

路堑快速路主路应设置在地面以下双向行驶，辅路（地面道路）应设置在主路两侧单向行驶或一侧双向行驶。路堑快速路按道路用地和交通运行特征可分别选用整体式地道（上下行在同一平面运行）和分离式地道（上下行在不同平面），分离式地道又分为单层分离式地道和双层地道两种形式，如图 3-34（c）所示。

码3-5　高架桥盖梁型钢支撑结构施工

码3-6　盖梁钢桁架施工

码3-7　承台施工

(a)　　　　　　　　　(b)　　　　　　　　　(c)

图 3-34　快速路常见形式

路堑快速路交通功能受到一定影响，建设和运营费用较高，优点是占用土地少，对城市的原有文化氛围影响小。在历史风貌保护区、居住区、高校园区或中心商业区对城市环境要求较高的区域，当面临较大交通压力而又没有绕行路线时，推荐采用这种形式。

2. 快速路网的布局结构

我国城市快速路的形式以"环线＋射线"为基本框架，根据城市结构的不同，也出现有不同形式的快速路网，如苏州的"井加环"、杭州的"一环三纵五横"。由此可见，环线在快速路网的形式中是不可少的，环线对于引导过境交通、缓解中心城的交通压力、增强主城区与外围片区的交通联系都起着非常关键的作用。射线可以根据城市结构以及发展规划灵活布置。上海的快速路发展经验指出，快速路系统应与城市发展相协调，快速路的修建需要与城市路网协调发展。

码3-8　立柱施工

码3-9　预制梁架设BIM施工演示

3. 快速路布设要求

（1）一般规定

快速路线形设计中的平面与纵断面应进行综合设计，做到平面顺适，纵断均衡，横面合理；应保证视觉性诱导，线形连续，安全与舒适。

快速路设计车速宜采用 60km/h、80km/h、100km/h。辅路设计车速宜为 30~40km/h，路段改变设计车速时应设置过渡段。快速路车行道下不得布设纵向地下管线设施。横穿快速路的地下管线设施应将检查井设置在车行道路面以外。

快速路必须设置人行天桥或地下通道。

快速路公交停靠站及加油站宜设置在辅路上；当需设置在主路时，应设置在与主路分离的停靠区内，停靠区出入口应满足快速路出入口最小间距的规定。

快速路的上下行快速机动车道之间必须设中间带分隔，中间带应由中央分隔带及两侧路缘带组成。

（2）横断面设计要求

1）车行道

按城市道路红线宽度及交通量，快速路车行道宜分为双向 4 车道、6 车道、8 车道，具体规定按表 3-20 采用。

一条机动车车道宽度　　　　　　　　表 3-20

级别	设计速度（km/h）	车道宽度（m）	
		大型客、货车或混行车	小汽车
主路	100、80、60	3.75	3.5
辅路	50、40、30	3.5	3.5、3.25

2）辅助车道、集散车道

当出入口端部间距不能满足出入口最小间距规定或交织长度验算要求时，应设置辅助车道或集散车道。

3）变速车道

快速路出入口均应设置变速车道；变速车道宜设一条车道，宽度应与直行方向主路车道宽度相同。

4）停车带

在单向 2 车道的高架快速路上，应设 2.5m 宽连续或不连续停车带；不连续停车带应 500m 左右设一处。

5）辅路

单向机动车、非机动车物体分隔时，机动车道宽度不应小于 7.5m；单向机动车与非机动车画线分隔时，辅路的宽度不应小于 8.5m；当机动车、非机动车交通量均较大时，辅路的宽度可采用 12~13m。

（3）线形设计要求

同一设计速度的快速路路段长度宜不小于 10km，不同设计速度路段技术指标应逐渐变化，并设置明显标志。

对直线长度应有所限制，宜符合表 3-21 所示。当同向曲线间和反向曲线间最小直线长度无法满足时，可调节平面线形组合方式，形成"C 形"和"S 形"平曲线，取消曲线间直线。

直　线　长　度　　　　　　　　　　　　　表 3-21

设计速度(km/h)	100	80	60
最大直线长度(m)	2000	1600	1200
同向曲线间最小直线长度(m)	600	480	360
反向曲线间最小直线长度(m)	200	160	120

圆曲线半径应符合表 3-22 规定。一般情况下，城市道路应采用大于或者等于不设超高最小半径；受地形条件限制时，可采用设超高一般最小半径，在不得已情况下方可采用设超高极限最小半径。

圆　曲　线　半　径　　　　　　　　　　　　　表 3-22

设计速度(km/h)		100	80	60
不设超高最小半径(m)	横坡	2%	2%	2%
	半径	1600	1000	600
设超高一般最小半径(m)	横坡	6%	6%	4%
	半径	650	400	300
设超高极限最小半径(m)	横坡	6%	6%	4%
	半径	400	250	150

（4）纵断面设计要求

纵断面设计应综合考虑地上、地下构筑物及管线、水文地质条件。

快速路纵坡度应小于等于表 3-23 规定值。机动车最大纵坡度应采用小于或等于最大纵坡度一般值。

最　大　纵　坡　度　　　　　　　　　　　　　表 3-23

设计速度(km/h)	100	80	60
最大纵坡度一般值(%)	3	4	5
最大纵坡度极限值(%)	4	5	6

快速路最小纵坡度要大于等于 0.5%，困难地段应大于等于 0.3%。大中桥及引桥最大纵坡度宜小于等于 4%。

快速路纵坡变更处应设置竖曲线，竖曲线采用圆曲线，其最小半径及最小长度应符合表 3-24 规定。道路的竖曲线半径应大于等于表中的一般最小半径值，地形条件特别困难时，方可采用极限最小半径值。

竖曲线最小半径和最小长度　　　　　　　　　　　表 3-24

设计速度(km/h)		100	80	60
凸形竖曲线最小半径(m)	一般值	10000	4500	1800
	极限值	6500	3000	1200
凹形竖曲线最小半径(m)	一般值	4500	2700	1500
	极限值	3000	1800	1000
竖曲线长度(m)	一般值	210	170	120
	极限值	85	70	50

（5）立体交叉布设

快速路设计重点做好出入口位置、间距、形式的综合设计，达到系统通行能力的均衡。

1）快速路与快速路相交应设置枢纽互通式立交；

2）快速路与主干路相交可设置一般互通式立交，也可采用分离式立交，辅道（地面道路）与相交道路平面交叉，通过设置上下匝道（或出入口）实现快速路与其交通衔接；

3）快速路与部分主干路、次干路、支路相交时，快速路主线与相交道路分离，辅道与相交道路平面交叉，部分重要的相交道路通过设置上下匝道（或出入口）实现交通衔接。

一般两相邻互通立交间距不宜小于 2km。

（6）路肩及路面横坡

郊区型地面快速路断面，宜在机动车道外侧设硬路肩和土路肩，硬路肩宽度不应小于 2.50m，土路肩宽度不应小于 0.75m。

快速路主、辅路路面横坡应采用单面直线坡，路面横坡根据地形条件及路面面层可选用 1.5%～2%，两侧人行道可为 1%～2% 的单面直线坡。

思 考 题 与 习 题

1. 城市道路与公路等级不同，绘制横断面图时，中线法线位置有何不同？

2. 公路和城市道路的路幅分为哪几种类型？

3. 简述绘制横断面图的步骤。

4. 什么是路拱？路拱的作用是什么？

5. 横断面面积如何计算？土石方量如何计算？

6. 某路段相邻两桩号分别为 K1+253 和 K1+300，计算出横断面面积分别为 $A_{t_1}=38.2m^2$，$A_{w_1}=12.1m^2$，$A_{t_2}=3.2m^2$，$A_{w_2}=47.5m^2$。求此路段的土石方体积。

7. 已知某沥青混凝土路基宽度 12m，某点路拱两侧的设计标高为 3.08m，路拱采用二次抛物线，$y=\Delta h\left(\dfrac{2x_i}{B}\right)^2$，设计路面横坡 $i=1.0\%$，试确定路拱控制桩位及各点的控制标高，并列表说明（图示桩点，以 2m 为单位确定各桩点）。

码3-10 教学单元3
思考题与习题
参考答案

教学单元 4 道 路 交 叉

【教学目标】 本教学单元讲述了道路交叉口的形式及相关设计内容，主要包括交通特性及通行能力计算、平面交叉形式、交叉口平面设计及竖向设计、交叉口视距三角形、立体交叉类型、道路与其他道路交叉的要求等。通过学习学生要熟悉交叉口的类型，初步掌握道路交叉口的选择和布置要点。

4.1 交叉口的交通特性分析

道路与道路（或铁路）的相交处称为交叉口（道口）。交叉口是道路交通的咽喉，据统计，道路交通事故多半是发生在交叉口附近。因此，如何正确设计交叉口，合理组织交通，有利于行车和行人的交通组织与转换，对于提高道路的通行能力，减少交通事故，避免道路交通堵塞具有极其重要的作用。交叉口根据相交道路交汇时的标高情况，分为两类，即平面交叉和立体交叉。

道路与道路交叉设计是城市道路设计中比较重要的一部分内容，其交叉的选择、交叉口平纵面设计、交叉口的交通管理方式等，对整条道路甚至周边的通行能力和服务水平都有较大的影响。

4.1.1 平面交叉口的交通特性分析

在交叉口处，如图 4-1 所示，每一个可能的车流方向可以用一条表示行进的方向并带有箭头的线来代替，这样的一条线即称为交通流线。例如当进入无交通控制的十字交叉口时，进入交叉口前仅有一条交通流线，进入交叉口后即分为了三条交通流线，即直行、左转、右转。

进入交叉口，由于车辆的行驶方向不同，车辆与车辆会形成不同的交错点。交错点可分为分流点、合流点、冲突点。

1）分流点：同一方向行驶的车辆按不同方向分开的地点称为分流点（又称分叉点）。

2）合流点：来自不同方向的车辆以较小的角度向同一行驶方向汇合的地点称为合流点（又称汇合点）。

3）冲突点：来自不同方向的车辆以大于等于 45°角交叉的地点称为冲突点。

不同类型的交错点，是影响交叉口行车速度和发生交通事故的主要原因，特别是左转车辆和直行车辆，直行车辆与直行车辆所产生的冲突点，对交通的影响最大。其次是汇合点，再其次是分叉点。因此，在交叉口设计中，应尽量减少冲突点和合流点，特别是要减少冲突点。

4.1.2 交叉口处交通处理的基本方法

在没有交通管制的情况下，三条、四条、五条道路相交时所产生的交错点依次见图 4-1 与表 4-1。

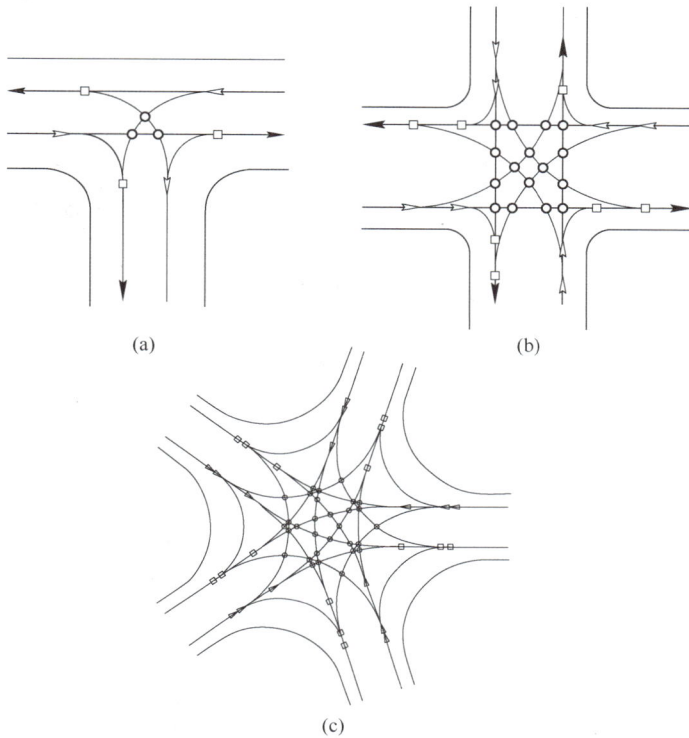

图 4-1　无信号灯交叉口交通特征点

交叉口的交错点　　　　　　　　　　　　　表 4-1

交错点类型	无信号控制			有信号控制		
	相交道路条数			相交道路条数		
	三条	四条	五条	三条	四条	五条
分流点	3	8	15	1 或 2	4	4
合流点	3	8	15	1 或 2	4	6
左转车流冲突点	3	12	45	0 或 1	2	4
直行车流冲突点	0	4	5	0	0	0
交错点总数	9	32	80	2 或 5	10	14

由图 4-1 与表 4-1 可见：

（1）交叉口交通特征点的数量是随着相交道路的数量增加而急剧增加，其中以冲突点增加最快。由于左转及直行车辆所造成的冲突点的数量，可按式（4-1）计算：

$$冲突点 = \frac{n^2(n-1)(n-2)}{6} \tag{4-1}$$

式中　n——相交道路的条数。

（2）产生冲突点的主要原因是左转车流，若无左转车流，就可以消灭大部分的冲突点，例如，十字交叉的交叉口处，若无左转车辆，则冲突点的个数就可以从 16 个减少到 4 个。所以在交叉口设计中，如何正确地组织与处理左转车辆，是设计的主要矛盾。

（3）如何减少和消灭冲突点，可以用以下办法来解决：①实行交通管制（时间上分离）：用信号灯或交通警察指挥，使通过交叉口直行车和转弯车辆的通行时间错开。②采用渠化交通（平面上分离）：在交叉口范围内合理地布置交通岛、组织车辆分道行驶，将冲突点变成交织点，减少车辆行驶的相互干扰。③修建立体交叉（空间上分离）：在车速高、交通量大的交叉口设立体交叉，将不同行驶方向的车流分布在不同标高的车道上，各行其道，互不干扰，这是解决交叉口交通问题的最彻底的办法。其缺点是：费用高、建造时间长。

4.2　平面交叉口的形式

4.2.1　交叉口的形式和使用范围

公路与公路、公路与铁路及公路与其他道路或管线相交的形式称为交叉，相交的地方称为交叉口。相交公路在同一平面位置时，称为平面交叉，如图 4-2 所示。相交公路在不同平面位置时，称为立体交叉，如图 4-3 所示。

码4-1 道路平面
交叉与立体交叉

图 4-2　平面交叉

图 4-3　立体交叉

平面交叉的形式决定于道路规划、相交道路的等级、交通量的大小和交通组织特点、交叉口地形与用地等。

1. 城市道路平面交叉口按形状分类

平面交叉口按形状可分为：十字形、T 形、X 形、Y 形、多路复合交叉、错位交叉、环形交叉、畸形交叉。其中常见的平面交叉口的形式如下所示。

1）十字形（图 4-4）：四路交叉，其中两条道路与另外两条道路的延长线方向一致，交角为 90°±15°。

2）X 形（图 4-5）：四路交叉，其中两条道路与另外两条道路的延长线方向一致，交角大于 105° 或小于 75°。

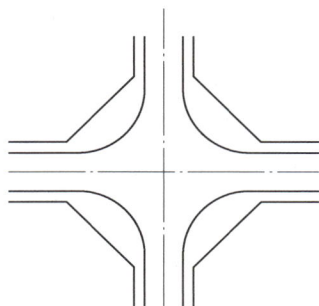

图 4-4   平面交叉口形式(十字形)

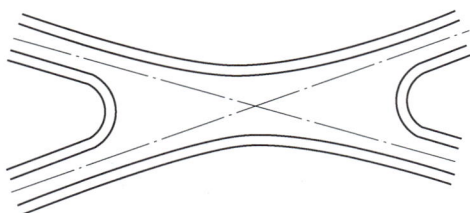

图 4-5   平面交叉口形式(X 形)

3) T 形(图 4-6):三路交叉,一条路与另一条路的延长线方向一致,此延长线与第三条路的交角为 90°±15°。T 字形交叉一般用于主要道路与次要道路(或街坊通道口)相交的交叉口处,主要道路必须设在交叉口的顺直方向上,保证主干道上车辆行驶畅通。

4) 错位交叉(图 4-7):两个相错开的 T 形交叉口相距较近。

图 4-6   平面交叉口形式(T 形)

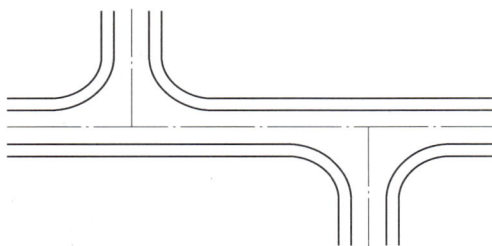

图 4-7   平面交叉口形式(错位交叉)

5) Y 形(图 4-8):三路交叉,交角大于 105°或小于 75°。

6) 多路复合交叉(图 4-9):五条及其以上道路相交形成的交叉口。多路复合交叉形式,交通组织困难,占地面积大,应避免采用。

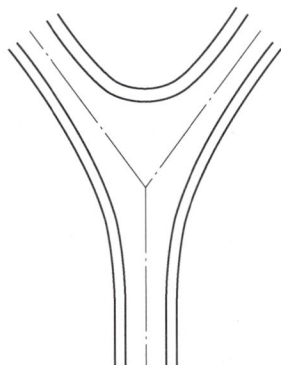

图 4-8   平面交叉口形式(Y 形)

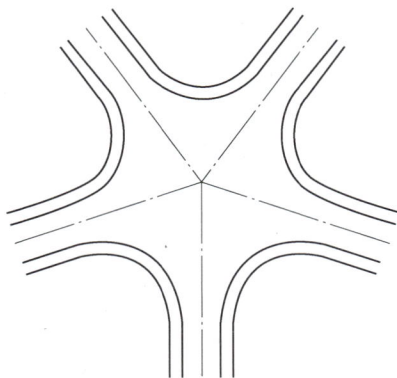

图 4-9   平面交叉口形式(多路复合交叉)

道路相交时应采用 90°正交交叉形式,这种形式布置简单,交通组织方便,占地少;而斜形交叉口,车辆交汇长度增大,占地多,特别当以较小的锐角交汇时,对左转车辆交通不利,也不便于街口建筑处理。一般尽可能避免斜交形式,更要防止小角度斜交，必须斜交时，交叉角应大于 75°。同一位置交叉岔数不宜多于 5 条。

2. 按交通组织方式的分类

《城市道路工程设计规范（2016 年版）》CJJ 37—2012，结合交叉口平面布局方案和交通管理方式将平面交叉口分为三大类六小类。

(1) 平 A 类：信号灯控制交叉口

平 A_1 类：交通信号控制，进口道展宽交叉口；

平 A_2 类：交通信号控制，进口道不展宽交叉口。

(2) 平 B 类：无信号灯交叉口

平 B_1 类：支路只准右转通行的交叉口（简称右转交叉口）；

平 B_2 类：减速让行或停车让行标志管制交叉口（简称让行交叉口）；

平 B_3 类：全无管制交叉口。

(3) 平 C 类：环行交叉口。

3. 按交通组织方式选型

在城市道路设计中，道路规划已确定了交叉口类型及用地范围。因此要根据规划条件、结合功能要求与控制条件，选定合适的交叉口类型，平面交叉口选用类型应符合表 4-2 的规定。

平面交叉口选型   表 4-2

平面交叉口类型	选型	
	推荐形式	可选形式
主干路—主干路	平 A_1 类	—
主干路—次干路	平 A_1 类	—
主干路—支路	平 B_1 类	平 A_1 类
次干路—次干路	平 A_1 类	—
次干路—支路	平 B_2 类	平 A_1 类或平 B_1 类
支路—支路	平 B_2 类或平 B_3 类	平 C 类或平 A_2 类

注：1. 主干路与主干路相交、主干路与次干路相交，经交通预测采用平面交叉不能满足要求，可以采用一般立交形式。

2. 次干路与次干路相交，采用环形交叉口应充分论证。

4.2.2 交叉口间距的选择

在车速较高的道路上，驾驶人员在通过交叉口时不必留心观察前方的交叉口以确保交通安全，应保证车辆通过交叉口时，不受前面交叉处等待通过的最大候车列的干扰。在交叉口之间如存在交织和超车时，应保证具有足够的安全交织长度和超车距离。

根据以上要求在选择交叉口的间距时，应不小于表 4-3、表 4-4 所列的数据，以保证交叉口的安全条件。

城市道路交叉口最小间距　　　　　　　　　　　　　表 4-3

交叉口性质	城市道路	备注
无信号交叉口之间	1.5V	禁止左转弯时
无信号交叉口之间	1.5V×n	
有信号交叉口之间	3V	
有信号交叉口和无信号交叉口之间	1.5V×n	

注：表中 V 为设计车速，km/h；n 为单向车道数（不含附加车道）。

公路平面交叉最小间距　　　　　　　　　　　　　表 4-4

公路等级	一级公路			二级公路	
公路功能	干线公路		集散公路	干线公路	集散公路
	一般值	最小值			
间距(m)	2000	1000	500	500	300

4.3　交叉口的通行能力计算

所谓平交路口的通行能力，就是指平交路口可能通过的相交车流的最大交通量。平交口的通行能力不仅与交叉口所占面积、形状、入口引道车道的条数、宽度、几何线形或物理条件有关，而且受相交车流通过交叉口的运行方式、交通管理措施等方面的影响。因此，在确定通行能力时，要首先确定交叉口的车辆运行和交通管理方式。

平交路口一般可分为三大类，一类是无任何交通管制的交叉口；一类是中央设圆形岛的环形交叉口，一类是信号控制交叉口。交叉口的换算系数不同于路段。路段上可以用连续运行的车头时距进行换算，而交叉口不同。信号交叉口往往要停车而后启动，所以信号交叉口通常采用规范推荐的停车线法进行计算，而环形交叉口是采用各类车辆交织或穿插所需要的临界时间比进行计算。即不同的交叉口其通行能力应采用不同的方法进行计算。

4.3.1　车辆换算

通过交叉口的车辆其交通组织比较复杂，因而在分析交叉口的通行能力时，我国有关规范规定：对于高等级公路和城市道路采用小客车作为标准车型，对于一般公路采用中型载货汽车作为标准车型，对于小客车很少的中、小城镇道路也可按普通车进行计算。

对于不同管制类型的交叉口，车辆换算系数的取值也不同，见表 4-5。

平面交叉口车辆换算系数　　　　　　　　　　　　表 4-5

交叉口形式	车　种		
	小客车	普通汽车	铰接车
环形平面交叉口	1	1.4	2
信号灯管制平面交叉口	1	1.6	2.5

4.3.2　信号灯管制交叉口的通行能力

确定交叉口通行能力的常用方法，是采用日平均高峰小时通行能力作为设计通行能力。在不同的交通管制条件下交叉口的通行能力不同，其计算方法不同。有信号灯控制的平面交叉口通行能力，分为左转弯信号灯控制和没有左转弯信号灯控制的两种情况。对于不同的交叉口类型设计，其设计通行能力方法不同。

1. 信号灯管制十字交叉口的设计通行能力

信号灯管制十字交叉口的设计通行能力，按停止线法计算。十字形交叉口设计通行能力为各进口车道设计通行能力之和，每一个进口车道的设计通行能力又是各道设计通行能力之和。为此交叉口设计通行能力是各进口车道设计通行能力之和。

（1）各种直行车（包括直行、直行和左转、直行和右转、直行和左转及右转）的设计通行能力。

1）一条直行车道的设计通行能力按式（4-2）计算

$$N_{s}=\frac{3600\psi_{s}\left[\left(\dfrac{t_{g}-t_{1}}{t_{is}}\right)+1\right]}{t_{c}} \tag{4-2}$$

式中　N_{s}——一条直行车道的设计通行能力（pcu/h）；

　　　t_{c}——信号周期（s）；

　　　t_{g}——信号周期内的绿灯时间（s）；

　　　t_{1}——变为绿灯后第一辆车启动并通过停止线的时间（s），可采用 2.3s；

　　　t_{is}——相邻直行车通过停止线的平均间隔时间（s/pcu）；

　　　ψ_{s}——直行车道通行能力折减系数，可采用 0.9。

2）一条直右车道的设计通行能力按式（4-3）计算

$$N_{sr}=N_{s} \tag{4-3}$$

式中　N_{sr}——一条直右车道的设计通行能力（pcu/h）。

3）一条直左车道的设计通行能力按式（4-4）计算

$$N_{sl}=N_{s}\left(1-\frac{\beta'_{1}}{2}\right) \tag{4-4}$$

式中　β'_{1}——一条直左车道中左转车所占的比例。

4）一条直左右车道的设计通行能力按式（4-5）计算

$$N_{slr}=N_{sl} \tag{4-5}$$

式中　N_{slr}——一条直左右车道的设计通行能力（pcu/h）。

（2）进口车道设有专用左转与右转车道时，设计通行能力应按本面进口道车辆左、右转比例设计通行能力，再计算专用左转及专用右转车道的通行能力。

1）进口车道设计通行能力按式（4-6）计算

$$N_{elr}=\frac{\Sigma N_{s}}{(1-\beta_{1}-\beta_{r})} \tag{4-6}$$

式中　N_{elr}——设计专用左转与右转车道时，本面进口车道的设计通行能力（pcu/h）；

　　　ΣN_{s}——本面直行车道设计通行能力之和（pcu/h）；

β_l——左转车占本面进口车道的比例；

β_r——右转车占本面进口车道的比例。

2）专用左转车道设计通行能力按式（4-7）计算

$$N_l = N_{elr} \cdot \beta_l \tag{4-7}$$

式中　N_l——专用左转车道的设计通行能力（pcu/h）。

3）专用右转车道设计通行能力按式（4-8）计算

$$N_r = N_{elr} \cdot \beta_r \tag{4-8}$$

式中　N_r——专用右转车道的设计通行能力（pcu/h）。

（3）进口车道设有专用左转车道而未设专用右转车道时，专用左转车道的设计通行能力 N_l 应按本面左转车辆 β_l 计算。

1）进口车道的设计通行能力按式（4-9）计算

$$N_{el} = \frac{\Sigma N_{sr}}{(1 - \beta_l)} \tag{4-9}$$

式中　N_{el}——设有专用左转车道时，本面进口车道设计通行能力（pcu/h）；

　　　N_{sr}——本面直行车道及直右车道设计通行能力之和（pcu/h）。

2）专用左转车道的设计通行能力按式（4-10）计算

$$N_l = N_{el} \cdot \beta_l \tag{4-10}$$

（4）进口车道设有专用右转车道而未设专用左转车道时，专用右转车道的设计通行能力计算。

1）进口车道的设计通行能力按式（4-11）计算

$$N_{er} = \frac{\Sigma N_{sl}}{(1 - \beta_r)} \tag{4-11}$$

式中　N_{er}——设有专用右转车道时，本面进口车道的设计通行能力（pcu/h）；

　　　N_{sl}——本面直行车道及直左车道设计通行能力之和（pcu/h）。

2）专用右转车道的设计通行能力按式（4-12）计算

$$N_r = N_{er} \cdot \beta_r \tag{4-12}$$

（5）在一个信号周期内，对面到达的左转车超过 3～4pcu 时，应折减本面直行车道（包括直行、直左、直右、直左右等车道）的设计通行能力。

当 $N_{le} < N'_{le}$ 时，本面进口车道的设计通行能力按式（4-13）折减。

$$N'_e = N_e - n_s (N_{le} - N'_{le}) \tag{4-13}$$

式中　N'_e——折减后本面进口车道的通行能力（pcu/h）；

　　　N_e——本面进口车道的设计通行能力（pcu/h）；

　　　n_s——本面各种直行车道数；

　　　N_{le}——本面进口车道左转车的设计通行量（pcu/h）；

$$N_{le} = N_e \cdot \beta_l \tag{4-14}$$

N'_{le}——不折减本面各种直行车道设计通
行能力的对面左转车数（pcu/h）。
当交叉口小时为 $3n$，当交叉口大
时为 $4n$，n 为每小时信号周期数。

【例 4-1】　有一交叉口，其进口车道布置
如图 4-10 所示，绿灯时间 t_g 为 55s，黄灯时间
t_h 为 5s；右转车的比例 β_r 为 20%，左转车的
比例 β_L 为 15%，驾驶员见绿灯之后启动时间
t_1 为 2.3s，车辆通过停车线的时间间隔 t_{is} 为
2.5s，修正系数 Ψ_s 为 0.9。试计算十字形交叉
口的设计通行能力。

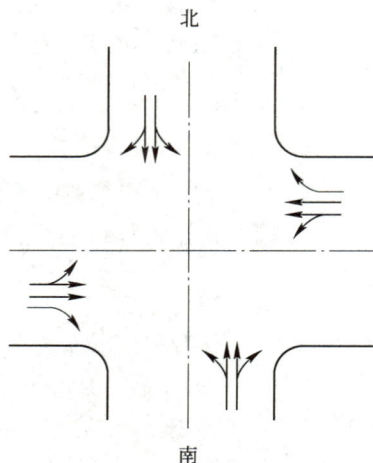

【解】　（1）计算南北向进口车道的设计通
行能力

图 4-10　交叉口车道布置图

① 直行车道的通行通力

$$N_s=\frac{3600\psi_s\left[\left(\dfrac{t_g-t_1}{t_{is}}\right)+1\right]}{t_c}=\frac{3600\times0.9\left[\left(\dfrac{55-2.3}{2.5}\right)+1\right]}{120}=596\text{pcu/h}$$

② 直右车道的通行能力

$$N_{sr}=N_s=596\text{pcu/h}$$

③ 直左车道的通行能力

$$\beta'_l=\frac{15}{50}=0.3$$

$$N_{sl}=N_s\left(1-\frac{\beta'_l}{2}\right)=596\times\left(1-\frac{0.3}{2}\right)=507\text{pcu/h}$$

④ 则合计通行能力为 $596+507=1103\text{pcu/h}$
⑤ 左转车辆数为 $1103\times15\%=165\text{pcu/h}$

周期数　　　　　　　　　$N=\dfrac{3600}{120}=30$ 个

则不需修正的车辆数为　　　$3\times30=90\text{pcu/h}$

$90\text{pcu/h}<165\text{pcu/h}$，需要修正。

⑥ $N'_e=N_e-n_s(N_{le}-N'_{le})=1103-2\times(165-90)=953\text{pcu/h}$
⑦ 南北向合计通行能力为 $2\times953=1906\text{pcu/h}$
（2）计算东西向进口车道的设计通行能力
① 直行车道的通行通力

$$N_s=\frac{3600\psi_s\left[\left(\dfrac{t_g-t_1}{t_{is}}\right)+1\right]}{t_c}=\frac{3600\times0.9\left[\left(\dfrac{55-2.3}{2.5}\right)+1\right]}{120}=596\text{pcu/h}$$

② 直左车道的通行能力

$$\beta'_l=\frac{15}{40}=0.375$$

$$N_{sl}=N_s\left(1-\frac{\beta_l'}{2}\right)=596\times\left(1-\frac{0.375}{2}\right)=484\text{pcu/h}$$

③ 则进口车道通行能力合计$=\dfrac{596+484}{1-0.2}=1350\text{pcu/h}$

④ 左转车辆数为 $1350\times15\%=203\text{pcu/h}$

周期数 $\qquad\qquad\qquad N=\dfrac{3600}{120}=30\text{ 个}$

则不需修正的车辆数为 $3\times30=90\text{pcu/h}$

$90\text{pcu/h}<203\text{pcu/h}$，需要修正。

⑤ $N_e'=N_e-n_s(N_{le}-N_{le}')=1350-2\times(203-90)=1124\text{pcu/h}$

⑥ 南北向合计通行能力$=2\times1124=2248\text{pcu/h}$

（3）交叉口总的通行能力$=1906+2248=4154\text{pcu/h}$

2．自行车道的设计通行能力

当有信号灯管制时，交叉口一条自行车道的设计通行能力为 1000pcu/(h·条)。

4.3.3　环形交叉口设计通行能力

驶入环形交叉口的车辆都必须绕环岛作逆时针行驶。因此，不论供直行和左转车辆行驶的车道数有多少条，在交织段长度不小于2位最小交织长度时，其通行能力最多只能达到一条车道的最大理论值。根据现行《城市道路工程设计规范（2016年版）》CJJ 37—2012，环形交叉口的设计通行能力按表4-6进行计算：

环形交叉口的设计通行能力　　　　　　　　　　　　　　　表 4-6

机动车行道的设计通行能力(pcu/h)	2700	2400	2000	1750	1600	1350
相应的自行车数[pcu/（h·条)]	2000	5000	10000	13000	15000	17000

表中所列数值适用的交织长度 l_w 为 $25\sim30\text{m}$。当交织长度 l_w 为 $30\sim60\text{m}$ 时，表中机动车车行道的设计通行能力应进行修正。修正系数按式(4-15)进行计算：

$$\psi_w=\frac{3l_w}{2l_w+30}\qquad\qquad\qquad(4\text{-}15)$$

4.4　交叉口的平面设计

4.4.1　交叉口平面设计

交叉口功能区，在机动车进入交叉口时要进行一系列复杂的操作：反应、减速、排除等待、转向或穿越、加速等，功能区则是实施这一系列复杂操作的范围。在交叉口功能区之外，车辆以正常速度行驶，其特征符合路段交通特征。因此，交叉口功能区的设计指标要求高于路段设计指标，参见《城市道路交叉口设计规程》CJJ 152—2010。

1．公路交叉口平面设计要求

设计时首先满足主要公路的行车方便，在不影响主要公路安全行车的条件下，也可适当改变主要公路的纵、横坡，以照顾次要道路的行车。平面交叉口立面设计的一般要求如下：

（1）主要公路通过交叉口时，其设计纵坡维持不变；

（2）当相交公路的等级相同且交通量相差不大时，则两条公路的设计纵坡维持不变，只改变它们的横坡度。一般是改变纵坡较小的公路横断面形状；

（3）当相交公路的等级和交通量都不相同时，则主要公路的纵坡和横断面保持不变，次要公路的纵坡随主要公路的纵坡改变，即次要公路的双向倾斜的横断面应逐渐过渡到与主要公路的纵坡一致的单向倾斜横断面；

（4）为保证排水，设计时尽可能有一条公路的纵坡方向背离交叉口。

2. 城市道路交叉口平面设计要求

交叉口设计范围应包括整个交叉口的功能区，即相交道路的相交区域和进出口道路段，包括展宽段和渐变段、非机动车道、人行道及过街设施等。

（1）平面交叉口的位置选择在两条相交道路的直线段上，交叉口功能区内不宜设置小半径曲线端点，也不宜设置桥梁、隧道起、讫点；当无法避免时，应首先保证功能区范围内的交通功能和视距要求。

（2）应根据相交道路等级、线形、交叉口用地条件等因素确定平面交叉口的形状。新建平面交叉口不得出现超过四叉的多路交叉口、错位交叉口、畸形交叉口。已有错位交叉口、畸形交叉口应加强交通组织与管理，并应加以改造。新建的平面交叉口相交道路要尽可能正交，斜交时形成的最小交角要大于70°，进行局部改善时应根据主交通流道路优先的原则进行。

（3）平面交叉口的交通组织和渠化方式应根据相交道路等级、功能定位、交通量、交通管理条例等因素确定。设计不应压缩行人和非机动车的通行空间。

（4）在交叉口功能区范围内不应设置地块及建筑物机动车出入口等设施，且不宜设置在主干路上，宜经支路或专为集散车辆用的地块内部道路与次干路相通。

（5）进入交叉口车流的速度应降低，交叉口进口道成交通瓶颈。进口车道数大于路段基本车道数，设计交叉口时，交叉口的车道数最好比路段上要多一条。可将进口道车道适当减窄，避免发生抢道现象。

（6）交叉口路缘石转弯半径及左转内侧轨迹线半径

1）交叉口转角处路缘石宜做成圆曲线或复曲线，其转弯半径应满足机动车和非机动车的行驶要求，路缘石转弯半径可按表4-7选定。

2）对交叉口左转内侧轨迹线半径宜按表4-8控制。

城市道路交叉口路缘石转弯半径　　　　　　　　　　　　　　　　表4-7

右转弯设计车速(km/h)	30	25	20	15
无非机动车道路缘石推荐半径(m)	25	20	15	10

注：1. 有非机动车道时，推荐转弯半径可减去非机动车道和机非分隔带的宽度。
　　2. 对住宅小区内部道路和街坊出入口道路的路缘石转弯半径，可采用5.0~8.0m。

交叉口左转内侧轨迹线最小半径　　　　　　　　　　　　　　　　表4-8

左转弯设计车速(km/h)	30	25	20	15
左转内侧轨迹线最小半径(m)	38~43	26~30	18~21	12~15

3. 交叉口视距三角形

汽车驶进平面交叉口时，驾驶员应能看到相交道路上交汇车辆行驶情况，以便能顺利地驶过交叉口或及时停车，避免发生碰撞。这段距离必须大于或等于停车视距 $S_停$。

在平面交路口处，由两条相交道路停车视距所组成的三角形，称为视距三角形。停车视距应采用路段设计速度进行计算。在停车让行支路上，如不能满足上述交叉口视距，应满足停车让行最小安全视距三角形。十字形和 Y 字形视距三角形如图 4-11 所示，在视距三角形范围内（阴影部分），任何高出路面 1.2m 妨碍驾驶员视线的障碍物应予清除。视距三角形应以最不利情况为准，即靠最右侧的第一条直行车轴线所构成的三角形。

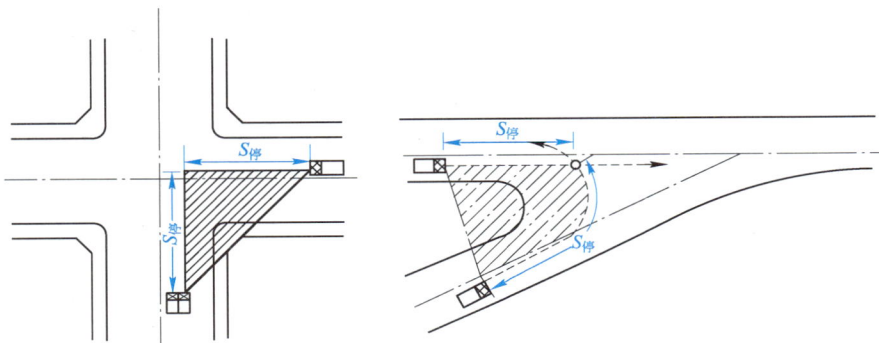

图 4-11　交叉口视距三角法

当受条件的限制时，停车视距(S_T)长度可以适当减小，但不得小于表 4-9 中所列低限值，并必须同时采取设置限速标志，车辆分道行驶等技术措施。对于城市道路高架桥、立交下的地面道路交叉口，桥墩多位于视距三角形范围内，应注意调整停车视线和人行横道位置，满足停车视距要求，以保障行人和车辆的通行安全。

停车视距与识别距离　　　　　　　　　　　　　　　　　　表 4-9

设计速度(km/h)		100	80	60	40	30	20
停车净距(m)	一般值	160	110	75	40	30	20
	低限值	120	75	55	30	25	15
信号控制的识别距离(m)			350	240	140	100	60
停车标志控制的识别距离(m)				105	55	35	20

4.4.2　交叉口车道数

在交叉口设置车道数，首先要确定交叉口的形式，然后根据设计年限的高峰小时交通量和不同行驶方向交通组成，进行交通组织设计，由此初步定出车道数。按照所定出的交通组织方案，对初定的车道数进行通行能力验算，如车道通行能力的总和小于高峰小时交通量的要求，则必须增加车道数后重新进行验算，直到满足交通量的要求为止。

在确定城市道路交叉口的车道数和车道宽度时，必须考虑到我国自行车交通量的状况，尽可能组织机动车与非机动车分流行驶，以保证交通的安全和畅通。从渠化交通的角度来考虑，交叉口应设置各种专用道，各种车辆可以在各自的车道上各行其道，避免相互干扰，但是设置过多的车道显然不经济，所以必须考虑车辆的混合行驶。

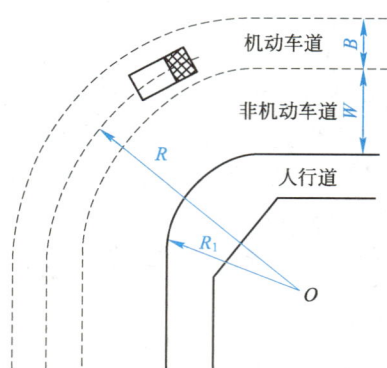

图 4-12　缘石半径计算图

4.4.3　交叉口的缘石半径

为保证各种右转弯车辆能以一定的速度顺适转弯，交叉口转角处的缘石应做成圆曲线形，如图 4-12 所示。缘石的曲线半径计算见式(4-16)：

$$R_1 = R - \left(\frac{B}{2} + W\right) \qquad (4\text{-}16)$$

式中　R——机动车右转弯车道中心线半径(m)；

　　　B——机动车道单车道宽度（m），取 3.5m；

　　　W——转弯处非机动车道宽（m），$W \geqslant 3m$。

在条件允许的情况下，尽量采用较大的缘石半径，增加交叉口宽度有利于提高行车速度，缘石曲线应与路段直线段顺适连接，在圆曲线与直线段之间宜插入缓和曲线段。

式（4-16）中 R 值可以按式(4-17)进行计算：

$$R = \frac{V^2}{127(\mu \pm i)} \qquad (4\text{-}17)$$

式中　V——一般情况下，可取路段设计车速的 0.6 倍，如有特殊情况，其转弯车速应根据具体情况选定(km/h)；

　　　μ——横向力系数，根据实际经验，该值不宜超过 0.15～0.20，在实际使用中建议 μ 值：

当采用推荐半径时：对于大客车 $\mu=0.10$，小汽车 $\mu=0.15$；

当采用最小半径时：对于大客车 $\mu=0.15$，小汽车 $\mu=0.20$；

　　　i——交叉口处车行道的平均横坡度，一般采用 0.015，当采用最小半径时采用 0.02。一般交叉口的横坡度均向弯道内侧倾斜，汽车右转弯时，i 值采用正号；横坡度向外倾斜时，i 采用负号。

在一般的十字交叉口，R_1 的取值通常为：主干道 20～25m，次干道 10～15m，住宅区相邻道路 6～9m。

4.4.4　环形交叉口的设计

环形交叉(图 4-13)(俗称转盘)，是在交叉口中心设圆形或椭圆形中心岛，围绕中心岛布置环形车道，使进入交叉口车辆沿环道，一律按逆时针方向绕中心岛行驶。根据交通条件中心岛的形状可采用圆形、圆角菱形、卵形等。

环形交叉可消灭冲突点，不必等车，无需专人指挥。环形交叉口适用于多路交汇或转弯交通量较均衡的交叉口，相邻道

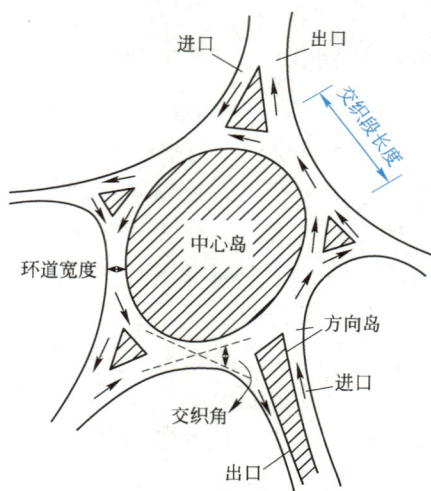

图 4-13　环形交叉

路中心线之间夹角宜大致相等。环形交叉口的通行能力受交织段的限制，一般无信号灯控制的环形交叉口适用的交通量小于3000pcu/h，因此常规环形交叉口不宜用于城市路相交的交叉口，流量不大的支路可选用环形交叉口，新建交叉口流量不大时环形交叉口可作为过渡形式。坡向交叉口的道路，纵坡度大于等于3%时，不宜采用环形交叉口。

环形交叉口设计的基本内容有：中心岛形状与尺寸、交织长度与交织角、环道车道数、宽度和进出口曲线半径等。

（1）中心岛的形状与尺寸

中心岛的形状多采用圆形，当相交道路交通量差别很大或几条相交道路不相交于一点时，则宜采用椭圆形中心岛，以利于主干道方向行车。

中心岛最小半径应满足环路设计速度和最小交织长度的要求，以保证进出交叉口车辆的连续行驶。

中心岛最小半径可由式（4-18）确定，同环路设计车速相应的中心岛最小半径见表4-10。

$$R_1 = \frac{v^2}{127(\mu+i)} - \frac{b}{2} \tag{4-18}$$

式中　R_1——中心岛最小半径(m)；

　　　μ——横向力系数，取0.14～0.18；

　　　i——交叉口车道横坡，一般取1.5%～2.0%；

　　　b——内侧车道宽(m，含车道加宽)，可取5.5m(大型车)；

　　　v——环道设计车速(km/h)；环道设计车速应按相交道路中最大设计速度的0.5～0.7倍计取；车速较大的，宜取较小的数值。

环路设计车速相应的中心岛最小半径　　　　　　　表4-10

环路设计速度(km/h)	20	25	30	35	40
中心岛最小半径(m)	20	25	35	50	65

（2）交织长度

最小交织长度应不小于以环路设计速度行驶4s的距离，行驶铰接车时，最小交织长度应大于等于30m。最小交织长度见表4-11。

最小交织段长度　　　　　　　　　　　　表4-11

环路设计速度(km/h)	20	25	30	35	40
最小交织段长度(m)	25	30	35	40	45

相邻两条相交道路交角间的交织段及其对应的中心岛圆弧半径可由式（4-19）确定：

$$R_2 = \frac{360 l_g}{2\pi\omega} \tag{4-19}$$

式中　ω——相邻两条道路之间的交角(°)；

　　　l_g——设计交织长度(m)。

由式(4-19)可知，交叉口相交道路条数越多，中心岛直径就越大，就会增加交叉口的用地，所以环形交叉道路相交条数不宜多于六条。

交织角是进出环道车辆交换车道理论轨迹的相交角度。交织角大小取决于环道宽度和交织长度。交织角小，行车安全，但交织长度和中心岛直径会增大，占地增加。一般控制交织角度不大于40°，最好在20°～30°之间选择。

（3）环道车道数、宽度

环道宽度为绕中心岛行车道总宽，应根据环道交通情况与行车要求确定。一般将紧靠中心岛的一条车道作为环行行车道，最外一条车道供进出交叉口车辆行驶，中间应设置1～2条车道作为行驶交织使用。所以环道车道数一般为3～4条，最内侧车道供车辆绕环行驶，最外侧车道为右侧转弯车道，中间为交织车道。

环道上每条车道宽度为正常车道宽度加宽的宽度。环道上车道加宽值见表4-12。

环道上车道加宽值（m）　　　　　　表 4-12

中心岛半径(m)		10<R≤15	15<R≤20	20<R≤30	30<R≤40	40<R≤50	50<R≤60
车型	小客车	0.08	0.07	0.60	0.50	0.40	0.40
	大型车	3.00	2.40	1.80	1.30	1.00	0.90

（4）进出口曲线半径与环道外缘石

环道外缘应设计成直线；进出口曲线半径的选用，应使出口路缘石半径 $R_出$ 大于进口路缘石半径 $R_进$，以满足车辆加速驶离交叉口的需要，进口半径稍小，起控制进入交叉口车辆行车速度的作用，并应采用接近中心岛半径值，使环道车速均衡。中心岛上不应布设人行道。

环道外侧缘石平面形式不宜设成反向曲线。如图4-14中反向曲线阴影部分无车辆行驶，因此，环道外侧缘石宜采用直线或曲线连接，如图4-14虚线所示。

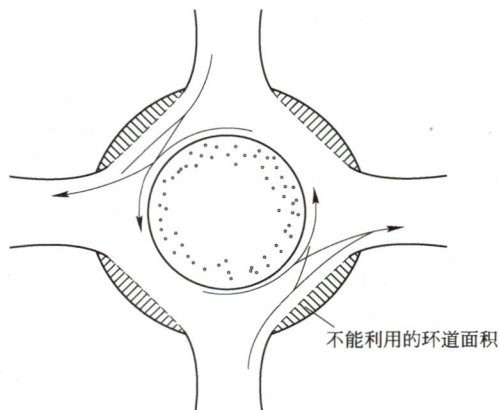

不能利用的环道面积

图4-14　环道的外缘石平面形状

为满足行车平稳和排水要求，环道断面宜设计成以环路中线为脊线的两面坡，如图4-15所示。中心岛四周低洼处应布设雨水口；环路纵坡宜不大于2%。

环形平面交叉应采用交通岛、路面标线、交通标志进行渠化设计，环岛前方应设置"前方为环岛减速"的反光标志。在环路进出口上各向车辆行驶迹线的"盲区"范围，可设计成三角形的交通岛，交通岛中布置绿化或交通设施时，不得阻挡行车视线。

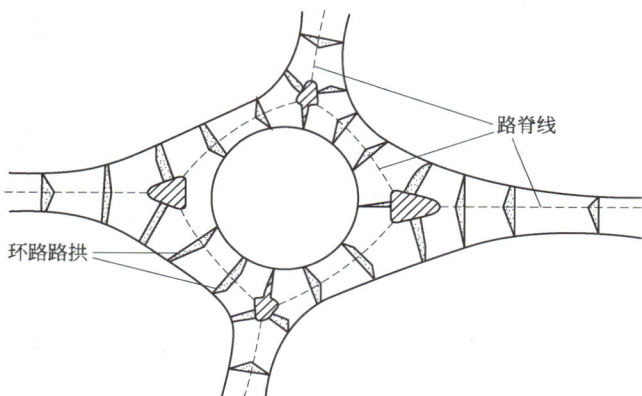

图 4-15　环道的路拱脊线

4.5　交叉口的竖向设计

交叉口竖向设计主要解决交叉口排水和行车平顺的问题，应使相交道路在交叉口范围内有平顺的共同面，并能迅速排除交叉口范围雨水，并使交叉口标高和周围地形、建筑相协调。交叉口竖向设计主要内容有：选择交叉口路面设计类型、确定交叉口设计标高、布设排水设施。

4.5.1　交叉口竖向设计基本类型

为了实现交叉口排水和正确进行立面规划布置，根据相交道路纵坡和交叉口地形，首先应合理地确定交叉口等高线的布置形式。十字形交叉口设计等高线有六种基本类型。

1. 覆盆式

相交道路纵坡全部由交叉口中心向外倾斜，如图 4-16(a)所示。设计时应适当调整接近交叉口路段的横坡。

2. 盆式

相交道路纵坡全部向交叉口倾斜，如图 4-16(b)所示。设计时应适当提高交叉口中心部位标高(为伞状)，在各进水路口及路边缘低凹处设雨水口排水，这种交叉口类型对行车、排水均不利，应予避免。

3. 山谷式

三条道路纵坡由交叉口向外倾斜，一条道路纵坡向交叉口倾斜，为进水路口，如图 4-16(c)所示。设计时进水路口顺延方向道路纵横坡一般保持不变，调整两侧出水路段横坡。在进水路口处设雨水口。

4. 山脊式

三条道路纵坡背向交叉口倾斜，为出水路口，一条道路纵坡向交叉口倾斜，为进水路口，如图 4-16(d)所示。设计时进水路口顺延方向道路纵横坡一般保持不变，调整两对向出水路口纵坡，在最低点设雨水口排水。

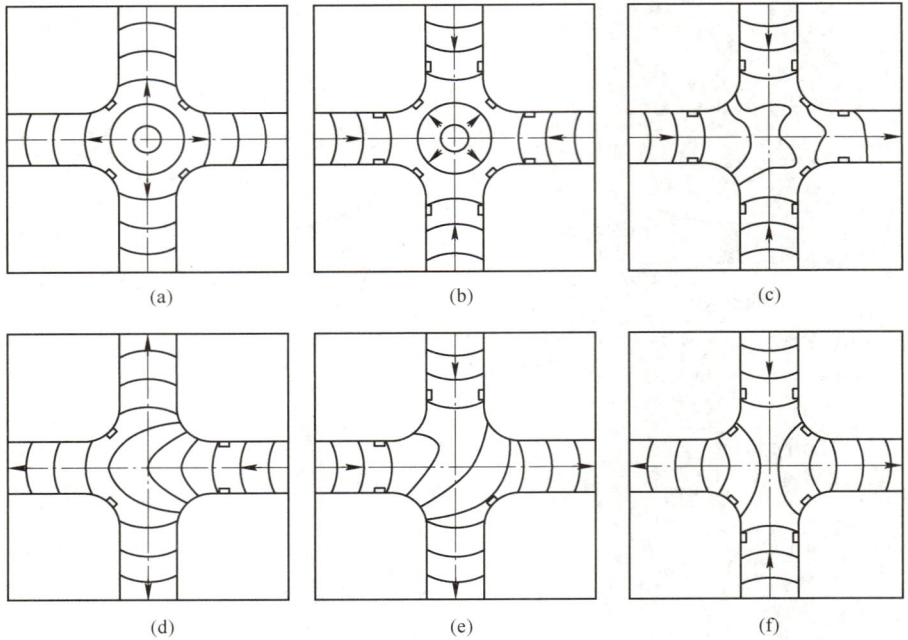

图 4-16　平面交叉口等高线类型

(a)覆盆式；(b)盆式；(c)山谷式；(d)山脊式；(e)斜坡式；(f)马鞍式

5. 斜坡式

相邻两条道路纵坡倾向交叉口，另两条为出水路口，如图 4-16(e)所示。设计时，各道路纵坡均保持不变，调整相邻路口横坡逐渐向纵坡倾斜。将交叉口布置成单向倾斜立面。

6. 马鞍式

相对两条道路纵坡向交叉口倾斜，另两条相对道路为出水口，如图 4-16(f)所示。设计时，两进水路口纵坡转折点偏离交叉点一定距离，并在最低点设雨水口。两出水路口在交叉中心范围横纵坡均应平缓些。

4.5.2　交叉口立面设计方法与步骤

1. 设计方法

交叉口立面设计，通常采用方格网法、设计等高线法、方格网设计等高线法三种方法。

(1)方格网法是在交叉口范围内，以相交道路中线为坐标基线打方格网，根据各交点上的地面标高，求出设计标高，并计算各点施工高度。

(2)设计等高线法是在交叉口范围布置设计等高线，选定施工控制点，测定控制点的地面高，根据设计等高线补差确定各控制点设计标高，以求得施工高度。

(3)方格网设计等高线法是在方格网法基础上进一步绘出等高线，用以检查调整标高不合理处，完善立面设计线形的方法。

2. 方格网设计等高线的立面设计方法与步骤

(1)收集资料

1)测量资料：一般常用1∶500 或1∶200 的地形图。在图上以相交道路中心线为坐标基线作方格网,方格网一般采用 5m×5m～10m×10m,并测出方格网点的地面标高。

2)交通资料:交通量及交通组成(直行,左、右转弯车辆比例)。

3)排水资料:弄清排水方式(地下管道或明沟)及已建或拟建排水管网的位置。

4)道路资料:道路等级、宽度、纵坡、横坡、交叉口控制标高。

(2)绘制交叉口平面布置图

根据交叉口平面布置设计成果,按地形图比例绘制交叉口平面图并标出相交道路中心线、行车道和人行道宽度、方格线、缘石半径。

(3)确定交叉口设计范围

设计范围一般为缘石半径切点以外 5～10m(相当于一个方格),这是路段上的双向横坡向交叉口立面坡度过渡需要的距离。

(4)确定立面设计类型及等高线间距

根据相交道路等级、纵坡方向、地形以及排水要求,选定立面设计类型。确定相邻等高线布设间距,根据道路纵坡缓陡一般采用 0.01～0.02m 的等高差,取偶数可方便计算。

(5)绘制路段上设计等高线

根据道路纵坡及路拱横坡,按确定的等高差,可计算路段上等高线水平距离并布设等高线,如图 4-17 所示。

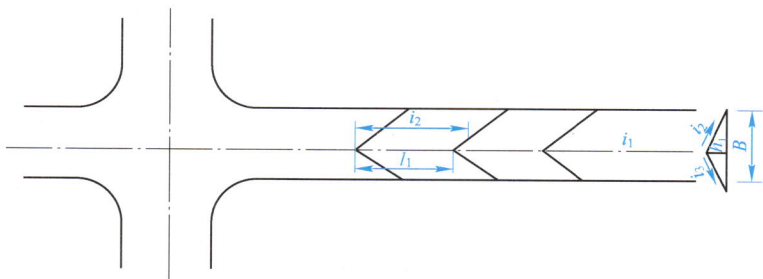

图 4-17　路段上设计等高线

1)相邻等高线的水平距离

根据道路纵坡在行车道中心线上定出某整数设计标高位置,根据确定的等高线间距,相邻等高线水平距离为:

$$l_1 = \frac{\Delta h}{i_1} \tag{4-20}$$

式中　l_1——相邻等高线水平距离(m);

　　　Δh——相邻等高线高差(m);

　　　i_1——路段纵坡度(%)。

根据 l_1 可定出行车道中线上其余等高线的位置。

2)等高线在偏沟线(边缘线)的位置

由于行车道横坡的影响,等高线在偏沟线上的位置向纵坡的上方偏移水平距离 l_2:

$$l_2 = h_1 \cdot \frac{1}{i_3} = \frac{B}{2} \cdot \frac{i_2}{i_3} \tag{4-21}$$

式中　h_1——路拱高度（m）；

　　　i_2——路拱横坡度（%）；

　　　i_3——偏沟线纵坡度（%）。

根据 l_2 可定出沿偏沟线上相应等高线位置。最后连接等高点，即得设计等高线在路段立面设计图。

（6）绘制交叉口上设计等高线

1）确定交叉口上路脊线和控制标高

路脊线是路拱顶点（分水点）的连线。路脊线的选定直接影响交叉口的排水、行车平顺和立面美观。一般情况，行车道中心线即为路脊线，路脊线的交点即为交叉口控制标高位置。

在三路斜行交叉口，相交的道路中心线虽然也交于一点，但斜交偏角大时，道路中心线不宜作路脊线，调整后的路脊线如图 4-18 的 AB' 线所示，修正路脊线起点为 A 点，B' 点应选在斜交路口双向车流中间位置。

交叉口的控制标高，应根据相交道路纵坡交叉口周围地形和周围建筑物来确定。确定道路中心线交点控制标高，相交道路纵坡的差值不应超过 0.5%，尽可能使交叉口相交道路纵坡基本相等，这样有利于立面设计处理。

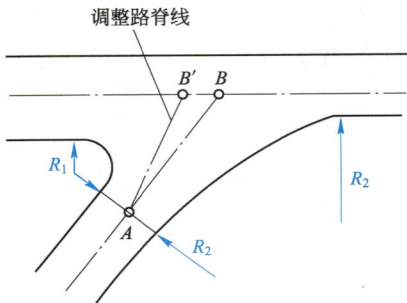

图 4-18　调整路脊线

2）选择标高计算线网

标高计算线网是立面设计中计算交叉口范围内各点标高必不可少的辅助线。控制点及路脊线上的设计标高必须通过计算线网才能得到，并可进一步得到交叉口范围其他各点设计标高。

① 圆心法（图 4-19）。根据施工需要，将路脊线等分后定出各点。将路脊线分为若干等分，再将相应的缘石曲线也分成同样等分，依次连接这些等分点，即得交叉口的标高计算线网。

② 等分法（图 4-20）。把交叉口范围内路脊线分为若干等分，再将相应的缘石曲线也分成同样等分，依次连接这些等分点，即得交叉口的标高计算线。

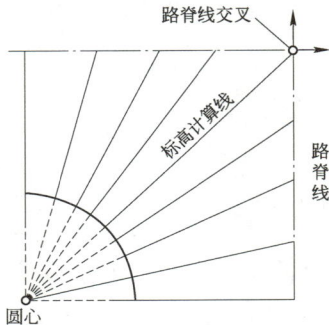

图 4-19　圆心法

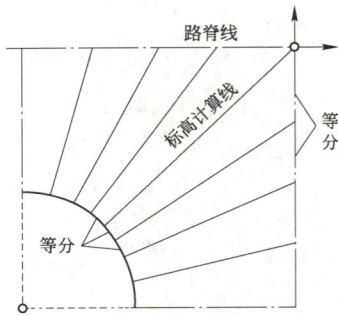

图 4-20　等分法

③ 平行线法(图 4-21)。把路脊线交点与各转角圆心连成直线，再将路脊线分成若干点，通过这些点作以上直线的平行线交于路缘线，即得标高计算线网。

④ 方格网法(图 4-22)。交叉口平面图上，平行于道路中心线画出方格网线，作为交叉口标高计算线网。方格网线适用于正交道路交叉口。为了方便计算与布置等高线网应采用等分法。

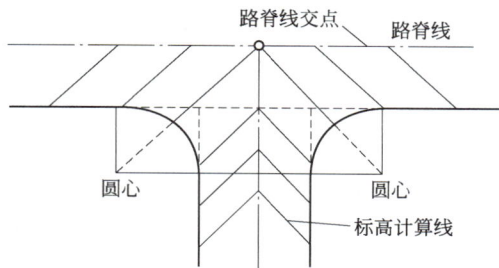

图 4-21　平行线法

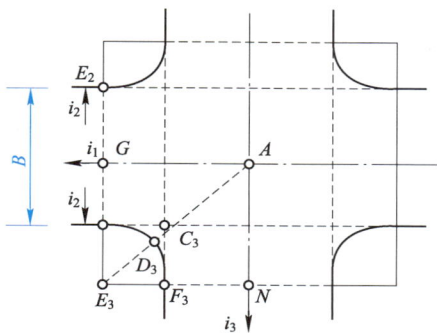

图 4-22　方格网法

3) 求标高计算线网各点设计标高

按图 4-23，根据坡度与距离条件由控制点标高推算线网的各点设计标高(以方格网为例)。

① 求各交叉口缘石切点断面的三点标高

由交叉口控制点标高 h_A，可得缘石切点断面各点标高为：

$$h_G = h_A \pm \overline{AG} \cdot i_1 \tag{4-22}$$

式中，$\overline{AG}$ 方向上坡采用 "＋"，下坡采用 "－"。

$$h_{E_3}(\text{或 } h_{E_2}) = h_G - \frac{B}{2} \cdot i_2 \tag{4-23}$$

式中符号意义同前。式(4-22)中路脊线纵坡向路口方向下坡时式中符号为负，反之为正。

同理，可求得其他路口断面 F_3、N 等的控制标高。

② 计算交叉口范围内得各点设计标高，按 E_3、F_3 的标高得出缘石延长线上 C_3 点的标高为：

$$h_{C_3} = \frac{(h_{E_3} \mp R \cdot i_1) + (h_{F_3} \mp R i_1)}{2} \tag{4-24}$$

式中符号的确定取决于路脊线的纵坡方向，上坡采用 "＋"，下坡采用 "－"。

缘石曲线中间点 D_3 的标高为：

$$h_{D_3} = h_A - \frac{h_A - h_C}{AC_3} \cdot \overline{AD_3} \tag{4-25}$$

同理，可得出缘石曲线四个角的各点标高，并求出交叉口范围所需线网各交点标高，并注在图上。

③ 勾绘交叉口上等高线，根据已求出的计算线网上各点设计标高，补插确定

等高点的位置，并将等高点连接后，便得到初步的，以设计等高线表示的交叉口立面设计图。

④ 调整标高

参照选定的交叉口立面设计类型，按行车平顺和排水迅速、立面美观的要求，调整等高线并使调整后的等高线中间疏，边上密，变化均匀，标高低凹处补设进水口。

⑤ 计算施工高度

根据已调整后的交叉设计等高线，用补插法求出交叉口范围各控制线网交点的设计标高，根据各交点处原地面标高最后求得各点施工高度。

若交叉口为水泥混凝土路面，应按水泥混凝土板块划分，求出各个板缝角点的设计标高供施工使用。

【例 4-2】　某交叉口在斜坡地形上，道路均为城市次干路，其中东西向道路纵坡 i_{11} 为 0.012，车行道宽为 12m，两侧人行道宽 3m；南北向道路纵坡 i_{12} 均为 0.008，车行道宽为 12m，两侧人行道宽 3m，道路横坡均为 0.015。缘石半径为 20m，等高线间距采用 0.05m，试绘制交叉立面设计图。

【解】　1）路段设计等高线

$$l_{11} = \frac{h}{i_1} = \frac{0.05}{0.01} = 4.17\text{m}$$

$$l_{12} = \frac{h}{i_1} = \frac{0.05}{0.008} = 6.25\text{m}$$

$$l_{21} = -\frac{B}{2} \cdot \frac{i_2}{i_3} = 6 \times \frac{0.015}{0.012} = 7.5\text{m}$$

$$l_{22} = -\frac{B}{2} \cdot \frac{i_2}{i_3} = 7.5 \times \frac{0.015}{0.008} = 14.06\text{m}$$

由 l_{11}、l_{12}、l_{21}、l_{22} 绘出路段上设计等高线。

2）画出交叉口上设计等高线

① 根据交叉口中心标高，求路口缘石切点断面标高。

$$h_N = h_A + AN \times i_1 = 5.5 + 26 \times 0.008 = 5.71\text{m}$$

$$h_{F_3}（\text{或} h_{F_4}） = h_N - \frac{B}{2} \times i_2 = 5.71 - 7.5 \times 0.015 = 5.60\text{m}$$

同理，可求出
$$h_{E_1}（\text{或} h_{E_4}） = 5.08\text{m}$$
$$h_{F_1}（\text{或} h_{F_2}） = 5.18\text{m}$$
$$h_{E_2}（\text{或} h_{E_3}） = 5.74\text{m}$$

② 根据 A、F_4、E_4 点标高，求交叉口范围内等高点的变化。

$$h_{C_4} = \frac{(h_{F_4} - R \cdot i_1) + (h_{E_4} + R \cdot i_1)}{2}$$

$$= \frac{(5.60 - 20 \times 0.008 + 5.08 + 20 \times 0.012)}{2} = 5.38\text{m}$$

$$h_{D_4} = h_A - \frac{h_A - h_C}{AC_4} \cdot AD_4$$

$$= 5.50 - \frac{(5.50 - 5.38)}{9.605} \times 17.85 = 5.28\text{m}$$

同理，可得出 $h_{C_2} = 5.42\text{m}$；　$h_{C_3} = 5.33\text{m}$；　$h_{C_1} = 5.60\text{m}$；

$\qquad h_{D_2} = 5.35\text{m}$；　$h_{D_3} = 5.16\text{m}$；　$h_{D_1} = 5.68\text{m}$。

根据 F_4、D_4、E_4 点标高，求出缘石曲线上各个等高点 $\overset{\frown}{F_4 D_4}$、$\overset{\frown}{D_4 E_4}$ 的弧长

$$L = \frac{1}{8} \times (2\pi \times R) = \frac{1}{8} \times (2 \times 3.14 \times 20) = 15.7\text{m}$$

$\overset{\frown}{F_4 D_4}$ 间应有设计等高线的条数为：

$$n = \frac{5.6 - 5.28}{0.05} = 7 \text{ 根}$$

等高线平均距离为：$\dfrac{15.7}{7} = 2.24\text{m}$

同理，$\overset{\frown}{D_4 F_4}$ 间应有设计等高线条数为：

$$n = \frac{5.28 - 5.08}{0.05} = 4 \text{ 根}$$

等高线的平均距离为：$\dfrac{15.7}{4} = 3.93\text{m}$

$\overset{\frown}{F_1 D_3}$ 应有的设计等高线条数为：

$$n = \frac{5.18 - 5.16}{0.05} = 1 \text{ 根}$$

等高线的平均距离为：$\dfrac{15.7}{1} = 15.7\text{m}$

$\overset{\frown}{D_3 E_1}$ 间应有的设计等高线条数为：

$$n = \frac{5.16 - 5.08}{0.05} = 2 \text{ 根}$$

等高线的平均距离为：$\dfrac{15.7}{2} = 7.85\text{m}$

$\overset{\frown}{E_2 D_2}$ 间应有的设计等高线条数为：

$$n = \frac{5.74 - 5.35}{0.05} = 8 \text{ 根}$$

等高线的平均距离为：$\dfrac{15.7}{8} = 1.96\text{m}$

$\overset{\frown}{F_2 D_2}$ 间应有的设计等高线条数为：

$$n = \frac{5.35 - 5.18}{0.05} = 4 \text{ 根}$$

等高线的平均距离为：$\dfrac{15.7}{4} = 3.93\text{m}$

$\overset{\frown}{F_3 D_1}$ 间应有的设计等高线条数为：

$$n = \frac{5.68 - 5.6}{0.05} = 2 \text{ 根}$$

等高线的平均间距为：$\dfrac{15.7}{2}=7.85\text{m}$

$\overset{\frown}{D_1 E_3}$ 间应有的设计等高线条数为：$n=\dfrac{5.74-5.68}{0.05}=2$ 根

等高线的平均间距为：$\dfrac{15.7}{2}=7.85\text{m}$

③ 根据 A、M、K、G、N 点标高，分别求出路脊线 AM、AK、AG、AN 的等高点（计算从略）。

④ 根据以上求出点标高绘出等高线，经合理调整后即得如图 4-23 所示的交叉口立面设计图。

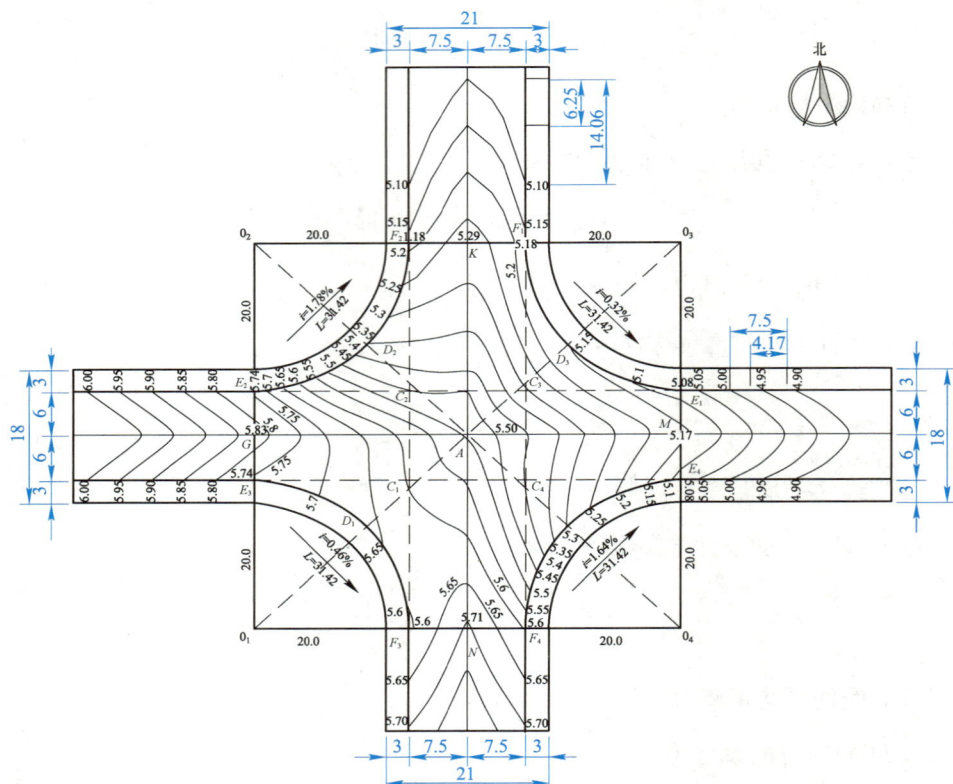

图 4-23　交叉口立面设计图（单位：m）

4.6　立体交叉简介

立体交叉是指相交道路在不同高度上的交叉。城市道路主干路、次干路、支路与铁路交叉时，为避免城市道口因铁路调车作业繁忙而封道口累计时间较长，而引起道路阻塞，应设置立体交叉。有轨电车与铁路同为轨道交通，相交时必须设置立交。既能保证行车安全，也大大提高了道路通过能力。

快速干道与其他各级道路相交，道路与铁路相交时，相互干扰很大，都应采用立体交叉。但立交造价高，占地面积大，所以，一般在平面交叉不能满足交通时，考虑修建立交。

在高速公路或快速干道与其他各级道路相交；道路与铁路相交时相互干扰很大，都应采用立体交叉。当地形、环境适宜时也可采用立交。但立体交叉造价高，占地面积大，所以，一般在平面交叉不能解决交通问题时，考虑修建立交。

4.6.1 立体交叉类型

按交叉道路相对位置与结构类型，立体交叉分为：上跨式（跨路桥式），即交叉道路从原道路上方跨越；下穿式（隧道式），即交叉道路从原道路下部穿过的立体交叉。

立体交叉按交通功能与有无匝道连接上下层道路分为互通式和分离式两种。分离式立体交叉上下层车道不设匝道连接，如图 4-24 所示，常用于道路与铁路相交处，高速公路和快速干道与各级道路相交处。

高速公路与承担干线和集散功能的公路相交时；高速公路与连接其他重要交通源的连接公路相交时；作为干线功能的一级公路与其他干线公路和集散公路相交时；一级公路采用平面交叉冲突，交通量较大，通过渠化或信号控制仍不能满足通行能力要求时，均应设置互通立体交叉。

互通式立体交叉，上下层车道用各种形式的匝道连接，互通式立体交叉以苜蓿叶形式最为典型，这种立交叉口的四个象限内都设有内、外环匝道，供上下层车辆行驶互换车道，是完全互通的定向立体交叉，如图 4-25 所示，还有二相匝道、三相匝道的不完全苜蓿叶形的部分互通式立体交叉，如图 4-26 所示，受叶形限制时可采用菱形立体交叉，见图 4-27，为了让快速干道快速车流通过，让其他车流绕行时应采用环形立体交叉，如图 4-28 所示，城市道路为解决非机动车的干扰，可采用三层式立体交叉，把非机动车布置在中层，机动车分别布置在上下层。

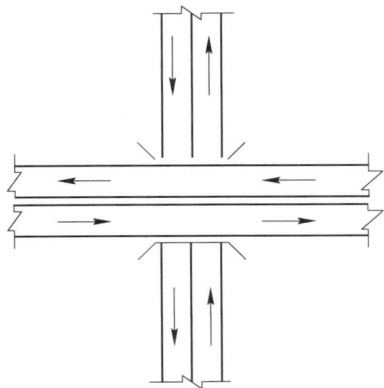

图 4-24 分离式立交

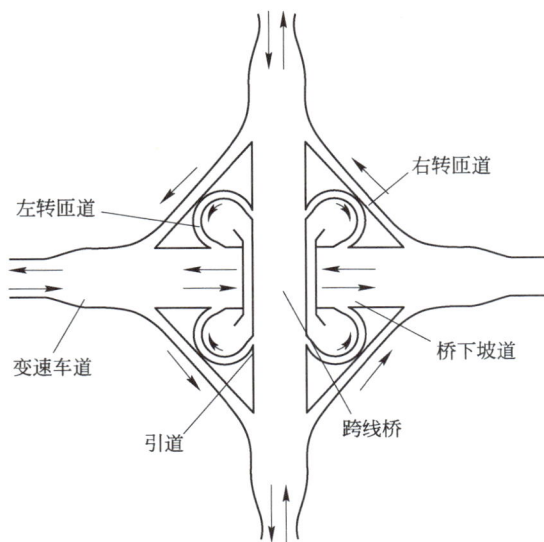

图 4-25 互通式苜蓿叶式立体交叉

135

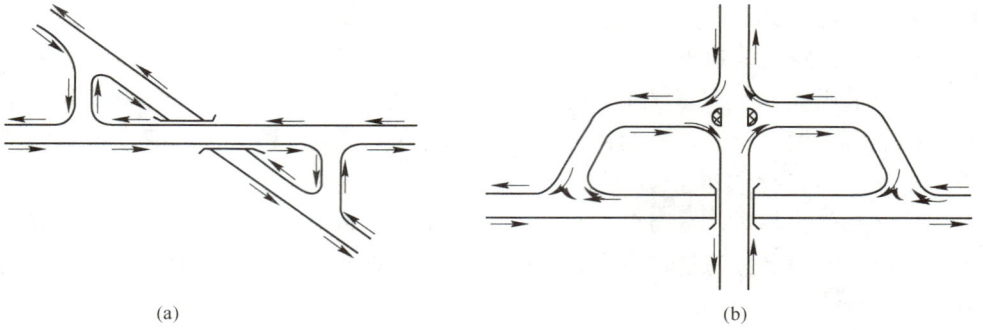

图 4-26　部分苜蓿叶式立体交叉
(a)斜交道路；(b)正交道路

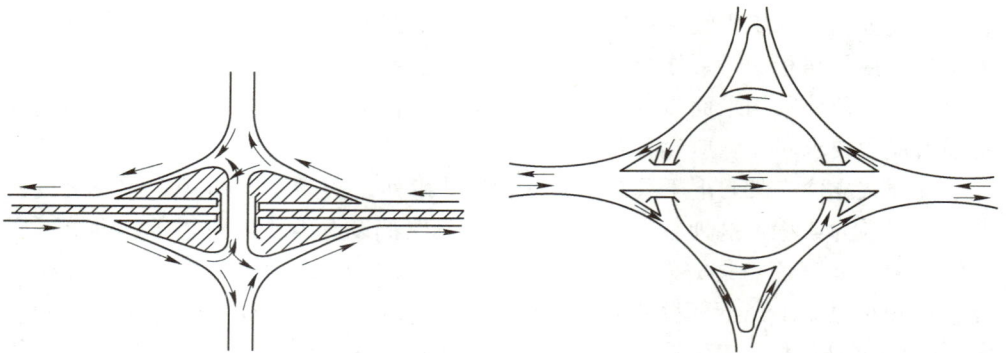

图 4-27　菱形立体交叉

图 4-28　环形立体交叉

城市道路立体交叉的分类见表 4-13。

立体交叉口类型划分及功能特征

表 4-13

立交类型			主线直行车流行驶特征	转向(主要指左转)车流行驶特征	非机动车及行人干扰情况
互通式	枢纽	立 A_1	连续行驶	经定向或半定向匝道、集散、变速车道行驶	机非分行，无干扰；车辆与行人无干扰
		立 A_2	连续行驶	经半定向或迂回匝道、集散、变速车道行驶，部分左转车减速行驶	
	一般	立 B	主要主线连续行驶，次要主线为连续流或间断流	经迂回匝道、变速车道行驶，部分左转车减速交织行驶、为间断流	机非分行或混行，有干扰；主线车辆与行人无干扰
分离式		立 C	连续行驶	—	—

立体交叉形式很多，选用时应根据相交道路等级、性质、交通量及转弯车辆数量，结合地形和工程投资等条件综合确定。

4.6.2　立体交叉组成部分与要求

1. 立交桥洞

立交桥洞应符合道路建筑限界规定，路肩式人行道桥洞净高不得小于 2.5m，非机动车道净高不得小于 3.0m，机动车道桥洞净高一般不小于 5.0m，三、四级公路不得小于 4.5m。桥洞净宽除保证路段上行车道净宽外，两侧应各加 0.25m 的横向安全净空。如双车道宽度为 8m 时，则桥洞净宽不小于 8.5m。

2. 匝道

立体交叉口用以连接上下层车道，供左、右转弯车辆交换车道使用的道路为匝道。进入交叉口的车辆在交换车道行驶时，都必须按右转方向进出匝道行驶。匝道的行车道按车辆行驶方向分为单向车道、双向混合行驶车道两种。

立体交叉的匝道中，专供右转弯车辆交换车道行驶的匝道称为外环匝道；供左转弯车辆交换车道行驶的匝道称为内环匝道（设在环行匝道内侧）。车辆从主车道进入匝道的路口称为出口；车辆从匝道行驶进入主车道的路口称为进口。

4.7　道路与其他路线交叉要求

4.7.1　道路与铁路平面交叉

高速公路、一级公路与铁路相交叉时，必须设置立体交叉。

高速铁路、路段旅客列车设计行车速度为 140km/h 的铁路与公路相交叉时，必须设置立体交叉。

公路、铁路相交叉，符合下列情况之一者应设置立体交叉：铁路与二级公路相交时；路段旅客列车设计行车速度为 120km/h 的铁路与公路相交时；由于铁路调车作业对公路上行驶车辆造成严重延误时；受地形条件限制，采用平面交叉会危及行车安全时。

公路、铁路平面交叉时，宜为正交；必须斜交时，交叉角应大于 45°，且道口应符合侧向瞭望、视距的规定。

道路与铁路平面交叉时，交叉道路两侧路线应在交叉点外各有不小于 50m 的直线路段，应尽可能采用正交，当必须斜交时，交角应大于 45°。

在交叉道口，应保证汽车在道路上距铁路道口相当于各级道路停车视距（不小于 50m）的范围外，能看到两侧铁路上不小于表 4-14、表 4-15 规定距离以外的火车。当道口不能达到规定要求时，应按有关规定设置看守。

道口汽车侧向视距　　　　　　　　　　　　表 4-14

铁路最高设计速度（km/h）	120	100	80	60	40
汽车侧向视距（m）	400	340	270	200	140

铁路交叉道口视距　　　　　　　　　　　　　　表 4-15

交叉道口铁路等级	视距长度(m)
Ⅰ	400
Ⅱ	340
Ⅲ级(工业企业Ⅰ、Ⅱ级)	270
工业企业Ⅲ级	200

为了道路的行车安全、方便，在交叉道口的两端钢轨外侧各设有不小于 16m 长度的水平路段(不包括竖曲线)，接该水平路段纵坡不应大于 3%。平交道口范围应铺便于翻修的砌块路面，长度应延伸至钢轨外 2m，宽度不小于相交道路的路基宽度，铺砌标高与轨顶标高相同。铁路平面交叉道口必须设置明显的安全标志。

4.7.2　道路与其他道路平面交叉

道路与道路相交时，交叉范围内道路间应采用直线正交，当必须斜交时，交叉角应大于 45°，交叉点前后相当于相交道路停车视距长度的三角形范围内必须通视，平面交叉点应设在水平路段处，紧接水平路段纵坡不宜大于 3%，困难时不得大于 5%。

道路与农村道路相交时，应采用正交，当斜交时交角不小于 45°。农村道路在与之相交道路两侧应各有不小于 10m 水平路段，接水平路段纵坡不宜大于 3%。交叉口范围应有良好的视距，驾驶员在距交叉口不小于 20m，能看到相交道路两侧 50m 外的行车。交叉口处必须设置明显的安全行车标志。

4.7.3　道路与管线交叉布置

1. 规定

各种管线(电力线、电信线、电缆、管道等)与道路相交时，均不得侵入道路限界。不得妨碍道路交通安全，不得损害道路构造物，不得影响道路设施的使用。

2. 管线布置位置

1) 地上杆线宜设置在道路设施带内，架空管线不得侵入道路建筑限界。地下管线除支管接口外，其余部分不得超出建筑红线范围。

2) 地下管线宜优先考虑布置在非车行道下，不得沿快速路主路车道下纵向敷设。当其他等级道路车行道下敷设管线时，井盖不应影响行车安全性和舒适性，且宜布置在车辆轮迹范围之外。人行道上井盖等地面设施不应影响行人通行。

3) 各类管线应按规划要求预埋过街管沟，过街管沟规模宜适当并留有发展余地。重要的交叉口宜设置过街共同沟。在建成后的快速路、主干路下实施过街沟时，宜采用非开挖施工技术。当管线不便于分别直埋敷设且条件许可时，可建设综合管沟。

4) 各种地下管线埋设深度、结构强度和沟槽回填土的压实度应满足道路施工荷载与路面行车荷载的要求。

思 考 题 与 习 题

1. 何谓分叉点、交汇点、冲突点？

2. 减少和消灭冲突点的方法有哪三种？

3. 平面交叉按其形式可以分为哪几类？

4. 何谓交织长度？何谓交织角？

5. 交叉口立面设计的原则是什么？

6. 何谓设计等高线法？设计等高线法的优缺点是什么？

7. 某市有一处五路相交的平面交叉口，试计算其交叉口冲突点的个数。

码4-2　教学单元4
思考题与习题
参考答案

第2篇 路 基 工 程

教学单元5 绪 论

【教学目标】 本教学单元学习内容包括：路基的组成、路基的要求、路基土分类和工程特性、路基工程特点、影响路基稳定的因素及对路基的要求、公路自然区划，以及路基干湿类型，路基受力状况与路基工作区，土基的强度指标。通过学习学生要熟悉路基的组成、掌握路基的应力工作区的要求、掌握路基的临界高度计算及路基最小填土计算、初步了解路基病害防治方法。

5.1 路基组成和工程特点

道路路基是在天然地面上填筑成路堤（填方路段）或挖成路堑（挖方路段）的带状结构物，主要承受路面传递的行车荷载，是支撑路面的基础。设计时必须保证路基具有足够的强度、变形小和足够的稳定性，并防止水分及其他自然因素对路基本身的侵蚀和损害。

5.1.1 路基的组成

1. 一般路基组成

（1）路基是构成公路的主体构造物，它是路面的基础。一条道路所包含的工程内容中，除了桥梁、路面外均属于路基设计和施工的范畴。公路组成包括：路基、桥涵、隧道、防护工程、排水设备、山区特殊构造物、附属设施等。公路在车行道外设路肩，两侧设边沟排水。

码5-1 公路路基的组成

（2）城市道路路基是在不同的路段依据工程情况、地质、水文条件、路基工程的关键技术问题及相应采取的设计处理方法进行分类。其分为：一般路段的路基、填浜（填塘）路段、与构筑物衔接路段、拼接与拓宽路段。

2. 常用的路基填料

（1）路基常采用符合规范要求的路基土、填石、宕渣（土石混合料）等地方性筑路材料进行填筑。对于特殊路基采用石灰、二灰、三灰改良土等填筑，以提高路基的耐久性。

（2）城市道路施工中，可合理利用工业废渣与建筑渣土，但生活垃圾不得用于路基填筑。

3. 路肩与边坡

路肩是指路面两侧路基边缘以内地带，它是用来保护支持路面、临时停靠车辆和供行人行走。路基边坡是指路基两旁斜坡部分，它是水稳性最薄弱的地带，应设计合理，并进行防护与加固。

4. 路基排水

在施工过程中路床必须始终保持在良好的排水状态，竣工后修建合理的排水

143

系统是路基稳定和耐久的必要保证,以保证使用中路基处于干燥状态。对于雨、雪而形成的水等,可设置地面排水设施;当地下水较多需要排除时,公路可设置盲沟、渗沟、渗井;如果要跨越较大的水流,就要建造桥梁和涵洞。

城市排水系统的很多排水主干管都敷设在路面下,为保障生产和人民生活,还需及时排除生活污水和生产废水。

5.1.2　路基工程的特点

路基工程的特点是工艺较简单、要求高、工程数量大、耗费劳力多、涉及面广、分布不均。如公路可能通过平原、丘陵或山岭,还有河川、沼泽、岩石、沙漠等,除一般的施工技术外,还要考虑特殊路基,如软土、黄土、盐渍土、季节性冰冻路基,以及桩基支承、边坡稳定、挡土墙支挡等。另一特点是投资大、施工工期长。一般公路的路基建设投资约占总投资的 $25\%\sim45\%$,个别山区公路可达 65%。路基工程对施工期限的影响也较大,土石方相对集中或条件比较复杂的路段,往往是道路施工期限的关键。

在城市道路中,除征地拆迁外,碰到的隐蔽工程多,需与有关部门相互协调,公共关系比较复杂。

5.1.3　对路基的要求

1. 具有足够的稳定性

在地表面上修筑路基,必然产生填筑或开挖,这种不填即挖的结果改变了原地表面的天然平衡状态,使原先处于稳定状态的地基由于受力状态的改变而发生失稳。如产生路堤的沉陷、边坡的塌方,路基的翻浆以及路基沿山坡滑动等变形与病害,从而导致交通阻断或行车事故。必须正确采用路基的断面形式与尺寸,采取有效的路基排水、工程防护与加固等措施,确保路基在最不利的行车荷载与自然因素条件下具有足够的稳定性。

2. 具有足够的强度

路基及路基以下的地基,在自重和自行荷载作用下会产生变形。当地基软弱、路基填土不密实或过分潮湿时,所产生的沉陷、固结变形和不均匀变形会使路面结构出现过量变形和应力增大,从而导致路面过早损坏,影响公路的使用质量。因此,对路基要采取选择合适的填料,进行充分的压实,改善和调节水温状况,加固软弱地基等工程措施,以保证在外力因素作用下,不产生超过允许范围的变形,具有足够的强度和变形小的能力,确保路面的使用寿命和服务水平。

3. 具有足够的耐久性

不管是一般路基,还是特殊路基,应严格按施工管理程序施工,以保证在路基设计使用年限内,达到强度和稳定性的要求,无大修,成为路面稳定的基础,保证汽车能正常、安全、舒适地行驶。同时路基应以预防为主,防治结合,保证路基的耐久性。

5.1.4　影响路基稳定性的因素

道路路基属于带状构筑物,具有路线长、与大自然接触面广的特点,其稳定性在很大程度上由当地自然条件所决定。

1. 影响路基稳定性的自然因素

1）地形：平原区地势平坦，地面水容易聚集，地下水位较高，路基需要保持一定的最小填土高度。

2）气候：气温、降水、湿度、日照、风向和风力等，都影响到路基的水温情况。

3）水文与水文地质：水文条件，如河道的洪水位、常水位、河岸的冲刷和淤积情况、沿线地表水的排泄条件，有无积水。水文地质条件，如地下水位、地下水移动的规律、有无泉水、层间水以及各种水的流量。所有这些如处理不当，将导致路基的各种病害。

4）土的类别：土是建筑路基和路面的材料，并影响路基的形状和尺寸。土的性质，视其类别而定。

5）地质条件：沿线岩石种类及风化程度，岩层走向、不良地质现象（泥石流、地震等），都对路基稳定性有一定影响。

6）植物覆盖：植物覆盖影响地面径流和导热情况，从而在一定程度上影响路基水温情况的改变。

2. 影响路基稳定性的人为因素

1）荷载作用：包括静载、活载及其大小和重复作用次数。

2）路基结构：如路基土的类别与性质、路基形式、路面交通等级与类型、排水结构物的设置等。

3）施工方法：包括是否分层填筑、压实方法、压实是否充分等。

4）养护措施。

5.2 公路的自然区划及路基土的分类

5.2.1 公路自然区划

我国地域辽阔，是一个多山国家，从北到南处于寒带、温带和热带，从青藏高原到东部沿海高差达 4000m 以上，由于三个阶梯存在，自然因素变化极其复杂。各地区公路设计和建设与自然环境因素密切相关。为了区分各地的自然特性，经长期研究，我国于 1986 年制定了《公路自然区划标准》JTJ003-86，该区划依三个原则（道路工程相似原则、地表气候差异原则、自然气候既综合又有主导的原则）编制。公路自然区划分三级，即一级区划、二级区划、三级区划。

1. 一级区划

一级区划主要依据指标是以全国的纬向地带性和构造为依据，根据对公路工程具有控制作用的地理、气候因素来拟定。首先将全国划分为多年冻土、季节性冻土和全年不冻三大地带，再根据水热平衡和地理位置，划分为冻土、湿润、干湿过渡、湿热、潮暖、干旱和高寒七个大区。我国七个一级自然区的路面设计注重特点各不相同，根据各地的经验，可归纳如下：

Ⅰ区——北部多年冻土区（该区北部为连续分布多年冻土，南部为岛状分布多年冻土，最重要的道路设计原则是保温，不可轻易挖去覆盖层，使路堤下保持

145

冻结状态）。

Ⅱ区——东部湿润季冻区（该区路面结构突出问题是翻浆和冻胀）。

Ⅲ区——黄土高原干湿过渡区（该区特点是黄土对水分敏感性高，干燥土基强度高、稳定性好）。

Ⅳ区——东南湿热区（该区雨量充沛集中，台风暴雨多，水毁、冲刷、滑坡等是道路的主要病害）。

Ⅴ区——西南潮暖区（该区山多，筑路材料丰富，充分利用当地材料）。

Ⅵ区——西北干旱区（该区大部分地下水位很低，虽然冻深多在 $100 \sim 150 \mathrm{cm}$ 以上，但一般道路冻害较轻）。

Ⅶ区——青藏高寒区（该区局部路段有多年冻土，地处高原，昼夜温差很大，日照时间长，沥青老化很快，年平均气温相对较低，路面易受冬季雪水渗入而破坏，须按保温原则设计）。

全国公路自然区规划图、施工特点，详见《公路自然区划标准》JTJ 003-86 的附录一。

2. 二级区划

二级区划仍以气候和地形为主导因素，但具体标志与一级区划有显著差别。二级区的划分，将一级区划指标，具体化或加以补充，即以潮湿系数 K 值为主导的一个标志体系（即年降水量与年蒸发量之比），将全年的潮湿系数大小分为六个等级：过湿区、中湿区、润湿区、润干区、中干区、过干区。

在全国一级区内又分为 33 个二级区和 19 个副区，共有 52 个二级自然区。它们的区界与名称参见表 5-1。二级区自然条件对公路工程的影响与区域位置，详见《公路自然区划标准》JTJ 003-86 的附录三，以及"中华人民共和国公路自然区划图"。

公路自然区划名称表 表 5-1

Ⅰ 北部多年冻土区	Ⅲ 山西山地、盆地中冻区
Ⅰ₁ 连续多年冻土区	Ⅲ₁a 雁北张宣副区
Ⅰ₂ 岛状多年冻土区	Ⅲ₂ 陕北典型黄土高原中冻区
Ⅱ 东部湿润季冻区	Ⅲ₂a 榆林副区
Ⅱ₁ 东北东部山地湿冻区	Ⅲ₃ 甘东黄土山地
Ⅱ₁a 三江平原副区	Ⅲ₄ 黄渭间山地、盆地轻冻区
Ⅱ₂ 东北中部山前平原重冻区	Ⅳ 东南湿热区
Ⅱ₂a 辽河平原冻融交替副区	Ⅳ₁ 长江下游平原润湿区
Ⅱ₃ 东北西部润干冻区	Ⅳ₁a 盐城副区
Ⅱ₄ 海滦中冻区	Ⅳ₂ 江淮丘陵山地润湿区
Ⅱ₄a 冀北山地副区	Ⅳ₃ 长江中游平原润湿区
Ⅱ₄b 旅大丘陵副区	Ⅳ₄ 浙闽沿海山地中湿区
Ⅱ₅ 鲁豫轻冻区	Ⅳ₅ 江南丘陵过湿区
Ⅱ₅a 山东丘陵副区	Ⅳ₆ 武夷南岭山地过湿区
Ⅲ 黄土高原干湿过渡区	Ⅳ₆a 武夷副区

Ⅳ₇华南沿海台风区	Ⅵ₁ₐ河套副区
Ⅳ₇ₐ台湾山地副区	Ⅵ₂绿洲、荒漠区
Ⅳ₇ᵦ海南岛西部润干副区	Ⅵ₃阿尔泰山地冻土区
Ⅳ₇ᵥ南海诸岛副区	Ⅵ₄天山、界山山地区
Ⅴ　西南潮暖区	Ⅵ₄ₐ塔城副区
Ⅴ₁秦巴山区润湿区	Ⅵ₄ᵦ伊犁河谷副区
Ⅴ₂四川盆地中湿区	Ⅶ　青藏高寒区
Ⅴ₂ₐ雅安乐山过湿副区	Ⅶ₁祁连、昆仑山地区
Ⅴ₃三西、贵州山地过湿区	Ⅶ₂柴达木荒漠区
Ⅴ₃ₐ滇南、桂西润湿副区	Ⅶ₃河源山原草甸区
Ⅴ₄川、滇、黔高原干湿交替区	Ⅶ₄羌塘高原冻土区
Ⅴ₅滇西横断山地区	Ⅶ₅川藏高山峡谷区
Ⅴ₅ₐ大理副区	Ⅶ₆藏南高山台地区
Ⅵ　西北干旱区	Ⅶ₆ₐ拉萨副区
Ⅵ₁内蒙草原中干区	

3. 三级区划

三级区划是二级区划的进一步划分。三级区划的方法有两种：一种是按照地貌、水文和土质类型将二级自然区进一步划分为若干类型单元；另一种是以水热、地理和地貌等为标志将二级区划分为若干更低一级的区域划分。各地可根据当地的具体情况选用。

5.2.2　路基土的工程分类

《公路土工试验规程》JTG 3430—2020 适用于各类公路工程的地基土及其他路用土的基本工程性质试验，并为公路工程的设计、施工提供可靠的计算指标和参数。

1. 分类依据

应以下列土的特性指标作为分类依据：

（1）土颗粒组成及特性。

（2）土的塑性指标：液限（w_L）、塑限（w_P）和塑性指标（I_P）。

（3）土中有机质存在情况。

本分类应按筛析试验（T0115—1993）确定各粒组含量；应按液限塑限联合测定法（T0118—2007）确定液限和塑限；有机质含量应按《公路土工试验规程》JTG 3430—2020 判别有机质存在情况。土的粒组划分界限及范围见表 5-2。

粒组划分表　　　　　　　　　　　表 5-2

200	60	20	5	2	0.5	0.25	0.074	0.002 (mm)

巨粒组		粗粒组						细粒组	
漂石（块石）	卵石（小块石）	砾（角砾）			砂			粉粒	黏粒
		粗	中	细	粗	中	细		

2. 土的基本代号

世界各国公路用土分类方法虽然不尽相同，但分类依据大致相近。公路用土分为：巨粒土、粗粒土、细粒土、特殊土四类，并进一步将四大类土细分为 12种。土分类总体系见图 5-1。

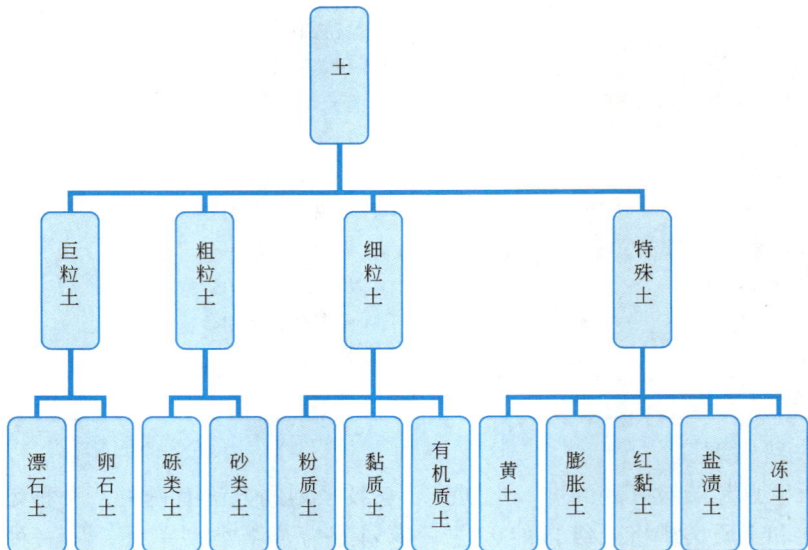

图 5-1 土分类总体系

表 5-1 所列为不同粒组的划分界限及范围。

5.2.3 土的工程性质

各类道路用土具有不同的工程性质，在选择路基填筑材料，以及修筑稳定土路面结构层时，应根据不同的土类分别采取不同的工程技术措施。

巨粒土包括漂石（块石）土和卵石（块石）土，有很高的强度和稳定性，是填筑路基良好的材料，也可用于砌筑边坡。

级配良好的砾类土混合料，密实程度好，强度和稳定性均能满足要求。除了填筑路基之外，可以用于铺筑中级路面，经适当处理后可以铺筑高级路面的基层、底基层。

砂类土无塑性，透水性强，毛细水上升高度小，具有较大的内摩擦系数，强度和水稳定性均好，但砂类土黏结性小，易于松散，压实困难。而经充分压实的砂土路基，压缩变形小，稳定性好。为了加强压实和提高稳定性，可以采用振动法压实，并可掺加少量黏土，以改善级配组成。

砂类土含一定数量粗颗粒和黏土颗粒，遇水不膨胀，干得快，干燥时有足够黏结力，扬尘少。砂质土路基容易压实，易构成平整表面，是良好的路基填筑材料。

粉质土含有较多的粉土颗粒，干时虽有黏性，但易于破碎，浸水时容易成为流动状态。粉质土毛细作用强烈，毛细水上升高度大（可达 1.5m）。在季节性冰冻地区容易造成冻胀、翻浆等病害。粉质土属于不良的道路用土，如必须用粉质土填筑路基，则应采取技术措施改良土质并加强排水，采取隔离水等措施。

黏质土中细颗粒含量多，土的内摩擦系数小而黏聚力大，透水性小而吸水能力强，毛细现象显著，有较大的可塑性。黏质土干燥时较坚硬，施工时不易破碎，浸湿后能长期保持水分，不易挥发，因而承载力小。黏质土路基在适当含水量时加以充分压实和设置良好的排水设施时，其稳定性较好。

高液限黏土工程性质与黏性土相似，但其含黏土矿物成分不同时，性质有很大差别。黏土矿物主要包括蒙脱土、伊里土、高岭土。蒙脱土主要分布在东北地区，其塑性大，吸湿后膨胀强烈，干燥时收缩大，透水性极低，压缩性大，抗剪强度低。高岭土分布在南方地区，其塑性较低，有较高的抗剪强度和透水性，吸水和膨胀量较小。伊里土分布在华中和华北地区，其性质介于上述两者之间。很高液限黏土不透水，黏聚力特强，塑性很大，干燥时很坚硬，施工时难以挖掘与破碎。

总之，土作为路基建筑材料，砂类土最优，黏质土次之，粉质土属不良材料，最容易引起路基病害，重黏土，特别是蒙脱土也是不良的路基土。此外，还有一些特殊土类，如有特殊结构的土（黄土）、含有机质的土（腐殖土）以及含易溶盐的土（盐渍土）等，用以填筑路基时必须采取相应技术措施。

5.3　路基的水温状况及干湿类型

路基的强度和稳定性在很大程度上，与路基的湿度以及大气温度引起路基的水温变化密切相关。

5.3.1　路基的湿度来源

路基使用过程中，受各种外界因素的影响，使温度发生变化。路基的潮湿来源主要有以下几个方面（图 5-2）：

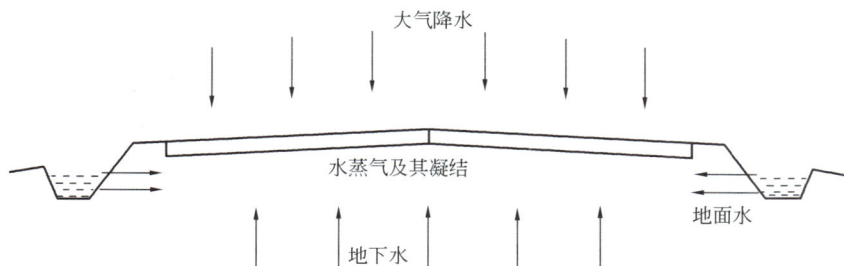

图 5-2　路基湿度来源示意图

（1）大气降水：大气降水透过路面、路肩、边沟等渗入路基。

（2）地面水：当排水条件不良时，地表径流和边沟流水形成积水，渗入路基。

（3）地下水：路基下面一定范围内的地下水位升高或因毛细作用地下水位上升侵入路基。

（4）水蒸气及其凝结水：由于温度变化，导致土孔隙中移动的水蒸气遇冷凝结为水。

（5）薄膜移动水：路基地下涵管等给水排水设施渗漏，水以薄膜的形式从含水率较高处向较低处流动；或由温度较高处向冻结中心移动。

上述各种导致路基湿度变化的水源，其对路基的影响程度，与当地自然条件和气候特点以及所采取的施工措施相关。

5.3.2 冻胀与翻浆

冻土具有流变性，其长期强度远低于瞬时强度特征。正由于这些特征，在冻土区修筑路基工程构筑物就必须面临两大危险：冻胀和融沉。冬季冻胀，春季翻浆，这是寒冷地区和季节性冰冻地区公路的主要病害之一。

1. 冻土分类

冻土是指 0℃ 以下，并含有丰富的地下冰的各种岩石和土壤。根据冻土冻结状态持续时间的长短，我国冻土按保存时间分为三种类型。

（1）短时冻土：冬季冻结持续时间数小时/数日以至半月，其余时间处于融化状态的土（岩）层。

（2）季节冻土：指的是冬季冻结春季融化的土层。冻结状态持续时间是 1 年以下，自地表面至冻结层底面的厚度称冻结深度。

（3）多年冻土（又称永久冻土）：多年冻土常存在于地面下的一定深度，是指冻结状态持续多年（一般是 2 年或 2 年以上）冻结的土（岩）层。其可分为上下两层：上层夏季融化，冬季冻结，其上部为季节融冻层；下层常年处在冻结状态，称永冻层或多年冻层。

2. 产生冻胀、翻浆原理

在北方地区，随着冬季来临，上层土基开始冰冻。随着气温下降，土基冻结深度不断向下发展，其上层温度低而下层温度高，形成了负温度坡差。在负温区内，土中的自由水首先冻结，形成冰晶体，在冷时，弱结合水在负温差作用的水分产生迁移现象，一般发生在 0～−3℃ 等温线之间，在正温度区内，因零度等温线附近土中自由水和毛细水的冻结，形成了深层次土之间的温度坡差，从而促使下面水分源源不断地移向 0℃ 等温线处的冰晶体，并在此不断地冻结，而这部分上段水分便又成了负温度区水分移动的补给来源。冰晶体不断扩大，而水结成冰时，其体积将膨胀 11%，这就形成了路面的冻胀。聚冰层越靠近路面，冻胀越严重。

春季气温逐渐回升到 0℃ 以上，土基开始解冻，由于路面的导热性大，路中间冰的融化速度较两侧快，因而融化过程中多余量的水分不易向下及两侧排除，土基上层含水量增大。当融化到聚冰层时，土基的湿度便达到了饱和的程度。因此，土基的承载力降低。如果有大量的运输车辆通过，尤其是重车，稀软的泥浆便会沿着开裂的路面缝隙挤出或形成较深的车辙和鼓包，这就是翻浆现象。

3. 形成道路冻胀与翻浆的条件

（1）土质——若采用粉性土作路基，便构成了冻胀与翻浆的内因；

（2）水文——地面排水困难或地下水位较高的路段，为水分积聚提供了充足的水源；

（3）气候——多雨的秋季，暖和的冬季，早春等都是加剧湿度积累而造成翻浆的天气；

（4）行车——通过过大的交通量或过重的汽车，能加速翻浆发生；

（5）养护——不及时的养护会促成翻浆出现。

5.3.3　路基平衡湿度状况和平衡湿度

路基平衡湿度是公路建成通车后，路基在地下水、降雨、蒸发、冻结和融化等因素作用下，湿度达到相对稳定平衡状态时的湿度。

1. 路基平衡湿度状况

路基平衡湿度（用饱和度来表示）状况可依据路基的湿度来源分为潮湿、中湿、干燥三类。确定路基干湿类型时路基设计依据 Z'_a、路床顶面至地下水位的相对高度（h）、地下水位高度（h_w）、毛细水上升高度（h_0）及路基土高度的关系确定湿度状况类型，如图 5-3 所示。

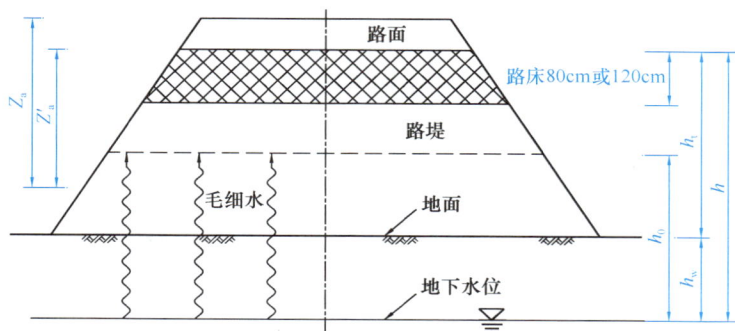

图 5-3　路基湿度划分示意图

h_t—路堤填土高度，$h_t \geq 0$ 时为路堤，$h_t < 0$ 为路堑；

h_w—地下水位高度；h_0—毛细水上升高度；h—路床顶面至地下水位的相对高度；Z_a—路基工作区深度

许多观测资料表明，在路面竣工后 2～3 年内，路基的湿度变化之间趋近于某种平衡湿度状态。路基的平衡湿度状况，可依据路基湿度来源，分为潮湿、中湿、干燥三类，并按下列条件判别路基湿度状态。

（1）潮湿类路基的路基工作区（Z_a）均处于地下水毛细润湿影响范围内，或地表长期积水浸润的范围之内。路基平衡湿度由地下水位或地表长期积水的水位升降所控制。

（2）中湿路基的路基工作区（Z_a）湿度兼受地下水和气候因素影响，此类路基湿度状态可定为中湿类路基。

（3）干燥类路基的路基工作区（Z_a）均处于地下水毛细润湿面之上，路基平衡湿度由气候因素变化所控制。

实践证明土基处于干燥状态具有足够的承载力，而处于中湿状态具有相当的承载力，处于潮湿状态具有较小的承载力，处于过湿状态不具有承载力。为了保证路基路面结构的稳定性，一般要求路基处于干燥或中湿状态。潮湿状态的路基必须在处理后方可铺筑路面。

2. 路基平衡湿度预估方法

采用平均稠度指标作为路基湿度评价指标（只考虑液限与塑限），也能反映土的软硬程度，对于塑性指标为零的土组，土的平均稠度不能全面反映路基土的工作状态。

因此，路基土表征湿度时，需要考虑土体密度和质量含水率两个因素，而饱和度和体积含水率均包括了含水率和密度两个参数，故可以选择饱和度和体积含水率中的任意一个来表征土体湿度状况。

采用饱和度来表征路基土的湿度状态，既反映了含水率，也包含了密实度的影响。饱和度按式（5-1）计算：

$$S_r = \frac{\omega_v}{1 - \frac{r_s}{G_s r_w}} \text{ 或 } S_r = \frac{\omega}{\frac{r_w}{r_s} - \frac{1}{G_s}} \tag{5-1}$$

$$\omega_v = \omega \frac{r_s}{r_w} \tag{5-2}$$

式中　S_r——饱和度（％）；

　　　ω_v——体积含水率（％）；

　　　ω——质量含水率（％）；

　r_s、r_w——土的干密度和水的密度（kg/m³）；

　　　G_s——土的相对密度。

路基平衡湿度的预估主要基于非饱和土力学的土-水特征曲线。受地下水控制的，采用地下水位模型预估路基基质吸力，受气候控制的，采用湿度指数 TMI 模型预估路基基质吸力。TMI 值按照式（5-3）计算。

$$TMI_y = \frac{100R_y - 60DF_y}{PE_y} \tag{5-3}$$

式中　R_y——y 年的水径流量（cm）；

　　　DF_y——y 年的缺水量（cm）；

　　　PE_y——y 年的潜在蒸发总量（cm）。

不同自然区划的 TMI 值是由全国 400 多个气象观测站的气象资料计算、统计和归并得到的。但考虑到上式理论计算的相对复杂性，相关规范给出了查表法。

（1）潮湿类路基的平衡湿度预估方法

潮湿类路基的平衡湿度可根据路基土组类别及地下水位高度，按表 5-3 确定距地下水位不同高度处的饱和度。

各路基土组距地下水位不同高度处的饱和度（％）　　　　　　　表 5-3

土组	计算点距地下水或地表长期积水水位的距离（m）						
	0.3	1.0	1.5	2.0	2.5	3.0	4.0
粉土质砾（GM）	69～84	55～69	50～65	49～62	45～59	43～57	—
黏土质砾（GM）	79～96	64～83	60～79	56～75	54～73	52～71	—
砂（S）	95～80	70～50	—	—	—	—	—
粉土质砂（SM）	79～93	64～77	60～72	56～68	54～68	52～64	—
黏土质砂（SC）	90～99	77～87	72～83	68～80	66～78	64～76	—
低液限粉土（ML）	94～100	80～90	76～86	83～73	71～81	69～80	—
低液限黏土（CL）	93～100	80～93	76～90	73～88	70～86	68～85	66～83
高液限粉土（MH）	100	90～95	86～72	83～90	81～89	80～87	—
高液限黏土（CH）	100	93～97	90～93	88～91	86～90	85～89	83～87

注：1. 对于砂（SW、SP），D_{60}（通过率为 60％时的颗粒粒径，下同）大时平衡湿度取低值，D_{60} 小时平衡湿度取高值。

　　2. 对于其他含细粒的土组，通过 0.075mm 筛的颗粒含量大和塑性指数高时，取高值，反之取低值。

（2）干燥类路基的平衡湿度预估方法

干燥类路基的平衡湿度，可根据路基所在自然区划的湿度指标 TMI 和土组类别确定。即先根据不同自然区划由表5-4查取相应的 TMI 值，再按路基所在地区的 TMI 和路基土组类别，根据表5-5插值得到该地区的路基饱和度。

1）不同自然区划的 TMI 值可参照表5-4查取。

不同自然区划的 TMI 值范围　　　　　　　　　　　　表5-4

区划	亚区		TMI 值范围	区划	亚区	TMI 值范围
I	I₁		$-8.1\sim-5.0$	IV	IV₆	$27.0\sim46.7$
	I₂		$9.7\sim-0.5$		IV₆ₐ	$41.2\sim97.4$
II	II₁	黑龙江	$-8.1\sim-0.1$		IV₇	$16.0\sim69.3$
		辽宁、吉林	$8.7\sim35.1$		IV₇ᵦ	$-23.0\sim-5.4$
	II₁ₐ		$-10.8\sim-3.6$	V	V₁	$-25.1\sim6.9$
	II₂		$-12.1\sim-7.2$		V₂	$0.9\sim30.1$
	II₂ₐ		$-10.6\sim-1.2$		V₂ₐ	$39.6\sim43.7$
	II₃		$-26.9\sim-9.3$		V₃	$12.0\sim88.3$
	II₄		$-22.6\sim10.7$		V₃ₐ	$-7.6\sim47.2$
	II₄ₐ		$-15.5\sim17.3$		V₄	$-2.6\sim50.9$
	II₄ᵦ		$-7.9\sim9.9$		V₅	$39.8\sim100.6$
	II₅		$-15.6\sim-1.7$		V₅ₐ	$24.4\sim39.2$
	II₅ₐ		$-15.6\sim-1.0$	VI	VI₁	$-46.3\sim-15.3$
III	III₁		$-25.7\sim-21.2$		VI₁ₐ	$-47.2\sim-40.5$
	III₁ₐ		$-29.1\sim-12.6$		VI₂	$-59.2\sim-39.5$
	III₂		$-17.5\sim-9.7$		VI₃	-41.6
	III₂ₐ		-19.6		VI₄	$-57.2\sim-19.3$
	III₃		$-26.1\sim-19.1$		VI₄ₐ	$-37.1\sim-34.5$
	III₄		$-24.1\sim-10.8$		VI₄ᵦ	$-37.2\sim-2.6$
IV	IV₁		$21.8\sim25.1$	VII	VII₁	$-56.3\sim-3.1$
	IV₁ₐ		23.2		VII₂	$-58.1\sim-49.4$
	IV₂		$-6.0\sim34.8$		VII₃	$-22.5\sim82.8$
	IV₃		$34.3\sim40.4$		VII₄	$-5.7\sim-5.1$
	IV₄		$32.0\sim67.9$		VII₅	$-20.3\sim91.4$
	IV₅		$45.2\sim89.3$		VII₆ₐ	$-25.8\sim-10.6$

2）按所在地区的 TMI 值和路基土组类别，根据表5-5插值查取该地区相应的路基饱和度。

各路基土组在不同 TMI 值时的饱和度（%）　　　　　　表5-5

土组	TMI					
	-50	-30	-10	10	30	50
砂（S）	$20\sim50$	$25\sim55$	$27\sim60$	$30\sim65$	$32\sim67$	$35\sim70$

续表

土组	TMI					
	−50	−30	−10	10	30	50
粉土质砂（SM）	45～48	62～68	73～80	80～86	84～89	87～90
黏土质砂（SC）						
低液限粉土（ML）	41～46	59～64	75～77	84～86	91～92	92～93
低液限黏土（CL）	39～41	57～64	75～76	86	91	92～94
高液限粉土（MH）	41～42	61～62	76～79	85～88	90～92	92～95
高液限黏土（CH）	39～51	58～69	85～74	86～92	91～95	94～97

注：1. 砂的饱和度取值与 D_{60} 相关，D_{60} 大时（接近 2mm）取低值，D_{60} 小时（接近 0.25mm）取高值。

　　2. 粉土质砂、黏土质砂或细粒土的饱和度取值与细粒土含量和塑性指数相关，细粒土含量高、塑性指数大时取低值，反之取高值。

（3）中湿类路基的平衡湿度（饱和度）预估方法

中湿类路基的湿度状况可参照图 5-4，路基平衡湿度兼受地下水和气候因素两方面的影响。先分路基工作区上部和下部，再以厚度加权平均计算路基的平衡湿度。

受地下水位影响的路基，路基工作区被地下水毛细润湿面分为上部和下部两部分，下部受地下水毛细润湿的影响，而其上部则受气候因素影响，如图 5-4 所示。毛细润湿面以上的路基工作区称为路基工作区上部，按路基土组类别和 TMI 值确定其平衡湿度；毛细润湿面以下的路基工作区称为路基工作区下部，则按路基土组类别和距地下水位的距离确定毛细浸润面最上部（图 5-4 中 A 点）及毛细润湿面最下部（图 5-4 中 B 点）各自平衡湿度的平均值，作为路基工作区下部的平衡湿度。

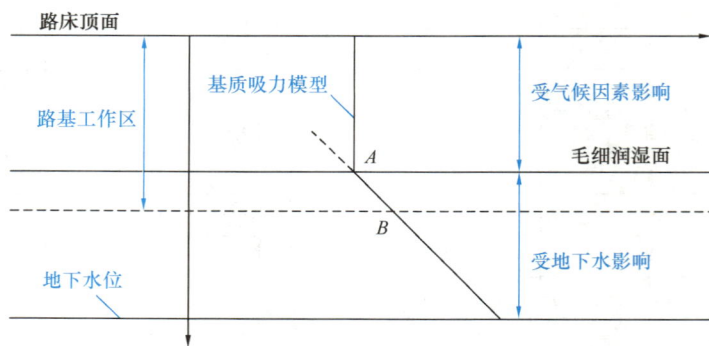

图 5-4　中湿类路基的湿度状况

3. 路基填土高度要求

路堤高度应满足路基处于中湿状态，同时满足公路等级所对应的路基设计洪水频率及其设计洪水位；不含路面厚度的路基高度不宜小于中湿状态路基临界高度；不含路面厚度的路基高度不宜小于路基工作区深度；季节性冰冻地区，不含路面厚度的路基高度不宜小于道路冻结深度。

路基合理的高度按式（5-4）计算确定。

$$H_{0p} = \text{MAX}\{(h_{sw} - h_0) + h_w + h_{bw} + \Delta h, h_l + h_p, h_{wd} + h_p, h_f + h_p\} \qquad (5\text{-}4)$$

式中　H_{0p}——路基合理高度（m）；

　　　　h_{sw}——设计洪水位（m）；

　　　　h_0——地面高程（m）；

　　　　h_w——波浪侵袭高度（m）；

　　　　h_{bw}——壅水高度（m）；

　　　　Δh——安全高度（m）；

　　　　h_l——中湿状态路基临界高度（m）；

　　　　h_p——路面厚度（m）；

　　　　h_{wd}——路基工作区深度（m）；

　　　　h_f——季冻区道路冻结深度（m）。

【例 5-1】　某新建二级公路，自然区划为Ⅱ$_a$，经调查道路交通荷载等级为中等交通，路面层厚度为 0.75m。已知临近河道的某路段地面标高为 8.50m，1/50 洪水频率的计算水位为 6.43m，中湿状态路基临界高度为 1.50m，路基季节性冻深为 0.70m。试计算路基合理高度。

【解】　路基合理高度按下式计算：

$$H_{0p} = \text{MAX}\{(h_{sw} - h_0) + h_w + h_{bw} + \Delta h, h_l + h_p, h_{wd} + h_p, h_f + h_p\}$$

根据已知条件，可得设计洪水位 $h_{sw} = 5.43$m，地面高程 $h_0 = 8.50$m，波浪侵袭高度 $h_w = 0.50$m，壅水高度 $h_{bw} = 0.50$m，安全高度 $\Delta h = 0.50$m，中湿状态路基临界高度 $h_l = 1.50$m，路面厚度 $h_p = 0.75$m，因道路交通荷载等级为中等交通，得路基工作区深度 $h_{wd} = 0.80$m，季冻区道路冻结深度 $h_f = 0.70$m。公式中 4 项计算结果分别为：

考虑设计洪水位：$(h_{sw} - h_0) + h_w + h_{bw} + \Delta h = (6.43 - 8.50) + 0.50 + 0.50 + 0.50 = -0.57$m

考虑中湿状态路基临界高度：$h_l + h_p = 1.50 + 0.75 = 2.25$m

考虑路基工作区深度：$h_{wd} + h_p = 0.80 + 0.75 = 1.55$m

考虑路基冻结深度：$h_f + h_p = 0.70 + 0.75 = 1.50$m

以上 4 项计算结果取最大值，可得路基合理高度 $H_{0p} = 2.25$m。

5.4　路基的力学特性

5.4.1　路基受力与工作区

1. 路基受力状况

路基承受着路基自重和汽车轮重两种荷载。在两种荷载共同作用之下，一定深度范围内，路基土处于受力状态。正确的设计应使得路基所受的力在弹性限度范围内，而当车辆驶过后，路基能恢复原状，以保证路基相对稳定，路面不致引起破坏。

假设车轮荷载为圆形均布垂直荷载，路基为一弹性均质半空间体，如图 5-5 所示，路基土在车轮荷载作用下所引起的垂直压应力 σ_z 可以用式（5-5）计算。

$$\sigma_z = K \frac{P}{Z^2} \tag{5-5}$$

式中　P——车轮荷载的均布单位压力（kPa）；

　　　K——系数，一般取 $K=0.5$；

　　　Z——圆形均布荷载中心下应力作用点的深度（m）。

路基土本身自重在路基内深度 Z 处所引起的垂直压应力 σ_B 按式（5-6）计算。

$$\sigma_B = \gamma Z \tag{5-6}$$

式中　γ——土的重力密度（kN/m^3）；

　　　Z——应力作用点深度（m）。

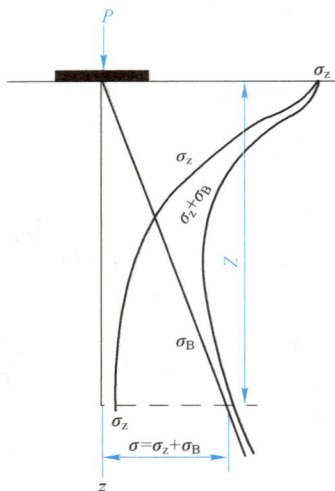

图 5-5　土基中应力分布图

虽然路面结构材料的重力密度比路基土的重力密度略大，但是结构层的厚度相对于路基某一深度而言，这个差别可以忽略，仍可视作为均质土体。

路基内任一点处的垂直应力包括由车轮荷载引起的 σ_z 和由土基自重引起的 σ_B，两者共同作用，如图 5-5 所示。

2. 路基工作区

路基某一深度 Z_a 处，当车轮荷载引起的垂直应力 σ_z 与路基土自重引起的垂直应力 σ_B 相比所占比例很小，仅为 $10\%\sim20\%$ 时，该深度 Z_a 范围内的路基称为路基工作区。在工作区范围内的路基，对于支承路面结构和车轮荷载影响较大，在工作区范围以外的路基，影响逐渐减少。

路基工作区内，土基的强度和稳定性对保证路面结构的强度和稳定性极为重要，对工作区深度范围内的土质选择及路基的压实度的要求更高。

施工中路基应力工作区的深度 Z_a 有两种情况，如图 5-6 所示。其一，当 Z_a 小于等于路基填土高度时，应先对原地面进行清表，再对填筑的路基进行压实。其二，当 Z_a 大于路基填土高度时，由于行车荷载作用不仅施加于路堤，而且施加于天然地基的上部土层。因此在施工中首先对原地面进行清表，并充分压实后，再填筑路堤，使天然地基上部土层与填筑的路堤同时满足工作区要求，并满足路基规定压实度的要求。

5.4.2　土基的力学强度指标

土基的力学强度指标取决于所采用的地基模型。目前世界各国在路面力学计

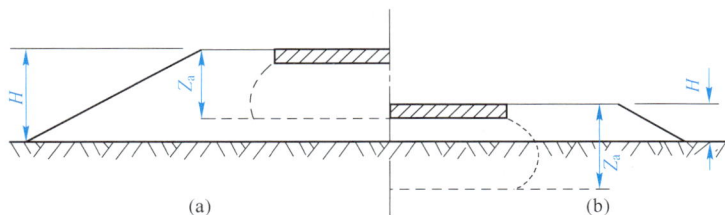

图 5-6 工作区深度与路基填土高度关系

(a) 路基填土高度大于等于 Z_a；(b) 路基填土高度小于 Z_a

算中采用的模型主要是弹性半空间体地基模型和文克勒地基模型两种。前者采用反映土基应力应变特征的弹性模量 E 和泊松比 μ 作为土基的刚度指标；后者用地基反应模量 K 表征土基受力后的变形性质。此外，尚有用于表征土基承载力的参数指标和进行路面结构设计的指标加州承载比（CBR）。

路基施工过程中，在填料符合设计要求的情况下，以含水率、压实度作为施工质量检验指标；路基交工时，检测路床顶面的动态弯沉或回弹模量值，检测方法可采用落锤式弯沉仪或贝克曼梁弯沉检测。采用贝克曼梁法检测时，需建立静态弯沉与动态弯沉之间的关系。

1. 土基回弹模量

以回弹模量表征土基的荷载变形特征可以反映土基在瞬时荷载作用下的可恢复变形性质。对于各种以弹性半空间体模型来表征土基特性的设计方法，无论是沥青路面还是水泥混凝土路面结构设计，都以回弹模量 E_0 作为土基的强度参数。土基施工质量评定，则以压实度值作为重要的控制指标。为了模拟车轮的作用，常以压入圆形承载板试验的方法测定回弹模量。

（1）《公路土工试验规程》JTG 3430—2020 计算方法

用于测定土基回弹模量的方法有柔性承载板与刚性承载板两种，常用刚性承载板测定土基回弹模量，详见《公路土工试验规程》JTG 3430—2020 的承载板法。

在土基表面，采用承载板逐级加载、卸载的方法，测出每级荷载相应的回弹变形值，通过计算可求得土基回弹模量值。

回弹模量计算公式如下：

$$E_0 = \frac{\pi D}{4} (1 - \mu_0^2) \frac{\Sigma p_i}{\Sigma l_i} \tag{5-7}$$

式中　E_0——土基回弹模量（MPa/m³ 或 MN/m³）；

　　　μ_0——泊松比；

　　　D——承载板直径；

　p_i、l_i——分别为各级荷载的单位压力与相对应的回弹弯沉值。

（2）《公路路基设计规范》JTG D30—2015 计算方法

新建公路路基回弹模量设计值 E_0，可由标准状态下的路基回弹模量按式（5-8）计算，并满足式（5-9）的要求。

$$E_0 = K_S K_\eta M_R \tag{5-8}$$

$$E_0 \geqslant [E_0] \tag{5-9}$$

式中　E_0——平衡湿度状态下路基回弹模量设计值（MPa）；

　　$[E_0]$——路面结构设计的路基回弹模量要求值（MPa）；

　　M_R——标准状态下（最佳含水率和最大密度）路基动态回弹模量值（MPa）；

　　K_S——路基回弹模量湿度调整系数，为平衡湿度（含水率）状态下的回弹模量与标准状态下的回弹模量之比；

　　K_η——干湿循环或冻融循环条件下路基土模量折减系数，通过试验确定。

现行《公路路基设计规范》JTG D30—2015 规定，路基以路床顶面回弹模量为设计指标，以路床顶面竖向压应变为验算指标。

2. 地基反应模量

用文克勒（E. Winkler）地基模型描述土基工作状态时，用地基反应模量 K 表征土基的承载力。根据文克勒地基假定，土基顶面任一点的弯沉 l，仅同作用于该点的垂直压力 p 成正比，而同其相邻点处的压力无关。符合这一假定的地基如同由许多各不相连的弹簧所组成，如图 5-7 所示。压力 p 与弯沉 l 之比称为地基反应模量 K。

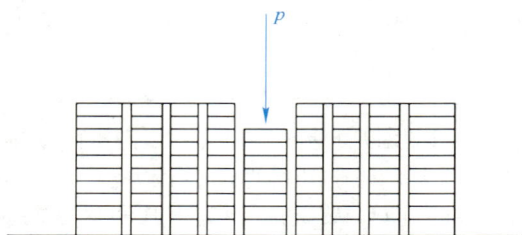

图 5-7　文克勒地基模型

$$K = \frac{p}{l} \tag{5-10}$$

式中　K——地基反应模量(MPa/m 或 MN/m³)；

　　p——单位压力（MPa）；

　　l——弯沉（m）。

地基反应模量 K 应在现场测定。受季节的限制，现场测得的 K 值不能反映地基的最不利状态时，应进行修正，以模拟地基的最不利状态。

3. 加州承载比（CBR）

加州承载比是由美国加利福尼亚州（California）提出的一种评定基层材料能力的试验方法，根据该方法测定土基及路面材料承载能力的指标。CBR 是用于评定路面材料和路基土的强度指标。承载能力以材料抵抗局部荷载压入变形的能力表征，并采用标准碎石的承载力为标准，以它们的相对值的百分比表示 CBR 值。

CBR 试验设备有室内试验与室外试验两种。一般采用贯入量为 2.5mm 时的单位压力与标准压力之比作为材料的承载比。目前我国已将 CBR 指标列入《公路路基施工技术规范》JTG/T 3610—2019、《公路路基设计规范》JTG D30—2015、

《公路沥青路面设计规范》JTG D50—2017、《城市道路工程设计规范（2016 年版）》CJJ 37—2012，作为路填料选择的依据。详见《公路土工试验规程》JTG 3430—2020 中承载比（CBR）试验。

CBR 试验方法简单、设备造价低廉，得到许多国家的广泛应用。采用 CBR 确定沥青路面厚度，有配套的图表，十分方便。这种方法的优点是能够在实验室用简单的方法确定设计所需要的土和各种材料的计算参数。

4. 路床竖向压应变

《公路路基设计规范》JTG D30—2015 中以路床顶面竖向压应变为验算指标。

5.5　路基的变形及破坏

5.5.1　路基的常见病害

路基的变形是土在自重和车轮荷载作用下，通过土基内水温变化及风化作用产生的弹性变形和不可恢复的累计残余变形，导致路基破坏，一般路基变形分路堤变形和路堑变形两种情况。

1. 路堤变形

（1）沉陷

路堤沉陷分为两种情况：路堤下沉和地基下沉。路堤下沉是由于填料不当和压实不足产生路堤本身沉缩（图 5-8a）；若土类不一，土基未经压实，会产生不均匀沉陷（图 5-8b）；地基下沉是由于地基软弱填方后，地基固结不合理，路基会大量下沉并造成路基两旁隆起（图 5-8c）。

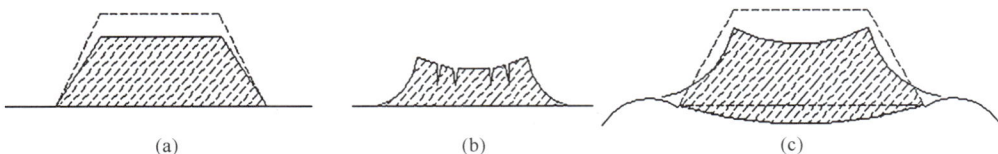

图 5-8　路堤沉陷

(a) 沉缩；(b) 不均匀沉陷；(c) 软土地基隆起

（2）溜方

溜方是由于少量土体被水饱和沿边坡向下移动所形成。通常是指边坡上薄的表层土的下溜。它可能是由于流动水冲刷边坡引起，如图 5-9（a）所示。

（3）滑坡

边坡很大土体的位移就形成滑坡，即路堤的一部分土体与堤身分离，在重力作用下沿某一滑动面滑动，如图 5-9（b）所示。

引起滑坡的原因有：边坡过陡而未挖台阶；不正确地用倾斜层次的方法填筑路堤；土过于潮湿，或有软弱夹层，减少了黏聚力和内摩擦力；坡脚被水冲刷。

（4）下滑

在陡峭的山坡上，路堤整体或其一部分可能沿地基滑动，如图 5-9（c）所示。

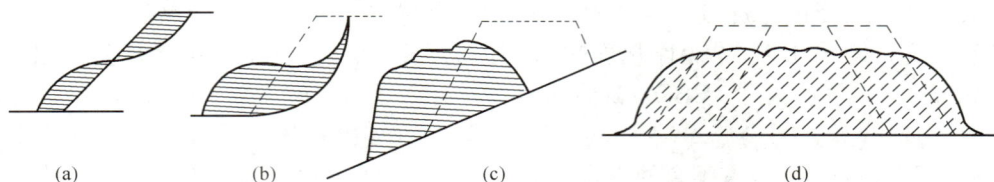

图 5-9　路堤的滑坡和坍散

（a）溜方；（b）滑坡；（c）下滑；（d）坍散

（5）坍散

其特征是边坡失去其正确的形状，以及边坡表面下沉。其主要原因是土方施工不正确——用斜层法堆填含水量大的土和用各种不同性质的土杂乱堆填，如图 5-9（d）所示。

2. 路堑变形

路堑的主要变形是边坡变形。

（1）边坡的溜方和滑坡

与路堤溜方相似，朝南边坡的冻结土融化时也常出现溜坡现象。

边坡夹有蓄水砂层或不透水黏土层被水浸透，或弃土堆离路堑边坡太近造成路堑超载，是引起滑坡的主要原因。

（2）碎落和崩塌

碎落是软弱石质土经风化而成的碎块，大量沿边坡向下移动的现象。崩塌是大的石块或土块脱离原有岩石或土体而沿边坡塌落。这种现象是由于施工使岩基受损，或岩层向路堑方向倾斜、受水浸透或振动作用引起的。

5.5.2　路基病害产生的主要原因及防治措施

1. 主要原因

路基发生变形破坏的主要原因可归纳如下：

（1）路基土体整体或一部分不稳定；

（2）路基以下的地基土体不稳定；

（3）重复的行车荷载作用；

（4）填土方法不正确或压实不足；

（5）自然因素的作用；

（6）不良的工程地质与水文地质条件（巨型滑坡、泥石流、地震、特大暴雨等）。

2. 防治措施

为提高路基的稳定性，防治各种病害的产生，主要有以下一些措施：

（1）正确设计路基横断面；

（2）选择良好的路基用土填筑路基，必要时对路基上层填土作稳定处理；

（3）采取正确的填筑方法，充分压实路基，保证达到规定的压实度；

（4）适当提高路基，防止水分从侧面渗入或从地下水位上升进入路基工作区范围；

（5）正确进行排水设计（包括地面排水，地下排水，路面结构排水以及地基的特殊排水）；

（6）必要时设计隔离层隔绝毛细水上升，设置隔温层减少路基冰冻深度和水分累积，设置砂垫层以疏干土基；

（7）采取边坡加固，修筑挡土结构物，土体加筋等防护技术措施，以提高其整体稳定性。

以上各项技术措施的作用在于限制水分侵入路基，使已侵入路基的水分迅速排除，保持干燥，提高路基的整体强度与稳定性。

思 考 题 与 习 题

1. 路基的常见病害有哪些？说明病害产生的原因。
2. 对路基有哪些要求？为什么有这些要求？
3. 路基干湿类型分为几种？
4. 什么是路基应力工作区？当路基高度小于应力工作区深度时，施工应如何处理？
5. 保证路基强度和稳定性措施有哪些？

码5-2　教学单元5
思考题与习题
参考答案

教学单元 6 一般路基的设计

【教学目标】 本教学单元主要内容为路基设计的一般要求、城市道路和公路路基的类型、路基土材料最小强度和施工压实度的要求、路基设计基本要素。通过学习学生初步掌握依据技术标准确定路基设计高度及路基宽度、掌握选用路基边坡坡率的方法、熟悉挡土墙分类、构造用途及重力式挡土墙的布置图、熟悉用路基施工压实度控制施工质量。

6.1 路基设计的一般要求

公路路基是按照路线位置和一定技术要求修筑的带状构造物，是路面的基础，它承受由路面传来的行车荷载和路基与路面结构的自重并将其扩散至路基，是公路的承重主体。

一般路基是指在良好的地质与水文等条件下，填方高度和挖方深度在 $1.5\sim 1.8\text{m}$ 的路基。通常认为一般路基可以结合当地的地形、地质情况，直接按《公路路基设计规范》JTG D30—2015 的规定，查表进行路基横断面设计，不必进行论证和验算。路基设计的一般规定如下：

（1）路基设计应根据公路功能、公路等级、交通量，结合沿线地形、地质及路用材料等自然条件进行设计，路基要稳定、整体性好、路面耐久性好。

（2）公路路基设计断面形式应合理，加强排水，防止诱发路基病害。

（3）必须采取防止地面水和地下水浸入路面、路基的措施，以保证路基的强度和稳定性。道路干湿类型应处于干燥或中湿状态。路基在平衡湿度状态下，路床顶面回弹模量不应低于现行《公路沥青路面设计规范》JTG D50 和《公路水泥混凝土路面设计规范》JTG D40 的有关规定，详见表 6-1。对于城市快速路和主干路土基回弹模量值不应小于 30MPa；对于次干路和支路土基回弹模量值不应小于 20MPa，详见《城市道路工程设计规范（2016 年版）》CJJ 37—2012。土基施工质量评定，则以压实度值作为重要的控制指标之一。

公路路床顶面回弹模量 E_0 设计值（单位：MPa）   表 6-1

交 通 等 级		轻交通	中等或重交通	特重交通	极重交通
路面类型	水泥混凝土路面	≥40	≥60	≥80	≥80
	沥青路面	≥40	≥60	≥90	≥120

（4）对于潮湿、过湿状态的路基，不满足要求时，应采取换填砂、砂砾、碎石等渗水性材料进行掺和处治，或采用无机材料，如掺入石灰、固化材料处理，再设置土工合成材料，加强路基排水，进行综合处治，最后确定土基回弹模量值。

（5）路基设计宜避免高路堤与深路堑。当路基中心填方高度超过 20m 或中心挖方深度超过 30m 时，宜结合路线方案与桥梁、隧道等构造物或分离式路基作方案比选。

（6）高速公路、一级公路高边坡路堤、陡坡路堤、挖方高边坡、滑坡、软土地区路基设计应采用动态设计法。动态设计必须以完整的施工设计图为基础，适用于路基施工阶段。应提出对施工方案的特殊要求和监测要求，应掌握施工现场的地质状况、施工情况和变形、应力监测的反馈信息，必要时对原设计做校核、修改和补充。

（7）沿河及受水浸淹的路基边缘标高，应不低于设计洪水频率的水位加壅水高、波浪侵袭高，以及 0.5m 的安全高度。各级公路路基设计洪水频率应符合表 2-58 规定。

6.2 路基的类型及压实度要求

公路沿线由于地形的变化和填挖高度的不同，路基工程的类型也各不相同。根据路基设计高程和原地面的关系，通常把路基工程分为路堤（填方路基）、路堑（挖方路基）、填挖结合（半填半挖路基）和不填不挖路基四种基本类型。

6.2.1 路堤

路堤在结构上分为上路床、下路床、上路堤和下路堤。上路床是指路面结构层以下 0.3m 厚度范围，下路床是指路面结构层以下 0.5m 厚度范围（轻、中等及重交通公路）或 0.9m 厚度范围（特重及极重交通公路）；上路堤是指路床以下 0.8m 厚度范围的填方部分，下路堤是指上路堤以下的填方部分，具体要求详见表 6-2、表 6-3。

路床填料最小承载比要求和压实度要求　　　　　　表 6-2

路基部位		路面底面以下深度（m）	填料最小承载比（CBR）（%）			路床压实度（%）		
			高速公路、一级公路	二级公路	三、四级公路	高速公路、一级公路	二级公路	三、四级公路
上路床		0~0.3	8	6	5	≥96	≥95	≥94
下路床	轻、中等及重交通	0.3~0.8	5	4	3	≥96	≥95	≥94
	特重、极重交通	0.3~1.2	5	4	—	≥96	≥95	—

注：1. 表列 CBR 试验条件应符合《公路土工试验规程》JTG 3430—2020 的规定。
　　2. 年平均降雨量小于 400mm 地区，路基排水良好的非浸水路基，通过试验论证可采用平衡湿度状态的含水率作为 CBR 试验条件，并结合当地气候条件和汽车荷载等级，确定路基填料 CBR 控制标准。
　　3. 表列压实度系按《公路土工试验规程》JTG 3430—2020 重型击实试验法求得的最大干密度的压实度。
　　4. 当三、四级公路铺筑沥青混凝土和水泥混凝土路面时，其压实度应采用二级公路的规定值。

1. 分类

（1）公路路堤按填土高度可分为：低路堤、一般路堤、高路堤。填土高度低于 1.5m（通常接近或小于路基工作区深度）的属于低路堤，除填方路堤本身要求满足规定的施工要求外，天然地面也应按规定压实达到要求，必要时换土。同时加深两侧边沟。填土高度超过 20m（土质）或 30m（石质）的路堤属于高路堤；处于两者之间属于一般路堤（1.5～18m）。

（2）城市道路的一般路堤是指除了填浜（塘）路段、与构筑物衔接路段及拼接拓宽路段等特殊路段以外的路段。

因受公路沿线地形、地貌的影响，填方路基的横断面也有多种形式。图 6-1 是路堤常用的典型横断面。

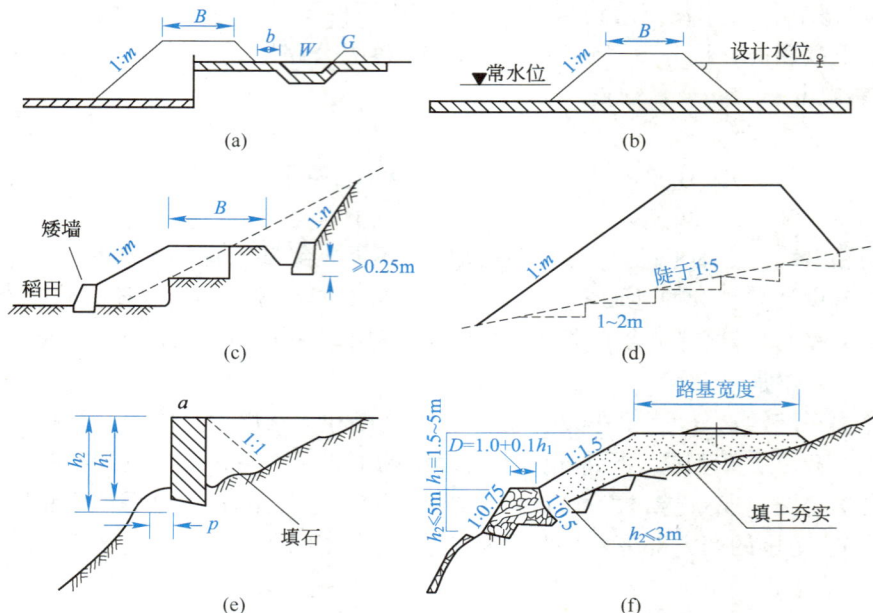

图 6-1　路堤常用的典型横断面
（a）一般路堤；（b）沿河路堤；（c）矮墙路堤；（d）斜坡路堤；（e）护肩路基；
（f）护脚路基

2. 一般路堤压实

（1）路床

路床填料的最大粒径应小于 100mm，路床顶面横坡应与路拱横坡一致。路床加固应根据土质、降水量、地下水类型及埋藏深度、加固材料来源等，经比选采用就地碾压、换土或土质改良、加强地下排水、设置土工合成材料等加固措施。路床填料应均匀、密实，公路路床填料最小承载比和压实度不得低于表 6-2 规定。

（2）填方路基

1）填料选择

公路填方路基应优先选用级配较好的砾类土、砂类土等粗粒土作为填料，填料最大粒径应小于 150mm。泥炭、淤泥、冻土、强膨胀土、有机土及易溶盐超过允许含量的土等，不得直接用于填筑路基。冰冻地区的路床及浸水部分的路堤不应直接采用粉质土填筑。当采用细粒土填筑时，路堤填料强度应符合表 6-2 的规定。城市道路填料最小强度要求应满足表 6-3 的要求。压实度计算详见教学单元 10。

当路基湿度状态、路基填料 CBR、路床回弹模量和竖向压应变等不能满足要求时，应根据气候、土质、地下水赋存和料源等条件，经技术经济比选后，采取以下处理措施：

① 换填可选用粗粒土、粒料或低剂量无机结合料稳定土等，并合理确定换填深度。路基填料 CBR 是一个评定基层材料承载能的参数。

② 细粒土处治可为物理处治或化学处治。物理处治可采用砂、砾石、碎石等进行掺和；化学处治可采用石灰、水泥、粉煤灰等无机结合料进行稳定或综合稳定。细粒土路基的处治设计应通过相关物理力学试验，确定处治材料及其掺量、处治后的路基性能指标等。

③ 水文地质条件不良的土质挖方路基或者潮湿状态填方路基，应采取设置排水垫层、毛细水隔离层、地下排水渗沟（或盲沟）等措施。

④ 季节冻土区各级公路的中湿、潮湿路段，应结合路面结构进行路基结构的防冻验算。必要时，应对路基结构设置防冻垫层或保温层。

城市道路填料最小强度要求   表 6-3

项目分类		路床顶面以下深度（cm）	填料最小承载比 CBR（%）		
			快速路、主干路	次干路	支路
填方路基	上路床	0～30	8	6	5
	下路床	30～80	5	4	3
	上路堤	80～150	4	3	3
	下路堤	＞150	3	2	2
零填及挖方路基		0～30	8	6	5
		30～80	5	4	3

浸水路堤应选用渗水性良好的材料填筑。当采用细砂、粉砂作填料时，应考虑振动液化的影响。桥涵台背和挡土墙墙背应优先选用渗水性良好的填料。在渗水材料缺乏的地区，采用细粒土填筑时，宜用石灰、水泥、粉煤灰等无机结合料进行处治。

轻质材料路堤采用轻质材料可减少路堤重度或土压力，其应用范围包括软土地基上路堤、桥涵与挡土墙构造物台（墙）背路堤、拓宽路堤、修复沉陷或失稳路堤等，但不宜用于洪水淹没地段。

2）压实度

公路路堤应分层铺筑，均匀压实，采用重型击实试验，压实度应符合表 6-4 的规定。细粒土填筑时的含水量应接近最佳含水量，当含水量过高时，应采取晾晒或掺入石灰、水泥、粉煤灰等材料进行处治。城市道路填料最小压实度要求见表 6-5，详见《城市道路工程设计规范（2016 年版）》CJJ 37—2012。

路堤填料最小承载比要求和压实度要求　　　　表 6-4

路基部位		路面底面以下深度（m）	填料最小承载比 CBR（%）			压实度（%）		
			高速公路、一级公路	二级公路	三、四级公路	高速公路、一级公路	二级公路	三、四级公路
上路堤	轻、中等及重交通	0.8～1.5	4	3	3	≥94	≥94	≥93
	特重、极重交通	1.2～1.9	3	3	—	≥94	≥94	—
下路堤	轻、中等及重交通	1.5 以下	3	2	2	≥93	≥92	≥90
	特重、极重交通	1.9 以下						

注：1. 当路基填料 CBR 值达不到表列要求时，可掺石灰或其他稳定材料处理。

2. 当三、四级公路铺筑沥青混凝土和水泥混凝土路面时，应采用二级公路的规定。

3. 表列压实度系按《公路土工试验规程》JTG 3430—2020 重型击实试验所得最大干密度求得的压实度。

4. 路堤采用粉煤灰、工业废渣等特殊填料，或处于特殊干旱或特殊潮湿地区时，在保证路基强度和回弹模量要求的前提下，通过试验论证，压实度标准可降低 1～2 个百分点。

城市道路土质路基压实度　　　　表 6-5

填挖类型	路床顶面以下深度（cm）	压实度（%）			
		快速路	主干路	次干路	支路
填方路基	0～80	96	95	94	92
	80～150	94	93	92	91
	＞150	93	92	91	90
零填或挖方路基	0～30	96	95	94	92
	30～80	94	93	—	—

注：表中数值均为重型击实标准。

6.2.2　路堑

路堑是指低于原地面的挖方路基。路堑的开挖，破坏了地层原有的天然平衡状态，所形成路堑的稳定性，取决于开挖地层的地质和水文条件所确定的挖方边坡高度和坡度，当挖方边坡的高度超过 20～30m 时，应根据工程地质法对其稳定性进行分析，对其边坡进行设计。路堑设计要点是排水，并且不得超挖挖方路基。路堑常用的几种横断面形式如图 6-2 所示，应结合当地具体条件参照选用。

6.2.3　填挖结合（半填半挖）

如图 6-3 所示是半填半挖路基的几种常见横断面形式。

位于山坡上的路基，通常取路中心的标高接近原地面的标高，以便减少土石

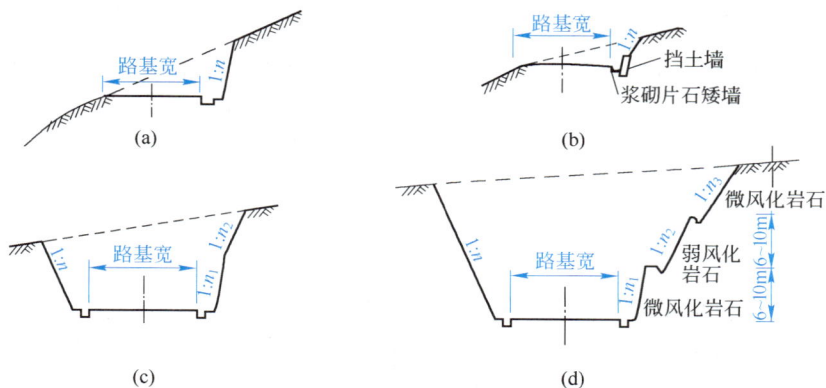

图 6-2 路堑常用的典型横断面

（a）直线形边坡横断面；（b）设挡土墙或矮墙横断面；
（c）折线形边坡横断面；（d）台阶形边坡横断面

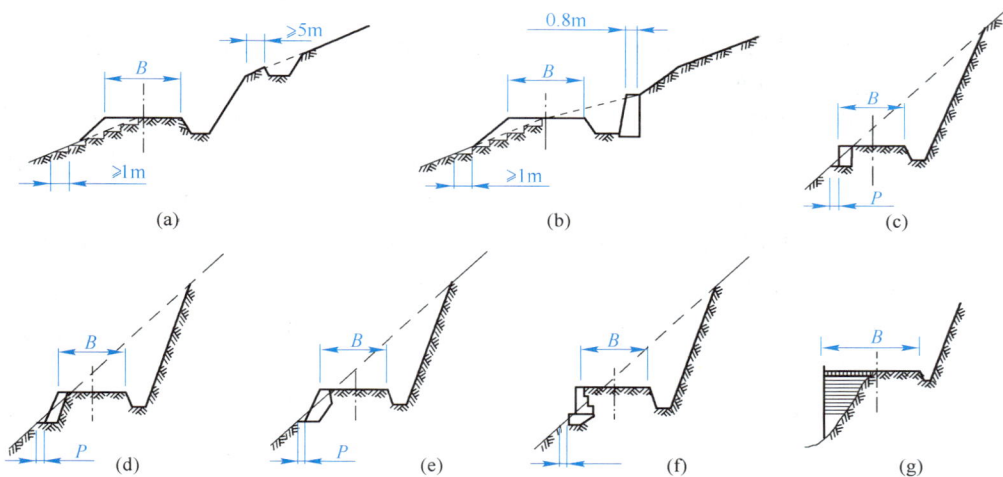

图 6-3 半填半挖路基的几种常用横断面形式

（a）一般填挖路基；（b）矮挡土墙路基；（c）护肩路基；（d）砌石护坡路基；
（e）砌石护墙路基；（f）挡土墙支撑路基；（g）半山桥路基

方数量，保持土石方数量横向平衡，形成半填半挖路基。这种类型的工程量最小，形式是比较经济的。由于开挖部分路基为原状土，而填方部分为扰动土，这两部分密实程度不相同，填方部分与山坡结合不够稳定，若处理不当，路基会在填挖交界处出现纵向裂缝，造成填方沿基底滑动等病害。

6.2.4 不填不挖

不填不挖路基的典型横断面形式如图 6-4 所示。这种路基虽然节省土石方，但

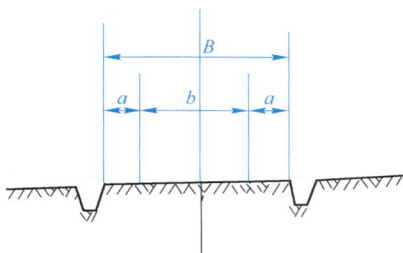

图 6-4 不填不挖路基的典型断面

B—路基宽度；a—路肩宽度；b—路面宽度

对排水非常不利，而且原状土密实程度往往不能满足要求，容易发生水淹、雪埋、沉陷等病害。因此，应尽量少用或不用该类路基。为保证路基的稳定性，需要检查路槽底面以下 30cm 范围内的密实程度，必要时翻松原状土重新分层碾压，或采用换填土层，同时路基两侧应设置边沟，以利于排水。

6.3　路基设计基本要点

路基设计包括宽度、高度和边坡坡度，即路基设计的基本要素。路基的宽度取决于公路技术等级；路基的高度（包括路中心线的挖填深度，路基两侧的边坡高度）取决于纵坡设计及地形；路基边坡坡度取决于地质、水文条件，并由边坡稳定性和横断面经济性等因素比较选定。其中，路基的边坡坡度及相应的措施，是路基设计的基本内容。

6.3.1　路基宽度及行车道

为满足汽车、行人以及其他车辆在道路上正常通行的要求，路基应具有一定的宽度。路基宽度为行车道宽度与其两侧路肩宽度之和。当道路有中间带、加（减）速车道、爬坡车道、紧急停车带、错车道时，均应计入这些部分的宽度。路面宽度根据设计通行能力及交通量大小而定，行车道可分为单车道、双车道、四车道、多车道。一般每个车道宽度为 3.50～3.75m。技术等级高的公路及城镇近郊的一般公路，路肩宽度尽可能增大，一般取 1～3m，并铺筑硬质路肩，以保证路面行车不受干扰。各级公路路基宽度按《公路工程技术标准》JTG B01—2014 的规定进行设计，详见教学单元 3 的 3.1 节。

一级公路路基标准横断面如图 6-5（a）所示，城市道路路基标准横断面图如图 6-5（b）所示。

6.3.2　路基高度

在设计与施工中，路基高度及设计标高很重要，其定义见表 6-6。

路基高度、设计标高定义　　　　　　　　　　表 6-6

高度及设计标高	定　义
路基高度	路堤的填筑高度或路堑的开挖深度，是路基中心线处设计标高与原地面标高之差
路基填挖高度	路肩边缘距原地面的高度（或路槽底距原地面中心点的高度）
路基最小填土高度	路基处于中湿状态时的填土高度
公路路基设计标高	① 新建公路路基的设计标高为路基边缘标高 ② 设置超高、加宽地段，则为设置超高、加宽前的路基边缘标高 ③ 改建公路的路基设计标高可与新建公路相同，也可采用路中线标高 ④ 设有中央分隔带的高速公路、一级公路，为中央分隔带的外侧边缘标高
城市道路路基设计标高	道路中心线处的标高

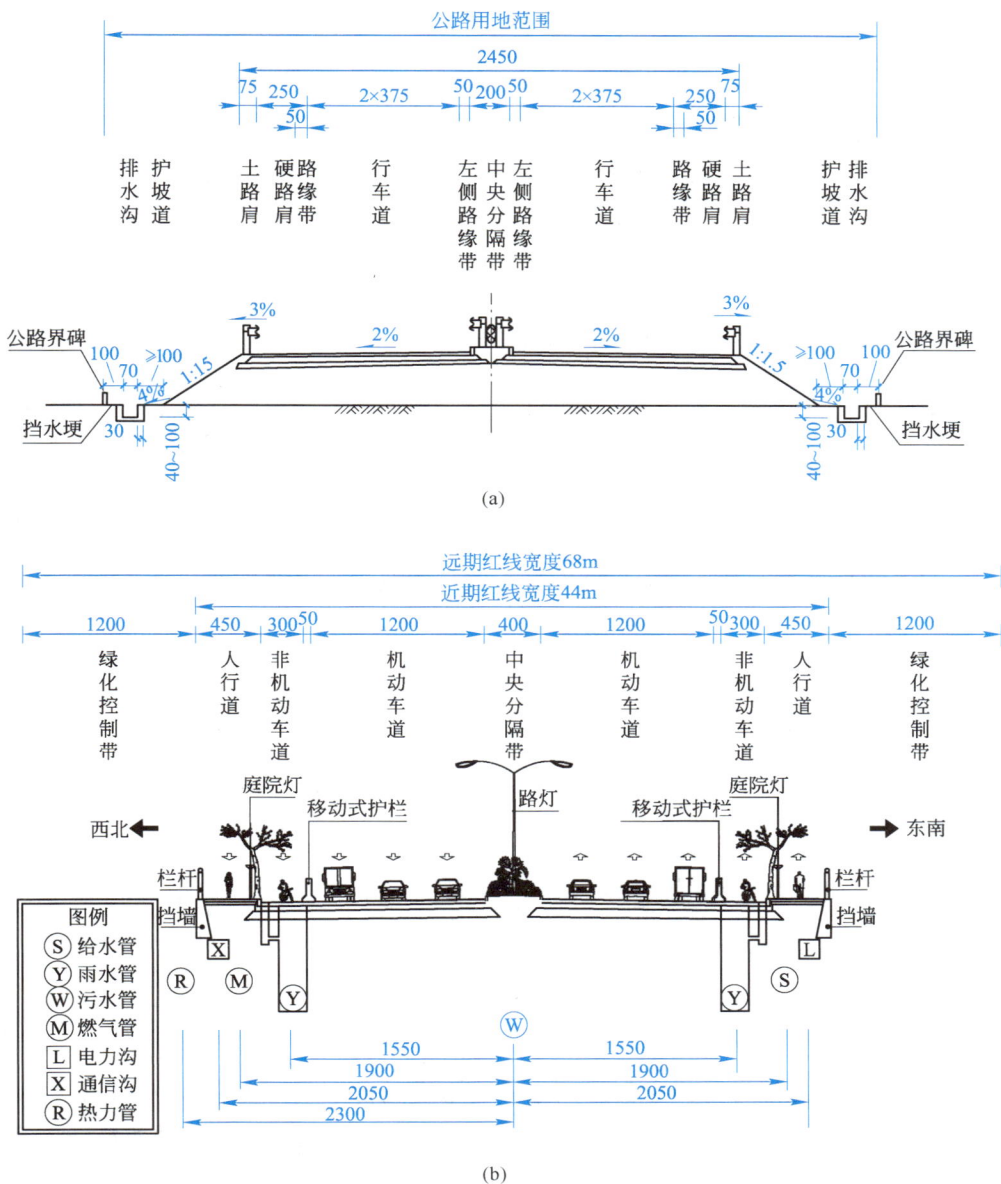

图 6-5　路基标准横断面图（单位：mm）

（a）一级公路路基标准横断面图；（b）城市道路路基标准横断面图

确定新建公路的路基设计标高时，为保证路基稳定性，应尽量满足路基最小填土高度的要求，并考虑设计洪水位的影响。若无法满足时，为了增强路基路面的综合强度与稳定性，需要另外增加投资加强路面结构或增设地下排水设施，如图 6-6 所示。

沿河及受水浸淹的路基，其设计标高应根据技术标准所规定的设计洪水频率（表 2-58），求得设计水位加壅水高度及浪高（即波浪侵袭高度）和 0.5m 的安全高度，以保证路基不致淹没，并据此进行路基的防护与加固。路基设计标高确

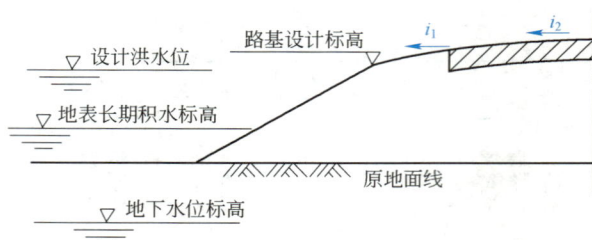

图 6-6　路堤设计标高确定分析图

定，应综合考虑各水位，以最不利的情况来确定。

6.3.3　路基边坡率

确定路基边坡的坡率，是路基设计的主要任务。公路路基的边坡坡率，用边坡坡高 H 与边坡宽度 b 之比值表示，路堤边坡一般记为 $1:m$，路堑边坡一般记为 $1:n$。

1. 路堤边坡率

路基边坡坡率的大小，应根据填料物理力学性质、边坡高度和工程地质条件进行合理选定。如图 6-7 所示，填方与挖方边坡率不同。

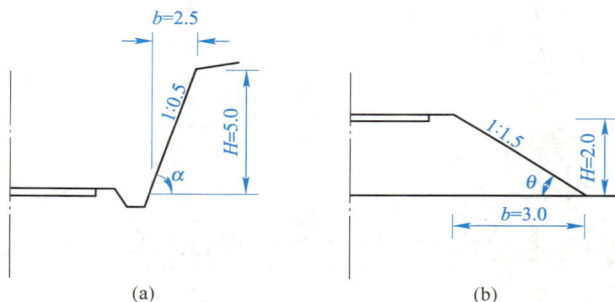

图 6-7　路基边坡坡度示意图（单位：m）

（a）路堑；（b）路堤

（1）一般路基通常是指在良好的地质与水文条件下，填方高度（$1.5\text{m}<h<20\text{m}$）或挖方深度不超过 30m 的路基，它可结合地形、地质直接选用典型断面或按规范设计规定，而不需进行论证与验算。边坡形式有直线形（一坡到顶），与折线形（上陡下缓）。

一般土质路基的边坡根据填料类别和边坡高度按表 6-7 所列坡率选用，并不宜陡于的表中数值。确定边坡坡度对于路基的稳定性和工程的经济合理性至关重要。

路堤边坡坡率表　　　　　　　　　　　　　　　　　　　　表 6-7

填料类别	边坡坡率	
	上部高度（$H\leqslant8\text{m}$）	下部高度（$H\leqslant12\text{m}$）
细粒土	$1:1.5$	$1:1.75$
粗粒土	$1:1.5$	$1:1.75$
巨粒土	$1:1.3$	$1:1.5$

（2）边坡高度超过 20m 的路堤，边坡形式宜用阶梯形，边坡坡率应按规定由稳定性分析计算确定，并应进行个别设计。

（3）浸水路堤在设计水位以下的边坡坡率不宜陡于 1∶1.75。

（4）砌石路基

应选用当地不易风化的片、块石砌筑，内侧填石；岩石风化严重或软质岩石路段不宜采用砌石路基。砌石顶宽不小于 0.8m，基底面向内倾斜，砌石高度不宜超过 15m。如图 6-8 砌石路基所示，砌石内、外坡坡率不宜陡于表 6-8 规定。

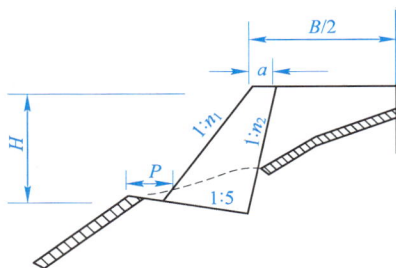

图 6-8　砌石路基

砌石边坡坡率　　　　　　　　　表 6-8

序号	砌石高度（m）	内坡坡率	外坡坡率
1	≤5	1∶0.3	1∶0.5
2	≤10	1∶0.5	1∶0.67
3	≤15	1∶0.6	1∶0.75

（5）填石路堤

膨胀性岩石、易溶性岩石、崩解性岩石和盐化岩石等均不应用于路堤填筑。用填石料修筑公路路堤，应采取相应的技术措施，做好断面设计、结构设计和排水设计，证明填石路堤有足够的强度和稳定性，并具有可供铺筑路面的坚实基础。填石路堤应采用大功率推土机与重型压实机具施工。填石路堤在施工前，应通过试验路段，确定填石路堤合适的填筑层厚、压实工艺以及质量控制标准。采用强夯或冲击压路机进行施工的填石路堤，其压实层厚与质量控制标准可通过现场试验或参照相应的技术规范确定。

在路堤基底良好时，填石路堤边坡坡率不宜陡于表 6-8 中的规定。

（6）轻质材料路堤

轻质材料可用作需减少路堤重度或土压力的路堤填料（轻质路堤是指重度小于细粒土的材料填筑的路堤）。用其填筑的工程可以降低荷重或土压力，以达到减少地基应力及沉降的主要目的。

路堤采用的轻质材料有：土工泡沫塑料、泡沫轻质土及粉煤灰（略）等。其共同优点是：具有轻质性、重度与强度可调节性、自流性、自立性、易开挖及施工便捷等特性。其已经大量用于软基路基、软基桥台台背、道路加宽路堤、陡峭路堤以及地下结构顶减荷回填、软土地基与基础处理、坍方快速抢险修复、寒冷路堤填筑工程、修复沉陷或失稳路堤等。轻质材料可控制路基不均匀变形等，且能缩短施工工期，节约土地资源，能但不宜用于洪水淹没地段。

泡沫轻质土也称气泡混合轻质土，是一种在水泥基浆料中加入泡沫后凝固而成的轻质混凝土。在实际工程中，除有特殊性能要求外，其原材料主要由水泥、水和泡沫组成。泡沫轻质土施工最小湿重度不小于 5.0kN/m^3，施工最大湿重度不大于 11.0kN/m^3，流值宜为 $170 \sim 190 \text{mm}$，且无侧限抗压强度指标符合表 6-9。

用于路基的泡沫轻质土无侧限抗压强度指标（单位：MPa）　　表 6-9

路　基　部　分		无侧限抗压强度	
		高速公路、一级公路	二级及二级以下公路
路床	轻、中等及重交通	≥0.8	≥0.6
	特重、级重交通	≥1.0	
上路堤		≥0.6	≥0.5
下路堤		>0.4	

　　轻质路堤结构应采用有效的防护措施，不得直接裸露。断面可采用支挡结构直立式路堤或包边护坡的斜坡式路堤，轻质材料路堤其填筑厚度应根据工后沉降计算确定。

　　轻质材料路堤与一般填土路基之间应设置过渡段。过渡段应采用台阶式衔接，台阶高度宜为 $0.5 \sim 1.0 \text{mm}$，坡比宜为 $1 : 2 \sim 1 : 1$。

　　软土地区轻质材料稳定性与沉降计算、洪水淹没时抗浮验算详见《公路路基设计规范》JTG D30—2015。

　　2. 路堑边坡

　　路堑是从天然地层中开挖出来的路基结构物，考虑路堑边坡时，首先应从地貌和地质构造上判断其整体稳定性。在遇到工程地质或水文地质条件不良的地层时，路线应尽量避绕它；而对于稳定的地层，则应考虑开挖后，是否会因为减少支承，坡面风化加剧而引起失稳。

　　（1）土质路堑边坡

　　其形式及坡率应根据工程地质、水文地质条件、边坡高度、排水措施、施工方法，并结合自然稳定山坡和人工边坡的调查及力学分析综合确定。边坡高度不大于 20m 时，土质路堑边坡坡率不宜陡于表 6-10 规定。

土质路堑边坡坡率　　　　　　表 6-10

土的类别		边坡坡率
黏土、粉质黏土、塑性指数大于 3 的粉土		1 : 1
中密以上的中砂、粗砂、砾砂		1 : 1.5
卵石土、碎石土、圆砾土、角砾土	胶结和密实	1 : 0.75
	中密	1 : 1

　　（2）岩质路堑边坡

　　高度不大于 30m 时，无外倾软弱结构面的边坡坡率应根据边坡岩体类型、岩体风化程度、边坡高度等因素，在 $1 : 1 \sim 1 : 0.1$ 之间合理选用。边坡高度大于 20m 的软弱松散岩质路堑，宜采用分层开挖、分层防护和坡脚预加固技术。

当土质挖方边坡高度超过 20m、岩石挖方边坡高度超过 30m 和不良地质地段路堑边坡，应按规定进行路基高边坡处理设计。

当挖方边坡较高时，可根据不同的土质、岩石性质和稳定要求开挖成折线式或台阶式边坡，边沟外侧应设置碎落台，其宽度不宜小于 1.0m；台阶式边坡中部应设置边坡平台，边坡平台的宽度不宜小于 2m。边坡坡顶、坡面、坡脚和边坡中部平台应设置地表排水系统，各种地表排水设施构造尺寸按教学单元 9 确定。

当边坡有积水湿地、地下水渗出或地下水露头时，应根据实际情况设置地下渗沟、边坡渗沟或仰斜式排水孔，或在上游沿垂直地下水流向设置拦截地下水的排水隧洞等排导设施。

根据边坡稳定情况和周围环境确定边坡坡面防护形式，条件许可时，宜优先采用有利于生态环境保护的防护措施。

6.3.4　路基填挖交界处理

纵向填挖交界处应设置过渡段，土质地段过渡段宜采用级配较好的砾类土、砂类土、碎石填筑，岩石地段过渡段可采用填石路堤。过渡段长度需根据填方高度和地形条件确定，见图 6-9。一般情况下，过渡段长度 L 为 10～15m。

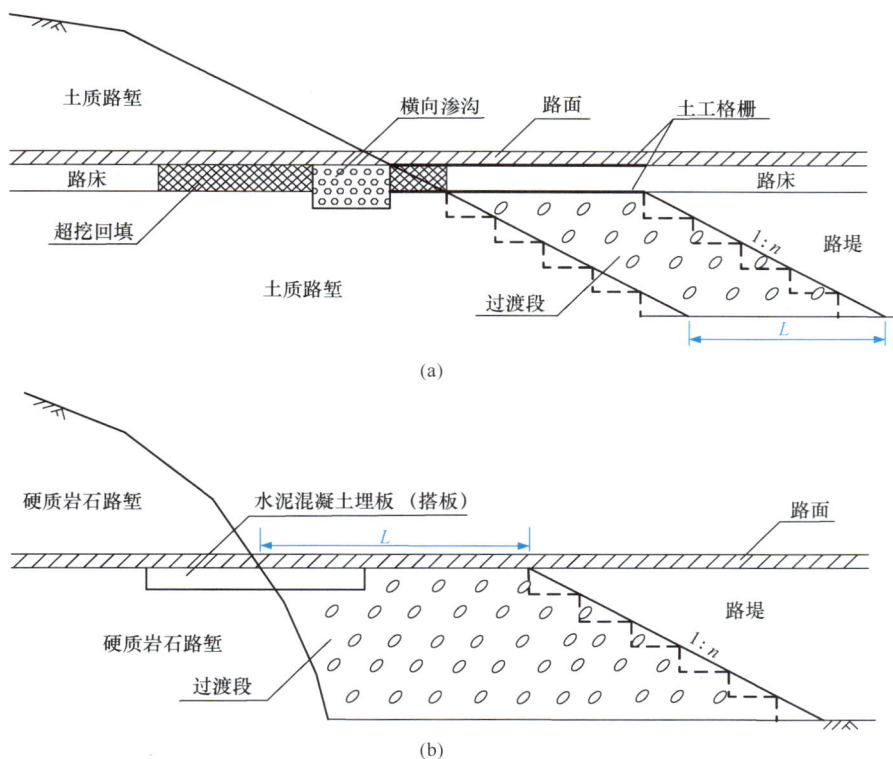

(a)

(b)

图 6-9　路基填挖交界处理

（a）土质路段纵向填挖交界处理示意图（过渡段砂砾填筑）；（b）岩质地段
纵向填挖交界处理示意图（过渡段填石路堤）

在路基填挖交界处，根据地下水出露情况和岩土性质，设置完善的地下排水系统，除在边沟下设置纵向渗沟外，还应在填挖的路基之间设置横向和纵向渗沟，如图 6-9 所示。

6.4　边坡稳定性设计

6.4.1　边坡稳定原理

路基边坡滑坍是路基常见的破坏现象之一，特别是各等级公路高路堤与陡坡路堤的稳定性，它会影响车辆的安全、迅速、舒适行驶，甚至造成交通中断。根据对边坡滑坍现象的大量观察，路基边坡破坏时形成一滑动面，滑动面的形状与土质有关。对于黏性土具有较大的黏聚力，而内摩擦角较小，边坡滑坍时，滑动土体有时像圆柱体，有时像碗形；对于松散的砂土、砂性土和砾（石）土具有较大的内摩擦角（φ）和较小的黏聚力，边坡滑坍时，滑动面类似于平面或折线面。

为了简化计算，可近似认为滑动面通过边坡坡脚，并假设滑动面形状为直线、圆曲线或折线三种，如图 6-10 所示，以土的抗剪强度为理论基础，按力的平衡原理建立相应的计算式进行判断。

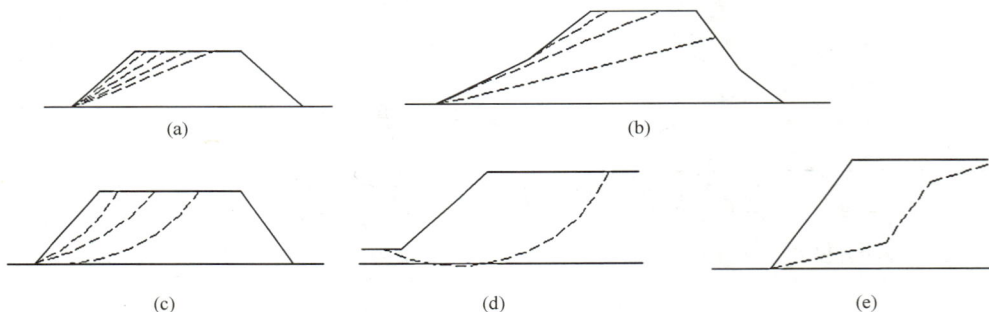

图 6-10　边坡滑动面

（a）、（b）直线滑动示意图；（c）、（d）圆曲线滑动示意图；（e）折线滑动示意图

6.4.2　计算参数（见码 6-1）
6.4.3　边坡稳定性分析方法（见码 6-1）
6.4.4　陡坡路堤稳定性分析（见码 6-1）

码6-1　边坡稳定性验算

码6-2　教学单元6思考题与习题参考答案

思 考 题 与 习 题

1. 路基设计的一般规定包括哪些内容？
2. 常见的路基横断面形式有哪些？试按比例画出二级公路路基宽度示意图。
3. 如何确定路基宽度？它与哪些因素有关？
4. 请分别叙述路堤边坡和路堑边坡坡度的确定因素。
5. 路基边坡如何确定？公路堤边坡如何确定？
6. 已知路基高度 $H=5m$，路基放坡宽度 $b=7m$，路基的边坡率为多少？

教学单元7　路基防护与支挡

【**教学目标**】　本教学单元主要内容为路基防护的分类、路基防护与支挡的施工要点、沿河路基防护的方法、直接防护的措施、间接防护结构物的分类与作用、间接防护结构物布设要点。通过学习学生掌握路基直接防护、间接防护的基本方法及防治措施。

7.1　概　　述

路基防护是保证路基稳定和线路的全天候畅通，使路基不致因地表水流和气候变化而失稳，结合线路整体景观和环境美化而采取的工程措施。对于水流、波浪、风力、降水及其他因素可能引起路基的失稳和破坏的地段，均应设置防护工程。路基防护按其形式可分为：直接防护和间接防护。按其方法可以分为坡面防护和支挡防护。常用的直接路基防护工程有以下方法：种草，平铺草皮，干铺叠置草皮，植树，捶面，喷浆，勾缝灌浆，护面墙，砌石，抛石，石笼，混凝土预制板，土工合成材料。支挡结构间接路基防护工程有：丁坝、顺坝、格坝。防护设计时，应按照设计施工与养护相结合的原则，根据当地气候环境、水文地质和材料供应等情况，采取合理的防护类型或综合措施，并遵循"因地制宜，就地取材，以防为主，防治结合"的原则，结合线路景观的连续和与周边环境的协调。

1. 防护与支挡

路基防护与支挡类型，主要有边坡坡面防护、沿河路堤河岸冲刷防护与加固、支挡建筑以及湿软地基的加固处治等。

（1）坡面防护

坡面防护主要是防止和延缓软弱岩土表面的风化、碎裂、剥蚀演变进程，从而保护路基边坡的整体稳定性，在一定程度上还可兼顾路基美化和协调自然环境。坡面防护设施，不承受外力作用，必须要求坡面岩土自身整体稳定牢固。简易防护的边坡高度与坡度不宜过大，土质边坡坡度一般不陡于 1∶1.5～1∶1。地面水的径流速度以不超过 2.0m/s 为宜，水也不宜集中汇流。雨水集中或汇水面积较大时，应有排水设施相配合，如在挖方边坡顶部设截水沟，高填方的路肩边缘设拦水埝等。

常用的坡面防护设施有植物防护（植被防护、三维植被网防护、湿法客土喷播、植生袋防护等）和工程防护（喷护、锚杆挂网喷浆、石砌护坡、抹面墙等）。前者可视为有"生命"（成活）防护，后者属无机物防护。有"生命"防护以土质边坡为主，无机物防护以石质路堑边坡为主。在一定程度上，有"生命"防护在边坡稳定和改善路容方面，优于无机物防护。

（2）堤岸防护与加固

堤岸防护与加固是防止沿河地段线路路基因受水流冲刷失稳和破坏而采取的工程措施。其主要针对沿河滨海路堤、河滩路堤及水泽区路堤，也包括桥头引道，以及路基旁边的防护堤岸等。此类堤岸常年或季节性浸水，受流水冲刷、拍击和淘洗，造成路基浸湿、坡脚淘空，或水位骤降时路基内细粒填料流失，致使路基失稳，边坡崩坍。所以堤岸防护与加固，主要针对水流破坏作用，起防水治害和加固堤岸双重功效。

堤岸防护与加固设施有直接和间接两类。直接防护与加固设施包括植物防护和石砌防护与加固两种，常用的有植树、铺石、抛石或石笼等。间接防护设施主要导治结构物，如丁坝、顺坝、防洪堤、拦水坝等，必要时进行疏浚河床、改变河道，目的是改变流水方向，避免或缓和水流对路基的直接破坏作用。改变水流流速、流向和原来状态，可能导致堤岸对面及路基附近上下游遭到破坏，必须慎重对待，掌握流水运动规律，因势利导，防治结合，综合治理。

2. 支挡建筑

支挡建筑是用来防止路基变形或支撑路基或山体的位移，保证路基的稳定。其包括路基边坡支撑（挡土墙等）和堤岸支撑（驳岸、浸水挡土墙等），应验算确定。

3. 湿软地基的加固

湿软地基的承载能力较差，如泥沼与软土、低洼的湖（海）相沉积土层、人为垃圾杂填土等，填筑路基前必须予以加固，以防路基沉陷、滑移或产生其他病害。湿软地基加固规模大，造价高，应注意方案比较，研究技术和经济方面的可行性，力求从简，尽量就地取材。地基加固是路基主体工程的一部分，要结合路基设计（即确定路基标高，选择横断面，确定设施等），综合处治。

湿软地区修筑路基时，地基加固关键在于排水和固结。各种加固方法可归纳为换填土、碾压夯实、排水固结、振动挤密、土工格栅加筋和化学加固等。

7.2　坡　面　防　护

7.2.1　植物防护

植物防护适用于比较平缓的稳定土质边坡，可美化路容，起到固结和稳定边坡的作用。不同的植被还可起到交通诱导、防眩、吸尘和隔声的作用。植物防护的方法有植被防护、三维植被网防护、湿法客土喷播及骨架植物防护等措施。

1. 植被防护

（1）种草

其适用于边坡坡度不陡于 1∶1，土质适宜种草，不浸水或短期浸水但地面径流速度不超过 0.6m/s 的边坡。草的品种，应适应当地自然条件，最好是根系发达，中茎低矮，多年生长，几种草籽混种。不宜种草的坡面，可以铺 5～10cm 厚的种植土层，土层与原坡面结合稳固。

（2）铺草皮

　　铺草皮适用于需要快速绿化，且坡度不陡于 1∶1 的土质边坡和严重风化的软质岩石边坡。

　　草皮铺砌形式可根据边坡坡度与水流流速等，选用平铺（平行于坡面）、水平叠铺、垂直叠铺、与坡面成一半坡角的斜交叠铺草皮或网格式等方式，如图 7-1 所示。

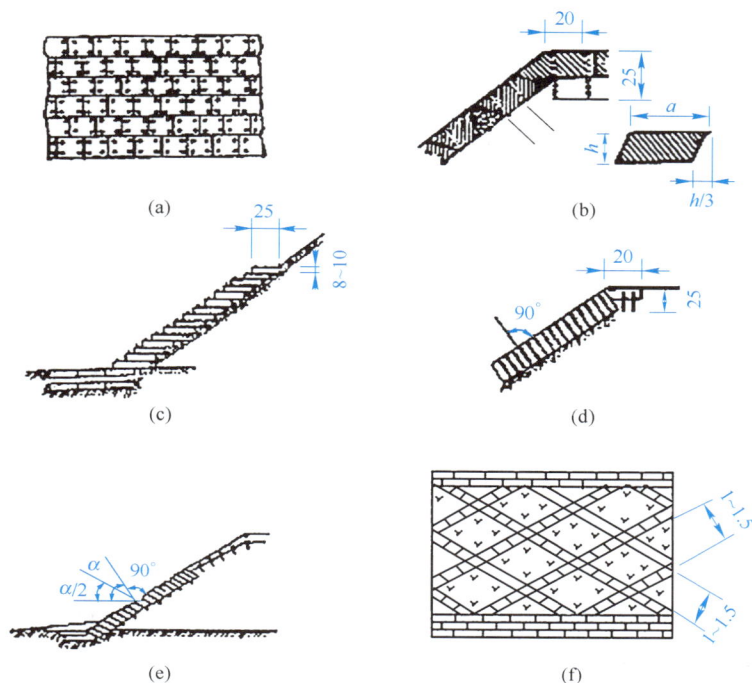

图 7-1　草皮铺砌示意图（除已注明尺寸外，其余单位为"cm"）

（a）平铺平面；（b）平铺剖面；（c）水平叠铺；（d）垂直叠铺；（e）斜交叠铺；（f）网格式

（图中 h 为草皮厚度，约 8~10cm，a 为草皮边长，约 20~25cm）

　　铺草皮需预先备料，草皮可就近培育，切成整齐块状，然后移铺在坡面上。铺时应自下而上，并用竹木小桩将草皮钉在坡面上，使之稳固。草皮根部土应随草切割，坡面要预先整平，必要时还应加铺种植土，草皮应随挖随铺，注意相互贴紧。

　　（3）植树

　　植树适用于坡度不陡于 1∶0.75 的边坡，或在边坡以外的河岸及漫滩处。可用来加固路基和防护河岸，也可与种草、铺草皮结合使用，在坡面形成很好的防护。在堤岸边的河滩上，植树可以降低流速，促使泥沙淤积，防止水直接冲刷路堤。树种应选用能迅速生长且根深枝密的低矮灌木类。公路弯道内侧边坡严禁栽植高大树木。城市或风景区的植物防护应与有关部门协调配合。

　　2. 三维植被网防护

　　三维植被网以热塑脂为原料，采用科学配方，经挤出、拉伸、焊接、收缩等工序制成，其结构分为上下两层，下层为一个经双面拉伸的高模量基础层，强度足以防止植被网变形，上层由具有一定弹性的、规则的、凹凸不平的网包组成。

177

网包能降低雨滴的冲蚀能量，并能阻挡坡面雨水，同时网包能很好地固定充填物使其不被雨水冲走，为植被生长创造条件。另外，三维网固定在坡面上，直接对坡面起固筋作用。

三维植被网适用于砂性土、土夹石及风化岩，且坡率缓于 1：0.75 边坡防护，三维植被网中的回填土采用客土或土、肥料及含腐殖质土的混合物。

3. 湿法客土喷播

湿法客土喷播是将草种、肥料、保水剂、土壤、喷播木纤维、稳定剂等混合物充分混合后，通过喷播机均匀喷到需修复的坡面。

湿法客土喷播适用于风化岩、土壤较少的软岩、养分较少的土壤、硬质土壤，植物立地条件差的高大陡坡面和受侵蚀显著的坡面。当坡度陡于 1：1.0 时，宜设置挂网或混凝土框架。

4. 植生袋防护

植生袋防护是指将种植土、植物种子、肥料等绿化基质，经人工拌和后，装入用无纺布和遮阳网制作而成的植生袋，码放于边坡，并进行有效固定。植生袋内的种子吸收袋内营养萌芽生长，植物根系可将植生袋之间连接成一个整体，从而实现边坡防护、水土保持和绿化功能。植生袋只适用于比较缓的边坡，是一种廉价的具有修复性的材料。

7.2.2　圬工防护

1. 喷护

喷护适用于坡度缓于 1：0.5、易风化但未遭强风化的岩石边坡。喷护防护可在边坡表面形成保护层，阻止面层风化，防止边坡剥落与碎落。喷浆防护厚度不宜小于 50mm。砂浆可用水泥浆或水泥砂浆，甚至水泥石灰砂浆。采用的砂浆强度不应低于 M10。喷护前应将坡面整平，去除已经风化的表层，洒水湿润，一次喷成。喷射混凝土防护厚度不宜小于 80mm，混凝土强度等级不应低于 C15。喷护坡面应设置泄水孔和伸缩缝，排除岩石内渗水。

2. 锚杆挂网喷浆（混凝土）

锚杆挂网喷浆（混凝土）适用于坡面为碎裂结构的硬岩或层状结构的不连续地层以及坡面岩石与基岩分开并有可能下滑的挖方边坡。锚杆应嵌入稳固基岩内，锚固深度应根据岩体性质确定。钢筋网喷射混凝土支护厚度不应小于 100mm，也不应大于 250mm。钢筋保护层厚度不应小于 20mm。

3. 护坡

干砌片石护坡适用于坡度缓于 1：1.25 的土（石）质路堑边坡。干砌片石护坡厚度不宜小于 250mm。浆砌片（卵）石护坡适用于坡度缓于 1：1 的易风化的岩石和土质路堑边坡。浆砌片（卵）石护坡的厚度不宜小于 250mm，砂浆强度不应低于 M5，护坡应设置伸缩缝和泄水孔。水泥混凝土预制块护坡适用于石料缺乏地区的路基边坡防护，预制块的混凝土强度不应低于 C15，在严寒地区不应低于 C25。铺砌层下应设置碎石或砂砾垫层，厚度不宜小于 100mm。

4. 护面墙

护面墙适用于防护易风化或风化严重的软质岩石或较破碎岩石的挖方边坡以

及坡面易受侵蚀的土质边坡，边坡坡度不宜陡于 1∶0.5。护面墙类型应根据边坡地质条件确定，窗孔式护面墙防护的边坡不应陡于 1∶0.75；拱式护面墙适用于边坡下部岩层较完整而上部需防护路段，边坡应缓于 1∶0.5。单级护面墙的高度不宜超过 10m，并应设置伸缩缝和泄水孔，如图 7-2 所示。

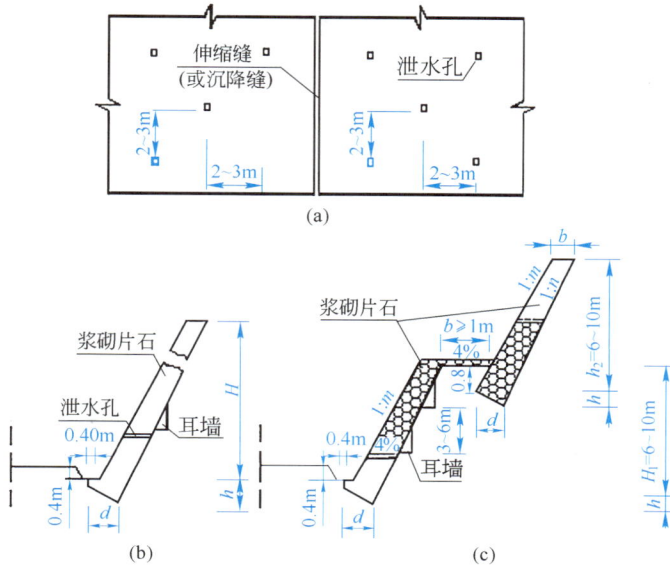

图 7-2　护面墙示意图

（a）立面图；（b）剖面图；（c）二级护面墙

护面墙基础应设置在稳定的地基上，埋置深度应根据地质条件确定，冰冻地区，应埋置在冰冻深度以下不小于 250mm。护面墙前趾应低于边沟铺砌的底面。

圬工防护的主要问题是与周围环境不协调，道路景观差，应尽量少用。尤其是不宜采用锚杆挂网喷浆。若要采用圬工防护时，应加强其细部设计，注意与周围自然环境和当地人文环境的融合，并在边坡碎落台、平台上种植植物等，或者采用客土喷播的岩面植生措施，以减少对周围环境的影响。

7.2.3　砌石防护

为防止雨、雪水或河水冲刷、侵蚀，公路填方边坡、沿河路堤边坡可采用砌石防护。砌石防护可分为干砌和浆砌两种（图 7-3）。

易遭受雨、雪、水流冲刷的较缓土质边坡，风化较严重的软质岩石坡，受水流冲刷较轻的河岸和路基，均可采用干砌片石防护。这些边坡应符合路基边坡稳定要求，坡度一般为 1∶2～1∶1.5。干砌片石防护一般有单层铺砌、双层铺砌和网格内铺石等，流速较大时宜采用网格内铺石的防护。单层铺砌厚度为 0.25～0.35m，双层的上层为 0.25～0.35m，下层为 0.15～0.25m。

砌石防护应先在片石下面设置 0.1～0.15m 厚的碎（砾）石或砂砾混合物垫层，以起到整平、反滤的作用，并可增加抗冲击能力；然后由下而上平整铺砌片石，要错缝嵌紧，并用砂浆勾缝，以防渗水。石砌防护坡脚处应设置墁石基础。

179

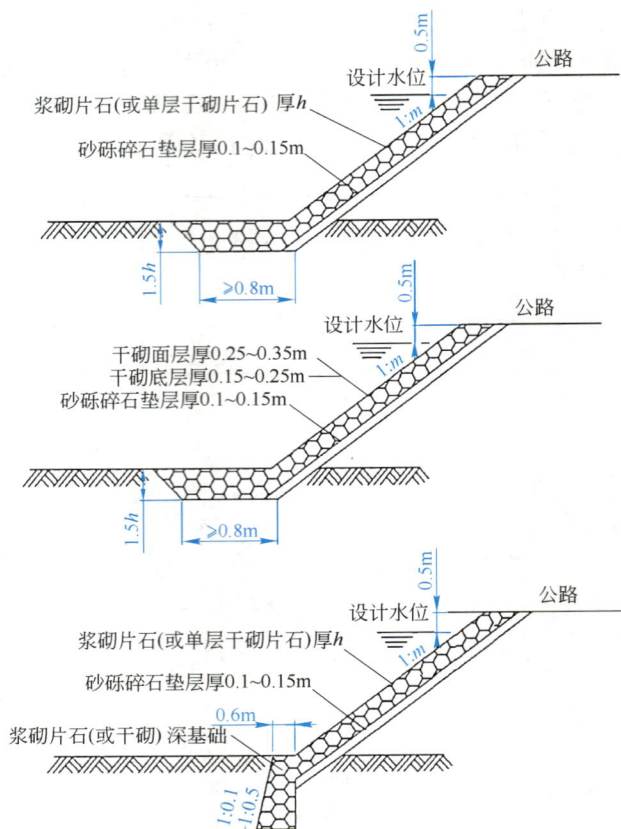

图 7-3　砌石防护示意图

注：m 值应大于或等于 1.5；h 值：干砌时为 0.25～0.35m，浆砌时为 0.25～0.4m。

在无河水冲刷时，基础埋置深度一般为防护厚度的 1.5 倍。当受水流冲刷时，基础应埋置在冲刷线以下 0.5～1.0m 处，或采用石砌深基础。

当不适宜采用干砌片石防护或其效果不好时，或水流流速较大，波浪作用强，有漂浮物等冲击时，可采用浆砌片石防护。其厚度一般为 0.20～0.50m。用于冲刷防护时最小厚度一般不小于 0.35m。浆砌片石防护较长时，应在每隔 10～15m 处设置伸缩沉降缝，缝宽约 2cm，内填沥青麻筋或沥青木板；防护的中、下部设 10cm×10cm 的矩形或直径为 10cm 的圆形泄水孔。其间距为 2～3m，孔后 0.5m 范围内设反滤层。

7.2.4　封面、捶面

1. 封面

封面适用于坡面较干燥、未经严重风化的各种易风化岩石边坡，但不适用于由煤系岩层及成岩作用很差的红色黏土岩组成的边坡。抹面防护使用年限为 8～10 年，高速公路路基边坡不宜采用抹面防护。抹封面厚度不宜小于 30mm，表层可涂软化点稍高于当地气温的沥青保护层。

2. 捶面

捶面适用于边坡坡度缓于 1∶0.5、易受冲刷的土质边坡或易风化剥落的岩石边坡。其使用年限为 10～15 年，高速公路路基边坡不宜采用捶面防护。捶面宜采用等厚截面，其厚度不宜小于 100mm。

7.3　沿河路基防护

沿河地段路基受水流冲刷时，应根据河流特性、水流性质、河道地貌、地质等因素，结合路基位置，选用适宜的直接防护工程类型，及间接的导流或改河工程。冲刷防护工程顶面高程，应为设计水位加上波浪侵袭、壅水高度及安全高度。基底埋设在冲刷深度以下不小于 1m 或嵌入基岩内。当冲刷深度较深、水下施工困难时，可采用桩基、沉井基础或适宜的平面防护。

7.3.1　直接防护

为了防止流水直接危害沿河、滨海路堤以及有关海河堤坝护岸的堤岸边坡和坡脚，必须采取一定的防止冲刷措施。

直接措施包括植物防护、石砌防护或抛石与石笼防护、土工模袋防护，以及必要时设置的支挡（驳岸、浸水挡土墙等）。

植物防护与石砌防护，同坡面防护所述基本类同，但堤岸的防冲刷主要原因是洪水急流，水位变迁不定，水流速度较大，相应的要求更高。盛产石料的地区，当水流速度达到 3.0m/s 或更高，植树与石砌防护无效时，可采用抛石防护。当水流速度达到或超过 5.0m/s 时，则改用石笼防护，也可就地取材，用竹笼或梢料防护，必要时可以采用土工织物软体沉排护坡。

抛石适用于经常浸水且水深较大的路基边坡或坡脚以及挡土墙、护坡的基础防护。抛石一般多用于抢修工程。抛石边坡坡度和石料块径应根据水深、流速和波浪情况确定，石料块径应大于 300mm，坡度不应陡于所抛石料浸水后的天然休止角，厚度不应小于所用最小石料块径的 2 倍，如图 7-4 所示。

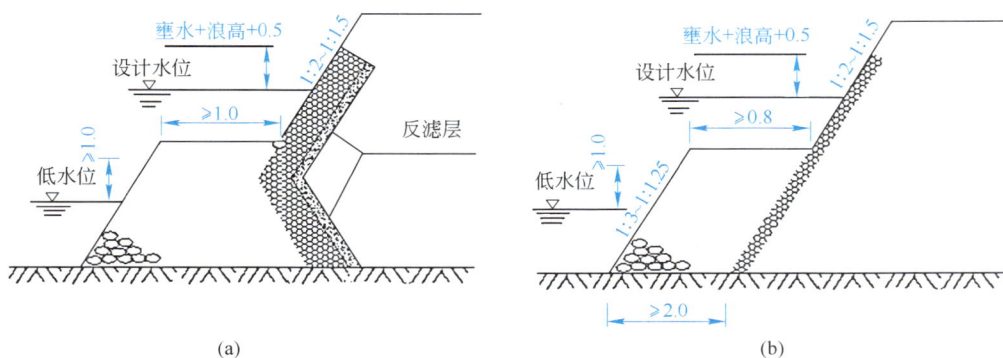

图 7-4　抛石防护示意图（单位：m）
（a）适用于新筑路堤的抛石垛；（b）适用于旧路堤的抛石垛

石笼是用铁丝编织成框架，内填石料，设在坡脚处，以防急流和大风浪破坏堤岸，也可用来加固河床，防止淘刷。铁丝框架可以为箱形或圆形，如图 7-5 所示。石笼防护适用于受水流冲刷和风浪侵袭，且防护工程基础不易处理或沿河挡

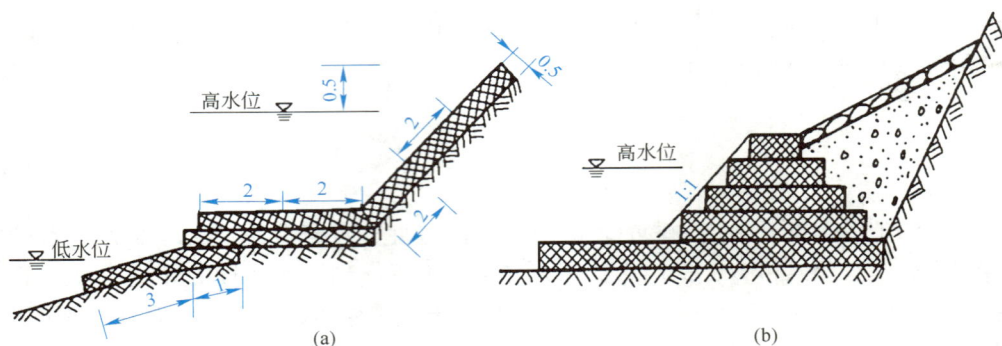

图 7-5　石笼防护示意图（单位：m）

土墙、护坡基础局部冲刷深度过大的沿河路堤坡脚或河岸。

石笼内所填石料，应采用重度大、浸水不崩解、坚硬且未风化石块，块径应大于石笼的网孔。

土工膜袋防护是用高压泵把混凝土或水泥砂浆灌入由双层聚合化纤合成材料制成的连续（或单独）的膜袋中，混凝土或水泥砂浆固结后形成具有一定强度的板状或其他状结构。这种防护施工采用一次喷灌成型，施工简便、速度快。其具有能适应各种复杂地形特别在深水护岸等不需修筑围堰，可直接水下施工，机械化程度高，所护坡面面积大、整体性强、稳定性好，使用寿命长等优点。

7.3.2　间接防护

为了改变水流方向，减轻水流对路基岸边的冲刷，如图 7-6 所示。也可采取间接防护的形式。常用的间接防护措施有设置导治结构物、实施改河工程以及种植防水林带等。

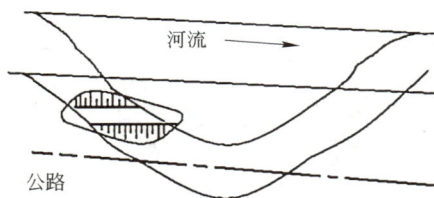

图 7-6　河流截弯取直

导治结构物是以改变水流方向为主的水工建筑物，按与河道的相对位置分为丁坝、顺坝、格坝三种。导治线和导流水位的设计与选择是导流建筑物的设计核心。如图 7-7 所示为某河流导治构造物布置示意图。导治结构物是桥涵和路基的重要附属工程，由于涉及水流改向，影响范围较大，工程费用也较高，应多方进行技术经济比较后使用。

当路堤占河床较多或水流直冲威胁路基安全时，对河道采取截弯取直、逢正抽心、挖滩改河等工程措施，实现局部改移。

1. 丁坝

丁坝适用于宽浅变迁性河段，用以挑流或减低流速，减轻水流对河岸或路基的冲刷。丁坝是与堤岸垂直或斜交，将水流挑离路基和河岸的横向调治结构物。丁坝的坝根与河岸相接时，坝头伸向河槽。丁坝的导流作用如图 7-8 所示。按照轴线与水流方向的夹角，可将丁坝分为上挑、正挑、下挑三种。这三种丁坝对水流结构的影响不相同。

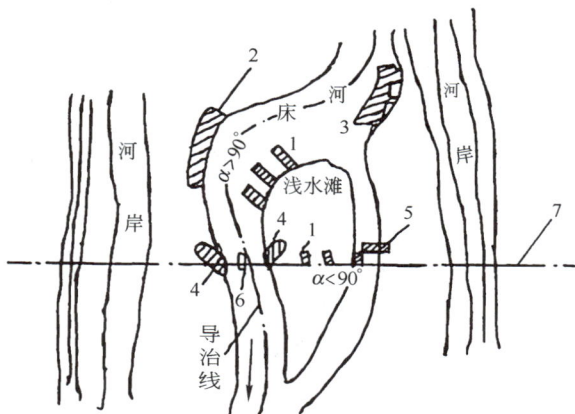

图 7-7　某河流导治构造物布置示意图

1—丁坝；2—顺坝；3—格坝；4—导流坝；5—拦水坝；6—桥墩；7—道路中线

2. 顺坝

顺坝适用于河床断面较窄、基础地质条件较差的河岸或沿河路基防护，能调整流水曲度和改善流态（图 7-9a）。顺坝是能导流、束水、调整航道曲度、改善流态的纵向导流结构物。顺坝的坝根与河岸相接，坝身与导治线基本重合或平行。

图 7-8　丁坝的导流作用

3. 格坝

格坝是顺坝和丁坝组合形成的横向结构物，具有使水流反射入主要河床，促进河床及坝内淤积，可以造田的横向结构物（图 7-9）。其坝根应嵌入河岸一起，通常设计为开口式，以利淤积。格坝建于顺坝与河岸之间，一端位于河岸内不小于 3m。漫溢式顺坝，应在坝后设置格坝，加速淤积。

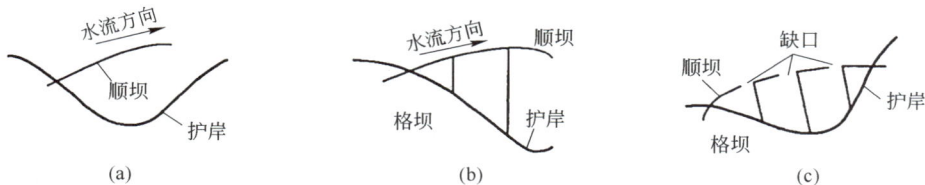

图 7-9　顺坝与格坝的布置形式

（a）顺坝的布置；（b）格坝的布置；（c）设有缺口的格坝的布置

思 考 题 与 习 题

1. 路基防护与加固工程，按作用不同，可分为哪几种？各类型的作用是什么？
2. 直接防护与间接防护的本质区别是什么？间接防护有哪些导流结构物？
3. 什么是护面墙？什么是挡土墙？从受力分析有什么不同？
4. 防护工程与加固工程有什么不同？
5. 路基防护与加固的重点是路基的哪部分？

码7-1　教学单元7
思考题与习题
参考答案

183

教学单元 8 挡土墙设计与施工

【教学目标】 本教学单元主要内容为挡土墙类型、重力式挡土墙的构造与布置及挡土墙的施工。通过学习学生熟悉挡土墙的适用范围、掌握重力式挡土墙的构造及基本要求、掌握重力式挡土墙布置图绘制、熟悉重力式挡土墙施工。

8.1 基 本 概 念

8.1.1 挡土墙定义

挡土墙是承受土体侧压力的墙式构造物。在路基工程中，挡土墙用来稳定路基或路堑边坡，减少土石方工程数量和占地面积，防止水流冲刷路基，整治塌方、滑坡等路基病害。它广泛应用于支撑路堤或路堑边坡、隧道洞口、桥梁两端及河流岸壁等。

路基在遇到以下情况应考虑修建挡土墙：陡坡地段或岩石风化的路堑边缘地段；为避免大量挖方及降低边坡高度的路堑地段；可能产生塌方、滑坡的不良地质路段；高填方地段；水流冲刷严重或长期受水浸泡的沿河路基地段；为节约用地、减少拆迁或少占农田的地段；为保护重要建筑物、生态环境或其他特殊需要的地段。

8.1.2 挡土墙各部分的名称

挡土墙各部分的名称如图 8-1 所示。墙身靠近填土（或山体）一侧称为墙背，

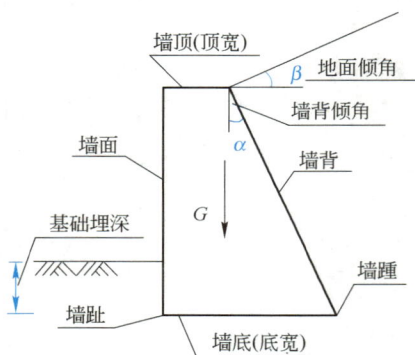

图 8-1 挡土墙各部分的名称

挡土墙大部分外露的一侧称为墙面（或墙胸），墙的顶面部分称为墙顶（顶宽），墙的底面部分称为墙底（底宽），称为基础或基脚，根据需要可与墙分开建造，也可整体建造成为墙身的一部分。基底的外侧前缘部分称为墙趾，基底的内侧后缘部分称为墙踵。墙背与竖直面的夹角称为墙背倾角，一般用 α 表示；工程中常用单位墙高与水平长度之比来表示，即可表示为 $1:n$。墙踵到墙顶的垂直距离称为墙高，用 H 表示。

此外，为计算土压力而采用的名称有：地面倾角 β 和墙背摩擦角 δ（墙背与填土之间的摩擦角，主动土压力 E_a 与墙背的法线之间的夹角）。

8.1.3 按设置位置分类

挡土墙可分为路肩挡土墙（墙顶置于路肩平齐）、路堤挡土墙（墙顶位于路

堤边坡时，墙顶位于路堤边坡中部）、路堑挡土墙（用于稳定路堑边坡）和山坡挡土墙（用于整治滑坡的抗滑挡土墙）等类型，如图 8-2 所示。

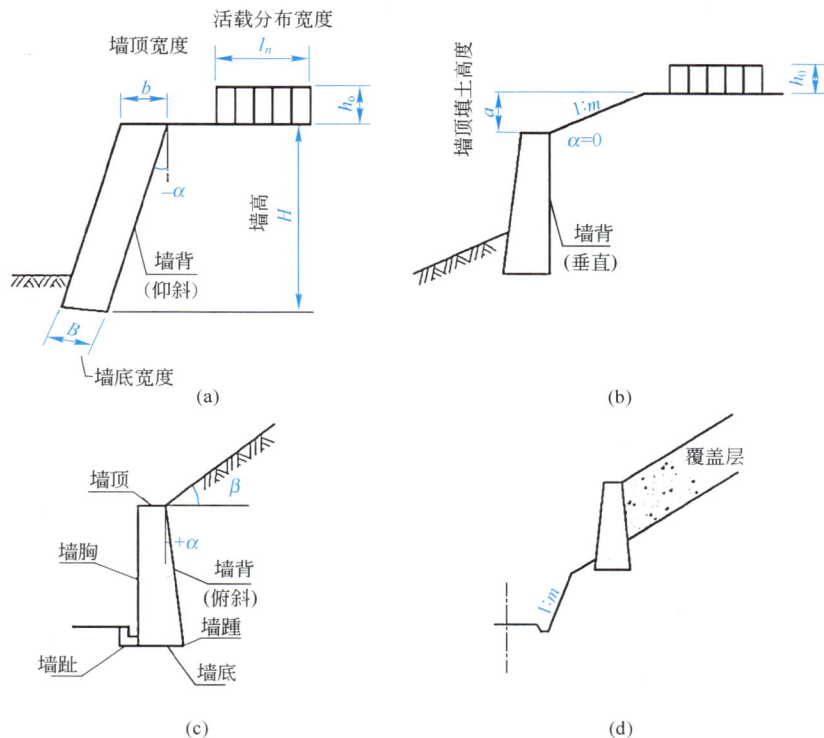

图 8-2　挡土墙
（a）路肩挡土墙；（b）路堤挡土墙；（c）路堑挡土墙；（d）山坡挡土墙

　　路肩挡土墙或路堤挡土墙设置在高填路堤或陡坡路堤的下方，可以防止路基边坡或基底滑动，确保路基稳定，同时可收缩填土坡脚，减少填方数量，减少拆迁和占地面积，保护临近线路的既有重要建筑物。滨河及水库路堤，在傍水一侧设置挡土墙，可防止水流对路基的冲刷和浸蚀，也是减少压缩河床或少占库容的有效措施。

　　路堑挡土墙设置在堑坡底部，主要用于支撑开挖后不能自行稳定的边坡，同时可减少挖方数量，降低边坡高度。山坡挡土墙设在路堑边坡上部，用于支挡山坡上可能坍滑的覆盖层，有的也兼有拦石作用。

8.2　挡土墙的类型及适用范围

　　挡土墙的建筑材料分为：石砌挡土墙、混凝土挡土墙、钢筋混凝土挡土墙、砖砌挡土墙、木质挡土墙和钢板挡土墙等。

　　按挡土墙的结构形式不同分为：重力式、半重力式、衡重式、悬臂式、扶壁式、锚杆式、拱式、锚定板式、桩板式和垛式等。

　　挡土墙类型应综合考虑工程地质、水文地质、冲刷深度、荷载作用情况、环境条件、施工条件、工程造价等因素，按表 8-1 的规定选用。

挡土墙的特点和适用范围　　　　　　　　　　表 8-1

类　型	结构示意图	特　点	适用条件
重力式挡土墙		依靠墙身自重承受土压力，结构简单、施工简便，由于墙身重，对地基承载力的要求高	适用于一般地区、浸水地区和地震地区的路肩、路堤和路堑等支挡工程。墙高不宜超过 12m，干砌挡土墙的高度不宜超过 6m。高速公路、一级公路不应采用干砌挡土墙
衡重式挡土墙		设置衡重台使墙身重心后移，并利用衡重台上的填土，增加墙身稳定。上墙背俯斜而下墙背仰斜，可降低墙身及减少基础开挖，以及节约墙身断面尺寸	适用于陡山坡的路肩墙、路堤墙和路堑墙（兼有拦挡落石作用）
混凝土半重力式挡土墙		在墙背设少量钢筋，并将墙趾展宽（保证基底必要的宽度），以减薄墙身，节省圬工	适用于不宜采用重力式挡土墙的地下水位较高或较软弱的地基上。墙高不宜超过 8m
悬臂式挡土墙		墙身及基础均采用钢筋混凝土浇筑，断面尺寸较小，由立壁、墙趾板和墙踵板三部分组成。立壁下部弯矩较大，特别在墙高时，需设置的钢筋较多	宜在石料缺乏、地基承载力较低的填方路段采用。墙高不宜超过 5m
扶壁式挡土墙		相当于沿悬臂式墙的墙长，每隔一定距离设置一道扶壁，增强墙面板（立壁）与墙踵板的连接，以承受较大的弯矩作用	宜在石料缺乏、地基承载力较低的填方路段采用。墙高不宜超过 15m

续表

类　型	结构示意图	特　　点	适用条件
锚杆式挡土墙	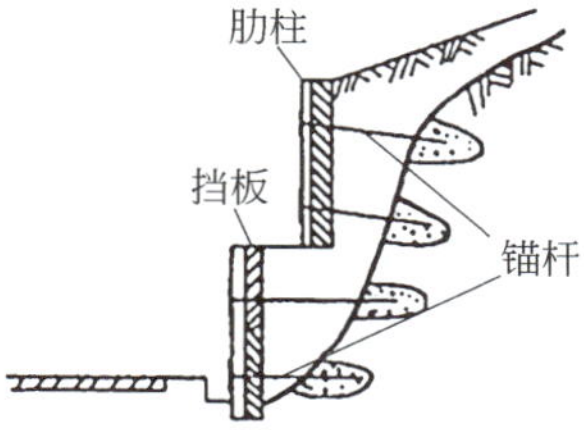 肋柱　挡板　锚杆	由肋柱、挡板和锚杆组成，靠锚杆锚固在山体内拉住肋柱。肋柱、挡板可预制	宜用于墙高较高的岩质路堑地段。可用作抗滑挡土墙。可采用肋柱式或板壁式单级墙或多级墙。每级墙高不宜大于 8m，多级墙的上、下级墙体之间应设置宽度不小于 2m 的平台
锚定板式挡土墙	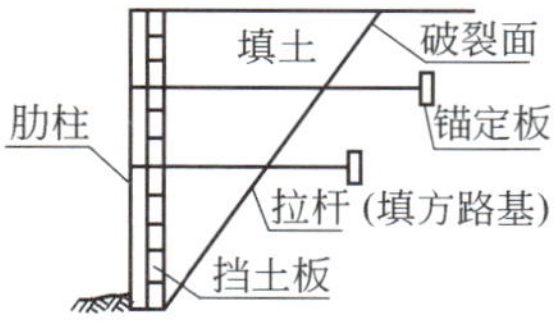 填土　破裂面　肋柱　锚定板　拉杆(填方路基)　挡土板	类似于锚杆式，仅锚杆的固定端用锚定板固定在山体内	宜使用在缺少石料地区的路肩墙或路堤式挡土墙，但不应建筑于滑坡、坍塌、软土及膨胀土地区。可采用肋柱式或板壁式，墙高不宜超过 10m。肋柱式锚定板挡土墙可采用单级墙或双级墙，每级墙高不宜大于 6m，上、下墙体之间应设置宽度不小于 2m 的平台。上下两级墙的肋柱宜交错布置
加筋土式挡土墙	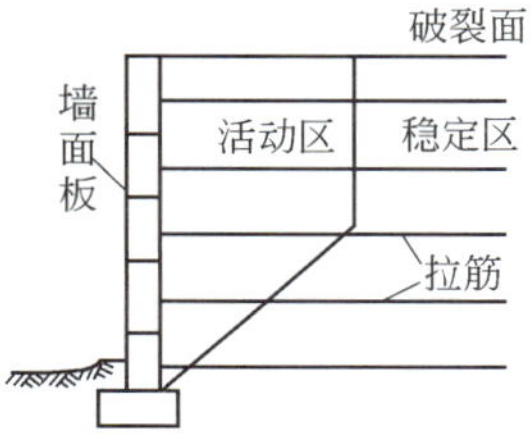 破裂面　墙面板　活动区　稳定区　拉筋	由墙面板、拉筋和填料三部分组成，依靠拉筋与填料之间的摩擦力来抵抗侧向土压力，面板可预制	用于一般地区的路肩式挡土墙、路堤式挡土墙。但不应修建在滑坡、水流冲刷、崩塌等不良地质地段。高速公路、一级公路墙高不宜大于 12m，二级及二级以下公路不宜大于 20m。当采用多级墙时，每级墙高不宜大于 10m，上、下级墙体之间应设置宽度不小于 2m 的平台
桩板式挡土墙	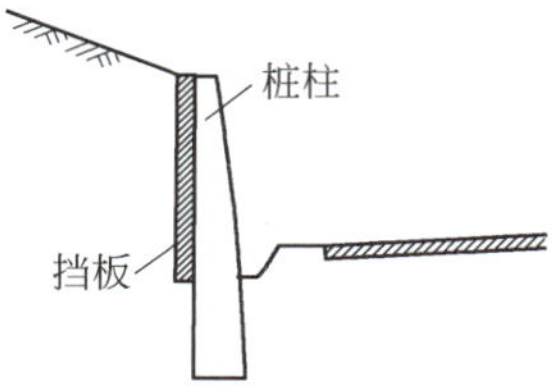 桩柱　挡板	由桩柱和挡板组成，利用深埋的桩柱前土层的被动土压力来平衡墙后主动土压力	用于表土及强风化层较薄的均质岩石地基，挡土墙高度可较大，也可用于地震区的路堑或路堤支挡或滑坡等特殊地段的治理

8.3　挡土墙的构造与布置

8.3.1　挡土墙的构造

常用的重力式挡土墙一般是由墙身、基础、排水设施和沉降与伸缩缝等部分组成，如图 8-3 所示。

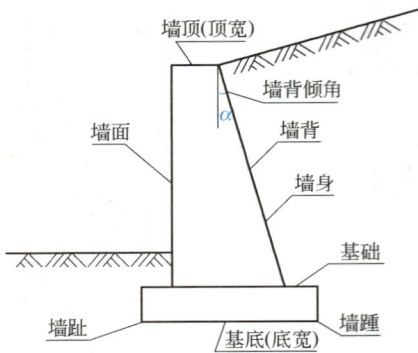

图 8-3　墙身构造组成

1. 墙身构造

（1）墙背坡度

挡土墙墙背的形式对抵抗墙背土体的平衡起很大的作用。重力式挡土墙的墙背，可做成仰斜、垂直、俯斜、凸形折线和衡重式等形式（图 8-4）。

仰斜墙背所受的土压力小，故墙身断面较经济。用于路堑墙时，墙身与开挖面边坡较贴合，故开挖量与回填量均较小。但当墙趾处地面横坡较陡时，会使墙身增高，断面增大。故仰斜墙背适用于路堑墙及墙趾处地面平坦且墙不太高的路肩墙或路堤墙。仰斜墙背的坡度不宜缓于 1∶0.3，以免施工困难。

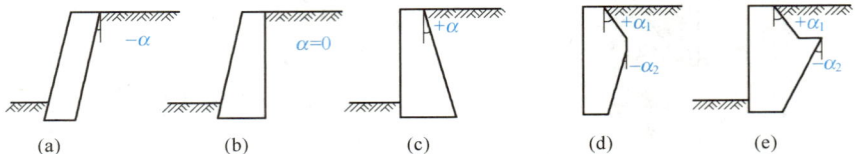

图 8-4　重力式挡土墙的断面形式
（a）仰斜；（b）垂直；（c）俯斜；（d）凸形折线；（e）衡重式

俯斜墙背所受的土压力较大。在地面横坡陡峻时，俯斜式挡土墙可采用陡直的墙面，借以减小墙高。俯斜墙背也可做成台阶形，以增加墙背与填料间的摩擦力。

垂直墙背的受力特点介于仰斜和俯斜墙背之间。

凸形折线墙背系将仰斜式挡土墙的上部墙背改为俯斜，以减小上部断面尺寸，多用于路堑墙，也可用于路肩墙。

衡重式墙在上下墙之间设衡重台，并采用陡直的墙面。其适用于山区地形陡峻处的路肩墙和路堤墙，也可用于路堑墙。上墙俯斜墙背的坡度为 1∶0.45～1∶0.25，下墙仰斜墙背的坡度在 1∶0.25 左右，上下墙的墙高比一般为 2∶3。

应根据墙背处墙址地形情况及经济比较，合理选择重力式挡土墙墙背坡度。

（2）墙面形式

墙面一般均为平面，其坡度应与墙背坡度相协调。墙面坡度直接影响挡土墙的高度。因此，在地面横坡较陡时，墙面坡度一般为 1∶0.20～1∶0.05，矮墙可采用陡直墙面；地面平缓时，一般采用 1∶0.35～1∶0.20 较为经济。

（3）墙顶宽度

对于墙顶最小宽度，当墙身为混凝土浇筑时，不应小于 0.4m；当墙身为浆砌时，不应小于 0.5m；当墙身为干砌圬工时，应不小于 0.6m。

浆砌路肩墙墙顶一般宜采用粗石料或细粒式水泥混凝土做成顶帽，厚 40cm。

如不做顶帽，对路堤墙和路堑墙，墙顶应以大块石砌筑，并用砂浆勾缝，或用强度等级为 M5 的砂浆抹平顶面，砂浆厚 2cm。干砌挡土墙墙顶 0.5m 高度内，应用强度等级为 M25 的砂浆砌筑，以加强墙身稳定。干砌挡土墙的高度一般不宜大于 6m。

（4）护栏

为保证交通安全，在地形险峻地段，路肩式挡土墙的顶面宽度不应占据硬路肩、行车道及路缘带的路基宽度范围，并应设置护栏。为保持土路肩最小宽度，护栏内侧边缘距路面边缘的距离，二、三级路不小于 0.75m，四级路不小于 0.5m。

（5）沉降缝与伸缩缝

具有整体式墙面的挡土墙应设置伸缩缝与沉降缝。为避免地基不均匀沉降而引起墙身开裂，以及为防止圬工砌体因收缩硬化和温度变化而产生裂缝，需设置沉降缝、伸缩缝。沉降缝一般设置在墙高变化和地基性质的变异处。这两种缝一般都合并设置，沉降缝、伸缩缝内两侧施工应竖直、平齐、无搭叠，此缝自墙顶做到基底，缝宽 2～3cm，土质地基，分段长度一般为 10～25m，岩石地基间距可适当增大。浆砌挡土墙的沉降缝、伸缩缝内可用聚氨酯泡沫、聚氯乙烯胶泥、塑料胶泥填缝；但在渗水量大而填料容易流失，或冻害严重地区，则宜用沥青麻筋或沥青木板等具有弹性的材料，沿挡土墙内、外、顶三方填塞，深度不宜小于 15cm；当墙后填石且冻害不严重时，可不嵌填材料，仅设空缝。加筋土挡土墙的沉降缝处，应采用异形面板，形成直缝，宽 1～2cm。钢筋混凝土悬臂式和扶壁式挡土墙的伸缩缝，可采用企口缝，间距不超过 30m。干砌挡土墙，缝的两侧应选用平整石料砌筑，形成垂直通缝。

（6）挡土墙与其他构筑物连接

挡土墙可采用锥形护坡与路堤连接，墙端应伸入路堤内不应小于 0.75m，锥坡坡率宜与路堤边坡一致，并宜采用植草防护措施。路肩挡土墙端部与挖方路堑连接时，一般将墙高逐渐降低至 2m 以下，使边坡坡脚不致伸入边沟内，挡土墙的端墙应伸入路堑内 2～3m，路堑挡土墙端部嵌入路堑原地层的深度，土质地层不应小于 1.5m；风化软质岩层不应小于 1.0m；微风化岩层不应小于 0.5m。与桥台连接时，为了防止墙后回填土从桥台尾端与挡墙连接处的空隙中溜出，需在台尾与挡土墙之间设置隔墙及接头墙。路堑挡土墙在隧道洞口应结合隧道洞门、翼墙的设置做到平顺衔接。

2. 基础

挡土墙宜采用明挖基础。基础设计的主要内容包括基础类型形式和基础埋置深度的确定。

（1）基础类型

绝大多数挡土墙都直接修筑在天然地基上。当地基承载力不足，地形平坦而墙身较高时，为了减小基底压应力和增加抗倾覆稳定性，常常采用扩大基础（图 8-5a），将墙趾或墙踵部分加宽成台阶，或两侧同时加宽，以加大承压面积。加宽宽度视基底应力需要减少的程度和加宽后的合力偏心距的大小而定，一般不小于

20cm。台阶高度按加宽部分的抗剪、抗弯拉和基础材料的刚性角的要求确定（刚性角：浆砌片石 35°，混凝土 45°）。

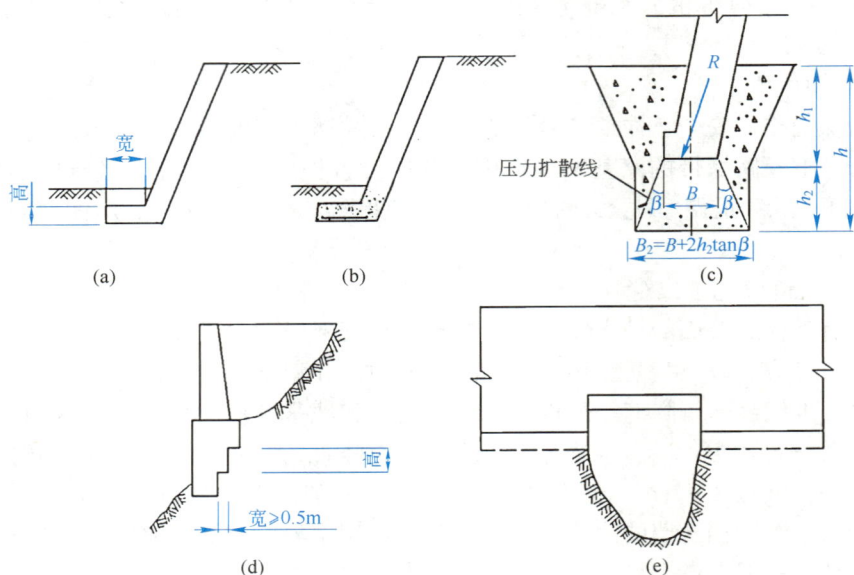

图 8-5　重力式挡土墙的基础类型

（a）墙趾或墙踵部分加宽；（b）钢筋混凝土底板；（c）换填地基；（d）台阶基础；（e）拱形基础

当地基压应力超过地基承载力过多时，需要的加宽值较大，为避免加宽部分的台阶过高，可采用钢筋混凝土底板（图 8-5b），其厚度由剪力和主拉应力控制。

地基为软弱土层（如淤泥、软黏土等）时，可采用砂砾、碎石、矿渣或灰土等材料予以换填，以扩散基底压应力，使之均匀地传递到下卧软弱土层中，如图 8-5（c）所示。一般换填深度 h_2 与基础埋置深度 h_1 之总和不宜超过 5m，对淤泥和泥炭等应更浅些。

当挡土墙修筑在陡坡上，而地基又为完整、稳固、对基础不产生侧压力的坚硬岩石时，可如图 8-5（d）所示，设置台阶基础，以减少基坑开挖和节省圬工。分台高一般约 1m，台宽视地形和地质情况而定，不宜小于 0.2m，高宽比可以采用 3：2 或 2：1。最下一个台阶的底宽应满足偏心距的有关规定，不宜小于 1.5～2.0m。

如地基有短段缺口（如深沟等）或挖基困难（如需水下施工等），可采用拱形基础，以石砌拱圈跨过，再在其上砌筑墙身（图 8-5e），但应注意土压力不宜过大，以免横向推力导致拱圈开裂。设计时，对拱圈应进行验算。

（2）基础埋置深度

基底建筑在大于 5％纵向斜坡上的挡土墙，基底应设计为台阶式。基础位于横向斜坡地面上时，前趾埋入地面的深度和距地表的水平距离应满足表 8-2 的要求，以防止地基剪切破坏。

斜坡地面基础埋置条件 表 8-2

土层类别	最小埋入深度 h（m）	距地表水平距离 L（m）	嵌入示意图
较完整的坚硬岩石	0.25	0.25～0.50	
一般岩石（如砂页岩互层等）	0.60	0.6～1.50	
软质岩石（如千枚岩等）	1.00	1.0～2.00	
砂夹砾石（土质）	≥1.00	1.5～2.50	

对于岩石地基，应清除表面风化层。当风化层较厚难以全部清除时，可根据地基的风化程度及其容许承载力将基底埋入风化层中。

对于土质地基，基础埋置深度应符合下列要求：

1）当冻结深度小于或等于 1m 时，基底应在冻结线以下不小于 0.25m，并应符合基础最小埋置深度不小于 1m 的要求。

2）当冻结深度超过 1m 时，基底最小埋置深度不小于 1.25m，还应将基底至冻结线以下 0.25m 深度范围的地基土换填为弱冻胀材料。

3）受水流冲刷时，应按路基设计洪水频率计算冲刷深度，基底应置于局部冲刷线以下不小于 1m。

4）路堑式挡土墙基础顶面应低于路堑边沟底面不小于 0.5m。

5）在风化层不厚的硬质岩石地基上，基底一般应置于基岩表面风化层以下；在软质岩石地基，基底最小埋置深度不小于 1m。碎石、砾石和砂类地基，不考虑冻胀影响，但基础埋深不宜小于 1m。

6）当挡土墙位于地质不良地段，地基土内可能出现滑动面时，应进行地基抗滑稳定性验算，将基础底面埋置在滑动面以下，或采用其他措施，以防止挡土墙滑动。

3. 排水设施

挡土墙设置排水措施，是为了疏干墙后土体和防止地面水下渗，防止墙后积水形成静水压力，减少寒冷地区回填土的冻胀压力，消除黏性土填料浸水后的膨胀压力。

挡墙排水设计分为：地面排水和墙背排水。

地面排水措施主要包括：设置地面排水沟，引排地面水；夯实回填土顶面和地面松土，防止雨水及地面水下渗，必要时可加设铺砌片石等；对路堑挡墙墙趾前的边沟应予以铺砌加固，以防边沟水渗入基础；墙背排水设置包括墙身泄水孔、墙背排水形式、墙背填料，以排除墙后积水。

墙背排水分为两大类：连续排水层和不连续排水层。

浆砌块（片）石墙身应在墙前地面以上设一排泄水孔（图 8-6）。墙高时，可在墙上部加设一排泄水孔。泄水孔的尺寸一般为 5cm×10cm、10cm×10cm、15cm×20cm 的方孔或直径为 5～10cm 的圆孔。孔眼间距一般为 2～3m，对于浸水挡土墙孔眼间距一般 1.0～1.5m，干旱地区可适当加大，孔眼上下错开布置。下排排水孔的出口应高出墙前地面 0.3m；若为路堑墙，应高出边沟水位 0.3m；若为浸水挡土墙，应高出常水位 0.3m。为防止水分渗入地基，下排泄水孔进水口的底部应铺设 0.3cm 厚的黏土隔水层。对于不连续排水层的泄水孔的进水口部分应设置粗粒料反滤层，以免孔道阻塞。当墙背填土透水性不良或可能发生冻胀时，应在最低一排泄水孔至墙顶以下 0.5m 的范围内铺设厚度不小于 0.3m 的砂卵石连续排水层（图 8-6c）。

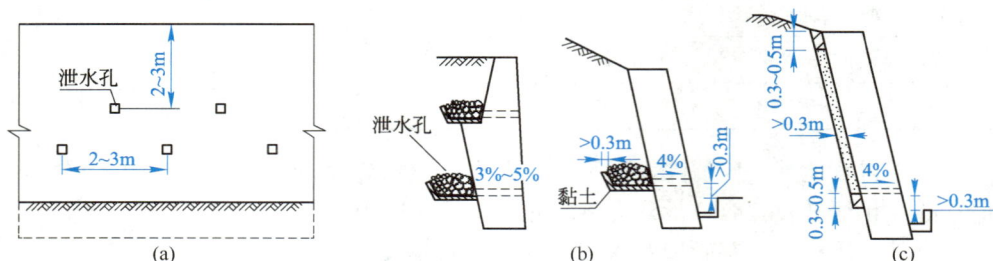

图 8-6　挡土墙的排水设施示意图
（a）挡土墙泄水孔布置图；（b）不连续排水层；（c）连续排水层

干砌挡土墙因墙身透水，可不设泄水孔。干砌挡土墙，缝的两侧应选用平整石料砌筑，形成垂直通缝。

4. 墙背填土

墙背填土应符合下列基本要求：

（1）挡土墙墙背填料宜采用渗水性强的砂性土、砂砾、碎（砾）石、粉煤灰等材料，严禁采用淤泥、腐殖土、膨胀土，不宜采用黏土作为填料。在季节性冻土区，不应采用冻胀性材料作填料。

（2）墙背填土应和挖方路基、填方路基搭接，并满足设计要求。

（3）应分层填筑压实，每层表面平整，顶层路拱合适。

（4）反滤层材料、铺设范围应满足设计要求。

（5）墙身强度达到设计强度的 75％以上方可开始填土。

8.3.2　挡土墙的布置

挡土墙的布置，通常在路基横断面图和墙趾纵断面图上进行。布置前，应现场核对路基横断面图，不足时应补测；测绘墙趾处的纵断面图，收集墙趾处的地质和水文等资料。

1. 位置选择

路堑挡土墙大多设置在挖方路基边沟旁，基础底部应比边沟基础底部埋深大，并符合埋置深度要求。山坡挡土墙应考虑设在基础可靠边处，并保证墙后墙顶以上边坡稳定。路肩挡土墙可以充分起到收敛坡脚的作用，减少占地范围和填方。浸水路堤处设置挡墙，可以减小压缩河道等。

2. 挡土墙的纵向布置

挡土墙纵向布置在墙趾纵断面图上进行，布置后绘制挡土墙纵断面图（图 8-7）。布置的内容有：

1）确定挡土墙的起终点和墙长，选择挡土墙与路基或其他结构物的衔接方式。

2）挡土墙的分段长度，在地基及地形变化处进行分段，确定伸缩缝与沉降缝的位置及间距，一般 10～15m 分为一段。

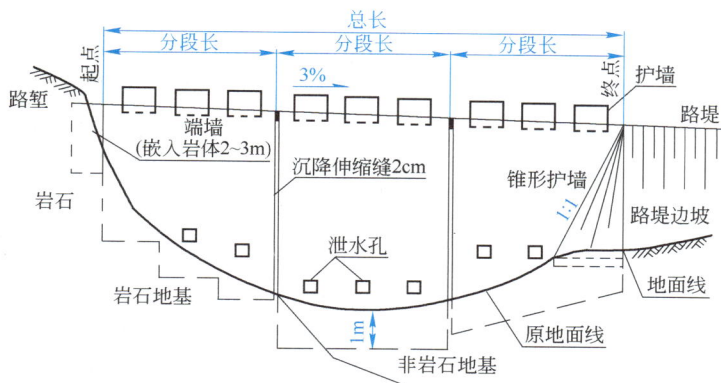

图 8-7　挡土墙纵断面图

3）地质土质情况、地基埋深、锥形护坡坡度、泄水孔的布置、沉降伸缩缝的缝宽。布置泄水孔，包括数量、间隔和尺寸等。

4）挡土墙端嵌入原地面的深度，土质地层不小于 1.5m；风化岩层不小于 1.0m；微风化岩层不小于 0.5m。

5）路肩式挡土墙的顶端宽度不应占据硬路肩、行车道及路缘带的路基宽度范围，并设置护栏。

3. 挡土墙的横向布置

挡土墙横向布置图，应选择在墙高最大处、墙身断面变化处、基础形式有变化处的横断面图上进行。根据墙型、墙高及地基与填料的物理力学指标等设计资料，进行挡土墙设计或套用标准图，确定墙身断面、基础形式和埋置深度，布置排水设施等，并绘制挡土墙横断面图。

4. 平面布置

对于个别复杂的挡土墙，如曲线挡土墙或挡土墙与河渠相邻，除了纵、横向布置图外，还绘制平面布置图。在平面布置图上标明挡土墙与道路中线之间的关系，及附近地貌与地物等情况，特别是与挡土墙有干扰的建筑物的情况。应注明各个特征点的桩号，以及墙顶宽度、墙身放坡后的基底线、冲刷线、冰冻线、常水位线或设计洪水位的标高。沿河挡土墙还应绘出河道及水流方向，防护与加固工程等。

在挡土墙的布置图纸上，应标出简要说明。如挡土墙结构类型和设计参数的依据、材料和施工的要求、注意事项以及主要工程数量等，如采用标准图，应注明其编号。

码8-1　重力式挡土墙设计及施工

8.4　挡土墙土压力计算

各种形式的挡土墙，都以支撑土体使其保持稳定为目的，所以挡土墙这类构造物的主要荷载即是土体的侧压力，即土压力。为了使挡土墙的设计经济合理，关键是正确计算主动土压力。

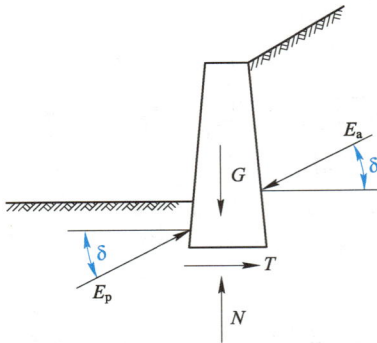

图 8-8　作用在挡土墙上的力系

8.4.1　作用在挡土墙上的力

作用在挡土墙上的力系，根据荷载性质分为永久荷载、可变荷载和偶然荷载。

永久荷载是长期作用于挡土墙上的力，如图 8-8 所示，它包括下列一些力：

（1）墙身自重 G 及位于墙顶上的有效永久荷载；

（2）填土重力及填土侧压力；

（3）墙顶与第二破裂面之间的有效荷载；

（4）计算水位的浮力及静水压力；

（5）预加力；

（6）混凝土收缩与徐变；

（7）基础变位影响力。

可变荷载包括基本可变荷载、其他可变荷载和施工荷载，主要有：

（1）车辆荷载引起的土压力；

（2）人群荷载、人群荷载引起的土压力；

（3）水位退落时的动水压力；

（4）流水压力；

（5）波浪压力；

（6）冻胀压力与冰压力；

（7）温度影响力；

（8）与各类挡土墙施工有关的临时荷载。

偶然荷载是指暂时的或属于灾害性的，其发生概率极小，包括地震作用、施工荷载和临时荷载、水流漂浮物的撞击力等。挡土墙设计时，应根据挡土墙可能出现的作用荷载，选择荷载组合，按最不利的组合作为设计的依据，见表 8-3。

常用作用（或荷载）组合表　　　　　表 8-3

组合	作用（或荷载）名称
Ⅰ	挡土墙结构重力、墙顶上的有效永久荷载、填土重力、填土侧压力及其他永久荷载组合
Ⅱ	组合Ⅰ与基本可变荷载相组合
Ⅲ	组合Ⅱ与其他可变荷载、偶然荷载相组合

注：1. 洪水与地震作用不同时考虑。

2. 冻胀力、冰压力不与流水压力或波浪压力同时考虑。

3. 车辆荷载与地震作用不同时考虑。

8.4.2　土压力分类

在影响挡土墙土压力大小及其分布规律的诸多因素中，根据挡土墙的位移和墙后土体所处的应力状态，土压力有三种类型，即主动土压力、被动土压力、静止土压力，如图 8-9 所示。

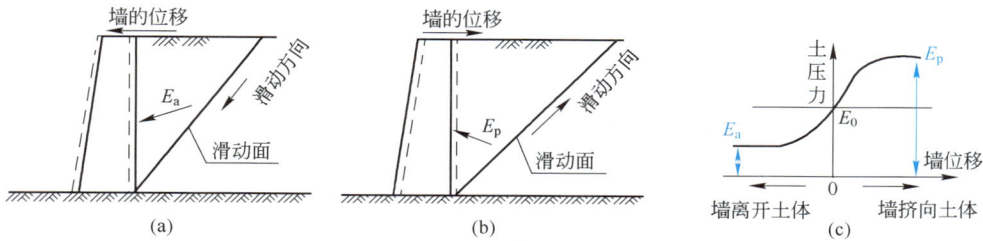

图 8-9　三种不同性质的土压力

（a）主动土压力；（b）被动土压力；（c）土压力与墙身位移的关系

1. 主动土压力

当挡土墙在土压力作用下向前（离开土体）产生微小移动或转动，如图 8-9 所示，从而使墙体对土体的侧向应力逐渐减小，土体便出现向下滑动的趋势，直到墙后土体沿破裂面下滑而处于极限平衡状态时，作用于墙背的土压力称主动土压力（E_a）。

2. 被动土压力

当挡土墙在外力作用下，移动或转动方向是推挤土体，如图 8-9 所示，从而使墙体对土体的侧向应力逐渐增大，这时土体便出现向上滑动的趋势，土压力随之增大，直到土体被推移向上滑动处于极限平衡状态，此时作用于墙背上的土压力称为被动土压力（E_p）。

3. 静止土压力

如果挡土墙的刚度很大，在土压力的作用下，墙处于原来位置不动，不发生任何变形和位移，墙背后土体处于弹性平衡状态，此时墙背所受的土压力称为静止土压力（E_0），静止土压力介于主动土压力和被动土压力之间。采用哪种性质的土压力作为挡土墙设计荷载，要根据挡土墙的具体条件而定。

路基挡土墙一般都可能有向外的位移或倾覆，因此在设计中按墙背土体达到主动极限平衡状态，且取一定的作用分项系数，以保证墙背土体的稳定。对于墙趾前土体的被动土压力 E_p 可不计算，当挡土墙基础埋深较深且地层稳定、不受水流冲刷和扰动破坏时，可计入被动土压力，但应按规定计入作用分项系数。

8.4.3　库仑主动土压力计算

如图 8-10（a）所示，AB 为墙背，BC 为破裂面，BC 与竖直方向的夹角 θ 为破裂角，ABC 为破坏棱体。这个破坏棱体上作用着三个力，即破坏棱体自重 W、主动土压力的反力 E_a、破坏棱体上的反力 R。其中 E_a 的方向与墙背后法线方向成 δ 角，且偏于阻止棱体下滑的方向，R 的方向与破裂面法线成 ϕ 角，同样偏于阻止棱体下滑方向。由于棱体处于极限平衡状态，因此，力三角形必须闭合，如图 8-10（b）所示。从力三角形中可得：

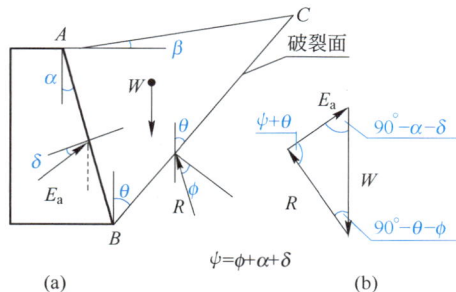

图 8-10　库仑主动土压力计算图式

$$E_a = W \frac{\cos(\theta+\phi)}{\sin(\theta+\psi)} \qquad (8-1)$$

式中　$\psi=\phi+\alpha+\delta$。

但是主动状态破裂角 θ 是未知的，由式（8-1）和图 8-10 可知，由于所假定的破裂面的位置不同，则 θ 不同，随之 G 和 E_a 都变化。因此，按库仑主动土压力理论计算时，当墙背形态变化（直线、折线、衡重台）、墙顶上方填土表面不同（平面、折面）、荷载分布范围不同，即边界条件不同，土压力有多种计算图示和计算公式。

以路基挡土墙为例，按破裂面交于路基位置的不同，可分为 4 种图示：破裂面交于内边坡、破裂面交于荷载的内侧、中部和外侧。表 8-4 中的挡土墙主动土压力计算图示及公式，仅适用于墙背是平面的，不同墙后填料表面和荷载作用情况下的主动土压力，且墙背后填料是砂性土的情况。对于其他形式的墙背或填料为黏性土，可参照公路手册《路基》采用相关公式进行设计验算。

挡土墙主动土压力计算公式　　　　　　　　　　　表 8-4

类型	计算图式及土压力分布图形	计算公式
路堑墙或路堤墙墙后填土表面为平面，无荷载		破裂角：$\theta=90°-\varphi-\varepsilon$ $\tan\varepsilon=\dfrac{\sqrt{\tan(\varphi-\beta)[\tan(\varphi-\beta)+\cot(\varphi-\alpha)][1+\tan(\alpha+\delta)\cot(\varphi-\alpha)]}-\tan(\varphi-\beta)}{1+\tan(\alpha+\delta)[\tan(\varphi-\beta)+\cot(\varphi-\alpha)]}$ 主动土压力：$E=\dfrac{1}{2}\gamma H^2 K$，$E_x=E\cos(\alpha+\delta)$，$E_y=E\sin(\alpha+\delta)$ 主动土压力系数： $K=\dfrac{\cos^2(\varphi-\alpha)}{\cos^2\alpha\cos(\alpha+\delta)\left[1+\sqrt{\dfrac{\sin(\varphi+\delta)\sin(\varphi-\beta)}{\cos(\alpha+\delta)\cos(\alpha-\beta)}}\right]^2}$ 土压力作用点：$Z_y=\dfrac{1}{3}H$，$Z_x=B-Z_y\tan\alpha$
路肩墙墙后填土表面水平，连续均布荷载		$\tan\theta=-\tan\psi\pm\sqrt{(\cot\varphi+\tan\psi)(\tan\psi+A)}$ $\psi=\varphi+\alpha+\delta$，$A=-\tan\alpha$ 主动土压力：$E=\dfrac{1}{2}\gamma H^2 KK_1$，$E_x=E\cos(\alpha+\delta)$，$E_y=E\sin(\alpha+\delta)$ 主动土压力系数：$K=\dfrac{\cos(\theta+\varphi)}{\sin(\theta+\psi)}(\tan\theta+\tan\alpha)$，$K_1=1+\dfrac{2h_0}{H}$ 土压力作用点：$Z_y=\dfrac{H}{3}+\dfrac{h_0}{3K_1}$，$Z_x=B-Z_y\tan\alpha$
路肩墙墙后填土表面水平，连续均布荷载，破裂面交于荷载内		$\tan\theta=-\tan\psi\pm\sqrt{(\cot g\varphi+\tan\psi)(\tan\psi+B_0/A_0)}$ $\psi=\varphi+\alpha+\delta$，$A_0=\dfrac{1}{2}(a+H+2h_0)(a+H)$ $B_0=\dfrac{1}{2}ab+(b+d)h_0-\dfrac{1}{2}H(H+2a+2h_0)\tan\alpha$ 主动土压力：$E=\dfrac{1}{2}\gamma H^2 KK_1$，$E_x=E\cos(\alpha+\delta)$，$E_y=E\sin(\alpha+\delta)$ 主动土压力系数：$K=\dfrac{\cos(\theta+\varphi)}{\sin(\theta+\psi)}(\tan\theta+\tan\alpha)$， $K_1=1+\dfrac{2h_0}{H}\left(1-\dfrac{h_1}{H}\right)$，$h_1=\dfrac{d}{\tan\theta+\tan\alpha}$ 土压力作用点：$Z_y=\dfrac{H}{3}+\dfrac{h_0(H-2h_1)^2-h_0h_1^2}{3K_1}$，$Z_x=B-Z_y\tan\alpha$

续表

类型	计算图式及土压力分布图形	计　算　公　式
路肩墙墙后填土表面水平，连续均布荷载，破裂面交于荷载外		$\tan\theta = -\tan\psi \pm \sqrt{(\cot\varphi + \tan\psi)(\tan\psi + A)}$ $\psi = \varphi + \alpha + \delta$，$A = \dfrac{-2b_0 h_0}{H(H + 2h_0)} - \tan\alpha$ 主动土压力：$E = \dfrac{1}{2}\gamma H^2 K K_1$，$E_x = E\cos(\alpha+\delta)$，$E_y = E\sin(\alpha+\delta)$ 主动土压力系数：$K = \dfrac{\cos(\theta+\varphi)}{\sin(\theta+\psi)}(\tan\theta + \tan\alpha)$，$K_1 = 1 + \dfrac{2h_0 h_2}{H^2}$ $h_1 = \dfrac{d}{\tan\theta + \tan\alpha}$，$h_2 = \dfrac{b_0}{\tan\theta + \tan\alpha}$ 土压力作用点：$Z_y = \dfrac{H}{3} + \dfrac{h_0 h_2(4H - 6h_1 - 3h_2)}{3H^2 K_1}$，$Z_x = B - Z_y \tan\alpha$

注：1. 应用本表各式时，仰斜墙背，α 取负值；俯斜墙背，α 取正值；垂直墙背，α 取 0。

2. 破裂角公式中的 $\pm \sqrt{(\cot\varphi + \tan\psi)(\tan\psi + A)}$ 项，$\psi < 90°$ 时，取正值；$\psi > 90°$ 时取负值。

3. 当均布荷载自墙顶内缘（路肩墙）或路基边缘（路堑墙）开始布置时，以 $d = 0$ 代入有关各式。

8.5　重力式挡土墙设计与验算

内容详见码 8-2。

8.6　挡土墙的施工

8.6.1　重力式挡土墙的施工

1. 材料要求

（1）石料材料

石料强度必须符合设计要求，应为结构密实、石质均匀、不易风化、无裂缝的硬质石料。当在一月份平均气温低于 -10℃ 的地区，所用石料和混凝土等材料，均须通过冻融试验，其砂浆强度等级不低于 M25。

（2）砌筑砂浆

1）砂浆强度等级应符合设计要求。必须具有良好的和易性。

2）宜采用 42.5 级普通硅酸盐水泥、矿渣硅酸盐水泥、火山灰质硅酸盐水泥和质地坚硬、含泥量小于 5% 的粗砂、中砂及饮用水拌合砂浆。

3）砂浆配合比需通过试验确定，当更换砂浆的组成材料时，其配合比应重新试验确定。

2. 一般规定

（1）挡土墙基础地基承载力必须符合设计要求，且经检测验收合格后方可进行后续工序施工，详见《城镇道路工程施工与质量验收规范》CJJ 1—2008。

（2）施工中应按设计规定施工挡土墙的排水系统、泄水孔、反滤层和结构变形缝。

（3）当挡土墙墙面需立体绿化时，应报批建设单位补充防止挡土墙基础浸水

码8-2　重力式挡土墙设计与验算

下沉的设计。

（4）墙背填土应采用透水性材料或设计规定的填料。

（5）人行地道两侧回填土，应在主体结构防水层的保护层完成，且保护层砌筑砂浆强度达到 3MPa 后方可进行。地道两侧填土应对称进行，高差不宜超过 30cm。

（6）变形缝（伸缩缝、沉降缝）止水带安装应位置准确、牢固，缝宽及填料应符合规范规定。

（7）挡土墙顶设置帽石时，帽石安装应平顺、坐浆饱满、缝隙宽均匀。

（8）当挡土墙顶部设栏杆时，栏杆施工应符合现行国家标准《城市桥梁工程施工与质量验收规范》CJJ 2—2008 的有关规定。

3. 重力式挡土墙的砌筑

挡墙施工前，应做好截排水及防渗设施。

挡土墙砌筑前应精确测定挡土墙基座主轴线和起讫点，并查看与两端边坡衔接是否适顺。施工中宜采用立杆挂线法控制砌体位置高程与垂直度。砌筑时必须两面立杆挂线或样板挂线，外面线应顺直整齐，逐层收坡，内面线可大致适顺，以保证砌体各部尺寸符合设计要求，在砌筑过程中应经常校正线杆。浆砌石底面应卧浆铺筑，立缝填浆补实，不得有空隙和立缝贯通现象。砌筑工作中断时，可将砌好的石层孔隙用砂浆填满，再砌筑时，砌体表面要仔细清扫干净，洒水湿润。工作段的分段位置宜在伸缩缝和沉降缝处，各段水平缝应一致，分段砌筑时，相邻段高差不宜超过 1.2m，砌筑砌体外坡时，浆缝需留出 1～2cm 深的缝槽，以干硬砂浆勾缝，其强度等级应比砂浆提高一倍，隐蔽面的砌缝可随砌随填平，不另勾缝。

（1）墙身砌筑

墙身要分层错缝砌筑，砌出地面后基坑应及时回填夯实，并完成顶部排水、防渗。沉降缝、伸缩缝内两侧施工应竖直、平齐、无搭叠。

1）浆砌片石

① 片石宜分层砌筑，以 2～3 层石块组成一工作层，每工作层的水平缝大致齐平，竖缝应错开，不能贯通。

② 外圈定位行列和转角石选择形状较方正、尺寸相对较大的片石，并长短相间地与里层砌块咬接成一体，下层石块也应交错排列，避免竖缝重合，砌缝宽度一般不应大于 4cm。

③ 较大的砌块应使用于下层，石块宽面朝下，石块之间均要有砂浆隔开，不得直接接触，竖缝较宽时可在砂浆中塞以碎石块，但不得在砌块下面用小石子支垫。

④ 砌体中的石块应大小搭配，相互错叠，咬接密实并备有各种小石块，作挤浆填缝之用，挤浆时可用小锤将小石块轻轻敲入缝隙中。

⑤ 砌片石墙必须设置拉结石，并应均匀分布，相互错开，一般每 0.7m² 墙面至少设置一块。

2）浆砌块石

① 用作镶面的块石，表面四周应修整，尾部略微缩小，易于安砌。丁石长度不短于顺石长度的 1.5 倍。

② 块石应平砌，要根据墙高进行层次配料，每层石料高度做到基本齐平。外圈定位行列和镶面石应上下错缝、丁顺排列、内外搭接、砂浆饱满。丁石深入墙心不小于 25cm，灰浆缝宽 2～3cm，上下层竖缝错开距离不小于 10cm。

3) 料石砌筑

① 每层镶面料石均应事先按规定缝宽要求配好石料，再用铺浆法顺序砌筑和随砌随填立缝，并应先砌角石。

② 当一层镶面石砌筑完毕后，方可砌填心石，其高度与镶面石齐平。如用水泥混凝土填心，可先砌 2～3 层镶面石后再浇筑混凝土。

③ 每层料石均应采用一丁一顺砌法，砌缝宽度均匀，为 1.0～1.5cm。相邻两层立缝应错开不小于 10cm，在丁石的上层和下层不得有立缝。

（2）墙顶

墙顶宜用粗料石或现浇混凝土做成顶帽，厚 30cm，路肩墙顶面宜以大块石砌筑，用 M5.0 以上砂浆勾缝和抹平顶面，厚 2cm，并均应在墙顶外缘线留 10cm 的幅沿。

（3）基础

1) 基础的各部分尺寸、形状、埋置深度均按设计要求进行施工。当基础开挖后，发现与设计情况有出入时，应按实际情况请示有关部门调整设计。

2) 在松软地层或坡积层地段开挖时，基坑开挖应采用分段跳槽进行以防上部失稳。当基底土质为碎石土、砂砾土、砂性土、黏性土等，将其整平夯实。基础开挖大多采用明挖，坑内积水应随时排干。

3) 采用倾斜基底时，基底标高应按设计控制，不得超挖填补。

4) 当遇有基底软弱或土质不良地段时，可按以下方法分别进行处理：

① 当地基软弱，地形平坦，墙身又超过一定高度时，为减少地基压应力，增加抗倾覆稳定，可在墙趾处伸出一个台阶，以拓宽基础。如地基压应力超过地基承载力过多时，为避免台阶过多，可采用钢筋混凝土底板。

② 如地层为淤泥质土、杂质土等，可选用砂砾、碎石、矿渣灰土等材料，采用换填或砂桩、石灰桩、碎石桩、挤淤法、土工织物及粉体喷搅等方法分别予以处理。

5) 基坑开挖大小，需满足基础施工的要求。渗水土（如中细粒土、巨粒土）的基坑大小要根据基坑排水设施（包括排水沟、集水坑、网管）和基础模板等确定。一般基坑底面宽度应比设计尺寸各边宽 0.5～1.0m，以免施工干扰，基坑开挖坡度按地质、深度、水位等具体情况而定。

6) 任何土质基坑挖至标高后不得长时间暴露、扰动或浸泡而削弱其承载能力。一般土质基坑挖至接近标高时，保留 10～20cm 的厚度，在基础施工前以人工突击挖除。基底应尽量避免超挖，如有超挖或松动，应将其夯实。基坑开挖完成后，应放线复验，确认其位置无误并经监理验收后，方可进行基础施工。基坑抽水应保证砌体砂浆不受水流冲刷。当基础完成后，立即回填，以小型机械进行分层压实，并在表层稍留向外斜坡，以免积水浸泡基础底。

（4）排水设施

挡土墙的排水设施通常由地面排水和墙身排水两部分组成。

地面排水可设置地面排水沟，引排地面水。夯实回填土顶面和地面松土，防止雨水和地面水下渗，必要时可加设铺砌。对路堑挡土墙墙趾前的边沟应予以铺砌加固，以防止边沟水渗入基础。

墙身排水主要是为了迅速排除墙后积水。浆砌挡土墙应根据渗水量在墙身的适当高度处布设泄水孔。泄水孔应在砌筑墙身过程中，确保排水畅通，并保证墙背反滤层、防渗设施的施工质量。

（5）墙背材料

1）需待砌体砂浆强度达到 70％以上时，方可回填墙背材料，并应优先选择渗水性较好的砂砾土填筑。如有困难采用不透水土壤时，必须做好砂砾反滤层，并与砌体同步进行。浸水挡土墙背全部用水稳定性和透水性较好的材料填筑。

2）墙背回填要均匀摊铺平整、夯实，并在表面留 3％的向外倾斜坡，不允许向着墙背斜坡填筑，严禁使用膨胀性土和高塑性土。每层压实厚度不宜超过 20cm，应进行压实试验，确定填料分层厚度及碾压遍数，以便正确地指导施工。

3）压实时应注意勿使墙身受较大的冲击影响，临近墙背 1.0m 范围内，应采用小型压实机具碾压。小型压实机械有蛙式打夯机、内燃打夯机、手扶式振动压路机、振动平板夯等。

（6）墙身施工

1）墙身要分层错缝砌筑，砌出地面后基坑应及时回填夯实，并完成顶部排水、防渗。

2）伸缩缝内两侧应竖直、平齐、无搭叠，填缝料按设计要求施工。

砌筑挡土墙施工质量标准见表 10-12、表 10-13。

8.6.2　混凝土挡土墙施工

1. 基础施工

（1）基础处理与重力式挡土墙相同，软基础可采用桩基、加固结剂等加固措施。

（2）混凝土板可以在基础上直接立模，钢筋混凝土底板则需先浇垫层，在垫层上放线扎钢筋立模。基础模板的反撑，不宜直接落在土基上，应加垫木。钢筋混凝土施工时，应注意钢筋的保护层厚度。墙体的钢筋应安装到位，并且有可靠的固定措施。混凝土的施工缝应尽量避免设置在基础与墙体的分界面。

（3）墙体模板可使用木模以及整体模板，或滑模和翻模。

1）基本要求：挡土墙分段施工，相邻段应错开。

2）整体模板技术：其由面板、筋肋和支撑件构成，面板常用胶合板、竹胶板或木板；筋肋可用木条、型钢或冲压件。挡土墙对模板接缝要求不是很高，可不用拼接件而直接安装，安装时从转角处开始，注意控制对角线和模板坡度。整体模板一般用于专用支撑，有时可用临时支撑，也可用对销螺栓来平衡混凝土侧压力。为了方便拆模，模板表面应涂刷隔离剂，拆模在混凝土成型 24h 以后，但不能太迟，以免增加拆模的难度。混凝土挡土墙的排水、渗水、接缝处理与重力式挡土墙相同。

2. 墙体钢筋及混凝土施工

（1）墙体钢筋安装应在立模前进行。安装模板特别是扶壁式挡土墙，钢筋位置偏差不易校正，因此钢筋安装绑扎必须控制到位，一般控制方法是搭架支撑，控制钢筋在顶端的准确位置，拉紧固定。

（2）墙体混凝土：钢筋混凝土挡土墙截面较小，混凝土下仓要有漏斗、漏槽等辅助措施。另外，挡土墙应分层浇筑，分层振捣，每层厚度以 30cm 为宜，浇筑控制在每小时 1~1.5m；混凝土挡土墙属大体积混凝土，宜用低热量、收缩小的矿渣类水泥，必要时还可在混凝土中抛入块卵石、石块，大石块、模板、钢筋及预埋件净距均不小于 4~6cm，混凝土的养生方法及要求与其他结构相同。

8.6.3 加筋土挡土墙施工

加筋土挡土墙施工包括基础开挖、基底处理、基础浇筑、构件准备、面板安装、筋带布设、填料摊铺及压实、封闭压顶附属构件安装。

1. 基础施工

基础施工措施同其他挡土墙一样，一般采用钢筋混凝土条形基础，要求顶面水平整齐。

2. 控制放线

加筋土挡土墙板，应向路基内倾斜，其倾斜度应符合要求。挡墙板随现场条件做成直线或曲线。第一层面板安装准确，以后每层只需用垂线控制。另一个控制内容是面板的接缝线条。

3. 施工程序

施工时应注意事项如下：

1）面板安装以外缘定线，每块面板的放置应从上而下垂直就位，为防止相邻面板错位，可采用螺栓夹木或斜撑固定面板一并干砌，接缝不作处理，可用砂浆或软土进行调整。

2）面板的施工缝和沉降缝设在一起，且填料应在后一项工程施工前放入。

3）筋带铺设应与面板的安装同步，进行铺设的底料应平整密实。

4）钢筋不得弯曲，接头（插销连接）和防锈（镀锌）处理应符合标准规定，钢带或面板间钢筋连接，可采用焊接、拉环或螺栓连接，且在连接处应浇筑混凝土保护。

5）聚丙烯土工带、塑钢带应穿过面板的预留孔或拉环折回与另一端对齐或绑扎在钢筋中间与面板连接，筋带本身连接也采取绑扎方式。

土工布搭接宽度宜为 30~40cm，并按设计要求留出折回长度。

6）面板安装、筋带铺设和埋地排水管完成并检查验收合格后，用准备充足的合格填料进行填料施工。按施工方案要求观测挡墙板位移。

7）运土机具不得在未覆盖填料的筋带上行驶，且要离面板 1.5m 以上，填料可用机械或手工摊铺，应厚度均匀，表面平整，并有不小于 3％的向外倾斜横坡。机械摊铺方向应与筋带垂直，不得直接在筋带上行驶，距面板 1.5m 范围内只能采用人工摊铺。

8）施工中应控制加筋土的填土层厚度及压实度，每层虚铺厚度不宜大于 25cm，压实度不得小于 95％。填料采用机械碾压，禁止使用羊足碾，不得在填料上急转弯和急刹车，以免破坏筋带。碾压前应确定最佳含水量。碾压过程中应随时检测填料的含水量和密实度。

9）加筋土的排水管反滤层及沉降缝等设施应同时施工，排水设施施工时应注意水流通道，不得有碍水流或积水（如水坡）等。

10）错层施工应有明确停顿，第一层完工后再进行第二层施工。

码8-3 教学单元8
思考题与习题
参考答案

思 考 题 与 习 题

1. 按照挡土墙的设置位置，挡土墙分为哪几类？挡土墙有哪些用途？

2. 重力式挡土墙的基本组成部分有哪些？

3. 加筋土挡土墙由哪几部分组成？

教学单元 9　公路和城市道路的排水

【教学目标】　本教学单元主要内容为公路地面与地下排水设施的构造、作用及布设要点、城市道路排水的分类及设计要求、雨水口的构造形式、设置位置、锯齿形偏沟、城市管线布设位置及施工要点。通过学习学生掌握公路和城市道路排水的分类、一般构造以及排水布设要点，熟悉地下管线施工要点。

路基的病害有多种，形成病害的因素也很多，但水的作用是主要因素之一，因此在路基设计、施工和养护中，必须十分重视路基排水工程，以提高路基的强度与稳定性。

根据水源的不同，公路排水分为地面排水和地下排水两大类。

地面水包括大气降水（雨和雪）以及海、河、湖、水渠、水库水。地面水对路基产生冲刷和渗透，冲刷可能导致路基整体稳定性受损害，形成水毁现象。渗入路基土体的水分，使土体过湿而降低路基强度。

地下水包括上层滞水、潜水、层间水等，它们对路基的危害程度，因条件不同而异。轻者能使路基湿软，降低路基强度；重者会引起冻胀、翻浆或边坡滑坍，甚至整个路基沿倾斜基底滑动。

路基排水的目的，就是将路基范围内的土基湿度降低到一定的限度以内，保持路基常年处于干燥状态，确保路基、路面具有足够的强度与稳定性。

9.1　公路排水

9.1.1　地表排水设施

路基地表排水设施的作用是拦截流向路基的地面水和地下水。对于明显的天然沟槽应设置一沟一涵，排水设备应垂直于水流方向，各种设施必须稳固。各类地表排水设施的断面尺寸应满足设计排水流量的要求，沟顶应高出沟内设计水面0.2m以上。常用的路基地面排水设施，包括边沟、截水沟、排水沟、跌水、急流槽、排水泵站等。这些排水设备，分别设在路基的不同部位，各自的排水功能、布置要求或构造形式均有所差异。

码9-1　公路
排水施工

1. 边沟

边沟设置多与路中线平行，用以汇集和排除路基范围内和流向路基的少量地面水。平坦地面填方路段的路旁取土坑，常与路基排水设计综合考虑，使之起到边沟的排水作用。高速公路、一级公路挖方地带常采用矩形边沟。

设计要点：

（1）位置——挖方路堑的路肩边缘或矮路堤边坡外侧，边沟沟底纵坡应衔接平顺。

（2）纵坡度——边沟的纵坡（出水口附近除外）宜与路线纵坡一致。不宜小于 0.3% 的纵坡，避免产生淤积。困难情况下，可减小至 0.1%，当路线纵坡与边坡纵坡不一致时可采用跌水设施进行调整。

（3）出口间距——尽量使沟内水流就近排至路旁自然水沟或低洼地带，必要时设置涵洞，将边沟水流横穿路基从另一侧排出。路堑边沟的水流，不应流经隧道排出。边沟长度一般不超过 500m。

（4）断面形式——梯形、矩形、流线形、三角形。底宽与深度一般取 0.4～0.6m，如图 9-1 所示。边沟横断面一般采用梯形，梯形边沟内侧边坡为 1∶1.5～1∶1，外侧边坡坡度与挖方边坡坡度相同。石方路段的边沟宜采用矩形横断面，其内侧边坡直立。流量较大时沟深宜适当加大。

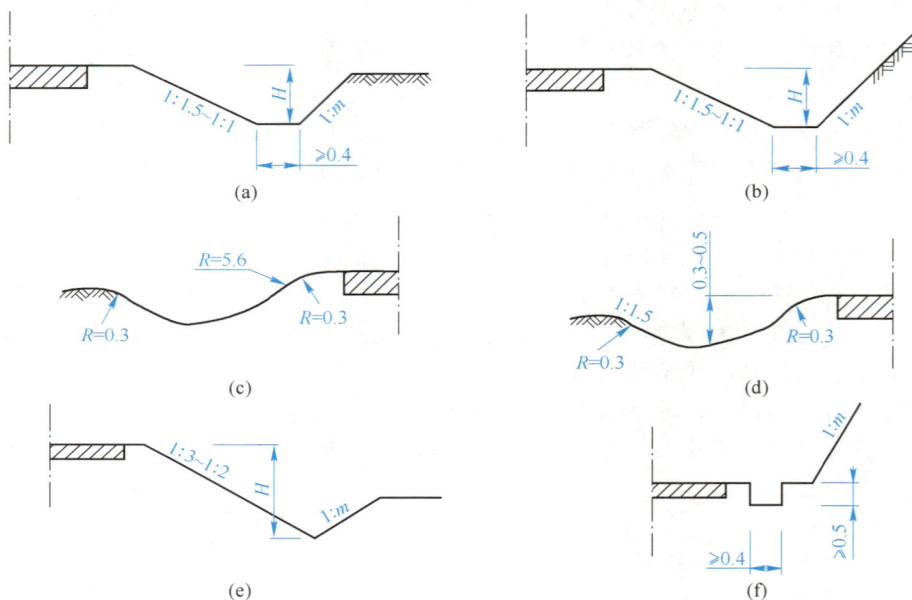

图 9-1　边沟的横断面形式示意图（单位：m）

(a)、(b) 梯形；(c)、(d) 流线形；(e) 三角形；(f) 矩形

（5）材料——边沟可采用浆砌片石、栽砌卵石、水泥混凝土预制块防护。砌筑用砂浆的强度，对于高速公路、一级公路采用 M7.5，其他等级公路采用 M5。边沟出水口附近，水流冲刷比较严重，必须慎重布置和采取相应措施。

边沟的排水量不大，一般不需要进行水文、水力计算，依据沿线具体条件，选用标准横断面形式。边沟紧靠路基，通常不允许其他排水沟渠的水流引入，也不能与其他人工沟渠合并使用。

路堑与高路堤衔接处的边沟排水布置如图 9-2 所示，由于边沟泄出水流流向路堤坡脚处，两者高差大，必须因地制宜，根据地形与地质等具体条件，将出水口延伸至坡脚以外，以免边沟水冲刷填方坡脚。

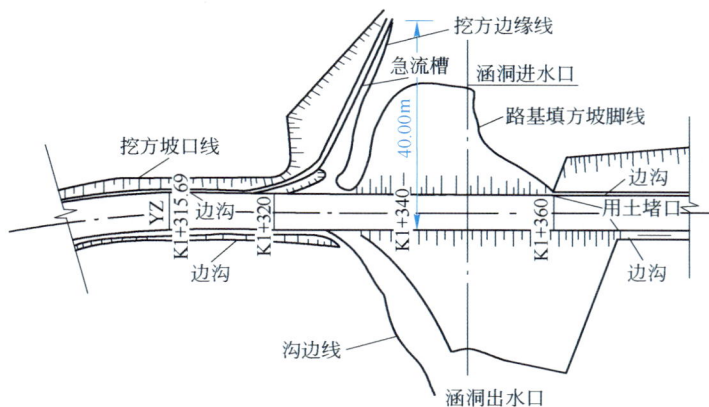

图 9-2　路堑与高路堤的边沟排水布置图

2. 截水沟

截水沟又称天沟，用以拦截并排除路基上方流向路基的地面径流，减轻边沟的水流负担，保证挖方边坡和填方坡脚不受流水冲刷。截水沟应根据地形条件及汇水面积等进行设置。如果降水量较多，且暴雨频率较高，山坡覆盖层比较松软，坡面较高，水土流失比较严重的地段，必要时可设置两道或多道截水沟。

设计要点：

（1）位置——如图 9-3 所示。挖方路基的堑顶截水沟应设置在坡口 5m 以外，并结合地形布设。截水沟下方一侧，可堆置挖沟的土方，要求做成顶部向截水沟倾斜 2% 的土台。山坡路堤截水沟与坡脚之间，要有不小于 2.0m 的间距，并做成 2% 的向沟倾斜横坡，确保路堤不受水害，如图 9-4 所示。在多雨地区，视实际情况可设一道或多道截水沟。

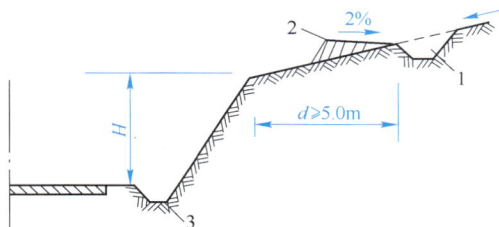

图 9-3　挖方路段截水沟示意图
1—截水沟；2—土台；3—边沟

（2）横断面形式与纵坡——截水沟断面一般为梯形沟的边坡坡度，因岩土条件而定，一般为 1∶1.5～1∶1.0，如图 9-5 所示。沟底宽度 b 不小于 0.5m，沟深 h 按设计流量而定，也不应小于 0.5m。一般情况下，截水沟沟底纵坡不宜小于 0.3%。截水沟应进行防渗加固。

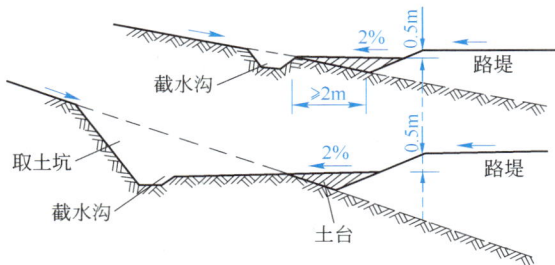

图 9-4　山坡路堤上方截水沟示意图

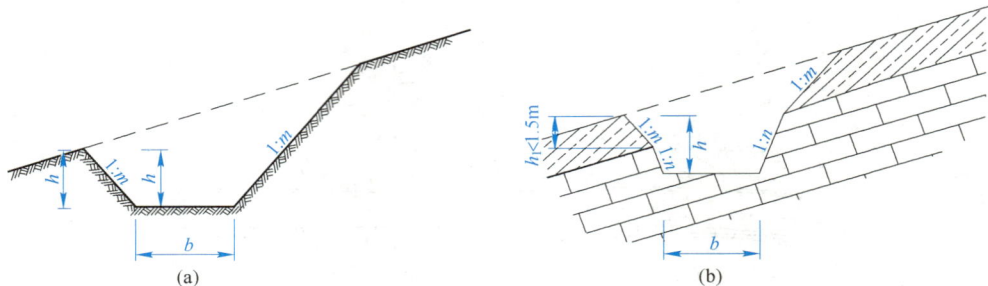

图 9-5　截水沟的横断面图例

（a）土沟；（b）石沟

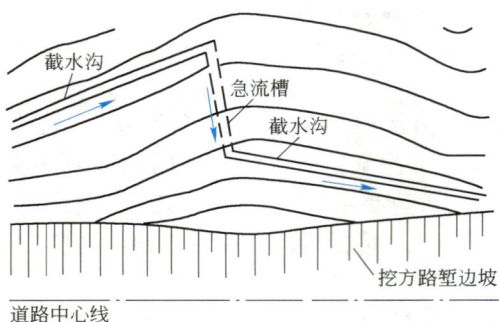

图 9-6　中部以急流槽相连接的截水沟

（3）截水沟的布置——应尽量顺着等高线布设，并与绝大多数地面水流方向垂直，以提高截水效能和缩短沟的长度，如图 9-6 所示。截水沟的水流应排至路界之外，必要时配以急流槽或涵洞等泄水结构物将水流引入指定地点。截水沟水流不应引入路堑边沟，当必须引入时，应增大边沟横断面，并进行防护。截水沟应进行防渗处理。

3. 排水沟

排水沟的主要用途是将路基范围内边沟、截水沟、取（弃）土坑、边坡和路基附近积水，引至路基以外。当路线受到多段沟渠或水道影响时，为保护路基不受水害，可以设置排水沟或改移渠道，以调节水流，整治水道。

（1）横断面——排水沟一般采用梯形，尺寸大小应经过水力水文计算选定。用于边沟、截水沟及取土坑出水口的排水沟，横断面尺寸根据设计流量确定，底宽与深度不宜小于 0.5m，土沟的边坡坡度约为 1∶1.5～1∶1。

（2）排水沟的布置——可根据需要并结合当地地形等条件而定，离路基尽可能远些，距路基坡脚不宜小于 2m，平面线形应力求简捷，需要转弯时也应尽量圆顺，做成弧形，其半径不宜小于 10～20m，连续长度宜短，一般不超过 500m。

（3）排水沟纵坡——排水沟应具有合适的纵坡，以保证水流畅通，不致产生冲刷与淤积，结合地形、地质条件确定，一般沟底纵坡不宜小于 0.3%，与其他排水设施的连接应顺畅。

干旱地区以及横向排水良好的路段，其最小纵坡可不受上述限制。

4. 跌水与急流槽

跌水与急流槽是路基地面排水沟渠的特殊形式。水流通过坡度大于 10%，水头高差大于 1.0m 的陡坡地段，或特殊陡坎地段时，宜设置跌水或急流槽。

跌水的作用是在短距离内，降低流速，消减水流能量。急流槽是一种很陡的人工水槽，作用是在短距离内降低水的落差，将水流引至桥涵进口或路基下方，用以防止桥涵的淤塞和堵塞。

由于纵坡陡、水流速度快、冲刷力大，要求跌水与急流槽的结构必须稳固耐久，通常采用浆砌块石或水泥混凝土预制块砌筑，并具有相应的防护加固措施。为防止基底滑动，急流槽底可设置防滑平台，或设置凸榫嵌入基底中。跌水的构造，有单级和变级之分，沟底有等宽和变宽之别。单级跌水适用于排水沟渠连接处，由于水位落差较大，需要消能或改变水流方向。当路基边沟水流通过涵洞排泄时，采用单级跌水（相当于雨水井），如图9-7所示。较长陡坡的沟渠，为减缓水流速度，并予以消能，可采用多级跌水，如图9-8所示。多级跌水底宽和每级长度，可以采用各自相等的对称形，也可根据需要，做成变宽或不等长度与高度。

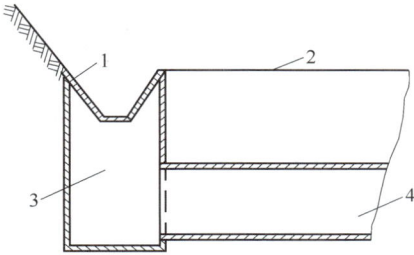

图 9-7　边沟与涵洞单级跌水连接图
1—边沟；2—路基；3—跌水井；4—涵洞

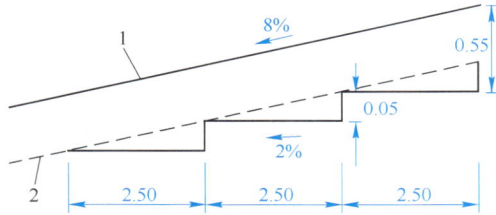

图 9-8　多级跌水纵剖面图（单位：m）
1—沟顶线；2—沟底线

按照水力计算特点，跌水的基本构造可分为进水部分、消力池和出水部分三部分，如图9-9所示。各个组成部分的尺寸，由水力计算而定。

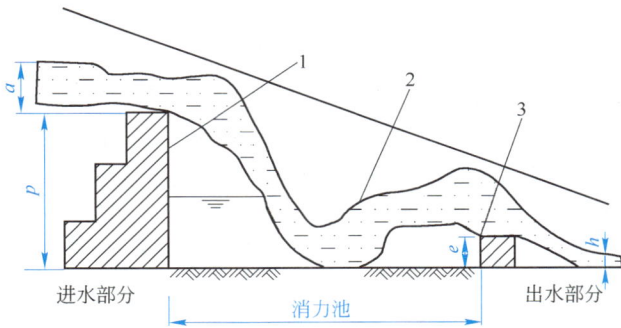

图 9-9　跌水构造示意图
1—护墙；2—消力池；3—消力槛；p—护墙高；e—消力槛高；a—上游水深；h—下游水深

急流槽的构造如图9-10所示。按水力计算特点，急流槽由进口、主槽（槽身）和出口三部分组成。

急流槽的纵坡，比跌水的平均纵坡更陡，结构的坚固稳定性要求更高。急流槽是山区公路常见排水设施。急流槽主体部分的纵坡，依地形而定，如果地质条件良好，需要时还可更陡，可以在槽身增设上挑堤级，减缓流速，很好地利用槽身，减缓水流对地面的冲刷。急流槽底应设置防滑平台或凸榫，防止基底移动。

5. 其他排导措施

公路沿线常见的其他排导措施包括：排导沟、蒸发池、沉淀池、导流堤等，详见《公路路基设计规范》JTG D30—2015。

207

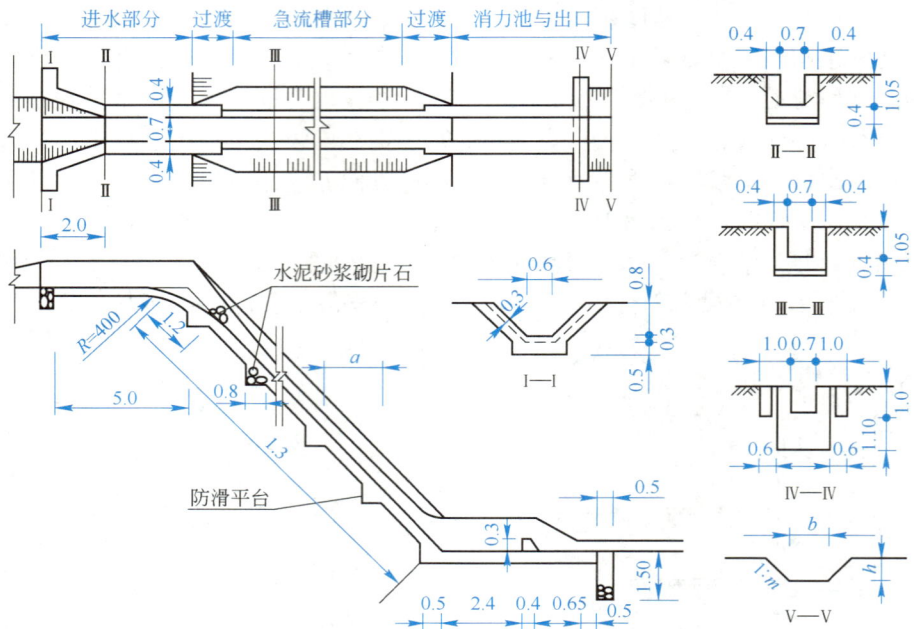

图 9-10　急流槽构造示意图（单位：m）

9.1.2　地下排水设施

1. 基本原则

地下水影响路基稳定或强度时，应根据地下水类型、含水层埋藏深度、地层的渗透性等级条件及对环境的影响，采取拦截、引排、疏干、降低或隔离水等措施，地下水应与地表排水系统相协调。地下排水设施形式可按下列原则确定。

当地下水埋藏浅或无固定含水层时，可采用隔离层、排水垫层、暗沟、渗沟等。

当地下水埋藏较深或存在固定含水层时，可采用仰斜式排水孔、渗井、排水涵洞等。

2. 地下排水设施

常用的路基地下排水设施包括暗沟（管）、渗沟、渗水隧洞、渗井、仰斜式排水孔、检查疏通井等。由于地下排水设备属于隐蔽工程，不易维修，在路基建成后又难以查明失效情况，因此要求地下排水设备能牢固有效。其类型、位置及尺寸应根据工程地质和水文地质条件确定，并与地表排水设施相协调。

（1）暗沟（管）

暗沟（管）用于排除泉水或地下集中水流。暗沟（管）是设在地面以下引导水流的沟渠，无渗水现象，但具有汇水作用，如图 9-11 所示。暗沟沟底的纵坡不宜小于 1%，条件困难时也不得小于 0.5%，出水口处应加大纵坡，并应高出地表排水沟常水位 0.2m 以上。寒冷地区的暗沟，应作防冻保温处理或将暗沟设在冻结深度以下。

（2）渗沟

渗沟在地面以下，作用是汇集流向路基的地下水，并排除到路基以外的指定地点，使路基保持干燥状态。当地下水埋藏浅或无固定含水层时，宜采用渗沟。

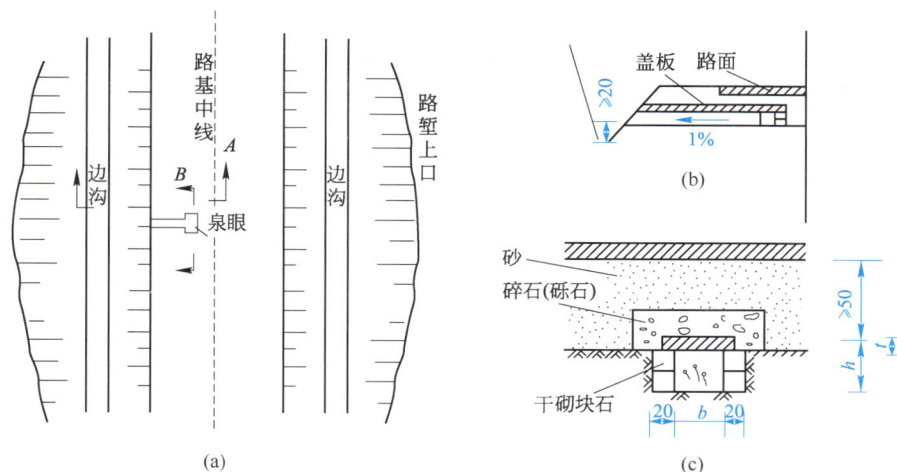

图 9-11　暗沟构造图（单位：cm）

（a）平面；（b）剖面 A—A；（c）剖面 B—B

1）适用条件

应根据地下水赋存条件、渗流量、使用部位及排水距离等，按表 9-1 确定渗沟类型，渗沟断面尺寸按地下水渗流量计算确定。渗沟的埋置深度、渗水隧洞及渗井的断面尺寸，应根据构造类型、埋设位置、渗水量、施工和维修条件等确定。在渗沟侧壁及顶部应设置反滤层，底部应设置封闭层。渗水隧洞衬砌结构尺寸由计算确定。

各类渗沟适用条件　　　　　　　　　　　　　　　　表 9-1

渗沟类型	适　用　条　件
填石式渗沟	可用于地下水流量不大、排水距离较短的地段
管式渗沟	可用于地下水流量较大、地下水位埋藏浅、排水距离较长的地段
洞式渗沟	可用于地下水流量大、埋藏深的路段

2）材料要求

渗沟及渗水隧洞迎水侧可采用砂砾石、无砂混凝土、渗水土工织物作反滤层。反滤层是在排水设施之间，沿渗流方向，将砂、石料由细到粗的分层铺筑而成的级配砂砾层，能滤水和渗水，但细颗粒不流失，防止出现管涌的现象，如图 9-14、图 9-15 所示。

3）渗沟构造类型及要求

常用的渗沟有洞式、管式、填石式三种结构形式。

① 填石式渗沟

防止毛细水上升至路基工作区范围内，形成水分积聚而造成冻胀和翻浆，或土基过湿而降低路基强度等。如图 9-12 所示为路

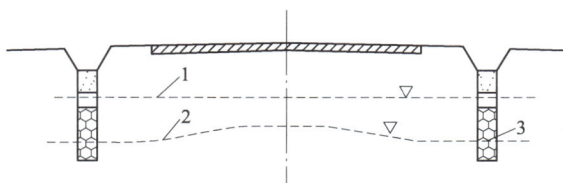

图 9-12　两侧边沟下设盲沟

1—原地下水位；2—降低后地下水位；3—盲沟

209

基两侧边沟下面均设填石渗沟,用以降低地下水位。

地下水位较高、水量较大的填挖交界路段和低填方路段应设置横向渗沟,用以拦截和排除路堑下面层间水或小股泉水,保证路基处于干燥或中湿状态,如图 9-13、图 9-14 所示。

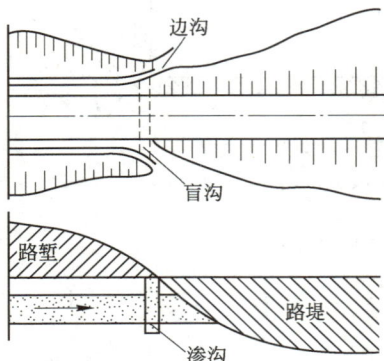

图 9-13　挖填交界处横向盲沟

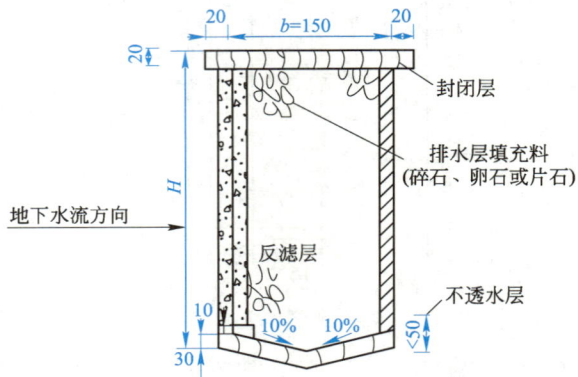

图 9-14　填石式渗沟结构图(单位:cm)

如图 9-14 所示,填石式渗沟最小纵坡不宜小于 1‰,无砂混凝土渗沟、管式及洞式渗沟最小纵坡不宜小于 0.5‰。渗沟出口段宜加大纵坡,出口处宜设置栅板或端墙,出水口应高出地表排水沟槽常水位 0.2m 以上。寒冷地区的渗沟出口,应采取防冻措施。

② 管式渗沟

当地下水流量较大、地下水位埋藏浅、排水距离较长的地段,采用管式渗沟,如图 9-15(b)所示。

渗沟的排水孔(管),应设在冻结深度以下不小于 0.25m 处。截水渗沟的基

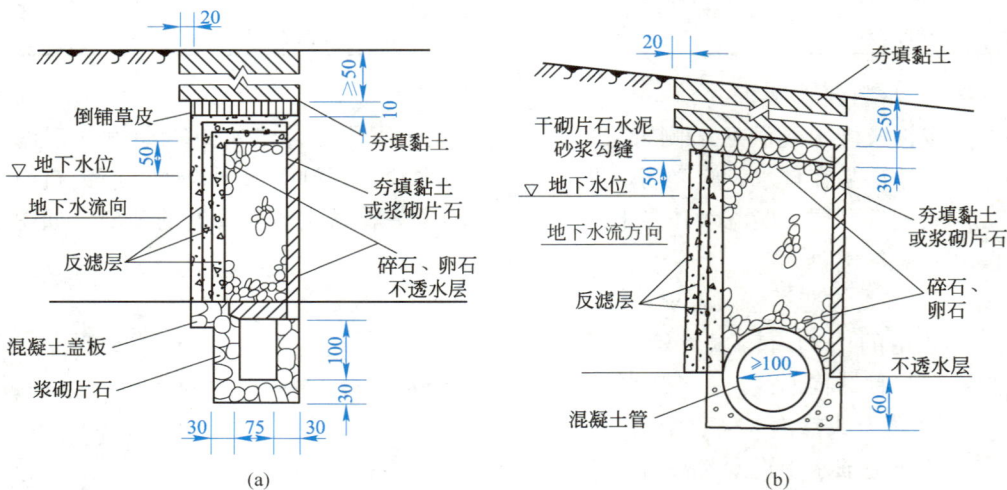

(a)

(b)

图 9-15　渗沟结构图(单位:cm)

(a)洞式渗沟;(b)管式渗沟

底宜埋入隔水层内不小于 0.5m。边坡渗沟、支撑渗沟的基底，宜设置在含水层以下较坚实的土层上。

（3）渗井

当地下水埋藏较深或有固定含水层时，宜采用渗水隧洞、渗井。渗井属于水平方向的地下排水设施，当地下存在多层含水层，其中影响路基的上部含水层较薄，排水量不大，当平式渗沟难以布置，采用立式（竖向）排水，设置渗井，穿过不透水层，将路基范围内的上层地下水，引入更深的含水层中，以降低上层的地下水位或全部予以排除。图 9-16 为渗井不同反滤层结构形式。

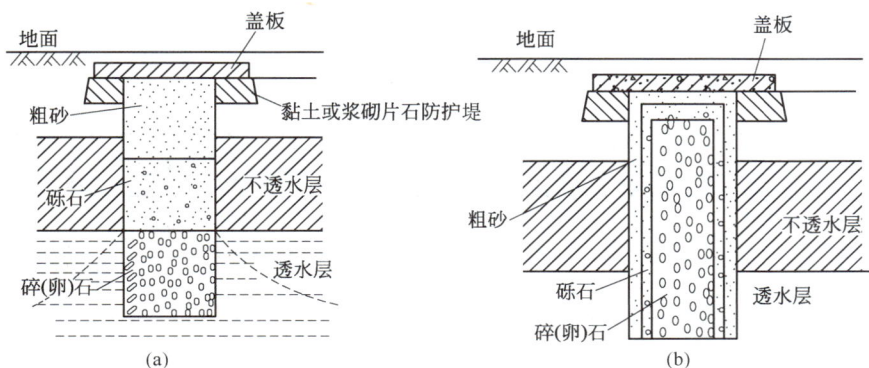

图 9-16 渗井的不同反滤层结构形式
（a）甲方案；（b）乙方案

（4）检查井、疏通井

深而长的暗沟（管）、渗沟及渗水隧洞，在直线段每隔一定距离及平面转弯、纵坡变坡点等处，宜设置检查井、疏通井，如图 9-17 所示。

检查井内应设检查梯，井口应设井盖，检查井兼作渗井时，井壁应设置反滤层。

（5）仰斜式排水孔

仰斜式排水孔用于引排边坡内的地下水。如图 9-18 所示为平孔式排水口。采用仰斜式排水孔的仰角不宜小于 6°，长度应伸至地下水富集部位或潜在滑动面，并宜根据边坡渗水情况成群分布。仰斜式排水孔排出的水宜引入路堑边沟排除。

9.1.3 排水沟渠加固

1. 明沟最大允许流速

当边沟冲刷强度超过表 9-2 所列的明沟最大允许流速时，应采取必要的防护加固措施。

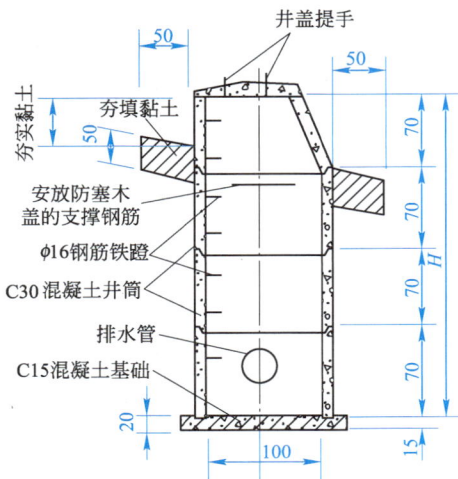

图 9-17 检查井（单位：cm）

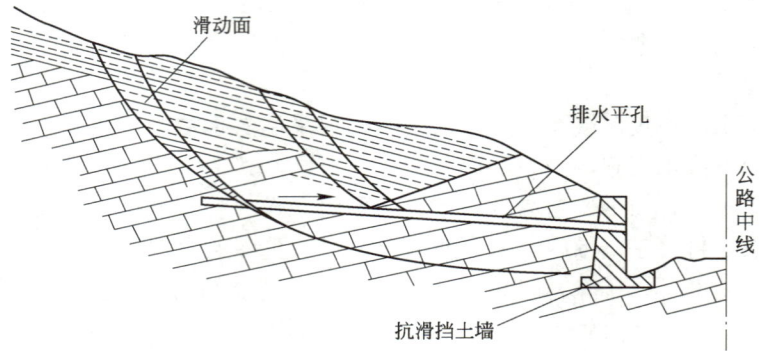

图 9-18　平孔式排水口

明沟最大允许流速　　　　　　　　表 9-2

明沟类别	最大允许流速（m/s）	明沟类别	最大允许流速（m/s）
细粒土质砂	0.8	片碎石（卵砾石）加固	2.0
低液限粉土、低液限黏土	1.0	干砌片石	2.0
高液限黏土	1.2	浆砌片石	3.0
草皮护面	1.6	水泥混凝土	4.0

2. 沟渠加固

路基排水沟渠的加固类型有多种，表 9-3 为土质沟渠各种加固类型，图 9-19 为沟渠加固横断面图，应结合当地条件，根据沟渠土质、水流速度、沟底纵坡和使用要求等确定。

土质沟渠加固类型及适用　　　　　　　　表 9-3

序号	形式	加固类型	使用条件			一般边坡坡度	铺砌厚度（cm）
			沟底最大纵坡（%）	容许流速（m/s）	适用条件		
1	简易式	表面夯实	1.5	0.8	土质边沟、排水沟	1:1～1:0.5	
2		铺植草皮	1.5	0.8	密实、较缓边坡	1:1.5～1:1	
3		三（四）合土抹面	3	1.0～2.5	无冻害及地下水	1:1.5～1:1	10～25
4	干砌式	单层干砌片石	3～5	2	密实无防渗漏	1:1	15～25
5		单层栽砌卵石	3～5	2～2.5	密实无防渗漏	1:1.5～1:1	15～20
6		干砌片石水泥砂浆勾缝	3～5	2～2.5	密实无防渗漏	1:1.5～1:1	15～25
7		干砌片石水泥砂浆抹面	3～5	2～2.5	密实有防渗漏	1:1.5～1:1	20～25
8	浆砌式	浆砌片石	5～7	>4	防渗要求高	1:1～1:0.5	25～30
9		片石（砖）砌矩形沟渠	5～7	>4	防渗要求高	垂直	30～50
10		混凝土预制块	5～7	>4	缺砂、石地段	1:1～1:0.5	6～10
11		跌水或急流槽	>7	>4	陡坡地段	1:1.5～1:0.1	

注：1. 三合土采用水泥：砂：炉渣＝1：5：1.5（质量比）；在无炉渣地区可使用石灰：黏土：碎（砾）石＝1：3.3：2.3（体积比）。
　　2. 四合土采用水泥：石灰：砂：炉渣＝1：3：6：24（质量比）。

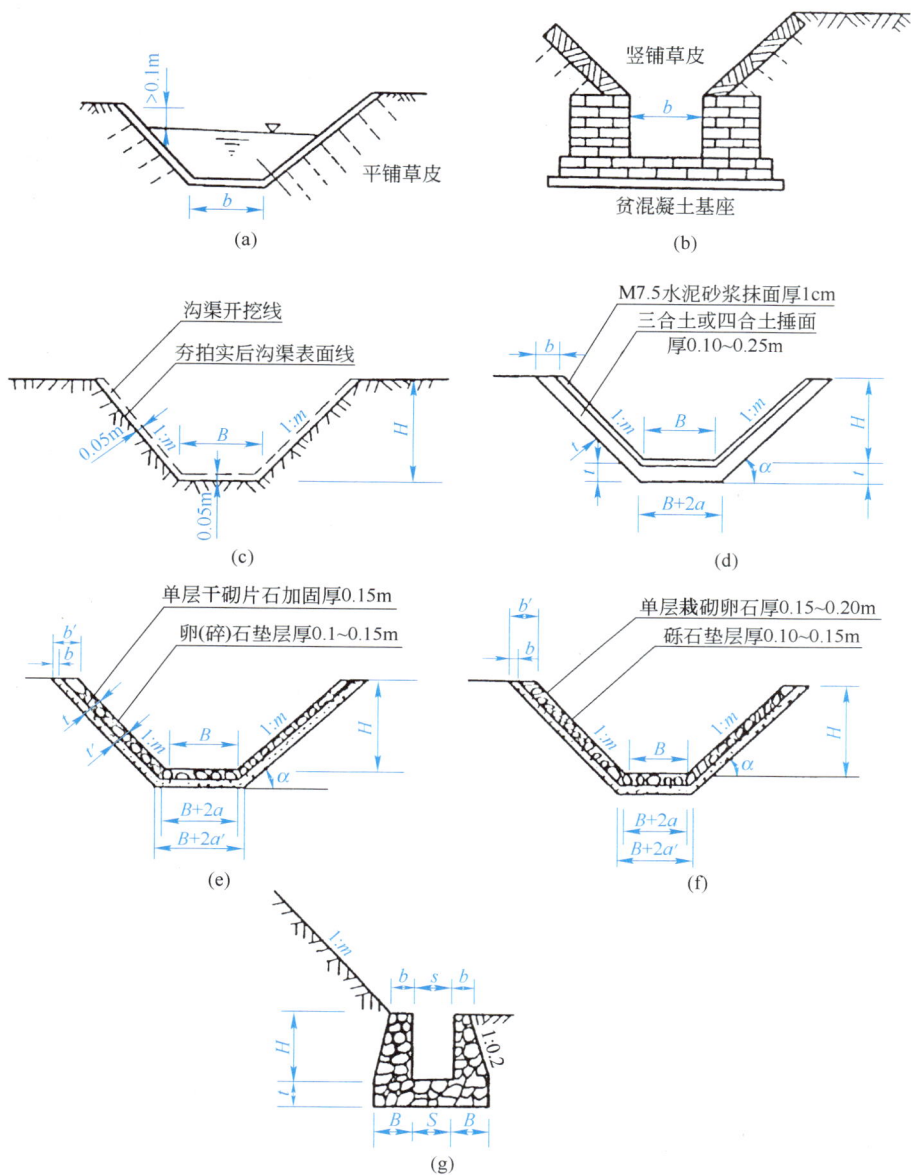

图 9-19　沟渠加固横断面图

9.2　城市道路排水简介

水害是使城市道路破坏的最主要病害之一。道路路面积水，不仅对交通安全极为不利，长期积水还可能造成路基整体破坏，最终导致路面早期破坏。同时城市排水系统的很多排水主干管都敷设在路面下，为保障生产和人民生活，还需及时排除生活污水和生产废水。城市道路排水重点是路基路面排水和绿化带的排水。

213

城市建成区内的道路排水应采用管道形式，城市外围道路可采用边沟排水，设计时应根据区域排水规划、道路设计和沿线地形环境条件综合选择。

9.2.1　城市道路排水分类

1. 道路地面水

城市道路排水分为两类：道路地面排水和道路地下排水（包括路面缝隙和绿化分隔带渗入地下的地表水）。

（1）排水范围

道路地面水包括道路范围内的车行道、人行道、分隔带、绿地、边坡的地面水，以及其他可能进入道路范围的地面水。

（2）排水系统的组成

城市道路排水系统的组成有：偏沟、雨水口、雨水口连接支管、检查井（含跌水井）、排水干管、出水口等。

（3）综合管廊

市政综合管廊的建设可以避免由于敷设和维修地下管线频繁挖掘道路而对于交通和居民出行造成的影响和干扰，确保道路交通畅通。

2. 道路地下水

道路的地下水和道路结构层内的水，可能对道路造成不良影响时，应采取适当的排除或隔离措施。

9.2.2　设计和施工要点

1. 管道纵坡

管道纵坡尽可能与街道纵坡一致。排水管纵坡不得太小，一般不小于 0.3%。为防止或减少沉淀，雨水管设计常采用自清流速，一般为 0.75m/s。道路纵坡大于 4% 时，为了不使管道纵坡过大，常分段设置跌水井。混凝土管和钢筋混凝土管最大流速为 5m/s。

2. 管道埋设深度

（1）管道最大允许埋深，一般干燥土壤中，不超过 7~8m，地下水位较高，可能产生流沙的地区不超过 4~5m。

（2）管道最小埋深，等于管直径与管道上面的最小覆土深度之和。

（3）在车行道下，管顶最小覆土深度一般按 0.7m 控制。

（4）冰冻地区，则要依靠防冻要求确定覆土深度。

（5）管顶覆土厚度不够时，可对管道采取加固保护措施，如浇筑混凝土包管。

3. 管材

（1）道路管道排水常采用的管材有：钢筋混凝土管、HDPE 管（600mm 以下管综合比较优于钢筋混凝土管）、其他管材（PVC 管、PE 管）、混凝土或钢筋混凝土排水沟、浆砌块石或砖砌排水沟。

（2）新型管材有：玻璃纤维增强塑料夹砂管、高密度聚乙烯管（HDPE）为热塑性管材，预应力钢筒混凝土管（PCCP）是兼有钢管和混凝土管优点的优质新型管材。软式弹性透水软导管是一种新型地下排水材料，软式透水管是一种具有过滤、透（排）水双重作用的新型管材（将本实用新型管埋于地下后，土层内多余的水通过管壁渗入管内排出，而泥砂及杂物被挡在管外，既有效地排除了多余的水，又可避免水土流失，特别适用于挡土墙、运动场、高尔夫球场、公园、隧道等场合的土层排水）。

4. 最小管径与最大管径

街道下污水管最小管径不应小于 300mm，雨水管最小管径不小于 400mm。

排水管最大管径一般不超过 1200mm。

5. 回填与压实

沟槽的回填料宜选用沉降量小的填料，如碎石土、砂。压实施工应符合《给水排水管道工程施工及验收规范》GB 50268—2008 中的做法。下层采用人工或打夯机夯实。管涵顶面回填土达到 50cm 以上时，方能用压路机碾压，每层碾压厚度不大于 20cm 并达到规范要求的压实度。

9.2.3　雨水口的设置规定

雨水口是指各种有拦渣措施、能收集地面水的排水设施。雨水口的布置方式应确保有效收集雨水，雨水不应流入路基范围。道路雨水口的形式、设置间距和泄水能力应满足道路排水要求。

1. 雨水口的构造形式

雨水口的构造形式有：平式雨水口、立式雨水口、联合式雨水口等。

（1）平式雨水口

缘石平箅式雨水口，适用于有路缘石的道路，主要排除路面水。地面箅式雨水口，适用于无路缘石的路面、广场及地面低洼聚水处等。

（2）立式雨水口

立式雨水口有立孔式和立箅式两种。其适用于有路缘石的道路，其中立孔式适用于箅子空隙容易被杂物堵塞的地方。立式雨水口进水孔底面应比附近路面略低。

（3）联合式雨水口

联合式雨水口适用于在水平和垂直方向上均有雨水箅子，宜于径流集中且有杂物阻塞处。

排除道路范围以外的水，宜采用明渠，断面形式为梯形或矩形。排水沟穿经城镇、居民区时，宜做成管渠。

2. 雨水口位置的设置要求

城市道路汇水点、人行横道上游、沿街单位出入口上游、靠地面径流的街坊或庭院的出水口等处均应设置雨水口。城市道路中雨水口还应符合下列规定：

（1）一般路段应按适当间距设置雨水口，路面低洼点应设置雨水口，易积水地段的雨水口宜适当加大泄水能力。

（2）边坡底部应设置边沟排水设施，路堑边坡顶部必须设置截水沟。

（3）隧道内当需要将结构渗漏水、地面冲洗废水和消防废水等排至洞外时，应设置排水设施；当洞外水可能进入隧道内时，洞口上方应设置截水、排水设施。

（4）雨水不应横向流过车行道，不应由路面流入桥面或隧道。

（5）设置超高弯道可能使外侧路面形成向内侧倾斜的横坡，有中间分隔带时应设置雨水口，避免雨水穿过分隔带横向流过内侧车道或从下游横向流过外侧车道；在横向方向转换的地方应设置雨水口，避免中间或路侧偏沟的雨水横向流过车行道。

3. 锯齿形偏沟

道路平坝地区，道路中心线纵坡坡度小于 0.3％时，可在道路两侧车道边缘 1～3m 宽度范围内设置锯齿形偏沟，以保证路面纵向排水。锯齿形偏沟的缘石外露高度，在雨水口处 h_g＝18～20cm；在分水点处 h_w＝10～12cm。雨水口处与分水点处缘石高差（h_g-h_w）宜控制在 6～10cm 范围内。立缘石顶面纵坡宜与道路中心线纵坡保持平行。锯齿形偏沟范围的道路横坡度，随分水点和雨水口的位置而变。雨水口放在最低处，分水点在最高处，这时偏沟纵断面与路中线平行的直线转变为锯齿形。条件困难时，可调整缘石顶面纵坡度。其计算详见本教材教学单元 2 的第 2.3.6 节锯齿形偏沟设计。

4. 渡槽与倒虹管

灌溉渠与道路相交无修建涵洞条件时，可修建渡槽与倒虹管。渠底高于道路标高并能满足道路建筑限界要求时，可设渡槽。渠底低于路面，但与路面的高差不能满足修建涵洞的要求时，可设置倒虹管。

渡槽宜为钢筋混凝土的矩形或梯形槽，过水断面满足设计要求。渡槽应有防漏和防溢措施。倒虹管水平管顶距路槽底面宜大于或等于 0.5m，距边沟底应大于或等于 0.3m。倒虹管井内应设闸槽、闸门、梯子等设施。村庄附近井口应设井盖。

5. 雨水口与雨水井

在雨水口及雨水井设计时，井口大小应考虑方便工作人员进入检修、养护操作。雨水口井深度宜小于或等于 1m。冰冻地区应对雨水井及其基础采取防冻措施。在泥沙量较大地区，可根据需要设置沉泥槽。必要时雨水口可以串联，串联雨水口不宜超过 3 个，并应增大连接管径。雨水口连接管的管基与雨水管道基础做法相同。

思 考 题 与 习 题

1. 常用公路地面排水设施有哪些？它们各适用于哪种情况？
2. 常用公路地下排水设施有哪些？它们各适用于哪种情况？
3. 城市道路排水有哪些设施？

码9-2　教学单元9
思考题与习题
参考答案

教学单元 10　一般路基施工

【教学目标】　本教学单元主要内容为路基施工前的准备工作、土质路堤的填筑方案与施工方法、石质路堤的填筑、土质路堑的填筑方案与施工方法、石质路堑的填筑方案与施工方法、路基压实的机理及压实标准、软土路基的施工及路基工程质量标准。通过学习学生掌握路基施工的基本方法，熟悉路基的压实标准、路基压实施工基本原则、提高路基整体强度和稳定性的方法。

10.1　路基准备工作的内容与要求

码10-1 公路路基
工程施工简介

10.1.1　路基施工的重要性

路基施工土石方工程量大、分布不均匀，不仅与路基工程相关的设施，如路基排水、防护与加固等相互制约，而且与道路工程的其他工程项目，如桥涵、隧道、路面及附属设施相互交错。因此，路基施工在质量标准、技术操作、施工管理等方面具有特殊性，必须予以研究和不断改进，就整个道路工程的施工而言，路基施工往往是施工组织管理的关键。

公路施工是野外操作，边远山区自然条件差，运输不便，设备与施工队伍的供应与调度难；路基工地分散，遇有特殊地质不良现象时，一般的技术问题变得复杂化，而复杂的技术问题，更是难以用常规的方法去解决。

城市道路路基施工条件一般比公路好，尤其在物质供应、生活条件及通信运输等方面，比较容易安排。但城市路基施工也有不利的方面，集中表现在：地面拆迁多、地下管线多、配套工程多、施工干扰多。此外，路基施工中还存在：场地布置难、临时排水难、用土处置难、土基压实难及地层不利等问题。路基的隐蔽工程较多，质量不达标准会给路面及自身留下隐患，一旦产生病害，不仅损坏道路使用品质，导致妨碍交通及经济损失，而且往往后患无穷，难以根治。因此，要确保工程质量，实现快速、高效、安全施工，必须重视施工技术与管理。

10.1.2　路基施工的基本方法

路基施工的基本方法，按其技术特点大致可分为：人工、简易机械化、综合机械化、水力机械化和爆破法等。

（1）人力施工是传统方法，使用手工工具、劳动强度大、功效低、进度慢、工程质量也难以保证，但限于具体条件，短期内还必然存在并适用于地方道路和某些辅助性工作。

（2）简易机械化施工和综合机械化施工，是保证高等级公路施工质量和施工进度的重要条件，对于路基土石方工程来说，更具有迫切性。实践证明，单机作

217

业的效率，比人力及简易机械施工要高得多，但需要大量的人力与之配合。由于机械和人力的效率差距过大，难以协调配合，单机效率受到限制，势必造成停机待料，机械的生产率很低。如果对主机配以辅机，相互协调，共同形成主要工序的综合机械化作业，工效才能大大提高。

（3）水力机械化施工也是机械化施工的方法之一，它是运用水泵、水枪等水力机械，喷射强力水流，冲散土层并流运至指定地点沉积，例如采集砂料或地基加固等。水利机械适用于电源和水源充足，挖掘比较松散的土质及地下钻孔等。对于砂砾填筑路堤或基坑回填，还可起到密实作用（称为水夯法）。

（4）爆破法是石质路基开挖的基本方法。除石质路堑开挖而外，爆破法还可用于冻土、泥沼等特殊路基施工，以及清除路面、开石取料与石料加工等。

上述施工方法的选择，应根据工程性质、施工期限、现有条件等因素而定，而且应因地制宜和各种方法综合使用。

10.1.3　施工前的准备工作

施工单位的施工准备工作千头万绪，涉及面广，必须有计划、按步骤、分阶段进行，才能在较短的时间内为工程的开工创造必要的条件。准备工作的基本任务是了解施工的客观条件，根据工程的特点、进度要求，合理安排施工力量，从人力、物资、技术和施工组织等方面为工程施工创造一切必要条件。

1. 组织准备

组织准备包括建立健全施工组织机构和组建施工队伍。

（1）建立施工组织机构

我国与国际施工惯例接轨，工程建设已全部按照 FIDIC 合同条件进行施工与监理，因此，对一个施工项目的施工单位来讲，主要是实行项目经理负责制，即项目经理全面负责的目标责任制。

（2）组建施工队伍

根据所承担的工程量的大小和工期要求，安排总进度计划网络图，并进一步估算全部工程用工工日数，平均日出工人数，施工高峰期日出工人数，以及技术工种、机械操作工种、普通工种等用工比例，选择能够适应其工程质量、工期进度要求的作业队伍，并与施工劳动作业单位签订劳务合同，实行合同管理。

考虑到所担负工程的具体情况，结合施工队伍施工特点、技术装备情况、技术熟练程度和施工能力，施工队伍应进行适当的培训，以满足工程施工的要求。

2. 物资准备

（1）机械及工具准备

根据工程需要、工程量大小及施工进度，配备足够数量且有效的施工机械、设备及工具，机械设备要配套选择，充分发挥机械设备的性能，要保证机械设备的正常操作使用。

（2）材料准备

1）编好材料预算，提出材料的需用量计划及加工计划。

2）根据施工平面图安排，落实材料的堆放和临时仓库设施。

3) 组织材料的分批进场。当场地狭小时，要考虑场地的多次周转使用，按时间、地点使用场地。

4) 组织材料的加工准备，尽可能集中加工。

（3）安全防护准备

按照施工安全要求，切实做好防火、防爆工作，准备好各种安全防护和劳动防护用品，并要求全体人员严格遵守安全操作规程进行施工。

3. 技术准备

（1）熟悉设计文件

主要是领会文件精神，注意设计文件中所采用的各项技术指标，考虑其技术经济的合理性和施工的可能性。

（2）编制施工方案，进行施工组织设计

主要是编制施工进度图和概预算控制文件等。

（3）技术交底

1) 熟悉和核对设计文件。设计文件是工程施工最重要的依据。组织技术人员熟悉和了解设计文件，是为了明确设计者的设计意图，掌握图样、资料的主要内容及有关的原始资料。

① 各项计划的布置、安排是否符合国家的有关方针、政策和规定以及国家的整体布局；设计图样、技术资料是否齐全，有无错误和相互矛盾之处。

② 设计文件所依据的水文、气象、岩土等资料是否准确、可靠、齐全。

③ 掌握整个工程的设计内容和技术条件，弄清设计规模、结构特点和形式。

④ 核对路线中线、主要控制点、转角点、水准点、三角点、基线等是否准确无误；重点地段的路基横断面是否合理；重要构造物的位置、结构形式、尺寸大小、孔径等是否恰当，能否采用更先进的技术或使用新材料。

⑤ 路线或构造物与农用、水利、航道、公路、铁路、电信、管道及其他建造物的互相干扰情况及其解决办法是否恰当，干扰可否避免，特别要解决好发生在历史文物纪念地、民族特殊习惯区域等的干扰问题。

⑥ 对地质不良地段采取的处理措施是否先进合理，对防止水土流失和保护环境采取的措施是否恰当、有效。

⑦ 施工方法、材料分布、运输工具道路条件等是否符合工程现场实际情况。

⑧ 临时便桥、便道、房屋、电力设施、电信设施、临时供水、场地布置等是否恰当。

⑨ 各项纪要、协议等文件是否齐全、完善。

⑩ 明确建设期限，包括分期、分批施工的工程期限要求。

现场核对时，如发现设计有错误或不合理之处，应提出修改意见报有关单位审批，待核准批复后进行现场测量、修改设计、补充图样等工作。

2) 补充调查资料。进行现场补充调查是为优化和修改设计、编制实施性施工组织设计、因地制宜地布置施工场地等收集资料。调查的内容主要有工程地点的地形、地质、水文、气候条件；自采加工材料场储量；地方生产材料情况、施工期间可供利用的房屋数量；当地劳动力资源、工业生产加工能力、运输条件和运输工具；施工场地的水源、水质、电源以及生活物质供应状况；当地民俗风情、生活习惯等。

3）组织先遣人员进场。道路施工需要调用大量人工、材料和机具，施工先遣人员的任务，就是结合施工现场的实际情况具体落实施工队一旦进入工地后在生产、生活、环境等方面必须解决的问题，对施工中涉及其他部门的问题做好联系、协调工作，签订相应的会谈纪要、协议书或合同，同时还要及时与当地政府部门取得联系，积极争取地方政府对工程施工的支持。

4）编制实施性施工组织设计和施工预算。实施性施工组织设计是指导施工的重要技术文件。公路施工系野外作业，又是线性工程，各地自然地理状况和施工条件差异很大，不可能采用一种定型的、一成不变的施工方案和施工方法，每项工程的施工都需要通过深入细致的工作，个别确定施工方案和施工组织方法。因此，必须认真做好实施性施工组织设计，并编制相应的施工预算。

（4）施工测量

工程开工前，要对业主及设计单位提供的现场红线控制桩等进行现场复核，确认无误后才能使用。施工前的测量工作主要包括：

1）导线复测；

2）水准点复测与加密；

3）中线放样；

4）路基放样。

4. 场地准备

施工场地的准备一般由建设单位（业主）完成，或根据合同文件规定由建设单位配合施工单位准备。

（1）用地划界及拆迁建筑物

施工前，根据实际情况确定用地范围，进行公路用地测量，并绘制用地平面图及用地划界表，送交有关单位拆迁及办理占用土地手续。

（2）二级及二级以上公路路堤和填方高度小于 1m 的公路路堤，应将路堤基底范围内的树根全部挖除，并将坑穴填平夯实；填方高度大于 1m 的二级以下公路路堤，可保留树根，但树根不能露出地面。取土坑范围内的树根应全部挖除。对路幅范围内、取土坑的原地面表层腐殖土、表土、草皮等进行清理，填方地段还应按设计要求整平压实。清出的表层土宜充分利用。

（3）砍伐树木

在路基施工范围内，对妨碍视线、影响行车的树木、灌木丛，均应在施工前进行砍伐或移植清理。砍伐后的树木，应堆放在不妨碍施工和不影响农业生产的地方。

（4）场地排水

通常是根据现场情况，设置纵横排水沟，形成排水系统，将水引入附近河渠、低洼处排除。为节省工程量，避免返工浪费，所开的排水沟应按所设计的路基排水系统布置。

5. 铺筑试验路

对二级及二级以上公路路堤、填石路堤、土石路堤、特殊地段路堤、特殊填料路堤、拟采用新技术、新工艺、新材料的路堤应铺筑试验路。试验路段应选择在地质条件、断面形式等工程特点具有代表性的地段，路段长度不宜小于100m。

路堤试验路段应包括以下内容：

（1）填料试验、检测报告等；

（2）压实工艺主要参数：机械组合；压实机械规格、松铺厚度、碾压次数、碾压速度；最佳含水量及碾压时含水量允许偏差等；

（3）过程质量控制方法、指标；

（4）质量评价指标、标准；

（5）优化后的施工组织方案及工艺；

（6）原始记录、过程记录；

（7）对施工设计图的修改建议等。

6. 临时工程

为了维护施工期间的场内外交通，保证机具、材料、人员和给养运送，必须在开工前做到"四通一平"，通水、通电、通临时道路及电信设备，并应保持行驶安全。在施工过程中，如需阻断原有道路的交通时，应事先设置便道、便桥和必要的行车标志及灯光，以保证交通不受阻碍。完工时，应恢复受施工干扰的旧路与其他场地，并做好新旧路的连接工程。

10.2　填方路基施工

10.2.1　施工特点

（1）由于路堤存在沉降和稳定问题，特别是高路堤可能发生的稳定性问题，要求其施工质量高，因此无论是对基底的处理，还是填料的选择、排水措施、压实标准的控制等方面要求都比较高，以保证路基的稳定性与耐久性。

（2）公路路堤，尤其是高等级公路，一般都比较高，所需土方量很大，因此一般应采用机械化作业，从基础的处理，填料的开挖、运送、摊铺、压实均采用一系列的机械进行施工。

（3）为尽量减少路堤沉降，提高路堤稳定性，必须广泛采用新材料、新的施工设备和新的检测手段，如采用粉煤灰材料填筑路堤，采用重型压实标准等。

（4）道路施工中必须做好环境保护和绿化工作，而这一点在路堤施工中是相当重要的，施工中存在的水土、植被地貌都不应由于施工而遭到破坏，填料不能有有害物质，防止环境受污染。

10.2.2　基底处理

路堤是在天然地基上人为构筑的主体，一般都是利用当地土石做填料、按一定方案在原地面上填筑起来的。经验证明，为保证路堤的填筑质量，保证路堤具有足够的强度和稳定性，必须对基底的处理予以严格控制。

（1）清表处理

路堤基底是指路堤填料与原地面的接触部分。为使两者结合紧密，避免路堤沿基底发生滑动，防止因草皮、树根腐烂而引起路堤沉陷，应对原地表进行清表处理。

（2）开挖台阶

对于基底为坡面填方路堤，在荷载作用下，粒料极易失稳而沿坡面产生滑移，因此在施工前必须注意对基底坡面处理后方能填筑。经验表明，当坡度在1∶10～1∶5之间时，只需清除坡面上的树、草杂物后，将翻松的表层压实后即可保证坡面的稳定。但当坡度在1∶5～1∶2.5之间时，应采取如图10-1所示的方法将坡面做成台阶形，一般宽度不宜小于2m，高度最小为1.0m，而且台阶顶面应做成向堤内倾斜3％～5％的坡度。如果基底坡面超过1∶2.5时，则应采用修护墙、护脚等措施对外坡脚进行特殊处理。

（3）临时排水、截水、永久性排水

1）应做好施工期间临时排水总体规划建设，临时排水设施应与永久性排水设施综合考虑，并与工程影响范围内的自然水系相协调。

2）当路基稳定受到地下水影响时，应拦截或排除，引地下水至路堤基础范围之外（图10-2），再进行填方压实。

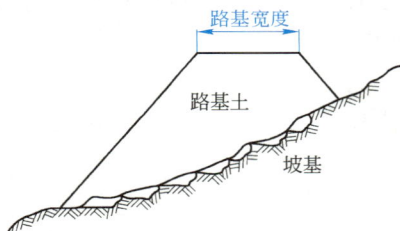

图 10-1 坡面基底的处理　　　　　图 10-2 砂垫层排水处理

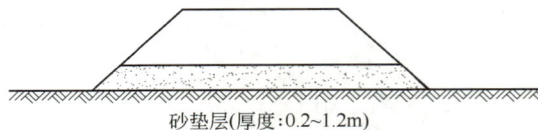

地基表层处理后，二级及二级以上公路路堤基底的压实度不小于90％；三、四级公路应不小于85％。

10.2.3 填料选择

（1）填方路基应优先选用级配较好的砾类土、砂类土等粗粒土作为填料，填料最大粒径应小于150mm。

（2）泥炭、淤泥、冻土、强膨胀土、有机土及易溶盐超过允许含量的土等，不得直接用于填筑路基。冰冻地区的路床及浸水部分的路堤不应直接采用粉质土填筑。

（3）路床填料粒径应小于100mm。当采用细粒土填筑时，公路路堤填料最小承载比要求和压实度应符合表6-2规定，城市道路填料最小承载比符合表6-3规定。

（4）液限大于50％、塑性指数大于26的细粒土，不得直接作为路堤填料。

（5）浸水路堤应选用渗水性良好的材料填筑。当采用细砂、粉砂作填料时，应考虑振动液化的影响。

（6）膨胀岩石、易溶性岩石不宜直接用于路堤填筑，强风化石料、崩解性岩石和盐化岩石不能直接用于路堤填筑。

（7）填石的填料粒径应不大于 500mm，并不宜超过层厚的 2/3，不均匀系数宜为 15～20。路床底面以下 400mm 范围内，填料粒径应小于 150mm。

10.2.4　土质路堤的填筑

1. 填筑方法

路堤基本填筑方案有分层填筑法、竖向填筑法和混合填筑法三种。

（1）分层填筑法

路堤填筑必须考虑不同的土质与填筑厚度要求，从原地面逐层填起并分层压实，每层填土的厚度可按压实机具的有效压实深度和压实度确定。分层填筑法又可分为水平分层和纵向分层填筑法两种。

水平分层填筑法在填筑时按照横断面全宽分成水平层次，逐层向上填筑。如原地面不平，应由最低处分层填起，每填筑一层经过压实后再填下一层，如图10-3（a）所示。

纵向分层填筑法宜于用推土机从路堑取土填筑距离较短的路堤，依纵坡方向分层，逐层向上填筑，如图 10-3（b）所示。

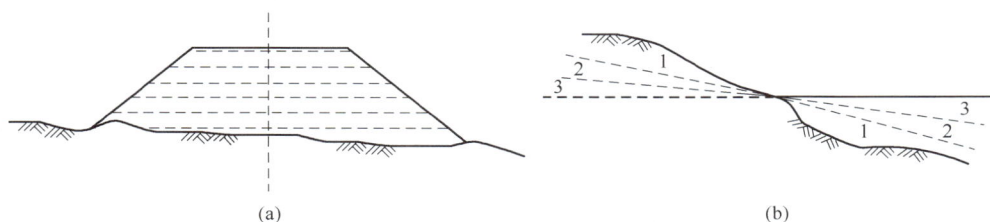

图 10-3　分层填筑法
（a）水平分层填筑法；（b）纵向分层填筑法
注：图中数字为填筑顺序。

（2）竖向填筑法

在深谷陡坡地段填筑路堤，无法自下而上分层填筑，可采用竖向填筑法。竖向填筑是指从路堤的一端或两端按横断面全部高度，逐步推进填筑，如图 10-4 所示。竖向填筑因填土过厚不易压实，施工时需采取下列措施：选用振动式或夯击式压实机械；选用沉陷量较小及粒径均匀的砂石材料；暂不铺筑较高级的路面，容许短期内自然沉落。

（3）混合填筑法

在深谷陡坡地段填筑路堤，尽量采用混合填筑法，如图 10-5 所示，即在路堤下层竖向填筑，上层水平分层填筑，使上部填土经分层压实获得需要的压实度。

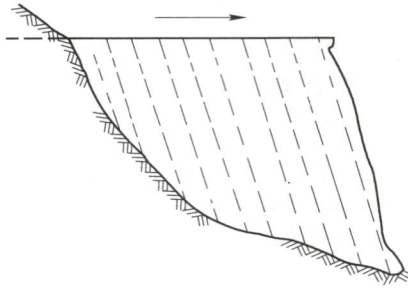

图 10-4　竖向填筑法　　　　　　图 10-5　混合填筑法

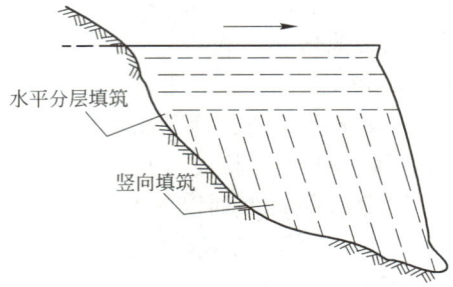

2. 基本要求

（1）性质不同的填料，应水平分层、分段填筑，分层压实。同一水平层路基的全宽应采用同一种填料，不得混合填筑。每种填料的填筑层压实后的连续厚度不宜小于 500mm。填筑路床顶最后一层时，压实后的厚度应不小于 100mm。在填筑效果方面，使用不同的填料应采用适宜的施工工艺，不合理的施工工艺会造成路基出现不均匀沉降、水囊现象和不稳定的滑动面等病害。

（2）潮湿或冻融敏感性小的填料应填筑在路基上层。强度较小的填料应填筑在下层。在有地下水的路段或临水路基范围内，宜填筑透水性好的填料。

（3）在透水性不好的压实层上填筑透水性较好的填料前，应在其表面设 2%～4% 的双向横坡，并采取相应的防水措施。不得在透水性较好的填料所填筑的路堤边坡上覆盖透水性不好的填料。

（4）每种填料的松铺厚度应通过试验确定，并考虑施工后削坡预留宽度。

（5）土质路基如按设计断面尺寸填筑，路基边缘部分的压实度很难达到规定要求，实际上等于缩小了路基断面，使路基质量受到影响，因此应适当增加碾压宽度，保证全断面的压实质量，保证每一填筑层压实后的宽度不小于设计宽度。

（6）路堤填筑时，应从最低处起分层填筑，逐层压实；当原地面纵坡大于 12% 或横坡大于 20% 时，应按设计要求挖台阶，以保证填方土体的稳定。每级台阶高度可取压实机具一层压实厚度的整倍数。

（7）填方分几个作业段施工时，接头部分如不能交替填筑，则先填路段，应按 1:1 坡度分层留台阶；如能交替填筑，则应分层相互交替搭接，搭接长度不小于 2m。

用不同土质填筑路堤的正确与错误方案如图 10-6 所示。

10.2.5　填石路堤的填筑

填石路堤的填筑方式有逐层填筑压实和倾填（含抛填）两种。抛填又可分为石块从岩面爆破后直接散落在准备填筑的路堤内、用推土机将爆破后堆放在半路堑上的石块以及用自卸汽车从远处运来的爆破石块推入路堤两种情况。填石路堤填筑应符合以下规定。

（1）路堤施工前，应先修筑试验路段。确定满足孔隙率标准的松铺厚度、压实机械型号及组合、压实速度及压实遍数、沉降差等参数。

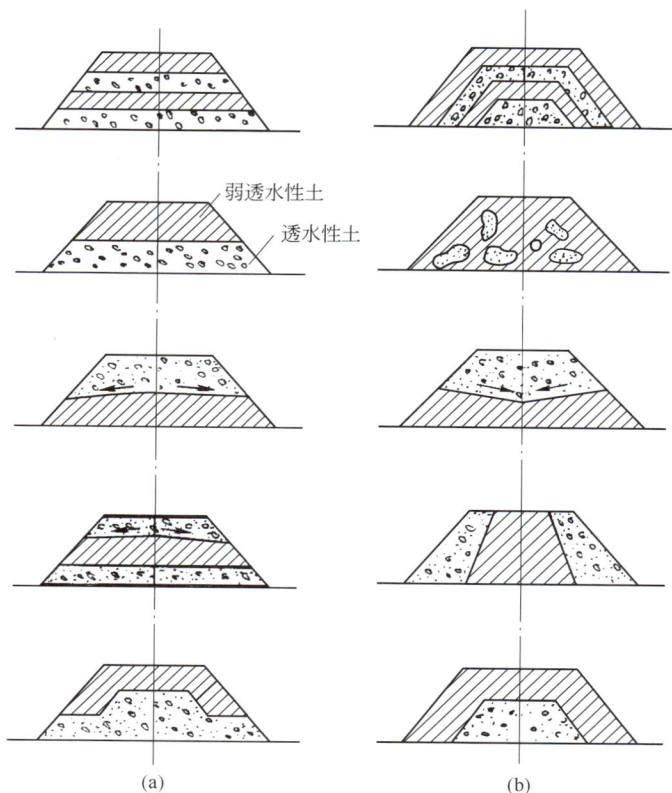

图 10-6　路堤分层填筑方案
（a）正确方案；（b）错误方案

（2）二级及二级以上公路的填石路堤应分层填筑压实。二级以下砂石路面公路在陡峻山坡地段施工特别困难时，可采用倾填的方式将石料填筑于路堤下部，但在路床底面以下不小于 1.0m 范围内仍应分层填筑压实。

（3）岩性相差较大的填料应分层或分段填筑，严禁将软质石料与硬质石料混合使用。

（4）填石路堤的边坡部位常常是摊铺、压实的薄弱环节，因此中硬、硬质石料填筑路堤时，应进行边坡码砌。边坡码砌与路基填筑应该同步进行，并且所采用的石料应整齐、不易风化。一般采用干砌的方式。

（5）在填石路堤顶面与细粒土填土层之间应设 2～3 层碎石过渡层。

（6）压实机械宜选用自重不小于 18t 的振动压路机。

10.2.6　路堤预留沉降量

1. 一般路基

一般路基当路堤填料按要求压实程序达到规定的压实度后，仍可能在路堤竣工后产生一定的沉降量，为此，在线路纵断面设计允许的情况下，应在施工中对填筑的路堤考虑预留沉降量，可以按预留沉降速率计算日后路堤总沉降量，以便使道路纵断面的标高达到路基的设计标高。城市道路路基填方较低，一般酌情考虑。

道路软土地基沉降处理的控制标准见表10-1。

软土地基沉降处理的控制标准　　　　　　表 10-1

道路等级	沉降控制位置		
	与桥台相邻处	与构造物相邻处（涵洞、通道等）	一般路段
高速公路、一级公路	≤0.10m	≤0.20m	≤0.30m
快速路、主干路			≤0.25m
二级公路	≤0.20m	≤0.30m	≤0.50m
次干路			≤0.30m

2. 特殊地基

对于软土、超软土、沼泽地带的路基，除了首先进行排水和加固处理外，通常还应通过试验路段试铺，得到施工中地基固结的沉降速率，以便提出施工铺筑路基的周期和层厚（案例：杭甬高速公路宁波地段，属于超软土地基，采用宕渣填筑路基，经试铺后，提出每周加铺一层，每层厚20cm填筑，才能满足超软土地基垂直排水固结要求，地基的强度和稳定性要求，路基填筑完工后，堆载半年，使其沉降达到稳定）。因此，特殊地带路堤的沉降还应综合考虑基底的沉降变形，即一并考虑填方沉降和地基的沉降量。所以，这些地带填方路基高度要达到设计标高，由于地基的沉降，实际填方高度、路基的实际放样宽度远远地大于一般地区。高路堤则应将地基和堤身分开考虑，并应通过设计和试验综合确定沉降量。

路堤填方的沉降与施工碾压质量、填土高度、填料土质等因素有关。在正常情况下可按堤高的1‰～3‰预留量进行路基设计标高放样，同时计算路基放样宽度时，在考虑了沉降损失后，还应根据经验略有放宽，以满足沉降后路基的设计宽度和日后修理边坡要求。施工期间要加强沉降量观测工作。施工中加强质量管理，边坡要夯密实，尽早密铺草皮及采取其他必要的防护。

10.3　挖方路基施工

10.3.1　路堑施工特点和边坡类别

1. 挖方路基施工特点

由于挖方路堑是由天然地层构成的，天然地层在生成和演变的长期过程中，一般具有复杂的地质结构。处于地壳表层的挖方路堑边坡施工中受到自然和人为因素，包括水文、地质、气候、地貌、设计与施工方案等的影响，比路堤边坡更容易发生变形和破坏。

工程实践证明，路基出现的病害大多发生在路堑挖方地段上，诸如滑坡、崩坍、落石、路基翻浆等。路基大断面的开挖施工，破坏了原有山体的平衡，施工方案选择不合理，边坡太陡，废方堆弃太近，草皮栽种、护面铺砌及挡土墙施工不及时，排水不良等都会引起路堑边坡失稳、滑坍，严重时甚至影响整个工程进度，这是挖方路基施工中经常出现的问题。施工人员应从设计审查、施工方案选择、现场地质水文调查多方面把关，切实做好挖方路基施工。

2. 挖方路基边坡类别

挖方边坡分类见表 10-2。

挖方边坡分类表　　　　　　　　　　　　　表 10-2

分类依据	名称	简　述	分类依据	名称	简　述
岩性	土质边坡	由土构成	边坡高度	高边坡	岩石边坡高大于 30m 土质边坡高大于 20m
				中等边坡	岩石边坡高介于 8～30m 土质边坡高介于 6～20m
	岩石边坡	由岩石构成		低边坡	岩石边坡高小于 8m 土质边坡高小于 6m

10.3.2　土质路堑施工

1. 施工方法

路堑开挖施工，除需考虑当地的地形条件、采用的机具等因素外，还需考虑土层的分布。在路堑开挖前，应做好现场伐树除根等清理和排水工作。如果移挖作填时，还应将表土单独掘弃，或按不同的土层分层挖掘，以满足路堤填筑的要求。路堑开挖根据路堑高度、纵向长短及现场施工条件，可采用以下几种基本方法。

（1）横向挖掘法

1）单层横向全宽挖掘法

从开挖路堑的一端或两端按断面全宽一次性挖到设计高程，逐渐向纵深挖掘，挖出的土一般都是向两侧运送，如图 10-7（a）所示。这种方法适用于挖掘深度小且较短的路堑。

2）多层横向全宽挖掘法

从开挖的一端或两端按横断面分层挖至设计高程，如图 10-7（b）所示。多层横向全宽挖法主要适用于开挖深而短的路堑。土质路堑的开挖可采用人工作业，也可选用机械作业。

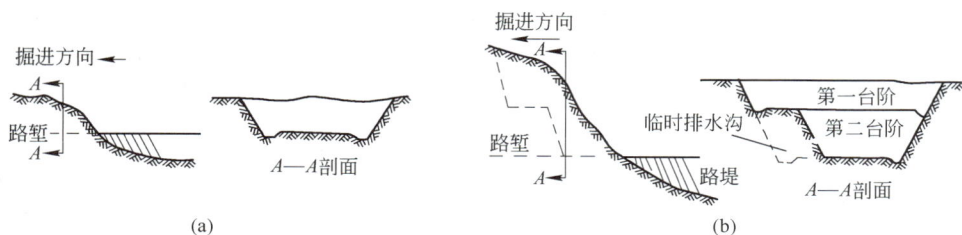

图 10-7　横向全宽挖掘法
（a）单层横向全宽挖掘法；（b）多层横向全宽挖掘法

（2）纵向挖掘法

1）分层纵挖法

沿路堑全宽，以深度不大的纵向分层进行挖掘，如图 10-8（a）所示，该方法适用于较长的路堑开挖。

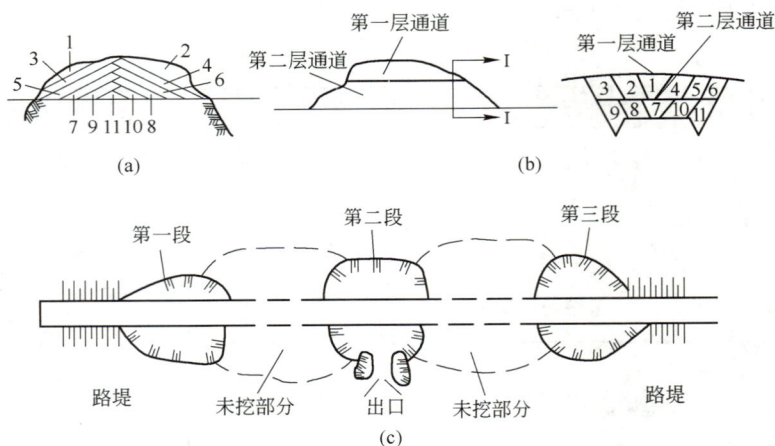

图 10-8　纵向挖掘法

（a）分层纵挖法（图中数字为挖掘顺序）；（b）通道纵挖法（图中数字为拓宽顺序）；
（c）分段纵挖法

2）通道纵挖法

先沿路堑纵向挖掘一通道，然后将通道向两侧拓宽以扩大工作面，并利用该通道作为运土路线及场内排水的出路，如图 10-8（b）所示，该层通道拓宽至路堑边坡后，再开挖下层通道，如此向纵深开挖至路基高程。该方法适用于较长、较深、两端地面纵坡较小的路堑开挖。

3）分段纵挖法

沿路堑纵向选择一个或几个适宜处，将较薄一侧堑壁横向挖穿，使路堑分成两段或数段，各段再纵向开挖，如图 10-8（c）所示。该方法适用于路堑过长，弃土运距过远的傍山路堑，其一侧堑壁不厚的路堑开挖。土质路堑纵向挖掘，多采用机械化施工。

（3）混合挖掘法

当路线纵向长度和挖深都很大时，为扩大工作面，可将多层横挖法和通道纵挖法综合使用。先沿路堑纵向挖通道，然后沿横向坡面挖掘，以增加开挖坡面，如图 10-9 所示。每一坡面的大小应能容纳一个施工小组或一台机械作业。

2. 注意事项

深挖掘中特别需要注意的问题是保证施工过程或竣工后的有效排水。一般应先开挖排水沟槽，并要求与永久性构造物相结合，并设法排除一切可能影响边坡稳定的地面水和地下水，为此，路堑开挖作业时应注意以下几点：

（1）由于水是造成路堑各种病害的主要原因，所以，不论采取何种开挖方法，均应保证开挖过程中及竣工后的有效排水，如图 10-10 所示，确保施工作业面不

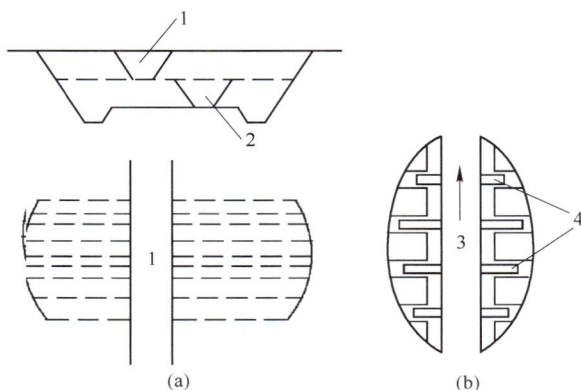

图 10-9   混合挖掘法

（a）挖空横断面；（b）纵、横通道平面示意图

注：箭头表示运土与排水方向，数字表示工作面号数。

积水。开挖路堑时，要在路堑的线路方向保持一定的纵坡度，以利于排水和提高
运输效率。

图 10-10   施工时排水

（a）纵坡路堑；（b）平坡路堑

注：图中数字为开挖顺序。

（2）开挖时应按照横断面自上而下，依照设计边坡逐层进行，防止因开挖不
当而引起边坡失稳崩塌。当开挖至零填、路堑路床部分后，应尽快进行路床施
工，如不能及时进行，宜在设计路床顶标高以上预留至少 300mm 厚的保护层。

在地质不良拟设挡土墙的路堑中，路堑开挖应以分段挖掘，同时修筑挡土墙
或其他防护设施的方法为宜，以保证安全。

（3）开挖过程中，应采取措施保证边坡稳定。开挖至边坡线前，应预留一定
宽度，预留的宽度应保证刷坡过程中设计边坡线外的土层不受扰动。

（4）路堑弃土应按要求，整齐地堆在路基一侧或两侧，不得占用耕地。弃土
堆内侧坡脚（靠路堑一侧），至路堑边坡顶端距离不得小于规定限度。

（5）弃土运往别处时，挖掘工作面的运输散落土料要及时清除，尤其是每个
工作日作业结束时，更要注意及时用推土机将散落土清除干净，以防土遇雨积
水，造成滑坡损害，以至于发生滑塌事故。

（6）松软土地带或其他不符合要求的土质地段，要采取各种稳定处理措施，
并注意地下水的上升情况，根据需要设置排水盲沟等。

10.3.3   石质路堑施工

石质路堑是山区与丘陵地区的一种常见路基形式，由于是开挖建造，结构物
的整体稳定是路堑设计、施工的中心问题。地质条件（岩石的性质、地质构造、

风化破碎程度及边坡高度等）对路基的稳定影响较大，设计前应对路线的工程地质条件、岩体特征（结构、产状、破碎程度）及公路等级、边坡高度和施工方法进行综合调查，制定切实可行的设计指标和施工方法。

路基边坡的形状，一般可分为直线、折线和台阶形三种。当挖方边坡较高时，可根据不同的土质、岩石性质和稳定要求开挖成折线式或台阶式边坡，边沟外侧应设置碎落台，其宽度不宜小于 1.0m；台阶式边坡中部应设置边坡平台，边坡平台的宽度不宜小于 2m。

边坡坡顶、坡面、坡脚和边坡中部平台应设置地表排水系统，当边坡有积水湿地、地下水渗出或地下水露头时，应根据实际情况设置地下渗沟、边坡渗沟或仰斜式排水孔，或在上游沿垂直地下水流向设置拦截地下水的排水隧洞等排导设施。

根据边坡稳定情况和周围环境确定边坡坡面防护形式，边坡防护应采取工程防护与植物防护相结合的措施，稳定性差的边坡应设置综合支挡工程。条件许可时，宜优先采用有利于生态环境保护的防护措施。

当土质挖方边坡高度超过 20m、岩石挖方边坡高度超过 30m 以及不良地质地段路堑边坡，应按有关规定，进行路基高边坡个别处理设计。

对于岩土的破碎开挖，主要采用两种方法：一是松土机械作业法，二是爆破作业法。松土机械作业法是利用大型、整体式松土器，耙松岩土后由铲运机械装运。其特点是作业过程比较简单，具有较高的作业效率。在国外高等级公路施工作业中被广泛采用。因此，对岩土的开挖，如果能用松土器破碎，建议使用该种方法。爆破作业法是利用炸药爆炸时所产生的热和高压，使岩石或周围的介质受到破坏或移位。其特点是施工进度快，并可减轻繁重的体力劳动，提高劳动生产率。但这种方法，毕竟是一种带有危险性的作业，需要有充分的爆破知识和必要的安全措施。

码10-2 爆破法

10.4　路　基　压　实

10.4.1　路基压实的意义

土基的压实程度对路基的强度和稳定性影响极大。未经压实的土质路基，在自然因素和行车荷载作用下，必然要产生较大的变形或破坏，这是由于未经压实的路基抵抗暴雨或水流冲刷的能力很低。与此相反，压实紧密的路基，强度提高，变形显著地减小，可以避免大规模的破坏，稳定性得到明显改善。因此，土基的压实是路基施工极其重要的环节，是保证路基质量的关键。在实际操作中，压实度表示某一有限厚度的路面结构经碾压后的相对密实程度。

码10-3 路基
施工机械

10.4.2　影响压实的主要因素

1. 含水量对压实效果的影响

室内击实试验获得的含水量同干密度的关系如图 10-11 中曲线 1 所示，图中纵坐标为干密度，用其表征土的密实程度。在同等压实功下，土的干密度随着含水量增加而提高，这主要是由于水在土颗粒之间起润滑作用，使得土粒间摩阻力

减小，外力施加后，孔隙减小，土粒挤紧，干密度提高。干密度至最大值后，若含水量继续增大，土粒孔隙为过多水分占据，而水一般不为外力所压缩，因而土的干密度随含水量增加反而降低。通常在一定击实条件下得到的干密度的最大值，称为最大干密度，与之相对应的含水量称为最佳含水量。因此，在路基压实过程中，如能控制土的含水量为最佳含水量，就能获得最好的压实效果。

如果以变形模量 E_y 代替 γ，如图 10-11 曲线 2 所示，它与含水量 ω 也有类似的驼峰曲线关系，而且最高点 A 的 E_k 及其相应的 ω_k 值，与 γ_0 及 ω_0 不同。土体湿度未达到最佳值之前，强度 E_k 已达最高值，而随土中湿度的减少或增加，相应的 E_y 随之有所降低。实践证明，控制最佳含水量 ω_0 压实土基，其强度和稳定性最好。

2. 土质对压实效果的影响

不同的土质，其压实效果不同。如图 10-12 所示，不同的土质具有不同的最佳含水量及最大干密度。

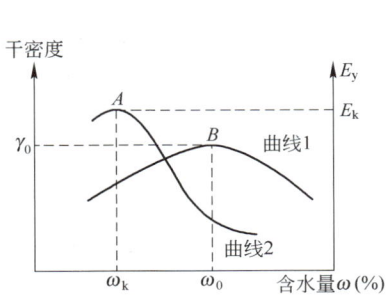

图 10-11　含水量与干密度、弹性模量关系曲线

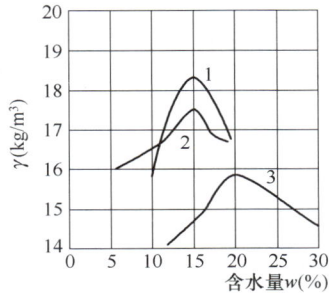

图 10-12　不同土质的压实曲线

1—砂质黏土；2—粉质黏土；3—黏土

分散性（液限、黏性）较高的土，其最佳含水量较高而最大干密度较低，这是由于土粒越细，比面积越大，土粒表面的水膜越多，加之黏土中含有亲水性较高的胶体物质。对砂土，由于其颗粒粗并且呈松散状，水分易于散失，故最佳含水量对其没有更多的实际意义。路基施工最好的土是砂性土，其压实性好，容易施工，水稳性良好。

3. 压实功

土的压实效果与压实工具的类型、质量、速度和碾压次数有关。压实工具质量越大，速度越慢，压实次数越多，压实功就越大，最佳含水量则变小，最大干密度增大。试验证明，适宜的压实工具质量为 8～30t，碾压速度为 2～4km/h，压实次数为 4～6 次。

4. 温度

温度升高，水分蒸发过快，影响水对土的润滑作用，使土含水量减小，土质松散而不易压实。温度在 0℃ 以下，水会结冰，严重影响土的压实，应停止施工。

所以路基压实施工中，控制最佳含水量是非常关键的，在此前提下采取分层铺筑，控制有效土层厚度，均匀压实。

10.4.3 路基压实标准

路基压实标准通常用压实度来表征，压实度是指路基路面施工质量检测的关键技术指标之一。压实度越高，密度越大，材料性能越好。土的压实度 K 是指现场压实后土的干密度 γ 与室内用重型压实标准仪测定的土的最大干密度 γ_{max} 的比值百分数：

$$K = \frac{\gamma}{\gamma_{max}} \times 100\% \qquad (10\text{-}1)$$

$$\gamma = \frac{\gamma_w}{1 + \frac{w}{100}}$$

式中 γ_w ——湿密度；

$\frac{w}{100}$ ——现场土基实测含水量百分数。

由于车轮对路基作用的应力随深度而减小，因此对不同深度的土基的压实度要求也不同。

10.4.4 压实机械的选用

根据工程施工的要求，正确地选择压路机种类、规格、压实作业参数及运行路线是保证压实品质和压实效率的前提条件。

碾压机械通常可分为静碾型、振碾型和夯实型，各有其适用场合。各种土质适宜的碾压机械可参考表 10-3

各种土质适宜的碾压机械表　　　　　　　　　表 10-3

机械名称	土的类别				备注
	细粒土	砂类土	砾类土	巨粒土	
6～8t 两轮光轮压路机	A	A	A	A	用于预压整平
12～18t 三轮光轮压路机	A	A	A	B	最常使用
20～50t 轮胎压路机	A	A	A	A	最常使用
羊足碾	A	C 或 B	C	C	粉、黏土质砂可用
振动压路机	B	A	A	A	最常使用
凸块式振动压路机	A	A	A	A	最宜用于含水量较高的细粒土
手扶式振动压路机	B	A	A	C	用于狭窄地点
振动平板夯	B	A	A	B 或 C	用于狭窄地点，机械质量 800kg 的可用于巨粒土
手扶式振动夯	A	A	A	B	用于狭窄地点
夯碾（板）	A	A	A	A	夯击影响深度最大
推土机、铲运机	A	A	A	A	仅用于摊平土层和预压

注：1. 表中符号：A 代表适用；B 代表适用无适当的机械时；C 代表不适用。

2. 自行式压路机宜用于一般路堤、路堑基底的换填等的压实，宜采用直线式进退运行。

3. 羊足碾（包括凸块式碾、条式碾）应与光轮压路机配合使用。

常用压实机械适应的松铺厚度如下：

羊足碾（6～8t）　　　　　　　　　≤0.50m

振动压路机（10～12t）　　　　　　≤0.40m

压路机（8～12t）　　　　　　　　0.20～0.25m

压路机（12～15t）　　　　　　　　0.25～0.35m

10.4.5　路基的压实施工

1. 压实前的准备工作

（1）根据路基土壤的特性和所要达到的压实度标准，正确地选择压路机的类型和压实功。

（2）根据压路机的压实功所能达到的最佳作用深度，确定最佳压实厚度。

（3）做试验路段或根据以往经验，测定最佳碾压遍数。

（4）测定土壤的最佳含水量，并使土壤的含水量控制在最佳含水量的±2％范围之内。

土壤的含水量在施工现场由工程技术人员通过试验方法测定，并将测定的结果通知压路机驾驶员。施工人员也可以通过简易方法判断土壤的含水量。通常"手握成团，没有水痕，离地1m，落地散开"，即说明土壤的含水量接近最佳含水量。另外，新挖土壤的含水量一般处于最佳值。

（5）严格控制松铺层厚度，压实前可自路中线向路两边作2％～4％的横坡并整平，根据松铺厚度，正确选择振动压路机的振频和振幅。

（6）压路机驾驶员应在作业前，检查和调控压路机各部位及作业参数，保证压路机正常的技术状况和作业性能。

（7）正确选择压路机的运行路线，确保压实的均匀度。

（8）施工技术人员向压路机驾驶员做好各项技术交底。

2. 路基压实的基本原则

在压实作业时，压路机驾驶员应与工程技术人员紧密配合，工程技术人员应随时掌握压实层含水量和压实度的变化，并及时通知驾驶人员。驾驶人员应遵从技术人员的指导，严格按施工程序进行压实。在路基压实过程中，应遵循"先轻后重、先慢后快、先边后中、先低后高、注意重叠"的原则。

先轻后重：开始时先使用轻型压路机进行初压，然后再换重型压路机进行复压。

先慢后快：压路机碾压速度随碾压遍数增加而逐渐加快。

先边后中：碾压作业中始终坚持从路基两侧开始，逐渐向路基中心移动的碾压原则，以保证路基设计拱形和防止路基两侧的塌落。

先低后高：超高地段，为了形成单向超高坡度，碾压路线从低处到高处。

注意重叠：相邻两碾压带重叠一定的宽度，以防止漏压，使全路宽均匀密实。

3. 路基的压实作业

路基的压实作业一般按初压、复压和终压三个步骤进行。三种碾压方式见图10-13。

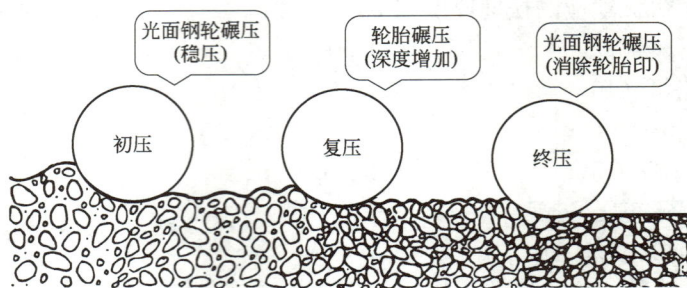

图 10-13 　压实作业三步骤

（1）初压。初压是指对铺筑层进行的最初 1～2 遍的碾压作业。初压的目的是使铺筑层表层形成较稳定平整的承重层，以利压路机以较大的作用力进行进一步的压实作业。

一般采用重型履带式拖拉机或羊脚碾进行路基的初压，也可用中型静压式压路机或振动式压路机以静力碾压方式进行初压作业。

初压时，碾压速度应不超过 1.5～2km/h。初压后，需要对铺筑层进行整平。

（2）复压。复压是指继初压后的 8～10 遍的碾压。复压的目的是使铺筑层达到规定的压实度，它是压实的主要作业阶段。

复压应尽可能发挥压路机的最大压实功能，以使铺筑层迅速达到规定的压实度。轮胎压路机可通过增加压路机配重、调节轮胎气压，使单位线荷载和平均接地比压达到最佳状况；振动压路机可通过调整振频和振幅，使振动压实功能达到最佳值。

复压碾压速度应逐渐增大，静光轮压路机为 2～3km/h，轮胎式压路机为 3～4km/h，振动压路机为 3～6km/h。应随时测定压实度，以便做到既达到压实度标准，又不过度碾压。

（3）终压。终压是指继复压之后，对每一铺筑层竣工前所进行的 1～2 遍的碾压。终压的目的是使压实层表面密实平整。一般分层修筑路基时，只在最后一层实施终压作业。

终压作业，可采用中型静力式压路机或振动压路机以静力碾压方式进行碾压，碾压速度可适当高于复压时的速度。

采用振动压路机或羊脚碾压路机进行分层压实时，由于表层会产生松散层（约 10cm），在压实过程中，可将该厚度算作下一铺筑层之内进行压实，这样就可不进行终压压实。

4. 边坡的碾压

路堤填土的坡面应该充分压实，而且要符合设计截面。如果边坡面层和路堤整体相比压得不够密实，下雨时，由于表层流水的洗刷和渗透，而发生滑坡、崩溃和路侧下沉等，因此，边坡也必须给予充分压实，不可忽视。

边坡面施工有剥土坡面施工和堆土坡面施工两种方法。

剥土坡面施工，路堤堆土要加宽（一般超宽 30～50cm），经正常的填土碾压后，再将坡面没有压实的土铲除后修整坡面，用液压挖掘机对坡面进行整形（图 10-14）。

堆土坡面施工，系采用碾压坡面的方法。碾压机械可用振动压路机、推土机或挖掘机等。

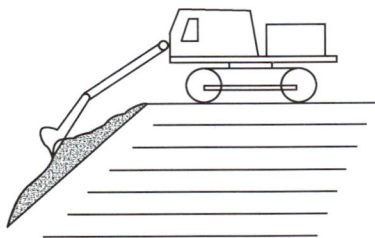

图 10-14　用液压挖掘机对坡面整形

坡面的坡度在 1∶1.8 左右时，要先粗拉线放坡，用自重 3t 以上的拖式振动压路机，从填土的底部向上滚动振动压实（图 10-15）。为防止土壤塌落，压路机下行时不要振动。压路机的上下运动，用装在推土机后的卷扬机来操纵。

土质良好时，可以利用推土机在斜坡上下行驶碾压（图 10-16）。对含水量高的黏性土，使用湿地推土机进行碾压。

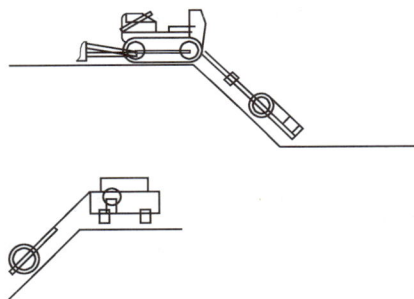

图 10-15　用振动压路机压实坡面

图 10-16　用推土机压实坡面

5. 台背回填的压实

桥梁、箱形涵洞等构筑物和填土相连接部分（图 10-17），一般在行车后，连接部发生不同沉陷，使路面产生高差导致损坏，影响正常交通。究其原因，除基础地基和填土下沉外，碾压不足也为其一，因此台背回填的压实工作必须认真做好。

台背回填用土最好采用容易压实的压缩性小的材料。当能用大型压实机械进行充分压实时，选用粒度分布良好者即可。

6. 路基压实作业中的注意事项

（1）碾压时，相邻碾压轮应相互重叠 20～30cm。

（2）压实作业时，应随时掌握

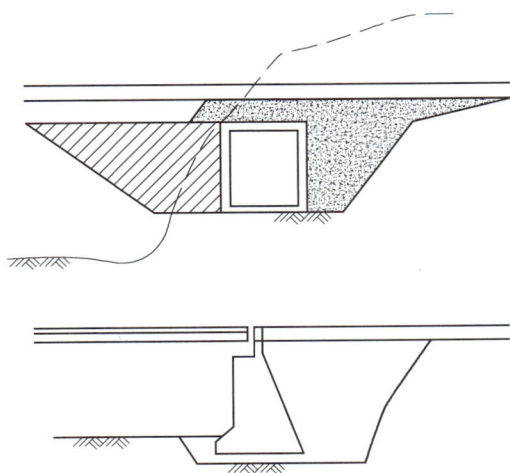

图 10-17　回填构造

压实层的含水量，只有在最佳含水量时压实效果最好。当含水量不足时，应补充洒水。

（3）保证当天铺筑，当天压实。

（4）碾压过程中，若土体出现"弹簧"现象，应立即停止碾压，并采取相应措施，待含水量降低后再进行碾压。对于局部"弹簧"现象，也应及时处理，不然会造成路基强度不均，留下隐患。

（5）碾压时，若压实层表层出现起皮、松散、裂纹等现象，应及时查明原因，采取措施处理后再继续碾压。一般土壤含水量低、压路机单位线压力高、碾压遍数过多及土质不良等原因易造成上述不良现象。

（6）碾压作业中，应随时注意路基边坡及铺筑层主体的变化情况，出现异常，及时处理，以免发生陷车或翻车事故。一般碾压轮外侧面距路线不小于 30～50cm，山区公路则距沟崖边缘不小于 100cm。

（7）遇到死角或作业场地狭小的地段，应换用机动性好的小型压实机械予以压实，切不可漏压，以免路基强度不均匀，留下隐患。

（8）每班作业结束后，应将压路机驶离新铺筑的路基，选择硬实平坦，易于排水的地段停放。

10.5　软土地基处理

地基与建筑物的关系非常密切。地基虽不是建筑物本身的一部分，但它在建筑中占有十分重要的地位。地基问题的处理恰当与否，不仅直接影响建筑物的造价，而且直接影响建筑物的安危，即它关系到整个工程的质量、投资和进度，因此其重要性已越来越多地被人们所认识。

地基处理的目的是利用换填、夯实、挤密、排水、胶结、加筋和热学等方法对地基土进行加固，用以改良地基土的工程特性。

1）提高地基的抗剪强度；

2）降低地基的压缩性；

3）改善地基的透水特性；

4）改善地基的动力特性；

5）改善特殊土的不良地质特性。

地基处理的对象是软弱地基和特殊土地基。

软基处理方法很多，根据地域的不同，处理方法也不尽相同。其主要可分为以下几类：垫层法，包括换土垫层法、换土加筋垫层法；抛石挤淤法；排水固结法；粒料桩法，包括碎石桩、砂桩；加固土桩法，包括水泥搅拌桩、粉喷桩、旋喷桩；水泥粉煤灰碎石桩（CFG 桩）；强夯法。

10.5.1　垫层法

垫层法属于软土地基浅层处理方法，包括换土垫层法、换土加筋垫层法、加筋碎石垫层法。该方法适用于淤泥、淤泥质土、冲填土等软弱地基的浅层处理。采用换土垫层法或换土加筋垫层法处理软基时，垫层厚度一般不小于 0.5m 且不超过 3.0m，采用浅层处理方式。

1. 换土垫层法

换土垫层可以采用砂砾、碎石、素土、石灰土、水泥土和土石屑等材料。砂砾、碎石宜选用碎石、卵石、角砾、砾砂、中砂或粗砂，级配良好，不含植物残体、垃圾等杂质，石料的最大粒径不大于 100mm，含泥量不大于 5%；素土垫层宜采用砂性土、黏土或粉质黏土，土中有机质含量不得超过 5%；石灰土垫层石灰含量为 8%～20%，土采用塑性指数 12～20 的黏性土，石灰采用Ⅲ级及以上消石灰（或石灰粉），技术指标应符合规范要求；水泥土垫层水泥含量 4%～6%，土采用粉质黏土，液限不超过 40，塑性指数不超过 17；土石屑垫层粒径小于2mm 部分不得超过总重的 40%，含粉量不得超过总量的 9%，含泥量不得超过总量的 5%。

施工时垫层分层夯实，碾压的厚度、最佳含水量及夯实碾压遍数根据夯实、碾压及设计要求的压实度现场试验确定。

换土垫层法处理软基横断面如图 10-18 所示。图中垫层应力扩散角 θ 取值见表 10-4。

垫层应力扩散角 θ　　　　　　　　　　表 10-4

垫层材料	垫层应力扩散角
中砂、粗砂、砾砂、圆砾、角砾、卵石、碎石	20°
素土	6°
石灰土	28°

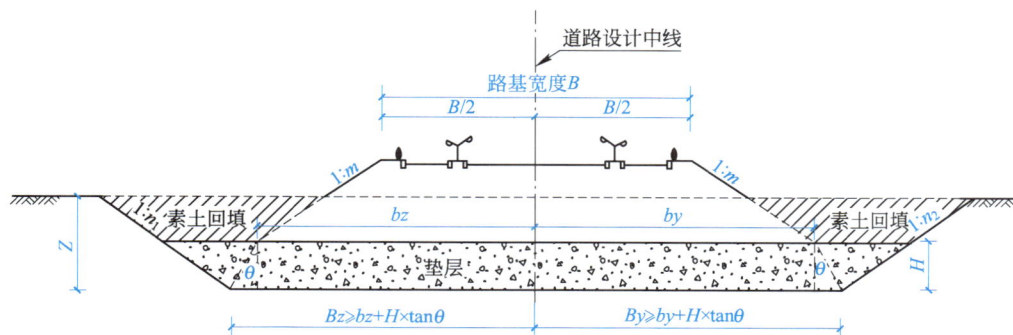

图 10-18　换土垫层法处理软基横断面

2. 换土加筋垫层法

换土加筋垫层法所用垫层材料要求如换土垫层材料要求。加筋材料采用抗拉强度不低于 30kN，受力时伸长率小、耐久性好、抗腐蚀的土工格栅，具体性能指标应符合设计要求。

施工时垫层分层夯实，碾压的厚度、最佳含水量及夯实碾压遍数根据夯实、碾压机具及设计要求的压实度现场试验确定。

土工格栅的连接应牢固，在受力连接处的强度不得低于材料设计抗拉强度，且其重叠长度不应小于 150mm。土工格栅摊铺以后应及时填筑垫层材料，间隔时间不应超过 48h，格栅上的第一层填料应采用轻型推土机填筑，车辆、施工机械只应沿路堤轴线行驶。

换土加筋垫层法处理软基横断面如图 10-19 所示。图中垫层应力扩散角 θ 按表 10-4 取值。

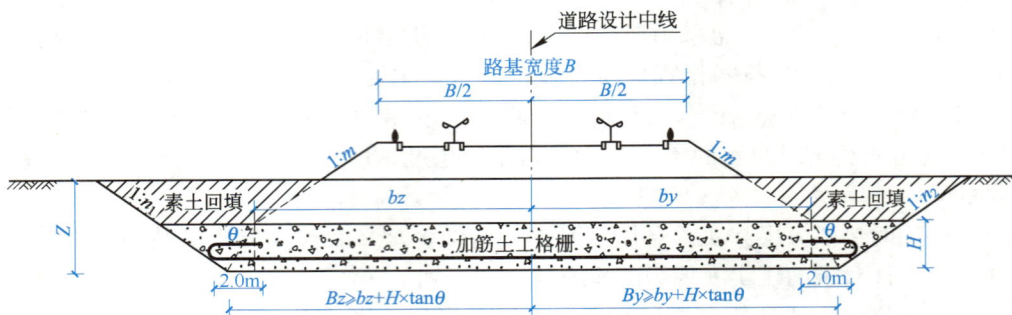

图 10-19　换土加筋垫层法处理软基横断面

10.5.2　抛石挤淤法

抛石挤淤法适用于常年积水的洼地，排水施工困难，表层土呈流动状态，厚度较薄，片石能沉到底部的泥沼或厚度小于 3.0m 的软土路段，尤其适用于石料丰富、运距较近的地区。

抛石挤淤法抛填的片石粒径宜大于 300mm，且小于 300mm 粒径含量不超过 20%。抛填时从路堤中部开始，中部向前突进后再逐渐向两侧扩展，以将淤泥向两侧挤出。

抛石挤淤法处理软基横断面如图 10-20 所示。

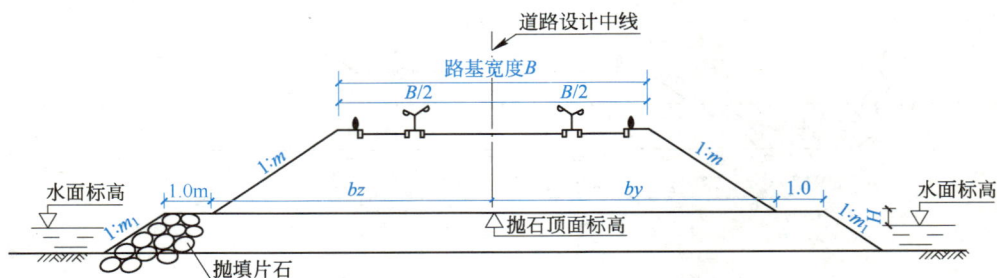

图 10-20　抛石挤淤法处理软基横断面

10.5.3　排水固结法

排水固结法适用于饱和软黏土、有机质黏土的地基处理。排水固结法的排水系统由水平排水砂垫层和竖向排水构成，主要起到改变地基原有排水边界条件、缩短地基孔隙水的排水距离、加速软土地基的固结过程的作用。

采用排水固结法处理软基必须有不小于 6 个月的填土预压期，应通过计算机实测资料分析确定，以达到严格控制工后沉降的要求。

1．水平排水砂垫层

砂垫层厚 500mm，采用中砂或粗砂，有机质含量不大于 1%，含泥量不超过 5%，渗透系数大于 5×10^{-5} m/s。

水平砂垫层应宽出两侧路基下坡脚各 1.0m，并保证排水出路的畅通。

2．竖向排水体

竖向排水体常选用砂井和塑料排水板。

（1）砂井

砂采用洁净的中砂或粗砂，含泥量不超过 3%，粒径大于 0.5mm 的砂的含量占总重的 50% 以上，渗透系数不小于 5×10^{-5} m/s。砂井直径 70mm 左右，正三角形布置，砂井长度和间距通过计算确定，最大间距按井径比不大于 25 控制，一般以 1~2m 为宜。砂井处理软基布置图如图 10-21 所示。

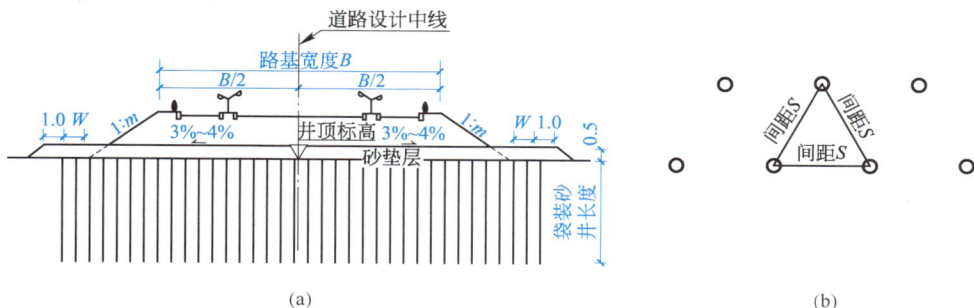

图 10-21　砂井处理软基布置图（单位：m）

（a）横断面图；（b）平面图

（2）塑料排水板

排水板采用正三角形布置，板长和间距通过计算确定，最大间距按等效井径比不大于 25 控制，一般以 1~2m 为宜。塑料排水板处理软基布置图如图 10-22 所示。

排水板在插入过程中导轨应垂直，钢套管不得弯曲，排水板搭接应采用滤套内平接的方法，搭接长度不小于 200mm，滤套包裹，用可靠措施固定。排水板施工过程应防止泥土等杂物进入套管内，排水板与桩尖锚固要牢固，防止拔管时脱离将排水板带出。

（3）竖向排水体与水平砂垫层的连通

竖向排水体在施工前应先铺 300mm 厚砂垫层，并做出 3%~4% 的横坡，然后施工竖向排水体。将竖向塑料排水管沿着排水方向弯折 500mm，使其与砂垫层贯通，以利于排水，最后铺剩余的砂垫层。

（4）排水固结法的预压系统

预压可以采用堆载预压、真空预压或堆载-真空联合预压。根据当地筑路材料来源及工程实际情况，堆载预压可以采用等载预压、欠载预压或过载预压。堆载预压时，应逐层填筑路堤并加强沉降观测，保证地基的稳定。

预压荷载应分级施加以适应地基强度增长，荷载施加过程中要加强监测，防

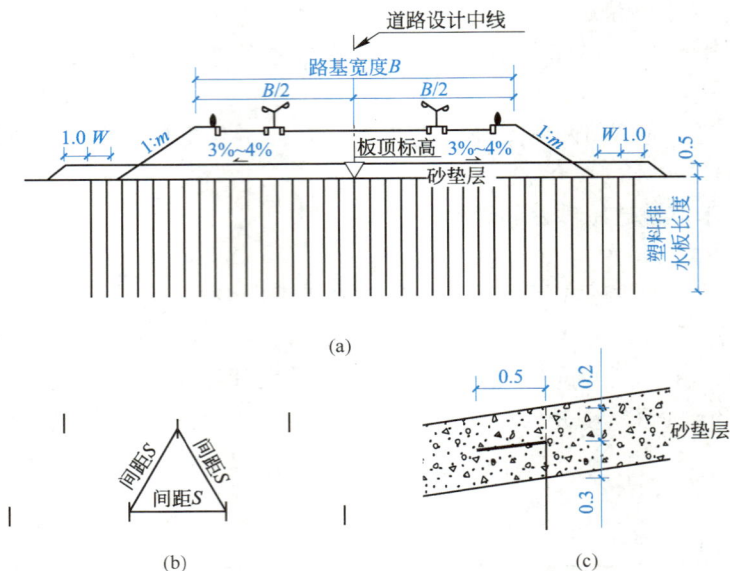

图 10-22 塑料排水板处理软基布置图（单位：m）

（a）横断面图；（b）平面图；（c）砂垫层内塑料排水板弯折大样

止施工过程中发生地基失稳。

10.5.4 粒料桩法

为提高地基承载力，在需进行地基处理的范围内，由碎石、砂砾等松散粒料做桩料，采用专用机械施工成较大直径的桩体，对地基土起置换作用，常用的有碎石桩、砂桩。

粒料桩适用于松散砂土、粉土、黏性土、素填土、回填土以及对变形控制要求不十分严格的饱和软黏土地基的加固或置换。

粒料桩宜采用正三角形布置，桩径采用 400～1000mm，处理宽度应保证路基下坡脚外侧至少有 2 排粒料桩，桩长和桩间距通过计算确定，最大桩距不超过 5 倍桩径。

桩顶设置 600mm 厚垫层，碎石桩应采用级配良好的碎石、砂砾，砂桩采用中砂或粗砂。

碎石桩成桩材料以粒径 30～70mm 的硬质岩的碎石或卵石为主，可部分掺砂，含泥量小于 10%，不得采用强风化岩或软质岩石料。砂桩成桩材料主要是中粗砂，含泥量不大于 3%。

粒料桩每个作业点施工前必须先打不少于 5 根的工艺试验桩。

粒料桩多采用振动沉管法施工。根据设计桩长按松方系数计算每根桩的用料量，施工中应严格控制填料量。

粒料桩法处理软基布置如图 10-23 所示。

10.5.5 加固土桩法

用带有回转、翻松、喷粉与搅拌功能的机械，将软土地基局部范围的某一深度、某一直径内的软土用固化材料予以改良、加固，形成局部土桩体，主要包括

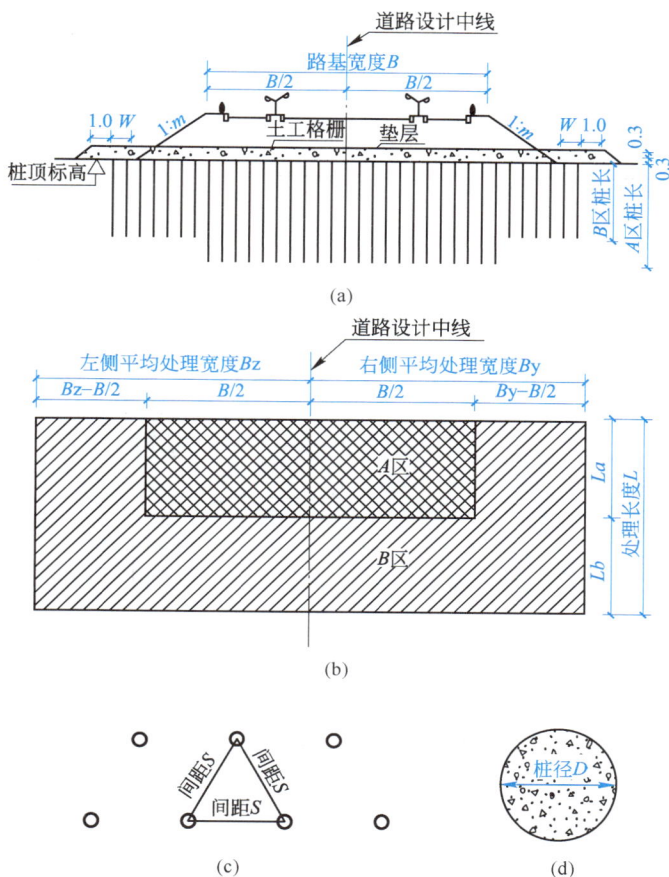

图 10-23 粒料桩法处理软基布置图（单位：m）

（a）横断面图；（b）平面分区示意图；（c）平面布置图；（d）粒料桩断面图

水泥搅拌桩、粉喷桩和旋喷桩。

水泥搅拌桩和粉喷桩适用于处理正常固结的淤泥、淤泥质土、饱和性黏土地基。当地基土天然含水量小于 30％、大于 70％或地下水的 pH 小于 4 时不宜采用粉喷桩。当水泥搅拌桩和粉喷桩用于处理有机质土、塑性指数大于 25 的黏土、地下水具有腐蚀性时以及无工程经验的地区必须通过现场试验确定其适用性。

旋喷桩适用于处理淤泥、淤泥质土、流塑、软塑或可塑饱和黏性土地基，特别适宜在施工场地狭窄、净空低、上部土质较硬而下部软弱时使用。当处理有机质土、地下水具有腐蚀性时以及无工程经验的地区必须通过现场试验确定其适用性。

加固土桩法处理软基布置图如图 10-24 所示。

1. 水泥搅拌桩、粉喷桩

水泥搅拌桩和粉喷桩的固化剂为水泥，其中水泥搅拌桩采用浆喷，粉喷桩采用粉喷，作为固化剂的水泥采用强度等级为 42.5 级及以上普通硅酸盐水泥，其

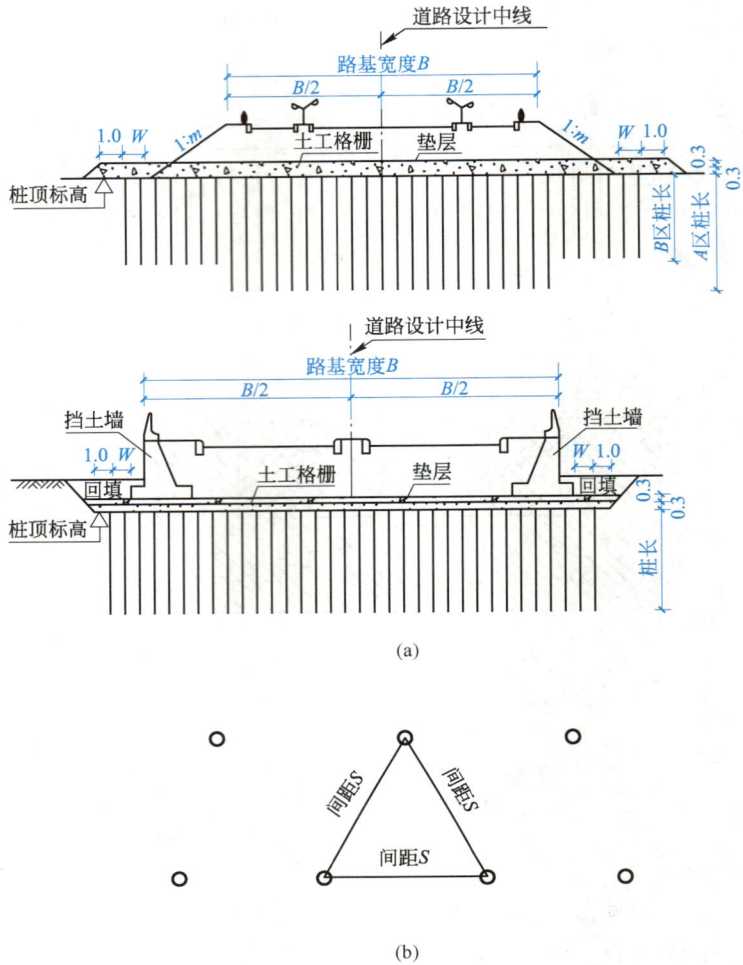

图 10-24　加固土桩法处理软基布置图（单位：m）

(a) 横断面；(b) 平面布置图

性能符合规定要求。

水泥搅拌桩和粉喷桩桩顶设置 600mm 厚垫层，垫层采用级配良好的碎石或砂砾，最大粒径不超过 30mm。

水泥搅拌桩和粉喷桩桩径一般为 500mm，宜采用正三角形布置，桩长及桩间距通过计算确定，最大桩间距不超过 5 倍桩径。

水泥搅拌桩和粉喷桩施工前应进行水泥加固土的室内试验，根据试验确定水泥掺入比。

每个作业点施工前必须先打不少于 5 根的工艺试验桩，以检验机具性能及施工工艺中的各项技术参数。

水泥搅拌桩按试桩确定的配比制备水泥浆，其水灰比宜为 0.45～0.55。制备好的泥浆不得有离析现象，停置时间不超过 2 小时。施工中应采用流量泵控制喷浆速度，注浆泵出口压力应保持在 0.4～0.6MPa。施工中设备就位后必须平整，确保施工过程中不发生倾斜和移动，机架和钻杆的垂直偏差不大于 0.1%。钻机桩位对中偏差不大于 20mm。施工中严格按照试桩确定的参数控制喷浆量和搅拌提升速度，为保证施工质量、提高工作效率、减少水泥浪费，应尽量连续施工。输浆阶段必须保证足够的输浆压力，连续供浆，如因故短时间停浆，应将搅拌头下沉到停浆点 0.5m 以下，待恢复供浆后再喷浆搅拌。

粉喷桩当搅拌头抵达设计深度时浆搅拌头反转，同时粉喷提升搅拌，严格控制搅拌速度，边喷粉边搅拌边提升，将水泥粉充分与黏土拌合均匀，提升速度控制在 0.5m/min，喷粉压力一般可能保持在 0.5～0.8MPa。钻头提升至粉喷桩桩顶标高以上 0.5m 时，停止喷粉，并慢速原地搅拌 2～3min。施工中设备就位后必须平整，确保施工过程中不发生倾斜和移动，机架和钻杆的垂直偏差不大于 0.1%。钻机桩位对中偏差不大于 20mm。严禁在尚未喷粉的情况下进行钻杆提升作业。

2. 旋喷桩

旋喷桩的固化剂为水泥浆，水泥采用强度等级为 42.5 级及以上的普通硅酸盐水泥，其性能符合规定要求。

旋喷桩桩顶设置 600mm 厚垫层，垫层采用级配良好的碎石或砂砾，最大粒径不超过 30mm。

水泥搅拌桩和旋喷桩桩径一般为 400～1000mm，宜采用正三角形布置，桩长及桩间距通过计算确定，最大桩间距不超过 5 倍桩径。

水泥搅拌桩和旋喷桩施工前应进行水泥加固土的室内试验，根据试验确定每延米水泥用量。

每个作业点施工前必须先打不少于 5 根的工艺试验桩，以检验机具性能及施工工艺中的各项技术参数。按试桩确定的配合比制备水泥浆，其水灰比宜为 1～1.5。

高压喷射注浆时钻杆的旋转速度一般控制在 10～20r/min，钻杆提升速度一般为 100～250mm/min。

施工中设备就位后必须平整，确保施工过程中不发生倾斜和移动，机架和钻杆的垂直偏差不大于 0.1%。钻机桩位对中偏差不大于 20mm。

制备好的泥浆不得有离析现象，停置时间不超过 2 小时。

喷射注浆过程中应观察冒浆情况，冒浆量超过注浆量的 20% 或完全不冒浆时应查明原因并采取相应措施。

喷射注浆至设计顶面后，需待水泥浆从孔口返回后方可停止送浆。

10.5.6　水泥粉煤灰碎石桩（CFG桩）

水泥粉煤灰碎石桩适用于处理软弱黏性土、粉土、砂土和已自重固结的素填土地基。对于淤泥土、淤泥、有机质土及地下水具有腐蚀性时应根据地区经验或现场试验确定其适用性。

水泥粉煤灰碎石桩成桩后桩身混凝土强度等级应达到 C15，材料要求如下：水泥采用强度等级为 42.5 级及以上的普通硅酸盐水泥；粉煤灰采用 Ⅲ 级以上，粒径应在 0.001～2mm 之间，小于 0.074mm 的颗粒含量大于 45%，烧失量应小于 12%；碎石级配良好，最大粒径不大于 50mm，采用长螺旋钻管内泵压施工时，碎石粒径多为 6～25mm，采用振动沉管施工时，碎石粒径多为 30～50mm。混合料配合比需根据桩身强度要求进行试验后确定。

水泥粉煤灰碎石桩桩顶设置 600mm 厚垫层，垫层采用级配良好的碎石或砂砾，最大粒径不超过 30mm。

每个作业点施工前必须先打不少于 5 根的工艺试验桩，以检验机具性能及施工工艺中的各项技术参数。

水泥粉煤灰碎石桩桩径一般为 400～600mm，宜采用正三角形布置，桩长及桩间距通过计算确定，最大桩间距不超过 5 倍桩径。

采用长螺旋钻管内泵压施工时，每盘料的搅拌时间不应小于 60s，混合料坍落度控制在 160～200mm，为了减少钻杆摇晃，钻进成孔时应先慢后快。钻孔至设计标高后停止钻进，开始泵送混合料，当钻杆芯管充满混合料后开始拔管，严禁先提管后泵送混合料，拔管速度控制在 2～3m/min，成桩过程应连续进行。

采用振动沉管施工时不得跳打，每盘料的搅拌时间不应小于 60s，混合料坍落度控制在 30～50mm，拔管速度控制在 1.2～1.5m/min，拔管过程不容许反插、留振。

施工中设备就位后必须平整，确保施工过程中不发生倾斜和移动，机架和钻杆的垂直偏差不大于 1%。钻机桩位对中偏差不大于 20mm。

施工过程中要随时测量施工标高及桩顶标高，根据场地隆起情况判断是否断桩。当桩顶上升量较大且桩的数量较多时，应采取逐个桩快速静压，以消除可能出现的断桩对复合地基承载力造成不良影响。

10.5.7　强夯法

强夯法又称动力固结法，即用履带式起重机反复将 10～50t 的锤起吊到 10～25m 高度，而后利用自动脱钩释放夯锤自由落下，其动能在土中形成强大的冲击波和高应力，致使孔隙被压缩，土体局部液化，夯实点周围产生裂隙，成为加速孔隙水压力消散的主要通道，土体迅速固结，从而提高地基的强度与承载力、降低压缩性、改善其抵抗振动液化能力、消除湿陷性等。该法自诞生以来，以其经济易行、效果显著、设备简单、施工便捷、节省材料、质量容易控制、适用范围广、施工周期短等突出优点，广泛地被应用于工民建、公路、铁路路基、机场跑道、码头等地基处理工程。而在实际工程施工中，通过行之有效的质量控制措施，指导施工单位采取科学合理的施工方案，对工程质量的可靠性、工程造价合理性起到控制作用。

强夯施工采用有自动脱钩装置的履带式起重机（图 10-25），主要施工程序如下：①清理、平整场地→②现场标出第一遍夯点位置、测量场地高程→③起重机就位、夯锤对准夯点位置→④测量夯前锤顶高程→⑤将夯锤吊到预定高度脱钩自由下落进行夯击，测量夯锤顶面高程→⑥往复夯击，按确定夯击次数及控制标准，完成一个夯点的夯击→⑦重复以上工序，完成第一遍全部分点的夯击→⑧用推土机将夯坑填平，测量场地高程→⑨在规定的间隔时间后，按上述程序逐次完

码10-4 强夯施工

图 10-25　自动脱钩装置的履带式起重机

成全部夯击遍数→⑩用低能量满夯，将场地表层松土夯实，并测量夯后场地高程。

强夯法施工控制要点如下：

（1）在正式施工前作强夯试验，以校正各设计施工参数，考核施工设备的性能，为正式施工提供依据。

（2）在研究强夯设计意图及设计方案的基础上，提出意见，使方案更趋完善、合理。

（3）上场的施工机具：吊车、夯锤、自动脱钩装置及辅助施工的推土机、碾压机。

（4）夯实过程的记录及数据：每个夯击点的每击夯沉量、夯坑深度、开口大小、夯坑体积及填料量；场地隆起、下沉记录；每遍夯后场地的夯沉量及填料量记录；附近建筑物的变形监测；满夯前根据设计基底标高，考虑夯沉预留量并整平场地，使满夯后接近设计标高。

（5）对每个夯点的最后一遍夯击及满夯，应控制最后两击的贯入度符合设计要求值。

（6）在回填土地基上施工，应保证吊车的稳定，因此场地平整是必要的前提。

（7）注意吊车、夯锤附近人员的安全，为防止飞石伤人，吊车驾驶室应加防护网，起锤后，人员应在 10m 以外并戴安全帽，还应设置地锚。

（8）强夯过的场地需要作加固效果评价。静力触探试验检测方法作为主要评价方法，强夯检验在场地施工完成并经时效后进行。

10.6　路基工程质量检查

土方路基和填石路基的实测项目的规定值或允许偏差按高速公路、一级公路，其他公路（指二级及以下公路）两档确定，其中土方路基压实度应按高速公路和一级公路，二级公路，三、四级公路三档确定。

10.6.1　土方路基

1. 一般规定

（1）在路基用地和取土坑范围内，应清除地表植被、杂物、积水、淤泥和表土，处理坑塘，并按规范和设计要求对基底进行压实。

（2）填方路基须分层填筑压实，每层表面平整，路拱合适，排水良好，不得有明显碾压轮迹，不得亏坡。

（3）施工临时排水系统应与设计排水系统结合，避免冲刷边坡，路床顶面不得有积水。

（4）在设定取土区内合理取土，不得滥开滥挖。完工后应按要求对取土坑和弃土场进行修整，保持合理的几何外形。

2. 土方路基实测项目

土方路基实测项目见表 10-5。

土方路基实测项目　　　　　　　　　　　　　　　　　　　　　　表 10-5

项次	检查项目				规定值或允许偏差			检查方法和频率
					高速公路、一级公路	其他公路		
						二级公路	三、四级公路	
1	压实度（%）	上路床		0～0.3m	≥96	≥95	≥94	按《公路工程质量检验评定标准　第一册 土建工程》JTG F80/ 1—2017 附录 B 检查；密度法：每 200m 每压层测 2 处
		下路床	轻、中及重交通荷载等级	0.3～0.8m	≥96	≥95	≥94	
			特重、极重交通荷载等级	0.3～1.2m	≥96	≥95	—	
		上路堤	轻、中及重交通荷载等级	0.8～1.5m	≥94	≥94	≥93	
			特重、极重交通荷载等级	1.2～1.9m	≥94	≥94	—	
		下路堤	轻、中及重交通荷载等级	＞1.5m	≥93	≥92	≥90	
			特重、极重交通荷载等级	＞1.9m				
2	弯沉（0.01mm）				不大于设计验收弯沉值			按《公路工程质量检验评定标准　第一册 土建工程》JTG F80/ 1—2017 附录 J 检查
3	纵断高程（mm）				+10，-15	+10，-20		水准仪：中线位置每 200m 测 2 点
4	中线偏位（mm）				50	100		全站仪：每 200m 测 2 点，弯道加 HY、YH 两点
5	宽度（mm）				满足设计要求			尺量：每 200m 测 4 点
6	平整度（mm）				≤15	≤20		3m 直尺：每 200m 测 2 处×5 尺
7	横坡（%）				±0.3	±0.5		水准仪：每 200m 测 2 个断面

续表

项次	检查项目	规定值或允许偏差			检查方法和频率
		高速公路、一级公路	其他公路		
			二级公路	三、四级公路	
8	边坡	满足设计要求			尺量：每 200m 抽查 4 点

注：1. 表中压实度系按现行《公路土工试验规程》JTG 3430 重型击实试验所得最大干密度求得的压实度。评定路段内的压实度平均值下置信界限不得小于规定标准，单个测定值不得小于极限（表列规定值减 5 个百分点）。按测定值不小于表列规定值减 2 个百分点的测点占总检查点数的百分率计算合格率。

　　2. 特殊干旱、特殊潮湿地区或过湿路基等，可按路基设计、施工规范规定的压实度进行评定。

　　3. 三、四级公路铺筑沥青混凝土或水泥混凝土路面时路基压实度应采用二级公路标准。

3. 土方路基外观质量规定

（1）路基边线与边坡不应出现单向累计长度超过 50m 的弯折。

（2）路基边坡护坡道、碎落台不得有滑坡、塌方或深度超过 100m 的冲沟。

10.6.2　填石路基

1. 一般规定

（1）填石路堤应分层填筑压实，每层表面平整，路拱合适，排水良好，上路床不得有碾压轮迹，不得亏坡。

（2）修筑填石路堤时应进行地表清理，填筑每层应符合规范和设计要求，填石空隙用石碴、石屑嵌压稳定。上、下路床填料和石料最大尺寸应符合规范规定。采用振动压路机分层碾压，压至填筑层顶面石块稳定，18t 以上压路机振压两遍无明显标高差异。

（3）填石路基应通过试验路确定沉降差控制标准。

2. 填石路堤实测项目

填石路堤实测项目应符合表 10-6 的规定。

填石路堤实测项目　　　　　　　　　　　　　　　表 10-6

项次	检查项目	规定值或允许偏差		检查方法和频率
		高速公路、一级公路	其他公路	
1	压实度	孔隙满足设计要求		密度法：每 200m 每压实层测 1 处
		沉降差≤试验路确定的沉降差		水准仪：每 50m 检测 1 个断面，每个断面检测 5 点
2	弯沉	不大于设计值		按《公路工程质量检验评定标准　第一册　土建工程》JTG F80/1—2017 附录 J 检查
3	纵面高程（mm）	+10，−20	+10，−30	水准仪：每 200m 测 2 点
4	中线偏位（mm）	≤50	≤100	全站仪：每 200m 测 2 点，弯道加 HY、YH 两点

项次	检查项目		规定值或允许偏差		检查方法和频率
			高速公路、一级公路	其他公路	
5	宽度（mm）		满足设计要求		尺量：每 200m 测 4 点
6	平整度（mm）		≤20	≤30	3m 直尺：每 200m 测 2 点×5 尺
7	横坡（%）		±0.3	±0.5	水准仪：每 200m 测 2 个断面
8	边坡	坡度	满足设计要求		尺量：每 200m 测 4 点
		平顺度	满足设计要求		

注：上下路床填土时压实度检查标准同土方路基。

3. 填石路基外观质量规定

（1）路基成型后路基边线与边坡不应出现累计长度 50m 的弯折。

（2）边坡码砌紧贴、密实，无明显孔洞、松动，砌块间承接面向内倾斜，坡面平顺，上边坡不得有危石。

10.6.3　软土地基处置

1. 一般规定

（1）换填地基的填筑压实要求同土方路基。

（2）砂垫层：砂的规格和质量必须符合设计要求和规范规定；适当洒水，应分层碾压施工；砂垫层宽度应宽出路基边脚 0.5～1.0m，两侧端以片石护砌；砂垫层厚度及其上铺设的反滤层应满足设计要求。

（3）反压护道：护道高度、宽度应满足设计要求，压实度不低于 90%。

（4）袋装砂井、塑料排水板：砂袋织物质量和塑料排水板下沉不得出现扭结、断裂等现象；井（板）底高程应满足设计要求，其顶端必须按规范要求伸入砂垫层不小于 500mm。

（5）粒料桩：施工工艺应符合规范规定；施工前应进行成桩工艺和成桩挤密试验；桩体应连续密实，防止发生"断桩"或"颈缩桩"。

（6）加固土桩：施工前应进行成桩工艺和成桩强度试验；施工设备必须安装喷粉（浆）自动记录装置，施工工艺应符合规范规定。

（7）水泥粉煤灰碎石桩：施工前应进行成桩工艺和成桩强度试验；混合料应拌合均匀，桩体施工选择合理的施打顺序，成桩过程中应对已打桩的桩顶进行位移监测。

水泥应符合设计要求；根据成桩试验确定的技术参数进行施工；严格控制喷粉时间、停粉时间和水泥喷入量，不得中断喷粉，确保粉喷桩长度；桩身上部范围内必须进行二次搅拌，确保桩身质量；发现喷粉量不足时，应整桩复打；喷粉中断时，复打重叠孔段应大于 1m。

（8）软土地基上的路堤，应在施工过程中进行沉降观测和稳定性观测，满足沉降标准和稳定性的要求。

2. 软土地基处置实测项目应符合表 10-7～表 10-9 的要求。

塑料排水板实测项目　　　　　　　　　　　表 10-7

项次	检查项目	规定值或允许偏差	检查方法和频率
1	井（板）距（mm）	±150	尺量：抽查 2% 且不少于 5 个点
2	井（板）长（m）	不小于设计值	查施工记录
3	井径（mm）	+10.0	挖验 2% 且不少于 5 个点
4	灌砂率（%）	−5	查施工记录

粒料桩实测项目　　　　　　　　　　　表 10-8

项次	检查项目	规定值或允许偏差	检查方法和频率
1	桩距（mm）	±100	尺量：抽查 2% 且不少于 5 个点
2	桩径（mm）	不小于设计值	尺量：抽查 2% 且不少于 5 个点
3	桩长（m）	不小于设计值	查施工记录并结合取芯检查
4	粒料灌入率（%）	不小于设计值	取芯法：查施工记录
5	地基承载力（MPa）	满足设计要求	抽查桩数的 0.1% 且不少于 3 处

水泥粉煤灰碎石桩实测项目　　　　　　　　　　　表 10-9

项次	检查项目	规定值或允许偏差	检查方法和频率
1	桩距（mm）	±100	尺量：抽查 2% 且不少于 5 个点
2	桩径（mm）	不小于设计值	尺量：抽查 2% 且不少于 5 个点
3	桩长（m）	不小于设计值	喷粉（浆）前检查钻杆长度，成桩 28d 后钻孔取芯 3%
4	强度（MPa）	不小于设计值	取芯法：抽查桩数的 0.5% 且不少于 3 组
5	复合地基承载力（MPa）	满足设计要求	抽查桩数的 0.1% 且不少于 3 处

对于土工合成材料处置层（加筋工程土合成材料、隔离工程土合成材料、过滤排水工程、防裂工程合成材料）基本要求、实测项目、外观质量，详见《公路工程质量检验评定标准　第一册　土建工程》JTG F80/1—2017。

10.6.4　路基排水工程

排水沟按其用途分为边沟、截水沟、排水沟等，按材料和结构主要分为土沟、浆砌和混凝土等。

1. 一般规定

（1）土沟边坡应平整、密实、稳定，无贴坡。沟底平排水畅通，无冲刷和阻水现象。

（2）浆砌片（块）石工程、混凝土预制块的质量和规格，应符合国家和行业强制性标准以及合同约定的其他标准的规定，并满足设计要求。

（3）砌体砂浆配合比准确，砌缝内砂浆均匀饱满，砌体平整，勾缝密实，水泥混凝土砌块的强度符合设计要求。

2. 实测项目

（1）土沟(边沟、截水沟、排水沟)质量要求相同，实测项目应符合表 10-10 的规定。

土沟实测项目　　　　　　　　　　　　　　　表 10-10

项次	检查项目	规定值或允许偏差	检查方法和频率
1	沟底高程（mm）	+0, −30	水准仪：每200m测4点，且不少于5点
2	断面尺寸（mm）	不小于设计值	尺量：每200m测2点，且不少于5点
3	边坡坡度	不陡于设计值	尺量：每200m测2点，且不少于5点
4	边棱顺直度（mm）	50	尺量：20m拉线，每200m测2点

（2）浆砌片石、现浇或预制混凝土水沟质量要求相同，实测项目应符合表 10-11规定。

浆砌水沟实测项目　　　　　　　　　　　　　表 10-11

项次	检查项目	规定值或允许偏差	检查方法和频率
1	砂浆强度（MPa）	在合格范围内	按《公路工程质量检验评定标准　第一册 土建工程》JTG F80/1—2017 附录 F 检查
2	轴线偏位（mm）	50	全站仪或尺量：每200m测5点
3	沟底高程（mm）	±15	水准仪：每200m测5点
4	墙面直顺度（mm）	30	20m拉线：每200m测2点
5	坡度	满足设计要求	坡度尺：每200m测2点
6	断面尺寸（mm）	±30	尺量：每200m测2个断面，且不少于5个断面
7	铺砌厚度	不小于设计值	尺量：每200m测2点
8	基础垫层宽度、厚度	不小于设计值	尺量：每200m测2处

3. 质量外观规定

（1）土沟内不得有杂物，无排水不畅。

（2）浆砌水沟砌体的抹面不得有空鼓，沟内不应有杂物，无排水不畅。

10.6.5　砌体、片石混凝土挡土墙

砌体、片石混凝土挡土墙高大于或等于 6m 且墙身面积大于或等于 1200m² 时为大型挡土墙，每处应作为分部工程进行检测与评定。根据其组成可划分为基础、墙身等分项工程，具体检测评定见《公路工程质量检验评定标准　第一册 土建工程》JTG F80/1—2017。

1. 基本要求

（1）勾缝砂浆在施工中往往不被重视，工后不久出现开裂、脱落等现象。故勾缝砂浆强度不得小于砌筑砂浆强度。凡有勾缝砂浆和沉降缝、伸缩缝的分项工程，均应满足设计及施工要求。

（2）地基承载力、基础埋置深度应满足设计要求。

（3）砌筑应分层错缝。浆砌时坐浆挤紧，浆砌嵌填饱满密实，不得出现空洞；干砌时不得出现松动、叠砌和浮塞。

（4）混凝土应分层浇筑，施工缝及片石埋放应符合施工技术规范的规定。

（5）沉降缝、伸缩缝、泄水孔的位置、尺寸和数量应满足设计要求；沉降缝及伸缩缝应竖直、贯通，采用弹性材料填充密实，填充深度应满足设计要求。

2. 实测项目

砌体、干砌挡土墙实测项目应符合表 10-12 和表 10-13 的要求。

砌体挡土墙实测项目　　　　　　　　　　　　表 10-12

项次	检查项目		规定值或允许偏差	检查方法和频率
1	砂浆强度（MPa）		在合格标准内	按《公路工程质量检验评定标准 第一册　土建工程》JTG F80/1—2017 附录 F 检查
2	平面位置（mm）		≤50	全站仪：测墙顶外边线，长度不大于 30m 时测 5 点，每增加 10m 增加 1 点
3	墙面坡度（%）		≤0.5	铅锤线：长度不大于 30m 时测 5 处，每增加 10m 增加 1 处
4	断面尺寸（mm）		≥设计值	尺量：长度不大于 50m 时测 10 断面，每增加 10m 增加 1 个断面
5	顶面高程（mm）		±20	水准仪：长度不大于 30m 时测 5 点，每增加 10m 增加 1 点
6	表面平整度（mm）	块石	≤20	2m 直尺：每 20m 检查 3 处，每处检查竖直、墙长两个方向
		片石	≤30	
		混凝土预制块、料石	≤10	

干砌挡土墙实测项目　　　　　　　　　　　　表 10-13

项次	检查项目	规定值或允许偏差	检查方法和频率
1	平面位置（mm）	≤50	全站仪：测墙顶外边线，长度不大于 30m 时测 5 点，每增加 10m 增加 1 点
2	顶面高程（mm）	≤0.5	铅锤线：长度不大于 30m 时测 5 处，每增加 10m 增加 1 处
3	竖直度或坡度（%）	≥设计值	尺量：长度不大于 50m 时测 10 断面，每增加 10m 增加 1 个断面
4	断面尺寸（mm）	±50	尺量：长度不大于 50m 时测 10 断面，每增加 10m 增加 1 个断面
5	顶面高程（mm）	≤50	水准仪：长度不大于 30m 时测 5 点，每增加 10m 增加 1 点
6	表面平整度（mm）	≤50	2m 直尺：每 20m 检查 3 处，每处检查竖直、墙长两个方向

3. 外观质量规定

（1）浆砌开裂、勾缝不密实和脱落的累计换算面积不得超过该面面积的 1.5%，且单个最大换算面积不应大于 $0.08m^2$。换算面积应按缺陷缝长度乘以

0.1 计算。

（2）混凝土表面不应存在《公路工程质量检验评定标准　第一册　土建工程》JTG F80/1—2017 附录 P 所列限制缺陷。

（3）墙体不得出现外鼓变形，泄水孔应无反坡、堵塞。

码10-5 教学单元 10思考题与习题 参考答案

思 考 题 与 习 题

1. 简述土质路基填挖基本方法及各自的特点。

2. 简述路堑开挖的方法。石质路堑常用开挖方法有哪些？

3. 简述不同土质混填时的要求。

4. 路堤基底处理有哪些内容？路堤填筑方法有几种？

5. 影响土质路堤压实的因素有哪些？

6. 路堤压实中如何选择填料？

7. 软土地基浅层处理方法有哪些？

8. 路基土石方工程的实测（检测）项目有哪些？检测频率是多少？

9. 砌体、片石混凝土挡土墙实测（检测）项目有哪些？

10. 简述砌筑挡土墙基本要求。

第3篇　路　面　工　程

教学单元 11   绪   论

【**教学目标**】   本教学单元主要内容为沥青路面的基本要求与特点、沥青路面面层分类、路面面层型的选用、沥青路面结构层内容。通过学习使学生掌握沥青路面基本结构分层、结构层功能、各层材料的选用及要求。

11.1   我国路面工程发展概况

路面工程是道路工程的一个很重要的组成部分，它直接影响汽车的行车速度、运输成本、行车安全和舒适程度。路面工程在整个道路工程造价中所占的比例很大，一般要占公路建设总投资的 60%～70%。因此，合理安排好公路路面建设，具有十分重要的意义。回顾我国公路沥青路面发展史，可看出，沥青路面的发展变革，实际上是路面材料变革的历史。

中华人民共和国成立以来，我国公路的路面建设大致可以划分为三个阶段：

第一阶段，从 20 世纪 50 年代以前，在这个阶段，公路交通量小，车辆荷载质量和轴载小，路线和路面等级低，以保证主要城市之间的通车为特征，采用人工砸制的碎石、砾石、碎石土以及石灰土等铺筑路面，形成了中、低级砂石路面。施工机械极少，主要靠人力施工。也采用所谓的手摆片石做基层，由于交通量小，只能承担当时一定的交通量。

第二阶段，从 20 世纪 50 年代开始，随着我国石油开采技术的不断提高，国民经济的不断发展，国家逐年加大公路交通基础设施的投入，公路技术标准的不断提高，道路路面发展变化尤为显著。这时在早期的砂石路面上铺沥青表面处治层，形成在晴雨天通车的简易式沥青路面。现在这种路面只在三级公路以下的地方性公路上继续使用。

20 世纪七八十年代的路面是以沥青表面处治、沥青贯入式路面为主，且石灰土作为路面基层。渣油表面处治路面的推广，含土多、塑性指数大的泥结碎石和级配砾石基层越来越明显地暴露出它们水稳性差的弱点。这些含土粒料层中的水分不能蒸发出来，其下土基的强度也明显降低。

在本阶段，渣油表面处治和路面混合料缺少明确的技术指标，及缺乏相应的试验仪器，而且路面施工工艺水平低，路基压实采用轻型压实标准。主要用人工或配合农用机械进行施工，因此，新建路面质量差，早期破坏现象严重，"前修后坏""一年修、两年坏"的现象较为普遍。

第三阶段，从 20 世纪 80 年代初到现在，以提高路线和路面等级，改建和新建一级和二级公路，同时开始建设高速公路为特征，以沥青混凝土和水泥混凝土路面作为高级路面，以适应交通量和车辆荷载质量迅速增长的需要。

在这个阶段的初期，路面结构和材料以及不完备的施工技术，导致路面设计荷载偏低，路面上行驶的车辆超载严重，新建或改建的高等级公路的沥青路面也发生了一些严重的早期破坏现象，路面使用二三年就开始大面积损坏，其使用质量和寿命达不到设计和使用要求。但此阶段对沥青路面材料、结构、施工工艺、质量控制的研究得到了前所未有深入，一系列先进的施工机械开始引进，施工技术规范和各种试验规程得到了全面修订，沥青路面的整体水平得到了很大的发展，开始走向世界的前列。

20 世纪 90 年代早期修建的高速公路表层多为 LH、AC、AK、SAC 结构。在 20 世纪 90 年代中后期，随着人们认识的深入，结合高速公路在使用过程中出现的问题，人们认为应该改进抗滑表层的结构形式。因此，有相当一部分表层采用 SMA，在国内 SMA 属于一种相对较新的路面结构形式。

本阶段，在半刚性路面发展、成熟和完善的同时，水泥混凝土路面的应用也迅速增加，从人工浇筑到小型机械为主，直到目前的滑模摊铺和三滚轴铺筑，提高了混凝土养护手段，其施工技术也渐趋完善。在已建成的高速公路中，近 20% 采用了水泥混凝土路面。

在沥青路面的半刚性基层应用中，随之而来产生的反射裂缝是半刚性基层沥青路面和旧路加铺沥青层的主要病害之一，在半刚性基层与沥青面层之间，加铺应力吸收层的新技术成为目前广泛采用的防治反射裂缝的有效措施。

实践证明，在较高等级的公路上，原有的一些路面基层结构，已不能适应于我国公路高速化、重载化交通趋势，因此车辆作用在道路的动荷载受到更多关注。我国车辆-道路系统动力学仿真研究在完善，提出了进行道路受力分析考虑动荷载影响的方法，并给出了参数选择范围。

现行《公路沥青路面设计规范》JTG D50—2017 按继承与发展相结合的原则对原规范的交通与气候参数、设计参数、设计指标和相关模型进行了修订；规范了轴载谱及交通参数的调查分析方法；改变了路面材料设计参数，调整了相应测试和取值；提出多种不同基层材料的典型沥青路面结构组合类型，针对沥青路面易产生的损坏性病害，《公路沥青路面设计规范》JTG D50—2017 规定采用 5 项验算指标对路面结构进行验算，采用熟悉的弯沉值作为路基顶面和路表的验收弯沉值，再经过经济比选，确定沥青路面结构层厚度。这种设计方法很好地控制了路面结构在使用中容易产生的反射裂缝及结构裂缝。

路用性能优越的基层，能提高整个公路的使用质量和运营寿命。《公路沥青路面设计规范》JTG D50—2017 对基层和底基层粒料提高技术性能要求，同时对路面结构层材料筛选要求也提高了，重视粒料的级配和控制最大公称粒径选用，提出改性沥青材料或沥青玛琋脂 MSA 应用，并细化路面面层和基层的一些技术指标和标准，规范了施工过程的要求，提高了路面的使用性能和寿命。对用于沥青路面面层下的路基顶面回弹模量提高了等级要求，如重交通荷载下的路基顶面回弹模量 $E_0 \geqslant 50 MPa$。

随着我国公路网的逐步完善，未来公路建设工作的重心将由修建新的沥青路面，逐渐转移至对已建成公路沥青路面的维修和养护，而废旧沥青混合料再生利用是一项可持续发展重要战略。就地热再生技术是适合于沥青路面连续修复的一种成熟的现代沥青路面修复技术。

近年来，随着对城市道路环保和景观要求的日益提高，科研人员研发了一批新型沥青混合料，并得到成功的应用，如：温拌沥青混凝土、大孔隙沥青混凝土、彩色沥青混凝土等。国内外现在已开始采用柔性基础和透水性基层，可以改善各种路面的使用品质。为了减小城市道路的噪声、减小路表积水，采用透水性沥青路面和透水性水泥路面，以保证汽车安全行驶。

随着科学技术的发展和节能、减排、环保要求提高，新型的路面结构、道路材料技术、施工设备的出现，既能节能减排，又能避免沥青路面反射裂缝和沥青路面早期损坏病害的产生。如复合式路面、聚合物改性沥青、泡沫沥青新技术及沥青混合料双层摊铺机的运用。在《公路水泥混凝土路面设计规范》JTG D40—2011 中，已采用了极重交通和特重车型的轴载作为设计轴载，水泥路面初选厚度适当增加，能使水泥路面的使用性能及寿命大大提高。

在高等级公路快速发展的同时，我国的路面设计和施工技术及管理水平将会进一步完善，科技创新的环境将会得到改善。从资源状况考虑，我国高速公路和城市快速路建设将走沥青路面和水泥混凝土路面并举的发展方向。

11.2 路面的要求及特点

11.2.1 对路面的要求

路面是分层铺筑在路基顶面上的结构物。铺筑路面的目的是为了加固路基，使道路在行车和各种自然因素作用下，保证车辆高速、安全、舒适地行驶，并能节约运输成本，延长道路的使用寿命，充分发挥道路的功能。路面应具有表 11-1 的性能。

路 面 要 求　　　　　　　　　　　　　　　表 11-1

要　求	具　体　说　明
强度和刚度	路面强度是指路面结构整体及各结构层抵抗在各种荷载作用下产生的应力（压应力、拉应力、剪应力）及破坏（裂缝、变形、车辙、沉陷、波浪）的能力；刚度则是指路面结构抵抗变形的能力
稳定性	路面结构暴露在大气之中，会受到气温、降水与湿度变化的影响，其物理、力学性质也将随之不断发生变化，处于一种不稳定状态。路面结构承受这种不稳定状态，并能保持结构设计所要求的几何形态及物理力学性质，称为路面结构的稳定性
耐久性	路面结构要承受车辆荷载与自然因素的重复作用，由此而逐渐产生疲劳破坏或塑性变形的累积；此外，路面各结构层组成材料也可能由于老化而导致破坏。这些都将影响到路面的使用性能与使用寿命，增加路面的养护维修费用。因此，要求路面结构必须具有足够的抗疲劳强度、抗变形能力及抗老化能力

续表

要　求	具 体 说 明
表面平整度	不平整的路表面会使车辆产生附加振动作用，并增大行车阻力。这种振动作用会造成行车颠簸，影响行车的速度和安全、驾驶的平稳和乘客的舒适；同时，振动作用还会对路面施加冲击力，从而加剧路面的破坏与车辆机件的损坏及轮胎的磨损，并增大油料的消耗，而且不平整的路面还会因积水而加速路面的破坏
表面抗滑性能	路面表面要求既平整又粗糙，汽车在光滑的路面上行驶时，车轮与路面之间缺乏足够的附着力或摩擦阻力，在雨天高速行车，或紧急制动或突然启动，或爬坡、转弯时，车轮易产生空转或打滑，致使车速降低，油料消耗增多，甚至引起严重的交通事故。因此要求路面表面具有一定抗滑性能

11.2.2　对沥青路面的基本要求

沥青路面面层直接承受车辆和大气因素的作用，而沥青材料自身的性质受气候和时间影响很大，这是沥青路面使用中的一个重要特点。因此沥青路面必须满足表 11-2 要求。

沥青路面的基本要求　　　　　　　　　　　　　　　表 11-2

要　求	具 体 说 明
高温稳定性	高温季节在行车荷载的反复作用下不至于产生病害。如波浪、推移、车辙、泛油、壅包、粘轮等现象，确保高温时期仍具有足够的强度与刚度
低温抗裂性	沥青路面高温时变形能力较强，而低温时变形能力差，故低温时产生裂缝多，从而沥青路面在低温时，应具有较低的刚度模量和较大的变形能力，不至于在车轮荷载反复作用下产生低温开裂
耐久性	沥青路面应具有抵抗大气综合因素作用的能力，确保在设计使用年限内，在这些因素的作用下，不至于失去黏性、弹性，从而在车轮荷载作用下产生碎裂、松散破坏不足。沥青用量比最佳用量少 0.5％时，沥青路面的寿命减半
抗滑能力	沥青路面应具有足够的抗滑能力，以保证在最不利条件影响下，车辆安全高速行驶，而抗滑性能不至于降低。沥青用量比最佳用量多 0.5％时，沥青路面的抗滑性能明显降低
抗渗能力	沥青路面应具有足够的抗渗能力，特别在多雨地带和透水路面尤为重要

11.2.3　沥青路面的优缺点

沥青路面俗称"黑色路面"，又称柔性路面，沥青路面的优点是：

（1）沥青路面由于车轮与路面两级减振，无接缝，平整度好，噪声小，行车舒适好。

（2）柔性路面对路基、地基变形或不均匀沉降的适应性强，路面出现细小裂纹，可以通过车辆行驶对路面的碾压而自行修复。

（3）沥青路面修复速度快，碾压后温度降到 50℃以下即可通车。

沥青路面的缺点是：

（1）压实的混合料空隙率大时，其耐水性差，易产生水损坏，一个雨季就可能造成路面大量破损；

（2）沥青材料的温度稳定性差，脆点到软化点之间的温度区偏小，经不住天然高低温差，冬季易脆裂，夏季易软化；

（3）沥青是有机高分子材料，耐"老化"性差，使用后将产生老化和龟裂破坏；

（4）平整度的保持性差，不仅沉降会带来平整度劣化，而且材料软化会形成车辙。

11.2.4 路面面层种类

道路的路面直接承受汽车荷载，抵抗车轮的磨耗。在路面设计中，根据路面结构的力学特性，路面分为下述三种类型：

1. 柔性路面

柔性路面是指刚度较小，在车轮荷载作用下产生的弯沉变形较大，路面结构本身的抗弯拉强度较低，它通过各结构层将荷载传递给路基，使路基承受较大的单位压力。柔性路面依靠抗压、抗剪切强度来承受车轮荷载作用。路面结构主要包括各类沥青面层、块石面层、砂石路面中的级配碎（砾）石、水结碎石、填隙碎石及其他粒料路面面层。另外，各种未经处理的粒料基层（如天然砂砾）称为柔性路面基层。通常采用半刚性基层，以提高车轮荷载的扩散性。

2. 刚性路面

刚性路面是指面层板刚度较大，它的抗弯拉强度较高，一般指水泥混凝土路面。在车轮荷载的作用下，水泥混凝土结构层处于板体工作状态，竖向弯沉较小，主要靠水泥混凝土的抗弯拉强度承受车轮荷载，通过板体的扩散分布作用，传递给土基的单位压力较柔性路面小得多。基层的稳定、均匀、一定厚度（等厚）尤为重要。采用水泥混凝土（或贫混凝土）作为路面的基层称为刚性路面的基层（简称刚性基层）。

3. 半刚性路面

在沥青路面结构中含有一层或一层以上厚度大于 15cm 的半刚性基层且能发挥其特性，此沥青路面结构称为半刚性路面。由于采用各种无机结合料（水泥或石灰）稳定的集料或土修筑成基层，在前期具有柔性路面的力学特性，当环境适宜，随着时间的推移其强度和刚度会大幅度增长，但最终强度和刚度还是小于水泥混凝土路面（刚性路面）。由于这种材料的刚性处于柔性路面和刚性路面之间，适用于路面基层，因而把这种基层称为半刚性路面基层（简称半刚性基层）。

11.2.5 沥青面层类型选用

《公路沥青路面设计规范》JTG D50—2017 要求的路面面层适用公路的等级见表 11-3。根据路面的类型，提出适用公路等级范围，城市道路可根据交通等级参考选用。

各类路面面层适用公路的等级 表 11-3

沥青面层类型	公路的等级	其 他 应 用
沥青混凝土（水泥混凝土）	高速公路、一级公路、二级公路、三级公路、四级公路	

续表

沥青面层类型	公路的等级	其 他 应 用
热拌沥青碎石混合料	二级公路、三级公路	柔性基层、调平层
沥青贯入式 （含上拌下贯沥青碎石）	二级公路、三级公路	柔性基层、调平层
沥青表面处治与稀浆封层	三级公路、四级公路	各级公路的上、下封层
冷拌沥青混合料	三级公路、四级公路	旧路修补工程

11.3　沥　青　路　面　结　构

沥青路面结构层次较水泥混凝土路面多，采用不同的材料进行分层修筑，以充分利用沥青类路面特有的性质，使其在各种车轮荷载作用下，具有良好的使用品质。中、轻交通荷载等级路面结构层的层次较少，且面层总厚度较小；而极重、特重交通和重交通荷载的路面结构层次多，则结构层总厚度较大。沥青类面层结构层主要包括面层、基层、底基层、功能层以及辅助层。沥青面层采用多层次，是为了满足路面在设计使用寿命周期内的使用要求，并且经济合理。典型重交通荷载的沥青路面结构层如图 11-1 所示。

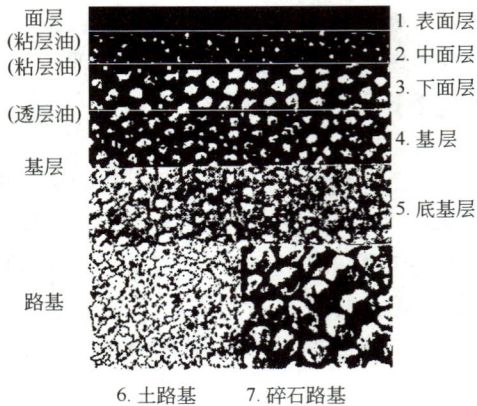

面层
（粘层油）
（粘层油）
（透层油）
基层

路基

1. 表面层
2. 中面层
3. 下面层
4. 基层
5. 底基层

6. 土路基　　7. 碎石路基

图 11-1　沥青路面结构层

图中土路基材料可以采用路基土或碎石。

11.3.1　面层

沥青面层位于道路最上层，直接承受车轮荷载的垂直力和制动的水平力作用，及各种自然因素影响，并将荷载全部传递到基层及以下的结构层，因此，它应满足表面功能性和结构特性的使用要求。面层可分为单层、双层或三层。自上而下可分别称为表面层、中面层、下面层。

公路等级不同，路面类型有差异，路面结构层组合层数不同，见表 11-4。如高速公路采用沥青混凝土路面，采用第①②类结构组合比较多；当采用水泥混凝土面层时，第④⑤类结构组合比较多；若挖方为稳定的基岩时，可以采用第⑥类结构组合；采用沥青表面处治层第⑦类时，沥青表面治层不能单独作为结构层进行设计。在各沥青层中至少有一层应为密级配沥青混合料，如：密级配沥青混合料 AC-30C。

常见各类路面结构层组合图表   表 11-4

① 表面层						
中面层	② 表面层					
下面层	下面层	③ 表面层				
基　层	基　层	下面层	④ 面　层			
底基层	底基层	基　层	基　层	⑤ 面　层	⑥ 面　层	⑦ 保护层
垫　层	垫　层	垫　层	垫　层	基　层	整平层	基　层
土　基	土　基	土　基	土　基	土　基	土　基	土　基

表面层（上面层）应具有平整密实、抗滑耐磨、稳定耐久等服务功能，同时应具有高温抗车辙、抗低温开裂、抗老化、抗剥落等品质。

路面面层的中面层、下面层应密实、基本不透水，并具有高温抗车辙、抗剪切、抗疲劳的力学性能。

修筑沥青路面结构层所用的材料主要有：水泥混凝土、沥青混凝土、沥青碎（砾）石混合料、条石砂砾或碎石掺土或不掺土的混合料以及块料等。

沥青路面面层分为四种类型：热拌沥青混合料、冷拌沥青混合料、沥青贯入式、沥青表面处治与稀浆封层。热拌沥青混合料包含沥青混凝土、沥青碎石混合料。沥青混凝土路面和水泥混凝土路面可适用于各类公路等级的面层。

沥青面层分层过多、太薄，不能形成稳定的路面结构层，碾压时会被推跑，会影响沥青层的整体性及路面的强度。

11.3.2 基层和底基层

沥青路面的基层位于面层之下，底基层或垫层之上，基层是沥青路面结构层中的主要承重层，主要承担着面层传下来的全部车辆垂直荷载，并把面层传下来的力扩散到垫层或路基土，沥青路面基层应具有较高的强度、稳定性和耐久性，且要求抗裂性和抗冲刷性好。基层可为单层或双层，双层称为上基层、下基层。

底基层是设置在基层之下，与基层相比是次要承重层。当路面基层太厚、垫层与基层模量比不符合要求时都应考虑设置底基层。因此，对底基层材料的技术指标要求可比基层材料略低，底基层也可分为上、下底基层。路用性能优越的基层将提高整个公路的使用质量和营运寿命。

根据基层材料和力学性质的不同组合成三种典型路面结构。

1. 半刚性基层、底基层

在半刚性基层上铺设沥青面层结构属于半刚性基层沥青路面。半刚性基层应具有足够的强度和稳定性、较小的收缩（温缩及干缩）变形和较强的抗冲刷能力，在中冰冻、重冰冻地区应检验半刚性基层、底基层的抗冻性能。

（1）分类：半刚性基层、底基层材料按其混合料结构状态分为四种结构类型：骨架密实型、骨架空隙、悬浮密实、均匀密实。按常用材料类型分为：稳定类和稳定土两类。稳定类有：水泥稳定级碎石或砾石、水泥粉煤灰稳定碎石或砾石、石灰粉煤灰稳定碎石或砾石、水泥稳定未筛分级碎石或砾石、水泥粉煤灰稳定未筛分碎石或砾石、石灰粉煤灰稳定未筛分碎石或砾石。稳定土有：水泥稳定土、石灰稳定土、石灰粉煤灰稳定土。

（2）适用条件：水泥稳定集料、石灰粉煤灰稳定集料适用于各交通荷载等级的基层和底基层；石灰稳定类土适用于轻交通荷载等级的基层以及三、四级公路基层；无机结合料骨架空隙混合有较高的空隙率，适用于需考虑路面内部排水的基层。

2. 柔性基层、底基层

基层结构层常采用沥青碎石混合料，或沥青贯入式碎石、级配碎石、级配砾石、天然砂砾、填隙碎石等柔性材料层组成的结构类型。

（1）分类：沥青碎石主要指半开级配沥青碎石（AM），空隙率一般为 10%～18%。沥青稳定碎石混合料（简称沥青碎石）基层分为三类：密级配沥青碎石（设计空隙率为 3%～6%）；开级配沥青碎石（设计空隙率大于 18%）；半开级配沥青碎石（设计空隙率为 6%～12%）。

（2）适用条件：适用于极重、特重和重交通荷载等级的基层，如密级配大粒径沥青碎石在充分压实后，可提高疲劳寿命，减少水的敏感性，提高强度与稳定性；半开级配沥青碎石混合料用于排水基层，以排除特殊路段路面结构内部可能出现的自由水。

3. 刚性基层

刚性基层与其他基层相比具有较高的强度、刚度、较好的整体性和稳定性，多孔透水混凝土还兼有内部排水功能。

（1）分类：刚性基层可分为贫混凝土、碾压式混凝土、水泥混凝土等类型。

（2）适用条件：刚性基层适用于重交通、特重交通及运煤、矿石建筑材料等公路工程。刚性基层厚度一般为 200～280mm，最小厚度应大于 150mm。

沥青类路面结构层设计中基层应比面层每侧宽 10cm 以上，便于施工，且稳定性好，如图 11-2

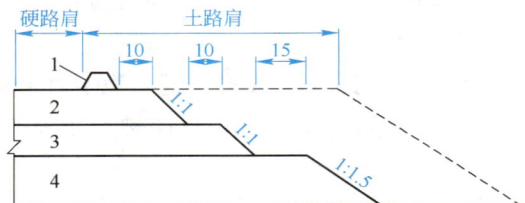

图 11-2　路面结构层示意图（单位：cm）
1—路缘石；2—面层；3—基层；4—底基层

所示。而水泥混凝土基层比面板每侧至少宽出 30cm 以上，考虑施工立模板的稳定和工作面。水泥混凝土施工方法不同，每侧宽出值不同。

11.3.3　功能层

1. 垫层

垫层是在水文地质不良地带设置的路面功能性结构层。垫层是设置在底基层与土基之间的结构层，以始终保证路基处于干燥或中湿状态。垫层另一方面的功能是将基层传下的车辆荷载应力加以扩散，以减小土基产生的应力和变形。同时防止路基土挤入基层中，影响基层结构的性能。

（1）基层应设置垫层状态

1）地下水位较高、排水不良，路基经常处于潮湿、过湿状态的路段。

2）排水不良的土质路堑，有裂隙水、泉眼等水文地质不良的岩石挖方路段。

3）季节性冰冻地区的中湿、潮湿路段，可能产生冻胀需设防冻层的路段。

4）基层或底基层受污染以及路基软弱的路段。

（2）按垫层设置作用分类

1）隔离垫层

2）排水垫层（排除路面结构内部水的功能）

3）防冻垫层（路面结构中按防冻要求所设置的功能层）

4）防污垫层

5）稳定垫层

路面垫层按材料分为两大类：粒状材料和整体性材料。垫层的作用及常用材料参见表 11-5。

垫层的作用及常用材料 表 11-5

序号	材料分类	按作用分类	作 用	常 用 材 料
1	粒状材料	隔离、防污、排水垫层	①阻断土路基的毛细水上升，并排除路面下聚集的多余水分；②不透水隔离层可用土工合成材料及沥青砂等构筑，防止路基土浸入到路面污染结构；③排水不良的土质路堑，有裂隙水、泉眼等水文不良的岩石挖方路段，采用大孔隙的材料	粗砂、级配砂砾、未筛分碎石、煤渣、矿渣、天然砂砾、片石、圆石颗粒材料（含泥量不超过 5%）；砂垫层、砂桩或纵横排水盲沟。垫层应采用连续型、骨架型颗粒级配。详见《公路沥青路面设计规范》JTG D50—2017
2		防冻垫层	季节性冰冻地区的中湿、潮湿路段，可能产生冻胀和冻胀翻浆破坏地段，应设置防冻垫层。地下水以毛细水形式积聚，在−3～−15℃ 时毛细水冻结，体积膨胀，可能产生冻胀和冻胀翻浆破坏地段，其作用是调整路基冻胀和变形带来的影响	采用透水性好的粒料类材料，通过 0.075mm 筛孔颗粒含量不大于 5%。级配砂砾、天然砂砾、炉渣等可以减小冰冻作用深度。一般厚度为 150～200mm。重冰冻地区潮湿、过潮路段厚度可为 300～400mm
3	整体性材料	稳定层	以其刚度来减少路基不均匀沉降，提高路基顶面强度，减少对路面的影响。用于软土地基或新老填土交替路基	石灰土、炉渣石灰以试验结果为准
				水泥或石灰煤渣稳定类，石灰粉煤灰稳定类（低剂量无机结合料稳定粒料的半刚性垫层）

2. 路基稳定层（路基改善土）

为提高路基顶面回弹模量或改善路基湿度状态而设置粒料层或无机结合料稳

定层,《公路沥青路面设计规范》JTG D50—2017 将其归类为路基,称为路基改善土。

3. 辅助层结合料层

为了提高沥青路面的整体性和使用品质,沥青路类路面采用层间接触的辅助层结合料,按功能辅助层结合料层分为:

1)透层:用于非沥青材料层上,能渗入表面一定深度,增强非沥青材料与沥青混合料层整体的功能,可采用流动性较大的道路石油沥青。

2)粘层:路面结构中用于阻止水下渗的功能层。粘层采用沥青较透层沥青稠度大。

3)封层:路面结构中用以阻止水下渗的功能层,如稀浆封层、沥青表面处治等。

4)应力吸收层:应力吸收层是一种沥青混合料,专铺设于水泥混凝土、半刚性基层与沥青混合料面层,或旧路与沥青加铺层之间。其由细集料、矿物填料和高弹性聚合物改性沥青胶结料组成,成型后密实、粘结力强、不渗水,与半刚性基层之间的结合性能良好,能随着基层的变形而变形,并且具有优良的自愈能力。

例如:应力吸收层是将单一粒径的石料均匀满铺在高弹性聚合物改性沥青胶结料层上,用胶轮压路机进行嵌挤碾压,沥青胶结料被挤压到石料高度的约 3/4,石料嵌锁形成后将构成结构性支撑,这时所形成碎石封层模式的路面即为高弹性聚合物改性沥青胶结料应力吸收层。

各级公路排水垫层应与边缘排水系统相连接,宽度应铺筑到路基边缘或与边沟下的渗沟相连接。

11.3.4　路基(土基)

路基必须密实、均匀、稳定。填方路基的填料选择、路床的压实度及填方路堤的基底处理等均应符合相应公路路基设计规范的规定。

规范规定,应使路基处于干燥或中湿状态。采取防止地面水和地下水浸入路面、路基的范围内的措施,以保证路基的强度和稳定性。极重荷载等级路基顶面回弹模量值应大于 80MPa;特重交通荷载等级路基顶面回弹模量值应大于 80MPa;重交通荷载等级路基顶面回弹模量值应大于 60MPa;轻交通荷载等级基顶回弹模量不小于 40MPa。路基顶面回弹模量是指平衡温度状态下并考虑干湿与冻融循环作用后的路基顶面回弹模量,并不得小于表 6-1 中的值。沥青路面下的路基顶面回弹模量 E_0 与水泥混凝土路面下的路基顶面回弹模量 E_t 是完全不同的两个概念。

城市沥青路面结构下基顶土基回弹模量,城市道路快速路、主干路、次干路 $E_0 \geq 30MPa$,次路和支路 $E_0 \geq 20MPa$。

潮湿、过湿状态的路基,必须采取换填砂、砾石、碎石渗水性材料处理地基,或采取掺入消石灰进行固化材料处理,设置土工合成材料,加强路基排水等措施,进行综合处治。根据处理措施,改善其湿度状况或适当提高路基回弹模量。

思 考 题 与 习 题

1. 常用道路工程路面面层类型有哪些？密级配热拌沥青混合料适用于何种交通荷载等级公路？密级配热拌沥青混合料适用于路面结构层的哪些层位？

2. 按路面结构层力学特性可将道路的路面划分为哪几类？

3. 画出沥青路面基本结构层，并分别说出它们的相对位置、作用、采用的材料。

4. 对路面有哪些要求？对沥青路面又有哪些基本要求？

5. 沥青路面的常见缺点有哪些？

6. 道路处于软基地带，在土基上的路面结构层应该采用什么材料？道路经过地下水位较高的地区，在土基上的路面结构层应该采用何种材料？

7. 某一级公路，重交通荷载，IV4 区属于软基地区，已知采用沥青混凝土路面，路面结构如图 11-3 所示。试说明沥青混凝土路面结构图中的面层、基层、底基层、垫层所选用的材料，指出哪些结构层是半刚性材料，并说明土基回弹模量是否符合设计要求（表 6-1）。

$h_1=4cm$	$E_1=1400MPa$	AC-13F 细粒式细型密级配沥青混凝土
$h_2=5cm$	$E_2=1200MPa$	AC-16C 细粒式粗型密级配沥青混凝土
$h_3=6cm$	$E_3=800MPa$	AC-25C 粗粒式粗型密级配沥青混凝
$h_4=20cm$	$E_4=1300MPa$	水泥稳定碎石（5%）
$h_5=20cm$	$E_5=800MPa$	水泥稳定碎石（5%）
$h_6=18cm$	$E_6=500MPa$	石灰土
	$E_0=80MPa$	土 基

图 11-3　题 7 图

8. 某新建高速公路，属于特重交通，受地下水影响，采用细粒式沥青混凝土路面，路面结构层组合如图 11-4 所示。参照表 12-39（杭浦高速公路）填写面层（三层）材料（答案可以不一样），并根据题意选择基层和底层材料，说明理由，在图 11-4 中完成。查表 6-1，写出土路基土基顶最小回弹模量。

面层	上面层：	
	中面层：	
	下面层：	
基层：		
底基层：		
土基（土路基顶回弹模量达不到设计要求，原地面要先处理再填筑）≥ MPa		

图 11-4　题 8 图

码11-1 教学单元
11思考题与习题
参考答案

教学单元 12 一般沥青路面设计

【教学目标】 本教学单元主要内容为：沥青路面常见病害、沥青路面分类、行车荷载、轴载换算与交通荷载等级确定、沥青路面结构组合设计、改建设计、路面结构排水、排水沥青路面简介等。通过学习使学生掌握沥青路面的交通荷载等级划分方法、沥青路面类型、沥青路面结构组合设计要求及结构层材料选取、熟悉沥青路面结构布置图，以及路面结构排水。

12.1 概　　述

12.1.1 沥青路面的常见病害

沥青路面的破坏可分为两类：一种是结构性破坏，它是路面结构整体或其组成部分的一处及多处的破坏，这种破坏严重时可能使路面不具有支承车辆荷载的能力；另一种是功能性破坏，即由于路面的不平整，使其不再满足行车要求的功能。这两类破坏不一定是同时发生，而是逐渐积累起来的。对于功能性破坏，可以通过修复、养护来恢复路面的平整性，以满足使用的要求。沥青路面的常见病害见表 12-1，详见《公路技术状况评定标准》JTG 5210—2018。

沥青路面的常见病害   表 12-1

分类	名称	说　明
裂缝类	纵向裂缝	纵向裂缝基本平行于道路中心线，有时伴有少量支缝。如原路面未充分压实或压实不均匀，强度不足和变形过大，往往产生较长的纵向裂缝
	横向裂缝	横向裂缝近似垂直于道路中心线，间距不等，有时伴有少量支缝，并逐年增加。沥青路面低温裂缝多为横向裂缝
	网裂	在轮迹带出现纵缝，然后在纵缝之间出现横向或斜向裂缝，形成裂缝网。如沥青路面材料老化、整体强度不够多产生闭合的龟裂、网裂
	反射裂缝	半刚性基层的收缩开裂及由此引起沥青路面的反射性裂缝
变形类	沉陷	路表面的局部凹陷，产生原因是路面结构在沉降处两边产生不均匀沉降
	车辙	路面由于长期受到车轮的碾压，将沥青路面碾压成沟槽，形成车辙
	波浪（搓板）	多发生在沥青道路的路口，夏季由于重型车辆经常在路口部位制动、起步和加速，路面受到横向力的作用，将地面推挤成鼓包

续表

分 类	名 称	说 明
表面损坏类	泛油	沥青路面上沥青从混合料中渗出。产生的原因是沥青混合料中矿料明显减少，夏天沥青路面泛油的部位会出现变软现象
	啃边	指沥青路面边缘不断缺损，路面宽度不断减少的现象。产生啃边的主要原因是路肩加固处理不当，路面边缘强度不足，加上行车对路面边缘过多的作用等
	磨光	沥青路面的表面由于车轮的长期磨损，路面表面变得较为光滑，地面摩擦力降低，使车辆行驶时制动力不足，道路的安全性能下降
水损害类	松散剥落	产生松散的原因是沥青含量偏少或稠度偏低，沥青性能较差或沥青老化，矿料过湿，造成沥青黏性不足，路面沥青混合料松散、矿料剥落
	坑洞	沥青路面松散严重，在荷载的作用下，沥青路面表面形成一定面积的坑洼，是较为严重的病害。产生的原因是基层强度局部不足，或沥青面层网裂、龟裂未及时养护等
	唧泥	外界水从裂缝等处渗入，在车辆荷载作用挤压下，基础中的细粒料从裂缝处与水一同喷出的现象
表面反复磨损类	表面磨光	沥青路面在使用过程中，在车轮反复滚动摩擦的作用下集料表面逐渐磨光，有时还伴有泛油，从而导致沥青表面光滑的现象。原因是集料偏软、缺少棱角、级配不当、尺寸偏小、细料偏多，或沥青用量偏多

沥青路面损坏的原因大体可分为以下几种：

1. 汽车车轮碾压——重型和超载车辆对路面的作用，大大超过道路设计的承载能力，会对路面和基层造成严重损坏。

2. 气候自然因素影响——夏季天气炎热，易使沥青软化。寒冷的冬季沥青易于脆硬。雨水侵袭到沥青混合料内部易使沥青失去黏性。冬季雪水侵入沥青混合料的裂缝。

3. 沥青老化——沥青路面暴露在空气中，长期受到日晒和雨淋，造成老化、脆硬、黏性下降，使表面开裂。

4. 设计和施工缺陷——若道路设计不合理、道路材料没达到设计要求的质量、施工质量不好可能会造成早期的损坏。如结构层厚度小、沥青层与半刚性基层之间应洒透层油，沥青层间应洒黏层油等。

12.1.2 沥青路面设计内容和方法

1. 设计内容

一般沥青路面设计的内容是：首先进行原材料的调查和混合料配合比设计、设计参数的测试与确定、路面组合设计、路面结构验算及路面结构方案比选。对于高速公路和一级公路除车行道外，路面设计内容还包括公路路缘带、硬路肩、匝道、加减速车道、紧急停车带、收费站及排水系统等，还要调查沿线的自然环境、材料产源及贮存量的调查、交通量实测、分析与预测，材料选择，同时考虑采用新材料、新工艺，以利于环境保护。

2. 设计方法

沥青路面设计方法均分为经验法和理论法等。经验法主要是通过对试验路段或使用道路的观测调查，建立路面结构（结构层组合、厚度和材料性质）、车辆荷载（轴载类型、标准轴载作用次数）和路面使用性能三者关系，通过疲劳试验，以此种方法来确定路面各结构层的经验厚度。

理论法是以弹性力学理论为基础，分析路面结构在荷载与环境作用下的力学响应量（应力、应变、位移），建立力学响应量与路面使用性能之间的关系模型，按路面设计使用要求，运用关系模型完成结构设计。《公路沥青路面设计规范》JTG D50—2017 中的路面结构力学指标计算，采用双圆均布垂直荷载下弹性层状连续体系理论。根据交通量参数调查分析结果和设计使用年限，按照《公路沥青路面设计规范》JTG D50—2017 规定通过路面设计程序（如 HPDS2017）来验算初拟的路面结构方案，再结合工程经验和经济分析选定合理的路面结构方案。对于公路等级不高，交通量不大的工程，可直接根据当地的经验结构选择路面结构组合设计方案。

3. 沥青路面厚度设计的控制参数

在确定交通等级时，首先进行交通轴载换算。《公路沥青路面设计规范》JTG D50—2017 给出了轴载谱及交通参数的调查方法，采用多项设计指标，不同设计指标分别采用不同的轴载换算系数，从而对应不同的当量设计轴载累计作用次数，并以设计使用年限内累计大型客车和货车交通量之和划分交通荷载等级。考虑到集装箱运输公路和运煤公路等货运通道在轴载、交通组成等方面的特殊性，增加了极重交通荷载等级，沥青路面结构设计交通荷载等级共分为极重、特重、重、中等、轻共 5 级。

沥青路面设计采用 5 个单项设计指标分别控制相应路面损坏。主要控制指标为：沥青混合料疲劳开裂损坏、无机结合料竖向压应变和疲劳开裂损坏、沥青混合料永久变形、路基永久变形、季节性冰冻地区的低温开裂指标。

根据交通参数调查按照《公路沥青路面设计规范》JTG D50—2017 修改了沥青混合料层和无机结合料稳定层疲劳开裂预估模型，新增了沥青混合永久变形、路基顶面竖向压应变和路面低温开裂 3 项指标，其中路面低温开裂指标适用于季节性冰冻地区。

12.2　沥青路面的分类及使用性能

12.2.1　沥青路面分类

1. 按强度构成原则分类

沥青路面按强度构成原则可分为嵌挤类和密实类两大类。

（1）嵌挤类。嵌挤类沥青路面要求采用矿质集料尺寸均匀，路面的强度和稳定性形成以骨料相互嵌挤所产生的内摩阻力为主，黏结力为辅。按嵌挤原则修筑路面，其热稳性好，但孔隙率大、易渗水，因而耐久性差。

（2）密实类。密实类沥青路面要求组成的矿料按最大密实原则设计，如 AC-25C 属于粗型密级配、AC-25F 属于细型密级配，其强度形成以沥青混合料的黏聚力为主，矿料颗粒之间嵌挤力和内摩阻力为辅。按其空隙率大小可分为闭式和开式两种：闭式混合料中含有较多的小于 0.6mm 和 0.075mm 的矿物颗粒，空隙率小于 6％，混合料致密而耐久；开式混合料中小于 0.6mm 的矿料含量较少，空隙率大于 6％时，其热稳定性较好。

2. 按沥青混合料集料的公称最大粒径分类

热拌沥青混合料（HMA）适用于各种等级公路的沥青路面或基层。

沥青混合料按公称最大粒径分类及适用层位分为以下五类：

（1）特粗式：公称最大粒径不小于 31.5mm（用于沥青路面的基层）；

（2）粗粒式：公称最大粒径为 26.5mm（用于面层的下面层或基层）；

（3）中粒式：公称最大粒径为 16mm 或 19mm（用于面层的上面层、中层、下面层）；

（4）细粒式：公称最大粒径为 9.5mm 或 13.2mm（用于上面层、中层、下面层）；

（5）砂粒式：公称最大粒径不大于 4.75mm（用于面层的上面层、下封层）。

集料最大粒径是指混合料中筛孔通过率为 100％的最小筛孔尺寸。集料公称最大粒径是指混合料中筛孔通过率为 90％～100％的最小筛孔尺寸（一般筛余不超过 10％）。例如：级配类型为 AC-13，其公称最大粒径为 13.2mm（集料在 13.2mm 筛孔上的筛余量小于 10％），最大粒径为 16mm（集料在 16mm 筛孔的通过率为 100％）。

热拌沥青混合料种类按集料公称最大粒径、矿料级配、设计空隙率划分。各种热拌沥青混合料的种类见表 12-2。

热拌沥青混合料种类　　　　　　　　　　　　表 12-2

混合料类型	密级配			开级配		半开级配	公称最大粒径（mm）	最大粒径（mm）
	连续级配		间断级配	间断级配		沥青稳定碎石		
	沥青混凝土	沥青稳定碎石	沥青玛琋脂碎石	排水式沥青磨耗层	排水式沥青碎石基层			
特粗式	—	ATB-40	—	—	ATPB-40	—	37.5	53.0
粗粒式	—	ATB-30	—	—	ATPB-30	—	31.5	37.5
	AC-25	ATB-25	—	—	ATPB-25	—	26.5	31.5
中粒式	AC-20	—	SMA-20	—	—	AM-20	19.0	26.5
	AC-16	—	SMA-16	OGFC-16	—	AM-16	16.0	19.0
细粒式	AC-13	—	SMA-13	OGFC-13	—	AM-13	13.2	16.0
	AC-10	—	SMA-10	OGFC-10	—	AM-10	9.5	13.2
砂粒式	AC-5	—	—	—	—	AM-5	4.75	9.5
设计空隙率（％）	3～5	3～6	3～4	＞18	＞18	6～12		

注：SMA 用于夏热区或重交通、特重交通公路时，设计空隙率高限可适当放宽至 4.5％。

半开级配沥青碎石（AM）因空隙率大、渗水严重不宜作面层。但半开级配排水沥青碎石具一定承载能力，以及缓解反射裂缝、排除路面结构内部滞留水的作用，可作柔性基层、底基层（排水基层）。而半开级配沥青碎石 AM-13、AM-16、AM-20 主要用作调平层。

3. 按级配类型和设计空隙率分类

热拌沥青混合料按级配类型和设计空隙率大小分为密级配、开级配、半开级配三大类。密级配沥青混合料又按关键性筛孔 4.75mm 和 2.36mm 通过率分为粗型（AC-C）和细型（AC-F），见表 12-3。

粗型和细型密级配沥青混凝土的关键性筛孔通过率　　　　表 12-3

混合料类型	公称最大粒径（mm）	用以分类的关键性筛孔（mm）	粗型密级配		细型密级配	
			名称	关键性筛孔通过率（%）	名称	关键性筛孔通过率（%）
AC-25	26.5	4.75	AC-25C	<40	AC-25F	>40
AC-20	19	4.75	AC-20C	<45	AC-20F	>45
AC-16	16	2.36	AC-16C	<38	AC-16F	>38
AC-13	13.2	2.36	AC-13C	<40	AC-13F	>40
AC-10	9.5	2.36	AC-10C	<45	AC-10F	>45

根据公路等级、结构层位、气候及交通条件，不同级配类型适用于不同条件。粗级配以粗集料为主，具有表面粗糙，构造深度较大，抗车辙、抗变形性能较好等特点，适用于多雨炎热、交通量较大地区的表面层。中、下面层也可用粗级配沥青混合料，以增强抗车辙能力，但施工时应注意加强压实。细级配以细集料为主，施工和易性较好，水稳定性、低温抗开裂及抗疲劳开裂性能等较好。在各沥青层中至少有一层应为密级配沥青混合料。

4. 按施工工艺分类

按施工工艺的不同，沥青路面施工方法分为三类：层铺法、路拌法和厂拌法。

（1）层铺法。沥青表面处治和沥青贯入式路面施工特点是：分层洒布沥青，分层铺撒矿料和分层碾压。该方法主要优点是：施工设备和工艺简单、施工进度快、功效较高、造价较低。而其成型期较长，需要经过炎热夏季车轮碾压沥青路面方可成形。分层施工方法有利于提高路面的平整度，也利于提高路面的压实度。

分层施工方法要点为：上面层的沥青混合料采用小粒径的集料结构，以提高防渗漏性能，下面层采用大粒径集料结构，以提高道路的承载能力。通过分层施工，充分发挥各种集料的优势，以提高路面整体的抗压强度、嵌锁性能和抗渗透性能。

（2）路拌法。在路上用机械将矿料和沥青材料就地拌合摊铺碾压密实而成型沥青路面。这种拌合法能使沥青材料在矿料中分布均匀情况比层铺法好。其缺点是：现场拌合矿料为冷料，采用的沥青材料标号较高，稠度低，故混合料的强度较低。

（3）厂拌法。沥青混合料必须在沥青拌合厂或拌合站采用拌合机械拌。沥青混合料可采用间歇式拌合机或连续式拌机。高速公路和一级公路宜采用间歇式拌合机拌合。连续式拌机采用的集料必须稳定不变，一个工程多处进料、料源不稳定不宜使用。

5. 按沥青路面技术特性分类

沥青路面按其技术特性分为沥青表面处治、沥青贯入式、沥青稳定碎石、密级配沥青、乳化沥青碎石、沥青玛琋脂碎石等。各种路面类型的选择要适应路面交通分级要求、层位要求以及功能特点的要求。

（1）沥青表面处治

沥青表面处治是用沥青和集料按层铺或拌合法施工，其厚度不大于3cm的一种薄层面层。表面处治按浇洒沥青和撒布集料的遍数不同，分为单层式、双层、三层式。其一般用于三、四级公路，也可用作沥青路面的磨耗层、防滑层。

沥青表面处治的厚度一般为1.5～3.0cm。层铺法可分为单层、双层、三层。单层表处厚度为10～15mm，双层表处厚度为15～25mm，三层表处厚度为25～30mm。

（2）沥青贯入式

沥青贯入式路面在我国的使用已经起来越少。它的优点是：当缺乏沥青拌合机及摊铺设备时，可以施工沥青路面。粗集料之间的嵌挤充分，抗车辙能力较强。沥青贯入式碎石适用于二级及二级以下公路的沥青面层。其厚度一般为40～80mm。当沥青贯入式的上部加铺拌合的沥青混合料时，也称为上拌下贯，此时拌合层的厚度宜为25～40mm，其总厚度为70～100mm。沥青贯入式路面宜用道路石油沥青。

（3）沥青稳定碎石

沥青稳定碎石指的是由沥青、粗细集料和矿粉组成，按一定配合比设计方法进行材料组合设计的混合料。它按矿料级配范围分为三类：密级配沥青碎石混合料（ATB）、半开级配沥青碎石混合料（AM）、开级配沥青碎石混合料（AT-PB）。沥青碎石指集料中细粒含量少，不含或少含矿粉，混合料为开级配（设计空隙在6%～10%以上）的沥青混合料。《公路沥青路面施工技术规范》JTG F40—2004规定：沥青碎石作为沥青与半刚性基层的联结层。

（4）密级配沥青

密级配沥青是指混合料中含有一定数量的矿粉，按最佳密实级配（空隙率在10%以下）拌制的沥青类混合料。密级配沥青混合料路面可由单层、双层或三层沥青混合料组成，根据层位选择不同的级配类型。

（5）乳化沥青碎石

乳化沥青碎石适用于三级、四级公路的沥青面层，二级公路养护罩面以及各级公路的调平层，在国外也用作为柔性基层。它在何时碾压、采用何种压路机、

碾压到何种程度是保证其质量的关键。

（6）沥青玛琋脂碎石

沥青玛琋脂碎石（简称 SMA）是以间断级配为骨架，由改性沥青、矿粉及木质纤维素组成的沥青玛琋脂为结合料，经拌合、摊铺、压实而形成的一种构造深度较大的结构层次。它具有抗滑耐磨、空隙率小、抗疲劳、高温抗车辙、低温抗开裂的优点，适用于高速公路、一级公路和其他重要公路的表面层。

6. 按沥青混合料的组成结构

按"嵌挤成分"和"密实成分"所占比例的不同，沥青混合料组成结构形态分为三种结构类型：即悬浮—密实结构、骨架—孔隙结构、密实—骨架结构，如图 12-1 所示。

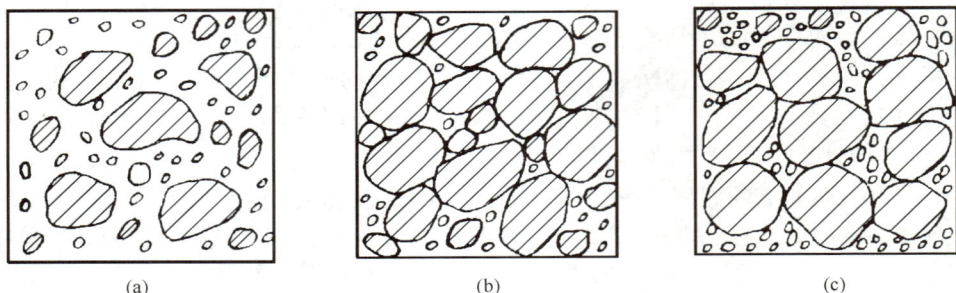

图 12-1　沥青混合料的组成结构
（a）悬浮—密实结构；（b）骨架—孔隙结构；（c）密实—骨架结构

（1）悬浮—密实结构

按密级配形成的沥青混合物料通常采用连续密级配，集料的含量从小到大各尺寸都有，而含有细集料较多，粗集料较少，粗集料彼此互相不接触，悬浮在细集料中，这种沥青混合料的强度形成，以沥青材料自身的黏结力为主，而骨料的内摩阻力为辅。这种沥青混合料形成的路面结构的使用特点是：矿料级配密实、不透水性好、耐久性好；由于粗骨料形成骨架不稳定，受沥青材料性质影响较大，热稳定性较差。

（2）骨架—孔隙结构

采用连续开级配的沥青混合料属于这种结构类型。这种沥青混合料中，粗集料较多，因此能形成骨架，而细集料较少，残余空隙率较大，不密实。这种沥青路面材料的强度以内摩阻力为主而以黏结力为辅。这种沥青混合料形成的路面结构的使用特点是：强度较高、热稳定性好、耐久性不好。

（3）密实—骨架结构

这种结构是综合以上两类组成的结构。这种级配类型的混合料既有一定量的粗骨料形成骨架，又根据残余空隙率加入一定量的细集料，从而形成较高的密实度。这种沥青混合料的内摩阻力和黏结力均比较高。它的特点是：强度高、热稳定性好、耐久性好。间断级配属于此种结构构成。

12.2.2　沥青混合料使用性能技术要求

1. 一般要求

沥青结合料应采用道路石油沥青或其加工产品，沥青类型应根据公路等级、气候条件、交通荷载等级、结构层位和施工条件等确定。

极重、特重和重交通荷载等级公路、气候严酷地区公路以及连续纵坡路段，中面层宜采取优化混合料级配，选用改性沥青或添加外掺剂等。开级配沥青混合料表面层宜采用高粘度沥青或橡胶沥青，并宜掺入适量消石灰或水泥。

当采用弯曲梁流变试验和直接拉伸试验确定沥青临界开裂温度，临界开裂温度不宜高于路面低温设计温度。

2. 沥青路面使用性能的气候分区

气候对沥青路面使用性能影响很大。高温时易产生车辙；低温时易产生缩裂；湿度大时易产生水损害。在沥青路面设计时，为了综合考虑气候特征，相关规范规定了气候分区指标：高温指标、低温指标、雨量指标，见表 12-4。各气候分区指标确定要求如下：

（1）高温指标

采用最近 30 年内最热月平均日最高气温的平均值，作为反映高温和重载条件下出现车辙等流动变形的气候因子，并作为气候区划的一级指标。按照设计高温区指标，高温区划分为 3 个一级区。

（2）低温指标

采用最近 30 年内极端最低气温最小值，作为反映路面温缩裂缝的气候因子，并作为气候区划的二级指标。按照设计低温区指标，低温区划分为 4 个二级区。

（3）雨量指标

采用最近 30 年内的年降雨量的平均值作为反映沥青路面受雨（雪）水影响的气候因子，并作为气候区划的三级指标。按照设计雨量区指标，雨量区划分为 4 个三级区。

沥青路面使用性能气候分区　　　　　　　　表 12-4

气候分区指标		气候分区			
按照高温指标	高温气候区	1	2		3
	气候区名称	夏炎热区	夏热区		夏凉区
	七月平均最高温度（℃）	>30	20～30		<20
按照低温指标	低温气候区	1	2	3	4
	气候区名称	冬严寒区	冬寒区	冬冷区	冬温区
	极端最低气温（℃）	<−37.5	−37.5～−21.5	−21.5～−9.0	>−9.0
按照雨量指标	雨量气候区	1	2	3	4
	气候区名称	潮湿区	湿润区	半干区	干旱区
	年降雨量（mm）	>1000	500～1000	250～500	<250

沥青路面温度分区由高温和低温组合而成，第 1 个数字代表高温分区，第 2

个数字代表低温分区，第 3 个数字代表雨量分区。例如：气候区名为 2-4-2，属于夏热冬温湿润。

3. 使用性能技术要求

（1）低温弯曲试验技术要求

二级及二级以上公路公称最大粒径不大于 19.0mm 的混合料，宜在温度－10℃、加载速率 50mm/min 的条件下进行小梁弯曲试验，测定破坏强度、破坏应变、破坏劲度模量，并根据应力应变曲线的形状，综合评价沥青混合料的低温抗裂性能。其中沥青混合料低温弯曲试验的破坏应变不宜小于表 12-5 的要求。

沥青混合料低温弯曲试验破坏应变（με）技术要求　　　　表 12-5

气候条件与技术指标	相应于下列气候分区所要求的破坏应变（με）									试验方法
年极端最低气温（℃）及气候分区	<－37.0		－37.0～－21.5			－21.5～－9.0		>－9.0		
	1. 冬严寒区		2. 冬寒区			3. 冬冷区		4. 冬温区		
	1-1	2-1	1-2	2-2	3-2	1-3	2-3	1-4	2-4	
普通沥青混合料，不小于	2600		2300			2000				T0715
改性沥青混合料，不小于	3000		2800			2500				

注：气候分区的确定应符合现行《公路沥青路面施工技术规范》JTG F40 的有关规定。

（2）动稳定度检验技术要求

车辙是沥青路面主要损坏类型之一。高速公路和一级公路沥青混合料应在规定的试验条件下进行车辙试验，动稳定度应符合表 12-6 的要求。二级公路可参照执行，以减少车辙病害的发生。

沥青混合料车辙试验动稳定度技术要求　　　　表 12-6

气候条件与技术指标		相应于下列气候分区所要求的动稳定度（次/mm）								试验方法
七月平均最高气温（℃）及气候分区		>30				20～30			<20	
		1. 夏炎热区				2. 夏热区			3. 夏凉区	
		1-1	1-2	1-3	1-4	2-1	2-2	2-3	2-4	3-2	
普通沥青混合料，不小于		800		1000		600		800		600	
改性沥青混合料，不小于		2400		2800		2000		2400		1800	
SMA 混合料	非改性，不小于	1500									T0719
	改性，不小于	3000									
OGFC 混合料		1500（一般交通路段）、3000（重交通量路段）									

注：1. 气候分区的确定应符合现行《公路沥青路面施工技术规范》JTG F40 的有关规定。

2. 当其他月份的平均最高气温高于七月时，可使用该月平均最高气温。

3. 在特殊情况下，如钢桥面铺装、重载车特别多或纵坡较大的长距离上坡路段、厂矿专用道路，可酌情提高动稳定度的要求。

4. 为满足炎热地区及重载车要求，在配合比设计时采取减少最佳沥青用量的技术措施时，可适当提高试验温度或增加试验荷载进行试验，同时增加试件的碾压成型密度和施工压实度要求。

（3）水稳定性检验技术要求

沥青混合料应测浸水马歇尔试验残留稳定度和冻融劈裂试验残留强度比，以检验水稳定性。两项指标应并同时符合表 12-7 中的规定。水稳定性不符合要求时，可掺入消石灰、水泥或抗剥落剂，或更换集料等。

沥青混合料水稳定性检验技术要求 表 12-7

气候条件与技术指标	相应于下列气候分区的技术要求（%）				试验方法
年降雨量（mm）及气候分区	＞1000	500～1000	250～500	＜250	
	1. 潮湿区	2. 湿润区	3. 半干区	4. 干旱区	
浸水马歇尔试验残留稳定度（%），不小于					
普通沥青混合料	80		75		T0709
改性沥青混合料	85		80		
SMA混合料，不小于　普通沥青	75				
改性沥青	80				
冻融劈裂试验残留强度比（%），不小于					
普通沥青混合料	75		70		T0729
改性沥青混合料	80		75		
SMA混合料　普通沥青	75				
改性沥青	80				

12.3 标准轴载和轴载换算

在路面结构设计中为了量化考虑交通量以及不同车辆类型对路面的综合损坏作用，路面结构设计中，一般选用一种轴载，作为路面结构设计的标准轴载。其他各种轴载按照一定的原则换算成标准轴载，并将交通量换算为结构设计用的当量设计轴载累计作用次数，从而确定了公路或城市道路路面交通荷载等级。也就是说，路面的交通荷载等级是在道路实测交通量的基础上，将直接与路面作用汽车的车型、轴重、轮组等进行筛选统计。

12.3.1 交通荷载及其路面的作用

汽车是路基路面服务对象，路基路面的主要作用是长期保证车辆快速、安全、平稳地通行，汽车荷载是造成路基路面结构损伤的主要原因。

交通荷载路面设计时应对设计的道路交通荷载状况进行调查，以保证路基路面结构达到预定的功能。调查内容包括：汽车车轮重和轴重的大小与特性；不同车型车轴的布置；设计期限内，汽车轴型的分布以及车轴通行量逐年增长规律；比较汽车静态荷载与动态荷载特性。

1. 车辆的种类

道路上通行汽车种类繁多，按《汽车、挂车及汽车列车的术语和定义 第1部分：类型》GB/T 3730.1—2022，汽车车辆分为乘用车和商用车辆，如图 12-2 所示。

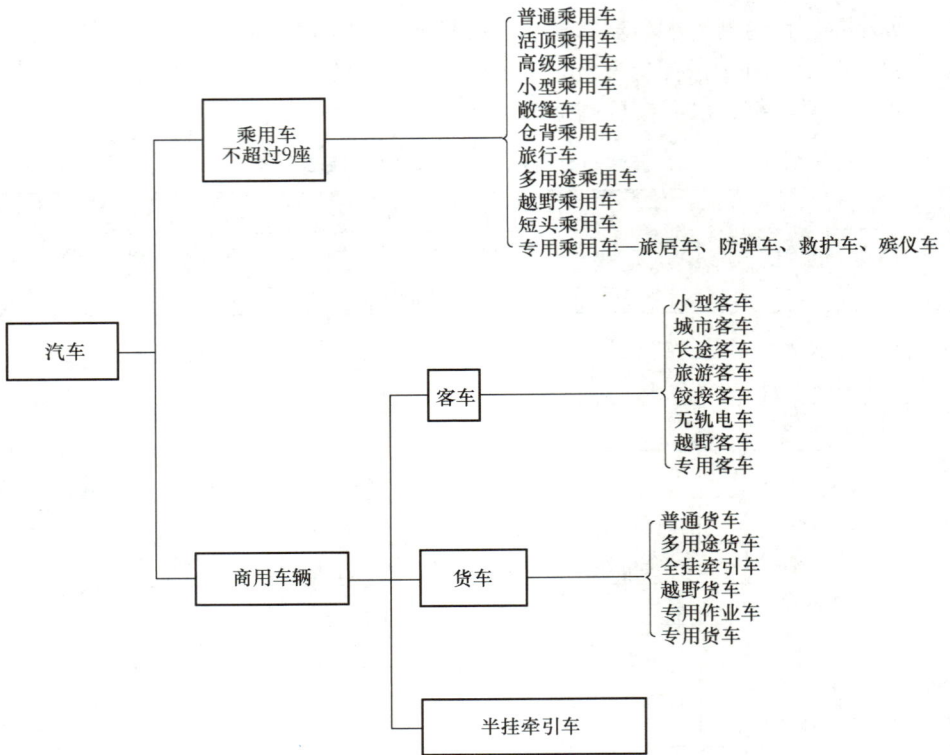

图 12-2　汽车的分类

（1）乘用车

乘用车（不超过 9 座）共分为 11 类，分别为普通乘用车、活顶乘用车、高级乘用车、小型乘用车、敞篷车、仓背乘用车、旅行车、多用途乘用车、越野乘用车、短头乘用车、专用乘用车。乘用车自身重和满载总重比较轻，但车速高，一般可达 120km/h，高档小车可达 200km/h 以上；中型客车一般 6~20 个座位；大型客车一般 20 个座位以上，包括铰接车和双层客车，主要用于长途客运和城市公共交通。

（2）商用车辆

商用车辆分为客车、货车和半挂牵引车共三类。客车细分为小型客车、城市客车、长途客车、旅游电车、铰接客车、无轨电车、越野客车和专用客车。货车细分为普通货车、多用途货车、全挂牵引车、越野货车、专用作业车、专用货车。

货车总的趋向是向大吨位发展，特别是集装箱运输与海、陆、空联合运输联运业务开展之后，货车最大吨位已超过 40~50t。

各种汽车全部重力是通过车轴分配给车轮，车轮荷载再作用到路面，所以路面结构设计中以轴载作为主要设计指标。在道路上，大客车和重型货车的组合起决定性作用，以保证在高速行驶的前提下，满足行车平稳、安全。

2. 交通荷载参数分析

（1）汽车的轴型和轮组

轴载是车辆荷载的表现形式，是造成道路损伤的直接因素，胎压和车型与轴载密切相关。无论客车还是货车，车身的全部重量都通过轮胎传给路面。道路上汽车种类繁多，不同汽车轴载大小直接影响到路面结构的响应，为了统一设计标准，便于交通管理，各国对汽车的轴限均有明确规定，我国公路与城市道路路面设计规范均以轴重 100kN 作为设计标准轴重。

整车形式的客车、货车车轴分为前轴、后轴。绝大多数车辆为了转向方便，前轴由单轴单轮组组成（图 12-3）；汽车的后轴有单轴、双轴、三联轴等形式，大部分由后轴双轮组（两对双轮）组成。只有极少数轻型货车后轴由单轮组组成。对路面某一点作用来说，一辆汽车若有两个轴（小汽车忽略），轴载通过的次数为两次。轴载分配时，当一辆汽车总重为 Q，

图 12-3　汽车轴型及轮组

若前后轴均是单轴单轮组，前后轴载分别为 $Q/2$ 和每个车轮分配为 $Q/4$ 的荷载；当一辆汽车前轴为单轴单轮组，而后轴为单轴双轮组，轴载和轮载分配如图 12-3 所示。

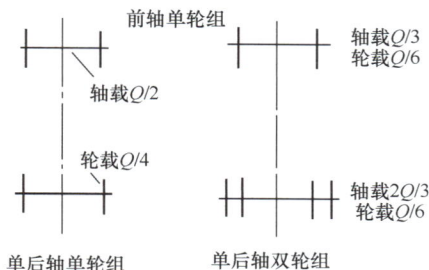

（2）车型分类

1）分类及车辆类型命名

由于汽车货运向大型重载方向发展，货车的总重有增加的趋势，为了满足各国对轴限的规定，趋于增加轴数以提高汽车的总重。因此出现了各种多轴货车，如运输专用车，采用多轴多轮，以减轻对路面的作用。路面设计中车辆轴型根据轮组和轴组类型分为 7 类，见表 12-8。车辆类型按轴组命名，车辆类型根据轴型组合可分为 11 类，典型车型及图示见表 12-9。常用汽车设计参数参见表 12-10。

车辆轮组和轴型分类　　　　　　　　　　　　　　　　表 12-8

轴型编号	轴型说明	轴型编号	轴型说明
1	单轴（每侧单轮胎）	5	双联轴（每侧双轮胎）
2	单轴（每侧双轮胎）	6	三联轴（每侧单轮胎）
3	双联轴（每侧单轮胎）	7	三联轴（每侧双轮胎）
4	双联轴（每侧各一单轮胎、双轮胎）		

车辆类型分类　　　　　　　　　　　　　　　　表 12-9

车型编号	说明	主要车型及图示		其他车型
1 类	2 型轴轮车辆	11 型车		

续表

车型编号	说明	主要车型及图示		其他车型
2 类	2 轴 6 轮及以上客车	12 型客车		15 型客车
3 类	2 轴轮整体式货车	12 型货车	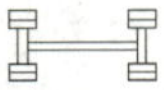	
4 类	3 轴整体式货车 （非双前轴）	15 型	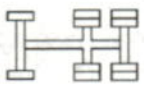	
5 类	4 轴及以上整体式货车 （非双前轴）	17 型		
6 类	双前轴整体式货车	112 型 115 型	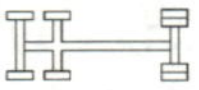	117 型
7 类	4 轴及以下半挂货车 （非双前轴）	125 型	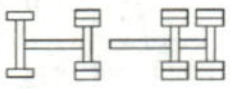	122 型
8 类	5 轴半挂货车 （非双前轴）	127 型 155 型	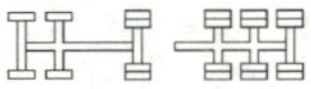	
9 类	6 轴及以上半挂货车 （非双前轴）	157 型	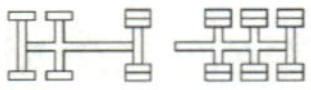	
10 类	双前轴半挂式货车	1127 型	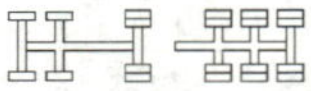	1122 型 1125 型 1155 型 1157 型
11 类	全挂货车	1522 型 1222 型	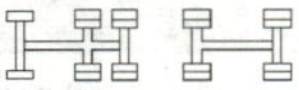	

2）命名

车辆类型按轴组的组成命名，在表 12-9 中，如"15 型货车"，对照表 12-8，可知前轴为 1 型轴，后轴为 5 型轴。1 类车为对路面破坏较小的小轿车或载重质量较轻的小货车，路面设计不予考虑；2 类车为大客车，对路面有一定的破坏作用，需在路面设计中考虑；除了 1 类、2 类以外的其他车型都为对路面有显著作用的货车。为便于表述，将除 1 类车以外的 2～11 类车统称为大型客车和货车。在我国，轴型 3、轴型 4 和轴型 6 所占比例非常小，为了简化分析，可将之归类为轴型 5 和轴型 7，参见表 12-9、表 12-10。

常用汽车设计参数 表 12-10

序号	汽车型号	总重力 (kN)	载重力 (kN)	前轴重力 (kN)	后轴重力 (kN)	后轴数	轮组数	轴距 (cm)	出产国
1	解放 CA10B	80.25	40.00	19.40	60.85	1	双		中国
2	解放 CA30A	103.00	46.50	29.50	2×36.75	2	双		中国
3	黄河 JN150	150.60	82.60	49.00	101.60	1	双		中国
4	黄河 JN360	270.00	150.00	50.00	2×110.0	2	双		中国
5	交通 SH141	80.65	43.25	25.55	55.10	1	双		中国
6	交通 SH361	280.00	150.00	60.00	2×110.0	2	双	130.0	中国
7	长征 XD160	213.00	120.00	42.60	2×85.20	2	双		中国
8	长征 XD980	182.40	100.00	37.10	2×72.65	2	双	122.0	中国
9	南阳 351	146.00	70.00	48.70	97.30	1	双		中国
10	延安 SX161	237.00	135.00	54.64	2×91.25	2	双	135	中国
11	东风 EQ140	92.90	50.00	23.70	69.20	1	双		中国
12	太脱拉 111	186.70	102.40	38.70	2×74.00	2	双	120.0	捷克
13	太脱拉 130S	218.40	120.00	50.60	2×88.90	2	双	132.0	捷克
14	日野 KF300D	198.75	106.65	40.75	2×79.00	2	双	127.0	日本
15	日野 ZM440	260.00	152.00	60.00	2×100.0	2	双	127.0	日本
16	长征 XD980	182.40	100.005	37.10	2×72.65	2	双	122.0	中国
17	长征 CZ361	229.00	120.00	47.60	2×90.7	2	双	132.0	中国
18	交通 SH361	280.00	150.00	60.00	2×110.0	2	双	130.0	中国
19	齐齐哈尔 QQ560	177.00	100.00	56.00	121.00	1	双		中国
20	依发 H6	132.00	65.50	45.50	86.50	1	双		德国
21	菲亚特 682N3	140.00	75.00	40.00	100.00	1	双		意大利
22	菲亚特 650E	105.00	67.00	33.00	72.00	1	双		意大利
23	玛斯 200	137.00	72.00	36.00	101.00	1	双		俄罗斯
24	沃尔沃 N8648	175.00	100.00	55.00	120.00	1	双		瑞典
25	切贝尔 D350	72.00	35.00	24.00	48.00	1	双		匈牙利
26	切贝尔 D750.0	160.0	93.60	69.00	180.00	1	双		匈牙利
27	延安 SX161	237.00	135.00	54.64	2×91.25	2	双	135.0	中国

12.3.2 汽车荷载对路面的作用

当汽车处于行驶状态时，除了施加给路面垂直静压力之外，还给路面施加水平力和振动力。此外，当汽车较快速度通过时，这些动力对路面影响还具有瞬间性的特征。

1. 汽车对路面的作用力

汽车在道路上行驶过程中，不同的轴载通过轮胎对路面作用影响是不一样的。汽车对道路的作用可分为停驻状态和行驶状态两种。当汽车为停驻状态时，对路面的作用为静止荷载；当汽车在行驶中对路面的作用为动荷载，产生瞬间作用（0.01～0.1s），作用深度浅；当汽车在道路上行驶时，由于路不平和车身的振动，汽车行驶过程中是在不断地跳动，而对路面产生振动冲击荷载，这种冲击力不断地作用，路面会产生破坏。而沥青路面在动荷载的作用下变形量较小，可以理解为，它具有较高的路面结构整体强度，较好的塑性，对振动、冲击荷载有吸收作用。在水泥混凝土路面板厚设计中，则应考虑振动冲击荷载的破坏作用，即荷载乘以冲击系数（振动轮载的最大峰值与静载之比称为冲击系数），以使刚性路面设计趋于合理。在较平整路面上行车速度不超过 50km/h，冲击系数不超过 1.30。

如图 12-4 所示，当汽车在道路上均匀行驶，车轮受到路面给它的滚动阻力，路面受到车轮给它的一个向后的水平力；当汽车上坡或加速行驶时，为克服重力惯性力，需要一个向后的水平力；相应下坡或减速行驶中，为克服重力惯性力作用，保持车身稳定，不产生侧滑，需要给路面施加侧向水平力。特别汽车启动和制动过程中，施加于路面的水平力相当大。

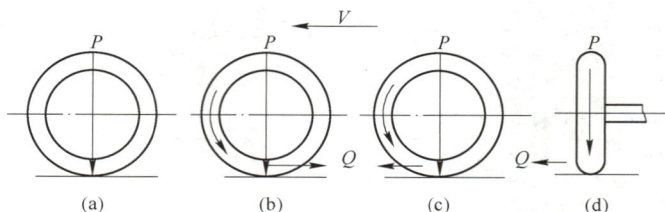

图 12-4　车轮作用于路面的垂直压力与水平力

（a）停驻；（b）启动、一般行驶、加速；（c）减速、制动；（d）转向

车轮施加于路面的各种水平力 Q 值与车轮的垂直压力 P 以及路面与车轮之间的纵向滑移路面附着系数 φ 有关，最大水平力 Q_{max} 不会超过 P 与 φ 的乘积，按式（12-1）计算，即：

$$Q_{max} \leqslant P\varphi \tag{12-1}$$

若以 q 和 p 分别表示单位接触面上的水平力和垂直接触压力，则最大水平力 q_{max} 应按式（12-2）计算评定：

$$q_{max} \leqslant p\varphi \tag{12-2}$$

表 12-11 所列的 φ 值为实地测量的资料。可以看出，同类路面类型，干燥状态的 φ 值比潮湿状态高；路面的结构类型与干燥状态相同的情况下，车速越高，φ 值越小。

纵向滑移路面附着系数 φ　　　　　　　　　　　　表 12-11

路面状况	路面类型	车速（km/h）		
		12	32	64
干燥	碎石	—	0.60	—
	沥青混凝土	0.70～1.00	—	0.5～0.65
	水泥混凝土	0.70～1.85	—	0.60～0.80

续表

路面状况	路面类型	车速（km/h）		
		12	32	64
潮湿	碎石	—	0.40	—
	沥青混凝土	0.40～1.65		0.70～1.00
	水泥混凝土	0.60～0.70		0.35～0.55

路面表面必须保持足够的附着系数，这是保证正常行车的重要条件。但是从路面结构本身来看，附着系数大小直接关系到结构层的水平荷载。在水平荷载作用下，结构层产生复杂的应力状态，特别是面层结构，直接承受水平荷载作用，若面层抗剪强度不足，将会导致产生推移、拥包、波浪、车辙等破坏现象。在这些作用力中，静荷载对路面作用最深，影响最大，垂直力会使路面产生竖向弯沉变形，并使路面结构层层底产生拉应力，在沥青路面结构设计中，汽车车轮静止状态压力下对路面的作用是重要的，但还需要考虑路面结构层疲劳应力和基底拉应力破坏因素的影响。

2. 车轮荷载当量圆

（1）圆形均布荷载

车轮轴载通过轮胎作用于地面，汽车轮胎内压力 p_i 不同，轮载的大小不同。轮胎的新旧、花纹不同影响轮胎与地表接触面压力的分布，通常在路面设计中忽略这些因素的影响，而直接取内压力为接触面压力，并假定压力在路面的接触面上均匀分布。轮胎与接触面的形状，如图 12-5（a）所示，它的轮廓近似于椭圆接地的面积，以圆形接触面积来表示。将车轮荷载简化成当量圆形均布荷载，以轮胎的内压力作

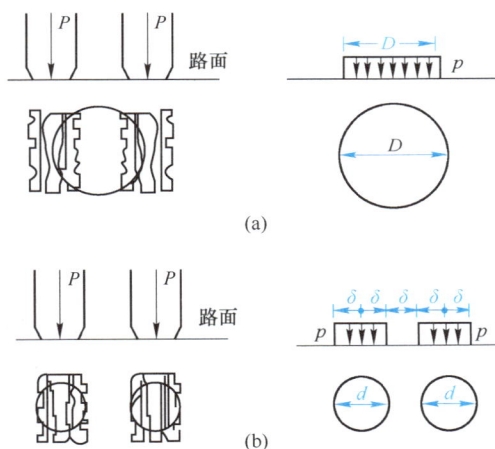

图 12-5　车轮荷载计算图示
（a）单圆荷载图示；（b）双圆荷载图示

为轮胎接地压力 P。货车轮胎的标准静内压力 p，一般为 0.4～0.7MPa。当量圆半径 δ 可按下式计算：

$$\delta = \sqrt{\frac{P}{\pi p}} \tag{12-3}$$

式中　P——作用在车轮上的荷载（kN）；

p——轮胎压强（kPa）；

δ——接地面的当量圆半径（m）。

（2）荷载图示

单轴双轮组为标准轴型，其一侧双轮用一个圆来表示，称为单圆荷载，所计算的图示称为单圆荷载图示；而用两个圆来表示时，称为双圆荷载，所计算的图

示为双圆荷载图示。双圆当量圆的直径 d 和单圆当量圆直径 D，分别按下式计算：

$$d = \sqrt{\frac{4P}{\pi p}} \tag{12-4}$$

$$D = \sqrt{\frac{8P}{\pi p}} \tag{12-5}$$

《公路沥青路面设计规范》JTG D50—2017 规定沥青路面结构设计的力学指标，应采用双圆均布垂直荷载作用下的弹性层状连续体系理论。

【例 12-1】　试用双圆荷载图式，计算黄河 JN150 型标准车的前、后轮胎接地当量圆直径 d。已有资料见表 12-12。

黄河 JN150 型汽车参数　　　　　　　　表 12-12

总重（kN）	前轴重（kN）	后轴重（kN）	后轴数	轮组数	轮胎压强（MPa）
150.60	49.00	101.60	1	双	0.7

【解】　（1）计算轮胎上的压力

$$p_{前} = \frac{49}{2} = 24.5\text{kN} = 0.0245\text{MN}$$

$$p_{后} = \frac{101.6}{4} = 25.4\text{kN} = 0.0254\text{MN}$$

（2）采用双圆荷载图式，当量圆直径 d 按式（12-4）计算如下：

$$d_{前} = \sqrt{\frac{4P}{\pi p}} = \sqrt{\frac{4 \times 0.0245}{0.7\pi}} = 0.211\text{m} = 21.1\text{cm}$$

$$d_{后} = \sqrt{\frac{4P}{\pi p}} = \sqrt{\frac{4 \times 0.0254}{0.7\pi}} = 0.215\text{m} = 21.5\text{cm}$$

12.3.3　交通数据调查

道路路面结构设计所用交通量与道路交通工程的交通量有很大的区别。交通工程中将混合交通量换算成以小汽车或中型载重汽车为标准的交通当量。道路路面设计中，在调查不同混合交通量后，需要确定轴型和轴载组成，一般选用一种轴载作为路面结构设计标准轴，各轴载按等效原则换算成设计标准轴载，从而获得当量设计轴载累计作用次数。

1. 调查方法和内容

（1）轴载调查方法

车辆轴载称量方法很多，如地磅静态称量、人工千斤顶称量、桥涵感应式车辆称量。1952 年美国最先研究开发出 WIM（Weigh In Motion）技术，该技术在称重过程中可以不影响道路上正常交通，能够实现自动轴载记录，得到较为准确的动态数据，人为干扰因素少，提高了车辆和调查人员的安全性。WIM 设备可以分为固定式和移动式两类。

交通数据调查内容，应包括交通量及年平均增长率、方向系数、车道系数、车辆类型组成、轴型组成和轴重等级。通常采用的调查方法是公路初期交通量和其他参数可参照可行性研究报告等有关交通量预测资料，结合当地交通观测站的观测和统计资料，或通过实地设立站点进行观测和统计。

（2）设计参数

① 方向系数（DDF）

方向系数是道路交通方向分布对通行能力的修正系数，宜根据不同方向上实测交通量数据确定，无实测数据时可在 0.5～0.6 范围内选取。

② 车道系数（LDF）

车道系数为设计车道上大型客车和货车数量占该方向上大型客车和货车交通量的比例。断面交通量乘以方向系数和车道系数即为设计车道的交通量。车道系数为车道宽度对通行能力的修正系数。车道系数可按下列三个水平确定：改建道路路面设计应采用水平一，新建路面设计采用水平二或水平三。

水平一：根据现场交通量观测资料统计设计方向不同车道上车辆的数量，确定车道系数。

水平二：采用当地经验值。

水平三：采用表 12-13 推荐值。

车道系数　　　　　　　　　　　　　　　　表 12-13

单向车道数	1	2	3	4
高速公路	—	0.70～0.85	0.45～0.60	0.45～0.50
其他等级公路	1.00	0.50～0.75	0.50～0.75	—

③ 交通量年平均增长率（r）

交通量的产生和增长，与公路沿线的经济状态、生产布局发展规划、运输结构以及公路网的密度等诸多因素相关。道路承受的年平均日交通量是逐年增长的。在路面结构设计中，r 的取值需要进行论证，通常发达的国家大城市附近，由于经济基础已具一定规模，交通量基数较大，所以交通增长率 r 较小。对于发展中国家，新经济开发区，一般 r 值增长较大，若干年后逐年下降，趋向平衡。通常可根据最近若干年连续观测的交通量资料，整理得出交通量年增长率的变化规律，利用它可得到所需年份的平均日交通量。交通量年平均增长率 r 变化范围，可参考表 12-14 选定，实际中可根据当地情况，作适当的调整。

交通量年平均增长率 r 变化范围（%）　　　　　　表 12-14

公路等级	设计年限（年）				
	10	15	20	30	40
高速公路	5～9	4～7	4～7	3～6	2～4
一级公路	6～11	4～9	3～9	2～6	2～4
二级公路	5～12	3～8	2～6	2～4	1～3
三级公路	3～24	2～18	2～13	1～8	1～6

现有交通量预估计算公式一般认为交通量大致符合几何级数增长规律，即在

设计年度限内，以固定的增长率 r 逐年增加，t 年后的年平均交通量计算公式见式（12-6）：

$$Q_t = Q_1 \left(1 + r\right)^{t-1} \tag{12-6}$$

2. 交通量

（1）日交通量

在道路路面设计中，交通量是指在一定时间间隔内（设计年限）内，各种车辆通过道路某一横断面的车辆数（双向）。为了获得设计年限内的总交通量，通常先确定设计道路初始年的平均日交通量，即通车初始年平均日交通量，可按式（12-7）计算。

$$AADT = \frac{1}{365} \sum_{1}^{365} Q_i \tag{12-7}$$

式中　$AADT$——初始年平均日交通量；

　　　　Q_i——规定时间（365 天）内的每日实际交通量。

可以通过现有交通流量观测站的调查资料，得到该道路设计道路初始年的平均日交通量。在我国现行的路面设计规范中，一般是将道路初始年的平均日交通（双向）及车辆类型组成数据，剔除 2 轴 4 轮及以下客、货运车辆交通量，得到 2 轴 6 轮及以上车辆（包括大型客车在内的货车）的交通量，作为设计双向初期年平均日交通量，其乘以方向系数（DDF）和车道系数（LDF），即为设计车道的年平均日货车交通量，按式（12-8）进行计算。

$$Q_1 = AADTT \times DDF \times LDF \tag{12-8}$$

式中　Q_1——设计车道的年平均日货车交通量；

$AADTT$——2 轴 6 轮及以上车辆的双向初期年平均日交通量；

　DDF——方向系数；

　LDF——车道系数。

（2）累计交通量

设计年限内设计车道的累计交通量可按式（12-9）或式（12-10）计算。

$$Q = \frac{365Q_1 \left(1 + r\right)^t - 1}{r} \tag{12-9}$$

$$Q = \frac{365Q_t \left[\left(1 + r\right)^t - 1\right]}{r(1 + r)^{t-1}} \tag{12-10}$$

式中　Q——设计年限内设计车道的累计交通量（次）；

　　　　Q_1——设计的初始年平均日交通量（次/日）；

　　　　Q_t——设计末年平均日交通量（次/日）；

　　　　r——设计年限内交通量年平均增长率（％）；

　　　　t——设计使用年限或设计基准期（年）。

3. 车型和轴载的组成

（1）轴载谱图

不同的车型具有不同的轴组、轮组、轴重，而不同轴组和不同重量的轴载给路面带来的损伤是不同的。对路面结构设计，除了考虑累计交通量外，更需要考虑各级轴载所占的比例，即轴载组成和轴载谱。

根据实测的通过轴载作用次数和轴重，整理成如图 12-6 所示的轴载谱图，作为该道路通行各级轴载的典型轴载谱。由交通调查得到不同车型的组成分布，获取每种车型每日通行的轴载数，乘以相应轴载谱百分率，即可推算出所有车辆各级轴作用次数。轴重可利用该地区或相类似地区已有称重站的汽车车型、轴型、轴载测定统计资料，获得设计公路的车辆类型、轴型和轴重组成的数据。

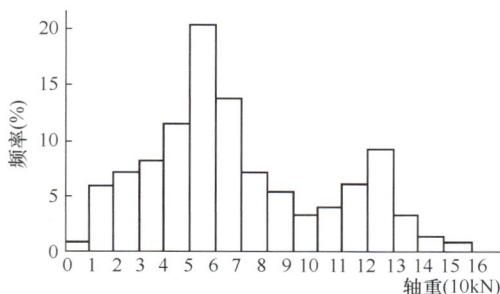

图 12-6　轴载谱图

（2）分类标准

对特重的水泥混凝土路面，还需获得最重轴载和货车中占主要份额特重车型的轴载。对沥青路面，车辆类型公布系数可按三个水平确定：水平一，根据交通观测资料分析 2 类～11 类车型所占的百分比，得出车辆类型分布系数；水平二，根据交通历史数据或经验数据按照表 12-15 确定公路 TTC 分类，采用该 TTC 分类车辆类型分布系数的当地经验值；水平三，根据交通历史数据或经验数据按表 12-15，确定公路 TTC 分类，采用表 12-16 规定的车辆类型分布系数。

在确定轴载谱时，分别对 2 类～11 类车辆，统计不同轴型在不同轴重区所占比例，得到每类车辆不同轴型的轴重分布系数，即轴载谱。单轴、单胎、单轴双胎和三联轴应分别间隔 2.5kN、4.5kN、9.0kN 和 13.5kN 划分轴重区。

公路 TTC 分类标准（%）　　　　　　　　　　　　　　表 12-15

TTC 分类	整体式货车比例	半挂式货车比例
TTC1	＜40	＞50
TTC2	＜40	＜50
TTC3	40～70	＞20
TTC4	40～70	＜30
TTC5	＞70	—

注：表中整体式货车为表 12-16 中 3 类～6 类车，半挂式货车为表 12-16 中 7 类～10 类车。

不同 TTC 分类车辆类型分布系数　　　　　　　　　　表 12-16

车辆类型	2 类	3 类	4 类	5 类	6 类	7 类	8 类	9 类	10 类	11 类
TTC1	6.4	15.3	1.4	0.0	11.9	3.1	16.3	20.4	25.2	0.0
TTC2	22.0	23.3	2.7	0.0	8.3	7.5	17.1	8.5	10.6	0.0
TTC3	17.8	33.1	3.4	0.0	12.5	4.4	9.1	10.6	8.5	0.7
TTC4	28.9	43.9	5.5	0.0	9.4	2.0	4.6	3.4	2.3	0.1
TTC5	9.9	42.3	14.8	0.0	22.7	2.0	2.3	3.2	2.5	0.2

4. 轮迹横向分布

车辆在道路上行驶时，车轮的轨迹总是在横断面中心线附近的一定范围内左右摆动。轮迹宽度远小于车道宽度，因此总的轴载作用次数不会集中到横断面上某一固定位置，也不可能平均分配到每一点上，而按一定规律分布在车道横断面上，称为轮迹的横向分布。即路面上车轮的轮迹分布有一定的分散性，公路等级越高分散性越大。而单向行驶一个车道轮迹则在单车道中心线附近摆动，而道路两侧边缘附近作用的频率很低，如图12-7所示。车辆的横向分布频率影响因素与交通量、交通组成、车道宽度、交通管理规则等有关，而混合行驶的双车道内轮迹横向系数则比高级公路和一级公路系数略大。沥青路面的车辆横向分布采用车道系数来表示，车道系数取值依据单向车道数和公路等级，查表12-13选定。

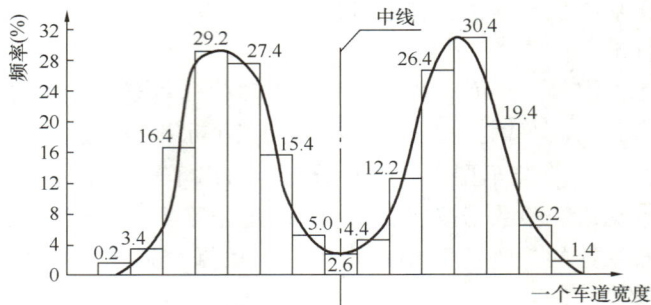

图12-7 轮迹横向分布频率曲线（单向行驶一个车道宽）

如图12-7所示，在分布频率曲线中的直方图条带宽为25cm，大约接近轮迹宽度，以条带上受到的车轮作用次数除以车道上受到的作用次数作为该带频率。由图12-7可见，在单向行车的一个车道上，由于行车的渠化，频率曲线出现两个峰值，达到30％，而车道边缘处频率很低。

当上下行交通量或重车比例有明显差异时可区别对待，按上下行交通特点分别进行厚度设计。必须指出沥青路面设计时采用车道系数作为换算指标，依据单车道数和公路等级查表12-13确定。水泥混凝土路面则采用的是交通量方向分配系数、车道分配系数、车辆轮迹横向分布系数为换算指标，而且相同的公路等级数值有差异。车辆轮迹横向分布系数（表13-30）一般仅在水泥混凝土路面设计中使用。

12.3.4 标准轴载及轴载换算

路面设计一般选用一种轴载作为路面结构设计标准轴载，将各级轴载按等效原则，转换成路面结构设计用的一个车道当量轴载累计作用次数，作为确定沥青路面设计荷载的依据，从而确定路面的交通荷载等级，并作为路面结构组合设计和路面结构验算依据。

1. 标准轴载

（1）标准轴载

公路与城市道路上行驶车辆种类繁多，我国规定采用等当量法将各级轴载换算成标准轴载。《汽车、挂车及汽车列车类型的术语和定义　第 1 部分：类型》GB/T 3730.1—2022 规定，对于公路与城市道路路面设计轴载，采用轴重 100kN 的单轴—双轮轴重为设计轴载。设计轴载的参数见表 12-17。大型公交比例较高的道路或公交专用道的设计，可根据实际情况，经论证选用适当的轴载和设计参数，现行《公路沥青路面设计规范》JTG D50—2017 增加了在重载交通条件下可灵活选择路面设计轴载标准方法。

设计轴载的参数　　　　　表 12-17

设计轴载（kN）	轮胎接地压强（MPa）	单轮接地当量圆直径（mm）	两轮中心距（mm）
100	0.70	213.0	319.5

（2）超载和超限

在我国道路上重载比例越来越大，路面结构性能应相应提高。因此必须限制超出规定的重轴的重车辆运行。

超载和超限是两个不同的概念。超载运输是指车辆所装货物（或人员）超过车辆额定的货物质量（或人员）。公路超限运输是指在公路运输中行驶的车辆、工程机械，其总质量、轴载质量、外形尺寸三者之一超过法定的限值标准。其中总质量和轴载质量超限是直接关系到道路结构的破坏因素。

超载但不超限的车辆对路面的使用寿命有一定的影响，超载且超限的车辆对路面的使用寿命有很大的影响，有的甚至超过路面和桥梁结构的承载力，使路面出现结构性破坏或使桥梁结构出现整体破坏，产生严重的安全事故。

（3）总质量和车辆轴载

汽车及挂车单轴的最大允许轴载的最大值，汽车及挂车并装载的最大限值符合《汽车、挂车及汽车列车外廓尺寸、轴荷及质量限值》GB 1589—2016 的规定。

2. 轴载换算的原则

不同轴载在同一种路面结构上重复作用不同次数后，使路面结构层永久变形量或疲劳破坏达到相同的极限状态，在一定轴载范围内，不同轴载对路面的作用效果可以互相换算。

例如：同一种路面结构上甲种轴载作用了 N_1 次，而乙种轴载作用了 N_2 次，而疲劳损伤程度相同，则这两种轴载等效，可以互换。在进行换算时，应遵循以下两项原则：

（1）换算后以路面结构达到相同临界状态为标准；

（2）对某一种交通组成，不论以哪一种轴载标准进行换算，由换算所得的轴载累计作用次数计算的路面厚度是相同的。

我国现行沥青路面设计方法中采用沥青混合料层疲劳寿命、无机结合料稳定层疲劳寿命、沥青混合料层的永久变形和路基永久变形作为主要设计标准，因此轴载换算时考虑了沥青混合料层层底的拉应变、无机结合料稳定层层底的拉应力、沥青混合料永久变形量和路基顶面竖向压应变指标的轴载换算方法。

沥青路面和水泥路面的结构特性不同，损伤标准也不同，因而换算系数和当量轴载作用次数不同。我国水泥混凝土路设设计，则采用水泥混凝土板底的弯拉应力作为设计指标进行轴载换算。

3. 路面结构设计使用年限

路面结构设计使用年限是指路面结构在正常设计、正常施工和正常使用条件下应达到的年限。在路面结构设计使用年限内,可根据实际需要对表面功能进行恢复性维修。路面结构设计使用年限应根据公路等级、公路在公路网中的地位与采用结构面层的材料相适应,通常不大于表 12-18 中规定。砂石路面根据当地经验而定。

公路路面结构设计使用年限 表 12-18

	公路等级	高速公路	一级公路	二级公路	三级公路	四级公路
设计使用年限(年)	沥青混凝土路面	15	15	12	10	8
	水泥混凝土路面	30		20	15	10

城市道路在进行路面设计时,根据《城市道路工程设计规范(2016 年版)》CJJ 37—2012 规定,各种类型路面结构的设计使用年限应符合表 12-19 的规定。

城市道路路面结构的设计使用年限(单位:年) 表 12-19

道路等级	路面结构类型		
	沥青路面	水泥混凝土路面	砌块路面
快速路	15	30	—
主干路	15	30	—
次干路	10	20	—
支路	10	20	10(20)

注:支路采用沥青混凝土时,设计使用年限为 10 年;采用沥青表面处治时,为 8 年。砌块路面采用混凝土预制时,设计使用年限为 10 年;采用石材时,为 20 年。

4. 沥青路面当量设计轴载换算

采用 12.3.3 节的交通荷载数据调查方法,获得交通量及其增长率、方向系数、车道系数、车辆类型组成、轴型组成和轴重等。各类车辆当量设计轴载换算系数可以按三个水平方法确定。高速公路、一级公路的改建设计采用水平一,其他情况采用水平二或水平三。

(1)水平一

当采用称重设备连续采集设计车道车辆类型、轴型组成和轴重数据时,按下列步骤分析各类车辆当量换算系数。

1)计算平均轴数

分别统计 2 类~11 类车辆单轴单胎、单轴双胎、双联轴和三联轴的数量,除以该种类车总量,按式(12-11)计算各类车辆中不同轴型平均轴数。

$$NAPT_{mi} = \frac{NA_{mi}}{NT_m} \tag{12-11}$$

式中 $NAPT_{mi}$ —— m 类车辆中 i 种轴型的平均轴数;

NA_{mi} —— m 类车辆中 i 种轴型总数;

NT_m —— m 类车辆总数;

i——分别为单轴单胎、单轴双胎、双联轴和三联轴；

m——表 12-9 所列 2 类～11 类车。

2）轴重分布系数

按式（12-12）计算 2 类～11 类车辆不同轴型在不同轴重区间所占的百分比，得到不同轴型的轴重分布系数，即轴载谱。确定轴载谱时，单轴单胎、单轴双胎、双联轴和三联轴应分别间隔 2.5kN、4.5kN、9.0kN 和 13.5kN 划分轴重区间。

$$ALDF_{mij} = \frac{ND_{mij}}{NA_{mi}} \qquad (12-12)$$

式中　$ALDF_{mij}$——m 类车辆中 i 种轴型在 j 级轴重区间的轴重分布系数；

ND_{mij}——m 类车辆中 i 种轴型在 j 级轴重区间的数量；

NA_{mi}——m 类车辆中 i 种轴型的数量。

3）设计轴载换算系数

按式（12-13）计算 2 类～11 类车辆各种轴型在不同轴重区间的当量设计轴载换算系数，计算时取各轴重区间中点值作为该轴重区间代表轴重。按式（12-14）计算各类车辆当量设计轴载换算系数。

$$EALF_{mij} = c_1 c_2 \left(\frac{P_{mij}}{P_s} \right)^b \qquad (12-13)$$

式中　P_s——设计轴载；

P_{mij}——m 类车辆中 i 种轴型在 j 级轴重区间的单轴轴载（kN），对双联轴和三联轴，为平均分配到每根单轴的轴载；

b——换算指数。分析沥青混合料层疲劳和沥青混合料层永久变形时，$b=4$；分析路基永久变形时，$b=5$；分析无机结合料稳定层疲劳时，$b=13$；

c_1——轴组系数，前后轴距大于 3m 时，分别按单个计算；轴距小于 3m 时，按表 12-20 取值；

c_2——轮组系数，双轮组取 1.0，单轮组时取 4.5。

轴组系数取值

表 12-20

设计指标	轮—轴型	c_1 取值
沥青混合料层层底拉应变、沥青混合料层永久变形量	双联轴	2.1
	三联轴	3.2
路基顶面竖向压应变	双联轴	4.2
	三联轴	8.7
无机结合料稳定层层底拉力	双联轴	2.6
	三联轴	3.8

$$EALF_m = \sum_i \left| NAPT_{mi} \sum_j (EALF_{mij} \times ALDF_{mij}) \right| \qquad (12-14)$$

式中　$EALF_m$——m 类车辆的当量设计轴载换算系数；

$NAPT_{mi}$ —— m 类车辆中 i 种轴型的平均轴数；

$ALDF_{mij}$ —— m 类车辆中 i 种轴型在 j 级轴重区间的轴重分布系数；

$EALF_{mij}$ —— m 类车辆中 i 种轴型在 j 级轴重区间当量设计轴载换算系数，根据式（12-13）计算确定。

（2）水平二和水平三

按式（12-15）确定各类车辆的当量设计轴载换算系数。式（12-15）中非满载车、满载车的比例和当量设计轴载换算系数，水平二取当地经验值，水平三取表 12-21 和表 12-22 所列全国经验值。

当量设计轴载换算系数为：

$$EALF_m = EALF_{ml} \times PER_{ml} + EALF_{mh} \times PER_{mh} \tag{12-15}$$

式中　$EALF_{ml}$ —— m 类车辆中非满载车的当量设计轴载换算系数；

$EALF_{mh}$ —— m 类车辆中满载车的当量设计轴载换算系数；

PER_{ml} —— m 类车辆中非满载车所占的百分比；

PER_{mh} —— m 类车辆中满载车所占的百分比。

2 类～11 类车辆非满载车与满载车比例　　　　表 12-21

车型	非满载比例	满载比例
2 类	0.80～0.90	0.10～0.20
3 类	0.85～0.95	0.05～0.15
4 类	0.60～0.70	0.30～0.40
5 类	0.70～0.80	0.20～0.30
6 类	0.50～0.60	0.40～0.50
7 类	0.65～0.75	0.25～0.35
8 类	0.40～0.50	0.50～0.60
9 类	0.55～0.65	0.35～0.45
10 类	0.50～0.60	0.40～0.50
11 类	0.60～0.70	0.30～0.40

2 类～11 类车辆当量设计轴载换算系数　　　　表 12-22

车型	沥青混合料层层底拉应变、沥青混合料层永久变形量		无机结合料稳定层层底拉应力		路基顶面竖向压应变	
	非满载车	满载车	非满载车	满载车	非满载车	满载车
2 类	0.8	2.8	0.5	35.5	0.6	2.9
3 类	0.4	4.1	1.3	314.2	0.4	5.6
4 类	0.7	4.2	0.3	137.6	0.9	8.8
5 类	0.6	6.3	0.6	72.9	0.7	12.4
6 类	1.3	7.9	10.2	1505.7	1.6	17.1
7 类	1.4	6.0	7.8	553.0	1.9	11.7
8 类	1.4	6.7	16.4	713.5	1.8	12.5

续表

车型	沥青混合料层层底拉应变、沥青混合料层永久变形量		无机结合料稳定层层底拉应力		路基顶面竖向压应变	
	非满载车	满载车	非满载车	满载车	非满载车	满载车
9 类	1.5	5.1	0.7	204.3	2.8	12.5
10 类	2.4	7.0	37.8	426.8	3.7	13.3
11 类	1.5	12.1	2.5	985.4	1.6	20.8

5. 当量设计轴载累计作用次数

根据前述确定的车辆当量设计轴载换算系数，结合交通量调查数据，按式（12-16）确定初始年设计车道日平均当量轴次 N_1。

$$N_1 = AADTT \times DDF \times LDF \times \sum_{m=2}^{11} (VCDF_m \times EALF_m) \qquad (12\text{-}16)$$

式中　$AADTT$——2 轴 6 轮及以上车辆的双向年平均日交通量（辆/日）；

DDF——方向系数；

LDF——车道系数；

m——车辆类型编号；

$VCDF_m$——m 类车辆类型分布系数；

$EALF_m$——m 类车辆的当量设计轴载换算系数。

根据初始年设计车道日平均当量轴次 N_1，设计使用年限等，按式（12-17）计算设计使用年限内设计车道上的当量设计轴载累计标准轴载作用次数 N_e。

$$N_e = \frac{[(1+r)^t - 1] \times 365}{r} N_1 \qquad (12\text{-}17)$$

式中　t——路面的设计年限（年）；

r——设计年限内交通量的年平均增长率（%）；

N_1——初始年设计车道日平均当量轴次（次/日）。

6. 沥青路面交通荷载分级

公路设计使用年限不同，日平均交通量无法反映设计年限内的累计交通量。同理根据沥青路面结构设计使用年限内设计车道累计大型客车和货车交通量来划分交通荷载等级，见表 12-23。沥青路面设计交通荷载分为五级：轻交通、中交通、重交通、特重交通和极重交通。

沥青路面设计交通荷载等级　　　　　　　　　　表 12-23

设计交通荷载等级	极重	特重	重	中	轻
设计使用年限内设计车道累计大型客车和货车交通量（×10⁶辆）	≥50.0	19.0～50.0	8.0～19.0	4.0～8.0	<4.0

现行《公路沥青路面设计规范》JTG D50—2017 考虑集装箱运输公路和运煤公路等货运通道在轴载、交通组成等方面的特殊性，在原规范四个等级的基础上，增加了极重交通荷载等级。水泥混凝土路面交通荷载分级见表 13-31。

12.4　自然因素对路面的影响

路面除直接承受车轮荷载作用外，还直接受水、温度、阳光、空气等自然因素的影响。它们即有促进路面成型、稳定等有利的方面，也有促使路面软化、破坏和影响施工的不利方面，因此在设计、施工和养护中必须十分重视自然因素的影响。

12.4.1　湿度变化对路面的影响

湿度状况的变化是影响路面结构强度、刚度和稳定性的重要因素之一。路面结构层中水的影响与道路所在地区的自然条件、季节、雨量、气温、蒸发条件及道路本身的排水能力等因素有关。

土基中的毛细水上升高度取决于路基土质和土基压实度。路面渗水情况与路面面层类型和路面纵横向坡度有关。

路面结构中，基层、垫层材料在最佳含水量下压实可得到最大密实度，并有较高的力学强度。含水量过大时，材料过分潮湿，其强度大大降低，变形也增大。但如果含水量过小，材料颗粒之间由于缺水膜粘结作用，会发生松散；由于缺乏润滑作用，压实度不高，同样也不会有较高的力学强度。沥青面层在自然界水的作用下，沥青与石料的黏附力降低，导致石料与沥青剥离，从而使路面发生松散、坑槽等病害。水对水泥混凝土面层影响不大，但对其下的土基与基层、垫层的影响与柔性路面是一样的。

路面材料可根据对水的敏感性，分为水稳性材料和非水稳性材料。一般来讲，二渣、三渣，水泥土、石灰土和二灰土等是水稳性好的材料；而未经处理的含土的材料，如泥结碎（砾）石、级配（砾）石和级配砂砾等是非水稳性材料，这些材料不应在潮湿路段使用。

12.4.2　气温变化对路面的影响

大气温度同样是影响路面结构强度的重要因素。同一路面，在炎热的夏季和严寒的冬季可能有不同的使用效果。就是在一天之内，路面的工作状态也会有差异。

1. 气温对水泥混凝土路面的影响

水泥混凝土路面随着温度变化将产生体积的变化。在一年四季中，由于温差所引起的体积变化如果受到约束，将产生很大的温度应力，有时还能超过荷载产生的应力。由四季变化引起的混凝土板内的胀缩应力应通过在混凝土路面设置缩胀缝来克服。此外还应考虑由于昼夜温度变化而引起的板顶与板底温度差产生的翘曲应力。

2. 气温对沥青路面的影响

沥青类路面材料的强度随温度变化而变化。这种特性被称作温度稳定性。温度稳定性差的材料在温度变化时，强度显著降低。由于沥青材料本身对温度非常敏感，因此沥青类路面也对温度非常敏感。由于温度的改变，沥青路面结构的强度和弹性模量会发生几倍甚至十几倍的变化。

沥青路面结构的强度随温度的升高而显著降低的原因在于：温度升高后的混合料中沥青稠度降低，一部分吸附沥青转化为自由沥青，这些自由沥青在颗粒间起润滑作用，从而使粘结力降低。温度过低，对沥青路面也是不利的，此时虽然弹性模量很高，但变形能力却很小，容易发生脆裂。

3. 气温对半刚性路面材料的影响

气温对用无机结合料加固的路面结构的初期成型也有很大的影响。石灰土、工业废渣基层，在成型期间如气温高，在最佳含水量和压实度的情况下，可以获得较高的强度。反之，如果在成型期间气温过低，即使含水量和压实度都符合规定，使成型养护期延长，也不会有较高的强度。因此，这类基层宜于夏期施工。

12.5　沥青路面结构组合设计

12.5.1　沥青路面结构组合设计基本原则

沥青路面结构层，是由面层、基层、底基层和必要的功能层等多层结构组成。对路面面层类型和结构形式选择，应综合考虑交通沥青面层应具有平整、抗车辙、抗疲劳开裂、抗低温开裂、抗水损坏等性能。表面层沥青混合料尚应具有抗滑和耐磨损性能，密级配沥青混合料表面应具有低透水性能。路面结构组合设计遵循下列基本原则：

1. 保证路面表面使用品质长期稳定性

在选择路面结构层时，首先公路等级与交通荷载等级要相适应。沥青路面在全寿命周期的设计使用年限内，沥青路面就在应具有平整性、表面抗滑安全性、抗车辙性能、排水性能等稳定性，耐抗水冲刷能力等各项功能指标都稳定在允许范围之内，保持路面表面使用品质长期稳定。

2. 路面各结构层的强度、抗变形能力与力学响应相匹配。

由于车轮荷载与温度、湿度变化产生的各项应力或应变由上至下产生变化。因此通常面层受较高的压应力或剪切力，应具有较高的强度和模量及变形能力。基层承受拉力，应具有较好的抗变形能力。各结构层选材料时，应满足竖向应力和应变随深度而递减的规律，且各层厚度宜从上至下由薄到厚，如图 12-8 所示，以达到路面结构层在整体上的强度和稳定性，且经济合理。

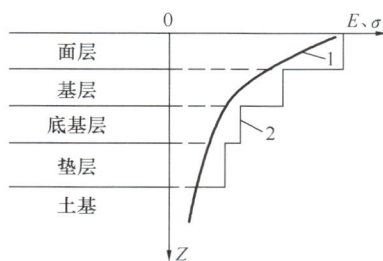

图 12-8　应力、材料强度随深度的变化曲线

1—荷载应力曲线；2—材料强度曲线
E—材料强度；σ—荷载应力

3. 提高路面结构的水温稳定性

路面结构层直接受温度、湿度等自然因

素变化造成强度和稳定性下降，应提高其抵抗能力。结构层内部排水应与道路其他相关排水系统衔接，做好路基、路面、路肩排水，以减少路面水毁，并完善防水设施，并应遵循"以防为主，防排结合"的原则。

4. 充分利用当地资源

充分利用当地材料和循环利用资源，节约外运资源，做好材料优化选择。降低路面结构前期的建设与后期养护费用。在选材中，对于极重、特重和重交通荷载等级公路及冻土地区硬路肩基层、底基层材料和厚度应与行车道路面相同。三级、四级公路硬路肩可采用沥青结合类材料或粒料。

12.5.2　路面的损坏和避免反射裂缝的措施

沥青路面结构类型可按照基层材料性质分为无机结合料稳定类基层沥青路面、粒料类基层沥青路面、沥青结合料类基层沥青路面和水泥混凝土基层沥青路面四类。

沥青路面结构层选择时，应结合交通等级和路基状况等因素，及路面材料特性和结构特性，选择路面结构。规范提倡采用经验的方法，可参考类比已有路面设计与施工成功的经验，并遵循上述原则，选择技术可靠、经济效益合理的方案。总体而言，无机结合料稳定类基层沥青路面适用于各种交通荷载等级；粒料类基层沥青路面适用于重及以下交通荷载等级；沥青结合料类基层沥青路面适用于各种交通荷载等级；水泥混凝土基层沥青路面适用于重交通及以上各种交通荷载等级。路基湿度状态为中湿或潮湿时，宜采用粒料底基层或设置粒料类路基改善层。

路面结构选择需要充分考虑各种路面结构组合材料的结构特性、主要损坏类型及衰变规律。不同结构组合的沥青路面损坏类型如表 12-24 所示。

沥青路面主要损坏类型　　　　　　　　　　　表 12-24

结构类型	粒料类基层沥青路面、底基层采用粒料的沥青结合料类基层沥青路面			无机结合料稳定类基层沥青路面、底基层采用无机结合料稳定材料的沥青结合料类基层沥青路面	
沥青混合料层厚度（mm）	≥150	50～150	≤50	≥150	≤150
主要损坏类型	沥青混合料层永久变形、沥青混合料层疲劳开裂	沥青混合料层疲劳开裂、沥青混合料层永久变形	车辙	车辙、基层疲劳开裂、面层反射裂缝	基层疲劳开裂、面层反射裂缝
季冻地区	面层低温开裂				

无机结合料稳定类基层沥青路面承载能力高，适用各种交通荷载等级。主要病害是无机结合料稳定层的疲劳开裂和面层的反射裂缝。原因是沥青路面结构在累计轴载作用下和温度荷载的作用下，会在裂缝处产生应力集中现象，使得沥青面层底部应力过大，最终产生反射裂缝。开裂的路面由于雨水、雪水渗入后容易发生唧泥、基层脱空等损坏。

沥青路面为避免半刚性基层收缩开裂和沥青路面层的反射裂缝，采取如下措施：

① 粒料类基层沥青路面无反射裂缝问题，但沥青面层承受更大的弯拉变形作用，沥青面层疲劳是主要损坏指标。

② 选用抗裂性能好骨架密实型无机结合料稳定类基层，并严格控制细料含量、水泥剂量、含水量。

③ 当底基层采用无机结合料稳定类材料时，应增加沥青混合料层厚度，使路面承载力提高，可具有更好的延缓反射裂缝的能力。或者在无机结合料稳定基层与沥青结合料材料层间，设置级配碎石过渡层、半开级配或开级配沥青碎石，它也具有减缓动水压力和反射裂缝的作用。

④ 在半刚性稳定基层上设置改性沥青应力吸收层，或敷设土工合成材料，具有加筋作用功能层，有效地防止反射裂缝形成，并加强层间结合的作用。

12.5.3　沥青路面组合

1. 沥青路面结构层厚度

现行规范提出的我国典型沥青路面常用结构层厚度，见表 12-25～表 12-30。设计时根据不同交通荷载等级，选定路面结构类型。再根据经验法并参考表 12-25～表 12-30，初选沥青路面各结构厚度。交通荷载等级高，路基承载力弱时，宜取靠近高限的厚度或参照高一个交通荷载等级的路面厚度范围，反之可靠近低限取值或参照低一个交通荷载等级的路面厚度范围。

无机结合料稳定层类基层（粒料类底基层）路面厚度范围（mm）　表 12-25

交通荷载	极重、特重	重	中等	轻
面层	150～250	150～250	100～200	20～150
基层（无机结合料稳定类）	350～600	300～550	250～500	150～450
底基层（粒料类）	150～200			

无机结合料稳定层类基层（无机结合料稳定类）路面厚度范围（mm）　表 12-26

交通荷载	极重、特重	重	中等	轻
面层	120～250	100～250	100～200	20～150
基层（无机结合料稳定类）	250～500	200～450	150～400	250～500
底基层（无机结合料稳定类）	150～200			

粒料类基层（粒料类底基层）路面厚度范围（mm）　表 12-27

交通荷载	重	中等	轻
面层	200～350	150～300	100～200
基层（粒料类）	350～450	300～400	250～350
底基层（粒料类）	150～200		

沥青结合料基层（粒料类基层）路面厚度范围（mm）　　表 12-28

交通荷载	重	中等	轻
面层	120～150	100～120	40～80
基层（沥青结合料类）	200～250	180～220	120～200
底基层（粒料类）	300～400	300～400	250～350

沥青结合料基层（无机结合料稳定类基层）路面厚度范围（mm）　　表 12-29

交通荷载	极重、特重	重	中等	轻
面层	100～120	100～120	80～100	40～80
基层（沥青结合料类）	120～180	100～150	100～150	80～100
底基层（无机结合料稳定类）	300～600	300～600	250～550	200～450

沥青结合料基层（粒料＋无机结合料稳定类基层）路面厚度范围（mm）　　表 12-30

交通荷载	极重、特重	重	中等	轻
面层	100～120	100～120	80～100	40～80
基层（沥青结合料类）	160～240	120～180	100～160	80～100
底基层（粒料类）	150～200	150～200	150～200	150～250
底基层（无机结合料稳定类）	200～400	200～400	200～350	150～250

如某一级公路，重交通荷载等级，面层为三层，厚度依次为 4cm、5cm、7cm；采用细粒密级配沥青混合料（AC-13）上面层，中粒密级配沥青混合料中面层（AC-20），开级配沥青碎石（ATPB-30）下面层，当基层采用水泥稳定级配碎石或水泥稳定级配碎石砾石材料，可查表 12-26 得到结构层厚度，推荐取值为 42.0cm，分两层摊铺施工（分层厚度不得小于 15cm）。

2. 沥青面层结构类型选择

沥青面层（表面层或上面层）应具有平整密实、抗滑耐磨、稳定耐久等服务功能，同时应具有高温抗车辙、抗低温开裂、抗老化、抗剥落等品质。旧路面可采用沥青表面处治作为磨耗层以改善表面服务功，考虑其耐久性也可提高其等级。

（1）沥青面层的拟定

沥青路面的中面层、下面层应密实性，并具有良好的高温抗车辙、抗剪切、抗疲劳的力学性能。下面层应具有良好的抗疲劳性能和兼顾其他性能要求。各级公路沥青路面的面层结构类型选型时，应与公路等级或城市道路等级相适应，并根据交通荷载定等级，参考表 12-31 初步拟定沥青面层材料类型。

各级公路沥青面层类型选择　　表 12-31

公路等级	热拌沥青混凝土	热拌沥青碎石混合料	沥青贯入碎石	沥青表面处治	冷拌乳化沥青碎石混合料
高速、一级公路	√				

续表

公路等级	热拌沥青混凝土	热拌沥青碎石混合料	沥青贯入碎石	沥青表面处治	冷拌乳化沥青碎石混合料
二级公路	√	√	√		
三级公路	√	√	√	√	√
四级公路	√			√	√

同时考虑交通荷载等级和层位、气候条件、施工条件等因素，并参考类比相关工程案例，根据表12-32，来拟定沥青路面各结构层位材料类型。

面层材料的交通荷载等级和层位　　　　　　　　表 12-32

材料类型	适用交通荷载等级和层位
连续级配沥青混合料	各交通荷载等级的表面层、中面层和下面层
沥青玛蹄脂碎石混合料	极重、特重和重交通荷载等级的表面层、对抗滑有特殊要求的表面层
厂拌热再生沥青混合料	各交通荷载等级的表面层、中面层和下面层
上拌下贯沥青碎石	中等、轻交通荷载等级的面层
沥青表面处治	中等、轻交通荷载等级的面层

（2）公称最大粒径与最小压实厚度

对路面表面层混合料公称最大粒径的选择，一些地区存在误解，认为公称最大粒径越大，混合料抗车辙能力越强，抗滑性能越好。在设计选择沥青路面面层材料类型时，原材料中集料的级配组成、构造深度和集料抗磨耗性能，直接影响沥青混合料抗车辙能力。同时公称最大粒径越大，混合料不易压实，施工越容易出现离析，进而出现局部水损坏的风险越大。综上所述现行规范规定表面层沥青混合料最大粒径不宜大于 16.0mm。

若沥青面层厚小于最小结构层厚度时，不宜碾压成型，而选择的结构层太厚又不经济。不同公称最大粒径沥青混合料的厚度应符合表12-33的规定。

不同粒径沥青混合料厚度　　　　　　　　表 12-33

沥青混合料类型	以下集料公称最大粒径沥青混合料的层厚（mm），不小于					
	4.75	9.5	13.2	16.0	19.0	26.5
连续级配沥青混合料	15	25	35	40	50	75
沥青玛蹄脂碎石混合料	—	30	40	50	60	
开级配沥青混合料	—	20	25	30	—	

当沥青面层采用双层以上结构层时，一般下层比上层结构层的粒径大。即材料集料的最大粒径宜从上至下逐渐增大，便于形成强度。

公称最大粒径应小于碾压时的最小压实厚度，便于碾压密实，并满足最小压实厚度要求，从而提高其耐久性、水稳性，防止水损害，见表12-34。

为保证混合料压实、减少施工离析，规定了最大粒径的最小比例和不同粒径混合料的最小厚度，见现行《公路沥青路面施工技术规范》JTG F40—2004。

沥青混合料结构层的最小压实厚度与适宜厚度　　　　表 12-34

沥青混合料类型		最大粒径（mm）	公称最大粒径（mm）	符号	最小压实厚度（mm）	适宜厚度（mm）
密级配沥青混合料（AC）	砂粒式	9.50	4.75	AC-5	15	15～30
	细粒式	13.2	9.50	AC-10	20	25～40
		16.0	13.2	AC-13	35	40～60
	中粒式	19.0	16.0	AC-16	40	50～80
		26.5	19.0	AC-20	50	60～100
	粗粒式	31.5	26.5	AC-25	70	80～120
密级配沥青混合料（ATB）	粗粒式	31.5	26.5	ATB-25	70	80～120
		37.5	31.5	ATB-30	90	90～150
	特粗式	53.0	37.5	ATB-40	120	120～150
开级配沥青混合料（ATPB）	粗粒式	31.5	26.5	ATPB-25	80	80～120
		37.5	31.5	ATPB-30	90	90～150
	特粗式	53.0	37.5	ATPB-40	120	120～150
半开级配沥青混合料（AM）	细粒式	16.0	13.2	AM-13	35	40～60
	中粒式	19.0	16.0	AM-16	40	50～70
		26.5	19.0	AM-20	50	60～80
	粗粒式	31.5	26.5	AM-25	80	80～120
	特粗粒	53.0	37.6	AM-40	120	120～150
沥青玛蹄脂碎石混合料（SMA）	细粒式	13.2	9.50	SMA-10	25	25～50
		16.0	13.2	SMA-13	30	35～60
	中粒式	19.0	16.0	SMA-16	40	40～70
		26.5	19.0	SMA-20	50	50～80
开级配沥青磨耗层（OGFC）	细粒式	13.2	9.50	OGFC-10	20	20～30
		16.0	13.2	OGFC-13	30	30～40

（3）沥青混合料级配类型特点

开级配沥青混合料（ATPB）表面层具有排水能力，降水透过表面层，沿下层顶面排出，下层通常为中粒式或粗粒式沥青混合料，易出现局部密水性不佳的情况，为避免下层水损坏，开级配表面层下应设置防水层。

连续级配沥青混合料（AC）和沥青玛蹄脂碎石混合料（SMA）的结构层厚度，不宜小于集料公称最大粒径的 2.5 倍。开级配沥青混合料（ATPB）的结构层厚度，不宜小于集料公称最大粒径的 2.0 倍，见表 12-34。沥青贯入碎石层的厚度宜为 40～80mm，乳化沥青贯入路面的厚度不宜超过 50mm；上拌下贯式沥青层的厚度不宜小于 25mm。

（4）各等级沥青路面面层的要求

1）高等级公路面层级配类型

高速公路、一级公路的沥青面层通常选用三层结构。这三层结构层中，表面层通常采用粗型级配细粒式沥青混凝土。而在各沥青层中至少有一层应为密级配型沥青混合料，即粗型（C 型）或细型（F 型）密级配沥青混合料。它的空隙率一般为 3%~6%，在这个范围内可以防止水害，不产生真空吸力，也可以保证一定的空隙率以防止夏季沥青材料泛油。目前抗滑面层的级配类型有粗型密级配 AC-13C、AC-16C、SMA-13、SMA-16、OGFC-10、OGFC-13，应根据各地实际情况选用。

2）中低等级公路面层级配类型

三、四级公路的沥青路面面层，可用 AM-13 或 AM-16 沥青碎石，由于它的空隙率大，渗水严重，应设置密级配上封层，如乳化沥青稀浆封层、微表处、改性沥青集料封层。沥青类透水路面面层下均应设防水层，并设置结构层内部的排水系统，将雨水及时排除到路基范围以外，防止雨雪下渗，浸入基层、土基。路面表面层应具有一定构造深度、良好的抗滑性能。

3. 基层（即上基层）和底基层（即下基层）的选择

沥青路面的基层主要承担路面向下传递的荷载，还承受着由于土基水温状况多变而发生的地基承载力的变化，以保证路面应具有足够的承载能力、抗疲劳开裂性能、足够的水稳定性和耐久性。沥青结合料类和粒料类基层尚应具有足够的抗永久变形能力。与沥青面层相比，由于基层不直接与车轮和大气接触，相对于沥青表面层性能有关材料指标（抗滑性能、抗剪切变形）可以略低。

码12-2 路面下基层施二工艺流程

沥青路面基层分成为三种类型：柔性基层、半刚性基层、刚性基层。由此组合而成的沥青路面，可分为半刚性基层沥青路面、柔性基层沥青路面、刚性基层沥青路面。沥青路面的基层厚度拟定，应考虑交通荷载等级、基层类型、所处层位、与其他结构层次的关系、总厚度，适宜碾压厚度及最小碾压厚度，并应考虑级配、胶结材料的掺入比例。

（1）半刚性基层结构

1）基层层位及材料选用

无机结合料稳定基层沥青路面，适用于各种交通荷载等级路面下的基层。我国《公路沥青路面设计规范》JTG D50—2017 给出的基层材料类型选用建议见表 12-35。水泥混凝土基层还应符合现行《公路水泥混凝土路面设计规范》JTG D40—2011 的有规定。

基层和底基层材料的适用交通荷载等级和层位   表 12-35

类型	材料类型	适用交通荷载等级和层位
无机结合料稳定类	水泥稳定级配碎石或砾石、 水泥粉煤灰稳定级配碎石或砾石、 石灰粉煤灰稳定级配碎石或砾石	各交通荷载等级的基层和底基层
	水泥稳定未筛分碎石或砾石、 水泥粉煤灰稳定未筛分碎石或砾石、 石灰稳定未筛分碎石或砾石	轻交通荷载等级的基层 各交通荷载等级的底基层
	水泥稳定土、石灰稳定土、 石灰粉煤灰稳定土	轻交通荷载等级的基层 各交通荷载等级的底基层

续表

类型	材料类型	适用交通荷载等级和层位
粒料类	级配碎石	重及重以下交通荷载等级的基层 各交通荷载等级的底基层
	级配砾石、未筛分碎石、 天然砂砾、填隙碎石	中等及轻交通荷载等级的基层 各交通荷载等级的底基层
沥青结合类	密级配沥青碎石、 半开级配沥青碎石、 开级配沥青碎石	极重、特重和重交通荷载等级的 基层
	沥青贯入碎石	重及重以下交通荷载等级的基层
水泥混凝土	水泥混凝土或贫混凝土	极重、特重荷载等级的基层

如某一级公路，重交通荷载等级，采用细粒密级配沥青混合料上面层（AC-13）、中粒密级配沥青混合料中面层（AC-20），开级配沥青碎石下面层，由表 12-35 查得，其基层可采用水泥稳定级配碎石或水泥稳定级配砾石材料。

近年来再生工程实践表明，冷再生沥青混合料可实现既有路面铣刨材料的回收利用（就地再生利用），其性能可满足各交通荷载等级的基层或底基层的要求。再生沥青混合料和再生无机结合料，可用于各交通荷载等级的基层和底基层。厂拌再生沥青混合料具有与新拌沥青混合料基本相当的路用性质，推荐用于极重、特重交通荷载以上等级的基层。

为减少或延缓半刚性基层硬化过程中出现裂缝，反射到沥青结合料稳定层，无机结合料稳定层与沥青结合料稳定层间可设置级配碎石、半开级配或开级配沥青碎石层。为设置级配沥青碎石层厚度，需要验算沥青混合料层疲劳开裂寿命。

2）公称最大粒径与最小厚度

①无机结合料用于高速公路、一级公路基层时，公称最大粒径不宜大于31.5mm；用于高速公路和一级公路底基层或二级及二级以下公路基层时，公称最大粒径不宜大于37.5mm；用于二级及二级以下公路底基层时，公称最大粒径不宜大于53.0mm，见表 12-36。

沥青路面的基层和底基层厚度　　　　　　　　　　　　表 12-36

材料种类	集料公称最大粒径（mm）	厚度（mm），不小于
密级配沥青碎石、 半开级配沥青碎石、 开级配沥青碎石	19.0	50
	26.5	80
	31.5	100
	37.5	120
沥青贯入碎石	—	40
贫混凝土	31.5	120
无机结合料稳定类	19.0、26.5、31.5、37.5	150
	53.0	180

续表

材料种类	集料公称最大粒径（mm）	厚度（mm），不小于
级配碎石、级配砾石、未筛分碎石、天然砂砾	26.5、31.5、37.5	100
	53.0	120
填隙碎石	37.0	75
	53.5	100
	63.5	120

② 厚度取值

直接位于沥青路面面层下的半刚基层或水泥混凝土板下具有一定厚度的结构层。其基层结构的厚度主要应满足强度和刚度的设计要求。在厚度设计时，应逐层进行验算。一般情况下，基层厚度应大于混合料最大粒径的 4 倍，同时还应考虑压实机具的功能，通常取能一次压密的最佳厚度。若基层厚度超过最佳厚度，可分几层铺筑，但每层厚度接近最佳厚度。

（2）柔性基层、底基层结构

采用沥青混合料，或沥青贯入碎石，或冷拌沥青混合料、级配碎石、砂砾等柔性材料作基层或底基层时，称为柔性基层、底基层结构。这种基层的路面结构类型，具有较大的塑性变形，要求沥青层较厚，初期投入成本高。

1）柔性基层

沥青结合料柔性基层沥青路面，可适用于各交通荷载等级路面的基层和底基层。热拌沥青碎石宜用于中等交通及以上公路的基层、底基层；沥青贯入式宜用于中等、重交通公路的基层、底基层；两者均可以用于改建工程的调平层。

密级配沥青碎石混合料具有较高的承载能力；半开级配沥青碎石混合料具有承重、减缓反射裂缝和一定的排水能力。开级配沥青碎石混合料适用于排水基层。基层用沥青碎石的公称最大粒径宜等于或不大于 26.5mm。各种沥青柔性基层厚度可参考表 12-29 确定。

2）粒状类基层

① 级配碎石、级配砾石和天然砂砾

级配碎石可用于重、中等和轻交通荷载等级的基层、各交通荷载等级的基底基层以及沥青面层与半刚性基层之间的过渡层。级配砾石、未筛分碎石、填隙碎石以及符合级配、塑性指数等技术要求的天然砂砾，可用作中等和轻交通荷载等级的基层、各交通荷载等级的基底基层。

基层粒料公称最大粒径不宜大于表 12-36 中数值，基层、底基层采用级配碎石、级配砂砾和天然砂砾的厚度可参考表 12-36。高速公路和一级公路基层粒料公称最大粒径不宜大于 26.5mm。底基层采用级配碎石或级配砂砾时，公称最大粒径不宜大于 31.5mm；底基层采用天然砂砾时，公称最大粒径不宜大于 53.0mm；二级和二级以下公路基层、底基层粒料公称最大粒径不宜大于 53.0mm。

② 填隙碎石类基层

一般规定，填隙碎石适用于中等和轻交通荷载等级的基层、各交通荷载等级的底基层。填隙碎石公称最大粒径宜为层厚的 1/2～2/3。单层填隙碎石的压实厚度宜为公称最大粒径的 1.5～2.0 倍。填隙碎石用于基层时，骨料公称最大粒径不宜大于 53.0mm；用于底基层时，骨料公称最大粒径不宜大于 63.0mm。填隙碎石厚度可参考表 12-36。

填隙碎石用作基层时的压碎值应不大于 26%；用作底基层的压碎值应不大于 30%。骨料中针片状颗粒和软弱颗粒的含量不大于 15%。其颗粒组成应满足规范要求，级配范围参见《公路路面基层施工技术细则》JTG/T F20—2015。

（3）刚性基层

采用碾压贫混凝土、水泥混凝土等刚性材料作基层形成的沥青路面，此时的基层称为刚性基层。水泥混凝土基层沥青路面，适用于重级及以上交通荷载等级。如刚性基层适用于重级、特重级交通，运煤、矿石、建筑材料等公路工程。刚性基层厚度一般为 200～280mm，最小厚度应大于 150mm。贫混凝土基层集料的最大粒径一般不应超过 31.5mm。碾压贫混凝土水泥剂量宜大于 13%。7d 龄期无侧限抗压强度应不低于 7MPa，且宜不高于 10MPa，详见《公路路面基层施工技术细则》JTG/T F20—2015。

贫混凝土基层应设置纵、横缝，并灌入填缝料，其上应设置热沥青或改性乳化沥青、改性沥青粘结层等。碾压贫混凝土的级配宜采用规范推荐的级配范围。

4. 功能层选择

沥青路面功能层主要有防冻层、排水层、隔水层、封层、粘层、应力吸收层。

（1）防冻层

沥青路面防冻层位于基层以下，以确保路面结构层不受路基中滞留的自由水的浸湿以及冻融的危害。对于季节性冰冻地区路面厚度不满足防冻要求时，应增设防冻层，对路面结构底部起防冻作用。防冻层宜采用粗砂、砂砾和碎石等粒状材料。

（2）排水层

在水文地质不良岩石挖方地段，基层和底基层为非粒料类材料时，可在基层、底基层与路床之间设置粒料排水层，可对路面结构层底部起到防水和排水作用。一方面避免潮湿路基或裂隙水、地下毛细水和泉眼等影响路面的湿度状态；另一方面可及时排除路面内部水，避免下渗影响路基的稳定性。粒料层厚度不宜小于 150mm。

为了排水顺畅，不积水，粒料层排水层应与路基边缘或与边沟下渗沟连接。

5. 辅助结合层

沥青路面结构层之间应紧密结合，避免结构层间产生层间滑移而丧失结构的整体效应。沥青层滑动状态比连续状态的拉应力大 1～2 倍，加强层间的紧密结合，以提高沥青路面结构整体性。在辅助层沥青撒布之前，彻底清除撒布层表面的灰尘、泥土、油污等可能影响层间结合的有害物质。沥青路面层间接触的辅助结合层按功能和选材分为以下几类：

（1）透层沥青

沥青结合料材料层路面层与其他材料（粒料基层和无机结合料稳定类）基层顶面宜设置透层。采用沥青撒布机进行均匀喷洒，透层沥青应具有良好的渗透性，防止粒料松散和雨水下渗，提高路面的整体强度。沥青层必须在透层油完全渗透入基层后方可铺筑。基层上设置下封层时，透层油不宜省略。透层沥青可采用稀释沥青和乳化沥青等。

（2）粘层沥青

粘层油是将相邻两层的沥青混合料之间粘牢而形成一个整体。粘层油的稠度略大于透层沥青，粘结性良好。极重、特重和重交通荷载等级路面的粘层，对结构层整体强度要求高，宜采用改性乳化沥青、道路石油沥青或改性沥青粘层；中等和轻交通荷载等级路面的粘层，宜选用改性乳化沥青；水泥混凝土板与沥青面层间由于材料属性差异，较难形成有效粘结，故采用改性沥青粘层。

码12-3 沥青洒布施工

（3）封层

封层的作用是使道路表面密封，防止雨水浸入道路，保护路面结构层表面磨耗损坏。封层分为上封层和下封层。封层用于路面结构层的连接与防护层。

单层表面处治封层的结合料可采用改性沥青、道路石油沥青或乳化沥青。当设置改性沥青应力吸收层时，可不再设置封层。

（4）应力吸收层

改性沥青应力吸收层中改性沥青宜采用橡胶沥青。

辅助层结合层的材料规格、用量应根据地气候特点、施工季节和结构类型，按《公路沥青路面施工技术规范》JTG F40—2004 的要求选定。在沥青路面结构组合设计图中应加以标注。

6. 路基（土基）

路基的干湿类型，根据地下水或者地表长期积水影响的临界水位深度，按路基应力工作区的湿度来源分为三类：受地下水控制的潮湿类、受气候因素控制的干燥类型和兼受地下水和气候两方面因素影响的中湿类。路基顶面回弹模量应符合规定，不得小于表 6-1 中规定值。

【例 12-2】　浙江某已通行的高速公路沥青路面，交能荷载等级为重交通，采用路面结构层如图 12-9 所示，土基回弹模量为 50MPa。在施工中，水泥碎石基层顶面上洒布一层 1cm 预拌沥青碎石，在减少路面裂缝方面效果显著。为什么此沥青路面结构能有效避免因整体式基层收缩而产生的反射裂缝？

【解】

（1）沥青路面结构的合理性

1）土基回弹模量 $E_0 = 50$MPa，符合重交通土基基顶回弹模量的要求，见表 6-1。

高速公路采用沥青混凝土路面，面层分为上、中、下三层，采用材料及厚度

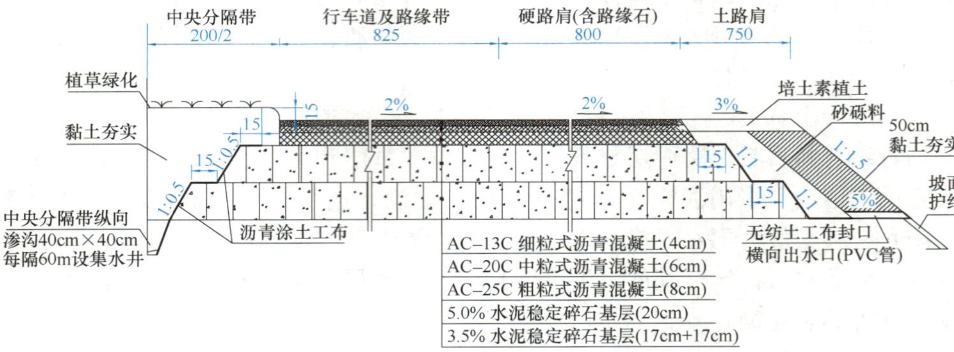

图 12-9　高速公路沥青路面结构层图例及整体式路面边部构造图（单位：cm）

如图 12-9 所示，各层符合设计要求。

2）基层采用 36cm 水泥稳定碎石，分两层（18cm＋18cm）进行摊铺，基层上层集料粒径采用倒装结构，合理级配，两层之间洒水泥浆增加层间粘结，底基层采用 20cm 水泥稳定碎石。

3）下面层采用粗粒式沥青混凝土，并在基层上洒布一层 1cm 预拌沥青碎石，增加路面结构的整体强度。

这种路面结构层整体性好，倒装结构基层及粗粒式沥青混凝土层，可有效地避免基层收缩产生的裂缝反射到沥青面层。

（2）碾压施工

施工中水泥稳定碎石，优先采用先进振动成型工艺的施工技术，此工艺施工碾压过程中，采用胶轮（密实）压路机和单、双钢轮（稳定、平整）压路机组合碾压，并通过试验达到最佳碾压组合方式成型的方法，集料级配优化后，增加爪子片用量（5～9.5mm），并减少石屑用量（0～0.5mm），在水泥碎石基层顶面上洒布一层 1cm 预拌沥青碎石，可以避免基层的收缩裂缝反射到沥青面层。

（3）路面结构排水

如图 12-9 所示，路面中央分隔带采用结构排水设计，通过纵向渗沟积水，相隔约 50～60m 设置集水井，采用直径 30cm 横向排水管将水引至边沟处，路面路肩边侧结构排水通过土工布外包级配碎石渗透排出。

（4）主要优点：首先可有效地避免路面结构层中反射裂缝的形成（基层骨料采用粒径倒装结构，采用粗粒式沥青混凝土，碾压施工方案合理）；减少了水泥用量，节约了工程成本（细集料减少，骨料比表面积减少，包裹用的水泥浆量也减少）；整体性好，增加了承载能力（基层之间洒水泥浆，基层上洒布一层 1cm 预拌沥青碎石，沥青层间洒粘层油）；排水综合设计合理，该沥青路面的结构使用寿命得以延长（路面结构组合合理）。

按现行规范城市道路路面、公路路面、城市道路人行道常用结构见表 12-37～表 12-39。

城市道路路面常用结构示例　　　　　　　表 12-37

道路等级	道路名称	结构图例	结构层	五项验算指标和验收弯沉值
快速路	杭州市德胜快速路东段（防水路面）		（1）（4cm）SMA-13 改性沥青混凝土 （2）（5cm）AC-20C 型中粒式沥青混凝土 （3）（6cm）AC-30C 型粗粒式沥青混凝土 （4）（1cm）稀浆封层 （5）（41cm）石灰粉煤灰碎石基层 （6）（20cm）级配碎石 （7）土路基（≥40MPa）	
主干道	杭州市体育场路（防水路面）		（1）（5cm）高粘度改性排水沥青混凝土 （2）乳化沥青粘层油隔水层 （3）（5cm）AC-20C 型沥青混凝土 （4）（5cm）AC-30F 型沥青混凝土 （5）乳化沥青透层＋玻纤土工格栅 （6）（35cm）水泥稳定碎石基层 （7）（30cm）宕渣 （8）土路基（≥40MPa）	
主干道	杭州市绍兴路		（1）（4cm）SBS 改性沥青混凝土 （2）（5cm）AC-16C 型中粒式沥青混凝土 （3）玻纤土工格栅 （4）（6cm）AC-16C 型粗粒式沥青混凝土 （5）（20cm）二灰碎石基层 （6）（30cm）C15 水泥混凝土垫层 （7）（20cm）级配碎石 （8）土路基（≥40MPa）	
次干路	杭州市文西路		（1）（4cm）AC-13C 细粒式沥青混凝土 （2）（8cm）AC-20C 粗粒式沥青混凝土 （3）（30cm）二灰碎石基层 （4）（20cm）未筛分碎石垫层 （5）土路基（≥40MPa）	

续表

道路等级	道路名称	结构图例	结构层	五项验算指标和验收弯沉值
支路	杭州市丁桥东单元配套道路工程		(1)（3cm）AC-13C 型沥青混凝土 (2)（5cm）AC-20C 型沥青混凝土 (3)（7cm）AC-30F 型沥青混凝土 (4)（30cm）二灰碎石基层 (5)（30cm）宕渣 (6)土路基（≥35MPa）	

注：1. 五项验算指标为：①沥青混合料层层底拉应变；②无机结合料稳定层层底拉应力；③沥青混合料层永久变形量；④路基顶面竖向压应变；⑤低温开裂指标（季节性冰冻地区考虑）。
　　2. 验收弯沉值：设计路面结构的验收弯沉值（路基顶面的验收弯沉值、路表验收弯沉值）。

公路路面常用结构示例　　　　　　　　　　　　　　表 12-38

公路等级	公路名称	结构图例	结构层	五项验算指标和验收弯沉值
高速公路	衢南高速公路		(1)（4cm）SBS 改性沥青 I－D 型 (2)（6cm）AC-20C 型中粒式沥青混凝土 (3)（8cm）AC-25C 粗粒式沥青混凝土 (4)（20cm）5％水泥稳定碎石基层 (5)（32cm）4％水泥稳定碎石底基层 (6)土路基（≥50MPa）	
高速公路	沪杭甬高速公路		(1)（5cm）LH-20F 半密实中粒式沥青混凝土 (2)（7cm）LH-35 半型级配粗粒式沥青碎石混合料 (3)（36cm）水泥稳定碎石基层 (4)（20cm）级配碎石底基层 (5)土路基（≥50MPa）	
机场跑道	某飞机场跑道		(1)（44cm）水泥混凝土 (2)（20cm）厚水泥碎石 (3)（25cm）厚水泥碎石 (4)土路基（≥60MPa）	

续表

公路 等级	公路名称	结构图例	结构层	五项 验算指标和 验收弯沉值
一级公路	成渝公路 （重庆段）		（1）（4cm）中粒式沥青混凝土 （2）（6cm）沥青碎石 （3）（40cm）二灰砂砾基层 （4）（40cm）级配碎石底基层 （5）土路基（≥50MPa）	
一级公路	312国道 （合肥～南京）		（1）（28cm）水泥混凝土 （2）（20cm）二灰碎石基层 （3）（25cm）大块碎石底基层 （4）土路基（≥50MPa）	
二级公路	沪宁路 （苏州段）		（1）（4cm）中粒式沥青混凝土 （2）（7cm）沥青碎石 （3）（32cm）二灰碎石基层 （4）（16cm）石灰土底层 （5）土路基（≥40MPa）	
二级公路	浙江海盐 秦山大道		（1）（24cm）水泥混凝土 （2）（18cm）5％水泥稳定碎石基层 （3）（15cm）级配碎石底基层 （4）土路基（≥40MPa）	
三、四级公路	安徽当涂路		（1）（3cm）沥青表面处治 （2）（4cm）沥青碎石 （3）（20cm）水泥稳定碎石 （4）（20cm）天然砂砾 （5）土路基（≥40MPa）	

注：1. 五项验算指标为：①沥青混合料层层底拉应变；②无机结合料稳定层层底拉应力；③沥青混合料层永久变形量；④路基顶面竖向压应变；⑤低温开裂指标（季节性冰冻地区考虑）。

2. 验收弯沉值：设计路面结构的验收弯沉值（路基顶面的验收弯沉值、路表验收弯沉值）。

城市道路人行道常用结构示例　　　　　表 12-39

道路名称	结构图例	路面结构层
杭州市 体育场路	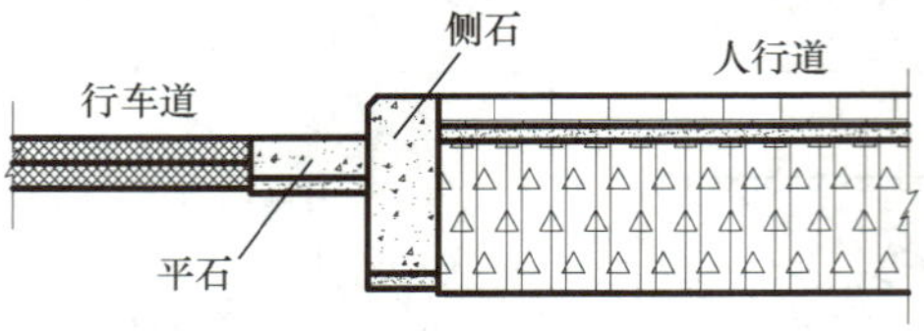	(1)（6cm）火烧板（花岗岩） (2)（3cm）M10 水泥砂浆 (3)（30cm）5％水泥稳定碎石 (4) 地基夯实
杭州市西文路	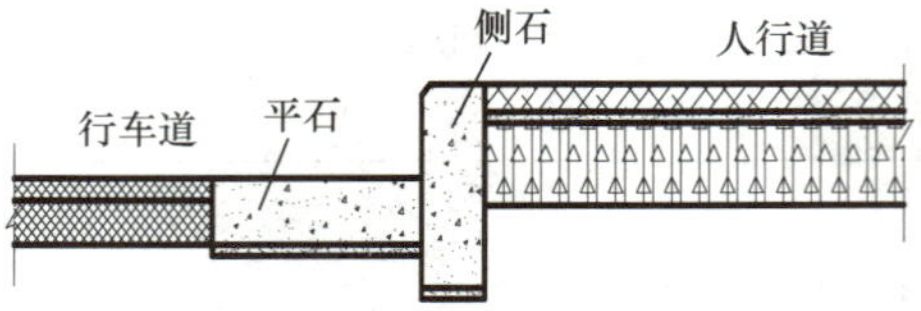	(1)（5cm）彩色人行道板 (2)（2cm）M10 水泥砂浆 (3)（15cm）粉煤灰三渣基层 (4) 地基夯实
杭浦高速公路	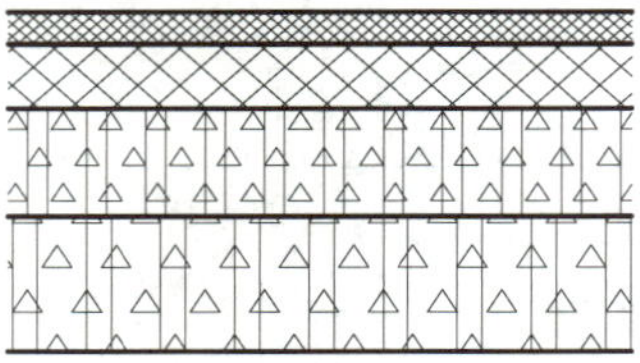	(1)（4cm）细粒式沥青混凝土 (2)（6cm）中粒式沥青混凝土 (3)（8cm）粗粒式沥青混凝土 (4) 沥青封层 (5)（20cm）水泥稳定碎石（5％） (6)（35cm）水泥稳定碎石（3.5％）
某收费站路面	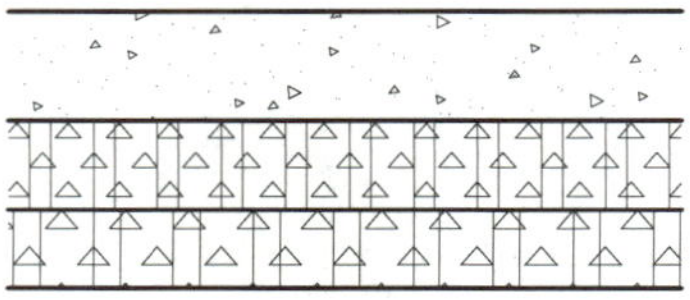	(1)（26cm）水泥混凝土 (2)（20cm）水泥稳定碎石（5％） (3)（25cm）水泥稳定碎石（3.5％）

12.6　我国沥青路面结构设计验算

12.6.1　沥青路面的破坏状态

行驶车辆是造成道路损伤和破坏，诸如沉陷、车辙和疲劳开裂等的最主要因素之一。

沥青路面由于不断地受到环境变化的影响，以及车轮荷载直接反复地作用，经过一阶段使用，有的沥青路面便会出现某种破坏现象，逐渐失去原有的使用功能。下面着重阐述沥青路面使用的结构破坏状态设计指标与标准。

1. 沉陷

沉陷是路面在车轮荷载作用下表面产生的较大凹陷变形，有时凹陷两侧伴随有隆起现象出现，如图 12-10 所示。当深陷严重时，超过了结构的变形能力，在结构层受拉区产生开裂而形成纵裂，并逐渐可能发展成网裂。造成路面沉陷的主要原因是路基土压缩。当路基土承载力较低时，不能承受从路面传递下来车轮压力的作用，便产生垂直变形，即沉陷。

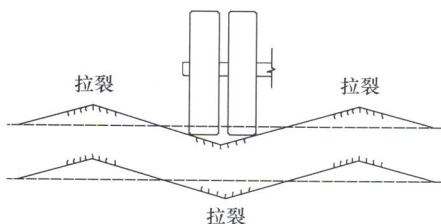

图 12-10　沉陷示意图

路基顶面竖向压应变是粒料基层沥青路面和底基层为粒料的沥青结合料类基层沥青路面的重要设计指标。

为控制路基土的压缩引起路面的沉陷，可选用路基土的垂直压应力或垂直压应变作为设计标准，见式（12-18）和式（12-19）。

$$\sigma_{z0} \leqslant [\sigma_{z0}] \tag{12-18}$$

$$\varepsilon_{z0} \leqslant [\varepsilon_{z0}] \tag{12-19}$$

式中　σ_{z0}、ε_{z0}——路面表面由车轮荷载作用产生的垂直压应力或垂直压应变，可用层状弹性体系理论求得；

$[\sigma_{z0}]$、$[\varepsilon_{z0}]$——路基土的容许垂直压应力或垂直压应变，其数值同土基的特性（弹性模量），与车轮荷载作用次数有关。

2. 车辙

车辙是沥青路面结构层及土基在行车荷载作用下的补充压实以及结构层材料的侧面位移产生的累计永久变形。沥青路面车辙隆起处超过原路面高度值，称为车辙隆起高度。这种变形出现在行车轮迹处，即将形成路面的纵向带状凹陷。沥青路面寿命较长，轮荷载每一次作用后，产生的残余变形量很小，但多次重复作用累计起来的残余变形总和会很大，足以影响路面的正常行驶。

由于沥青路面在深度处应力分布不同，则沥青混合料层产生的车辙是有差异的，各层产生的永久变形量也有差异，各分层永久变形量要加以控制。

沥青路面的车辙与荷载大小、重复作用次数、结构层组合和土的性质有关。有代表性控制车辙深度有两种：一种是路面结构层包括土基的总残余变形；另一种是路基顶面的垂直变形。前一种可用式（12-20）表示：

$$L_{re} \leqslant [L_{re}] \tag{12-20}$$

式中　L_{re}——路面结构的总残余变形，可由各结构层残余变形经验公式确定（各层应力由层状弹性体系理论计算）；

$[L_{re}]$——容许总残余变形，由使用要求确定。

路基顶面的垂直应变标准，可用式（12-21）表示：

$$\varepsilon_{z0} \leqslant [\varepsilon_{z0}] \tag{12-21}$$

式中　ε_{z0}——路基顶面的垂直应变，可由层状弹性体系理论计算求得；

$[\varepsilon_{z0}]$——路基顶面容许垂直应变，可由路基残余变形和荷载应力重复作用次数及路基土弹性模量之间的经验关系确定。

3. 疲劳开裂

疲劳开裂是沥青路面常见的一种破坏性病害。产生疲劳开裂的原因是沥青路面结构层受车轮荷载的反复弯拉作用，使沥青结构层底面产生的拉应变（或拉应力）超过材料的疲劳强度，底面开裂，并逐渐向表面发展。

不同路面结构层疲劳寿命的大小主要取决于受到的重复应变（或应力）大小，同时也与路面环境因素有关。通过室内试验和现场的观测，可建立路面或结构层材料承受重复荷载次数与重复应变（或应力）大小之间的关系，即疲劳方程或疲劳曲线。因而可根据路面的设计使用年限求得累计荷载作用次数，由疲劳方程确定路面结构层所容许的重复应变（或应力）的大小。

以疲劳开裂作为设计标准时，用结构层顶面拉应变或拉应力不超过相应的容许值控制设计，应满足式（12-22）和式（12-23）要求。

$$\varepsilon_r \leqslant [\varepsilon_R] \tag{12-22}$$

$$\sigma_r \leqslant [\sigma_R] \tag{12-23}$$

式中　ε_r、σ_r——分别为按层状弹性体系理论计算结构层底面最大拉应变和拉应力；

$[\varepsilon_R]$、$[\sigma_R]$——分别为疲劳方程确定的该结构层容许拉应变和容许拉应力。

4. 推移

沥青路面受到较大的车轮水平荷载作用，路面表面可能出现推移和壅起，其经常出现在汽车启动、制动路段及弯道、坡度变化处。为防止沥青路面表面产生推移和壅起，可用面层抗剪强度标准控制设计，也就是在车轮荷载垂直力和水平力的共同作用下，面层中可能产生的最大剪应力 τ_{max} 应不超过材料容许剪应力 $[\tau_R]$，即：

$$\tau_{max} \leqslant [\tau_R] \tag{12-24}$$

这项设计标准，通常用于城市道路的停车站、交叉口等车辆频繁制动地段及紧急制动路段高温情况下的沥青路面设计。

5. 低温开裂

路面结构中某些整体性结构层在低温时由于材料收缩受限而产生较大的拉应力，当它超过材料相应的条件下的抗拉强度时便产生开裂。季节性冻土地区沥青路面低温开裂是常见问题。由于路面纵向尺寸远大于横向，低温收缩时侧身约束较小，故这种开裂一般为横向间隔性开裂，严重时才发展为纵向裂缝。冬季沥青路面和半刚性整体性基层可能出现这种开裂。低温开裂是一项与荷载因素无关的设计指标，即低温时结构层材料因收缩约束而产生的温度应力 σ_{rt} 应不大于该温度的材料的容许拉应力 $[\sigma_R]$，即满足式（12-25）的要求。

$$\sigma_{rt} \leqslant [\sigma_R] \tag{12-25}$$

6. 路面弯沉

路面弯沉是路面在垂直荷载作用下产生的垂直变形。路面表面在车辆荷载下的垂直变形称为路面表面总弯沉 l_z，它包括可恢复的垂直变形（回弹弯沉）l_h 和不可恢复的垂直变形（残余变形）l_c，如图 12-11 所示。

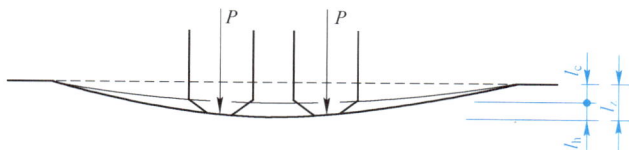

图 12-11　沥青路面弯沉图示

我国现行《公路沥青路面设计规范》JTG D50—2017 规定新建沥青路面，将路表弯沉值作为设计路面结构的验收弯沉值，应采用双圆均布垂直荷载作用下的弹性层状连续体系理论进行计算。双轮隙中心处 A 点为路表弯沉实测点，路面荷载及计算点如图 12-12所示。

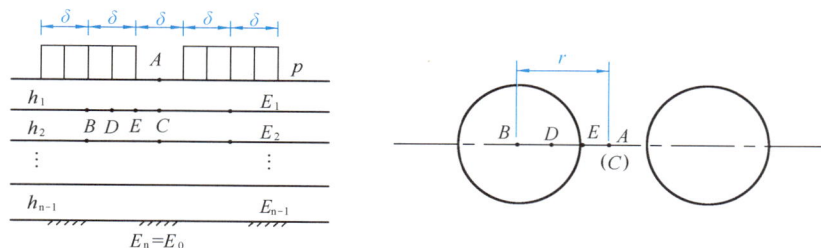

图 12-12　路面荷载及计算点图示

弯沉值是表征路面整体刚度的指标，但弯沉不能与路面具体病害建立力学关系，且无法作为不同路面结构使用寿命或者性能的依据。由于路面结构的多样化和路面性能影响因素的复杂性，我国现行《公路沥青路面设计规范》JTG D50—2017 将弯沉值仅作为路基和路面的验收指标。

在进行路面结构层弯沉验算时，①计算出路基验收弯沉值 l_g，规范规定计算值应小于或等于实测路基顶面弯沉代表值 l_0；②计算路面表面竣工时弯沉值 l_a，规范规定计算值应小于或等于实测路基顶面弯沉代表值 l_0。计算公式详见路面验收弯沉部分内容。也可以根据当地工程经验确定路基顶面的验收弯沉值。

12.6.2　我国沥青路面设计

沥青路面结构设计主要是依据累计作用次数、结构层设计参数等验算，确定各结构层厚度及材料参数。

1. 可靠度和目标可靠度系数

沥青路面结构可靠度是路面结构在规定的时间内和规定的条件下完成预定功能的能力，要求沥青路面达到的可靠度称为目标可靠度。

我国《公路沥青路面设计规范》JTG D50—2017，对不同公路等级沥青路面结构的目标可靠系数、目标可靠度提出要求，见表 12-40。

目标可靠度和目标可靠系数　　　　　　　　　　表 12-40

公路等级	高速公路	一级公路	二级公路	三级公路	四级公路
目标可靠度（%）	95	90	85	80	70
目标可靠系数 β	1.65	1.28	1.04	0.84	0.52

2. 路面设计使用年限

路面设计使用年限是指在正常设计、施工、使用和养护条件下路面不需要结构维护的预定使用时间。我国《公路沥青路面设计规范》JTG D50—2017 规定新建公路沥青路面结构设计使用年限不应低于表 12-41 的规定。

路面结构设计使用年限　　　　　　　　　　　　表 12-41

公路等级	设计使用年限	公路等级	设计使用年限
高速公路、一级公路	15	三级公路	10
二级公路	12	四级公路	8

3. 当量设计轴载累计作用次数和交通荷载等级

按照式（12-13）计算对应指标的各类车辆当量设计轴载换算系数，然后按式（12-17）计算当量设计轴载累计作用次数。按表 12-23 确定交通荷载等级。

4. 确定路面结构层参数

按照式（5-8）确定路基顶面回弹模量设计值，按照第 12.6.6 节确定结构层材料的回弹模量、疲劳强度等设计指标。

5. 我国沥青路面设计指标与标准

路面结构设计中结构组合满足了控制指标的极限状态，就能保证路面结构在设计使用年限内正常工作，不至于出现破坏的状态。

（1）设计指标

沥青路面结构在车轮荷载作用下，各层的应力分布相当复杂，理论计算和大量试验证明：设计指标的选取应当与沥青路面结构层主要力学响应相对应，并用于控制主要病害的发生。结果表明，沥青路面结构在车轮荷载反复多次作用下，各层的应力分布相当复杂，沥青路面和刚性、半刚性材料层层底的拉应力超过极限，形成初始裂缝，并逐步扩展至断裂的过程属于疲劳损伤。针对主要沥青路面结构，我国《公路沥青路面设计规范》JTG D50—2017 规定如下：

1）层位较高的水泥混凝土基层和无机结合料稳定类基层，由于刚性板体结构效应，极限拉应力一般出现在水泥混凝土基层或无机结合料稳定类基层的底部，产生初始裂缝并进一步形成断裂裂缝，从而诱发沥青层的应力重分布，裂缝向上反射引起面层破坏。

2）对于设置无机结合料稳定类下基层路面结构，通常在下基层底部产生初始裂缝，然后向上扩展到基层和沥青层。

3）对于柔性基层沥青路面，当柔性基层材料以沥青结合料为主时，沥青结合料基层底部会承受主要的拉应力；当柔性基层材料以粒状材料为主时，粒料层不承受拉应力，沥青层承受较大拉应力，此时沥青混合料结合料层底部产生初始裂缝并逐步扩展，最终沥青路面形成断裂裂缝。

4）对于沥青混合料层以及路基，在车轮荷载的竖向力和剪应力作用下，会产生不可恢复的永久变形；当使用水泥混凝土或者无机结合料稳定类基层时，永久变形主要发生在沥青混合料层；当使用柔性基层时，永久变形可能会在整个结构范围内持续发生。

经过国内外工程界长期观察研究，路面结构在长期车轮荷载作用下结构极限拉应力一般发生在层底，某一结构层的拉应力（一般第一主应力）达到并超过该层材料的抗拉极限强度时，首先在车轮下方产生初始裂缝，随着车轮荷载反复多次作用，基层初始裂缝逐步延伸，并在垂直方向扩展，导致路面表面产生各种裂缝，进一步发展成局部范围或大面积的损坏。

对于季节性冰冻地区，沥青路面的低温开裂指数及路面结构的防冻厚度是重要控制指标。低温开裂指数 CI 是指沥青路面竣工验收时 100m 调查单元内横向裂缝条数，贯穿全幅的裂缝按 1 条计，未贯穿且贯穿长度超过一个车道宽度的裂缝按 0.5 条计，不超过一个车道宽度的裂缝不计入。

我国《公路沥青路面设计规范》JTG D50—2017 规定路面结构验算时应根据路面结构组合，参照表 12-42 选择设计指标。

（2）计算图式

沥青路面厚度计算属于弹性力学范畴，并采用有限元法来解决。路面各结构层的力学特性用回弹模量 E、泊松比 μ 以及厚度 h 表示，如图 12-13 所示。

我国现行《公路沥青路面设计规范》JTG D50—2017 仍选择单轴—双轮 100kN 作为标准轴载，基于双圆垂直均布荷载作用下的多层弹性连续体系理论，各设计指标应选用表 12-43 规定竖向位置处的力学响应。按如图 12-14 所示计算点位置，选取 A、B、C

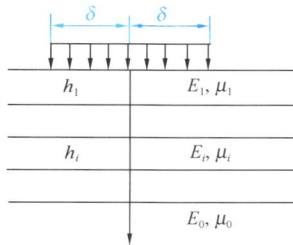

图 12-13　多层弹性层状体系示意图

和 D 四点位置计算最大力学响应量。根据弹性体系理论，沥青混合料层层底拉应变、无机结合料稳定基层层底拉应力、沥青混合料竖向压应力和路基顶面竖向压应变的计算公式分别如式（12-26）~式（12-29）所示。计算表 12-43 中四种验算指标，计算公式及过程详见《公路沥青路面设计规范》JTG D50—2017 附录 B。

不同结构组合路面设计指标　　　　　　　　　　表 12-42

基层类型	底基层类型	设计指标
无机结合料稳定类	粒料类	无机结合料稳定层层底拉应力、沥青混合料层永久变形量
	无机结合料稳定类	
沥青结合类	粒料类	沥青混合料层层底拉应变、沥青混合料层永久变形量、路基顶面竖向压应变
	无机结合料稳定类	沥青混合料层永久变形量、无机结合料稳定层层底拉应力
粒料类	粒料类	沥青混合料层层底拉应变、沥青混合料层永久变形量、路基顶面竖向压应变
	无机结合料稳定类	沥青混合料层层底拉应变、沥青混合料层永久变形量、无机结合料稳定层层底拉应力
水泥混凝土	—	沥青混合料层永久变形量

注：1. 季节性冰冻地区应增加沥青路面低温开裂验算和防冻层验算。

2. 在沥青混合料层与无机结合料稳定层间设置粒料时，应验算沥青混合料疲劳开裂寿命。

3. 水泥混凝土基层按现行《公路水泥混凝土路面设计规范》JTG D40 设计。

各设计指标对应力学响应及其竖向位置　　　　　　　表 12-43

设计指标	力学响应	竖向位置
沥青混合料层层底拉应变	沿行车方向的水平拉应变	沥青混合料层层底
无机结合料稳定层层底拉应力	沿行车方向的水平拉应力	无机结合料稳定层层底
沥青混合料层永久变形量	竖向压应力	沥青混合料层各分层顶面
路基顶面竖向压应变	竖向压应变	路基顶面

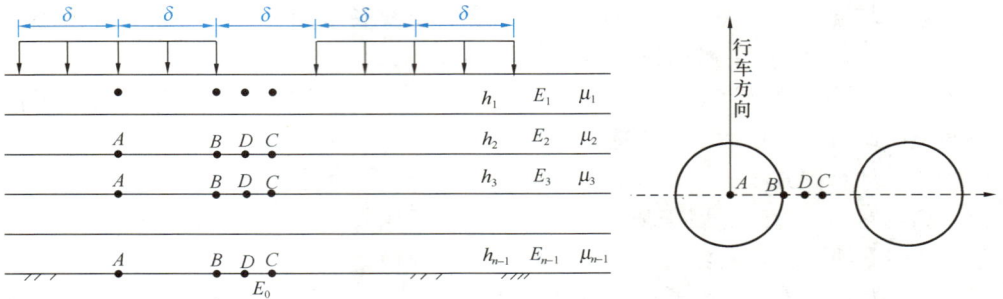

图 12-14　力学响应计算点位置图示

$$\begin{cases} \varepsilon_a = p\,\overline{\varepsilon}_a \\ \overline{\varepsilon}_a = f\left(\dfrac{h_1}{\delta},\dfrac{h_2}{\delta},\cdots,\dfrac{h_{n-1}}{\delta};\dfrac{E_2}{E_1},\dfrac{E_3}{E_2},\cdots,\dfrac{E_0}{E_{n-1}}\right) \end{cases} \tag{12-26}$$

$$\begin{cases} \sigma_t = p\,\overline{\sigma}_t \\ \overline{\sigma}_t = f\left(\dfrac{h_1}{\delta},\dfrac{h_2}{\delta},\cdots,\dfrac{h_{n-1}}{\delta};\dfrac{E_2}{E_1},\dfrac{E_3}{E_2},\cdots,\dfrac{E_0}{E_{n-1}}\right) \end{cases} \tag{12-27}$$

$$\begin{cases} p_i = p\,\overline{p}_1 \\ \overline{p}_1 = f\left(\dfrac{h_1}{\delta},\dfrac{h_2}{\delta},\cdots,\dfrac{h_{n-1}}{\delta};\dfrac{E_2}{E_1},\dfrac{E_3}{E_2},\cdots,\dfrac{E_0}{E_{n-1}}\right) \end{cases} \tag{12-28}$$

$$\begin{cases} \varepsilon_z = p\,\overline{\varepsilon}_z \\ \overline{\varepsilon}_z = f\left(\dfrac{h_1}{\delta},\dfrac{h_2}{\delta},\cdots,\dfrac{h_{n-1}}{\delta};\dfrac{E_2}{E_1},\dfrac{E_3}{E_2},\cdots,\dfrac{E_0}{E_{n-1}}\right) \end{cases} \tag{12-29}$$

式中　　ε_a —— 沥青混合料层层底拉应变（10^{-6}）；

　　　　$\overline{\varepsilon}_a$ —— 理论压应变系数；

　　　　σ_t —— 无机结合料稳定层层底拉应力（MPa）；

　　　　$\overline{\sigma}_t$ —— 理论压应力系数；

　　　　p_i —— 沥青混合料第 i 分层顶面竖向压应力（MPa）；

　　　　$\overline{p}_1$ —— 理论压应力系数；

　　　　ε_z —— 路基顶面竖向压应变（10^{-6}）；

　　　　$\overline{\varepsilon}_z$ —— 理论竖向压应变系数（10^{-6}）；

　　　　p,δ —— 分别为标准轴载的轮胎接地压强（MPa）和当量圆半径（mm）；

　　　　E_0 —— 路基顶面回弹模量（MPa）；

　　$h_1,h_2,\cdots,h_{n-1}$ —— 各结构层厚度（mm）；

$E_1, E_2, \cdots, E_{n-1}$——各结构层模量（MPa）。

我国一直以路表弯沉值作为主要设计指标。在早期交通荷载较轻、交通量小、路面薄、结构单一的背景下，路表弯沉能较好的反映路面承载能力，将路基永久变形作为设计指标是合适的。随着路面结构厚度增加和结构的多样化，路表弯沉值作为设计指标的不足逐渐显现。弯沉值无法作为评判不同路面结构性能优劣的依据。但是，弯沉值的测试方法广为熟知，测试设备较为普及，因此，我国当前沥青路面结构设计中，路表弯沉值不再作为沥青路面结构设计指标，但仍然作为路基路面的交工验收指标。

（3）设计标准

1）沥青路面在车轮荷载反复多次作用下，沥青各结构层材料的层底拉应力超过极限的过程，属于疲劳开裂损伤。因此《公路沥青路面设计规范》JTG D50—2017 规定以沥青混合料层层底拉应变和无机结合料层层底拉应力为设计指标，以沥青混合料层和无机结合料层的疲劳开裂寿命为设计指标。基于沥青混合料层层底拉应变计算得到的沥青混合料层疲劳开裂寿命应大于沥青混合料层层底拉应变换算得到的设计年限内当量设计轴载累计作用次数。基于无机结合料稳定层层底拉应力计算得到的无机结合料稳定层疲劳开裂寿命应大于无机结合料层层底拉应力换算得到的设计年限内当量设计轴载累计作用次数。

2）沥青路面结构在车辆荷载的反复多次作用下的残余量变形积累起来，变形总量也会很大，足以影响车辆的正常行驶。因此，从控制沥青路面结构永久变形角度，规范要求基于设计年限内当量设计轴载累计作用次数计算得到的沥青混合料永久变形量不大于表 12-44 所列容许永久变形量。

沥青混合料层容许永久变形量（mm）　　　　表 12-44

基层类型	沥青混合料层容许永久变形量	
	高速、一级公路	二级、三级公路
无机结合料稳定类基层、水泥混凝土基层和底基层为无机结合料稳定类沥青混合料基层	15	20
其他基层	10	15

3）路基顶面竖向压应变不应大于按《公路沥青路面设计规范》JTG D50—2017 附录 B.4 计算的容许值。

4）按《公路沥青路面设计规范》JTG D50—2017 附录 B.5 计算的季节性冻土地区沥青面层低温开裂指数不宜大于表 12-45 所列数值。

低温开裂指数要求　　　　表 12-45

公路等级	高速、一级公路	二级公路	三级、四级公路
低温开裂指数 CI，不大于	3	5	7

注：低温开裂指数 CI——竣工验收时 100m 调查单元内横向裂缝条数，贯穿且长度超过一个车道宽度的裂缝按 0.5 计，不超过一个车道宽度的裂缝不计入。

对于高速公路、一级公路以及山岭重丘二级和三级的路面在交工验收时，其抗滑技术指标应满足表 12-46 的技术要求，路基顶面和路表的实测代表弯沉值应不超过各自的验收弯沉。

抗滑技术要求　　　　　　　　表 12-46

年平均降雨量（mm）	交工检测指标值	
	横向力系数 $SFG\,C_{60}$	构造深度 TD
>1000	≥54	≥0.55
500～1000	≥50	≥0.50
250～500	≥45	≥0.45

注：横向力系数 $SFG\,C_{60}$ 用横向力系数测试车，在 60km/h 车速下测定；构造深度 TD 用砂铺法测定。

12.6.3　路面结构验算方法

对于沥青混合料层疲劳开裂验算 N_{f1}（轴次）、无机结合料稳定层疲劳开裂验算 N_{f2}（轴次）、沥青混合料层永久变形量验算 R_a（mm）、路基顶面竖向压应变验算 ε_z（10^{-6}）、沥青面层低温开裂指数验算 CI、防冻厚度验算 Z_{max} 以及设计算路面结构的验收弯沉值 l_g（0.01mm），其计算公式及参数，详见《公路沥青路面设计规范》JTG D50—2017 附录 B。

12.6.4　防冻厚度验算

冰冻地区季节性冻土地区路基为中湿状态时，应按式（12-30）计算公路多年最大冻深（Z_{max}）。

$$Z_{max} = abcZ_d \tag{12-30}$$

式中　Z_{max}——公路多年最大冻深（mm）；

　　　Z_d——大地多年最大冻深（mm），根据调查资料确定；

　　　a——在冻深范围内的路基、路面各层材料热物性系数，按表 12-47 确定；

　　　b——路基湿度系数，按表 12-48 确定；

　　　c——路基断面形式系数，按表 12-49 确定。

路基、路面材料热物性系数 a　　　　表 12-47

路基材料	黏质土	粉质砂	粉土质砂	细粒土质砂、黏土质砂	含细粒土质（砂）
热物性系数	1.05	1.10	1.20	1.30	1.35
路面材料	水泥混凝土	沥青结合料类	级配碎石	二灰或水泥稳定材料	二灰土及水泥土
热物性系数	1.40	1.35	1.45	1.40	1.35

路基湿度系数 b　　　　表 12-48

干湿类型	干　燥	中　湿	潮　湿
湿度系数	1.0	1.45	0.90

路基断面形式系数 c　　　　　　　　　　　　　　表 12-49

填挖形式和高（深）度	路基填土高度					路基挖方深度			
	零填	<2m	2～4m	4～6m	>6m	<2m	2～4m	4～6m	>6m
断面形式系数	1.0	1.02	1.05	1.08	1.10	0.98	0.95	0.92	0.90

根据公路多年最大冻深，按表 12-50 的规定验算路面的防冻厚度。路面结构厚度小于表 12-50 规定的最小防冻厚度时，应增设防冻层，使其满足最小防冻厚度的要求。

沥青路面结构最小防冻厚度（mm）　　　　　　表 12-50

路基土质	基层、底基层材料类型	对应于以下公路多年最大冻深 Z_{max}（mm）和路基干湿类型的最小防冻厚度							
		中湿				潮湿			
		500～1000	1000～1500	1500～2000	>2000	500～1000	1000～1500	1500～2000	>2000
黏性土、细砂质粉土	粒料类	400～450	450～500	500～650	600～700	450～550	550～600	600～700	700～800
	水泥或石灰稳定类、水泥混凝土	350～400	400～450	450～550	550～650	400～500	500～550	350～650	650～750
	水泥粉煤灰或石灰粉煤灰稳定增长类、沥青结合料	300～350	350～400	400～550	550～550	350～450	450～500	500～550	550～700
粉性土	粒料类	500～1000	1000～1500	1500～2000	>2000	500～1000	1000～1500	1500～2000	>2000
	水泥或石灰稳定类、水泥混凝土	400～450	450～500	500～600	600～700	450～550	550～650	650～700	700～900
	水泥粉煤灰或石灰粉煤灰稳定增长类、沥青结合料	300～400	400～500	450～550	500～650	400～500	500～600	600～650	650～800

12.6.5　设计路面结构的验收弯沉值

路面结构的验收弯沉值计算，是根据单圆荷载作用下弹性半空间体顶面竖向位移的理论推导，适用于路基填料为未处治材料的情况。对采用粒料或无机结合料处治材料改善的路基，可根据路基分层情况采用弹性层体系理论分析路基顶面竖向位移，结合分析结果和当地工程经验确定路基顶面验收弯沉值。

码12-4 沥青路面弯沉试验

1. 路基顶面的验收弯沉值

路基顶面的验收弯沉值 l_g，应按式（12-31）计算。

$$l_g = \frac{176pr}{E_0}$$　　　　　　　　（12-31）

317

式中　l_g——路基顶面验收弯沉值（0.01mm）；

　　　p——落锤式弯沉仪承载板施加荷载（MPa）；

　　　r——落锤式弯沉仪承载板半径（mm）；

　　　E_0——平衡湿度状态下路基顶面回弹模量（MPa）。

2. 路段内实测的路基顶面弯沉代表值

计算路基顶面验收弯沉值时，采用路基平衡湿度状态下的顶面当量回弹模量，即只考虑湿度调整系数，不考虑干湿与冻融循环作用后的模量折减系数。当弯沉检测时路基湿度与平衡湿度存在差异时，需进行湿度修正。

宜采用落锤式弯沉仪进行路基验收，落锤式弯沉仪荷载为 50kN，荷载盘半径应为 150mm。路基顶面实测弯沉代表值应符合式（12-32）的要求。

$$l_0 \leqslant l_g \qquad (12\text{-}32)$$

式中　l_g——路基顶面验收弯沉值（0.01mm）；

　　　l_0——路段内实测的路基顶面弯沉代表值（0.01mm），应以 1～3km 为一评定路段，按式（12-33）计算。

$$l_0 = (\overline{l_0} + \beta \cdot s)K_1 \qquad (12\text{-}33)$$

式中　$\overline{l_0}$——路段内实测路基顶面弯沉平均值（0.01mm）；

　　　s——路段内实测路基顶面弯沉标准差（0.01mm）；

　　　β——目标可靠系数，根据公路等级按表 12-40 取值；

　　　K_1——路基顶面弯沉湿度影响系数，根据当地经验确定。

3. 路表验收弯沉值 l_a

路表验收弯沉值，应根据设计路面结构，采用弹性层状体系理论按式（12-34）计算。路面结构层参数应与路面结构验算时相同。路基顶面回弹模量应采用平衡干湿状态下路基顶面回弹模量乘以模量调整系数 k_i。

$$\begin{cases} l_a = p\,\overline{l_a} \\ \overline{l_a} = f\left(\dfrac{h_1}{\delta}, \dfrac{h_2}{\delta} \cdots \dfrac{h_{n-1}}{\delta}; \dfrac{E_2}{E_1}, \dfrac{E_3}{E_2} \cdots \dfrac{k_l E_0}{E_{n-1}} \right) \end{cases} \qquad (12\text{-}34)$$

式中　$\overline{l_a}$——理论弯沉系数；

　　　k_l——路基顶面回弹模量调整系数，无机结合料稳定类基层沥青路面和水泥混凝土基层沥青路面，取 0.5；粒料类基层沥青路面和沥青结合料类基层沥青路面，当采用无机结合料稳定基层时，取 0.5，否则取 1.0；

　　　E_0——平衡湿度状态下路基顶面回弹模量（MPa）。

4. 路面交（竣）工时路表验收弯沉值计算

路面交（竣）工时路表验收弯沉值 l_a 是工程验收重要指标，它是以不利季节，BZZ-100 标准轴载作用下，轮隙中心处实测路表弯沉的代表值 l_0 评定。路面交（竣）工时应对路表弯沉值进行检测，落锤式弯沉仪中心点代表值应符合式（12-35）要求。

$$l_0 \leqslant l_a \qquad (12\text{-}35)$$

式中　l_a——路表验收弯沉值（0.01mm）；

l_0——交（竣）工验收路段内实测路表弯沉代表值（0.01mm），应以 1～3km 为一评定路段，检测频率视公路等级每车道每 10～50m 测一点，高速公路、一级公路每公里检查不少于 80 个点，二级公路及以下公路每公里检查不少于 40 个点。经过季节修正和温度修正后得到的路表弯沉值，以此作为交工验收评定的实测弯沉指标，并考虑一定的保证率，按式（12-36）计算 l_0，代入式（12-35），作为路面交（竣）工验收评定。

$$l_0 = (\overline{l_0} + \beta \cdot s)K_1 K_3 \tag{12-36}$$

式中　$\overline{l_0}$——路段内实测路段路表弯沉平均值（0.01mm）；

s——路段内实测路表弯沉标准差（0.01mm）；

β——目标可靠系数，根据公路等级按表 12-40 取值；

K_1——路表弯沉湿度影响系数，根据实测弯沉值通过反算得到路基模量值，再对路基模量进行修正得到结构模量值，然后得出测试状态下弯沉湿度修正系数 K_1，或者根据当地经验确定；

K_3——路表温度修正系数，可按式（12-37）计算确定。

$$K_3 = e^{[9 \times 10^{-6}(\ln E_0 - 1)h_a + 4 \times 10^{-3}](20 - T)} \tag{12-37}$$

式中　T——弯沉测定时沥青结合料类材料层中点实测或预估温度（℃）；

h_a——沥青结合料类材料层厚度（mm）；

E_0——平衡湿度状态下路基顶面回弹模量（MPa）。

计算改建路面结构的路表验收弯沉值时，路基采用平衡湿度状态下顶面当量回弹模量乘以模量调整系数 k_l，k_l 用以协调理论弯沉与实际弯沉的差异。

计算改建路面结构的路表沉值时，路基模量调整系数 k_l 需考虑不同的改建方案。对既有路面损坏不严重且结构性能良好的路段，当路基模量采用弯沉盆分层反算的方法确定时，k_l 取 1.0；对既有路面损坏严重或结构明显不足的路段，按公式计算，确定既有路面路表或铣刨至某一层的既有路面结构层层顶当量回弹模量，当加铺层含有结合料稳定层或水泥混凝土层时，k_l 取 0.5；其他情况时，k_l 取 1.0。

沥青混合料类材料层采用 20℃ 动态压缩模量，弯沉测定时需根据路面温度状况进行修正。

12.6.6　路面结构厚度设计参数

路面材料依据自身材料的属性以及所在层位不同而有不同的设计参数要求，用于结构设计的参数主要包括模量和泊松比。在弹性范围内大多数材料服从胡克定律，即变形与受力成正比。纵向应力与纵向应变的比例常数就是材料的弹性模量 E。而横向应变与纵向应变之比值称为泊松比 μ，也叫横向变形系数，它是反映材料横向变形的弹性常数，可按表 12-51 取值。水泥混凝土的泊松比取 0.15。

泊松比取值　　　　　　　　　　表 12-51

材料类别	路基	粒料	无机混合料	密级配沥青混合料	开级配沥青混合料、半开级配沥青混合料
泊松比	0.40	0.35	0.25	0.25	0.40

路面材料的模量值是表征材料刚度特性的指标，常用的测试方法有压缩试验、劈裂试验、弯拉试验等。由于路面具有非线性特性，路面结构模量变形分为形变模量和回弹模量，回弹模量中的变形仅考虑材料的回弹变形。目前国内外路面设计一般采用回弹模量。

1. 一般规定

路面材料应根据公路等级、交通荷载等级、气候条件、各结构层功能要求和当地材料特性等，在技术经济论证基础上进行设计，确定材料设计参数。

各结构层的原料性质要求和混合料组成与性质要求，应符合现行《公路沥青路面施工技术规范》JTG F40—2004 和《公路路面基层施工技术细则》JTG/T F20—2015 的有关规定。

路面结构层材料设计参数的确定可分为下列三个水平：

水平一，通过室内试验确定。

水平二，利用已有经验关系式确定。

水平三，参照典型数值确定。

2. 路基土回弹模量 E_0

在应用弹性层状态体系理论进行路面计算时，应确定路基土和路面结构层的回弹模量值。路基土的回弹模量是路面结构设计中的重要参数，影响因素的内因取决于土的类型、性质、含水量、密实度、路基所处的干湿类型，外因取决于测定方法，对试验结果有较大影响，如成型方法、仪具、温度控制、加载方式等。中湿类路基的回弹模量湿度调整系数，可按路基工作区内两类湿度来源的上部和下部分别确定其湿度调整系数，并以路基工作区上、下部的厚度加权计算路基总的回弹模量湿度调整系数。路基土的回弹模量的测试方法，详见 5.4.2 土基的力学强度指标。

中湿类路基的回弹模量湿度调整系数，可按路基工作区内两类湿度来源的上部和下部分别确定，并以路基工作区上、下部的厚度加权计算路基总的回弹模量湿度调整系数。受试验条件限制时，可查现行《公路路基设计规范》JTG D30—2015 附录 B，根据土组粒别及粒料类型选择回弹模量参考值。

对于公路重交通、特重交通公路路基顶面设计回弹模量值 E_0，及城市快速路和主干路路基顶面设计回弹模量值 E_0，应参考表 12-52、表 12-53 选用。

标准状态下路基土回弹模量参考值　　　　　　　　　　表 12-52

土组	取值范围（MPa）
砾（G）	110～135
含细粒土砾（GF）	100～130
粉土质砾（GM）	100～125
黏土质砾（GC）	95～120
砂（S）	95～125
含细粒土砂（SF）	80～115

续表

土组	取值范围（MPa）
粉土质砂（SM）	65~95
黏土质砂（SG）	60~90
低液限粉土（ML）	50~100
低液限黏土（CL）	50~85
高液限粉土（MH）	30~70
高液限黏土（MH）	20~50

标准状态下粒料回弹模量参考值　　　　　　　　表 12-53

粒料类型	取值范围（MPa）
级配碎石	180~400
未筛分碎石	180~220
级配砾石	150~300
天然砂砾	100~140

3. 路面结构层的回弹模量 E

（1）沥青混合料动态压缩模量和泊松比

沥青混合料动态压缩模量是沥青路面结构设计的重要参数，依据相应的水平确定。

水平一，沥青混合料动态压缩模量的测定应符合《公路工程沥青及沥青混合料试验规程》JTG E20—2011（T0738）的有关规定，取平均值，试验温度 20℃，面层沥青混合料加载频率为 10Hz，基层沥青混合料加载频率为 5Hz。

水平二，采用公式计算，见现行《公路沥青路面设计规范》JTG D50—2017。

水平三，参照表 12-54 确定沥青混合料动态压缩模量。

常用沥青混合料 20℃条件下动态压缩模量取值范围（MPa）　　表 12-54

沥青混合料类型	沥青种类			
	70 号道路石油沥青	90 号道路石油沥青	110 号道路石油沥青	SBS 改性沥青
SMA10、SMA13、SMA16	—	—	—	7500~12000
AC-10、AC-13	8000~12000	1600~2000	0.8~1.2	8500~12500
AC-16、AC-20、AC-25	9000~13500	1000~1400	0.6~1.0	9000~13500
ATB-25	7000~11000	—	—	—

注：1. ATB-25 为 5Hz 条件下动态压缩模量，其他沥青混合料为 10Hz 条件下动态压缩模量。

　　2. 沥青粘度大、级配好或孔隙率小时取高值，反之取低值。

（2）无机结合稳定料的设计参数

① 抗压强度标准（代表值）

半刚性基层材料的设计参数应按《公路沥青路面设计规范》JTG D50—2017规定进行试验测定。无机结合料稳定类材料 7d 无侧限抗压强度应满足表 12-55 的要求，7d 无侧限抗压强度是施工质量控制的主要指标。

无机结合料稳定类材料7d无侧限抗压强度标准（代表值）（MPa）　表12-55

材料	结构层	公路等级	极重、特重交通	重交通	中等、轻交通
水泥稳定类	基层	高速公路、一级公路	5.0～7.0	4.0～6.0	3.0～5.0
		二级及二级以上公路	4.0～6.0	3.0～5.0	2.0～4.0
	底基层	高速公路、一级公路	3.0～5.0	2.5～4.5	2.0～4.0
		二级及二级以下公路	2.5～4.5	2.0～4.0	1.0～3.0
水泥粉煤灰稳定类	基层	高速公路、一级公路	4.0～5.0	3.5～4.5	3.0～4.0
		二级及二级以下公路	3.5～4.5	3.0～4.0	2.5～3.5
	底基层	高速公路、一级公路	2.5～3.5	2.0～3.0	1.5～2.5
		二级及二级以下公路	2.0～3.0	1.5～2.5	1.0～2.0
石灰粉煤灰稳定类	基层	高速公路、一级公路	≥1.1	≥1.0	≥0.9
		二级及二级以下公路	≥0.9	≥0.8	≥0.7
	底基层	高速公路、一级公路	≥0.8	≥0.7	≥0.6
		二级及二级以下公路	≥0.7	≥0.6	≥0.5
石灰稳定类	基层	二级及二级以下公路	—	—	≥0.8①
	底基层	高速公路、一级公路	—	—	≥0.8
		二级及二级以下公路	—	—	0.5～0.7②

注：① 在低塑性土（塑性指数小于7）地区，石灰稳定砂砾和碎石的7d龄期无侧限抗压强度应大于0.5MPa（100g平衡锥测液限）。

② 低限用于塑性指数小于7的黏土，高限用于塑性指数大于或等于7的黏土。

② 无机结合料稳定类材料的弯拉强度和弹性模量

水平一，按《公路沥青路面设计规范》JTG D50—2017，采用中间段法单轴试验测定。弯拉强度和弹性模量应符合现行《公路工程无机结合料稳定材料试验规程》JTG E51—2009中T0851的有关规定。测试时水泥稳定类、水泥粉煤灰稳定类材料试验龄期应为90d，石灰稳定类、石灰粉煤灰稳定类材料试验龄期应为180d。弯拉强度和弹性模量应取测试数据的平均值。

水平三，参照表12-56确定弯拉强度和弹性模量。

结构验算时，无机结合料稳定类材料弹性模量应乘以结构层弹性模量调整系数0.5。

③ 冻土地区半刚性基层

冻土地区高速公路和一级公路的石灰粉煤灰稳定基层，应按现行《公路工程无机结合料稳定材料试验规程》JTG E51—2009中T0850的有关规定进行材料抗冻性能检验，其残留抗压强度比应符合表12-57的要求。

无机结合料稳定类材料的弯拉强度和弹性模量取值范围（MPa）　表12-56

材料	弯拉强度	弹性模量
水泥稳定粒料水泥粉煤灰稳定粒料、石灰粉煤灰稳定粒料	1.5～2.0	18000～28000
	0.9～1.5	14000～20000

续表

材料	弯拉强度	弹性模量
水泥稳定土、水泥粉煤灰稳定土、石灰稳定土	0.6～1.0	5000～7000
石灰土	0.3～0.7	3000～5000

注：结合料用量高、材料性能好、级配好或压实度大时取高值，反之取低值。

石灰粉煤灰稳定类材料抗冻性能技术要求　　　　表 12-57

气候区	重冻区	中冻区
残留抗压强度比	≥70%	≥65%

（3）粒料类材料要求

① 承载能力 CBR 值

用于不同公路等级、交通荷载等级和结构基层、底基层的级配碎石，CBR 值应满足表 12-58 的有关规定。粒状类材料除具有足够的承载能力（CBR 值、模量）外，还需要具有一定的疏水能力，以发挥其排水功能，故需控制碎石混合料中粒径 0.075mm 以下颗粒含量。粒状类材料主要分为：级配碎石、级配砾石、未筛分碎石、天然砂砾和填隙碎石。

级配碎石 CBR 值　　　　表 12-58

结构层	公路等级	极重、特重交通	重交通	中等、轻交通
基层	高速公路、一级公路	≥200	≥180	≥160
	二级及二级以下公路	≥160	≥140	≥120
底基层	高速公路、一级公路	≥120	≥100	≥80
	二级及二级以下公路	≥100	≥80	≥60

级配碎石或天然砂砾用于底基层时，对于极重、特重和重交通等级，CBR 值不宜小于 80；对中等交通等级，CBR 值不宜小于 60；对轻交通等级，CBR 值不宜小于 40。级配碎石、级配砾石和天然砂砾用于基层和底基层时，应采用推荐的级配范围，级配范围详见《公路路面基层施工技术细则》JTG/T F20—2015。

② 回弹模量

粒料采用平衡湿度条件下的回弹模量，即标准条件下测试的回弹模量乘以相应的模量调整系数。路基在干湿循环、冻融循环的过程中，也会对路基结构产生损伤，使路基土的强度和回弹模量产生衰减。根据研究成果得到了施工时路基土湿度、强度、回弹模量与平衡状态下路基土湿度、强度与回弹模量的变化规律。根据研究成果，以最佳含水率和最大干密度时路基温度作为标准状态，以此时的路基回弹模量作为设计值，并充分考虑湿度变化、干湿循环或冻融循环对路基回弹模量的影响，使平衡湿度状态下路床顶面回弹模量不低于规范要求。

水平一，按现行《公路沥青路面设计规范》JTG D50—2017 附录 D 采用重复加载三轴压缩试验测定，取回弹模量试验结果的平均值。其适用于高速公路和一级公路的施工图阶段。

水平二，适用其他设计阶段，按粒料类型和层位参照表 12-59 确定粒料回弹模值。

粒料回弹模量取值范围（MPa）　表 12-59

材料类型的层位	最佳含水率和压实度要求相应的干密度条件下	经湿度调整后
级配碎石基层	200～400	300～700
级配碎石底基层	180～250	190～440
级配砾石基层	150～300	250～600
级配砾石底基层	150～220	160～380
未筛分碎石层	180～220	200～400
天然砂砾层	105～135	130～240

12.6.7　路面结构验算流程

新建沥青路面结构验算流程如图 12-15 所示。根据交通调查分析结果，按照式（12-13）计算对应指标的各类车辆当量设计轴载换算系数，然后按式（12-17）计算设计车道上当量设计轴载累计标准轴载作用次数，按表 12-23 确定交通荷载等级。以我国沥青路面结构设计指标（第 12.6.2 节），按照《公路沥青路面设计规范》JTG D50—2017 规定通过路面设计程序（如 HDS2017）来验算初拟的路面结构方案，再结合工程经验和经济分析选定合理的路面结构方案。

【例 12-3】　在浙江Ⅵ4 地区，拟修建高速公路，采用沥青混凝土路面，有地下水影响，重交通荷载，土基回弹模量 $E_0 = 60MPa$，沥青混凝土路面结构组合设计，并且沥青面层结构层之间洒了粘层油，见图 12-16。试说明路面各结构层选材的合理性，并说明路基土基回弹模量的合理性。

【解】

（1）已知土基回弹模量 $E_0 = 60MPa$，查表 6-1，满足重交通荷载设计要求。

（2）面层：根据图 12-16，已知沥青层三层总厚度 $h = 18cm$，根据表 12-34 可知，高速公路的沥青面层结构常选用 3 层，沥青层结构层中，至少有一层为密级配型沥青混合料。故采用细型细粒式密级配沥青混凝土（AC-13F）作为表面层、中粒粗型密级配式沥青混凝土（AC-20C）作为路面面层的中层和避免出现反射裂缝采用粗粒式沥青混凝土（AC-25）作为路面面层的下层，空隙率一般为 3%～6%，在这个范围内可以防止水害，能保证一定的空隙率以防止夏季沥青材料泛油，且满足碾压厚度要求，如图 12-16 所示。沥青层间洒黏层油，使之连续接触。

（3）基层：沥青路面下，通常采用半刚性稳定料基层，以提高整体抗弯拉强度，即采用水泥级配碎石作为基层，查表 12-25 知，基层厚度 36cm 符合设计要求。基层为承重层，分两层摊铺，每层压实厚度不得小于 15cm，施工应达到压实度的要求。考虑层间结合，基层上面洒道路沥青透层油，以提高整体路面结构。

（4）底基层：有地下水影响时，查表 12-25，垫层底基层采用天然砂砾材料（$h = 20cm$）符合设计要求。

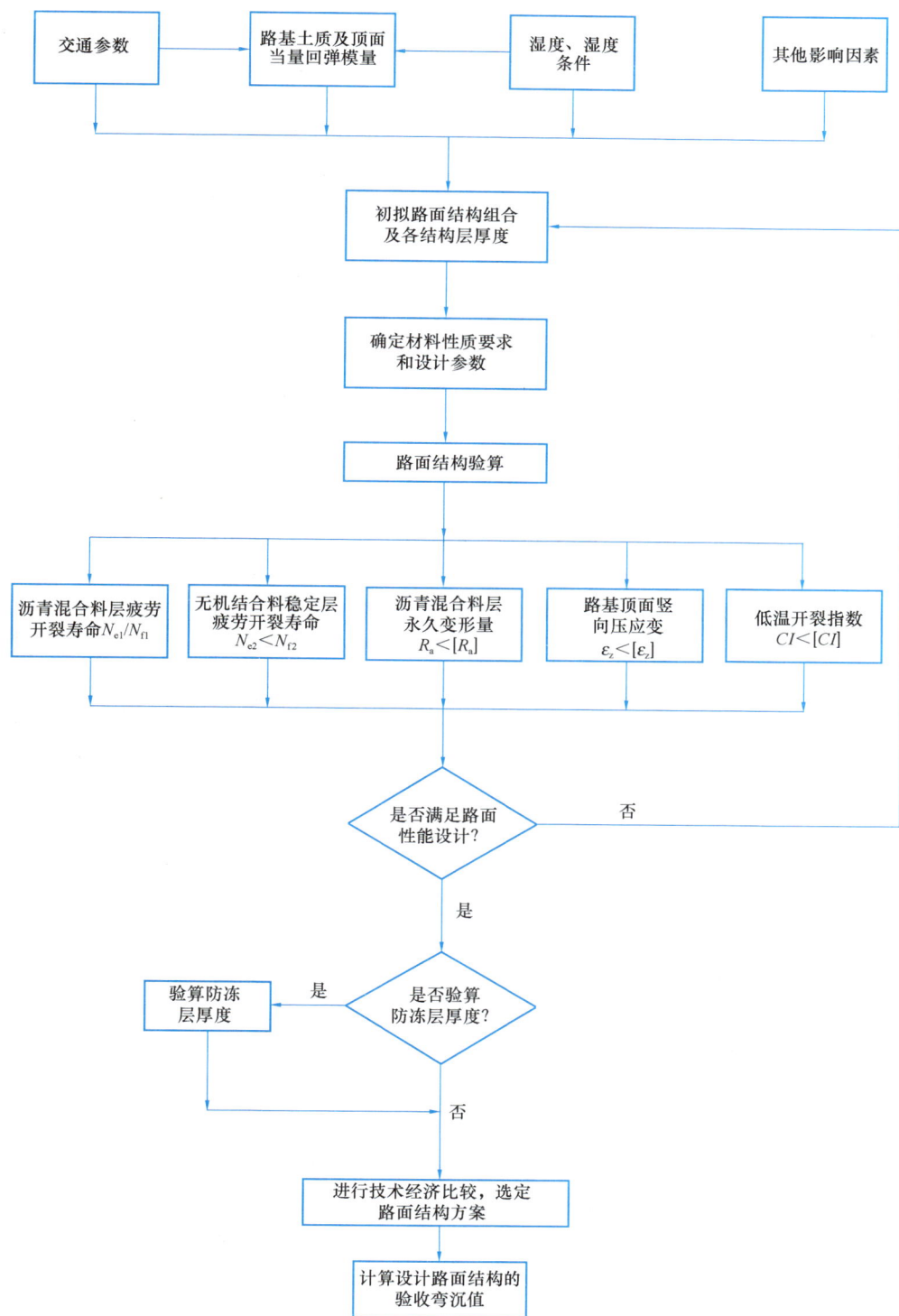

图 12-15　新建沥青路面结构验算流程图

h_1=4cm	E_1=1400MPa	(AC–13F)
h_2=6cm	E_2=1200MPa	(AC–20C)
h_3=8cm	E_3=800MPa	(AC–25)
h_4=38cm	E_4=1300MPa	水泥级配碎石 (5%)
h_5=20cm	E_5=200MPa	天然砂砾
	E_0=50MPa	土　基

图 12-16　沥青路面结构计算层位拟定示意图

（5）沥青路面结构层强度，从上至下，符合强度递减规律（其中 E_3 = 800MPa，是粗粒式沥青混凝土，是为了减少反射裂缝设置的，是允许的）。

所以沥青路面各结构层材料符合设计要求。

12.7　沥青路面改建与加铺

路面经过长期营运，其使用性能和承载力不断降低，当路面超过设计使用年限后不能满足正常行使的要求。不同路段的路面破坏情况存在一定差异，改建设计时需要分段评价路况、拟定改建方案，并进行路面结构的验算。由于路面改建工程影响因素多，尤其既有路面结构层性能评估和剩余寿命预估困难，改建设计除依据必要的计算分析外，尚需注意结合工程经验确定改建方案。

12.7.1　一般规定

（1）现行《公路沥青路面养护技术规范》JTG 5142—2019 对公路路面日常养护和局部维修等已做了规定，而现行《公路沥青路面设计规范》JTG D50—2017 主要针对路面结构性能不足进行补强设计。

（2）改建设计应充分调查和分段评估既有路面状况，分析路面损坏原因，提出针对改建对策，经技术经济分析后，结合工程经验确定适应预期交通荷载等级和使用性能要求的改建设计方案。

（3）既有路面利用是改建设计的重要内容。为避免浪费，需详细论证和设计，充分发挥、利用既有路面结构性能，减少不必要的开挖或刨铣；对开挖或刨铣的路面材料要积极、稳妥地再生利用，或采用就地再生技术。

（4）路面改建中交通组织对施工和交通安全有重要影响，需做好施工期的交通组织设计和临时安全设施设计。

（5）由于既有路面状况复杂，设计阶段的调查难以准确掌握每个路段的实际路况。工程实施阶段应逐段调查现场路况，动态调整改建设计方案。工程实施阶段具备更好的路况调查条件，需逐段详细调查、复核既有路面状况。现场路况与设计阶段调查存在偏差时，需调整相应段落改建方案。

12.7.2　既有路面调查与分析

除路面破坏评定应符合现行《公路技术状况评定标准》JTG 5210—2018 中的路况评价外，《公路沥青路面设计规范》JTG D50—2017 中指出，还需要根据既有路面主要病害等因素，补充针对性的评价指标，如路面裂缝间距、纵向裂缝率、网裂面积率和修补面积率等。其中纵向裂缝率为纵向裂缝长度与车道长度的比值，网裂面积率和修补面积率分别是指网裂和修补的矩形面积占车道面积的百分率。以上指标需要分段、分车道统计。

路面病害的原因、层位、破坏程度、发展趋势和利用程度是确定既有路面处理方案的重要依据。根据病害产生的层位和严重程度，结合交通荷载状况、气候条件和拟采用的方案，判断既有路面结构层可否继续利用。

既有路面调查的目的是评价既有路面结构层结构性能及材料性能，分析路面病害的产生原因，提出消除病害或延缓病害发展的技术方案。既有路面技术状况复杂，难以提出统一的、适用于各地的既有路面调查评价方法。因此只列出路面调查应包括的主要内容，具体调查细节需结合具体工程情况确定。

（1）收集既有路面及其排水设施的设计、施工及历史养护维修情况等技术资料。

（2）调查分析交通量、轴载组成和增长率等交通荷载参数。

（3）调查路面破损状况，包括路面病害类型、裂缝严重程度、范围和数量等。

（4）采用落锤式动态弯沉仪或其他弯仪测定评价既有路面承载能力。

（5）采取钻芯、探坑取样、路面雷达、切割等方式，调查分析既有路面厚度、层间结合及病害程度情况，并取样进行室内试验，测定试件模量、强度等，分析路面材料组成与退化情况。

（6）对因路基问题导致路面损坏的路段，取样调查路基土质类型、含水率和CBR值等，分析路基稳定性和承载力等。

（7）调查沿线气候条件、地下水位及路面排水状况。

（8）调查沿线路线跨线桥、隧道净空要求及其他影响路面改建设计的因素。

根据《公路养护技术标准》JTG 5110—2023 的有关规定，结合路面损坏特点采用路面横向裂缝间距、纵向裂缝率、网裂面积率和修补面积率等指标进行补强评定。

12.7.3　改建方案

改建设计包括既有路面处治方案设计和加铺方案设计。应根据不同路段路面状况和损坏程度，对既有路面采取相应的处理方案。改建方案，可根据既有路面损坏状况和可利用程度，分为两类：一类是，局部病害处治后，直接在既有路面顶面加铺一层或多层结构层；另一类是，将既有路面铣刨至一结构层或将既有路面就地热再生后再加铺一层或多层结构层。

（1）既有路面未发生结构性破坏且路表病害密度不大时，可采用局部病害处治方案，既有路面破损不严重且结构性能较好的路段可参照现行《公路沥青路面养护技术规范》JTG 5142—2019 对局部病害处治后加铺。

（2）既有路面破损严重且结构性能不足的路段，宜采用整体性处理方式。处理深度和范围应根据破损程度、层位和处理工艺确定。整体式处理方式主要包括直接采用较厚的结构层加铺、整段铣刨至结构层后再加铺等方式。

（3）改建方案应充分利用既有路面结构和材料，可视具体情况选择经局部病害处治后直接加铺一层或多层结构。

（4）改建工程中既有路面横向裂缝较多时，为减少或延缓反射裂缝，可以采取增加结构层厚度，增设橡胶沥青应力吸收层或土工材料夹层等防裂措施。

（5）既有路面排水系统失效或设置不当，可能导致路面内部排水不良，引起水损坏，表现为唧泥、松散、坑槽等。存在此类情况时，应改善或重置路面防排水系统或采取措施提高原排水系统的排水能力。加铺层与既有路面间应设置粘结层或封层。

（6）加铺材料组成和技术要求应符合现行《公路沥青路面设计规范》JTG D50—2017 的规定。再生材料技术要求，应符合现行《公路沥青路面再生技术规范》JTG/T 5521—2019 的有关规定。

表 12-60 为以往部分工程中采用的整体性处理方案的适用条件，满足所列指标之一时，可选用整体性处理方案。

路面整体性处理方案适用条件 表 12-60

编 号	指 标	范 围
1	路面破损率（%）	≥10
2	裂缝间距（mm）	≤15
3	网裂面积率（%）	≥10
4	修补面积率（%）	≥10
5	路表弯沉	大于弯沉临界值

表中弯沉临界值用于判别路面是否发生结构性破坏。施工过程中需加强对设计为整体性处理路段的二次判定。

12.7.4 改建路面结构验算

改建设计比新建设计具有更好的条件交通参数调查分析条件，利用计重收费系统积累的交通数据和必要的现场观测，可获得更为准确的交通荷载参数数据。改建后的路面需达到新建路面相同的性能要求。

设计使用年限内预期的交通荷载参数应按现行《公路沥青路面设计规范》JTG D50—2017 附录 A 进行调查和分析，并按表 12-23 确定交通荷载等级。改建路面结构验算应按流程图进行，各参数要求详见现行《公路沥青路面设计规范》JTG D50—2017。

12.8 排水沥青路面简介

排水沥青路面，又称透水性路面（又称多孔性路面），指压实后空隙率在20%左右，能够在混合料内部形成排水通道的新型沥青混凝土路面。这种高空隙率具有良好的吸声特性，故也称为低噪声路面。英国将此路面称为大空隙沥青碎石，在美国称为开级配磨耗层，欧洲称为多空隙沥青。虽然称呼不同，但指的都是采用大量单一尺寸集料构成的高空隙沥青混凝土。

由于雨水能通过路面空隙从路面内部排走，使路面表面不会产生很厚的水膜，减轻或避免了高速行车所产生的溅水和喷雾，增强路面的抗滑能力，提高道路的交通安全性。这种路面结构被广泛应用于降雨量大且集中地区的高速公路和城市快速路。

12.8.1　排水沥青路面的优点

1. 抗滑性好

足够的抗滑性是道路交通安全的重要保证。光滑路面表面在雨后形成很厚的水膜，使轮胎与路面的摩阻力降低，极易造成行车滑溜引发交通事故。随着车速的提高，沥青路面的摩阻系数降低。这是由于低速行驶时，纹理表面的构造深度来得及排除表面水，故仍保持与轮胎有较好的接触；而高速行车时，路表面水来不及从高速滚动的车轮下排除，因而在轮胎与路面表面形成一层水膜，以致车轮产生飘滑现象。排水沥青路面的粗纹理构造提供了较大的通道，使轮胎下的水能迅速排除，从而使轮胎与路面表面保持良好的接触，因而有良好的抗滑性能。

2. 具有良好的降噪吸声效果

开级配沥青混合料的高空隙率，不仅具有良好的渗水功能，而且具有良好的吸声特性。开级配的多孔性路面存在许多连通的小孔。当轮胎滚动时被压缩的空气能够通畅的钻入路面内，而不是向周围排射。同时，在声学上可以将这种路面看成是具有刚性骨架的多孔的吸声材料，具有相当好的吸声性能。多孔性低噪声沥青路面在世界许多国家得到广泛应用，并且成为保护环境的措施之一。奥地利到 1989 年已铺成多孔性低噪声沥青路面达 322.6 万 ㎡，1990 年又铺筑了 210 万 ㎡，多数都铺筑在城镇的过境干道上。他们认为铺筑这种路面以降低噪声，其成本比设置隔声墙或声屏障的建筑费用低。

3. 安全性好

具有良好的宏观构造的排水沥青路面，由于集料不规则的棱角凸出，使光线产生散光反射，而不会形成镜面反射。即使是雨天也能排水迅速，路面上无水膜，同样不会出现镜面反射。因而雨天夜间在这种路面上行驶，不会产生眩光，道路标线也清晰可见，有效地保证了行车的安全性。

4. 透水性好

由于排水沥青路面具有互通的大孔隙结构，所以具有良好的透水性，雨天路面不积水。但是沥青路面这一特性随时间的增加而减弱。这主要是由于孔隙被阻塞造成的。

5. 强度和耐久性好

由于排水沥青仅用于路面结构面层，结构强度不成问题。每年的车辙增加深度一般不超过 0.5mm，排水沥青路面的典型破坏是脱层。

对于重载、大交通量的道路，排水沥青的耐久性优于传统的密实沥青路面。

12.8.2　排水路面的技术要求

排水路面采用的高粘度改性沥青对提高热稳定性具有明显效果。有的掺入一定的化学纤维，对提高热稳定性有一定效果。高粘度沥青性能指标技术要求可参考表12-61；排水表面层混合料技术要求可参考表12-62。排水表面层的级配范围可参考表12-63。

高粘度沥青性能指标技术要求　　　　表 12-61

试验项目	技术指标	试验项目	技术指标
针入度（25℃，50g，5s）（0.1mm）	≥40	薄膜加热针入度比（％）	≥65
软化点 TR&B（℃）	≥80.0	韧性 N·m（kgf·cm）	≥20（200）
延度（5cm/min，15℃）（cm）	≥50	黏附性 N·m（kgf·cm）	≥15（150）
闪点（℃）	≥260	60℃粘度 Pa·s（Poise）	≥20000（200000）
薄膜加热质量变化率（％）	≤0.6		

排水表面层混合料技术要求　　　　表 12-62

试验项目		单位	技术要求
设计空隙率		％	17～23
马歇尔试验的稳定度		kN	≥3.5
析漏损失		％	≤0.3
飞散损失		％	≤20
车辙试验动稳定度		次/mm	≥3000
水稳定性	残留马歇尔稳定度	％	≥80
	冻融劈裂试验	％	≥70
	浸水飞散损失	％	≤30
排水性能	渗透系数	cm/s	＞0.01
	渗水量	mL/15s	＞900

排水表面层的级配范围　　　　表 12-63

类型	通过以下筛孔尺寸（mm）的百分率（％）										
	19	16	13.2	9.5	4.75	2.36	1.18	0.6	0.3	0.15	0.075
OGFC-10			100	90～100	27～47	8～16	7～14	6～12	5～10	4～8	4～7
OGFC-13		100	90～100	70～81	15～26	7～20	6～17	6～14	5～12	4～9	3～7
OGFC-16	100	90～100	75～85	50～60	4～20	3～20	3～17	3～15	3～12	3～9	3～7

12.8.3　排水沥青路面混合料的结构组成与特点

沥青混合料直接承受车轮荷载和各种自然因素——日照、温度、空气、雨水等的作用，其性能和状态都会发生变化，影响路面的使用性能和使用寿命。沥青混合料的性能与多种因素有关，如集料级配，集料的颗粒形状、岩性，沥青的品种、标号、含蜡量，混合料的沥青含量，空隙率等。

1. 集料级配

有研究认为，沥青混合料的性能，集料的因素占 70%，而沥青仅占 30%。在集料因素方面，集料的级配为主要影响因素。排水沥青混合料的集料级配采用间断级配，因其空隙率高达 15%～20%，故这种混合料为骨架空隙结构。骨架空隙结构混合料以嵌挤为主，沥青内聚力为辅而形成结构强度。

2. 集料的颗粒形状、岩性

破碎的碎石，具有丰富的棱角和发达的纹理构造，经压实后颗粒之间能形成紧密的嵌锁作用，有利于增强混合料的稳定性。相反，用表面光滑的砾石拌制的沥青混合料，在高温状态下，砾石颗粒之间缺乏嵌锁力，在荷载作用下极其容易滑移，使路面变形。集料颗粒的形状宜接近立方体，呈多棱角，以承受荷载而不折断破碎，嵌挤后能形成较高的内摩阻力。集料岩石的岩性影响与沥青的黏附性。沥青能否充分浸润石料的表面，形成良好的黏附，是混合料获得良好粘结力的重要条件。沥青与碱性石料，如辉绿岩、玄武岩、石灰岩之间有良好的黏附性。

3. 沥青的品种、标号、含蜡量

沥青混合料的粘结力与沥青本身的粘度有密切关系。沥青的粘度越高，混合料抗变形的能力越大，强度也越高。多孔性沥青混合料主要依靠沥青的粘结性而形成强度，故常用高标号的沥青或改性沥青作为粘结料。

稠度较高的沥青，软化点高，温度稳定性好，在高温下仍能保持足够的黏滞性，使混合料具有一定的强度和劲度，而不致出现过大的变形。而稠度低的沥青，软化点低，在高温下粘度迅速降低，混合料在荷载作用下即出现大的变形。另外在混合料中掺加纤维材料，由于能吸收较多的沥青，而有利于耐久性的改善。使用外掺剂，尤其在沥青中添加适当的外掺剂，可以提高沥青的耐久性。如在沥青中掺加橡胶，其耐老化性将明显提高。

由于各种沥青对温度有不同的敏感性，感温性强的沥青高温稳定性必定不良。含蜡量高的沥青，当温度接近软化点温度时，蜡的熔融会引起沥青粘度的明显降低而失稳。另外，沥青中沥青质的含量对其热稳定性也有一定影响，一般沥青质含量高的沥青其热稳性也好。在沥青中添加聚合物，能有效地提高高温稳定性。

4. 混合料的沥青含量

混合料中的沥青含量对其稳定性有明显的影响。在保证沥青混合料具有足够热稳定性的条件下，适当增加沥青用量，增厚集料颗粒表面沥青膜的厚度，能提高混合料的耐久性。

5. 空隙率

空隙率小（如小于 3%）的沥青混合料，表面往往比较紧密，纹理深度较浅；空隙率大的沥青混合料，则纹理深度较大。多孔性沥青混合料空隙率一般超过 15%，且内部有发达的贯通空隙，不仅在混合料表面具有良好的宏观构造，而且在混合料内部也形成很好的宏观构造。

12.8.4　排水沥青路面的结构设计

1. 结构组合设计

排水沥青路面一般包括以下结构层：排水沥青混合料上面层、乳化沥青黏层、密级配沥青混凝土中间层、密级配沥青混凝土下面层、半刚性基层及底基层。

2. 排水沥青路面结构组合设计原则

（1）适应行车荷载作用的要求；

（2）适应各种自然因素作用的要求；

（3）适应排水沥青路面结构层的特点。

排水沥青路面的典型路面结构如图 12-17 所示。

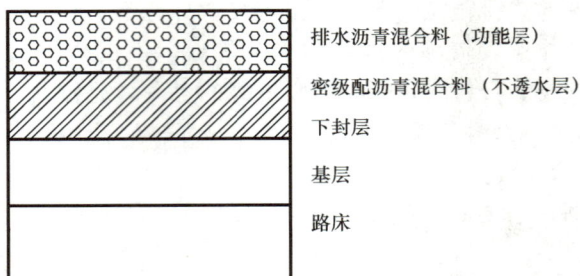

图 12-17　排水沥青路面的典型路面结构图

3. 排水沥青路面结构层厚度计算

排水沥青路面厚度计算，按照《公路沥青路面设计规范》JTG D50—2017 中规定的厚度计算方法进行。

4. 排水设计

水是影响公路质量与使用的第一要素，对于排水沥青路面来说，为了发挥排水沥青路面的排水和降噪功能，在排水设计中必须保证水能迅速地流出路面范围。排水沥青路面的排水设计如图 12-18 所示。

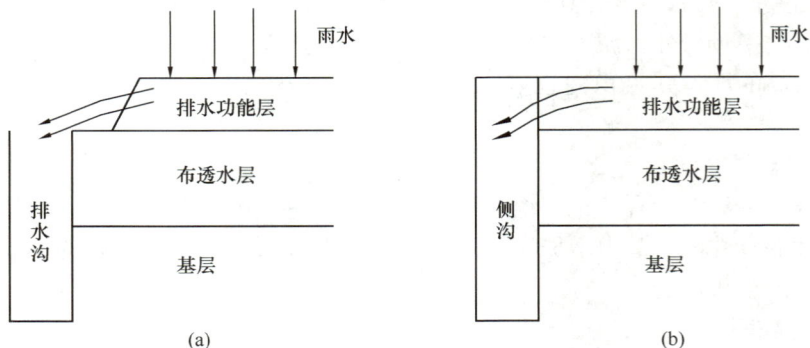

图 12-18　排水沥青路面的排水设计

（a）路肩排水式；（b）侧沟排水式

低噪声沥青排水路面排水设计的重点是凹形竖曲线底部、低洼河谷地、曲线超高断面内侧和立体交叉下穿路段，这些内部滞水会浸湿路基路面各结构层，从而使低噪声排水沥青路面出现龟裂、唧浆、破碎、凹陷和孔洞等破坏。因此，对低噪声沥青排水路面设置路面结构内部排水系统，建立路基路面纵、横、上、下的综合排水网络系统，将积聚在路面结构内的水分迅速排到路面和路基结构外，是改善路面的使用性能，提高其使用寿命的必要手段。

一般排水设施包括横向排水设施、路肩边缘纵向排水设施、中央分隔带排水设施。

（1）横向排水设施

在纵横向坡度大的坡道或长坡道铺设时，必须对纵断方向的排水能力作充分的计算。必要时在坡道中设置横断方向的排水设施作为路面的溢水对策。在凹形纵坡最低点也有可能出现超越路面排水能力而使雨水聚集溢出的现象，此时也应设置横断方向的排水设施，将路面的水及时引入路肩部位的排水构造物中，以避免路面积水。

常见的横向排水设施有：横向盲沟、排水沟、排水管等。横向排水设施构造如图 12-19 所示。

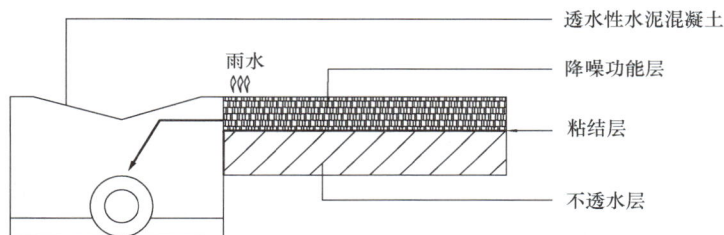

图 12-19　横向排水设施构造

（2）路肩边缘纵向排水设施

从低噪声沥青混合料上面层中排出的水应流入路肩边缘排水设施中集中排出。路肩边缘排水系统的结构形式分为浅集水沟式和深集水沟式两种。路肩边缘纵向排水设施如图 12-20 所示；边缘排水系统的组成材料包括集水沟中的排水性填料、集水管、出水管和反滤织物。

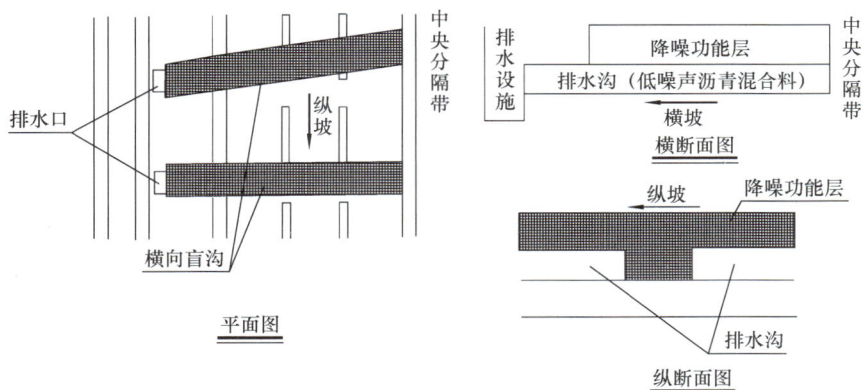

图 12-20　路肩边缘纵向排水设施

（3）中央分隔带排水设施

对于中央分隔带设置波形梁钢护栏的路段，全线设置带软式透水管或 PVC 管的碎石盲沟，根据构造物、超高集水井的分布情况及纵坡大小、地形等情况，每隔 50～100m 设置小型集水井与 PVC 横向排水管，将渗水排走或排至超高集水井中，利用超高横向排水管排流。同时，为加强中央分隔带两侧界面的防渗，在界面上设置水泥砂浆抹面，并在中央分隔带内满洒一层沥青防渗层。另外，为减少雨水下渗，中央分隔带表面设计成 6‰ 的双向横坡，尽可能使雨水从表面排出，如图 12-21 所示。

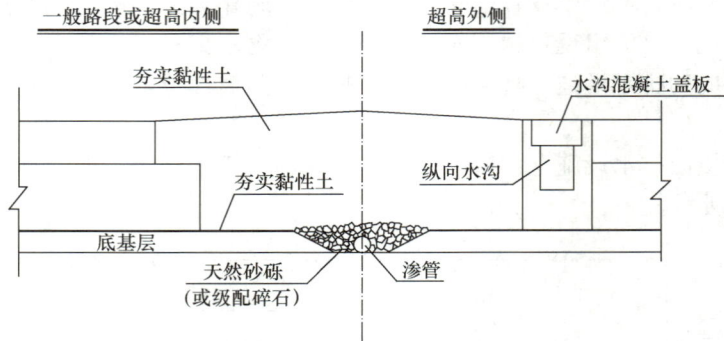

图 12-21　设置波形梁钢护栏的中央分隔带排水

对于中央分隔带设置混凝土护栏的路段，采取封闭措施，只在超高纵向排水沟的边部设置带软式透水管的盲沟，小型集水井、横向排水管的设置与波形梁钢护栏的路段相同，如图 12-22 所示。

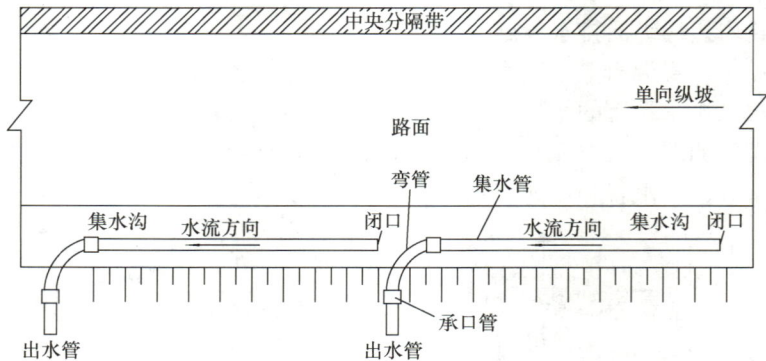

图 12-22　设置混凝土护栏的中央分隔带排水

考虑预制水沟接头多，漏水严重，为减少超高纵向水沟漏水，要求超高纵向矩形水沟采用现浇工艺施工，每 10m 设 1 道 1cm 宽的伸缩缝，缝内填满沥青麻絮。

12.8.5　排水沥青路面的施工

排水沥青路面可按一般沥青混凝土路面进行施工，由于排水沥青混合料容易产生沥青流淌与温度下降，因此在施工中还有些特殊要求和关键技术需要控制。

1. 施工机械的选择与要求

排水沥青路面的施工机械包括拌合设备、摊铺设备、压实设备和乳化沥青洒布设备。施工机械的选择应该相互适应，比如选择的拌合设备的拌合速度和拌合量应与摊铺、压实机械相适应。

2. 沥青混合料的拌制

拌制排水沥青混合料和普通沥青混合料大致相同，但生产中必须注意以下两点：

（1）排水沥青混合料应在最适当的"温度管理"和"品质管理"之下进行；

（2）纤维稳定剂的添加应迅速，添加时间应合适。

3. 排水混合料的运输与摊铺

排水沥青混合料的运输要使用经清扫的车辆，必须注意防止混合料发生物性变化。

排水沥青混合料的摊铺原则上使用沥青摊铺机按确定的厚度进行作业，其摊铺与沥青混合料的摊铺作业一样，但由于排水沥青混合料温度下降比普通沥青混合料快，因此应尽可能的提高摊铺速度，并应保持摊铺作用的连续性。

4. 排水沥青混合料的压实

排水沥青混合料在摊铺后应立即按所定的压实度实施压实作业。

排水沥青混合料的压实一般要经过初压、复压和终压三个阶段完成。初压一般选择 10～12t 的钢轮压路机，压实温度控制在 140～160℃之间；复压选择 6～10t 的钢轮压路机，压实温度控制在 135～150℃之间；终压选择 6～10t 的钢轮压路机，压实温度控制在 70～90℃之间。

5. 接缝与渐变过渡段的施工

在接缝处施工时，须对接缝处清扫处理后进行加温处理，并将摊铺的排水沥青混合料压实，使之相互密接。

渐变过渡段的施工重点的是注意防止排水沥青混合料的飞散。

12.9　路面结构的排水

高等级道路的损坏主要是路基、路面的损坏，而雨是促使路面早期损坏的主要因素之一。由于某种原因路面排水不良，造成路基、路面稳定性不足，导致路面使用状况变差，寿命降低。

12.9.1　一般规定

（1）路面排水设计应根据公路等级、降水量、地形、地貌、地质及水文地质条件等因素，结合路基排水、桥涵结构物排水、地下排水系统的设计，合理地布置路面排水设施，构成一个完整、畅通的排水体系，确保路基、路面稳定。

（2）路面排水包括路表排水、中央分隔带排水、路面内部排水及桥面铺装体系排水。

（3）路面排水设计重现期，对高速公路、一级公路应为 5 年，对二级、二级以下公路宜为 3 年，对于多雨地区的高速公路或特殊路段，根据需要可适当提高。

（4）穿越乡、镇的公路其排水宜按乡、镇排水规划进行，公路路面排水一般宜采用排水沟、雨水井、连接管引入排水干管。

（5）路面边缘排水应结合当地经验设计，可采用碎石、砾石、砂等透水性填料填筑路肩，并与横向出水管、过滤织物（土工布）组成排水系统。

（6）路面内部排水系统是为了排除通过路面接缝、裂缝或空隙，或者由路基或路肩渗入并滞留在路面结构内的自由水而设置的排水系统。它包含沿路面边缘排水系统、排水基层、排水垫层三个部分。

12.9.2　路面排水形式

路面排水沟形式有分散排水和集中排水。

（1）分散排水——由路面横坡、路肩加固和适当的边坡防护组成，适用于路线纵坡平缓、汇水量较小、路堤较低的路段。

（2）集中排水——由路面横坡、拦水缘石或矩形边沟、泄水口和急流槽组成，适用于路堤高度较高，或路堤易受冲刷的粉性土、砂性土路段，凹形曲线底部、大桥端部等。

1. 分散排水路段的土路肩边部的构造

（1）一般情况下，土路肩采用生态防护，种植适合当地气候、土质条件的草皮，并在底基层顶面外侧设置横向排水管，将滞留在填土绿化层底面的渗水通过横向排水管排到路基外，如图 12-23（a）所示。对于低填方路堤可采用如图 12-23（b）所示构造，垫层铺至路基边缘。

（2）冲刷相对较大等路段，土路肩宜用不小于 50mm 厚的预制水泥混凝土块铺砌加固，或现场浇筑，下设砂砾、砂、碎石等透水材料，以利于路面结构排水，如图 12-23（c）所示。也可以采用砂砾、碎石加固，如图 12-23（d）所示。

（3）分散排水设计应与路基边坡、边沟或排水沟相结合。

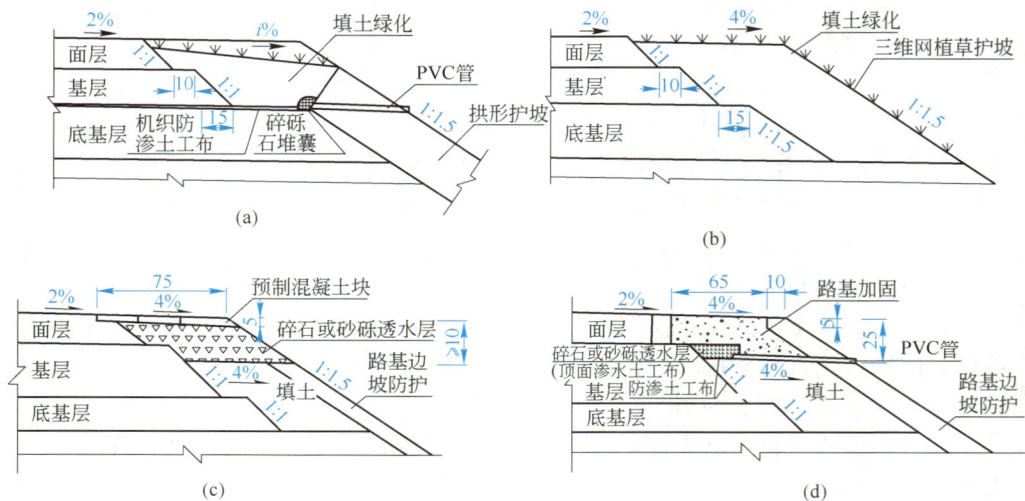

图 12-23　分散排水路肩构造图（尺寸单位：cm）

（a）土路肩边部构造Ⅰ；（b）土路肩边部构造Ⅱ；（c）土路肩边部构造Ⅲ；（d）土路肩边部构造Ⅳ

2. 集中排水路段的构造

（1）直线段的集中排水

道路直线段采用集中排水时，泄水孔的间距应按有关规范计算确定，一般 30~50m 设一处，其中开口宽度一般为 0.5m。在凹形竖曲线的底部或其他位置，宜适当加密。

拦水带可用沥青混凝土或预制水泥混凝土制作，预制沥青混凝土的级配也应符合规定。预制水泥混凝土拦水缘石，应预留相应的出水孔，以免阻止路面结构内部水。

（2）超高路段的集中排水

对新建高速公路超高路段的集中排水，除具有一般路段分隔带应有的功能和构造外，宜采用在左侧路缘带左侧设置钢筋混凝土板的预制整体式 U 形混凝土沟或缝隙式排水沟，通常应设明沟以拦截上半幅路面漫流过来的表面水，每隔 25~50m 设一道集水井，使水排向集水井，并通过横向排水管引至边坡的急流槽或暗沟，如图 12-24 所示。

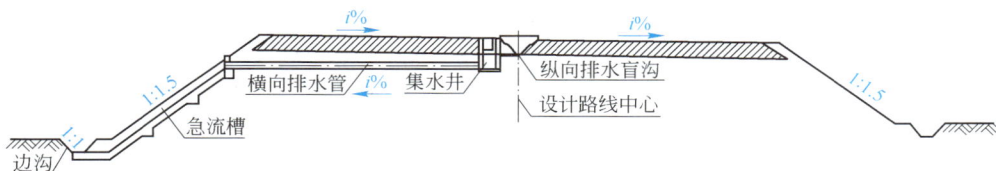

图 12-24　超高段排水

（3）中央分隔带的排水

对一般路段的中央分隔带，其排水系统的主要作用是排除中央分隔带范围内的表面渗入的水。中央分隔带的排水设施由排水沟（明沟、暗沟）、渗沟、雨水井、集水井、横向排水管等组成，中央分隔带按排水划分为封闭式和不封闭式两种类型。

1）不封闭式排水

多雨地区表面不封闭式（无铺面）的中央分隔带排水，一般多为凹形表面无铺装的中央分隔带，多数雨水从分隔带下渗，中央分隔带内可设置地下纵向排水渗沟，并间隔 40~80m 设一横向排水管将渗沟内的水排引出路界，渗沟周围包裹反滤织物（土工布），以免渗入水携带的细粒将渗沟堵塞。渗沟上的回填料与路面结构的交界处铺设涂双层沥青防水土工布，如图 12-25（a）所示。填渗沟适用于纵坡大于 1% 的场所，以防止孔隙阻塞。

2）封闭式排水

封闭式排水一般采用凸形或凹形表面无铺装封闭的中央分隔带，中央分隔带封闭后可不设内部排水系统。表面封闭可用 40~80mm 厚预制混凝土，其下设置砂砾垫层，如图 12-25（b）所示。或采用现浇混凝土中央分隔带的表面与路面平齐、表面封闭的形式，在封闭的中央分隔带上再浇筑一个独立绿化平台的做法。

凹形中央分隔带采用铺面封闭时，可采用浅碟式排水设施排除分隔带内积水。

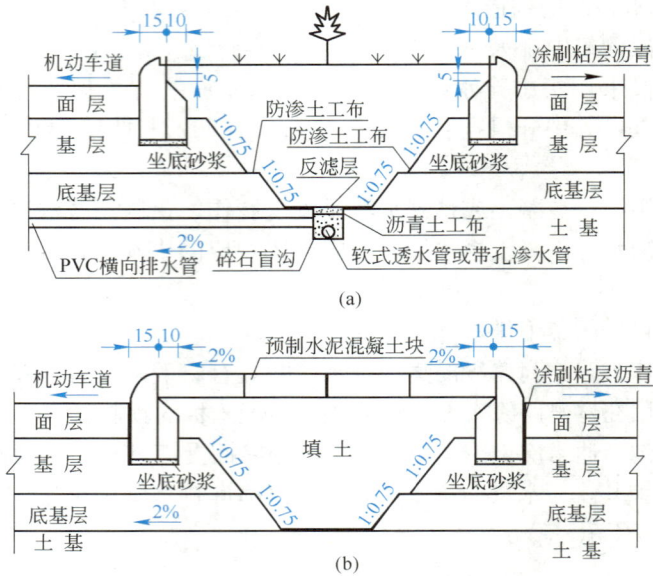

图 12-25　中央分隔带排水（尺寸单位：cm）

（a）不封闭式中央分隔带式排水大样（凸式）；（b）封闭式中央分隔带式排水大样（凸式）

（4）路面结构内部的排水

当路面内部可能出现自由水滞留时，可采用沥青碎石或骨架空隙型水泥稳定碎石或级配碎石作排水基层。通常可采用两类排水设施：一类是在路肩结构内设置可使路面结构内的自由水横向排流出路面设施，称为路面边缘排水系统；另一类是在路面结构内部设置由透水性材料组成的排水层，根据排水层设置位置的不同又分为路面边缘排水、排水基层和排水垫层三种排水系统。

1）路面边缘排水系统

路面边缘排水系统是沿着路面外侧边缘设置纵向集水沟和集水管、出水管。它属于浅集水沟式排水，如图 12-26（a）所示。可以将面层、基层、路肩界间滞留的自由水排离路面结构，常用于基层透水性小的水泥混凝土路面，特别适用于改善排水不良的旧水泥混凝土路面，因为这样可以在不扰动原有路面结构的情况下，改善原有路面使用性能和增加其使用寿命。

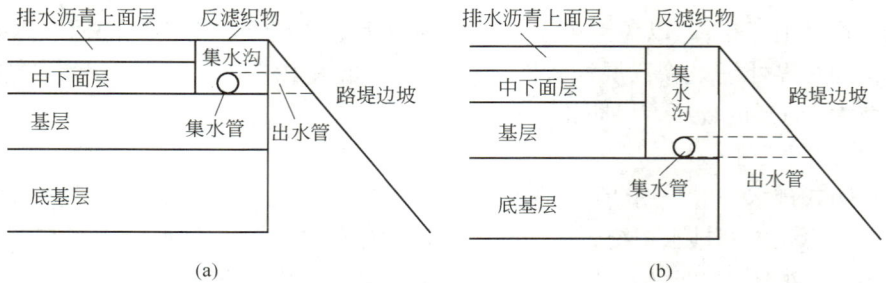

图 12-26　路面边缘排水系统结构示意图

（a）浅集水沟式（改建道路）；（b）深集水沟式（新建道路）

2）排水基层的排水系统

排水基层的排水系统是直接在路面下设置透水性排水基层，渗入路面结构中的水先通过竖向渗流进入透水层，然后横向渗流到路基边坡以外，或进入纵向集水沟（集水管），再由横向出水管排引出路基。它属于深集水沟式排水，如图 12-26（b）所示。这种排水基层由于渗流路径短，在高透水性材料中渗流速度快，排水效果好，因此在新建高速公路、一级公路路面、城市道路时可采用此方案。

排水基层实施时通常采用全宽式和组合式两种。采用全宽式排水沟基层，是将渗入基层的水横向直接排流到路基边坡坡面外。这种形式便于施工，但存在的问题是：排水层出水口处易被生长杂草等阻塞。而采用组合式的排水基层可以克服上述缺点，此方式的排水沟系统由排水基层、纵向集水沟和管及横向出水管等组成，是全宽排水基层与路面边缘排水系统的组合，通常运用于新建公路。

3）排水垫层的排水系统

为了防止地下水、临时滞水或泉水进入路面结构，或者迅速排除因负温差作用而积聚在路基上层的自由水，可直接在路基顶面设置由开级配粒料组成的全宽式透水垫层，并根据具体情况配置相应的反滤层（反滤层是滤水层、透水层的总称）、纵向集水沟和管、横向出水管等，组成排水系统，如图 12-27 所示。

当路基为路堤时，水向路基坡面外排流，如图 12-28（a）所示。当路基为路堑时或半填半挖路堑时，挖方坡脚处应设置纵向集水沟、排水管、横向排水管，如图 12-28（b）所示。

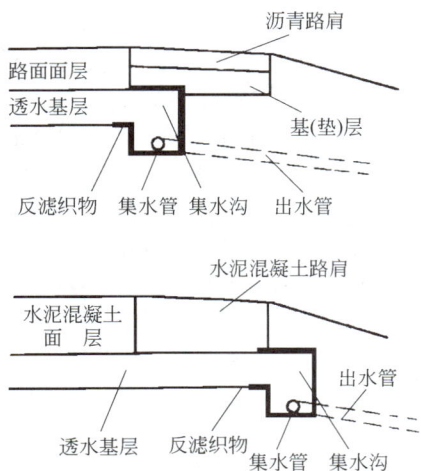

图 12-27　设纵向集水沟和管
的透水基层排水系统

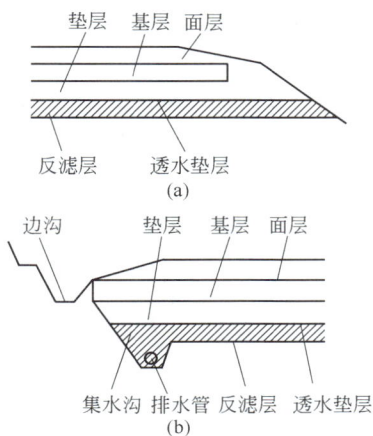

图 12-28　路堤和路堑排水垫层
（a）路堤上透水垫层；（b）路堑上透水垫层

3. 桥面铺装排水

（1）桥面水通过横向和纵向坡排入汇水口，并汇集到纵向排水管。对于跨越一般河流的桥梁，桥面水可通过泄水管直接向下排放。

（2）为上排除铺装层结构内部积水，应在桥面铺装边缘设置 40mm 宽、50mm 深的小碎石渗沟，渗沟与泄水口间距为 5～10m。

（3）对特大桥和重要桥梁应加强排水设计，边缘部排水可参照图 12-29 设计。渗透至铺装结构内部的水可通过桥面边缘设置的排水槽排入泄水口，排水槽宜采用碎石盲沟或专用土工材料，其横截面为矩形或 U 形。

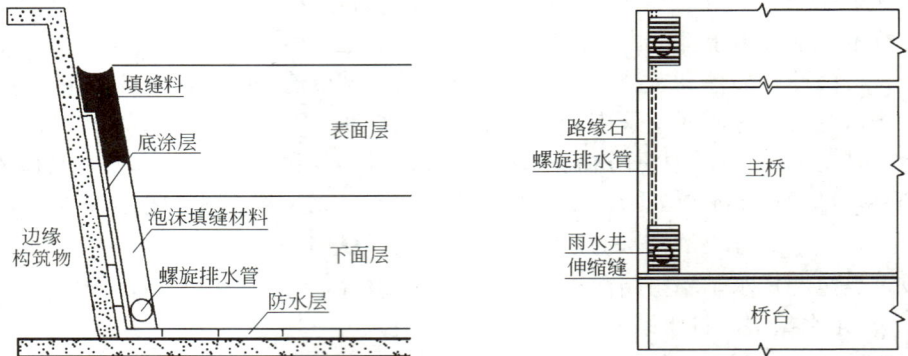

图 12-29　桥面边缘部排水

思 考 题 与 习 题

1. 举两个例子说明，当采用沥青混凝土作为高速公路和城市快速路路面时，其面层下的基层可采用哪些类型？

2. 沥青路面交通等级划分为哪五种？划分根据是什么？

3. 沥青路面各结构层组合基本原则是什么？

4. 沥青路面基层按力学特性分类主要有哪几种？沥青路面按施工工艺分为哪几类？

5. 沥青路面厚度设计时，主要考虑哪五项控制指标和施工验收指标？

6. 某新建高速公路，经过地下水位较高地带，属于特重交通，采用沥青混凝土面层。采用无机结合料稳定类基层、粒料类底基层，参考表 12-25 画出基本结构层，请问各结构层的厚度范围为多少？参考表 12-35 选择各结构层的材料。

7. 某城市次干道，属于中交通、地下水位距地面较近，采用沥青混凝土面层，半刚性基层，粒料底基层。参考表 12-37（杭州市文西路）画出各基本结构层，写出各结构层的材料。参考表 12-25，试拟定各结构层的厚度。

8. 某城市快速路，属于重交通，经过地带水位较高，降水较多，采用改性沥青混凝土路面，选用的路面结构图如表 12-37 中的杭州市体育场路（防水路面）所示，试说明结构层各种材料选择的合理性。

9. 某新建一级公路，属于软基地带，采用沥青混凝土路面结构，参考表 12-38 中的图（衢南高速公路），画出路面结构图，在图示中写出各结构层名称、拟定各层结构材料及厚度。已知沥青混凝土面层厚度 18cm，将其分为 3 层，选定材料及拟定 3 层各厚度，并注明土路基顶的最小回弹强度。结合例题【12-2】说明各结构层选材的合理性。

10. 高速公路和一级公路的沥青面层结构通常选用哪三层？这三层结构中，表面层通常采用何种级配沥青混凝土？沥青混合料不产生真空吸力的空隙率为多少？

11. 简述开级配沥青混合料的优点和缺点。如何避免它产生的下层水损坏？

12. 举例说明连续级配沥青混合料（AC）的公称最大粒径与结构层厚度的关系。简述沥青混合料级配、最小压实厚度和压实度的关系。

13. 沥青混合料的最大粒径不宜大于多少？当沥青面层厚度小于最小结构层碾压厚度时会出现什么问题？如何解决？

14. 排水沥青路面的优点是什么？排水沥青路面矿质混合料组成应考虑哪几方面？集料级配特点是什么？

15. 路面结构排水形式包括哪两大类？路面结构内部排水分为哪些排水系统？

码12-5 教学单元
12思考题与习题
参考答案

教学单元 13　水泥混凝土路面的分类与构造

【教学目标】本教学单元主要内容包括：水泥混凝土路面分类、构造特征，水泥混凝土路面病害及破坏现象、对比刚性路面与沥青类路面受力特点。通过学习使学生掌握水泥混凝土路面各结构层的主要功能、掌握板缝的构造与布置、掌握水泥混凝土路面交通荷载等级确定方法、熟悉普通水泥混凝土路面板厚度计算、掌握水泥混凝土路面各结构层材料的选择、通过例题掌握板的接缝布置与计算方法以及确定混凝土板中传力杆和拉杆布设数量的方法、熟悉路面板接缝材料以及特殊部位钢筋布置、了解其他类型混凝土路面、熟悉路缘石结构组合、路面排水以及施工要求。

13.1　概　　述

所谓普通混凝土路面，是指除混凝土板接缝区及局部范围（边缘和角隅）处设置少量钢筋外，面层内均不配筋的水泥混凝土路面，也称素混凝土路面。它是由水泥混凝土面层板、基层、垫层、路肩和排水设施等组成，俗称白色路面。其结构组成如图 13-1 所示。水泥混凝土路面包括：普通混凝土、钢筋混凝土、连续配筋混凝土、预应力混凝土、装配式混凝土、钢纤维混凝土等面层板和基层或垫层所组成的路面。目前国内外最广泛采用的是就地现浇的普通混凝土路面，简称为素混凝土路面。

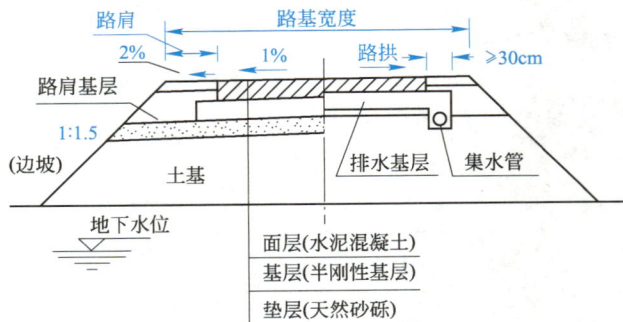

图 13-1　水泥混凝土路面组成

水泥混凝土路面属于高级路面，能适应于现代化交通重载及满足繁忙的交通要求，而且经久耐用，因此在高等级公路、城市道路、厂矿道路、飞机跑道、停车场及小区道路上常被采用。

13.1.1　水泥混凝土路面的特性和破坏现象

1. 水泥混凝土路面的特点

水泥混凝土路面是高级路面，其特点见表 13-1、表 13-2。

水泥混凝土路面的优点　　　　　　表 13-1

序号	优点	说明
1	强度高	抗压强度高、刚度大、耐磨性好，常用强度等级为 C30 或 C40
2	热稳定性好	温度稳定性高，无车辙现象和沥青路面的"老化"现象
3	水稳定性好	在暴雨及短期浸水条件下，路面可照常通行
4	耐久性好	比较长的时间保持平整，设计年限长，一般为 20～40 年
5	平整度好	虽有接缝，但汽车行驶时起伏变形小
6	粗糙度好	保证行驶安全的粗糙度，雨天不打滑，提高安全行驶的速度
7	经常养护费用少	一般无大修，养护费约为沥青路面的 1/4～1/3
8	有利于夜间行车	色泽鲜明，反光能力强

高速公路水泥混凝土路面采用滑模摊铺技术铺筑施工时，可以保证路面的平整度，降低噪声，水泥路面行车舒适性的提高和改善，将大大提高水泥混凝土路面的使用品质。

水泥混凝土路面的缺点　　　　　　表 13-2

序号	缺点	表述
1	水泥、水的用量大	当混凝土强度等级 C40、抗折强度 4.5MPa 时，修筑厚 24cm、宽 7m 的混凝土路面，路段长 1km，当每立方米混凝土水泥用量为 417kg，$W/C=0.40$，每立方米混凝土用水 165kg，需要水泥约 700.56t、总拌合用水 277t（未计入养护用水）
2	接缝处薄弱	板缝处容易引起损坏和行车颠簸
3	施工准备工作多	准备模板、布置各接缝、传力杆和拉杆，以及构造钢筋支架
4	开放交通迟	一般湿养护期 14～21d，不能立即使用
5	破损修补较困难	破损处挖掘修补难度相当大
6	对超载敏感	水泥混凝土是脆性材料，在超过混凝土极限强度汽车荷载作用下，混凝土板块将出现断裂现象。对路基稳定性要求高，对不均匀沉降的适应性差
7	有"耀眼"现象	在阳光照射下，有"耀眼"现象
8	噪声特征	众多的接缝，较高的刚度，抗滑构造，行驶的轮胎与其作用产生较大的噪声

2. 刚性路面与沥青类路面受力特点

在道路工程路面设计和施工中，应了解刚性路面与沥青类路面受力特点及对基层的要求，以避免产生一些病害，见表 13-3。

刚性路面与沥青类路面受力特点及对基层的要求　　　　　　表 13-3

序号	面层种类	路面受力特点	对基层的要求
1	水泥混凝土路面	混凝土板的刚度大，强度高，扩散性能力好，水稳性和热稳性好，不存在沥青路面易"老化"和热稳性差的现象。需设置板缝	均匀性和水稳定性好。接缝处应考虑传力杆和拉杆的传荷连续性和防止渗水现象。在相同平整度条件下，行车舒适性不及沥青路面，噪声较大
2	沥青类路面	在汽车荷载作用下，会产生较大的弯沉变形。沥青路面的塑性好，能吸收噪声，可以不设置接缝，汽车行驶振动冲击小，乘客感觉比较平稳舒适。其对路基、地基变形或不均匀沉降的适应强	基层需强度高，扩散性能好，应采用较厚的半刚性路面基层（无机稳定粒料和无机稳定土）。在基层和面层之间应考虑大空隙的沥青混合料过渡层和骨架密实型混合料。平整度保持性差

343

从资源状况考虑，我国高速公路建设将走沥青路面和水泥混凝土路面并举的发展方向。

3. 刚性路面的破坏现象

水泥混凝土路面的破坏主要分为板本身破坏和板接缝破坏。破坏现象见表 13-4 和图 13-2。

刚性路面常见的破坏现象　　　　　　　　　　表 13-4

序号	破坏分类	破坏现象	原因
1	板本身破坏	断裂	路面板内应力超过水泥混凝土强度时，如板太薄或实际车辆荷载太重、板的平面尺寸太大、地基过量变形使板块底部失去支承、养护期间收缩应力过大、由于材料选用或施工不当使抗折强度未达到设计要求等，将出现横向或纵向以及板角的断裂和裂缝
2	板接缝破坏	唧泥	在车辆荷载作用下，基础中部细粒材料从接缝和裂缝处与水一同喷出，板边缘底部会出现脱空的现象。板边缘部分和角隅失去支承，导致在离接缝 1.5～1.8m 处产生横向裂缝或角隅处断裂，如图 13-2（b）所示
3		错台	由于基础过软造成横向接缝或裂缝两侧的路面形成台阶的现象称为错台。其降低了行车的平稳和舒适性，如图 13-2（a）所示
4		传力杆失效	混凝土板施工时传力杆安放不当，不能正常传递荷载，在接缝两侧板上产生裂缝或碎裂
5		胀裂	在炎热夏季，路面板膨胀或板的缝隙内落入杂屑，阻碍板的伸长，使横向裂缝处或板缝两侧向上拱起破裂

断裂病害的出现，破坏了混凝土板的整体性，因此断裂作为混凝土结构破坏状态的临界状态。

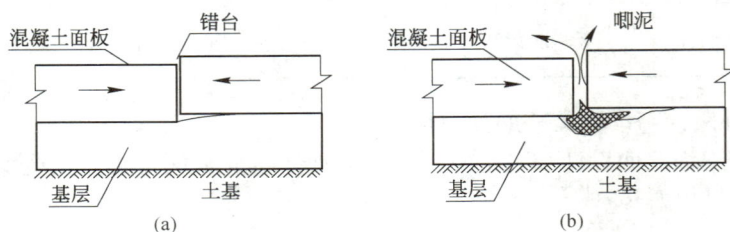

图 13-2　水泥混凝土路面的破坏现象

（a）错台；（b）唧泥

13.1.2　水泥混凝土路面设计内容

水泥混凝土路面设计，应依据公路等级、交通荷载、路基条件、当地温度和湿度状况以及使用性能要求，选择与之相适应的水泥混凝土路面结构。以保证该结构在设计期年限内，没有大修，满足规定的使用性能要求，与自然环境相适应。

水泥混凝土路面设计内容包括：

（1）结构组合设计——按使用要求和当地条件，选择行车道和路肩的结构层类型主要层次以及结构组成材料类型和厚度，并布设路面表面和内部排水设施，组成初步拟定的路面结构。

（2）结构层厚度设计——通过力学计算和损坏预估分析，对初拟路面结构进行验证和修正，使之满足预定的使用性能要求，由此确定各结构层和路面结构所需的设计厚度。

（3）材料组成设计——依据各结构层的力学性质和功能要求，选择合适的组成材料，进行配合比组成设计和性能测试。

（4）接缝构造设计——确定板块平面尺寸，选择和布设接缝的类型和位置，设计接缝的构造（传荷装置和填封料）。

（5）钢筋配置设计——确定特殊部位、钢筋混凝土面层或连续配筋混凝土面层的配筋量和钢筋布置。

（6）设计方案的技术经济性——对高等级、极重和特重交通荷载或特殊使用要求的公路混凝土路面提出了备选设计方案，进行寿命周期费用分析，依据资金筹措情况、目标可靠度要求以及其他非经济因素，选择费用效果最佳方案。

此外，还需进行路面表面的设计，提供满足抗滑、耐磨或低噪声要求的路面表面的技术措施，详见《公路水泥混凝土路面设计规范》JTG D40—2011。

13.2　水泥混凝土路面结构

13.2.1　路基、基层、垫层

水泥混凝土路面结构层是多层体系，整个结构的性能和寿命受制于系统内最薄弱的层次。因而，在考虑并合理处理上下层次的相互作用的同时，还需要考虑路面结构体系中的协调，以提供合理的路面结构组合。水泥混凝土路面组合设计应满足：在各种交通等级下的强度要求、水稳定性、各结构层强度、厚度及施工碾压要求。

1．路基（土基）

通过混凝土路面结构传到路床顶面的荷载应力很小，因而，对路基承载力要求并不高。但路基出现不均匀变形时，混凝土面层与下卧层之间会出现局部脱空，面层应力会由此增加而导致面层板断裂。对路基的基本要求是给路面结构提供均匀的支承，并且路基应稳定、密实、均质。

路基对路面结构所提供的支承条件和水平可采用路床顶的综合回弹模量值来表征，并按交通等级的不同，分别提出不同的要求值。对于轻交通荷载等级时不得低于40MPa，中等或重交通荷载等级时不得低于60MPa，特重或极重交通荷载等级时不得低于80MPa。当达不到上述路床顶面的综合回弹模量值的要求时，应选用粗粒土或低剂量无机结合料稳定土作路床填料。当路基工作区底面接近或低于地下水位时，可采取更换填料、设置排水渗沟等措施。

水泥混凝土路面下的路基应处于干燥、中湿状态。路基应力工作区按路床顶面下 80cm 确定，当地下水位高程受限制不能提高路基时，还应采用降低地下水位的措施。路堑岩石地段或填石路床顶面应铺设整平层，整平层可采用碎石、低剂量水泥稳定粒等材料，其厚度可根据路床顶面平整度确定，最小厚度不小于 100mm。路基土材料回弹模量及湿度调整系数见表 13-5～表 13-7。

路基土回弹模量经验参考值（MPa）　　表 13-5

材料类型	取值范围	代表值
级配良好砾（GW）	240～290	250
级配不良砾（GP）	170～240	190
含细粒土料（GF）	120～240	180
粉土质砾（GM）	160～270	220
黏土质砾（GC）	120～190	150
级配良好砂（SW）	120～190	150
级配不良砂（SP）	100～160	130
含细粒土砂（SF）	80～160	120
粉土质砂（SM）	120～190	150
黏土质砂（SC）	80～120	100
低液限粉土（ML）	70～110	90
低液限黏土（CL）	50～100	70
高液限粉土（MH）	30～70	50
高液限黏土（CH）	20～50	30

路基土回弹模量湿度调整系数　　表 13-6

土组	路床顶距地下水位的距离（m）					
	1.0	1.5	2.0	2.5	3.0	4.0
细粒质砾（GF）土质砾（GM、GC）	0.81～0.88	0.86～1.00	0.91～1.00	0.96～1.00	—	—
细粒质砂（SF）土质砂（SM、SC）	0.80～0.86	0.83～0.97	0.87～1.00	0.90～1.00	0.94～1.00	—
低液限粉土（ML）	0.71～0.74	0.75～0.81	0.78～0.89	0.90～1.00	0.86～1.00	0.94～1.00
低液限黏土（CL）	0.70～0.73	0.72～0.80	0.74～0.88	0.75～0.95	0.77～1.00	0.81～1.00
高液限粉土（MH）高液限黏土（CH）	0.70～0.71	0.71～0.75	0.72～0.78	0.73～0.82	0.73～0.86	0.74～0.94

粒料类基层和底基层回弹模量经验参考值（MPa）　　表 13-7

材料类型	取值范围	代表值
级配碎石（基层）	200～400	300
级配碎石（底基层）	180～250	220

续表

材料类型	取值范围	代表值
未筛分碎石	180~220	200
级配砾石（基层）	150~300	250
级配砾石（底基层）	150~220	190
天然砾石	105~135	120

2. 基层

混凝土面板下的基层，主要承受由面层传下来的行车荷载和渗入水的作用。基层应具有足够的抗冲刷能力和适当的刚度。设置基层的目的是：防止冲刷、唧泥、防止板脱空和错台等病害产生（图 13-3）。减小路基顶面的压应力，提高路面结构的承载能力，对混凝土面层施工机械的安装和施工操作提供工作面（侧立模板）。

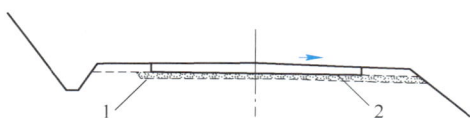

图 13-3　兼起排水作用的粒料基层
1—盲沟；2—通过路肩的基层

基层和底基层的材料可根据交通荷载等级、结构要求和材料供应条件，分别参照表 13-8、表 13-9 选用。承受极重、特重或重交通荷载的路面，基层下还应设置底基层；承受中等或轻交通荷载时，可不设底基层。当基层采用无机结合料类材料，且上路床由细粒土组成时，应在基层下设置粒料类底基层。基层采用无机结合料类材料时，底基层没有必要再采用刚度模量较大的无机结合类底基层，否则，有可能因为基层与路床的模量比大而产生过大的拉应力，使其产生收缩裂缝，提供了水分下渗的通路及产生唧泥的条件。

各交通荷载等级的基层材料类型　　表 13-8

交通荷载等级	基层材料类型
极重、特重	贫混凝土、碾压混凝土
	沥青混凝土
重	密级配沥青稳定碎石
	水泥稳定碎石
中等、轻	稳定级配碎石
	水泥稳定碎石、石灰、粉煤灰稳定碎石

各交通荷载等级的底基层材料类型　　表 13-9

交通荷载等级	底基层材料类型
极重、特重、重	级配碎石、水泥稳定碎石、石灰、粉煤灰稳定碎石
中等、轻	未筛分碎石、级配碎石或不设

各类基层和底基层的厚度范围，应依据结构层成型、施工方便（单层摊铺碾压）或排水要求等因素选择，一般基层和底基层的结构适宜施工厚度参见表 13-10。增加基层和底基层的厚度，对于降低面层应力或减薄面层的厚度影响不大。因此混凝土面层下的基层不必很厚。如果设计厚度超出适宜厚度，可以按施工所提供的施工条件确定是否需要采用分层摊铺碾压。

各类材料基层和底基层的结构适宜施工厚度（mm）　　表 13-10

材料种类		适宜施工厚度
贫混凝土、碾压混凝土		120～200
无机结合料稳定粒料		150～200
沥青混凝土	集料公称最大粒径 9.5mm	25～40
	集料公称最大粒径 13.2mm	35～65
	集料公称最大粒径 16mm	40～70
	集料公称最大粒径 19mm	50～75
沥青稳定碎石	集料公称最大粒径 19mm	50～75
	集料公称最大粒径 26.5mm	75～100
多空隙水泥稳定碎石		100～150
级配碎石、未筛分碎石、级配砾石或碎砾石		100～200

硬路肩采用混凝土面层，其厚度与行车道面层相同时，基层的结构与厚度应与行车道相同。基层的宽度应比混凝土面层每侧至少宽出 300mm（小型机具施工时）或 650mm（滑模式摊铺机施工时）。级配粒料基层的宽度也宜与路基同宽。

基层按材料类型分为：刚性基层、半刚性基层、柔性基层、粒料基层、排水基层。目前沥青稳定开级配碎石作为水泥混凝土路面排水基层，使用性能良好。

多雨地区（年平均降水量 800～1000mm），通过接缝或裂缝渗入路面内的水量相当大。在混凝土路面结构层内设置排水基层排水系统或纵向边缘排水系统以排出渗入水，可减少渗水对路基的冲刷作用，从而降低唧泥、错台和板底脱空等病害出现的可能性。

排水基层构成方法之一是选用多空隙开级配水泥稳定碎石或沥青稳定碎石，也就是应控制粒料中小于 0.075mm 的细粒料含量。

为了防止水分透过排水基层渗入路基（土基）中，排水层应设置不透水底基层（水泥稳定粒料），其厚度一般取 200mm，底基层顶面宜铺设沥青封层或防水土工布材料。

在进行板厚计算选择参数时，采用的无机结合类基层和底基层材料弹性模量经验参考值见表 13-11。沥青结合类基层材料动态模量经验参考值见表 13-12。

无机结合类基层和底基层材料弹性模量经验参考值（MPa）　　表 13-11

材料类型	7d 浸水抗压强度	试件模量	收缩开裂后模量	疲劳破坏后模量
水泥稳定	3.0～6.0	3000～14000	2000～2500	300～500
	1.5～3.0	2000～10000	1000～2000	200～400
石灰、粉煤灰稳定	≥0.8	3000～14000	2000～2500	300～500
	0.5～0.8	2000～10000	1000～2000	200～400
石灰稳定	≥0.8	2000～4000	800～2000	200～300
	0.5～0.8	1000～2000	400～1000	50～200
开级配沥青稳定碎石（ATPB）	≥0.4	1300～1700		—

沥青结合类基层材料动态模量经验参考值（MPa）　　　　表 13-12

材料类型	条　件	取值范围
沥青混凝土（AC-10）	20℃，10Hz，90A，110A，空隙率 7%，沥青用量 6%	4700～5600
沥青混凝土（AC-16）		4500～5400
沥青混凝土（AC-25）		4000～5000
密级配沥青碎石（ATB-25）		3500～4200
开级配沥青碎石（ATB-25）	20℃，沥青用量 2.5%～3.5%	600～800

3. 垫层

在温度和湿度状况不良的路段上，基层下应设置垫层，以改善路面结构的使用性能。在季节性冰冻地区，路面结构小于最小防冻层厚度要求时，设置防冻垫层，可以使路面结构免除或减轻冻胀和翻浆病害。在路床湿度较大的挖方路段上，设置排水垫层可以疏干路床土，改善路面结构的支承情况，使路基保持在干燥和中湿状态。垫层与路基同宽，厚度不得小于 150mm。防冻层和排水层宜采用碎石、砂砾等颗粒材料。

常用垫层材料分为两类，第一类是粒状材料，第二类是整体性材料，见表 11-5。

防冻层和排水层宜采用碎石、砂砾等颗粒材料。在供应条件允许时，防冻层还可以采用煤渣、矿渣等隔温材料。在冰冻深度大于 0.5m 的季节性冰冻地区，路面结构应有足够的总厚度，以便将路基的冰冻深度约束在有限的范围内。路面结构的最小总厚度，随冰冻线深度、路基的潮湿状况和土质而异，其路面总厚度不应小于最小防冻层厚度要求，按表 13-13 规定，其差值应以垫层（防冻层）来补足。垫层和基层回弹模量经验参考值范围按表 13-14 选用。

水泥混凝土路面最小防冻厚度（m）　　　　表 13-13

路基干湿类型	路基土类别	当地最大冰冻深度（m）			
		0.50～1.00	1.00～1.50	1.50～2.00	>2.00
中湿路基	易冻胀土	0.30～0.50	0.40～0.60	0.50～0.70	0.60～0.95
	很易冻胀土	0.40～0.60	0.50～0.70	0.60～0.85	0.70～1.10
潮湿路基	易冻胀土	0.40～0.60	0.50～0.70	0.60～0.90	0.75～1.20
	很易冻胀土	0.45～0.70	0.55～0.80	0.70～1.00	0.80～1.30

垫层和基层回弹模量经验参考值范围（MPa）　　　　表 13-14

材料类型	回弹模量（MPa）	材料类型	回弹模量（MPa）
中、粗砂	80～100	石灰粉煤灰稳定粒料	1300～1700
天然砂砾	150～200	水泥稳定粒料	1300～1700
未筛分碎石	180～220	沥青碎石（粗粒式，20℃）	600～800
级配碎砾石（垫层）	200～250	沥青混凝土（粗粒式，20℃）	800～1200
级配碎砾石（基层）	250～350	沥青混凝土（中粒式，20℃）	1000～1400
石灰土	200～700	多孔隙水泥碎石（水泥剂量 9.5%～11%）	1300～1700
石灰粉煤灰	600～900	多孔隙沥青碎石（20℃，沥青含量 2.5%～3.5%）	600～800

13.2.2 混凝土面层

1. 要求

水泥混凝土面层是路面结构的主要承重层，同时也是与车辆直接接触的表面层。因此，一方面要求面层具有足够的承载力和耐久性，另一方面要求面层具有良好抗滑、耐磨、平整的行驶质量。当面层板的平面尺寸较大或形状不规则时、路面结构下埋有地下设施、高填方、软土地基、填挖交界的路段等有可能产生不均匀沉降时，应采用设置接缝的钢筋水泥混凝土面层。

对于城市道路的路面，当非机动车道同时有机动车道行驶时，路面结构应满足机动车道行驶要求，处于潮湿地带及冰冻地区的道路，非机动车道应设垫层。人行道和广场铺面应满足稳定、抗滑、平整、生态环境和城市景观要求，其设计应实用、经济、美观、耐久。

停车场铺面应满足稳定、耐久、平整、抗滑和排水要求，其设计应符合下列要求：设计内容和方法与相应机动车道水泥混凝土路面、沥青混凝土路面相同。采用沥青混凝土路面，宜提高沥青面层的抗车辙性能。采用水泥混凝土面层，应设置胀缝，其间距及要求均与车行道相同。根据停车场各区域性质和功能的不同，铺面结构的设计荷载应视实际情况确定。

2. 类型选择

公路与城市道路路面的其他面层类型可根据适用条件按表13-15选用。

其他面层类型的适用条件　　　　　　　　　　　　　　　表 13-15

面层类型		适用条件
连续配筋混凝土面层、预应力混凝土路面		高速公路、特重交通的快速路、主干路
复合式面层	密级配沥青混凝土上面层	极重、特重交通荷载的高速公路、特重交通的快速路
	连续配筋混凝土下面层设传力杆普通混凝土下面层	
碾压混凝土面层		二级及二级以下公路
钢纤维混凝土面层		标高受限制路段、混凝土加铺层、收费站、桥面铺装
混凝土预制块面层		二级及二级以下公路桥头引道沉降未稳定段、服务区停车场、广场步行街、停车场、支路

3. 设计厚度

《公路水泥混凝土路面设计规范》JTG D40—2011规定，普通水泥混凝土、钢筋混凝土、碾压混凝土和连续配筋混凝土面层计算厚度，按图13-31所示的混凝土路面板厚计算流程，分别计算混凝土面层板（单层板或双层板的面层板）的最重轴载产生的最大荷载应力、计算轴载产生的荷载疲劳应力、最大温度梯度产生的最大温度应力及温度疲劳应力。当计算值满足式（13-7）和式（13-8）时，按表13-21初选板厚可作为混凝土板的计算厚度。各种混凝土面层的计算厚度应依据计算厚度加6mm磨耗层后，按10mm向上取整，作为混凝土面层的设计厚度。

当水泥混凝土路面总厚度小于最小防冻层厚度，或路基潮湿状况不佳时，需设置垫层。

4. 抗滑指标

混凝土路表面的粗构造必须采用拉毛、拉槽、刻槽或压槽等方法做表面构造。在交工验收时表面构造深度应满足表 13-16 的要求。混凝土面板的平整度以 3m 直尺量测为主。3m 直尺与路面表面的最大限度间隙，高速公路和一级公路不大于 3mm，其他公路不大于 5mm。混凝土面板的粗构造用平均构造深度作为抗滑能力的评价指标。构造深度为使用拉毛、塑料刻槽或硬性刻槽等工艺制成的沟槽或纹理的平均深度。

各级公路水泥混凝土面层的表面构造深度要求（mm）　表 13-16

公路等级	高速公路、一级公路	二、三、四级公路
一般路段	0.70～1.10	0.50～0.90
特殊路段	0.80～1.20	0.60～1.00

注：特殊路段——对于高速公路和一级公路系指立交、平交或变速车道等处，对于其他等级公路系指急弯、陡坡、交叉口或集镇附近。

5. 强度指标

城市道路水泥混凝土面层板的抗弯拉强度不得低于 4.5MPa，快速路、主干路和重交通的其他道路的抗弯拉强度不得低于 5.0MPa。混凝土预制块的抗压强度非冰冻地区不宜低于 50MPa，冰冻地区不宜低于 60MPa。

在进行公路水泥混凝土板计算时，水泥混凝土弯拉强度标准值 f_r，按表 13-17 确定。水泥混凝土强度和弹性模量经验参考值见表 13-18，水泥混凝土面层与基层间摩阻系数经验参考值按表 13-19 选用。

水泥混凝土弯拉强度标准值 f_r　　表 13-17

交通等级	极重、特重、重	中等	轻
水泥混凝土的弯拉强度标准值（MPa）	≥5.0	4.5	4.0
钢纤维混凝土的弯拉强度标准值（MPa）	≥6.0	5.5	5.0

水泥混凝土强度和弹性模量经验参考值　　表 13-18

弯拉强度（MPa）	1.5	2.0	2.5	3.0	3.5	4.0	4.5	5.0	5.5
抗压强度（MPa）	7	11	15	20	25	30	36	42	49
抗拉强度（MPa）	0.89	1.21	1.53	1.86	2.20	2.54	2.85	3.22	3.55
弹性模量（GPa）	15	18	21	23	25	27	29	31	33

水泥混凝土面层与基层间摩阻系数经验参考值　　表 13-19

基层材料	取值范围	代表值
级配碎石、级配砾石或碎砾石	0.5～4	2.5
沥青混凝土、沥青碎石	2.5～15	7.5
无机结合稳定粒料	3.5～13	8.9
贫混凝土、碾压混凝土	3.0～20	8.5

13.2.3　路肩、路面排水、路缘石

1. 路肩

车辆在主车道上行驶中，部分车辆的摆动，致使右侧车轮越过车道线行驶到路肩上，因此路肩铺面结构应具有一定的承载能力，路肩结构层组合和材料的选用，应与车行道路面层相协调，不应使渗入的路表积水滞留在行车道路面结构内。

路肩面层可选用水泥混凝土面层或沥青类面层。路肩面层选用沥青面层时，中等交通荷载以上等级公路，应采用热拌沥青混合料；低等级公路和轻交通荷载等级公路，可采用沥青表面处治。

路肩处的水泥混凝土通常采用与行车道面层等厚，且基层与行车道基层相同，具有一定的承载能力，路肩混凝土面层与行车道面层应设置拉杆相连，二者的横向缩缝应连通。行车道面层为连续配筋混凝土时，路肩混凝土面层的横向缩缝间距应为 4.5m。行车道混凝土面层宜宽出侧车道边缘 0.6m。

一般公路的混凝土路面若设置路缘石或加固路肩，路肩沥青面层宜选用密级配型沥青混合料。其基层可选用无机结合料稳定粒料或级配粒料。行车道路面结构不设内部排水设施时，沥青面层和不透水基层总厚度不宜超过行车道面层厚度。基层下应选用透水材料填筑，如稳定类基层材料、多孔混凝土。排水基层下卧层，应设置不透水或低透水密级配混合料隔离层，以防止表面水下渗影响路基的强度。

2. 路面排水

路面排水设施分为横向排水设施和路肩边缘纵向排水设施两种。由于雨水从水泥混凝土路面许多纵、横缝及外侧边缘下渗量很大，路面修建往往采用槽式结构，因而渗到基层或底基层内的水常滞留在路槽内，从而侵蚀基层、底层和路基，产生唧泥和错台等病害。

（1）横向排水设施

横向排水属于路面表面排水，其作用是通过路拱迅速将路面的水排到路基范围以外。具体措施有：行车道路面横坡坡度宜为 $1\%\sim2\%$，路肩铺面层横坡坡度宜为 $2\%\sim3\%$。

（2）路肩边缘纵向排水

路肩边缘纵向排水设施属于路面内部排水，是将排水性路面的水或部分沿板缝、裂缝、面层空隙下渗的水及由于毛细作用渗入到路面结构内部的水，通过路面的路肩边缘纵向排水设施逐渐排出。行车道路面结构设置排水层或垫层（图 13-4），排水垫层的纵向边缘集水沟宜设在路床边缘。在排水基层或垫层外侧边缘设置纵向集水盲沟和带孔集水管，并间隔 50～10m 设置横向排水管。集水沟和集水管的纵坡

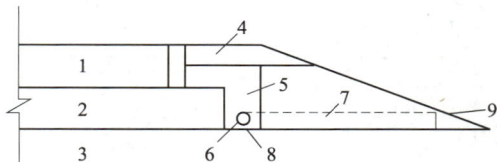

图 13-4　路肩边缘纵向排水系统结构示意图

1—面层；2—基层；3—垫层；4—路肩面层；5—集水沟；6—集水管；

7—横向排水管；8—反滤层；9—坡面防护

宜与路线纵坡相同，且不宜小于 0.3%。横向排水管的坡度不宜小于 5%。

排水基层的纵向边缘集水沟，当路肩采用沥青面层时，可设在路肩内侧边缘内；当路肩采用水泥混凝土面层时，可设在路肩外侧边缘内。排水垫层的纵向边缘集水沟宜设在路床边缘。

3. 路缘石

（1）分类

路缘石应设置在中间分隔带、两侧分隔带及路侧带两侧，起保护路边的作用。根据它的顶面和路边高度的关系可以划分为两种：一种高出路边称为立缘石（侧石）；一种和路边平齐，称为平缘石。

（2）作用及设计要求

1）平缘石

平缘石有标定路面范围、整齐路容、保护路面边缘的作用。平缘石宜设在人行道与绿化带之间，以及无障碍要求的路口或人行横道范围内。其适用于出入口、人行道两端及人行横道两端，便于推车、轮椅及残疾人通行。有路肩时，路面边缘也采用平缘石。

2）立缘石

立缘石有标定行车道范围、纵向引导和约束路边的纵向流水，使之能顺利地进入雨水口的作用。立缘石宜设置在中间分隔带、两侧带及路侧带两侧，此时外露高度宜为 15～20cm；当设置在路侧时，外露高度宜为 10～15cm。当外露高度是考虑满足行人上下及车门开启的要求确定的，一般高出路面 10～20cm。隧道内线形弯曲路段或陡峻路段等处，立缘石可高出路面 25～40cm，并应有足够的埋置深度，以保证稳定。立缘石在出入口处宜采用坡式或平式埋设，人行横道宽度范围内立缘石宜做成坡式或平式，方便残疾人通行。在分隔带端头或交叉口小半经处，宜采用弧形侧石。

3）锯齿形边沟

道路设置锯齿形边沟时，应设置平面石，平面石坡度应满足约束路边的纵向流水，路面纵向排水要求，且能保护路面边缘。平缘石高度与路面平齐，为路面边缘或与其他结构物分界处的标石，或用于路面边缘或人行道边缘栽石，构成路面的一部分。快速路、主干路应设置平面石，平面石的宽度宜与雨水口宽度相协调。高等级公路采用发光缘石，为夜间行车，汽车的导向起到良好的作用。缘石材料应选用平直圆顺和大小适宜的缘石，还可以给人以美观的效果。

（3）材料

1）路缘石弯拉与抗压强度应符合规定要求，路缘石一般采用坚硬石材或预制水泥混凝土标准试块，路口、隔离端部等曲线段路缘石，宜按设计弧形加工预制，也可以采用小标准块材质，抗压强度不宜低于 30MPa。路缘石吸水率不得大于 8%，详见《城市道路工程与质量验收规范》CJJ 1—2008。路缘石的使用参见国家建筑标准设计图集《城市道路—路缘石》05MR404。

2）混凝土路缘石的等级与标记

① 直线形缘石抗折强度等级分为 $C_f6.0$、$C_f5.0$、$C_f4.0$、$C_f3.0$。

②　曲线形及直线形、L 形缘石抗压强度等级分为 C_c40、C_c35、C_c30、C_c25。

③　缘石按产品代号、规格尺寸、强度、质量等级和编号顺序进行标记。出场产品中，至少应有 2‰ 的产品在其背面或底面有明显的标记。

3）路缘石应以干硬性砂浆铺砌，砂浆应饱满、厚度均匀。设计垫层厚度不大于 30mm 时采用砂浆类，一般采用 M7.5 或 M10 水泥砂浆；设计垫层厚度 30～60mm 时，采用 C15 细石混凝土类；设计垫层厚度大于 60mm 时采用 C15 水泥混凝土类。

（4）路缘石结构组合及选用

路缘石结构组合是指立（路）缘石、平缘石和基础的组合。路缘石不灌缝时应采用混凝土基础并均应设靠背，如图 13-5 所示。

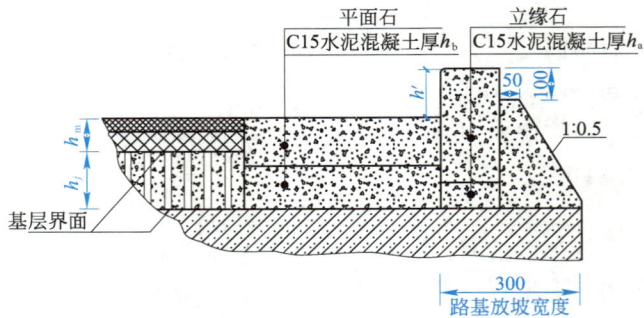

图 13-5　路缘石与路面共用基层安装图（单位：mm）

专用非机动车道和人行道上的路缘石可以采用独立基础，即立缘石基础为单独设置，见独立基础立缘石安装（图 13-6）。路缘石与路面共用基础结构。即平面石垫层、立缘石垫层应设在半刚性基层的同一界面上，该组合为推荐形式，如图 13-6 所示。

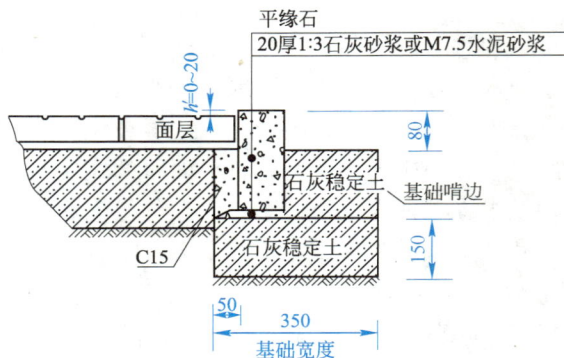

图 13-6　独立基础立缘石安装图（单位：mm）

（5）路缘石构造尺寸

路缘石按线形分为直线形路缘石和曲线形路缘石。曲线形路缘石可以配合直线形路缘石选用。路缘石的代号有：H、T、R、F、P、TF、TP、RA 型，常用 T 型。其基本特征为：直立，圆角 $r < 30°$。直线形路缘石的长度一般分为

1000mm、750mm、500mm 三种。部分直线形路缘石规格见表 13-20。

直线形路缘石规格表（部分）　　　　　　　　　　　　表 13-20

路缘石截面定型代号	基本特征	直线形构造尺寸（宽×高×长）	命名（以较长的规格为例）
T 型	直立，圆角 $r<30°$	150mm×350mm×1000mm	BCC—T1×1000
		120mm×300mm×750mm	BCC—T3×750
		150mm×420mm×500mm	BCC—T7×500
P 型	平面石	150mm×120mm×1000mm	BCC—P1×1000
		300mm×120mm×750mm	BCC—P2×750
		500mm×100mm×500mm	BCC—P4×500

注：BCC——命名缩略语（直线形混凝土路缘石）。

（6）施工要求

1）路缘石基础宜与相应的基层同步施工。安装路缘石的控制桩直线段桩距宜为 10～15m；曲线段桩距宜为 5～10m；路口处桩距宜为 1～5m。

2）在弯道处应使用有一定弧度、长度较短的特制缘石，安装时应砌筑稳定、缝宽均匀，勾缝密实，线条直顺。平缘石表面应平顺不阻水。槽底基础与缘石后背宜浇水泥混凝土支撑，并还土夯实。还土宽度不宜小于 50cm，高度不宜小于 15cm，压实度不得小于 90％。

3）路缘石宜采用 M10 水泥砂浆灌缝，灌缝后，常温期养护不应少于 3d。勾缝可在路面完工后检查缘石位置无误时进行，缝要勾严、美观。一般施工要求：立缘石埋深厚度大于路面结构层中面层厚度的 20～50mm 为宜，路缘石不应破损。

4）沥青路面，一般应先安装立缘石，只有在立缘底面不低于平面石底面时，才可先安装平面石。

5）路缘石侧面与路面结构间应密实无缝。独立基础施工应做到立缘石基础坚实，安装稳固，安装后应将立缘石侧面的沟槽部分用 C15 水泥混凝土填实至面层底面标高。

路缘石铺设实测项目应符合《公路工程质量检测评定标准　第一册　土建工程》JTG F80/1—2017 的要求。

13.3　水泥混凝土路面接缝的构造与布置

13.3.1　板块划分的意义

水泥混凝土路面的纵缝和横缝是设计规划路面的分隔线。水泥混凝土路面的面层属于大体积工程，它是由一定厚度的水泥混凝土板组成。它会产生固体热胀冷缩的现象。①当温度升高时，如夏季白天混凝土板的顶面温度高于板底面温度，这种温度坡差使混凝土板中部呈现拱起趋势；②夜间当混凝土板顶面温度低于混凝土板底面温度时，则板的周边及角隅会呈现翘曲。当板角隅上翘时，会发生板块同地基相对脱空的现象；③当混凝土面板整体温度均匀升降时，由于膨胀和收缩受到限制而产生胀缩应力，如图 13-7 所示。这些变形在受到混凝土面层与基层（或垫层）之间的摩擦力和粘结力以及板的自重和车轮荷载等约束力作用后，会阻止混凝土板的胀、缩移动，在荷载应力和温度应力的综合作用下，板内将产生较大的应力，使混凝土板产生不均匀收缩裂缝或拱胀裂缝等破坏。

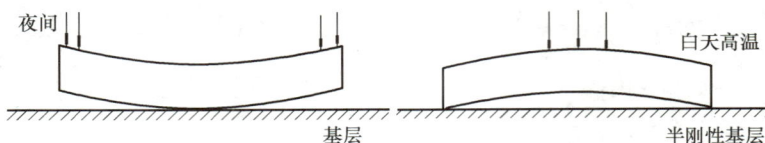

图 13-7　水泥混凝土路面板接缝处受力变化

为了解决这个问题，通常把水泥混凝土面层在纵横两个方向设置许多功能接缝，把路面板的平面分割成许多矩形块，使板内产生的应力变化在允许范围，板在规定的地方收缩，在规定的地方膨胀；使板内产生的破坏应力分散，以避免其产生不规则的裂缝。

13.3.2　水泥混凝土路面板缝宽度变化

1. 板的纵缝宽度变化趋势

路面混凝土板的纵缝与道路中心线平行，且纵缝与横缝垂直，路面板设有横向路拱，路拱横坡度一般为 1%～2%（便于及时排除路面的雨水）。纵缝的缝宽度变化趋势：①道路纵向长度远大于横向宽度尺寸，因此道路纵向板产生的收缩和膨胀力远大于横向，如在纵向板块自然收缩处以及膨胀处不设置构造缝隙（切割形成薄弱点等），板块就会出现大量不均匀的收缩裂缝及膨胀裂缝。②纵向路面板两边最外端为自由边缘，对路面板横向（宽度）方向膨胀约束力相对较小，一般纵缝不考虑设置胀缝（车道多时另当别论）。在纵缝两侧行车道板上设置向两边倾斜的横向路拱，在车轮荷载和混凝土板块自重的长期作用下，板块必然会沿着路拱下滑，纵缝有变宽的趋势。因此混凝土板面的纵缝（缩缝或施工缝）不宜太宽，在 3～8mm 范围内，一般取低值，如图 13-8 所示。纵向缩缝见图 13-11（b）。

2. 板横缝宽度的变化趋势

横缝垂直于道路中线（垂直于纵缝），横缝在纵缝的两边不得交错布置（图 13-10）。两相邻横缝之间的距离即为板长。横缝变化趋势为：由于道路混凝土板纵向收缩力较纵向的膨胀力大，因此设置横向缩缝数量多，设置横向胀缝数量相对要少，或尽量少（夏季高温季节施工时可以不设）。①在一块独立板块中，收缩现象如图 13-8 中箭头方向所示，其结果是周边的横向缩缝的缝隙逐渐变宽，因此施工中横向缩缝设置宜窄，缝隙宽度为 3～8mm。横向缩缝通常做成假缝型，以减少缝隙的损坏。②在高温季节，混凝土板会沿道路长度方向膨胀，板块膨胀对横向胀缝缝隙处起到挤压的作用，其结果是缝隙逐渐变小，若不设置膨胀缝或设置缝隙受限，会使路面板在此处隆起，产生胀裂。横向胀缝宽度一般为 2cm，也是所有缝隙中最宽的。在施工中应注意，横向施工缝最好设在横向胀缝处，无法满足时，应尽量设置在横向缩缝处，如图 13-8 所示。

板缝的设置减小了板体内的收缩应力、翘曲应力。但无论采用哪种形式的接缝，在接缝处，板块传递荷载都不可能完全连续。所以在设计板缝时，为了延长

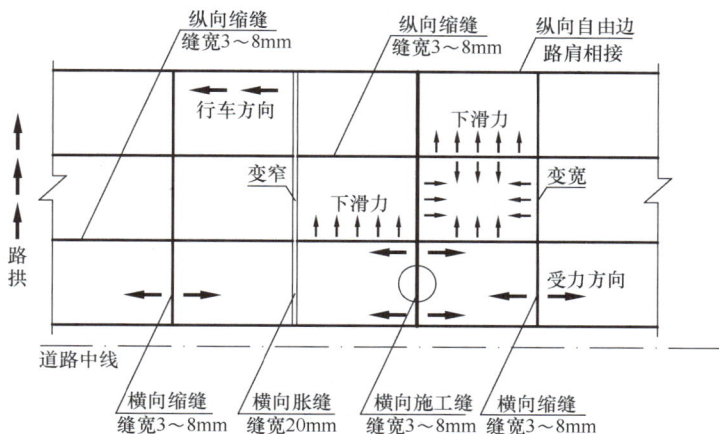

图 13-8 水泥混凝土路面板接缝处受力变化图

路面的设计使用寿命，必须考虑水泥混凝土板荷载传递的连续性和防止水的渗入两方面。

13.3.3 等厚板

汽车荷载作用于板边产生的弯拉应力大于板中的弯拉应力，为了适应荷载应力的变化，早期混凝土路面板的横断面采用不等厚的变截面板，板边部比中部厚，如图 13-9 所示。这种断面在厚度变化处，容易引起折裂，且给基层和垫层施工带来诸多不便。目前国内外多采用等边厚的断面形式。

13.3.4 水泥混凝土路面板缝的平面尺寸及厚度

1. 板缝布置要求

混凝土板通常采用纵缝同横缝垂直相交的矩形，尽量避免板角出现锐角。纵缝两侧的横缝不得互相错位布置，避免出现感应裂缝，如图 13-10 所示。在横缝不设传力杆的中等和轻交通公路上，横缝也可以设置成与纵缝斜交，使车轴两侧的车轮不同时作用在横缝的一侧，从而减少轴载对横缝的影响，减小接缝处的挠度和应力。设置斜缩缝的路段，横缝的斜度一般不大于 1 : 10。

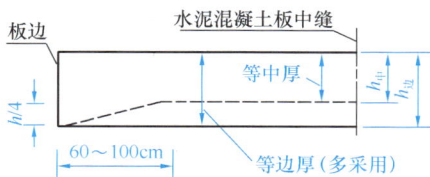

图 13-9 混凝土路面板横断面示意图

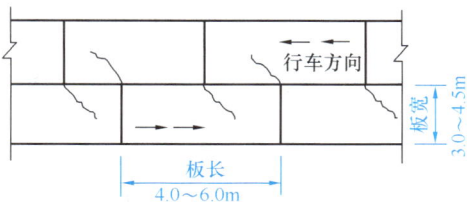

图 13-10 横缝错开时引起的感应裂缝

码13-1 水泥混凝土路面感应裂缝

2. 水泥混凝土板的平面尺寸

（1）宽度

混凝土面板的宽度为相邻两纵缝之间的间距，通常板宽为 3.0～4.5m。纵缝通常按车道宽度来设置，高速公路、一级公路设计车速高，一个车道宽度为

357

3.75m，见表 1-2。硬路肩宽度为 2.5m 或 3.0m。行车道板块和硬路肩板块的长宽比应满足 1.35 的要求，当不能满足长宽比时，行车道板块可接近正方形。

（2）长度

普通混凝土面板的长度为相邻两横缝之间的间距，应按面层类型和厚度选用。面板一般长 4～6m，面层板的长边（车辆行驶方向）与短边之比不宜超过 1.35，平面尺寸不宜大于 25m²。

3. 水泥混凝土板的厚度

普通混凝土、钢筋混凝土、碾压混凝土或连续配筋混凝土面层所需要板的厚度，可参照表 13-21 所示参考范围初选，并按《公路水泥混凝土路面设计规范》JTG D40—2011 的规定程序，进行混凝土板厚度计算和验算后确定。

水泥混凝土面层厚度的参考范围　　　　　　　　　　表 13-21

交通等级	极重	特重				重			
公路等级	一级	高速	一级		二级	高速	一级		二级
变异水平系数	低	低	中	低	中	低	中	低	中
面层厚度（mm）	≥320	280～320	260～300	240～280		230～270		220～260	

交通等级	中等				轻	
公路等级	二级		三、四级		三、四级	
变异水平系数	高	中	高	中	高	中
面层厚度（mm）	220～250	210～240		200～230	190～220	180～210

对于极重交通荷载等级，所提出的厚度参考值是依据各项不利参数值计算得到的下限。对于轻交通荷载等级所提出的厚度参考范围高限，是依据各项不利参数值计算得到的上限，其低限则为面层最小厚度的限值。在所建议的各级面层厚度参考范围内，设计轴载作用次数多、弯曲系数大、最大温度梯度大或者基层、垫层厚度或模量低时，取高限。高速公路的施工水平只能达到中等变异等级时，可参照低变异水平等级的厚度范围的高限或者高于此设限选用。

依据国外经验，增加 40mm 厚的沥青混凝土上面层约可减薄 10mm 混凝土下面层。

13.3.5　接缝构造与布设

纵向接缝的布设应根据路面总宽度、行车道及硬路肩宽度以及施工铺筑宽度确定。水泥混凝土路面接缝分为两大类：纵向接缝（纵向缩缝、纵向施工缝）；横向接缝（横向缩缝、横向施工缝、横向胀缝）。对多车道路面，应每隔 3～4 个车道设置一条纵向胀缝，其构造与横向胀缝相同。在板缝处应考虑防渗水和传递荷载的功能。

1. 纵向接缝

纵向接缝与路线中线平行，在路面等宽的路段内或路面变宽的等宽部分，纵向接缝间距和形式应保持一致。板的长边与车辆行驶方向保持一致，可使行车荷载尽量少驶经纵向接缝。纵向接缝，无论是施工缝隙或缩缝，必须在缝隙处设置拉杆，以保证接缝的缝隙不张开。实践证明纵向施工缝的构造缝倾向于采用平缝。路面变宽段的加宽部分与等宽部分之间，应以纵向施工缝隔开。加宽板在变宽段起、终点处的宽度不应小于1m。

（1）纵向施工缝

当一次铺筑宽度小于路面宽度时，应设置纵向施工缝。纵向施工缝构造采用拉杆的平缝形式时，上部槽口，锯的深度宜为 30～40mm，宽度宜为 3～8mm，槽内灌塞填缝料。拉杆采用螺纹钢筋，钢筋等级为 HRB400，垂直于纵缝，并设于板的中部，其构造如图 13-11（a）所示。当摊铺的面板厚度大于 25cm 时，纵向施工缝可采用加拉杆的企口缝形式。

（2）纵向缩缝

当一次摊铺两个或者两个以上车道时，路面应增设纵向缩缝，其位置按车道宽度而定。纵缝尽量不要设置在汽车轮迹位置。纵向缩缝的构造采用设拉杆的假缝形式。假缝是指板块切割深度不贯穿整个板厚，以起到传递部分荷载的作用。其缝锯槽口深度应大于施工缝的槽口深度。采用粒料基层时，槽口深度应为板厚的1/3；采用半刚性基层时，槽口深度应为板厚的 2/5，其构造如图 13-11（b）所示。

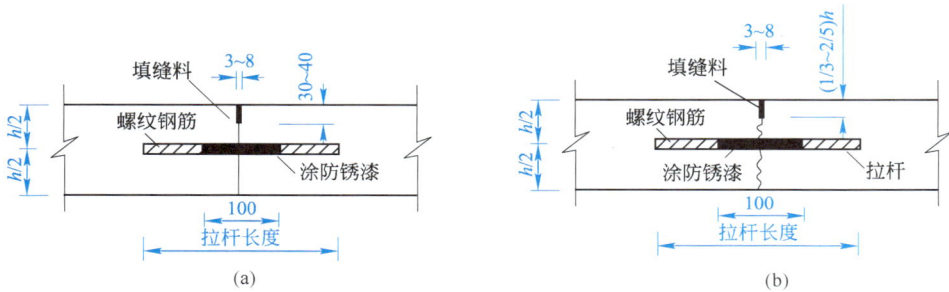

图 13-11　纵缝构造（单位：mm）

（a）纵向施工缝（设拉杆的平缝形式）；（b）纵向缩缝（设拉杆的假缝形式）

（3）拉杆

纵缝设置拉杆的目的是提供板块的粘结力和拉力，防止板块横向位移，而增大了纵向板缝。拉杆应采用螺纹钢筋，可以提高混凝土板的整体强度，拉杆设在板块中央，并应对拉杆中部 100mm 范围内进行防锈处理。因为锈蚀会减小钢筋断面尺寸，降低抗拉应力、强度和疲劳性能，锈皮膨胀破坏混凝土保护层，促使构件产生裂缝、渗水现象。拉杆的直径、长度和间距，可参照表 13-22 选用。最外侧的拉杆距横向接缝的距离不得小于 100mm。

拉杆直径、长度和间距　　　　表 13-22

面层厚度	到自由边或未设拉杆纵缝的距离(mm)					
(mm)	3.00	3.50	3.75	4.50	6.00	7.50
200～250	14×700×900	14×700×800	14×700×700	14×700×600	14×700×500	14×700×400
≥260	16×800×900	16×800×700	16×800×600	16×800×500	16×800×400	16×800×300

注：拉杆尺寸表示方法为直径×长度×间距。连续配筋混凝土面层的纵缝拉杆可由板内横向钢筋延伸穿过接缝代替。

2. 横向接缝

混凝土板的横向接缝主要有：横向缩缝、横向施工缝 、横向胀缝三种。

（1）横向施工缝构造

每日施工结束或因临时原因中断施工时，必须设置横向施工缝，其位置设在缩缝或胀缝处。应采用设传力杆的平缝形式。其普通型构造如图 13-12（a）所示，也可以采用浅槽型构造，如图 13-12（b）、图 13-13 所示。横向施工缝应采用平缝加设传力杆的形式。传力杆采用光圆钢筋，钢筋牌号为 HPB300。

设在胀缝处的施工缝，其构造应与胀缝相同，如图 13-15 所示。

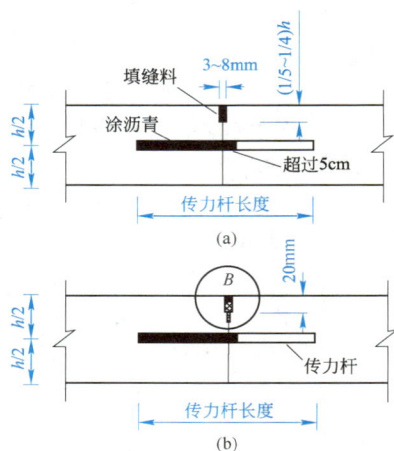

图 13-12　横向施工缝构造
（a）普通型构造；（b）浅槽型构造

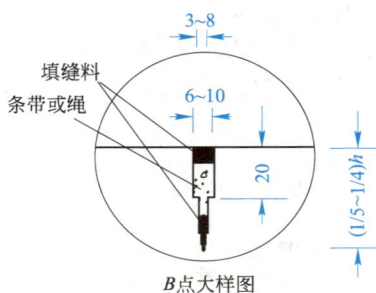

图 13-13　浅槽型构造
（单位：mm）

（2）横向缩缝构造

为了避免混凝土板块由于温度和湿度降低产生不规则的裂缝，设置横向缩缝。横向缩缝构造有假缝形式和设传力杆的假缝形式两种。其构造如图 13-14 所示。

假缝指在混凝土板上部切割规定的缝隙，板的上部切割留有一定宽度的缝，以便于填料，其切割缝隙下部可以连续浇筑，不必留缝。当混凝土收缩时，由于这里切割形成板的强度最薄弱处，必然会从这里收缩拉开，产生缩缝。板块沿薄弱断面拉开后，由于断面处集料形成不贯穿、凹凸不平相互啮合的表面，它起到传递荷载作用。采用设置传力杆的假缝构造，增大了混凝土面板接缝处的传荷能力。

横向缩缝可等间距或变间距布置，应采用假缝形式。极重、特重、重交通荷载公路横向缩缝，以及收费广场的横向缩缝，采用设传力杆的假缝形式，其构造如图 13-14（b）所示。中等和轻交通荷载公路邻近胀缝或自由端部的 3 条横向缩缝，采用设传力杆的假缝形式。

横向缩缝施工时采用切割机在缩缝顶部切槽口，深度为面板厚度的 1/5～1/4，宽度 3～8mm，槽内填塞填缝料。对于高速和一级公路的槽口宜采用两次锯切成型，在第一次锯切缝隙的上部宜增设宽 7～10mm 浅槽口，槽口下部设置背衬垫条，上部灌以填缝料，如图 13-14 所示。施工中先用薄的锯片切割到要求的深度，再用

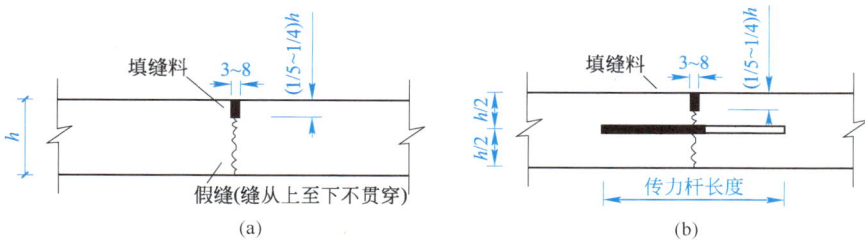

图 13-14　横向缩缝构造（单位：mm）

（a）不设传力杆的假缝型；（b）设传力杆的假缝型

厚锯片在同一位置锯成浅槽口，以防止板块膨胀时填料被挤出。

（3）横向胀缝构造

在邻近桥梁或其他固定构造物相接处，或者与其他道路相交处，应设置横向胀缝。胀缝的条数应根据膨胀量大小确定。胀缝必须沿路面横断面完全断开，胀缝宽宜为 20～25mm，缝内设置填缝板和可滑动的传杆。其构造如图 13-15 所示。传力杆的长度、直径、间距可以通过计算确定，或按表 13-23 选用。

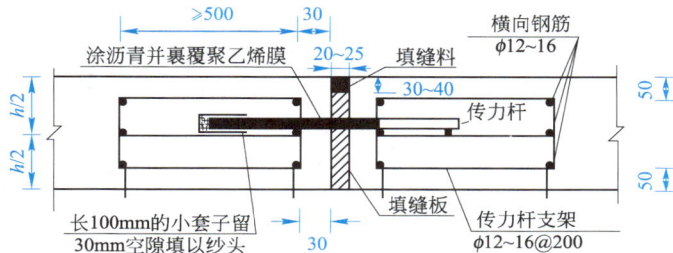

图 13-15　横向胀缝构造（单位：mm）

滑动传力杆一半以上表面涂沥青膜，在外面再套 0.4mm 厚的聚乙烯膜，并套上长约 8～10cm 金属或塑料套，内留 30mm 的空隙，填以塑料泡沫或纱头等弹性材料，以利于板的自由伸缩，带套的杆端在相邻板交错布置。滑动传力杆应安放在钢筋支架上，并在基层对应的位置上固定。

混凝土路面板的所有板缝中，胀缝是最薄弱的，若施工不当，胀缝处的板块常出现碎裂等病害。当雨水通过已破坏的胀缝渗入基础，使地基软化，相应混凝土路面胀缝处，出现唧泥、错台等破坏现象。胀缝处的填缝料要经常养护（增加或减少），否则会引起跳车。因此国内外在修筑混凝土路面时有减少使用胀缝的趋势。

我国现行《公路水泥混凝土路面设计规范》JTG D40—2011 规定，在邻近桥涵、隧道口、道路与其他路面或与其他固定构造物相接处、小半径平（竖）曲线、纵坡变化处及城市道路在交叉口宽度变化处应设置胀缝，一般设置 2～3 条。在水泥混凝土路面的端头或与其他构筑物相接处可以采用边缘钢筋型或厚边型的构造形式。

（4）传力杆

横向接缝处设置传力杆的目的，是把荷载应力通过传力杆传到相邻板块，保证接缝处的传荷能力和路面的平整，防止错台等病害的产生。因为同样的荷载，在混凝土板块边缘部位所引起的破坏应力比板块中央大。传力杆主要用于横向接缝，采用一级光圆钢筋（用符号"φ"表示）。对胀缝和缩缝处的传力杆采用相同间距和尺寸，按表 13-23 选用。

传力杆尺寸和间距　　　　　　　　　　　表 13-23

面层厚度（mm）	传力杆直径（mm）	传力杆最小长度（mm）	传力杆最大间距（mm）
220	28	400	300
240	30	400	300
260	32	450	300
280	32～34	450	300
300	34～36	500	300

最外侧传力杆距纵向接缝或自由边的距离为 150～250mm。设置在横缝处的传力杆，应在大于传力杆长度的 1/2 范围内涂沥青，以保证板块自由滑动。横缝设置传力杆增大传荷能力比采用假缝断裂面嵌锁大得多。混凝土板块接缝处拉杆和传力杆布置，如图 13-16 所示。

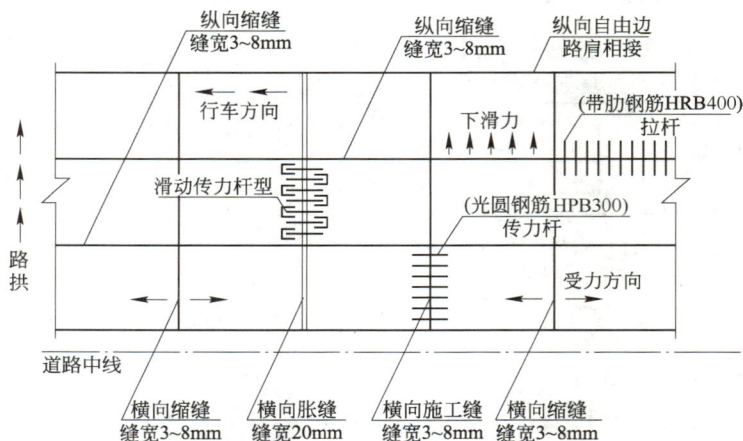

图 13-16　水泥混凝土板块接缝处传力杆和拉杆布置示意图

3. 交叉口处接缝

布设交叉口处的接缝时，不能把交叉口孤立出来，应分清道路的主次，保持主要道路的位置和形式全线一致，次要道路的接缝要与主要道路相协调，并适当调整交叉口处的横缝位置，将胀缝设在次要道路上（图 13-17）。相交道路加宽部分的接缝布置，应不出现或少出现错缝和锐角板。当出现错缝、锐角板时，宜加设防裂钢筋和角隅补强钢筋。

在次要道路弯道加宽段起、终点断面处的横向接缝，应采用胀缝形式。膨胀量大时，应在直线段连续布置 2～3 条设滑动传力杆的胀缝。与胀缝相邻的三条缩缝应采用设置成设传力杆的假缝形式。

【例 13-1】某一级公路，设计车速为 80km/h，Ⅳ4 区平原微丘，采用水泥混凝土路面，路面板厚 240mm，路基宽度为 24.5m，如图 13-18 所示，要求完成：

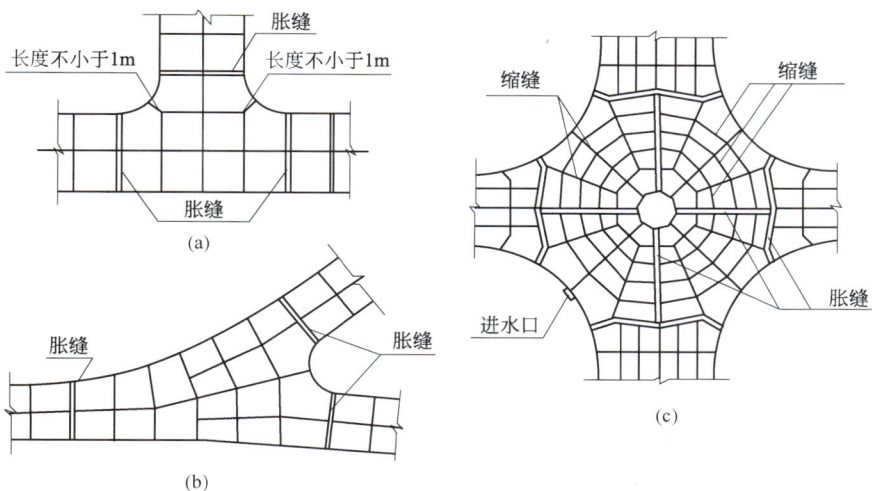

图 13-17　交叉口接缝布置示意图
（a）T 形交叉；（b）Y 形交叉；（c）十字形交叉

（1）在用地不受影响的条件下，标出公路用地范围。（2）确定水泥混凝土路面板块尺寸。（3）板块接缝应考虑什么因素？（4）当混凝土板采用纵向施工缝和横向缩缝时，分别确定一块板的一侧纵缝或横缝处设置拉杆的直径、长度、间距；确定一条横缝设传力杆的直径、长度、间距。（5）确定钢筋的类别和钢筋表面处理要求。

【解】

（1）一级公路的用地范围，参见第 3.3.1 节，在用地不受影响的条件下，一般是以路基两侧的最外排水设施边缘以外 3m 范围为地界。

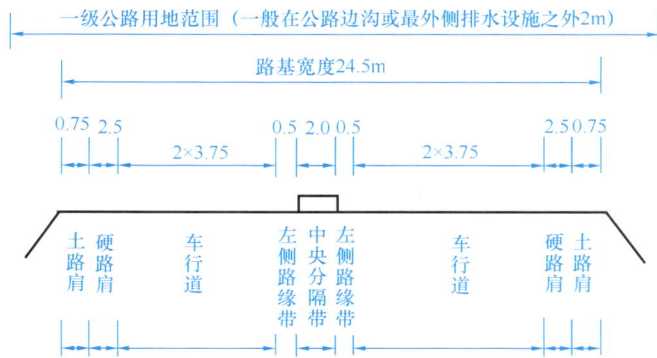

图 13-18　某一级公路路基宽度组成布置图（单位：m）

（2）根据规范和车道宽度先拟定路基横断面各组成部分的尺寸，如图13-18所示。路基宽度减去中央分隔带和土路肩的宽度，为混凝土路面板划分的有效总宽度。

1）一侧混凝土板面划分的有效宽度为：

$$(24.5-2.0-2\times0.75)/2=10.5\text{m}$$

2）板宽：一块板的计算宽度为：$10.5/3=3.5\text{m}$，已知一级公路设计车速为 80km/h，查表 1-2，车道宽度应取 3.75m 为宜，在 3.0～4.5m 范围内，符合设计要求。

3）板长：设板长为 x，宽长比值取：宽：长＝1：1.33(规定为不宜超过 1：1.35)

由 1：1.33＝3.57：x 可得：x＝4.98m，取 5.0m，在 4～6m 范围内，而一块板的平面尺寸为 3.75×5.0＝18.75m²≤25m²，符合设计要求。

（3）板块接缝应考虑因素：板缝防渗水、横、纵板缝传荷功能。

（4）一块板（厚度为 240mm）纵缝设置的拉杆、横缝设置传力杆的直径、长度、间距见表 13-24（提示：最外侧拉杆距横向接缝的距离不得小于 100mm，最外侧传力杆距纵向接缝或自由边缘的距离为 150～250mm，应满足要求。同时横纵钢筋布置不得搭接，查表 13-22、表 13-23）。

拉杆和传力杆的尺寸和间距（mm）　　　　　　表 13-24

板厚(mm)	板缝分类	构造钢筋名称	钢筋类别	直径(mm)	最小长度(mm)	最大间距(mm)	一条缝内钢筋根数	至接缝的距离(mm)
240	纵缝	拉杆	螺纹	14	700	800	6	250
	横缝	传力杆	光圆	30	400	300	11	250

（5）钢筋类别及处理要求：钢筋类别见表 13-24。横缝中的传力杆应在大于传力杆长度的 1/2 范围内涂沥青，达到传递荷载功能；拉杆设在纵缝的板块中央，应对拉杆中部 100mm 范围内进行防锈处理。

城市快速路、主干路水泥混凝土路面应设置纵、横向接缝。纵向接缝与路线中线平行。纵横向接缝构造图同公路。在邻近桥梁或其他固定构筑物处、板厚改变处、小半径平曲线等处，应设置胀缝。

13.3.6　接缝材料

接缝材料按使用性能分为接缝板和填缝料两大类。各类接缝板的接缝槽口超过 3mm 时，均应填封，防止石子、杂物和水进入，影响板的使用功能。

1. 接缝板

胀缝接缝板，应选用能适应混凝土板膨胀收缩、施工时不变形、复原率高和耐久性好的材料。高速公路和一级公路宜选用泡沫橡胶板、沥青纤维板；其他等级公路也可选用木材类或纤维类板。

2. 填缝料

水泥混凝土路面的填缝料主要有三种类型：加热施工类、常温施工类及预制密封类，见表 13-25。

常用的填缝材料　　　　　　表 13-25

施工温度分类	材料种类	指标与性能	施工要求
常温施工类	聚氨酯类、硅酮类、聚硫类	弹性复原率与混凝土粘结强度、粘结延伸率	保持温度不变进行灌缝，填缝料必须饱满均匀、厚度一致并连续贯通，不得出现填缝料缺失、开裂和渗水现象
加热施工类	沥青类、橡胶沥青类	针入度、弹性和复原率、流动性、拉伸量	

续表

施工温度分类	材料种类	指标与性能	施工要求
预制密封类	橡胶嵌缝条类、微孔泡沫塑料（形状应为圆柱形，直径应比接缝宽度大 3～5mm，大小为 8～10mm）	具有良好的弹性、柔韧性、不吸水、耐酸碱腐蚀和在高温不软化性能	使用时应先将胶粘剂连续地涂在板缝壁上部，形成一层约 1mm 厚的胶粘剂膜，再使用专用工具嵌入嵌缝条

接缝填料应选用与混凝土接缝槽壁粘结力强、回弹性好、适应混凝土板收缩、不溶于水、不渗水、高温时不流淌、低温时不脆裂、耐老化的材料。研究表明，无论是低温抗裂性能，还是抗老化性能，常温施工类填缝料的性能优于加热施工类填缝料。高速公路、一级公路选用硅酮类、聚氨酯类填缝料；二级及以下公路可选用聚氨酯类、橡胶沥青类的填缝料。

13.3.7 板端部处理

1. 桥头搭板

混凝土路面板与桥梁连接时，由于地基沉降过大、路堤自身压缩变形、刚度的差异，易形成桥头错台，汽车在桥头行驶时，产生跳车现象。在连接处应设置钢筋混凝土搭板，可以避免桥头跳车现象。在搭板与混凝土面层板块之间应设置长 6～10m 的钢筋混凝土面层过渡板。搭板一侧放在桥台上，并加设防滑锚固钢筋和搭板上预留灌浆孔。端部锚固结构是为了约束连续配筋混凝土面层的膨胀位移，如图 13-19 所示。过渡板与搭板间的横缝采用设置拉杆平缝形式，过渡板与混凝土路面之间采用设传力杆的胀缝形式。搭板施工时，需将横缝拉杆按设计位置预埋。水泥混凝土路面与桥梁斜交时，与桥梁之间宜采用设置搭板及钢筋混凝土渐变板形式。

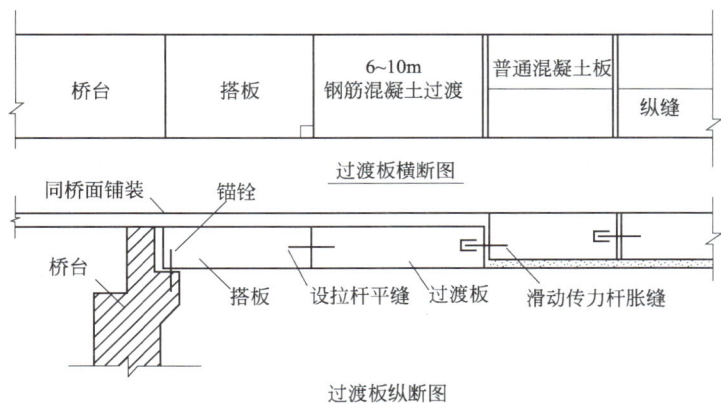

图 13-19 正交桥梁桥头混凝土路面的构造示意图

当桥头未设置搭板形式时，宜在混凝土面层与桥台之间设置长 10～15m 的钢筋混凝土面层板，或设置混凝土预制块，以及沥青面层过渡段，其长度不小于 8m。

2. 与其他路面相接

在水泥混凝土路面与沥青路面的相接时，由于沥青路面难以抵御混凝土面层的膨胀推力，易于出现沥青路面的推移拥起，形成接头处的不平整，引起跳车。

宜采用如图 13-20 所示的处理方式。

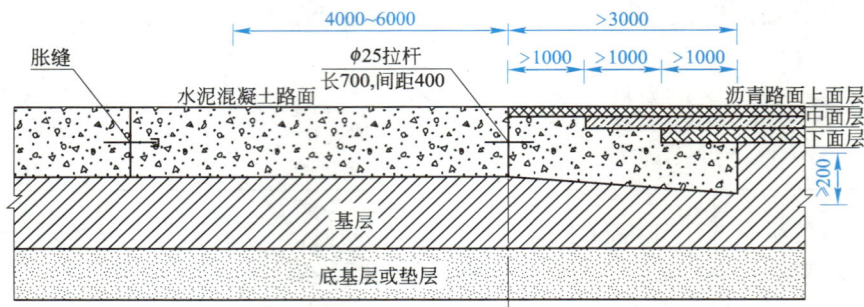

图 13-20 混凝土路面与沥青路面相接段的构造布置（单位：mm）

其间应设置至少 3m 长的过渡段。过渡段的路面采用两种路面呈阶梯状叠合布置，其下面铺的变厚混凝土过渡板厚度不得小于 200mm。过渡段与混凝土面层相接处的接缝内设置直径 25mm、长 700mm、间距 400mm 的拉杆。混凝土面层与沥青路面相邻的 1～2 条横向接缝应设置胀缝。

13.3.8 特殊部位布筋

1. 边缘补强钢筋

水泥混凝土面层补强钢筋，适用于水泥混凝土面层自由边缘，承受繁重交通的胀缝、施工缝，小于 90°的面层角隅，下穿市政管线路段，以及雨水口和地下设施的检查井周围。

混凝土面层边缘下基础薄弱或接缝为未设传力杆的平缝时，可在面层边缘下部配置钢筋。通常选用 2 根 12～16mm 的螺纹钢筋，置于面层底面之上 1/4 板厚度处，保护层不小于 50mm，间距为 100mm，钢筋两端向上弯起，如图 13-21 所示。

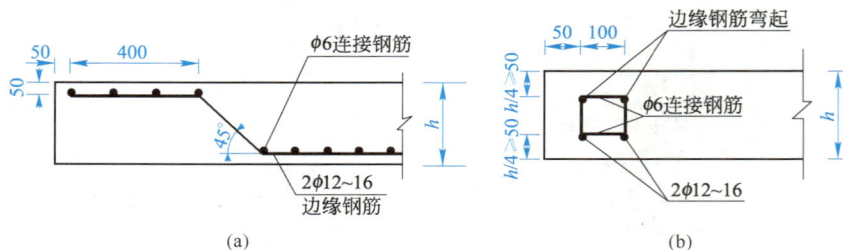

图 13-21 边缘钢筋布置（单位：mm）

(a) 纵向剖面图；(b) 横向剖面图

2. 角隅钢筋

道路混凝土路面的宽度一般是按车道宽度划分的，以横向缩缝切割板长，在每块板在温度翘曲应力和荷载应力作用下，板的边角处最容易产生破坏，在路面板的四角加设的钢筋叫角隅钢筋。承受极重、特重或重交通的水泥混凝土面层的胀缝、施工缝、自由边的角隅以及承受极重交通的水泥混凝土面层缩缝的角隅，宜配置角隅钢筋。通常选用 2 根直径为 12～16mm 螺纹钢筋，置于面层上部，距顶面不小于 50mm，距边缘 100mm，如图 13-22 所示。

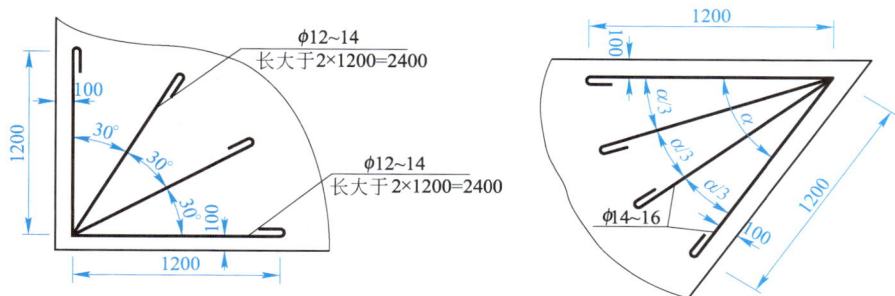

图 13-22　角隅钢筋的配置（单位：mm）

3. 检查井和进水口的口沿加固钢筋

城市道路的下面有各种城市基础设施管线，如自来水管线、城市道路生活污水管线、燃气管线、热力管线、电力和电信线路等。为了检查和维修这些管线，在路面上设置了检查井口，用井盖将检查井盖住。而在城市道路设置检查井、进水口井的周围设置混凝土路面板，由于此处混凝土横断面尺寸减小，板块的整体强度减弱，且井口周围填土不易压实，很容易发生断裂破损。因此混凝土路面内构造物周围的混凝土板应加固。

（1）检查井和进水口布置选择

雨水口在混凝土板上的位置，如图 13-23 所示布置。各类检查井在混凝土上的位置，如图 13-24 所示布置。检查井的井口形状最好采用圆形。

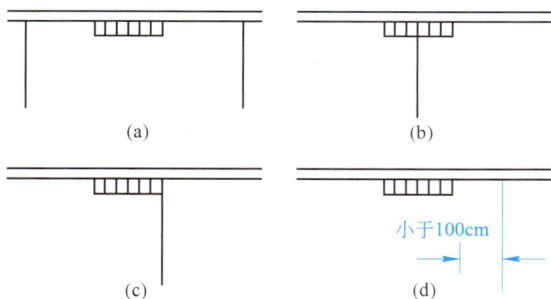

图 13-23　雨水口的布置形式
（a）板中式；（b）骑缝式；（c）傍缝式；（d）不宜采用

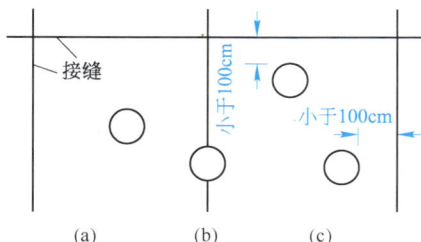

图 13-24　各类管线检查井的布置形式
（a）板中式；（b）骑缝式；（c）不宜采用

（2）加固方法

检查井和进水口井周围的混凝土板内设置钢筋，并在井圈与混凝土板之间设置胀缝，填入填缝料，并进行局部夯实，达到压实度的要求。

4. 路面下的构造物

（1）箱形构造物

当混凝土面层下有箱形构造物横向穿越，其顶面至混凝土面层板底面的距离小于 800mm 或嵌入基层时，在构造物顶宽及两侧各 $1.5H+1.5$m 且不小于 4m 的范围内，混凝土面层内应布设双层钢筋网，上下层钢筋网各距面层顶面和底面 $1/4 \sim 1/3$ 厚度，如图 13-25 所示。构造物顶面至面层底面的距离在 $800 \sim 1600$mm

时，则在上述长度范围内的混凝土面层中应布设单层钢筋网。钢筋网设在距顶面 $1/4\sim1/3$ 厚度处，如图 13-26 所示。

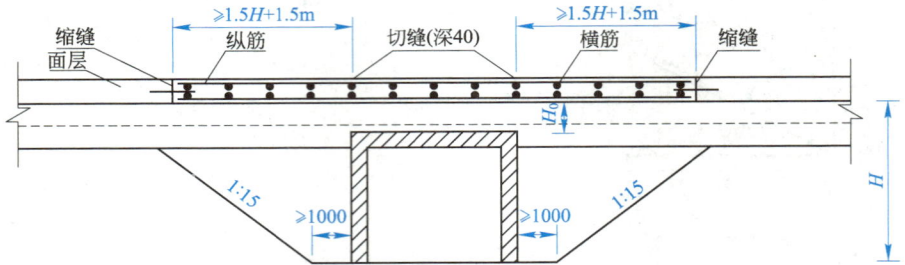

图 13-25　箱形构造物横穿公路处的面层配筋（$H_0<800\text{mm}$）（单位：mm）
H—面层底面到构造物底的距离；H_0—面层底面到构造物顶面的距离

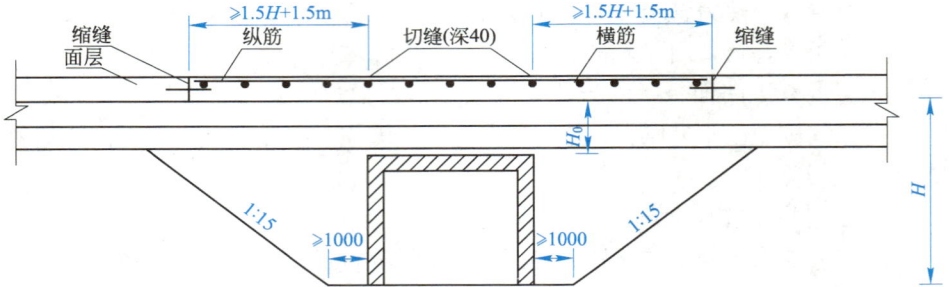

图 13-26　箱形构造物横穿公路处的面层配筋（$H_0=800\sim1600\text{mm}$）（单位：mm）
H—面层底面到构造物底的距离；H_0—面层底面到构造物顶面的距离

（2）圆形构造物

混凝土面层下有圆形构造物横向穿越，其圆形构造物顶面至混凝土面层板底面的距离小于 1200mm 时，距离在 $1.5H+1.5\text{m}$ 且不小于 4m 的范围内，混凝土面层内应布设单层钢筋网，钢筋网应距面层顶面 $1/4\sim1/3$ 厚度，如图 13-27 所示。钢筋尺寸和间距及传力杆接缝设置与箱形构造物相同。

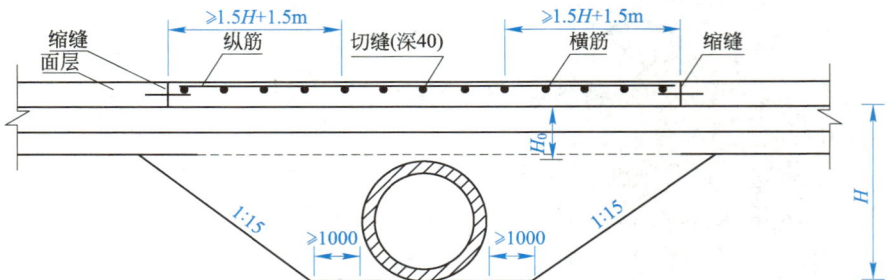

图 13-27　圆形构造物横穿公路处的面层配筋（$H_0<1200\text{mm}$）（单位：mm）
H—面层底面到构造物底的距离；H_0—面层底面到构造物顶面的距离

5. 雨水口和检查井周围工作缝

雨水口和检查井周围应设置工作缝与混凝土板完全分开，1000mm 范围内路的混凝土板顶面和底面 50mm 处布设双层防裂钢筋网，钢筋直径 12mm，间距 100mm。雨水口周围面层配筋见图 13-28，圆形检查井周围的面层配筋见图 13-29。

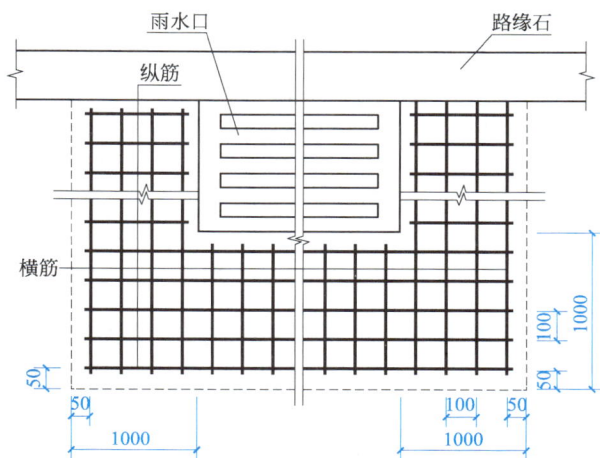

图 13-28   雨水口周围的面层配筋（单位：mm）

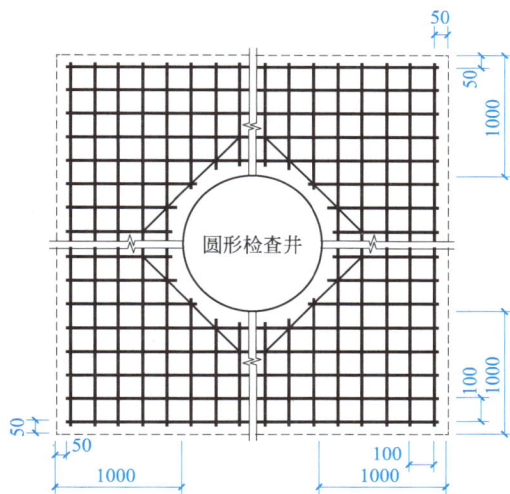

图 13-29   圆形检查井周围的面层配筋（单位：mm）

13.4   普通水泥混凝土路面板厚计算

水泥混凝土路面属于刚性路面，其刚度远远大于路基、路面基层和垫层的刚度。在车轮荷载的作用下，水泥混凝土路面板的扩散性能好，路面结构产生的弯曲变形微小，而其厚度又远远小于其平面尺寸，因此，可以近似地把路面板在车轮荷载作用下的应力-应变视为线弹性的。鉴于此，在力学分析时，常将混凝土板看作弹性薄板，将其结构层视为弹性层状结构。可以应用弹性层状体系理论来求解水泥混凝土路面下基层顶面的当量回弹模量；采用有限元法分析确定水泥混凝土路面板的荷载应力，并通过水泥混凝土路面温度应力分析，来研究板内产生的胀缩应力和温度翘曲应力，从而确定混凝土的板厚和板块尺寸。

根据《公路水泥混凝土路面设计规范》JTG D40—2011 进行水泥混凝土路面厚度设计，以不产生疲劳断裂作为设计指标和不产生极限断裂作为验算指标，以水泥混凝土的抗弯拉强度标准值作为板厚设计控制指标。而沥青混凝土路面厚度计算的控制指标，是以路表的设计弯沉值作为强度控制指标，而以结构层的抗弯拉应力作为验算指标。

水泥混凝土板厚确定的三种方法为：

（1）力学—经验方法；

（2）经验性—力学方法；

（3）路面设计专用系统软件：公路与城镇道路的水泥混凝路面厚度计算，分别采用了水泥混凝土路面专用程序软件"公路路面设计程序系统软件"（HPDS2011）和"城镇道路路面设计程序系统软件"（URPDS2012），进行厚度计算。此软件可进行新建单层板或双层板等水泥混凝土路面设计、旧混凝土路面上加铺设计、改建路段原路面当量回弹模量计算等。

13.4.1　设计参数

根据现行的《公路水泥混凝土路面设计规范》JTG D40—2011，在进行混凝土路面结构设计时，对混凝土路面结构可靠度的各项指标进一步细化提出要求，方便设计使用。

各级水泥混凝土路面结构的安全等级及相应的设计基准期、目标可靠指标与目标可靠度，应符合表 13-26 的规定。二级及二级以下公路路面结构破坏可能产生严重后果，可提高一级安全等级。

1. 可靠度

路面结构的可靠度是指在规定的时间内和规定的条件下，完成预定功能的概率。由土基、基层和面层组成的路面结构，在规定的设计基准期内，在规定的环境和汽车荷载作用下，路面结构的可靠度设计标准见表 13-26。

可靠度设计标准　　　　　　　　　　　　　　　　　　　　表 13-26

公路技术等级	高速	一级	二级	三级	四级
安全等级	一级		二级	三级	
设计基准期（年）	30		20	15	10
目标可靠度（%）	95	90	85	80	70
目标可靠指标	1.64	1.28	1.04	0.84	0.52

2. 安全等级

工程结构的设计安全等级，根据路面结构重要性和破坏可能产生后果的严重程度而划分为一级、二级、三级，见表 13-26。

3. 设计基准期

设计基准期是指在计算路可靠度时，考虑各项基本度量与时间关系，所取用的基准时间段（年），见表 13-26。它不同于建筑结构的设计使用年限，也不同于建筑物的使用寿命。设计基准是一个基准参数，它不仅涉及可变荷载作用，还涉及材料的性能，是在对大量实测数据进行统计提出来的，一般情况下不能随便改变。

4. 目标可靠度

目标可靠度是指要求设计结构物达到的可靠度。它的选取是一个工程经济问题：目标可靠度定得高，则所选用的路面结构厚，初期修建费用高，但使用期间的养护费用和车辆运营费用较低，见表 13-26。

5. 目标可靠指标

目标可靠指标是度量路面结构可靠度的一种数量指标。要求设计结构具有的可靠度指标称作目标可靠指标，见表 13-26。

6. 变异水平等级和变异系数

材料性能和结构参数的变异水平等级，按施工技术、施工质量控制和管理水平分为低、中、高三级。变异系数的选用，以保证主要设计参数的变异系数控制在相应等级的范围内。由滑模或轨道式机械施工，并严格按规范和操作规程进行施工质量控制和管理工程，可选用低变异水平等级。采用小型机具施工，施工质量控制和管理水平较弱的工程，可选用高变异水平等级，应符合表 13-27 中的规定。

变异系数 c_v 的范围　　　　　　表 13-27

变异水平等级	低	中	高
水泥混凝土弯拉强度	$0.05 \leqslant c_v \leqslant 0.10$	$0.10 < c_v \leqslant 0.15$	$0.15 < c_v \leqslant 0.20$
基层顶面当量回弹模量	$0.15 \leqslant c_v \leqslant 0.25$	$0.25 < c_v \leqslant 0.35$	$0.35 < c_v \leqslant 0.55$
水泥混凝土面层厚度	$0.02 \leqslant c_v \leqslant 0.04$	$0.04 \leqslant c_v \leqslant 0.06$	$0.06 \leqslant c_v \leqslant 0.08$

7. 可靠度系数

可靠度系数 γ_r 是目标可靠度及设计参数变异水平和相应的变异系数的函数。为保证所设计的结构具有规定的可靠度，而在极限状态设计表达式中采用单一综合系数。可依据各设计参数变异系数值在各变异水平等级变化范围内的情况按表 13-28 选择可靠度系数。

可靠度系数 γ_r　　　　　　表 13-28

变异水平等级	目标可靠度（%）			
	95	90	85	80～70
低	1.20～1.33	1.09～1.16	1.04～1.08	—
中	1.33～1.50	1.16～1.23	1.08～1.13	1.04～1.07
高	—	1.23～1.33	1.13～1.18	1.07～1.11

注：变异系数在表 13-27 所示的变化范围的下限时，可靠度系数取低值；上限时，取高值。

13.4.2 水泥混凝土路面的交通等级及板厚计算

1. 标准轴载及临界荷位

水泥混凝土路面结构设计以 100kN 的单轴—双轮组作为设计轴载，临界荷位位于纵缝边缘中部。以产生最大荷载应力和温度梯度综合疲劳损坏的位置作为临界荷位（图 13-30）。板厚设计采用了可靠度设计方法，以行车荷载和温度应力梯度综合作用产生的疲劳断裂作为设计的极限状态。路面板的疲劳极限应力，应满足水泥混凝土弯拉强度的标准值。基层板的临界荷位与面层板相同。

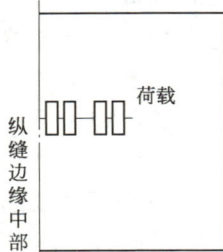

图 13-30　临界荷位

2. 标准轴载及轴载当量换算

交通调查中，一般获取所设计公路的汽车车型（分为八大类，即大货车、中型货车、小型货车、大型客车、小型客车、拖挂机、集装箱车及大中型拖拉机）、轴型、轴载组成等数据，分析计算设计车道使用初期的计算轴载日作用次数。它们由不同的车型和轴载组成，为了设计方便，以等效疲劳断裂损坏为原则，将复杂多变的各级轴载换算成标准轴载作用次数。

路面结构设计时的交通荷载分级，是用计算轴载累计作用次数来确定，对于水泥混凝土路面，只将大于 40kN 的单轴和 80kN 的双轴汽车计入。由于 2 轴 4 轮以下的客、货运车辆轴重很轻，对路面的损坏作用很轻微，因此忽略不计。其余各级轴载均换算成标准轴载。

水泥混凝土路面结构设计按疲劳断裂设计标准进行结构分析时，以 100kN 单轴—双轮组作为设计轴载，对极重交通荷载等级的水泥混凝土路面，宜选用货车中占主要份额特重车型的轴载作为设计荷载。各级轴载的作用次数 N_i，换算为设计车道使用初期的设计轴载日作用次数 N_s，有以下两种计算公式。

1）以车辆轴型为基础的换算方法

当各类车辆按轴型称重和统计时，可采用以轴型为基础的当量换算系数法计算分析设计车道使用初期的设计轴载日作用次数。随机统计 3000 辆 2 轴 6 轮及以上车辆中单轴、双联轴和三联轴等不同轴型出现的单轴次数，并分别称取其单轴轴重。可按单轴轴重级位统计整理后得到轴载谱，并按式（13-1）计算确定不同轴级位的设计轴载当量换算系数。

$$k_{p,i} = \left(\frac{P_i}{P_s}\right)^{16} \tag{13-1}$$

式中　$k_{p,i}$——不同单轴轴重级位 i 的设计轴载当量换算系数；

　　　P_i——单轴轴重级位 i 的载重（kN）；

　　　P_s——设计轴载的轴重（kN）。

依据单轴轴载谱和相应的设计轴载当量换算系数，可按式（13-2）计算得到设计车道使用初期的设计轴载日作用次数 N_s。

$$N_s = ADTT \frac{n}{3000} \sum_i (k_{p,i} \times p_i) \tag{13-2}$$

式中　N_s——设计车道使用初期的设计轴载日作用次数 [轴次/（车道·日）]；

　　　$ADTT$——设计车道的年平均日货车交通量 [轴/（车道·日）]；

　　　n——随机调查 3000 辆 2 轴 6 轮以上车辆中出现的单轴总轴数；

　　　p_i——单轴轴重级位 i 的频率（以分数计）。

2）以车辆类型为基础的换算方法

当以车辆类型为基础进行各种车辆按轴型称重和统计时，可采用车辆当量轴载系数法计算分析设计车道使用初期的设计轴载日作用次数。可将 2 轴 6 轮及以上车辆分为整车、半挂和多挂 3 大类，每类车再按轴数细分，分别按车型称重后得到单轴轴谱。可由式（13-1）和式（13-3）计算得到各类车辆的设计轴载当量换算系数。

$$k_{\mathrm{p.k}} = \sum_i k_{\mathrm{p}.i} \cdot p_i \tag{13-3}$$

式中　$k_{\mathrm{p.k}}$——k 类车辆的设计轴载当量换算系数；

　　　p_i——k 类车辆单轴轴重级位 i 的频率（以分数计）。

依据调查所得的车辆类型组成数据，可按式（13-4）计算确定设计车道使用初期的设计轴载日作用次数。

$$N_{\mathrm{s}} = ADTT \sum_k (k_{\mathrm{p.k}} \times p_k) \tag{13-4}$$

式中　p_k——k 类车辆的组成比例（以分数计）。

13.4.3　交通分析

1. 年平均交通增长率

设计基准期内的年平均交通增长率（r），可通过分析交通观测点统计的交通资料，获取设计公路的初期年平均日交通量（双向）和车辆组成数据，剔除 2 轴 4 轮以下的客货车辆交通量，得到初期年平均日货车交通量（双向），并根据公路等级及其功能，论证后确定。年平均交通增长率一般在 2%～6% 范围内选用。初期交通量越大，所选用的平均增长率应越小。

2. 交通量方向分配系数（η_1）

当计算设计车道使用初期标准轴载日作用次数时，应调查分析双向交通的分布情况，选取交通量方向分配系数，为单向交通时可采用 1.0，在双向交通分布不明显时，可在 0.5～0.6 范围内选用。

3. 交通量车道分配系数（η_2）

计算设计车道使用初期标准轴载日作用次数时，可依据公路等级、设计车道数，按表 13-29 确定 2 轴 6 轮以上车辆交通量车道分配系数。在计算时，平均交通量（双向）乘以交通量方向分配系数以及交通量车道分配系数，即为设计车道的平均日货车交通量。高速公路由于实行封闭交通，干扰小，其车道系数变化范围小。

2 轴 6 轮以上车辆交通量车道分配系数（η_2）　　　　　　　　表 13-29

单向车道数		1	2	3	≥4
车道分配系数	高速公路	—	0.70～0.85	0.45～0.60	0.40～0.50
	其他等级公路	1.00	0.50～0.75	0.50～0.75	

4. 轮迹横向分布系数 η_3

汽车在路面上行驶时，轮迹的横向分布不均匀。一般公路等级低，单车道和匝道处轮迹重叠，此处集中的轮迹使横向分布系数值偏大；行车道宽或交通量较大时取高限。而公路等级高，车轮轮迹的横向分布较分散，则取低值。影响轮迹横向分布的因素很多，如横断面的形式、车道宽度、车道数、交通类型、交通密度和组成及是否分道行驶等。水泥混凝土路面临界疲劳荷载位置为纵缝隙边缘中部，该处的车辆轮迹横向分部系数，按表 13-30 选用。

车辆轮迹横向分布系数（η_s）　　　　　表 13-30

公　路　等　级		纵缝边缘处
高速公路、一级公路、收费站		0.17～0.22
二级及二级以下公路	行车道宽>7m	0.34～0.39
	行车道宽≤7m	0.54～0.62

注：车道或行车道或交通量较大时取高限，反之，取低值。

5. 累计当量轴次计算及交通分级

设计基准期内水泥混凝土路面设计车道所承受的设计轴载累计作用次数按式 (13-5) 计算。累计作用轴次 N_e，是以设计车道使用初期的标准轴载日作用次数 N_s 为基数（考虑了方向分配系数、车道分配系数、轮迹横向分布系数），再根据设计基准期内水泥混凝土面层临界荷位处所承受的标准轴载累计作用次数来确定的。按等比级数求和的公式进行计算，并以此来确定水泥混凝土路面的交通等级，而将分布概率集中的车道作为设计车道。规范将交通荷载分级按设计车道标准轴载累计作用次数分为五级。

$$N_e = \frac{N_s \times \left[(1+g_r)^t - 1 \right] \times 365}{g_r} \times \eta \qquad (13-5)$$

式中　N_e——设计基准期内设计车道所承受的设计轴载累计作用次数（轴次/车道）；

　　　t——设计基准期（年）；

　　　g_r——基准期内货车交通量的年平均增长率（以分数计）；

　　　η——临界荷位处的车辆轮迹横向分布系数，按表 13-30 选用。

6. 交通荷载分级

目前，公路上的超载现象较为严重，特别是一些行驶特重载车辆、特种车辆的公路。水泥混凝土路面的疲劳损伤量对轴重很敏感，为了避免出现这种情况，对于极重交通等级的公路，建议选取货车中占主要份额特重车型的轴载作为设计轴载。交通荷载等级分为极重、特重、重、中等、轻五个等级，见表 13-31。

交通荷载分级　　　　　表 13-31

交通等级	极重	特重	重	中等	轻
设计基准期限内车道承受设计轴载（100kN）累计作用次数 N_e（10^6）	>1×1000000	2000～1000000	100～2000	3～100	<3

13.4.4　路面结构极限状态的设计指标

1. 弯拉强度标准值

我国水泥混凝土路面面层结构设计是以疲劳弯曲开裂为设计标准，以行车荷载作用产生的荷载疲劳应力 σ_{pr} 和温度梯度作用产生的疲劳应力 σ_{tr} 之和（$\sigma_{pr} + \sigma_{tr}$）不超过混凝土弯拉强度的设计值 f_r 作为设计标准，并以最重轴载和最大温度梯度综合作用下，不产生极限断裂作为验算标准。其极限状态设计表达式见式（13-6）、式（13-7）。

$$\gamma_r(\sigma_{pr}+\sigma_{tr})\leqslant f_r \tag{13-6}$$

$$\gamma_r(\sigma_{p.max}+\sigma_{t.max})\leqslant f_r \tag{13-7}$$

式中　σ_{pr}——面层板在临界荷位处产生的行车荷载疲劳应力（MPa），按式（13-8）计算；

σ_{tr}——面层板在临界荷位处产生的温度梯度疲劳应力（MPa），按式（13-15a）计算；

$\sigma_{p.max}$——最重的轴载在临界荷位处产生的最大荷载应力（MPa），按式（13-14）计算；

$\sigma_{t.max}$——所在地区最大温度梯度时在临界荷位处产生的最大温度应力（MPa），按式（13-15b）计算；

γ_r——可靠度系数，依据所选目标可靠度、变异水平等级及变异系数按表13-28确定；

f_r——水泥混凝土弯拉强度标准值（MPa），见表13-32。

水泥混凝土的设计强度应采用28d龄期的弯拉强度。各级交通荷载等级要求的水泥混凝土弯拉强度指标不得低于表13-32的规定。

水泥混凝土弯拉强度标准值 f_r　　　　　表 13-32

交通等级	极重、特重、重	中等	轻
水泥混凝土的弯拉强度标准值（MPa）	≥5.0	4.5	4.0
钢纤维混凝土的弯拉强度标准值（MPa）	≥6.0	5.5	5.0

2. 荷载应力计算

选取混凝土板的纵向边缘中部作为最大荷载和温度梯度综合损坏的临界荷位。标准轴载 P_s 在临界荷位处产生的荷载疲劳应力按式（13-8）确定。

$$\sigma_{pr}=k_r k_f k_c \sigma_{ps} \tag{13-8}$$

式中　σ_{pr}——设计轴载在面层板临界荷位处产生的荷载疲劳应力（MPa）；

σ_{ps}——设计轴载 P_s 在四周自由板的临界荷位处产生的荷载应力（MPa），按式（13-9a）计算；

k_r——考虑接缝传荷能力的应力折减系数，采用混凝土路肩时，$k_r=0.87\sim 0.92$（路肩面层与路面面层等厚时取低值，减薄时取高值）；采用柔性路肩或土路肩时，$k_r=1.0$；

k_f——设计基准期内的荷载疲劳应力系数，按式（13-10）确定；

k_c——考虑计算理论与实际差异及动荷载因素的综合系数，按公路等级查表13-33确定。

综合系数 k_c　　　　　表 13-33

公路等级	高速公路	一级公路	二级公路	三、四级公路
k_c	1.15	1.10	1.05	1.00

（1）设计轴载在四边自由板临界荷位处产生的荷载应力 σ_{ps} 按式（13-9a）计算。

$$\sigma_{ps} = 1.47 \times 10^{-3} r^{0.70} h_c^{-2} P_s^{0.94} \tag{13-9a}$$

$$r = 1.21(D_c/E_t)^{1/3} \tag{13-9b}$$

$$D_c = \frac{E_c h_c^3}{12(1 - \nu_c^2)} \tag{13-9c}$$

式中　P_s——设计轴载的单轴重（kN）；

h_c、E_c、ν_c——分别为混凝土面层板的厚度（m）、弯拉弹性模量（MPa）和泊松比，E_c 可按表 13-18 选用；

$\qquad r$——混凝土面层板的相对刚度半径（m）；

$\qquad D_c$——混凝土面层板的截面弯曲刚度（MN·m）；

$\qquad E_t$——板底地基当量回弹模量（MPa）。新建道路按式（13-12a）确定；旧柔性路面上加铺混凝土面层按式（13-13a）计算确定。

（2）设计基准期内的荷载疲劳应力系数 k_f 按式（13-10）计算。

$$k_f = N_e^{\lambda} \tag{13-10}$$

式中　N_e——设计基准期内设计车道所承受的设计轴载累计作用次数，按式（13-5）计算；

$\qquad \lambda$——材料疲劳指数，普通混凝土、钢筋混凝土、连续配筋混凝土，$\lambda = 0.057$；碾压混凝土和贫混凝土，$\lambda = 0.065$；钢纤维混凝土，按式（13-11）计算；

$$\lambda = 0.053 - 0.017 \rho_f \frac{l_f}{d_f} \tag{13-11}$$

式中　ρ_f——钢纤维的体积率（%）；

$\qquad l_f$——钢纤维的长度（mm）；

$\qquad d_f$——钢纤维的直径（mm）。

（3）新建公路的板底地基当量回弹模量 E_t，可按式（13-12a）计算。

$$E_t = \left(\frac{E_x}{E_0}\right)^{\alpha} E_0 \tag{13-12a}$$

$$\alpha = 0.86 + 0.26 \ln h_x \tag{13-12b}$$

$$E_x = \sum_{i=1}^{n} (h_i^2 E_i) / \sum_{i=1}^{n} h_i^2 \tag{13-12c}$$

$$h_x = \sum_{i=1}^{n} h_i \tag{13-12d}$$

式中　E_0——路床顶面综合回弹模量（MPa），查用表 13-5～表 13-7 的参考值；

$\qquad \alpha$——与粒料层总厚度 h_x 有关的回归系数；

$\qquad E_x$——粒料层的当量回弹模量（MPa）；

$\qquad h_x$——粒料的总厚度（m）；

$\qquad n$——粒料层的层数；

E_i、h_i——分别为第 i 结构层的回弹模量（MPa）、厚度（m）。

（4）在旧柔性路面上铺筑水泥混凝土面层时，原沥青混凝土路面顶面的地基

综合当量回弹模量 E_t 可根据落锤式弯沉仪（荷载 50kN、承载板半径 150mm）的中心点弯沉的测定结果应按式（13-13a）计算确定，或根据贝克曼梁（后轴重100kN 的车辆）的弯沉仪测定结果，按式（13-13b）计算确定。

$$E_t = 18621/\omega_0 \tag{13-13a}$$

$$E_t = 13739\omega_0^{-1.04} \tag{13-13b}$$

$$\omega_0 = \bar{\omega} + 1.04 s_w \tag{13-13c}$$

式中　ω_0——路段代表弯沉值（0.01mm），按式（13-13c）计算；

$\quad\quad \bar{\omega}$——路段弯沉平均值（0.01mm）；

$\quad\quad s_w$——路段弯沉的标准差（0.01mm）。

（5）最重轴载面层板临界荷位处产生的最大荷载应力，应按式（13-14）计算。

$$\sigma_{p.max} = k_r k_c \sigma_{pm} \tag{13-14}$$

式中　$\sigma_{p.max}$——最重轴载 P_m 在面层板临界荷位处产生的最大荷载应力（MPa）；

$\quad\quad \sigma_{pm}$——最重轴载 P_m 在四边自由板临界荷位处产生的最大荷载应力（MPa），按式（13-9a）计算，式中的设计轴载 P_s 改为最重轴载 P_m（以单轴计，kN）；

$\quad\quad k_r$、k_c——见式（13-8）与表 13-33。

3. 弹性地基单层板温度应力计算

（1）在面层板临界荷位处产生的温度梯度疲劳应力按下式确定：

$$\sigma_{tr} = k_t \sigma_{t.max} \tag{13-15a}$$

式中　σ_{tr}——面层板在临界荷位处产生的温度梯度疲劳应力（MPa）；

$\quad\quad \sigma_{t.max}$——最大温度梯度时在临界荷位处产生的最大温度应力（MPa），按式（13-15b）计算确定；

$\quad\quad k_t$——温度疲劳应力系数，按式（13-17）计算确定。

（2）最大温度梯度时混凝土面层板的最大温度应力 $\sigma_{t.max}$ 按下式计算：

$$\sigma_{t.max} = \frac{\alpha_c E_c h_c T_g}{2} B_l \tag{13-15b}$$

式中　α_c——混凝土线膨胀系数（1/℃），根据粗集料的岩性按表 13-34 取用。

$\quad\quad T_g$——温度梯度，公路 50 年一遇的最大温度梯度标准值，可按公路所在地的公路自然区划按表 13-35 取用；

$\quad\quad B_l$——综合温度翘曲应力和内应力的温度应力系数 B_l，可按式（13-16a）计算确定。

温度梯度决定路面结构内的温度状况，可分为外部和内部两类。外部因素主要为大气条件影响，内部因素则为路面各结构层自身的热传导、热容量、辐射热的吸收能力。水泥混凝土面层的最大温度梯度标准值，可按照公路所在地的公路自然区划查表 13-35 选用。

水泥混凝土线膨胀系数经验参考值　　表 13-34

粗集料类型	石英岩	砂岩	砾石	花岗岩	玄武岩	石灰岩
水泥混凝土线膨胀系数（$10^{-6}/℃$）	12	12	11	10	9	7

最大温度梯度标准值　　表 13-35

公路自然区划	II、V	III	IV、VI	VII
最大温度梯度（℃/m）	83～88	90～95	86～92	93～98

注：海拔高时，取高值；湿度大时，取低值。

（3）综合温度翘曲应力和内应力的温度应力系数 B_l，可按下式计算确定。

$$B_l=1.77e^{-4.48h_c}C_l-0.131\ (1-C_l)$$ （13-16a）

$$C_l=1-\frac{\sinh t\cos t+\cosh t\sin t}{\cos t\sin t+\sinh t\cosh t}$$ （13-16b）

$$t=\frac{L}{3r}$$ （13-16c）

式中　C_l——混凝土面层板的温度翘曲应力系数；

　　　L——面层板的横缝间距，即板长（m）；

　　　r——面层板的相对刚度半径（m）。

（4）温度疲劳应力系数可按下式计算确定：

$$k_t=\frac{f_r}{\sigma_{t,\max}}\left[a_t\left(\frac{\sigma_{t,\max}}{f_r}\right)^{b_t}-c_t\right]$$ （13-17）

式中　a_t、b_t、c_t——回归系数，按所在地区的公路自然区划查表 13-36。

回归系数 a_t、b_t 和 c_t　　表 13-36

系数	公路自然区划					
	II	III	IV	V	VI	VII
a_t	0.828	0.855	0.841	0.871	0.837	0.834
b_t	1.323	1.355	1.323	1.287	1.382	1.270
c_t	0.041	0.041	0.058	0.071	0.038	0.052

弹性地基双层板荷载应力计算详见现行《公路水泥混凝土路面设计规范》JTG D40—2011。

13.4.5　水泥混凝土板厚度计算流程

（1）根据相关的设计依据，进行行车道路面结构的组合设计，初拟路面结构，包括路床、垫层、基层及面层的材料类型和厚度，并按表 13-21 的水泥混凝土面层厚度建议范围，依据交通等级、公路等级和所选变异水平等级初选混凝土板厚度。

（2）按照初拟路面结构的组合情况，选择相应的结构分析模型。

（3）参照图 13-31 所示的混凝土路面板厚度计算流程，分别计算混凝土面层板（单层板或双层板的面层板）的最重轴载产生的最大荷载应力、轴载产生的荷载疲劳应力、最大温度梯度产生的最大温度应力及温度疲劳应力。

（4）当荷载疲劳应力与温度疲劳应力之和与可靠度系数的乘积，小于且接近混凝土弯拉强度标准值，同时，最大荷载应力与最大温度应力之和与可靠度系数的乘积，小于混凝土弯拉强度标准值，即满足式（13-6）与式（13-7）的要求时，初选厚度可作为混凝土板的计算厚度。否则，重新拟选混凝土板厚度，进行计算，直到满足要求为止。设计厚度加 6mm 磨损厚度后，应按 10mm 向上取整，作为混凝土面层的设计厚度。

（5）混凝土路面板厚计算流程见图 13-31。

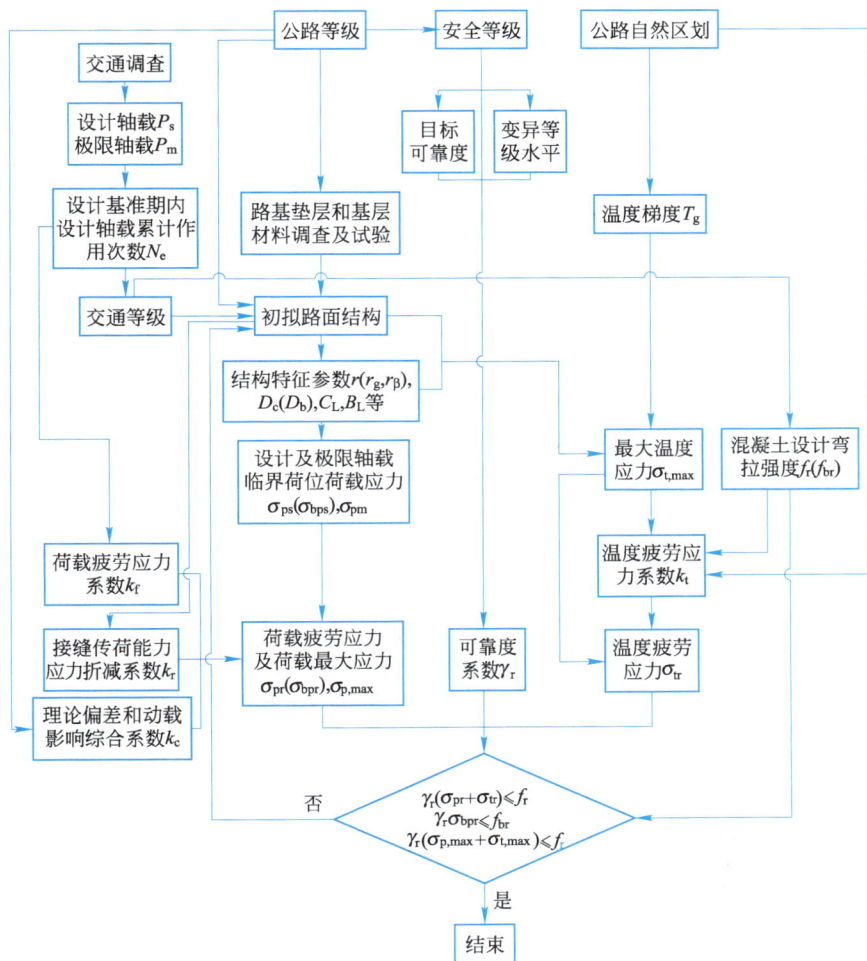

图 13-31　混凝土路面板厚度计算流程图

13.4.6　粒料基层上水泥混凝土面板厚度计算

【例 13-2】公路自然区划Ⅱ区拟新建一条二级公路，路面宽 7m，路基为低液限黏土，路床顶距地下水位平均 1.2m，当地的粗集料以花岗岩为主。拟采用普通混凝土路面。经交通调查得知，设计轴载 $P_s=100kN$，最重轴载 $P_m=150kN$，设计车道使用初期设计轴载的日作用次数为 100 次，交通量年平均增长率为 5%。试进行水泥混凝土路面设计，并绘制混凝土板接缝布置图。

【解】（1）交通分析

由表 13-26，二级公路的设计基准期为 20 年，安全等级为二级。由表 13-30

临界荷位处的车辆轮迹横向分布系数取 0.62。按式（13-5）计算得到设计基准期内设计车道所承受的设计轴载累计作用次数：

$$N_e = \frac{N_s\left[(1+g_r)^t - 1\right] \times 365}{g_r} \times \eta = \frac{100 \times \left[(1+0.05)^{20} - 1\right] \times 365}{0.05} \times 0.62$$

$$= 74.8 \times 10^4 \text{ 次}$$

查表 13-31 可知，N_e 在 $3 \times 10^4 \sim 1 \times 10^6$ 次范围，所以本设计路段属于中等荷载交通等级。

（2）初拟路面结构

查表 13-27 得，施工质量变异水平选择中级。根据二级公路、中等交通荷载等级和中级变异水平，查表 13-21，初拟普通混凝土面层厚度为 0.23m，基层选用级配碎石，厚度为 0.20m。普通混凝土板的平面尺寸为 4.5m×3.5m，纵缝为设拉杆平缝，横缝为不设传力杆的假缝，路肩面层与行车道面层等厚并设拉杆相连。

（3）路面材料参数确定

查表 13-17，取普通混凝土面层的弯拉强度标准值为 4.5MPa，相应的水泥混凝土弯拉弹性模量与泊松比分别为 29GPa、0.15。查表 13-34，粗集料为花岗岩的混凝土线膨胀系数 $\alpha_c = 10 \times 10^{-6}/℃$。

查表 13-5，取低液限黏土路基回弹模量 80MPa。查表 13-6，取距地下水位 1.2m 时的湿度调整系数为 0.75，由此得到路床顶综合回弹模量为 $80 \times 0.75 = 60$MPa。查表 13-5 取级配碎石基层回弹模量为 300MPa。按式（13-12a）～式（13-12d）计算板底地基当量回弹模量如下：

$$E_x = \sum_{i=1}^{n}(h_i^2 E_i) / \sum_{i=1}^{n} h_i^2 = \frac{h_1^2 E_1}{h_1^2} = 300\text{MPa}$$

$$h_x = \sum_{i=1}^{n} h_i = h_1 = 0.20\text{m}$$

$$\alpha = 0.86 + 0.26\ln h_x = 0.86 + 0.26 \times \ln 0.20 = 0.442$$

$$E_t = \left(\frac{E_x}{E_0}\right)^{\alpha} E_0 = \left(\frac{300}{60}\right)^{0.442} \times 60 = 122.2\text{MPa}$$

板底地基当量回弹模量 E_t 取为 120MPa。

普通混凝土面层的弯曲刚度 D_c 按式（13-9c）计算，相对刚度半径 r 按式（13-9b）计算。

$$D_c = \frac{E_c h_c^3}{12(1-\nu_c^2)} = \frac{29000 \times 0.23^3}{12 \times (1-0.15^2)} = 30.1\text{MN} \cdot \text{m}$$

$$r = 1.21(D_c/E_t)^{1/3} = 1.21 \times \left(\frac{30.1}{120}\right)^{1/3} = 0.763\text{m}$$

（4）荷载应力

按式（13-9a）计算设计轴载和最重荷载在临界荷位处产生的荷载应力：

$$\sigma_{ps} = 1.47 \times 10^{-3} r^{0.70} h_c^{-2} P_s^{0.94} = 1.47 \times 10^{-3} \times 0.763^{0.70} \times 0.23^{-2} \times 100^{0.94} = 1.744\text{MPa}$$

$$\sigma_{pm} = 1.47 \times 10^{-3} r^{0.70} h_c^{-2} P_m^{0.94} = 1.47 \times 10^{-3} \times 0.763^{0.70} \times 0.23^{-2} \times 150^{0.94} = 2.554\text{MPa}$$

按式（13-8）计算荷载疲劳应力，按式（13-14）计算最大荷载应力：

$$\sigma_{pr} = k_r k_f k_c \sigma_{ps} = 0.87 \times 2.162 \times 1.05 \times 1.744 = 3.44\text{MPa}$$

$$\sigma_{p,max} = k_r k_c \sigma_{pm} = 0.87 \times 1.05 \times 2.554 = 2.33\text{MPa}$$

其中，考虑接缝传荷能力的应力折减系数 $k_r = 0.87$；综合系数 $k_c = 1.05$（表 13-33）；按式（13-10）计算疲劳应力系数 $k_f = N_e^\lambda = (74.8 \times 10^4)^{0.057} = 2.162$。

（5）温度应力

粗集料岩性为花岗岩，查表 13-34 得 $\alpha_c = 10 \times 10^{-6}/℃$。由表 13-35 得，最大温度梯度取 88℃/m。按式（13-16a）～式（13-16c）计算综合温度翘曲应力和内应力的温度应力系数 B_1。

$$t = \frac{L}{3r} = \frac{4.5}{3 \times 0.763} = 1.97$$

$$C_1 = 1 - \frac{\sinh 1.97 \cos 1.97 + \cosh 1.97 \sin 1.97}{\cos 1.97 \sin 1.97 + \sinh 1.97 \cosh 1.97} = 1 - 0.162 = 0.838$$

$$B_1 = 1.77 e^{-4.48 h_c} C_1 - 0.131(1 - C_1) = 1.77 e^{-4.48 \times 0.23} \times 0.838 - 0.131 \times (1 - 0.838)$$
$$= 0.508$$

按式（13-15b）计算最大温度应力：

$$\sigma_{t,max} = \frac{\alpha_c E_c h_c T_g}{2} B_1 = \frac{10^{-5} \times 29000 \times 0.23 \times 88}{2} \times 0.508 = 1.49 \text{MPa}$$

温度疲劳应力系数 k_t 按式（13-17）计算。

$$k_t = \frac{f_r}{\sigma_{t,max}} \left[a_t \left(\frac{\sigma_{t,max}}{f_r} \right)^{b_t} - c_t \right] = \frac{4.5}{1.491} \left[0.828 \times \left(\frac{1.491}{4.5} \right)^{1.323} - 0.041 \right] = 0.46$$

由式（13-15a）计算温度疲劳应力：

$$\sigma_{tr} = k_t \sigma_{t,max} = 0.46 \times 1.49 = 0.69 \text{MPa}$$

（6）结构极限状态校核

查表 13-26、表 13-28，二级公路、中等变异水平条件下的可靠系数 γ_r 取 1.13。

按式（13-6）和式（13-7）校核路面结构极限状态是否满足要求。

$$\gamma_r (\sigma_{pr} + \sigma_{tr}) = 1.13 \times (3.44 + 0.69) = 4.67 \text{MPa} > f_r = 4.5 \text{MPa}$$

$$\gamma_r (\sigma_{p,max} + \sigma_{t,maxr}) = 1.13 \times (2.33 + 1.49) = 4.32 \text{MPa} < f_r = 4.5 \text{MPa}$$

显然，初拟的路面结构不能满足要求。将混凝土面层厚度增至 0.24m。重复以上计算，得到荷载疲劳应力 $\sigma_{pr} = 3.26 \text{MPa}$，最大荷载应力 $\sigma_{p,max} = 2.21 \text{MPa}$，最大温度应力 $\sigma_{t,max} = 1.47 \text{MPa}$，疲劳温度应力 $\sigma_{tr} = 0.67 \text{MPa}$，然后再进行结构极限状态验算。

$$\gamma_r (\sigma_{pr} + \sigma_{tr}) = 1.13 \times (3.26 + 0.67) = 4.46 \text{MPa} < f_r = 4.5 \text{MPa}$$

$$\gamma_r (\sigma_{p,max} + \sigma_{t,maxr}) = 1.13 \times (2.21 + 1.47) = 4.16 \text{MPa} < f_r = 4.5 \text{MPa}$$

满足结构极限状态要求，所选的普通混凝土面层计算厚度 0.24m 可以承受设计基准期内设计轴载荷载和温度梯度的综合疲劳作用，以及最重轴载在最大温度梯度时的一次极限作用。取设计厚度为 0.25m。

（7）结果

最后得到路面结构设计结果如图 13-32 所示。

普通混凝土面层	25cm
级配碎石	20cm
新建路基	

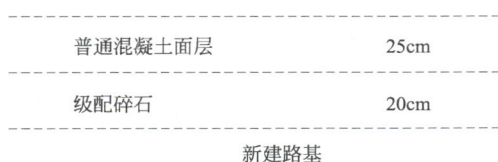

图 13-32　路面结构设计结果

（8）绘制水泥混凝土板接缝布置图，见附图 6。

13.5　其他类型混凝土路面简介

13.5.1　钢筋混凝土路面

1. 特性和作用

钢筋混凝土路面是指面层内配置有纵向、横向钢筋或钢丝网并设接缝的水泥混凝土路面，其板内钢筋网的主要作用并非为增加板的抗弯强度，而是阻止板的裂缝张开，使板块接缝依靠断裂面上的集料间嵌锁作用而保证板结构整体强度。因而，钢筋混凝土面层所需的厚度与素（无筋）混凝土面层的厚度相同。配筋是按混凝土收缩时将板块拉在一起所需的拉力确定。最大的拉力出现在板中央开裂时，它等于由该处到最近的板边缘范围内面层和基层之间的摩阻力。

2. 钢筋布置要求

为使板内应力尽可能分散，纵横向钢筋通常设在顶面下 1/3～1/2 厚度处。边缘钢筋至接缝或自由边的距离一般为 100～150mm。纵向钢筋的搭接长度一般不小于 35 倍钢筋直径，搭接位置应错开，各搭接端连线与纵向钢筋的夹角应小于 60°。纵向钢筋的焊接长度宜不小于 10 倍（单面焊）或 5 倍（双面焊）钢筋直径，焊接位置应错开，各焊接端连线与纵向钢筋的夹角应小于 60°。横向钢筋应位于纵向钢筋之下，保护层最小厚度不小于 50mm。板内钢筋的主要作用是使裂缝密闭，要有足够的保护层以防锈蚀即可。

3. 钢筋混凝土面层的配筋量

在确定钢筋混凝土板厚，面层板面配筋时，面层板钢筋面积应按式（13-18）计算：

$$A_s = \frac{26 L_s h \mu}{f_{sy}}$$
（13-18）

式中　A_s——每延米混凝土面层宽（或长）所需要的钢筋面积（mm^2）；

L_s——纵向钢筋时，为横缝间距（mm）；横向钢筋时，为无拉杆的纵缝或自由边之间的距离（mm）；

h——面层厚度（mm）；

μ——面层与基层之间的摩阻系数，基层为水泥、石灰或沥青稳定粒料时，可取 1.8；基层为无机结合料粒料时，可取 1.5；

f_{sy}——钢筋的屈服强度（MPa），按表 13-37 选用。

在重交通水泥混凝土路面设计中，纵向接缝应布设螺纹（带肋）钢筋，使钢筋与混凝土握裹在一起，防止板块沿路拱下滑纵缝扩张。一般采用牌号 HRB400 的普通热轧带肋钢筋。

对于钢筋混凝土路面，纵向和横向钢筋均应采用螺纹钢筋，钢筋采用相同或相近直径，其直径差小于等于 4mm。钢筋的最小直径和最大间距，应符合表 13-38 的规定。钢筋最小间距为集料最大粒径的 2 倍。

热轧带肋钢筋的力学性能和工艺性能　　　　　　　　表 13-37

牌号	原牌号	公称直径 a （mm）	屈服强度 R_{eL} （MPa）	抗拉强度 R_m （MPa）	断后伸长率 A （%）	最大力总伸长率 A_{gt} （%）	冷弯试验180°
			不小于				弯芯直径 d （mm）
HRP400 HRPF400	20MnSiV 20MnSiNb 20MnTi	6～25 28～40 40～50	400	540	16	7.5	4d 5d 6d
HRB500 HRBF500	—	6～25 28～40 40～50	500	630	15		6d 7d 8d

钢筋最小直径和最大间距（mm）　　　　　　　　表 13-38

钢筋类型	光圆钢筋	螺纹钢筋
最小直径	8	12
纵向最大间距	150	350
横向最大间距	300	600

钢筋混凝土板的缩缝（横缝）间距较长，一般为 10～20m，但最大不超过 30m。由于缩缝（横缝）间距较长，其混凝土收缩缝隙的缝宽比普通混凝土面板大。所以，为保证接缝具有传荷能力，横向接缝按缩缝形式设置，并设置传力杆，其接缝构造与素混凝土路面相同。

13.5.2　连续配筋混凝土路面

1. 特性和用途

连续配筋混凝土路面指面层内配置纵向连续钢筋和横向钢筋，横向不设缩缝的水泥混凝土路面。其作用是提高板的抗开裂能力，形成一个完整和平坦的行车路表面，增加了路面板的整体强度，改善了行车状况。其适用于特大交通量的高速公路和一级公路。

2. 构造要求

连续配筋混凝土路面的纵向、横向钢筋均应采用螺纹钢筋。由于很少设置横缝，混凝土面层会在温度和湿度变化引起的内应力作用下产生许多横向裂缝。连续配筋混凝土面层的纵向配筋率按允许的裂缝间距（1.0～2.5m）、缝隙宽度（<1.0mm）和钢筋屈服强度确定，通常为 0.6%～0.8%，最小纵向配筋率，冰冻地区为 0.7%，一般地区为 0.6%。由于配置了许多纵向连续钢筋，这些横向裂缝不至于张开而使杂物侵入，或使混凝土剥落，因而不会影响行车的使用品质。

连续配筋混凝土板内的钢筋并非按承受荷载应力进行设计的。因此，它的厚度仍可采用无筋混凝土路面板的计算方法确定。由于不考虑温度应力的组合，可以明显减小路面厚度。

纵向钢筋的埋置深度应在面层表面下 1/3～1/2 板厚范围内，横向钢筋位于纵向钢筋之下；纵向钢筋焊接长度一般不小于 10 倍（单面焊）或 5 倍（双面焊）钢筋直径，焊接位置应错开，各焊接端连线与纵向钢筋的夹角应小于 60°，边缘钢筋至纵缝或自由边的距离一般为 100～150mm。

3. 施工要点

连续配筋混凝土面层在浇筑中断时需设置施工缝。施工缝采用平缝形式，并设置长度为 1m 的拉杆增强。拉杆的直径与间距同纵向钢筋，以使施工缝两侧的混凝土板块加固成连续的整体。

连续配筋混凝土路面与其他路面或桥梁、涵洞等构造物连接处，都要设置横向胀缝，以便为混凝土的膨胀留有余地。

13.5.3　钢纤维混凝土路面

1. 特性和用途

钢纤维混凝土路面指在混凝土面层中掺入钢纤维的水泥混凝土路面。它是一种性能优良的路面，由于在混凝土中掺入一定数量的钢纤维，大大提高了混凝土的抗拉强度、抗弯拉强度、抗冻性、抗冲性、抗磨性、抗疲劳性，明显减薄混凝土板的厚度，改善路用性能。但其造价较高，一般用于地面标高受限制地段的路面、桥面铺装、停车场和旧混凝土路面的加铺层。它作为桥梁铺装层，可以减少铺装厚度，减轻自重。

钢纤维混凝土路面的特性除了与所采用的混凝土有关外，还与钢纤维的品种、方向性、长径比及掺加率等有关。

2. 材料的基本要求

钢纤维材性能指标与原材料及加工工艺有关，路面用钢纤维宜用剪切型纤维或熔抽型钢纤维，纤维直径在 0.4～0.7mm 范围内，长度取直径的 50～70 倍。

粗集料最大粒径对钢纤维混凝土中纤维的握裹力有较大影响，粒径过大对抗弯拉强度有明显影响，要求最大粒径不超过纤维长度 1/2 为宜，但不得大于 20mm。钢纤维混凝土路面的板长宜为 6～10m，纤维掺入量较大，可用大值；掺入量小，取小值。板长宽比应符合设计要求。

3. 厚度设计

根据试验研究，钢纤维混凝土的弯拉强度约为普通混凝土的 1.5～2.0 倍，且影响因素较多，弯拉弹性模量则仅提高 5%。钢纤维混凝土路面厚度的设计一般参照普通混凝土路面，通过试算确定。试算时，一般计算板长取 5m。钢纤维混凝土面板厚度选用与普通混凝土路面相同。

13.5.4　贫混凝土基层板

1. 特点与用途

贫混凝土基层板是指水泥用量较低的水泥混凝土路面。贫混凝土板不能作为面层板使用，主要用作高速公路、一级公路、特重交通的沥青路面和水泥混凝土路面的基层板。其主要是为了增加基层的抗冲刷能力，并不要求它有太高的强度。其强度太高会使面层产生收缩裂缝。

2. 材料与构造要求

贫混凝土的设计强度和最大水灰比由交通等级确定，基层贫混凝土设计时应满足表 13-39 的规定。

贫混凝土的设计强度标准值和最大水灰比建议值　　　　表 13-39

交通等级	特重	重	中等
7d 抗压强度（MPa）	10.0	7.0	5.0
28d 抗压强度（MPa）	15.0	10.0	7.0
28d 弯拉强度（MPa）	3.0	2.0	1.5
最大水灰比（%）	0.65	0.68	0.70
有抗冻要求的最大水灰比（%）	0.60	0.63	0.65

不掺粉煤灰贫混凝土水泥的单位用量宜控制在 $160\sim230kg/m^3$ 之间；掺粉煤灰时宜控制在 $130\sim175kg/m^3$ 之间；单位胶材总量宜在 $220\sim270kg/m^3$ 之间。贫混凝土基层施工，采用与普通混凝土板相同的施工方法，属于大体积工程，基层应锯切成与面板缝对应的纵、横向接缝。切缝深度不宜小于 1/4 板厚，最浅不宜小于 50mm，并用沥青材料灌缝。贫混凝土基层板的纵、横向缩缝可以不设置拉杆和传力杆，但与胀缝对应处的基层板，也应设置传力杆与填缝板的沥青。

13.5.5　碾压混凝土路面

1. 特点与用途

碾压混凝土路面是指采用较低水灰比混合料，用沥青摊铺机成型，用压路机振动碾压成型的水泥混凝土路面。碾压混凝土路面由于含水率低，并通过强烈振动碾压成型，因此强度高，节省水泥，节约用水，施工速度快，养护时间短，有较好的应用前景。但其直接作为面层板，表面很难达到要求，因此，碾压混凝土路面不宜作为高速公路、一级公路的面层板，一般用于二级以下公路或作为高速公路、一级公路的刚性基层。

2. 材料与构造要求

面层碾压混凝土粗、细集料合成级配，宜符合表 13-40 的要求。

面层碾压混凝土路面粗、细集料合成级配范围　　　　表 13-40

筛孔尺寸（mm）	19.0	9.50	4.75	2.36	1.18	0.60	0.30	0.15
通过百分率（%）	90～100	50～70	35～47	25～38	18～30	10～23	5～15	3～10

面层碾压混凝土应满足耐久性的要求的最大水灰（胶）比和最小单位水泥用量，具体参见《公路水泥混凝土路面施工技术细则》JTG/T F30—2014。

碾压混凝土的配合比设计，在兼顾经济性的同时应满足弯拉强度、工作性、耐久性三项技术要求。

碾压混凝土中掺粉煤灰应符合粉煤灰分级和质量指标的规定。为了改善施工和易性，节约水泥，可以掺入部分水泥，代替水泥的粉煤灰掺量应按超量取代法确定。粉煤灰的掺量应根据水泥中原有的掺合数量和混凝土弯拉强度、耐磨性等要求由试验确定。代替水泥的粉煤灰掺量：Ⅰ型硅酸盐水泥宜≤30%；Ⅱ型硅酸盐水泥宜≤25%；道路水泥宜≤20%；普通水泥宜≤15%；矿渣水泥不得掺粉煤灰。当掺粉煤灰时，二级公路使用 42.5 级水泥时的最小单位水泥用量为 $265kg/m^3$。三、四级公路掺粉煤灰时，最小单位水泥用量 $260kg/m^3$。

碾压混凝土面板的厚度设计方法与普通混凝土路面相同，构造缝设置也基本相同，但板块长度一般为 6～10m，宽度一般为 8～13m，略大于普通混凝土路面板块尺寸。

13.5.6　复合式路面

复合路面是指，面层由两种不同材料类型和力学性质的结构层复合而成的路面。旧混凝土路面上加铺结合式混凝土面层，两层不同性能材料组成的层间粘结面层。

13.5.7　砌块路面

1. 特点与用途

砌块路面，是指面层由较小的水泥混凝土预制砌块和天然石材，铺砌成的路面。混凝土预制砌块路面可分为普通混凝土与联锁混凝土砌块。

混凝土砌块路面具有结构简单，价格低廉，能承受较大的单位压力，可以铺筑成各种图案以美化道路，同时便于修复等优点。其适用于城市支路、人行道、广场、停车场、集装箱码头和街区道路等。

2. 砌块材料技术要求

砌块路面根据材料类型分为混凝土预制砌块和天然石材路面，混凝土预制砌块可分为普通型与联锁型。砌块材料的尺寸偏差与外观质量符合规定。

砌块材料的力学性能应符合以下要求：砌块材料的饱和极限抗压强度≥120MPa，饱和抗折强度≥9MPa，否则应根据使用材料力学性质进行结构计算。

普通型混凝土砌块的强度应符合表 13-41 规定。当砌块边长与厚度比小于 5 时应以抗压强度控制，边长与厚度比大于等于 5 时应以抗折强度控制。

普通混凝土砌块强度　　　　　　　　　　　表 13-41

道路类型	抗压强度（MPa）		抗折强度（MPa）	
	平均值	单块最小值	平均值	单块最小值
支路、广场、停车场	40	35	4.5	3.7
人行道、步行道	30	25	4.0	3.2

3. 结构层与结构组合

砌块路面面层包括砌块、填缝材料和整平层材料。

采用砌块铺筑车行道、广场、停车场时宜采用联锁型混凝土砌块，详见《城市道路工程设计技术措施》2011JSCS-MR。

人行道和步行街宜采用普通混凝土砌块的最小厚度宜符合表 13-42 的规定。

普通混凝土砌块最小厚度　　　　　　　　　表 13-42

道路类型	常用尺寸（mm）			
	平均值	单块最小值	平均值	单块最小值
支路、广场、停车场	120	100	100	80
人行道、步行道	60	50	60	50

砌块基层与垫层之间设置整平层，整平层可采用粗砂，厚度为 30～50mm。

普通型混凝土砌块接缝宽度小于等于 5mm，采用水泥砂灌实。联锁型混凝土砌块接缝宽度小于等于 5mm，采用粗砂灌实。石材砌块路面接缝宽度小于等于 5mm，采用水泥砂灌实。有特殊防水要求时，缝下部采用水泥砂灌实，上部采用防水材料灌缝。当缝宽小于 2mm 时，可不进行灌缝。

砌块路面勾缝时，应设置胀缝，胀缝间距宜为 20～50mm，接缝填料同水泥混凝土路面。

思 考 题 与 习 题

1. 简述水泥混凝土路面特点，并与沥青路面受力特点进行比较。

2. 简述水泥混凝土路面破坏类型、常见的破坏现象以及水泥混凝土板唧泥现象。

3. 水泥混凝土路面的结构层有哪几层？各层次的作用是什么？

4. 什么是普通混凝土板的宽度？其具体规定是什么？什么是普通混凝土板的长度，其具体规定是什么？普通混凝土板的长宽比应满足哪些要求？

5. 水泥混凝土路面板的平面尺寸是如何确定的？

6. 水泥混凝土路面板的接缝构造图有哪些类型？画出横向施工缝、横向缩缝、横向胀缝的构造示意图及纵向施工缝和纵向缩缝的构造图。这些缝中哪种构造缝最宽？为多少？其余构造缝的缝宽为多少？

7. 水泥混凝土路面依据什么来分级？交通荷载分为哪五级？水泥混凝土路面与沥青路面分级的不同点是什么？

8. 设置拉杆和传力杆的目的是什么？它们的不同点是什么？

9. 水泥混凝土路面的施工准备工作有哪几方面？哪些是施工中程序？

10. 列举 4 种其他类型的混凝土路面，并说明其适用的交通状况、采用的钢筋类型及 4 种路面的作用。

11. 在板缝设计时，为了延长路面的设计使用寿命，必须考虑哪两方面？

12. 某一级公路，设计车速为 80km/h，Ⅳ4 区平原微丘，采用水泥混凝土路面，路面板厚 260mm，路基宽度为 26m，要求完成：（1）在用地不受影响的条件下，标出公路用地范围。（2）确定水泥混凝土路面板块尺寸。（3）板块接缝应考虑什么因素？（4）当混凝土板采用纵向施工缝和横向缩缝时，分别确定一块板的一侧纵缝或横缝处设置拉杆的直径、长度和间距；试确定一条横缝设传力杆的直径、长度、间距。（5）确定钢筋的类别和钢筋表面处理要求。

13. 为什么水泥混凝土路面与桥梁连接时要设置钢筋混凝土过渡段和搭板？施工中混凝土搭板如何固定？

14. 公路自然区划是 Ⅱ₂ 区拟新建一条二级公路，双向双车道。路基宽度为 9m。路基为粉质土，经交通调查统计得知，使用初期标准轴载日作用次数为 1780 次/日。试设计该水泥混凝土路面厚度（提示：先计算设计基准年限内设计车道所承受的设计轴载累计作用次数）。

15. 砌石路面按材料分为哪些类型？普通型混凝土制块砌石路面接缝施工有何规定？

码13-2 教学单元13思考题与习题参考答案

教学单元 14　路面基层(路面底基层)施工与质量控制

【教学目标】本教学单元学习内容包括：路面基层与底基层的粒料基层材料（级配碎石）质量要求与施工、水泥稳定类基层、石灰工业废渣稳定土、路面基层质量管理与检查。通过学习使学生熟悉粒料材料、级配生产工艺流程及施工方法、熟悉二灰碎石材料的生产工艺流程和施工方法、熟悉路面基层质量控制要求及试验项目。

14.1　粒料基层材料质量要求与施工

14.1.1　级配碎石基层（底基层）

级配碎石是一种古典的路面结构层，常用几种粒径不同的粗、中、细碎石和石屑掺配拌制而成路面结构形式。它分为骨架密实型与连续型。它适应于各级公路的基层和底基层，以减轻或消除半刚性基层开裂对沥青面层的影响，避免反射裂缝。采用级配碎石是柔性与半刚性两类基层结构的优化组合以满足新形势下的交通需求。

1. 级配碎石的材料质量要求

（1）轧制碎石的材料可以是各种类型的岩石（软质岩石除外）、圆石或矿渣。圆石的粒径应是碎石最大粒径的 3 倍以上；矿渣应是已崩解稳定的，其干密度和质量应比较均匀，干密度不小于 960kg/m³。碎石中针片状颗粒的总含量应不超过 20%。碎石中不应有黏土块、植物等有害物质。

（2）级配碎石用作各级公路的基层和底基层时，其颗粒组成相同时，级配曲线宜为圆滑曲线，其级配应满足表 14-1 的规定。

（3）级配碎石所用石料的压碎值应符合以下要求：高速公路和一级公路基层不大于 26%；高速公路和一级公路底基层、二级公路基层不大于 30%；二级公路底基层及二级以下公路基层不大于 35%；二级公路以下公路底基层不大于 40%。

级配碎石的级配表　　　　　　　　　表 14-1

层位	通过下列筛孔（mm）质量百分比（%）														液限	塑性指数	备注
	37.5	31.5	26.5	19	16	13.2	9.5	4.75	2.36	1.18	0.6	0.3	0.15	0.074	(%)		
上基层			100	85～100			60～80	30～50		15～30	10～20			2～8	<28	<9	过渡层、防治反射裂缝
基层		100	90～100	75～90			50～70	30～55		15～35	10～20			4～10	<28	<9	连续型
		100	85～95	66～78	54～71	50～64	41～51	25～33	15～23	8～16	5～11	3～8	2～6	0～4	<28	<9	骨架密实型
		100	85～95	66～80	44～56	37～48	31～41	28～38	18～28	12～20	5～14	4～8	2～6		<28	<9	骨架密实型
	100	80～100		55～100			28～60	18～47			5～23		1～7		<28	<9	骨架密实型

续表

层位	通过下列筛孔（mm）质量百分比（%）														液限 (%)	塑性指数	备注
	37.5	31.5	26.5	19	16	13.2	9.5	4.75	2.36	1.18	0.6	0.3	0.15	0.074			
底基层及垫层	100	85~100	65~85	42~67		20~40	10~27		8~20	5~18				0~15	<28	<9	
	100	80~100		55~100			30~70	5~30						2~10	<28	<9	
		100	80~100	56~87			30~60	18~46		10~33	5~20			0~15	<28	<9	

注：1. 上基层是指沥青面层下与半刚性基层之间设置级配碎石，该层的级配宜符合此规定。

　　2. 潮湿多雨地区的基层塑性指数不大于 6。

　　3. 为排水与防冻垫层时，其 0.074mm 筛孔通过质量百分比不超过 5%。

（4）在最佳含水量时进行碾压，并达到规范要求的压实度（基层为 98%，底基层为 96%）。

2. 级配碎石基层的施工流程

级配碎石的施工有路拌法和中心站集中厂拌法（即集中厂拌法）两种。级配碎石路拌法和中心站集中厂拌法施工的工艺流程如图 14-1 所示。下承层不宜做成槽式断面。级配碎石用作半刚性路面的中间层以及二级以上公路的基层时，应采用中心站集中厂拌法拌制混合料，并用摊铺机摊铺混合料。

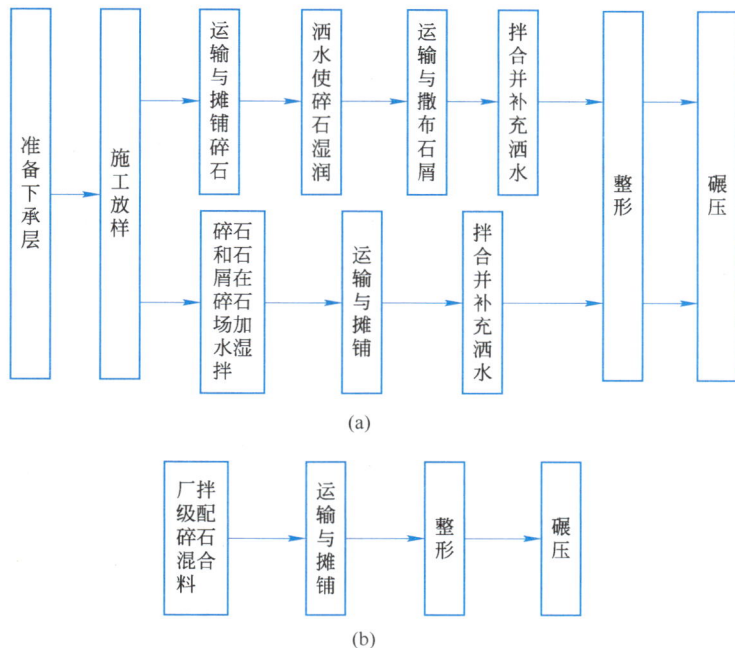

(a)

(b)

图 14-1　级配碎石路拌法和中心站集中厂拌法施工工艺流程

(a) 路拌法施工；(b) 中心站集中厂拌法

（1）备料

根据级配碎石的颗粒组成计算碎石和石屑的配合比；根据各段基层或底基层

389

的宽度、厚度及规定的压实干密度按确定的配合比计算碎石、石屑的数量；碎石和石屑按预定比例混合并洒水加湿，使混合料的含水量超过最佳含水量约 1%。

（2）运输与摊铺集料

通常通过试验确定集料的松铺系数并确定松铺厚度；用平地机或其他合适的机具将集料均匀的摊铺在预定的宽度上，表面应力求平整，并具有规定的路拱，并应同时摊铺路肩用料；采用不同粒级的碎石和石屑时，应将大碎石铺在下层，中碎石铺在中层，小碎石铺在上层，洒水使碎石湿润后，再摊铺石屑。

（3）拌合及整形

对于二级及二级以上公路，应采用专用稳定土拌合机拌合级配碎石，拌合结束时，混合料的含水量应均匀，并较最佳含水量大 1% 左右，同时没有粗细颗粒离析现象发生；用平地机将拌合均匀的混合料按规定的路拱进行整平和整形，在整形过程中，应注意消除粗细集料的离析现象。

（4）碾压

整形后，当混合料的含水量等于或略大于最佳含水量的 1% 时，立即用 12t 以上的压路机进行碾压。直线和不设超高的平曲线段，由两侧路肩开始向中心碾压；在设超高的平曲线段，由内侧路肩到外侧路肩进行碾压。

（5）横缝的处理

两作业段的衔接处，应搭接拌合。第一段拌合后，留 5～8cm 不进行碾压，第二段施工时，前段留下的未碾压部分与第二段一起拌合整平后进行碾压。

（6）纵缝的处理

级配碎石施工时应避免纵向接缝。在必须分幅铺筑时，纵缝应搭接拌合。

（7）养护

未洒透层沥青或未铺封层时，禁止开放交通，以保护表层不受损坏。

14.1.2　级配砾石

与级配碎石特点类似的其他路面粒料基层有：级配砾石、填隙碎石等，详见《公路路面基层施工技术细则》JTG/T F20—2015。

14.2　稳定类基层（底基层）施工要求

凡是用水硬性结合料（我国又称之为无机结合料）稳定的各种土，当其强度符合规定的要求时，都称作半刚性基层材料。半刚性类基层稳定路面的特点是：稳定性好、抗冻性能强、结构本身自成板体等，但其耐磨性差，因此广泛用于修筑路路面结构层的基层或底基层。较厚的半刚性材料层可以弥补土基强度的不足。

码14-1 水泥稳定土拌合站及施工

14.2.1　概述

1. 常用半刚性材料定义

常用的半刚性材料有：水泥稳定土、石灰稳定土、石灰稳定工业废渣和综合稳定土。

（1）水泥稳定土

在粉碎的土或原来松散的土（包括各种粗粒土、中粒土、细粒土）中，掺入足够量的水泥和水，经拌合、压实和养生得到的一种强度或耐久性符合规范要求的结构材料称为水泥稳定土。它包括水泥土、水泥碎石、水泥砂砾等。

（2）石灰稳定土

在粉碎的土和原状松散的土（包括各种粗、中、细粒土）中，掺入适量的石灰和水，按照一定技术要求，经拌合，在最佳含水量下摊铺、压实及养生，其抗压强度符合规定要求的路面基层称为石灰稳定类基层。用石灰稳定细粒土得到的混合料简称石灰土，所做成的基层称石灰土基层（底基层）。它包括石灰土、石灰砂砾土、石灰碎石土等。石灰稳定类土禁止用作高等级路面的基层。

（3）石灰稳定工业废渣

当掺入无机材料为石灰稳定工业废渣（常用工业废渣有粉煤灰、炉渣、高炉铁渣、钢渣、煤矸石和其他粒状废渣），用一定的比例的石灰与这些废渣中的一种或两种经加水拌合、压实和养生后得到的一种强度和耐久性都有很大提高的结构材料，称为石灰稳定工业废渣。

（4）综合稳定土

同时用水泥和石灰稳定某种土得到的强度符合要求的混合料，简称为综合稳定土。

2. 按结构类型状态分类

《公路沥青路面设计规范》JTG D50—2017 将半刚性基层按其混合料结构状态分为骨架密实型、骨架空隙型、悬浮密实型和均匀密实型四种结构类型。均匀密实型主要指无机结合料稳定细粒土，如石灰土、水泥土、二灰土等。

划分悬浮密实、骨架密实和骨架空隙这三种结构类型时，是以筛孔尺寸为 4.75mm 作为粗、细集料的分界尺寸，以满足其作为路面结构层的强度、变形以及稳定性的要求。

3. 半刚性基层要求及适用条件

（1）要求

半刚性基层、底基层应具有足够的强度和稳定性、较小的收缩（温度及干缩）变形和较强的抗冲刷能力。而在中冰冻、重冰冻区应检验半刚基层、底基层的抗冻性能。

（2）适用条件

1）考虑材料

水泥稳定集料类、石灰粉煤灰集料类材料适用于各级公路的基层、底基层。冰冻地区、多雨潮湿地区，石灰粉煤灰集料类材料宜用于高速公路、一级公路的基层或底基层。石灰稳定集类材料宜用于各级公路的底基层以及三、四级公路的基层。石灰稳定类土禁止用作高等级路面的基层。

2）考虑组成结构状态

高速公路、一级公路的基层或上基层宜选用骨架密实型混合料。二级及二级以下公路的基层和各级公路的底基层可采用悬浮密实型混合料。均匀密实型混合料适用于高速公路、一级公路的底基层，二级及二级以下公路的基层。骨架空隙型混合料具有较高的空隙率，适用于有路面内部排水要求的基层。

4. 材料要求

半刚性基层用水泥应符合国家技术标准的要求，初凝时间应大于4h，终凝时间应在6h以上。

基层、底基层的集料压碎值应符合表14-2的要求。

基层、底基层的集料压碎值　　　　　　　　表14-2

材料类型	公路等级	高速公路、一级公路	二级公路	三、四级公路
水泥、石灰粉煤灰稳定类		≤30%	≤35%	≤35%
石灰稳定类	基层	—	≤30%	≤35%
	底基层	≤35%	≤40%	≤40%
级配碎石	基层	≤26%	≤30%	≤35%
	底基层	≤30%	≤35%	≤40%
填隙碎石泥结碎石	基层	—	—	≤26%
	底基层	≤30%	≤30%	≤30%
级配或天然砂砾	基层	—	—	≤35%
	底基层	≤30%	≤35%	≤40%

石灰、粉煤灰稳定土类和石灰稳定土类的半刚性基层、底基层，粉煤灰中 SiO_2、Al_2O_3 和 Fe_2O_3 的总含量应大于70%，烧失量不宜大于20%，比表面积宜大于2500cm^2/g 或 0.075mm 筛孔通过率应大于60%。石灰应采用Ⅲ级以上等级，其技术指标应符合表14-3有关要求。

生石灰技术指标　　　　　　　　表14-3

技术指标	材料种类	钙质生石灰	镁质生石灰	钙质消石灰	镁质消石灰
有效钙加氧化镁含量（%）不小于		70	65	55	50
未消化残渣含量（5mm 圆孔筛余，%）不大于		17	20	—	—
含水量（%）不大于		—	—	4	4
细度	0.71mm 方孔筛的筛余（%）不大于	—	—	1	1
	0.125mm 方孔筛的累计筛余（%）不大于	—	—	20	20
钙镁石灰的分类界限，氧化镁含量（%）		≤5	>5	≤4	>4

14.2.2　水泥稳定类基层

水泥稳定土按照颗粒的粒径大小和组成，将土分为三种：粗粒土、中粒土、细粒土。常用的水泥稳定材料有：水泥碎石、水泥砂砾、水泥土等。

水泥稳定中粒土和粗粒土可适用于各级公路的基层和底基层，但水泥土不得用作二级和二级以上公路高级路面的基层。水泥稳定中粒土和粗粒土用作基层时，水泥剂量不宜超过6%。必要时，应首先改善集料的级配，然后用水泥稳定，以达到要求的压实度。

码14-2 水泥稳定土基层摊铺与碾压施工

1. 一般规定

（1）沥青路面下的半刚基层、底基层级配

1）二级及二级以下公路可选用悬浮密实型水泥稳定类材料基层、底基层，基层集料的单个颗粒的最大粒径不大于 31.5mm，底基层最大粒径不大于 37.5mm。其集料级配范围宜符合表 14-4 的要求。土的均匀系数应大于 5。细粒土的液限不应超过 40％，塑性指数不应超过 17。

悬浮密实型水泥稳定类集料级配　　　　　表 14-4

层位	通过下列方筛孔（mm）的质量百分率（％）							
	37.5	31.5	19.0	9.50	4.75	2.36	0.6	0.075
基层		100	90～100	60～80	29～49	15～32	6～20	0～5
底基层	100	93～100	75～90	50～70	29～50	15～35	6～20	0～5

2）高速公路、一级公路宜用骨架密实型水泥稳定集料材料基层或上基层，骨架密实型水泥稳定集料的最大粒径不大于 31.5mm，集料级配宜符合表 14-5 的级配范围要求。实践证明采用骨架密实型水泥碎石基层，在多项工程运用中取得较好的效果。而骨架空隙结构型混合料具有较高的空隙率，适用于需考虑路面内部排水要求的基层。

骨架密实型水泥稳定类集料级配　　　　　表 14-5

通过下列方筛孔（mm）的质量百分率（％）							
筛孔尺寸	31.5	19.0	9.50	4.75	2.36	0.6	0.075
基层	100	68～86	38～58	22～32	16～28	8～15	0～3

（2）水泥剂量和材料要求

1）以水泥质量占全部粗细土颗粒（即砾石、砂粒、粉粒和粘粒）和干质量的百分率表示（即水泥剂量＝水泥质量/干土质量）。水泥稳定中粒土、细粒土作基层时，水泥剂量不宜超过 6％。工地实际采用的水泥剂量应比室内试验确定的剂量大 0.5％～1.0％。采用集中厂拌法施工时，可只增加 0.5％；采用路拌法施工时，宜增加 1％。水泥的最小剂量应符合表 14-6 的规定。

水泥的最小剂量　　　　　表 14-6

拌合方法　土类	路拌法	集中厂拌法
中粒土和粗粒土	4％	3％
细粒土	5％	4％

2）普通硅酸盐水泥、矿渣硅酸盐水泥和火山灰质硅酸盐水泥都可用于稳定土，但应选用初凝时间 3h 以上和终凝时间较长（宜在 6h 以上）的水泥。不应使用快硬水泥、早强水泥以及已受潮变质的水泥，宜采用强度等级 42.5 的水泥。

（3）施工方法及要求

1）高速公路、一级公路和二级公路的稳定土基层，应采用集中厂拌法施工；对二级以下公路则应采用路拌法施工。

2）水泥稳定土施工时，必须采用流水作业法，使各工序紧密衔接，特别要缩短从拌合到碾压终了之间的延迟时间，此时间不应超过 3～4h，并应短于水泥终凝时间，当在施工时采用集中厂拌法，延迟时间则不应超过 2h。同时，应做延迟时间对水泥稳定土强度影响的试验，以确定合适的延迟时间，保证水泥稳定土在不影响其强度的情况下碾压密实。

3）基层分两层施工时，在铺筑上层前，应在下层顶面先撒一层薄层水泥或水泥净浆。

4）摊铺土应在摊铺水泥的前一天进行。其长度按日进度的需要量控制，满足次日完成掺加水泥、拌合、碾压成型的需要即可。

（4）碾压要求

水泥稳定土在进行碾压施工时应在混合料处于或略大于最佳含水量（炎热干燥气候，基层混合料可大 1%～2%）时进行碾压。根据《公路路面基层施工技术细则》JTG/T F20—2015 采用不同的压路机类型进行施工，相应的也要满足各压路机碾压的最大压实厚度和最小压实厚度。

2. 生产工艺流程（图 14-2）

（1）准备下承层

1）水泥稳定土基层的下承层表面平整、坚实，具有规定的路拱，没有松散的材料和软弱地点。下承层的平整度和压实度符合有关技术规范的要求。

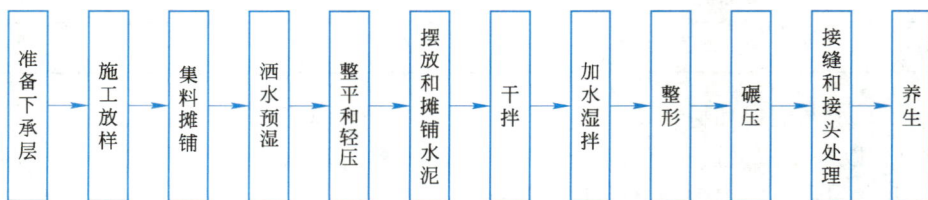

准备下承层 → 施工放样 → 集料摊铺 → 洒水预湿 → 整平和轻压 → 摆放和摊铺水泥 → 干拌 → 加水湿拌 → 整形 → 碾压 → 接缝和接头处理 → 养生

图 14-2　水泥稳定土路拌法的工艺流程

2）对底基层进行压实度检查，柔性底基层还应进行弯沉值测定。一般情况下，每 50 延米为一断面，每个断面至少测两个点（内外双轮间隙各一个点）。凡不符合设计要求的路段，根据具体情况，分别采用补充碾压、换填好的材料、挖开晾晒等措施，使之达到有关规范的规定。

3）底基层或老路面上的低洼和坑洞，应仔细填补及压实，搓板或辙槽，刮除松散处，耙松洒水并重新碾压，达到平整密实。

4）新完成的底基层，按相关规范的规定进行验收。凡验收不合格，采取措施使其达到标准后方可铺筑水泥稳定土基层。

5）在槽式断面的路段，两侧路肩上每隔一定距离（如 5～10m）交错开挖泄水沟。

6）集料摊铺前在下承层表面洒水湿润养生。

（2）施工放样

在底基层恢复中线。直线段每 15～20m 设一桩，平曲线段每 10～15m 设一桩，并在两侧路肩边缘外设指示桩。然后进行水平测量，在两侧指示桩上用明显标记标出水泥稳定土层边缘的设计高程。施工过程中，标桩如有丢失或移动，及时补桩抄平。

（3）摊铺集料

通过试验确定集料的松铺系数。人工摊铺混合料时，其松铺系数可按表 14-7 选用。摊铺材料在摊铺水泥之前一天进行。摊料长度以日进度的需要量为度，够次日一天内完成掺加水泥、拌合、碾压成型即可。雨期施工时，及时摊铺集料并保证后续工艺在降雨之前全部完成。

混合料松铺系数参考表　　　　　　　　表 14-7

材料名称	松铺系数	备注
水泥稳定砂砾	1.30～1.35	
水泥土	1.53～1.58	现场人工摊铺土和水泥，机械拌合，人工整平

（4）洒水预湿

在运输到底基层上的集料（包括各种砂砾土和细粒土）上洒水预湿。洒水预湿素土，使水在土中分布较为均匀，减少摊铺水泥后的洒水工作量。预湿土（特别是预湿中粒土和粗料土）使拌合过程中水泥立即粘结在砂粒和砾石颗粒上，而不至于漏落到处治层的底部。预湿过程中，使土的含水量约为最佳含水量的 70%。如果隔天预湿素土，有可能遭受夜雨而变得过分潮湿，则可以在当天的清晨进行预湿工作。

（5）整平和轻压

集料经过预湿之后，采用平地机整平成要求的路拱和坡度，并用轻型压路机碾压 1～2 遍，使集料层具有平整光滑的表面，同时具有一定的密实度，以便摊铺水泥。

（6）摆放和摊铺水泥

采用袋装水泥时（通常每袋水泥 50kg），应先根据水泥稳定土层厚度的压实厚度、预定的干密度和润滑油剂量，计算水泥稳定土需要的水泥用量，并计算每袋水泥摊铺面积。

【例 14-1】水泥稳定层的压实厚度为 20cm，预定水泥剂量为 5%，水泥砂砾混合料的最大干密度为 2360kg/m³，一级公路要求的压实度为 98%，则 1 平方米料需要的水泥用量为多少？

【解】

$$1×0.20×2360×0.98-1×0.20×2360×0.98÷（1+0.05）$$
$$=462.56-440.37=22.184kg$$

由此，一袋水泥应该覆盖的面积为：

$$50/22.184=2.25m^2$$

用石灰在集料层上做摆放水泥的标记。用汽车直接将水泥送到摊铺路段，卸在做标记的地点，并检查有无遗漏和多余。然后打开水泥袋将水泥倒在集料层上，并用刮板将水泥均匀摊开，使每袋水泥的摊铺面积相等。水泥摊铺完毕后，做到表面没有空白位置，也没有水泥过分集中的地点。

（7）干拌

用稳定土拌合机进行拌合，拌合的第一、二遍，通常进行"干拌"。预防加水过程水泥成团。用稳定拌合机进行拌合，拌合深度达到稳定层底。拌合时设专人跟踪拌合机，随时检查拌合深度并配合拌合机操作员调整拌合深度。严禁在拌合层底部留有"素土"夹层，使拌合机略破坏（约 1～2cm）底基层的表面，以利上下层粘结。

（8）加水湿拌

1）在上述拌合过程结束时，如果混合料的含水量不足，用喷管式洒水车补充洒水。洒水车起洒处和另一端"调头"处都超出拌合段 2m 以上。禁止洒水车在正进行拌合的及当天计划拌合的路段上"调头"和停留，以防局部水量过大。

2）补充洒水后，再次进行拌合，使水分在混合料中分布均匀。拌合机械紧跟在洒水车后面进行拌合，尤其在纵坡大的路段上配合紧密，减少水分流失。

3）洒水及拌合过程中，及时检查混合料的含水量，含水量宜略大于最佳值，稳定粗粒土和中粒土，较最佳含水量大 0.5%～1.0%；稳定细粒土，较最佳含水量大 1%～2%。

4）混合料拌合均匀后做到色泽一致，没有灰条、灰团和花面，没有粗细颗粒"窝"，且水分合适和均匀。

5）在洒水拌合过程中，配合人工拣出超尺寸颗粒，消除粗细颗粒"窝"以及局部过分潮湿或过分干燥。

（9）整形

混合料拌合均匀后，立即用平地机进行初平。在直线段，平地机由两侧向路中心进行刮平；在曲线段，平地机由内侧向外侧进行刮平；需要时，再返回刮一二遍。用轻型压路机立即在刚初平的路段上快速碾压一遍，以暴露潜在的不平整；然后再用平地机整平一次。每次整平都按照要求的坡度和路拱进行。特别注意接缝处的整平，使接缝顺适平整。

水泥稳定土基层表面的低洼处，严禁用薄层水泥混合料找补。摊铺时，按"宁高勿低"的原则施工，最后整平（终平）时，按"宁刮勿补"的原则施工。

（10）碾压

1）根据路宽、压路机的轮宽和轮距的不同，制定碾压方案，各部分碾压的次数尽量相同（通常路面的两侧多压 2～3 遍）。

2）水泥稳定土层整平满足要求后，混合料的含水量等于或略大于最佳含水量时，立即用三轮压路机、重型轮胎压路机或振动压路机在全宽内进行碾压。碾压时，重叠 1/2 轮宽，后轮超过两段的接缝处。压路机的碾压速度头两遍为 1.5～1.7km/h，以后为 2.0～2.5km/h。

3）严禁压路机在已完成的或正在碾压的路段上调头或急刹车，保证稳定土层表面不受破坏。

4）碾压过程中，水泥稳定土的表面始终保持湿润，如水分蒸发过快，及时补洒少量的水。

5）碾压过程中，如发生"弹簧"松散起皮等现象，及时翻开换以新的混合料或添加适量的水泥重新拌合，使其达到质量要求。

6）经过拌合、整形的水泥稳定土，在水泥初凝前和试验确定的延迟时间内完成碾压，并达到要求的密实度，同时无明显的轮迹。

7）应在混合料处于最佳含水量或略小于最佳含水量（1%～2%）时进行碾压，直到达到下列按重型击实试验法确定的要求压实度。

基层：

高速公路和一级公路	98%
二级和二级以下公路	
水泥稳定中粒土和粗粒土	97%
水泥稳定细粒土	93%

底基层：

高速公路和一级公路	
水泥稳定中粒土和粗粒土	97%
水泥稳定细粒土	95%
二级和二级以下公路	
水泥稳定中粒土和粗粒土	95%
水泥稳定细粒土	93%

（11）接缝和接头处理

1）同时施工的两工作段衔接时，采用搭接，前一段拌合整形后，留 5～8m 不进行碾压，后段施工时，前段留下未碾压部分，加部分水泥重新拌合，并与后一段一起碾压。

2）在已碾压完成的水泥稳定土层末端，沿稳定土挖一条横贯铺筑层全宽的宽约 30cm 的槽，挖到下承层顶面。此槽与路的中心线垂直，靠稳定土的一面切成垂直面，并放两根与压实厚度等厚、长为全宽一半的方木紧贴其垂直面。第二作业段拌合后，除去方木，用混合料回填。靠近方木未能拌合的一小段，人工进行补充拌合。整平时，接缝处的水泥稳定土较已完成断面高出约 5cm，以利形成一个平顺的接缝。

3）水泥稳定土层的施工避免纵向接缝。在必须分两幅施工时，纵缝采用垂直相接。在前一幅施工时，在靠中央一侧用方木或钢模板做支撑，方木或钢模板的高度与稳定土层的压实厚度相同；混合料拌合结束后，靠近支撑木（或板）的一部分，人工进行补充拌合，然后整形和碾压；养生结束后，在铺筑另一幅之前，拆除支撑木（或板）；第二幅混合料拌合结束后，靠近第二幅的部分，人工进行补充拌合，然后进行整形和碾压。

（12）养生

水泥稳定土经过拌合、压实成型后立即养生。用潮湿的帆布、土工布、粗麻袋、稻草麦秸或其他合适的潮湿材料覆盖，无上述条件时，采用洒水车经常洒水进行养生。每天洒水的次数视气候而定。整个养生期间始终保持稳定土层表面潮湿。养生期不少于 7d。养生期间禁止车辆通行。

14.2.3 石灰工业废渣稳定土（二灰碎石）

石灰工业废渣稳定土可分为两大类：石灰粉煤灰、石灰其他废渣类。石灰工业废渣稳定土可适应于各级公路的基层和底基层，但二灰、二灰土和二灰砂不应用作二级和二级以上公路高等级路面的基层。二灰碎石（或二灰集料）在道路工程路面结构层中得到广泛应用。

使用石灰粉煤灰集料混合料作路面结构层的突出优点是施工容易，不需要严格控制从加水拌合到完成压实的时间。此外，可以利用传统的施工设备拌合和摊铺粉煤灰集料混合料。二灰碎石基层，其中石灰和粉煤灰为胶结材料，而粒料起骨架作用。二灰碎石基层属于半刚性基层类型，具有明显的水硬性、缓凝性、板体性及一定的抗裂性，但抗磨性差，强度形成受温度和湿度影响很大。

二灰碎石基层所用材料来源广泛，可就地取材，且施工方便，强度高。形成板体后，具有类似贫混凝土的性质，水稳性、抗裂性也较好。由于这些优点，二灰碎石基层得到广泛应用。

1. 一般要求

（1）最大粒径与级配

《公路沥青路面设计规范》JTG D50—2017 规定，高速公路和一级公路基层采用二灰碎石作上基层时，宜选用骨架密实型石灰粉煤灰稳定类基层，集料最大粒径不大于 31.5mm，其级配符合表 14-8 的要求。

骨架密实型石灰粉煤灰稳定集料级配   表 14-8

	通过下列方筛孔（mm）的质量百分率（%）								
筛孔尺寸	31.5	26.5	19.0	9.50	4.75	2.36	1.18	0.6	0.075
基层	100	95～100	48～68	24～34	11～21	6～16	2～12	0～6	0～3

二级及二级以下公路的基层和各级公路的底基层，宜采用悬浮密实型石灰粉煤灰稳定碎石集料，集料最大粒径分别不大于 37.5mm 和 31.5mm，其级配范围宜符合表 14-9 规定。

悬浮密实型石灰粉煤灰稳定碎石集料级配   表 14-9

层位	通过下列方筛孔（mm）的质量百分率（%）								
	37.5	31.5	19.0	9.50	4.75	2.36	1.18	0.6	0.075
基层		100	88～98	55～75	30～50	16～36	10～25	4～18	0～5
底基层	100	94～100	79～92	51～72	30～50	16～36	10～25	4～18	0～5

集料粒径大，则来源范围广，加工产量高，节约资金，施工中碾压较稳定，但从保证路面平整度、减少拌合摊铺机械磨损来看，是不利因素。一般要求最大粒径取 1/5～1/4 层厚，考虑到二灰碎石基层每层 15～20cm，要求集料满足级配范围要求，符合压实度要求。其余级配范围参考《公路沥青路面设计规范》JTG D50—2017。

中冰冻、重冰冻区的高速公路、一级公路采用石灰粉煤灰稳定类材料作基层时，应进行抗冻性能检验。

（2）粉煤灰

电厂的粉煤灰为防止污染，需加水堆放，因此粉煤灰进料应及早进行。湿粉煤灰的含水量不宜超过 35%。粉煤灰进场前应进行检测，确保进场粉煤灰质量合格。二氧化硅及氧化铝含量须大于 70%，烧失量不超过 20%；其比表面积宜大于 2500cm²/g。粉煤灰不应含有团块、腐殖质及有害物质，使用时应将凝固的粉煤灰块打碎过筛。

（3）石灰和粉煤灰配合比设计

根据施工经验，采用石灰和粉煤灰集料作基层时，石灰和粉煤灰的比例可选 1:4~1:2，石灰粉煤灰与集料的比例可以是 15:85~20:80。作底基层时，查规范确定配合比例，石灰剂量不宜低于 10%，或通过试验选取强度较高的配合比。石灰太少，结合料的胶结作用得不到保证。为提高石灰工业废渣的早期强度，可以加 1%~2% 的水泥。

（4）抗压强度标准

根据《公路路面基层施工技术细则》JTG/T F20—2015 的规定，二灰碎石的抗压强度应符合表 14-10 规定。

二灰碎石的抗压强度标准　　　　　　　　　表 14-10

层位 ＼ 公路等级	二级和二级以下公路	高速公路和一级公路
基层（MPa）	0.6~0.8	0.8~1.1①
底基层（MPa）	≥0.5	≥0.6

① 设计累计标准轴次小于 $12×10^6$ 的高速公路用低限值；设计累计标准轴次大于 $12×10^6$ 的高速公路用中值；主要行驶重载车辆的高速公路用高限值。对于具体一条高速公路，应根据交通状况采用某一强度标准。

（5）强度评定

试件在规定温度下保湿养生 6d，浸水 24h 后，按《公路工程无机结合料稳定材料试验规程》JTG 3441—2024 进行无侧限抗压强度试验，计算试验结果的平均值和偏差系数。

根据强度标准，选定混合料的配合比。在此配合比下，试件室内试验结果的平均抗压强度 $\overline{R}$ 应符合式（14-1）的要求：

$$\overline{R} \geqslant R_d / (1 - Z_a C_v) \tag{14-1}$$

式中　R_d——设计抗压强度（表 14-10）；

　　　C_v——试验结果的偏差系数（以小数计）；

　　　Z_a——标准正态分布表中随保证率（或置信度 a）而变的系数，高速公路和一级公路应取保证率 95%，即 $Z_a = 1.645$；其他公路应取保证率 90%，即 $Z_a = 1.282$。

2. 施工要求

（1）施工方法

石灰粉煤灰稳定土施工分为集中拌合、路拌法、人工沿路拌合法。为保证养生质量，应该尽可能在中心站进行集中拌合（厂拌）。对于高速公路和一级公路，应采用专用稳定土集中厂拌机械拌制混合料。

（2）材料要求

1）土块最大尺寸不应大于 15mm；粉煤灰块不应大于 12mm，且 9.5mm 和 2.36mm 筛孔的通过量应分别大于 95％和 75％。

2）不同粒级的砾石或碎石以及细集料都应分开堆放。

3）石灰、粉煤灰和细集料都应有覆盖，防止雨淋过湿。

4）配料应准确，拌合应均匀。

5）混合料的含水量应略大于最佳含水量，使混合料运到现场摊铺后碾压时的含水量能接近最佳值。

3. 生产工艺流程

石灰工业废渣稳定土的集中拌合工艺流程如图 14-3 所示。

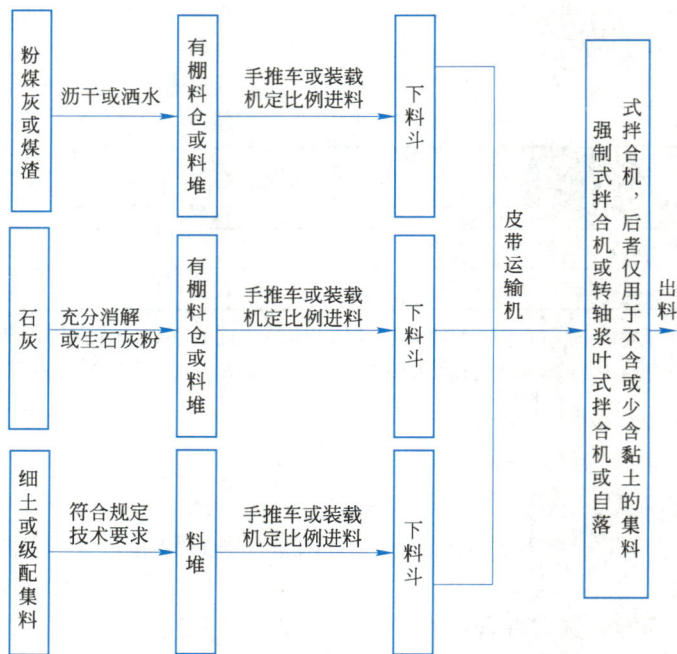

图 14-3　石灰工业废渣稳定土的集中拌合工艺流程

（1）准备下承层

二灰碎石不能直接在土路基上施工，一般以石灰稳定土或二灰土作为二灰碎石的下承层。下承层必须平整、密实。二灰碎石施工前，要对下承层进行严格的检查，确保压实度、纵断高程、宽平整度、横坡度、弯沉等均满足规范要求。当下承层较干时，在摊铺上层时应在下承层表面适当洒水润湿，以增强上下层的结合。

（2）施工放样

在下承层上恢复中线并放出边桩，直线段每 10m 设一桩，曲线段每 5m 设一桩。用水准仪放出基准杆的设计高程，并架设基准钢丝。用石灰再打出基层边线，控制好基层宽度。然后立钢模或上土培肩，厚度与二灰碎石厚度相同。

（3）备料

所有材料必须经检验合格后才能进场，尤其是生石灰，必须每车一检。存放时间过长的石灰，使用前必须重新测定其钙镁含量。石灰、粉煤灰必须覆盖，以防雨淋和随风飘扬。为保证配料的准确，粉煤灰的含水量不宜超过 35%。

（4）集中拌合注意事项

集中拌合法是将材料运到拌合场用机械进行集中拌合，然后将拌合好的混合材料运到路基上直接铺装。现在高等级公路一般采用集中拌合法。集中拌合法注意事项如下：

1）拌成混合料的堆放时间不宜超过 24h，宜在当天将拌成的混合料运送到铺筑现场，不应将拌成的混合料长时间堆放。

2）混合料的含水量应略大于最佳含水量，使混合料运到现场摊铺后碾压时的含水量能接近最佳值。每天上、下午各测一次原材料的含水量，调整原材料的进料数量，使混合料中含水量略大于最佳含水量 2%。

3）应有专职施工人员观察料仓出料情况，控制各种原材料用量，确保石料、粉煤灰、石灰用量在允许误差范围之内。石灰中不得有大块石头或灰块，粉煤灰中不得有土块等杂物。

4）做好粉煤灰、石灰的防雨工作，以免因含水量过大影响工程质量和施工进度，同时又要注意防止粉煤灰、石灰过干扬尘污染环境。

5）要经常观测二灰碎石拌合的均匀性，使出厂的混合料色泽均匀，无离析、成团结块现象。成品不宜堆放过高，随时用装载机推平，避免形成锥形，引起粗细料离析。

（5）运输

混合料采用自卸车进行运输。二灰碎石集中拌合虽然比路拌的均匀，但在运输和装卸过程中容易产生混合料离析现象。施工中采取以下措施加以改善：

1）装料经过拌合的二灰碎石混合料，在贮料场闷料 24h 后，由装载机装车。装料时应视混合料情况重新翻拌 2～3 次后再装车，防止产生离析。

2）装载机装料可先从车厢前部开始，再装车厢后部，最后中间，可防止集料离析和漫溢。

3）运输车辆宜由 15t 以上的自卸车运输；并根据运距配备足够的车辆保证摊铺机连续施工，从而保证基层的平整度。当运距较远时，应加盖篷布，晴天可防止水分散失，雨天可防止淋湿混合料。

4）运输车辆在运输途中不得停留，应避免在底基层上调头、刹车，倒车时防止对高程控制支架的破坏。

（6）摊铺

摊铺作业采用摊铺机组合，单幅全宽成梯队联合进行摊铺。摊铺过程应连续，摊铺机匀速行驶，尽可能减少手工操作，以防止造成混合料离析和水分散失。摊铺过程中，摊铺机应缓慢、均匀、不间断摊铺，不得随意变换速度或中途停顿。

二灰碎石未经压实时，避免人员踩踏。若局部混合料出现明显离析、表面不平整及摊铺机熨平板后部出现明显拖痕时，应用刮平器进行补找刮平。找补时不得扬锹远甩。刮平时应轻重一致，往返刮平 2～3 次达到平整度要求即可。

（7）焖料

施工现场摊铺整形摊铺完成后要进行焖料，一般至少闷 5h，以保证其充分消解。在焖料期间，要使混合料保持适宜的含水量，以高出最佳含水量 5% 左右为宜，同时补洒适当水分以防表面干燥。

（8）碾压

石灰粉煤灰是混合料中主要结合料，在压实时黏性很小，甚至没有黏性，所以轮胎压路机和振动压路机是最适宜的压实工具。稳压过程中随时用 3m 直尺检查平整度，低洼处人工挖松并填补混合料，最后用胶轮赶光。

实践证明，石灰粉煤灰粒料混合料容易达到较高的压实度，石灰粉煤灰土混合料不容易达到较高的压实度。用 12～15t 平面钢轮压路碾压时，一层压实厚度不宜超过 15～18cm，用重型压路机特别是羊脚碾碾压时，一层压实厚度可以达20～25cm 以上。在分层摊铺情况下，两层之间的间隔时间尽可能短些，在下层还未凝结之前就铺筑上层。上下层最好在一天铺筑。

4. 碾压施工组织

（1）施工组织

碾压应先轻后重，先慢后快。如有振动压路机，则先用振动压路机碾压，对保证平整度、稳定面层效果会更好。同时，边碾压边人工修整，对露出石子的地方撒二灰，直到二灰刚刚覆盖住碎石为止。二灰不可撒得过多，若过多，压路机碾压后，当时平面虽平整，但遇雨水或洒水车洒水后二灰容易被冲去，二灰多处就留下一个个凹坑。凡碾压机械不能作业的部位要采用机夯进行夯实，达到规定的密实度。

（2）接缝处理

纵缝摊铺时，重叠宽度为 5～10cm，必要时对接缝处进行整平，全宽范围内一起碾压。

对于横向接缝，应尽量减少。作业最好选在两结构之间，如不在两结构之间，如压实层末端未用方木作支撑处理，在碾压后末端呈一斜坡，则在第二天开始摊铺新混合料之前，应将末端斜坡挖除，并挖成一横向（与路中心线垂直）垂直向下的断面。挖出的混合料加水到最佳含水量拌匀后仍可使用。

二灰基层连续施工时，采用横缝时可以每天摊铺完后预留 5～8m 不碾压，第二天将混合料耙松后与新料人工拌合，整平后与新铺段一起碾压。若间隔时间太长应将接缝做成平接缝。

接缝处理时必须平整密实，严禁混合料离析。同半幅两横缝必须错开 50cm 以上。

（3）养生

1）碾压完成后立即进行养生。养生采用洒水车洒水方式，时间不小于 7d。洒水养生时，应使喷出的水成雾状，不得将水直接喷射或冲击二灰碎石基层表面，将表面冲成松散状。

2）养生期间应封闭交通，养生期结束后，车辆行驶时，限速在 30km/h 以下，并禁止急刹车。车辆行驶轮迹在全宽范围内均匀分布。

3）在养护期间，出现病害，要及时挖补。对于露出碎石的地方，应立即撒二灰，防止飞石。如发现弹簧土，应立即挖开，采用换材料的方法处理。若未及时处理，弹簧土周围二灰碎石已经成型，补过的弹簧土不能与周围二灰碎石形成一个整体，从而影响到沥青面层的稳定。

4）养生期间，如遇 5℃ 以下温度时，要覆盖保温材料，以防冰冻。

5. 质量检测

二灰碎石施工的重点是控制好后台的质量检测工作，每天一开机就要进行混合料的筛分以及灰剂量、含水量的检测工作，各项指标合格后才能进行正式拌合。采用灌砂法进行现场压实度的检测，在碾压过程中试验人员跟踪定点检测，直至达到压实度要求。采用生石灰粉进行施工时，试验室制作强度试件要首先进行焖料，每隔 1～2h 应掺拌一次，使生石灰颗粒充分消解，否则试件容易炸裂。

14.3　路面基层质量要求及允许偏差

14.3.1　路面基层质量要求

基层的质量要求可分为原材料试验要求、施工过程检测两个方面。

1. 原材料试验要求

在施工前以及在施工过程中，原材料或混合料发生变化时，应检验拟采用的材料。用作基层和底基层的土应按表 14-11 所列试验项目和要求检测评定。用作基层和底基层的碎石、砾石等粗集料，以及基层和底基层用细集料试验项目和要求详见《公路路面基层施工技术细则》JTG/T F20—2015。

基层和底基层用土试验项目和要求　　表 14-11

项次	试验项目	目的	频度	试验方法
1	含水量	确定原始含水量	每天使用前测 2 个样品	T0801/T0803
2	液限、塑限	求液限指数，审定是否符合规定	每种土使用前测 2 个样品，使用过程中每 2000m³ 测 2 个样品	T0118/T0119
3	颗粒分析	确定级配是否符合要求，确定材料配合比	每种土使用前测 2 个样品，使用过程中每 2000m³ 测 2 个样品	T0115
4	有机质和硫酸盐含量	确定土是否适于用石灰或水泥稳定	对土有怀疑时做此试验	T0151/T0153

用作基层和底基层的水泥应按表 14-12 所列试验项目和要求检测评定。用作基层和底基层的粉煤灰试验项目和要求详见《公路路面基层施工技术细则》JTG/T F20—2015。

403

基层和底基层用水泥试验项目和要求　　　　表 14-12

项次	试验项目	目的	频度	试验方法
1	水泥强度等级和初、终凝时间	确定水泥质量是否适宜应用	做材料组成设计时测 1 个样品，料源或强度等级变化时重测	T0505/T0506

用作基层和底基层的石灰应按表 14-13 所列试验项目和要求检测评定。

基层和底基层用石灰试验项目和要求　　　　表 14-13

项次	试验项目	目　的	频　度	试验方法
1	含水量	确定原始含水量	每天使用前测 2 个样品	T0801/T0803
2	有效钙、镁含量	确定石灰质量	做材料组成设计和生产使用时测 2 个样品，以后每月测 2 个样品	T0118/T0812/T0813
3	残渣含量	确定石灰质量	做材料组成设计和生产使用时测 2 个样品，以后每月测 2 个样品	T0815

初步确定使用的基层和底基层混合料，包括非整体性材料，应按表 14-14 所列试验项目和要求检测评定。

基层和底基层混合料试验项目和要求　　　　表 14-14

项次	试验项目	目　的	频　度	试验方法
1	重型击实试验	最佳含水量和最大干密度	材料发生变化	T0804
2	承载比（CBR）	确定非整体材料是否适宜作基层或底基层	材料发生变化	T0134
3	抗压强度	整体性材料配合比试验及施工期间质量评定	每次配合比试验	T0805
4	延迟时间	确定延迟时间混合料密度和抗压强度的影响，确定施工允许的延迟时间	水泥品种变化时	T0805
5	绘制 EDTA 标准曲线	对施工过程中水泥、石灰剂量有效控制	水泥、石灰品种变化时	T0809

2. 施工过程检测

施工过程中质量控制应包括外形检查及内在质量检验两部分。基层外形尺寸检查项目、频度和质量标准应符合表 14-15 的规定，详见《公路路面基层施工技术细则》JTG/T F20—2015。

基层外形尺寸的检查项目、频度和质量标准　　　　　　表 14-15

工程类别	项目		频度	质量标准	
				高速公路和一级公路	二级及二级以下公路
基层	纵断高程（mm）		二级及二级以下公路每20m 1点；高速公路和一级公路每20m 1个断面，每个断面3～5点	−10～+5	−15～+5
	厚度（mm）	均值	每1500～2000m²6个点	≥−8	≥−10
		单个值		≥−10	≥−20
	宽度（mm）		每40m 1处	>0	>0
	横坡度（%）		每100m 3处	±0.3	±0.5
	平整度（mm）		每200m 2处，每处连续10尺（3m直尺）	≤8	≤12
			连续式平整度仪的标准差（mm）	≤3.0	—
底基层	纵断高程（mm）		二级及二级以下公路每20m 1点；高速公路和一级公路每20m 1个断面，每个断面3～5点	−15～+5	−20～+5
	厚度（mm）	均值	每1500～2000m²6个点	≥−10	≥−12
		单个值		≥−25	≥−30
	宽度（mm）		每40m 1处	>0	>0
	横坡度（%）		每100m 3处	±0.3	±0.5
	平整度（mm）		每200m 2处，每处连续10尺（3m直尺）	≤12	≤15

14.3.2　路面基层检查验收与允许偏差

基层竣工后的检查验收内容包括外形和质量，通常以 1km 长的路段作为评定单位，抽样检查必须是随机的。

1. 级配碎（砾）石基层和底基层施工质量要求与允许偏差

1）基本要求

① 配料应准确。

② 塑性指数应满足设计要求。

2）实测项目

级配碎（砾）石基层和底基层实测项目应符合表 14-16 的规定。填隙碎石（矿渣）基层和底基层等实测项目详见《公路工程质量检验评定标准　第一册　土建工程》JTG F80/1—2017。

级配碎（砾）石基层和底基层实测项目　　　　　　表 14-16

项次	检查项目		规定值或允许偏差				检查方法和频率
			基层		底基层		
			高速公路一级公路	其他公路	高速公路一级公路	其他公路	
1	压实度（%）	代表值	≥98		≥96		按《公路工程质量检验评定标准　第一册　土建工程》JTG F80/1—2017 附录 B 检查，每200m测2点
		极值	≥94		≥92		

续表

项次	检查项目		规定值或允许偏差				检查方法和频率
			基层		底基层		
			高速公路一级公路	其他公路	高速公路一级公路	其他公路	
2	弯沉值（0.01mm）		满足设计要求		满足设计要求		按《公路工程质量检验评定标准　第一册　土建工程》JTG F80/1—2017 附录 J 检查
3	平整度（mm）		≤8	≤12	≤12	≤15	3m 直尺：每 200m 测 2 处 × 5 尺
4	纵断高程（mm）		+5，−10	+5，−15	+5，−15	+5，−20	水准仪：每 200m 测 2 个断面
5	宽度（mm）		满足设计要求		满足设计要求		尺量：每 200m 测 4 点
6	厚度（mm）	代表值	−8	−10	−10	−12	按《公路工程质量检验评定标准　第一册　土建工程》JTG F80/1—2017 附录 H 检查，每 200m 测 2 点
		极值	−10	−20	−25	−30	
7	横坡（%）		±0.3	±0.5	±0.3	±0.5	水准仪：每 200m 测 2 个断面

3）级配碎石基层和底基层外观质量应符合下列规定：

表面无松散、无坑洼、无碾压轮迹。表面连续离析不得超过 10m，累计离析不得超过 50m。

2. 稳定土基层和底基层施工质量要求与允许偏差

1）基本要求

① 石灰应经充分消解，路拌深度应达到层底。

② 石灰类材料应处于最佳含水率状态下碾压，水泥类材料碾压终了的时间不应超过水泥的终凝时间。

③ 碾压检查合格后立即覆盖或洒水养护，养生期应符合规范规定。

2）实测项目

稳定土基层和底基层实测项目应符合表 14-17 的规定。稳定类基层和底基层实测项目详见《公路工程质量检验评定标准　第一册　土建工程》JTG F80/1—2017。

稳定土基层和底基层实测项目　　　　　　　　　　表 14-17

项次	检查项目		规定值或允许偏差				检查方法和频率
			基层		底基层		
			高速公路一级公路	其他公路	高速公路一级公路	其他公路	
1	压实度（%）	代表值	—	≥95	≥95	≥93	按《公路工程质量检验评定标准　第一册　土建工程》JTG F80/1—2017 附录 B 检查，每 200m 测 2 点
		极值	—	≥91	≥91	≥89	

续表

项次	检查项目		规定值或允许偏差				检查方法和频率
			基层		底基层		
			高速公路一级公路	其他公路	高速公路一级公路	其他公路	
2	平整度（mm）		—	≤12	≤12	≤15	3m 直尺：每 200m 测 2 处 × 5 尺
3	纵断高程（mm）		—	+5，−15	+5，−15	+5，−20	水准仪：每 200m 测 2 个断面
4	宽度（mm）		满足设计要求		满足设计要求		尺量：每 200m 测 4 个断面
5	厚度（mm）	代表值	—	−10	−10	−12	按《公路工程质量检验评定标准　第一册　土建工程》JTG F80/1—2017 附录 H 检查，每 200m 测 2 点
		极值	—	−20	−25	−30	
6	横坡（%）		—	±0.5	±0.3	±0.5	水准仪：每 200m 测 2 个断面
7	强度（MPa）		满足设计要求		满足设计要求		按《公路工程质量检验评定标准　第一册　土建工程》JTG F80/1—2017 附录 G 检查

3）稳定土基层和底基层外观质量应符合下列规定：

表面应无松散、无坑洼、无碾压轮迹。

3. 路缘石铺设

1）基本要求

① 水泥混凝土强度应满足设计要求。

② 安装应砌筑稳固，顶面平整，缝宽均匀，勾缝密实，线条直顺。

③ 槽底基础和后背填料应夯实。

2）实测项目

路缘石铺设实测项目应符合表 14-18 的规定。

路缘石铺设实测项目　　　　　　　　　　　　　　表 14-18

项次	检查项目		规定值或允许偏差	检查方法和频率
1	直顺度（mm）		15	20m 拉线尺量：每 200m 测 4 处
2	预制铺设	相邻两块高差（mm）	3	水平尺：每 200m 测 4 处
		相邻两块缝宽（mm）	±3	尺量：每 200m 测 4 处
	现浇	宽度（mm）	±5	尺量：每 200m 测 4 处
3	顶面高程（mm）		±10	水准仪：每 200m 测 4 处

3）路缘石铺设外观质量应符合下列规定：

路缘石不应破损，并不应阻水。

4. 路肩实测项目

1）基本要求

①路肩表面要求平整、密实，无积水。

②肩线应直顺，曲线圆滑。

2）实测项目

路肩实测项目应符合表 14-19 的规定。

路肩实测项目　　　　　　　　　　　　　　　　　　　表 14-19

项次	检查项目		规定值或允许偏差	检查方法和频率
1	压实度（%）		不小于设计值，设计未规定时不小于 90%	按《公路工程质量检验评定标准　第一册　土建工程》JTG F80/1—2017 附录 B 检查，每 200m 测 1 处
2	平整度（mm）	土路肩	≤20	3m 直尺：每 200m 测 2 处×5 尺
		硬路肩	≤10	
3	横坡（%）		±1.0	水准仪：每 200m 测 2 个断面
4	宽度（mm）		满足设计要求	尺量：每 200m 测 2 点

3）路肩外观质量应符合下列规定：

路肩应无阻水，无杂物。

思 考 题 与 习 题

1. 试述无机结合料稳定土结构层的优点与缺点。
2. 试述石灰稳定土、水泥稳定土、二灰碎石稳定粒料的基本概念。
3. 试述二灰碎石对材料的要求。其施工方法有哪两种？
4. 试述石灰稳定土、二灰碎石施工主要注意事项。
5. 简述路面基层检查验收内容与允许偏差。

码14-3 教学单元
14思考题与习题
参考答案

教学单元 15 沥青路面机械化施工

【教学目标】本教学单元学习内容包括：沥青路面的施工、热拌沥青混合料路面施工、沥青路面施工机械、沥青路面施工质量管理与检查、沥青路面施工案例。通过学习使学生能进一步熟悉沥青路面类型的选择方法、辅助层使用材料和施工要点、热拌沥青混合料路面施工程序（施工温度控制和施工方法）、熟悉特殊气候条件下沥青面层的施工要求、熟悉热拌沥青路面施工过程中质量检查控制与交工验收质量标准、初步了解沥青类路面铺筑施工工艺、施工方法及质量控制。

15.1 沥青路面的施工

15.1.1 沥青路面的基本特性

与水泥混凝土路面相比，沥青路面具有外观颗粒粗表面平整、无接缝、行车舒适、耐磨、振动小、噪声低、施工期短、养护维修简便等优点，因而得到越来越广泛应用。

沥青路面属柔性路面，其强度与稳定性在很大程度上取决于土基和基层的特性。沥青路面的抗弯拉强度较低，因而要求路面的基础应具有足够的强度和稳定性。所以，在施工时必须根据路基土的特性进行相应处理。对软弱土基或翻浆路段，必须预先加以处理。在低温时，沥青路面的抗变形能力很低，在寒冷地区为了防止土基不均匀冻胀而使沥青路面开裂，需设置防冻层。沥青面层修筑后，由于它的透水性小，从而使土基和基层内的水分难以排出，在潮湿路段易发生土基和基层变软，导致路面破坏。因此，必须提高基层的水稳性，尽可能采用结合料处治的整体性基层。对交通量较大的路段，为使沥青路面具有一定的抗弯拉和抗疲劳开裂的能力，宜在沥青面层下设置沥青混合料的粘结层。采用较薄的沥青面层时，特别是在旧路面上加铺面层时，要采取洒布粘层油或透层油加强面层与基层之间的粘结，以防止水平力作用而引起沥青面层的剥落、推挤、壅包等破坏。

码15-1 沥青混合料摊铺与碾压施工

码15-2 沥青道路基层及面层施工

15.1.2 沥青路面类型的选择

采用不同的施工工艺和材料可以修筑成不同类型的沥青路面。因此，必须根据路面的使用要求和施工的具体条件，按照技术经济原则来综合考虑，选定最适当的路面类型。

1. 沥青路面的类型选择

一方面要考虑任务要求（道路的等级、交通量、使用年限、修建费用等）和工程特点（施工季节、施工期限、基层状况等），另一方面还应考虑材料供应情况、

施工机具、劳动力和施工技术条件等因素。沥青路面的类型可参照表 11-3 选定。

2. 考虑施工季节

沥青类路面一般都要求在温暖干燥的气候条件下施工，所用沥青材料在施工时具有较大的流动性，便于路面摊铺和压实成型。沥青路面不得在气温 10℃（高速公路和一级公路）或 5℃（其他等级公路）以下，以及雨天、路面潮湿的情况下施工。

3. 特殊地带

沥青类路面一般不宜铺筑在纵坡大于 6% 的路段上。纵坡大于 3% 的路段，考虑抗滑的要求，宜采用粗粒式的沥青碎石或粗面式的沥青表面处治。

沥青路面施工应确保安全，有良好的劳动保护。沥青拌合厂应具备防火设施，配制和使用液体石油沥青的全过程严禁烟火。使用煤沥青时应采取措施防止工作人员吸入煤沥青或避免皮肤直接接触煤沥青造成身体伤害。

15.1.3 沥青表面处治

1. 适用条件

由于沥青表面处治层很薄，一般不起提高强度作用，其主要作用是抵抗行车的磨耗、增强防水性、提高平整度以及改善路面的行车条件。沥青表面处治宜在干燥和较热的季节施工，并应在雨期及日最高温度低于 15℃ 到来以前半个月结束，使表面处治层通过开放交通压实，成型稳定。

2. 材料要求

沥青表面处治可采用道路石油沥青、乳化沥青、煤沥青铺筑，沥青标号应按规范相关规定选用。沥青表面处治的集料最大粒径应与处治层的厚度相等，其规格和用量宜按表 15-1 选用；沥青表面处治施工后，应在路侧另备 S12（5~10mm）碎石或 S14（3~5mm）石屑、粗砂或小砾石 2~3 $m^3/1000m^2$ 作为初期养护用料。

沥青表面处治材料规格和用量　　　　　表 15-1

沥青种类	类型	厚度 (mm)	集料（$m^3/1000m^2$）						沥青或乳液用量（kg/m^2）			
			第一层		第二层		第三层		第一次	第二次	第三次	合计用量
			规格	用量	规格	用量	规格	用量				
石油沥青	单层	1.0	S12	7~9					1.0~1.2			1.0~1.2
		1.5	S10	12~14					1.4~1.6			1.4~1.6
	双层	1.5	S10	12~14	S12	7~8			1.4~1.6	1.0~1.2		2.4~2.8
		2.0	S9	16~18	S12	7~8			1.6~1.8	1.0~1.2		2.6~3.0
		2.5	S8	18~20	S12	7~8			1.8~2.0	1.0~1.2		2.8~3.2
	三层	2.5	S8	18~20	S12	12~14	S12	7~8	1.6~1.8	1.2~1.4	1.0~1.2	3.8~4.4
		3.0	S6	20~22	S12	12~14	S12	7~8	1.8~2.0	1.2~1.4	1.0~1.2	4.0~4.6
乳化沥青	单层	0.5	S14	7~9					0.9~1.0			0.9~1.0
	双层	1.0	S12	9~11	S14	4~6			1.8~2.0			2.8~3.2
	三层	3.0	S6	20~22	S10	9~11	S12 S14	4~6 3.5~4.5	2.0~22	1.8~2.0	1.0~1.2	4.8~5.4

注：1. 煤沥青表面处治的沥青用量可比石油沥青用量增加 15%~20%。

　　2. 表中的乳液用量按乳化沥青的蒸发残留物含量 60% 计算，如沥青含量不同应予折算。

　　3. 在高寒地区及干旱风沙大的地区，可超出高限 5%~10%。

3. 分类

沥青表面处治可采用拌合法或层铺法施工。采用层铺法施工时，按照洒布沥青及铺撒矿料的层次多少可划分为单层式、双层式、三层式。单层式为洒布一次沥青，铺撒一次矿料，厚度为 1.0～1.5cm；双层式为洒布二次沥青，铺撒二次矿料，厚度为 2.0～2.5cm；三层式为洒布三次沥青，铺撒三次矿料，厚度为 2.3～3.0cm。

4. 双层式沥青表面处治施工程序

层铺法沥青表面处治施工，一般采用所谓"先油后料"法，即先洒布一层沥青，后铺撒一层矿料。双层式沥青表面处治施工程序如下：

备料→清理基层及放样→浇洒透层沥青→洒布第一次沥青→铺撒第一层矿料→碾压→洒布第二次沥青→铺撒第二层矿料→碾压→初期养护。

单层式和三层式沥青表面处治的施工程序与双层式相同，仅需相应地减少或增加一次洒布沥青、铺撒矿料和碾压工序，详见《公路沥青路面施工技术规范》JTG F40—2004。

15.1.4 沥青透层、粘层与封层

透层、粘层和封层是沥青混合料路面结构层施工过程的辅助层，可以起到过渡、粘结或提高道路整体强度和使用性能的作用。

1. 透层

（1）透层施工要点

沥青混合料面层属于柔性路面，沥青路面下的基层常采用两大类，柔性基层和半刚性基层，如级配碎石基层和半刚性基层上，在加铺沥青面层前，必须浇洒透层沥青（一般简称透层油）。所谓"透层"，其关键是"透"，要求渗透到半刚性稳定层表面以下深 5～10mm。其作用表现为：提高稳定层表面材料粘结性，从而提高沥青路面的整体强度。

（2）透层使用的材料及要求

透层油的渗透作用是封闭半刚性稳定层表面的开口间隙，从而形成一个透层深度上的防水层，提高防御动、静水的破坏能力以及粘结性能。透层沥青宜采用慢裂的洒布型乳化沥青，也可采用中、慢凝液体石油沥青或煤沥青，透层沥青的稠度宜通过试洒确定，透层使用的基质沥青应与上层沥青混合料使用的沥青相同。表面致密的半刚基层宜采用具有渗透性、较稀的透层沥青。级配碎石等粒料基层宜采用较稠的透层沥青。透层乳化沥青的沥青标号应根据基层的种类、当地气候等条件确定。透层油的用量通过试验路段试验确定。透层油的用量通过试洒确定，不宜超出表 15-2 要求的范围。

沥青路面透层材料的规格和用量表　　　　　　　　　　表 15-2

用途	液体沥青		乳化沥青		煤沥青	
	规格	用量（L/m²）	规格	用量（L/m²）	规格	用量（L/m²）
无结合料粒料基层	AL(M)-1、2 或 3 AL(S)-1、2 或 3	1.0～2.3	PC-2 PA-2	1.0～2.0	T-1 T-2	1.0～1.5
半刚性基层	AL(M)-1 或 2 AL(S)-1 或 2	0.6～1.5	PC-2 PA-2	0.7～1.5	T-1 T-2	0.7～1.0

2. 粘层

(1)粘层简介

双层式或三层式沥青混合料路面，下面层铺筑完成后，铺筑中面层和上面层前必须先铺设粘层沥青(简称粘层油)。粘层的作用是将相邻的沥青结构层之间的混合料层牢牢粘成一个整体，提高路面的整体强度。避免沥青层与沥青层之间的横向滑移，从而提高路面强度与使用寿命。在下列情况及位置应浇洒粘层：

1)双层式或三层式热拌热铺沥青混合料路面的沥青层之间。

2)水泥混凝土路面、沥青稳定碎石基层或旧沥青路面层上加铺沥青层。

3)路缘石、雨水口、检查井等构造物与新铺沥青混合料接触的侧面。

(2)粘层使用的材料及要求

粘层油宜采用快裂或中裂乳化沥青、改性乳化沥青，也可采用快、中凝液体石油沥青，其规格和质量应符合规范的要求。粘层沥青宜采用与面层所使用的种类、标号相同的石油沥青经乳化或稀释制成。所使用的基质沥青标号宜与主层沥青混合料相同，以便粘结牢固。粘层油品种和用量，应根据下卧层的类型通过试洒确定，并符合表 15-3 的要求。当粘层油上铺筑薄层大空隙排水路面时，粘层油的用量宜增加到 $0.6 \sim 1.0 L/m^2$。在沥青层之间兼作封层而喷洒的粘层油宜采用改性沥青或改性乳化沥青，其用量宜不少于 $1.0 L/m^2$。

沥青路面粘层材料的规格和用量表　　　　　表 15-3

下卧层类型	液体沥青		乳化沥青	
	规格	用量(L/m^2)	规格	用量(L/m^2)
新建沥青层或旧沥青路面	AL(R)-3～AL(R)-6 AL(M)-3～AL(M)-6	0.3～0.5	PC-3 PA-3	0.3～0.6
水泥混凝土	AL(M)-3～AL(M)-6 AL(S)-3～AL(S)-6	0.2～0.4	PC-3 PA-3	0.3～0.5

3. 封层

封层是为封闭路面表面空隙、防止水分浸入面层而铺筑的沥青混合料薄层，铺筑在面层表面称为上封层，铺筑在面层下面的称为下封层，用于路面结构层的连接与防护层。

(1)上封层简介

上封层铺筑在沥青面层的上表面。二级及以下公路的旧沥青路面出现裂缝，造成严重透水时，铺筑上封层可以防止路面透水。多采用普通的乳化沥青稀浆封层，也可在喷洒道路石油沥青后撒布一层高耐磨性石屑(砂)后碾压作封层，以改善道路表面的防滑性能或提高耐磨性能。铺设上封层的下卧层必须彻底清扫干净，并对车辙、坑槽、裂缝进行处理或挖补。

符合下列情况之一时，应在沥青面层上铺筑上封层：

1)沥青面层的空隙较大，透水严重。

2)有裂缝或已修补的旧沥青路面。

3)需加铺磨耗层改善抗滑性能的旧沥青路面。

4)需铺筑磨耗层或保护层的新建沥青路面。

（2）下封层简介

下封层是在透层之上洒布一层热沥青或改性沥青，可形成较厚的沥青膜而起到防水和保护基层的作用。做好透层、下封层的施工，将会有效地提高路面的抗水毁能力，延长路面的使用寿命。

符合下列情况之一时，应在沥青面层下铺筑下封层：

1)位于多雨地区且沥青面层空隙较大，渗水严重。

2)在铺筑基层后，不能及时铺筑沥青面层，且须开放交通。

上封层及下封层的沥青材料宜按规范选用，沥青的标号应根据当地的气候情况确定。

上封层及下封层可采用拌合法或层铺法施工的单层式沥青表面处治，也可采用乳化沥青稀浆封层。新建的高速公路、一级公路和城市快速路、主干路的沥青路面上不宜采用稀浆封层铺筑上封层。

（3）应用前景

封层可以采用沥青表面处治层铺法、热拌沥青混合料施工法和乳化沥青稀浆封层法等施工方法。比较而言，透层和粘层只能作为沥青混合物料路面施工过程中的辅助工序。而封层既可以作为沥青混合物料路面施工过程中的辅助工序，提高道路的防水性能；又可以作为独立施工方法对路面进行养护、加固和修复，如在旧路面上铺筑上封层对路面进行修复。封层可以提高路面结构的整体强度，延长道路使用寿命。

4. 稀浆封层和微表处

（1）稀浆封层和微表处简介

1)稀浆封层：用适当级配的石屑或砂、填料（水泥、石灰、粉煤灰、石粉等）与乳化沥青、外掺剂和水，在常温下，按一定比例拌合而成的流动状态的沥青混合料，将其均匀地摊铺在路面上形成的沥青封层。

稀浆封层是一种良好的养护技术，能显著提高路面的防水、防滑、平整、耐磨等性能，延长其使用寿命。稀浆封层要求原路基基础基本处于稳定状态，而路面开始出现不同程度的氧化、疲劳龟裂、车辙、坑洞等病害。稀浆封层一般用于二级及以下公路的预防性养护，也适用于新建公路的下封层。

2)微表处：用适当级配的石屑或砂、填料（水泥、石灰、粉煤灰、石粉等）采用聚合物改性乳化沥青、外掺剂和水，在常温下，按一定比例拌合而成的流动状态的沥青混合料，将其均匀地摊铺在路面上形成的沥青封层。

微表处技术是近年来在稀浆封层基础上开发的，由于微表处具有开放交通快、抗滑性能卓越、可修复车辙、使用寿命长等技术优点，在欧美发达国家得到广泛使用。

这两种材料的使用，在乳化沥青（130℃）或改性乳化沥青制备好后，不需要重复加热，即可拌制混合料的粗细骨料，可以节省能源；而且从装料、配合、拌合、摊铺，自始至终在常温条件下操作，改善施工条件，利于环保；采用改性稀浆封层、改性微表处可以延长施工季节；改性乳化沥青粘度比热沥青低，工作度好，便于拌合与喷洒，不出现油包与泛油现象。而且低温季节很少出现开裂，高温季节不出现推移、波浪，综合效益好。

稀浆封层和微表处必须使用专用的摊铺机进行摊铺。单层微表处适用于旧路面车辙深度不大于 15mm 的情况，超过 15mm 时必须分两层铺筑。

（2）应用前景

稀浆混合料是一种新型的常温路面材料，且节能、环保、综合效益好。由于稀浆流动性好，可以很好地渗入基层材料的空隙中去，与基层料牢固地结合，用于上封层时使路面更加密实，具有良好的防水和耐磨性能，所以稀浆封层可作为新筑沥青路面的上、下封层。稀浆封层也可作为水泥混凝土路面和桥面的维修养护材料。

15.1.5　热拌沥青混合料路面施工

码15-3 沥青混凝土路面摊铺施工工艺

1. 适用条件

热拌沥青混合料适用于各种等级道路的沥青面层。高速公路、一级公路和城市快速路、主干路的沥青面层的上面层、中面层及下面层应采用沥青混凝土混合料铺筑，沥青碎石混合料仅适用于过渡层及整平层。其他等级道路的沥青面层的上面层宜采用沥青混混合料铺筑。

热拌沥青混合料的材料种类应根据具体条件和技术规范合理选用，应满足耐久性、抗车辙、抗裂、抗水损害能力、抗滑性能等多方面要求，同时还需考虑施工机械、工程造价等实际情况。沥青混凝土混合料面层宜采用双层或三层式结构，其中应有一层及一层以上是密级配沥青混凝土混合料（如 AC-13C 型）。当一个多层沥青面层组合层的各层均采用开级配沥青混合料时，沥青面层下必须做下封层。

2. 分类

沥青混合料必须在沥青拌合厂（站）采用拌合机械拌制。厂拌法是指在固定的拌合工厂或移动式拌合站拌制混合料，运至施工现场，经摊铺压实修筑路面的施工方法。拌制的混合料包括沥青碎（砾）石、沥青混凝土。厂拌法按混合料铺筑时的温度不同，又可分为热拌热铺和热拌冷铺两种。热拌热铺即混合料在专用设备加热后立即趁热运到工地上摊铺压实；热拌冷铺即混合料加热拌合后，储存一段时间，再在常温下运到路上摊铺压实。

厂拌法拌制的沥青碎石及沥青混凝土混合料拌制与现场施工工艺基本相同，这里仅介绍沥青混凝土的施工要点。

3. 试验段铺筑

高速公路和一级公路在道路正式施工前应铺筑试验段，其他等级公路在缺乏施工经验或初次使用重要机械时，也应铺筑试验段。试验段的长度应根据试验目的确定，宜为 100～200m。试验段宜在直线段上铺筑，如在其他道路上铺筑时，路面结构等条件应相同，路面各结构层的试验可安排在不同的试验段上。

沥青混合料路面试验段铺筑分试拌及试铺两个阶段，应包括下列试验内容：

1）根据沥青路面各种施工机械相匹配的原则，确定合理的施工机械、机械数量及组合方式。

2）通过试拌确定拌合机的上料速度、拌合数量与时间、拌合温度等施工参数。

3）通过试铺确定：透层沥青的标号与用量、喷洒方式、喷洒温度；摊铺机的摊铺温度、摊铺速度、摊铺宽度、自动找平方式等操作工艺；压路机的压实顺序、碾压温度、碾压速度及遍数等压实工艺；确定松铺系数、接缝方法等。

4）验证沥青混合料配合比设计结果，提出生产用的矿料配合比和沥青用量。

5）建立用钻孔法及核子密度仪法测定密度的对比关系。确定沥青混凝土和沥青碎石面层的压实标准密度。

6）确定施工产量及作业段长度，制订施工进度计划。

7）全面检查材料及施工质量。

8）确定施工组织及管理体系、人员、通信联络及指挥方式。

4. 拌合温度及摊铺温度

普通沥青结合料的施工温度宜通过在 135℃ 及 175℃ 条件下测定的粘度-温度曲线按表 15-4 的规定确定。缺乏粘度-温度曲线数据时，可参照表 15-5 的范围选择，并根据实际情况确定使用高值或低值。当表中温度不符实际情况时，容许作适当调整。而改性沥青结合料的施工温度较普通沥青混合料施工温度高，一般在 145～185℃ 之间。

沥青混合料拌合及压实温度的适宜粘度　　　　　　　　　表 15-4

粘度	适宜于拌合的沥青结合料粘度	适宜于压实的沥青结合料粘度	测定方法
表观粘度	0.17 ± 0.02Pa・s	0.28 ± 0.03Pa・s	T0625
运动粘度	170 ± 20mm^2/s	280 ± 30mm^2/s	T0619
赛波特粘度	85 ± 10s	140 ± 15s	T0623

热拌沥青混合料的施工温度应符合表 15-5 的规定。

热拌沥青混合料的施工温度（℃）　　　　　　　　　表 15-5

施工工序		石油沥青的标号			
		50 号	70 号	90 号	110 号
沥青加热温度		160～170	155～165	150～160	145～155
矿料加热温度	间隙式拌合机	集料加热温度比沥青温度高 10～30			
	连续式拌合机	矿料加热温度比沥青温度高 5～10			
沥青混合料出料温度		150～170	145～165	140～160	135～155
混合料贮料仓贮存温度		贮料过程中温度降低不超过 10			
混合料废弃温度　高于		200	195	190	185
运输到现场温度　不低于		150	145	140	135
混合料摊铺温度 不低于	正常施工	140	135	130	125
	低温施工	160	150	140	135
开始碾压的混合料内部温度 不低于	正常施工	135	130	125	120
	低温施工	150	145	135	130
碾压终了的表面温度 不低于	钢轮压路机	80	70	65	60
	轮胎压路机	85	80	75	70
	振动压路机	75	70	60	55
开放交通的路表温度　不高于		50	50	50	45

码15-4 沥青路面摊铺温度的测定

注：1. 沥青混合料的施工温度采用具有金属探测针的插入式数显温度计测量。表面温度可采用表面接触式温度计测定。当采用红外线温度计测量表面温度时，应进行标定。

　　2. 表中未列入的 130 号、160 号及 30 号沥青的施工温度由试验确定。

5. 沥青混凝土路面施工程序

沥青混凝土施工过程可分为沥青混合料的拌制与运输、现场铺筑两个阶段。

(1) 沥青混合料的拌制与运输

1) 拌合设备

在工厂拌制混合料所用的固定式拌合设备有间歇式和连续式两种。前者系在每盘拌合时计量混合料各种材料的重量，而后者则在计量各种材料之后连续不断地送进拌合器中拌合。

为保证沥青混合料的质量更稳定，沥青用量更准确，高速公路和一级公路的沥青混凝土宜采用间歇式拌合机拌合。当工程材料从多处供料，来源或质量不稳定时，不得采用连续式拌合机。

用固定式拌合机拌制沥青混合料的工艺流程如图 15-1 所示。

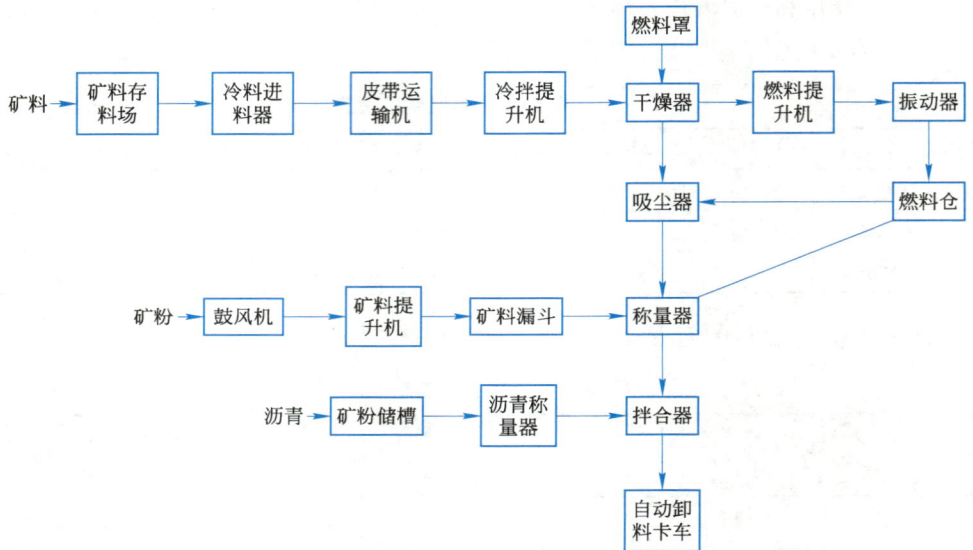

图 15-1　固定式拌合机拌制沥青混合料的工艺流程

2) 试拌

在拌制沥青混合料之前，应根据确定的配合比进行试拌。试拌时对所用的各种矿料及沥青应严格计量。通过试拌合抽样检验，确定每盘热拌的配合比及其总重量(对间歇式拌合机)，各种矿料进料口开启的大小及沥青和矿料进料的速度(对连续式拌合机)，适宜的沥青用量、拌合时间，矿料和沥青加热温度以及沥青混合料的出厂温度。对试拌的沥青混合料进行试验之后，即可选定施工的配合比。

3) 拌合温度的控制

为使沥青混合料拌合均匀，在拌制时，需要控制矿料和沥青的加热温度与拌合温度。各类沥青混合料的拌制温度和运输及施工温度应满足表 15-5 的要求。间歇式拌合机每锅拌合时间宜为 30～50s，其中干拌时间不得少于 5s。经过拌合后的混合料应均匀一致，无细料和粗料分离及花白、结团块的现象。

4）拌合料的运输

厂拌沥青混合料通常用自动倾卸汽车运往铺筑现场，必须根据运送的距离和道路交通状况来组织运输。混合料运输所需的车辆数可按下式计算：

$$需要车辆数 = 1 + \frac{t_1 + t_2 + t_3}{T} + \alpha \qquad (15\text{-}1)$$

式中　T——一辆车容量的沥青混合料拌合与装车所需的时间(min)；

t_1——运到铺筑现场所需的时间(min)；

t_2——由铺筑现场返回拌合厂所需的时间(min)；

t_3——在现场卸料和其他等待时间(min)；

α——备用的车辆数(运输车辆发生故障及其他用途时使用)。

按上述公式计算运输车辆数目后，还应考虑到运量相对于拌合能力或摊铺速度有所富余，施工过程中摊铺机前方应有运料车在等候卸料。对于高速和一级公路，开始摊铺时在施工现场等候卸料的运料车不宜少于 5 辆。

运料汽车车厢应清扫干净，车厢侧板和底板可涂一层薄的油水(柴油：水＝1：3)混合液，以防止混合料与车厢粘结。但不得有余液积聚在车厢底部。

从拌合机向运料车上放料时，应每卸一斗料挪动一下汽车位置，以减少细集料的离析现象。

运料车应用篷布覆盖，用以保温、防雨、防污染。夏季运输时间短于 0.5h 时，也可不加覆盖。

（2）铺筑

1）基层准备和放样

面层铺筑前，应对基层或旧路面的厚度、密实度、平整度、路拱等进行检查。基层或旧路面若有坎坷不平、松散、坑槽等现象时，必须在面层铺筑之前整修完毕，并应清扫干净。

2）洒布透层沥青与粘层沥青

① 沥青路面的级配砂砾、级配碎石基层及水泥、石灰、粉煤灰等无机结合料稳定土或粒料的半刚性基层上必须浇洒透层沥青。

透层沥青在面层铺筑前 4～8h 浇洒，在粒料类的基层洒布。高速、一级公路应采用沥青洒布车喷洒，二级及以下公路也可采用手工沥青洒布机喷洒。

透层沥青宜紧接在基层施工结束表面稍干后浇洒。

② 粘层是指为加强路面的沥青层与沥青层之间、沥青层与水泥混凝土之间的粘结而洒布的沥青材料薄层。

双层式或三层式热拌热铺沥青混合料路面在铺筑上一层前，旧沥青路面加铺沥青层，水泥混凝土路面上铺筑沥青面层或与新铺的沥青结合料接触的路缘石、雨水进水口、检查井等构筑物的侧面，均应浇洒粘层沥青。

粘层沥青宜用沥青洒布车喷洒。

（3）摊铺

为了控制混合料的摊铺厚度，应在准备好基层之后进行测量放样，沿路面中心线和四分之一路面宽处设置样桩，标出混合料的松铺厚度。采用自动调平摊铺机摊铺时，还应放出引导摊铺机运行走向和标高的控制基准线。

摊铺过程是自卸汽车将混合料卸到摊铺机料斗后，经链式传送器将混合料往后传到螺旋摊铺器，随着摊铺机向前行驶，螺旋摊铺器即在摊铺带宽度上均匀的摊铺混合料。随后由振捣板捣实，并由摊平板整平。

沥青混合料可用人工或机械摊铺，高速公路及一级公路沥青路面应采用机械摊铺。

1）人工摊铺

将汽车运来的沥青混合料先卸在铁板上，随即用人工铲运，以扣铲方式均匀摊铺在路上，摊铺时不得扬铲远甩，以免造成粗细粒料分离，一边摊铺一边用刮板刮平。刮平时做到轻重一致，往返刮 2～3 次达到平整即可，防止反复多刮使粗粒料刮出表面。摊铺过程中要随时检查摊铺厚度、平整度和路拱，如发现有不妥之处应及时修整。

沥青混合料摊铺厚度为沥青路面设计厚度乘以压实系数。压实系数随混合料的种类和施工方法而异，用人工摊铺时，沥青混凝土混合料为 1.25～1.50，沥青碎石为 1.20～1.45。

沥青混合料的摊铺顺序，应从进料方向由远而近逐步后退进行。应尽可能在全幅路面上摊铺，以避免产生纵向接缝。如路面较宽不能全幅摊铺，可按车道宽度分成两幅或数幅分别摊铺，但接缝必须平行于路中心线，纵缝搭接要密切，以免产生凹槽。操作过程应满足施工规范的要求。

2）机械摊铺

沥青混合料摊铺机有履带式和轮胎式两种。二者的构造和技术性能大致相同。沥青摊铺机的主要组成部分为料斗、送料器、螺旋摊铺器、振捣器、摊平板、行驶部分和发动机等，如图 15-2 所示。

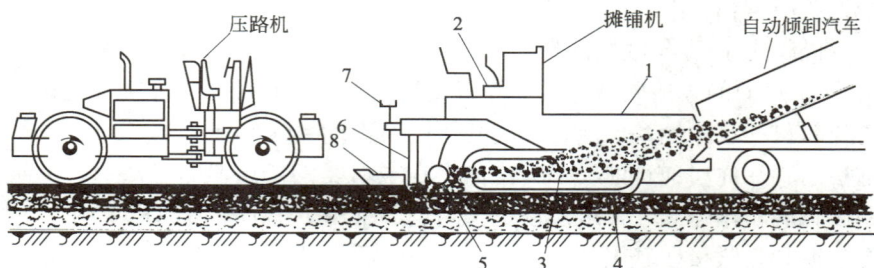

图 15-2　沥青混合料摊铺机操作示意图
1—料斗；2—驾驶台；3—送料器；4—履带；5—螺旋摊铺器；6—振捣器；
7—厚度调节杆；8—摊平板

对高速公路及一级公路宜采用两台以上摊铺机成梯队作业进行摊铺，相邻两幅的摊铺应有 5～10cm 左右宽度的重叠。相邻两台摊铺机宜相距 10～30m。当混合料供应能满足不间断摊铺时，也可采用全宽度摊铺机一幅摊铺。

摊铺机自动找平时，中、下面层宜采用一侧钢丝绳引导的高程控制方式，表面层宜采用摊铺层前后保持相同高差的雪橇式摊铺厚度控制方式。

（4）碾压

沥青混合料摊铺平整之后，应趁热及时进行碾压。碾压的温度应符合表 15-5 的规定。压实后的沥青混合料应符合压实度及平整度的要求，沥青混合料的分层压实厚度不得大于 10cm。

沥青混合料碾压过程分为初压、复压和终压三个阶段。

压路机基本碾压程序如图 15-3 所示。

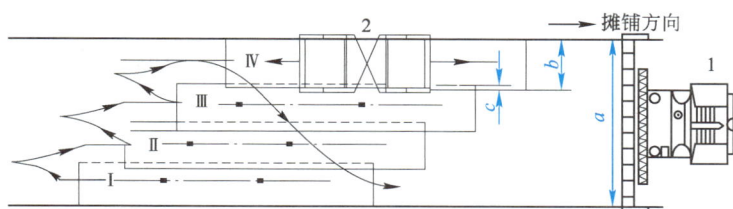

图 15-3　压路机基本碾压程序
1—摊铺机；2—压路机
a—摊铺宽度；b—压路机压轮宽度；c—碾压重叠宽度

1）初压

初压应在混合料摊铺后温度较高时进行。初压用 60～80kN 双轮压路机，以 1.5～2.0km/h 的速度先碾压 2 遍，使混合料得以初步稳定。压路机应从外侧向路中心碾压，相邻碾压带应重叠 1/3～1/2 轮宽。一幅宽度边缘无支挡时，可用人工将边缘的混合料稍稍耙高，然后将压路机的外侧轮伸出边缘 10cm 以上碾压。也可在边缘先空出 30～40cm，待压完第一遍后，将压路机大部分的重量位于已压过的混合料面上再压边缘，以减少向外推移。

碾压时应将驱动轮面向摊铺机。碾压路线及碾压方向不应突然改变而导致混合料产生推移。压路机启动、停止，必须缓慢进行。

2）复压

复压是碾压过程最重要的阶段，混合料能否达到规定的密实度，关键全在于本阶段的碾压。复压宜采用重型轮胎压路机，也可采用振动压路机或钢轮压路机。一般采用 100～120kN 三轮压路机或轮胎式压路机碾压。碾压速度对于三轮压路机为 3km/h；对于轮胎式压路机为 5km/h。碾压遍数不少于 4～6 遍。复压阶段碾压至稳定无显著轮迹为止。

3）终压

终压应紧接复压进行。一般用 60～80kN 双轮压路机以 3km/h 的碾压速度碾压 2～4 遍，以消除碾压过程中产生的轮迹，并确保路面表面的平整。

4）碾压路线

压路机碾压时开行的方向应平行于路中心线，并由一侧路边缘压向路中。用三轮压路机碾压时，每次应重叠后轮宽的 1/2；双轮压路机则每次重叠 30cm；轮胎式压路机也应重叠碾压。由于轮胎式压路机能调整轮胎的内压，可以得到所需的接触地面压力，使骨料相互嵌挤咬合，易于获得均一的密实度，而且密实度可以提高 2%～3%。所以轮胎式压路机最适宜用于复压阶段的碾压。

5）压路机械要求

热拌沥青混合料的压实宜采用钢筒式压路机与轮胎压路机或振动压路机组合的方式。压实机械应符合下列规定：

① 双轮钢筒式振动压路机为 6～8t 或 10～15t；

② 轮胎压路机为 16～20t 或 20～26t。

（5）接缝施工

沥青路面的各种施工缝（包括纵缝、横缝、新旧路面的接缝等）处，往往由于压实不足，容易产生台阶、裂缝、松散等病害，影响路面的平整度和耐久性，施工时必须十分注意。

1）纵缝施工

① 梯队作业和热接缝

摊铺时采用梯队作业的纵缝应采用热接缝。施工时应将已铺混合料部分留下 10～20cm 宽暂不碾压，作为后摊铺部分的高程基准面，再最后作跨缝碾压以消除缝迹。

② 不能采用热接缝时

半幅施工不能采用热接缝时，宜加设挡板或采用切刀切齐。铺另半幅前必须将缝边缘清扫干净并涂少量粘层沥青。摊铺时应重叠在已铺层上 5～10cm，摊铺后用人工将摊铺在前半幅上面的混合料铲走。碾压时先在已压实路面上行走，碾压新铺层 10～15cm，然后压实新铺部分，再伸入已压实路面 10～15cm，充分将接缝压实紧密。上下层的纵缝应错开 15cm 以上，表层的纵缝应顺直，且宜留在车道区画线位置上。

③ 施工要点

对当日先后修筑的两个车道，摊铺宽度应与已铺车道重叠 3～5cm，所摊铺的混合料应高出相邻已压实的路面，以便压实到相同的厚度。对不在同一天铺筑的相邻车道，或与旧沥青路面连接的纵缝，在摊铺新料之前，应对原路面边缘加以修理，要求边缘凿齐，塌落松动部分应刨除，露出坚硬的边缘。缝边应保持垂直，并需在涂刷一薄层粘层沥青之后方可摊铺新料。

纵缝应在摊铺之后立即碾压，压路机应大部分在已铺好的路面上，仅有 10～15cm 的宽度压在新铺的车道上，然后逐渐移动跨过纵缝。

2）横缝施工

① 横缝处理

横缝应与路中线垂直。接缝时先沿已刨齐的缝边用热沥青混合料覆盖，以预热，覆盖厚度约 15cm。待接缝处沥青混合料变软之后，将所覆盖的混合料清除，换用新的热混合料摊铺，随即用热夯沿接缝边缘夯捣，并将接缝的热料铲平，然后趁热用压路机沿接缝边缘碾压密实。双层式沥青路面上下层的接缝应相互错开 20～30cm，做成台阶式衔接。

② 横缝形式

相邻两幅及上下层的横缝均应错位 1m 以上。高速公路和一级公路的表面层横缝应采用垂直的平接缝，以下各层可采用自然碾压的斜接缝，沥青层较厚时也可做阶梯形接缝，见图 15-4。其他等级公路的各层均可采用斜接缝。斜接缝的搭接长度与层厚有关，宜为 0.4～0.8m。搭接处应清扫干净并洒粘层油。当搭接处混合料中的粗集料颗粒超过压实层厚时应予剔除，并补上细料。斜接缝应充分压实并搭接平顺。平接缝做到紧密粘结，充分压实，连接平顺。

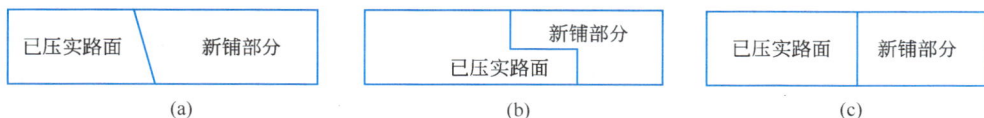

图 15-4　横缝的几种形式
(a)斜接缝；(b)阶梯形接缝；(c)平接缝

为保证接缝质量，可在摊铺施工结束时，在摊铺机接近端部前约 1m 处将熨平板稍稍抬起驶离现场，用人工将端部混合料铲齐后再予碾压。然后用 3m 直尺检查平整度，趁尚未冷透时垂直铲除端部层厚不足的部分，使下次施工时呈直角连接；在预定的摊铺段的末端先撒一薄层砂带，摊铺混合料后趁热在摊铺层上挖出一条缝隙，缝隙位于撒砂与未撒砂的交界处，在缝中嵌入一块与压实层厚等厚的木板或型钢，待压实后，铲除撒砂的部分，扫尽砂子，撤去木板或型钢，在端部洒粘层沥青接着摊铺；在预定摊铺段的末端先铺上一层麻袋或牛皮纸，摊铺碾压成斜坡，下次施工时将铺有麻袋或牛皮纸的部分用人工刨除，在端部洒粘层沥青接着摊铺；在预定摊铺段的末端先撒一薄层砂带，再摊铺混合料，待混合料稍冷却后用切割机将撒砂的部分切割整齐后取走，用干拖布吸走多余的冷却水，待完全干燥后在端部洒粘层沥青接着摊铺。不得在接头处有水或潮湿情况下铺筑混合料。

从接缝处起继续摊铺混合料前，应用 3m 直尺检查端部平整度。不符合要求时，应予修整。摊铺时应调整好预留高度，接缝处摊铺层施工结束后再用 3m 直尺检查平整度，当不符合要求时应趁热立即处理。

横缝的碾压应先用双轮压路机进行横向碾压。碾压带的外侧应放置供压路机行驶的垫木，碾压时压路机应位于已压实的混合料层上，伸入新铺层的宽度为 15cm。然后每压一遍向新铺混合料移动 15～20cm，直至全部在新铺层上为止，再改为纵向碾压。当相邻摊铺层已经成型，同时又有纵缝时，可先用钢筒式压路机沿纵缝碾压一遍，其碾压宽度为 15～20cm，然后再沿横缝作横向碾压，最后进行正常的纵向碾压。

（6）开放交通

应待摊铺层完全自然冷却，混合料表面温度低于 50℃后，方可开放交通。需要提早开放时，可洒水冷却降低混合料温度。

铺筑好的沥青层应严格控制交通，做好保护，保持整洁，不得造成污染，严禁在沥青层上堆放施工产生的土或杂物，严禁在已铺沥青层上制作水泥砂浆。

15.1.6　泡沫沥青的技术性能及施工工艺

1. 泡沫沥青简介

泡沫沥青也叫膨胀沥青，泡沫沥青技术是一种新的沥青混合料冷拌技术，将其用于道路冷再生工程，不仅可以解决传统道路维修价格高、浪费资源和污染环境等问题，可以充分利用旧材料，具有节省能源、不产生污染等优势，是一种新式的沥青拌合物，目前已成为国际上道路维修改造的主要方法之一。

沥青路面再生技术的常用方法有三种：现场冷再生技术、现场热再生技术和工厂热法再生技术。从节约能源和运输费用的角度看，现场冷再生是最合适的方式。采用泡沫沥青作为道路现场冷再生的一种再生剂和稳定剂，有其突出的优势。

2. 泡沫沥青的产生机理

沥青发泡的基本过程如图15-5所示。通过向热沥青（140℃以上）中加入一定量的经过精确计量的冷水滴（环境温度）而制成沥青发泡，通常水的质量为沥青质量的1%～2%。当注入的冷水滴遇到热的沥青时，小水滴表面发生热量（能量）交换，使水滴加热至100℃。同时沥青冷却，沥青传递的热量超过了蒸汽潜热，导致体积膨胀，产生蒸汽。水蒸气在一定压力下压入沥青的连续相，沥青体积发生膨胀，因而会产生大量的泡沫。随着融有大量蒸汽泡的沥青从喷嘴喷出，压缩蒸汽膨胀使略微变凉的沥青形成薄膜状，并依靠薄膜的表面张力将气泡完全裹覆，表面活性进一步增强。在膨胀过程中，沥青膜产生的表面张力抵抗蒸汽压力达到一种平衡状态。发泡过程中产生的大量气泡以一种不稳定状态的形式存在，泡沫将会逐渐破灭。

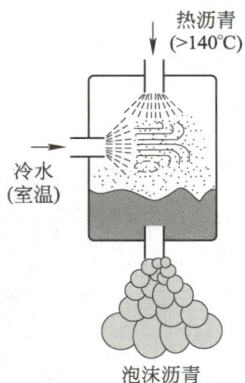

图 15-5　沥青发泡基本过程

在发泡的过程中，沥青的粘度显著降低，使之能与高速搅拌状态下的冷湿集料具有很好的裹覆性能。而产生泡沫沥青的过程中并没有化学反应，所以不改变沥青本身的各种物理性质。这种裹覆作用在常温下只针对集料中的细集料，通过裹覆细料形成高粘度的沥青胶浆，并在压实作用下粘结粗集料形成强度，增加了混合料的黏聚性，改善沥青与矿料拌合的和易性，减少沥青混合料中自由沥青的厚度，从而节省沥青用量。

3. 应用前景

（1）泡沫沥青再生主要用于公路的大修，将其用于道路冷再生工程，不仅可以解决传统道路维修价格高（可减少10%左右的沥青用量）、浪费资源和污染环境等问题，而且可以充分利用旧材料，具有节省能源、不产生污染等环保优势。

（2）用泡沫沥青再生混合料取代半刚性基层后，可以避免半刚性基层的收缩开裂及由此引起沥青路面的反射裂缝；可以改善半刚性基层的沥青路面，对重载车来说具有更大的轴载敏感性。泡沫沥青作为一种新型道路材料已经得到许多国家的重视。

15.1.7　特殊气候条件下沥青面层的施工

1. 雨期施工措施

下雨时，不允许铺筑沥青混合料。因为沥青遇水后粘结性能会大大降低，使路面的寿命大为降低。在雨水较多的季节进行施工时，应注意以下几点：

（1）雨期施工，要设专人收集天气预报信息，在制订施工计划时，要根据天气预报，确定次日是否可以进行摊铺施工。

（2）沥青混合料拌合厂要做好排水工作，防止矿料被雨水浸泡，矿料堆放要设置防雨设施，矿料受潮后会使沥青拌合站生产效率大为降低。

（3）摊铺施工现场设专人负责与沥青混合料生产厂联系。施工作业时如突然下雨，应及时停止沥青混合料的生产。

（4）摊铺施工要做到及时摊铺、及时压实，若遇摊铺作业中突然下雨，应尽量抢在下雨前将已经摊铺的混合料压实，至少应保证碾压 $2\sim4$ 遍。

（5）摊铺的沥青混合料未经压实而遭水侵蚀，要全部铲除清理，重新铺筑。

（6）雨期施工，基层要做好排水。基层潮湿或积水不得摊铺沥青混合料。

（7）施工机械应备有防雨设施。

2. 冬期施工

寒冷多风的季节进行沥青混合料路面施工，摊铺的沥青混合料冷却速度很快，如果不及时压实，很快就冷却固化，无法压实到规定的压实度。因此，高速公路和一级公路施工气温不得低于 $10℃$，其他等级公路施工温度不得低于 $5℃$。

（1）质量决定因素

1）地表温度

当天气晴朗，日照强，无风时，地面温度较高，铺筑后沥青混合料不会马上冷却，铺筑质量较好。因此，冬期施工应测量地表温度。

2）摊铺厚度

摊铺厚度较薄时，摊铺后混合料很快冷却，使混合料难以压实，不宜在低温环境下施工。

3）沥青混合料类型

不同沥青混合料对压实温度的要求不同，改性沥青混合料要求在较高的温度下压实，才能保证压实的密实度。因此，改性沥青在低温下施工也难以保证压实质量。

（2）冬期施工措施

沥青路面在冬期施工时，应采用如下措施：

1）适当提高沥青混合料的出厂温度。石油沥青混合料可控制在 $160℃$ 以上。

2）为了防止沥青混合料在运输过程中降温，车辆应使用帆布严密覆盖，保证摊铺时沥青混合料的温度不低于 $120\sim150℃$。从运输车卸下来的沥青混合料如果不能及时摊铺，要用苫布覆盖保温。低温施工时，每次卸下来的沥青混合料都应覆盖苫布保温。

3）摊铺机要重点检查预热装置，保证完好有效。

4）摊铺作业适宜在上午 9 时至下午 4 时之间无风的天气进行，此时气温会高一些。

5）碾压工作应有足够数量的压路机。采用振动压路机碾压，可在混合料温度略低的情况下，获得较好的压实效果。

6）应快速摊铺、快速碾压，作业时可采用以下方法：

① 使压路机与摊铺机距离缩小。

② 缩短碾压段长度，使混合料尽快得到碾压。

③ 碾压时应先重后轻，先用重压，在短的时间内达到规定的压实度，再用轻压消除表面轮迹。

7）下雪的天气不能进行沥青混合料的摊铺施工。

15.2　沥青路面施工机械

15.2.1　沥青混合料路面施工机械的种类

沥青混合料路面施工常用设备及用途见表15-6。

沥青混合料路面施工常用设备及用途　　　　表 15-6

分类	设备名称	用途
沥青拌合厂设备	沥青混合料拌合机	拌制沥青混合料
	装载机及推土机	给拌合机上料
	沥青乳化机	制备乳化沥青
	改性沥青制备设备	制备改性沥青
	地秤	用于统计收、发料数量
	供电设备	给拌合厂供电
运输设备	沥青运输车	往拌合厂运送沥青
	自卸车	往拌合厂运送矿料
		往路面施工现场运送沥青混凝土
路面施工设备	沥青混合料摊铺机	摊铺沥青混合料
	压路机	沥青混合料初压
	重型压路机	沥青混合料复压
	轮胎压路机	消除沥青混合料表面裂纹
	小型压路机	碾压靠近路缘石的混合料
	振动平板夯	修补基础部位坑洞
	沥青洒布机	洒布透层和粘层沥青
	路面洗刨车	用于旧路面修整
	切缝机	用于切直接缝
	液压镐或风镐	小面积地面修整
	装载机	施工现场倒运混合料
	洒水车	压路机洒水装置的补水
	照明设备	夜间施工照明
	供电设备	施工现场电动机具照明，照明设备供电
其他辅助设备	平板拖车	施工现场倒运大型施工机械
	吊装设备	拌合机加长熨平板的安装
	辅助运输车	拌合机加长熨平板及其他材料的运输
	柴油运输车	施工机械补给燃料

15.2.2　沥青混合料路面施工的关键设备

在沥青混合料路面施工中，沥青混合料拌合站、沥青混合料摊铺机、压路机的选型配套对施工质量影响很大。这些设备的性能、技术状况、生产率对顺利完成施工任务起到了关键的作用，因此，这些设备的选型非常重要。

1. 沥青混合料拌合站的选型

（1）城市路网密集，工程多，工作量大。建在城市的拌合站可以长期为城市建设服务，一般选用大型固定式沥青混合料拌合站，其具有完善的环保性能。

（2）高速公路建设，远离城市，需要在修筑的公路附近建立沥青混合料搅拌站，这样可以减少运输成本。高速公路修筑完成后，拌合站要转移到其他工地，拌合站选型时应考虑拆装方便，应选择移动式或半移动式沥青混合料拌合站。

2. 沥青混合料摊铺机选型

（1）考虑使用履带式摊铺机还是轮胎式摊铺机

履带式摊铺机摊铺作业驱动力大，摊铺宽度大，行使平稳，摊铺平整度好。但履带式摊铺机转移工作地点时行驶速度慢，必须使用拖车运输。

轮胎式摊铺机结构简单，使用费用较低。轮胎式摊铺机转移工作地点时行驶速度较快，可以自行驶。轮胎式摊铺机在弯道摊铺施工时，转弯灵活，可以摊铺出平滑、圆润的曲线。但是轮胎式摊铺机靠轮胎行驶，行驶的驱动力较小，特别是当地面喷洒粘层沥青时，可能会出现打滑现象，不得不缩小摊铺宽度。在铺筑 SMA 这种高粘度沥青混合料时，轮胎式摊铺机也会显示出驱动力不足的现象。

总之，如果路面要求平整度高、摊铺的路面宽、工作量大，要使用履带式摊铺机。摊铺的宽度窄、工作量小的工程，可使用轮胎式摊铺机。

（2）两台或多台摊铺机组合作业

铺筑高速公路和一级公路沥青混合料时，一台摊铺机的摊铺宽度不宜过宽，双车道不宜超过 6m，三车道不宜超过 7.5m。当实际铺筑的宽度较大，一台摊铺机的摊铺宽度不能满足施工要求时，如果采用全路幅摊铺，可使用两台摊铺机梯队并排摊铺。

选用超过 12m 以上的摊铺机有一定的好处，如纵向接缝少、整体性和平整度好等，但是摊铺机宽度超 12m 以后，产生离析、温差等不利因素，影响路面的摊铺质量。因此我国沥青路面施工规范中对此作了适当修改，不再硬性规定修筑高等级公路沥青路面的摊铺机的宽度要求。

3. 压实机具的选型

沥青混合料路面施工使用的压实机械有双钢轮振动压路机、钢制光轮静作用压路机、轮胎压路机、小型振动压路机和振动平板夯。

（1）双钢轮振动压路机

现在常用的双钢轮振动压路机都具有双轮驱动、双轮振动。每个振动轮的振幅和振频可调，初压时可关闭振动，采用静作用力碾压。随着混合料密实度增加，复压时可逐渐加大激振力，以增加压实能力。因此，双钢轮振动压路机可以适应各种压实工况。

双钢轮振动压路机的选型要点如下：

1）高速公路、一级公路及城市主干路等，以粗集料为主的较大粒径的混合料尤其是大粒径沥青稳定基层，应优先采用 10t 或 10t 以上的大型双钢轮振动压路机复压。

2）如果修筑的道路使用的是改性沥青混合料，而改性沥青混合料要求在较高的温度下压实，为了使混合料尽快压实，也应使用 10t 或 10t 以上压路机。

3）环境温度较低，铺筑的厚度较薄时，摊铺后混合料很快冷却，应尽快压实，使用 10t 或 10t 以上的大型压路机可以减小施工风险。

4）二级公路、城市次干道及以下的道路，压实面积较小的工程，可使用 8～9t 双钢轮振动压路机。

5）小面积的道路修补作业，可以使用 6t 或更小的压路机。

（2）钢制光轮静作用压路机

钢制光轮静作用压路机是一种传统的压路机。这类压路机分为双轮压路机和三轮压路机。钢制光轮静作用压路机只能用于四级公路乡村公路、城市支路、居民区内的道路等铺筑层较薄、压实度要求不高的工程，小面积的道路修补作业也使用这种压路机。钢制光轮静作用压路机复压后用轮胎压路机进行碾压，有利于消除表面的裂纹。

（3）轮胎压路机

轮胎压路机的碾压轮为橡胶轮胎，碾压沥青混合料时，轮胎的柔性变形对混合料产生揉搓作用，有利于消除压实表面的裂纹，增加沥青混合料的密水性。

1）轮胎压路机的优点

如果铺筑混合料的基础是旧沥青或水泥混凝土路面，基础可能凹凸不平。摊铺沥青混合料后，如果使用钢轮压路机碾压，基础凸起处的混合料能够得到较好的压实，基础低凹部分混合料可能由于凸起处对碾压轮的支撑作用得不到碾压，有可能产生漏压。使用轮胎压路机碾压，橡胶轮胎具有一定的弹性，碾压轮的平衡架可以摆动，将凹陷部位压实，不会产生漏压现象，轮胎压路机这个优点是钢轮压路机所不能替代的。

2）密级配沥青混凝土的复压宜优先采用重型轮胎压路机，压路机应满足总质量不得小于 25t，吨位不足时可以附加重物；每个轮胎对地面的压力不小于 15kN；冷态时的轮胎充气压力不小于 0.55MPa，轮胎发热后不小于 0.6MPa。各轮胎的压力应大体相同。

3）轮胎压路机使用条件

轮胎压路机不适宜用于初压，初压时混合料较软，易于产生轮迹。轮胎压路机不适宜碾压 SMA 沥青玛琋脂碎石混合料，可能使沥青玛琋脂胶浆挤出来，使路面纹理削弱，表面达不到最佳的构造深度。

4. 压路机操作应注意的问题

（1）压路机在碾压全过程中如果在没有完全压实路面或者没有完全冷却的路面上转向、掉头、停车滞留，这样会造成沥青混合料推移、拥包、开裂、凹坑等现象。

（2）碾压过程中压路机操作应平稳，碾压速度不能过快，停车、加速和转向不能过猛，否则会使碾压轮在沥青混合料表面滑移，可能造成表面出现裂纹。

（3）如果环境温度低或大风天气会造成铺筑的沥青混合料表面迅速冷却，结成硬壳，碾压时也会造成裂纹。因此，气温较低、大风天气应迅速摊铺，及时碾压。

（4）出现表面裂纹后，一般可以在终压之后用轮胎压路机碾压 4～6 遍，这样可以在一定程度上消除这些细小裂纹。

（5）振动压路机严禁在已经完全压实并且完全冷却的路面开启振动，这样会造成路面损坏，也会使振动压路机振动机件损坏，缩短压路机使用寿命。

5. 弯道碾压

弯道碾压应以直代曲，由内向外，尽可能采用振动压实。压路机在转弯时，碾压轮内侧和外侧走过的距离不同，碾压轮内侧走过的距离较短，外侧走过的距离较长，而碾压轮内外侧转动的圈数却相同，这样碾压轮必然会在地面上产生滑移。压路机转弯半径越小，产生的滑移量就会越大。而振动时碾压轮瞬间跳离地面，可以减少转弯时碾压轮的滑移量。

（1）转弯的曲率半径较大，压路机转弯时滑移量很小，可采用常规的碾压方法，如图 15-6 所示。先从弯道内侧低的部位开始碾压，逐步错轴向外侧高的部位碾压，直至碾压完成。

（2）转弯的曲率半径适中可采用"以直代曲"的作业方法，如图 15-7 所示。进入弯道时先转

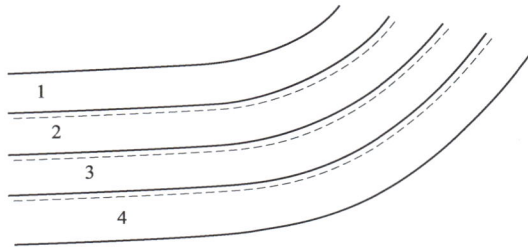

图 15-6　曲率半径较大弯道的碾压方法

45°角进行直线碾压，弯道碾压完成后，再转 45°角直线碾压。压路机转弯时应在已压实的部位转弯，先从弯道内侧低的部位开始碾压，逐步错轴向外侧高的部位碾压。

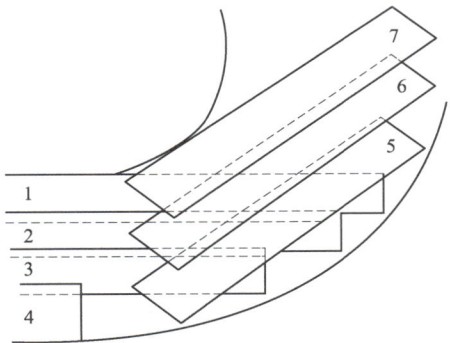

图 15-7　曲率半径适中弯道的碾压方法

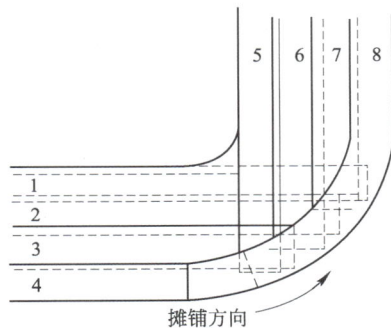

图 15-8　曲率半径较小弯道的碾压方法

（3）转弯的曲率半径很小，近似垂直相交的弯道，可采用如图 15-8 所示的作业方法，直线碾压时，碾压带延伸到弯道内，从低处向高处逐渐错轴碾压，碾压完成后，将压路机掉转 90°进行碾压，碾压带延伸到弯道内，依然从低处向高处

逐渐错轴碾压，直至碾压完成。

（4）弯道外沿碾压，路面主体碾压完成后，最后顺着弯道外侧碾压。如果压路机有错轴功能，弯道外侧碾压应将后轮向内错开，防止挤坏路牙。

（5）弯道内沿碾压，弯道内侧边缘的圆弧很小，碾压时不能采用转小弯的方法，这样会使沥青混合料面层产生滑移，使面层产生开裂，应"以直代曲"或用大的圆弧代替小的圆弧，分步将圆弧部位压实。

15.2.3　简介沥青混合料双层摊铺机

沥青混合料双层摊铺机由两套安装在一起的摊铺装置组成，通过与高效率的联合喂料机共同作业，可以交替把两种不同的沥青混合料从运输车运送到两个混合料料斗中。该机械将上面两层两种不同组成的沥青混合料用一个双层摊铺机一次完成摊铺。

1. 双层摊铺机构造

复合式沥青混合料面层的施工，很好地解决沥青路面裂缝、变形、粒料剥落等病害问题。

这种新摊铺机是一个复合体，因为它包含了上面层摊铺机的整体结构和技术部件以及本身的能源供应系统。另外螺旋运输机取代了普通摊铺机上的刮板运输机作用，并把混合料由架高的上面层料斗运送到摊铺板上。这个组成部件是拖车式的，当摊铺机行走时可以收缩起来。此外，由于不同组成的沥青混合料同时摊铺产生了一个厚厚的沥青混合料叠层，它将非常缓慢地冷却，并可利用下一层的余热，见图15-9。

图 15-9　双层沥青混合料摊铺机

2. 双层摊铺机施工的优点

（1）松铺厚度增加，使混合料热量损失大大减少，更好地保证混合料碾压到规定的压实度。

（2）避免了混合料分两层摊铺时因交叉施工对下层路面的污染，更好地保证了路面结构层间的粘结。

（3）变两次混合料摊铺碾压为一次施工，可以有效缩短路面施工工期。

（4）该技术可有效解决沥青施工中存在的上、中面层密实度差、层间结合不好等问题，节省了乳化沥青粘层油。

（5）可将传统的4cm沥青混合料摊铺面层厚度减少到只有2cm厚。

（6）由于不同组成的沥青混合料同时摊铺产生了一个厚厚的沥青混合料叠层，它将非常缓慢地冷却，并可利用下一层的余热。

复合式沥青混合料面层的施工，是解决我国高速公路沥青路面早期损坏的技术对策之一，而且可以减少能源浪费，减少碾压次数，缩短施工周期，有着广阔的应用前景。

15.3　简介沥青路面就地热再生

15.3.1　概述

就地再生技术是适合于沥青路面连续修复的一种经济的现代沥青路面修复技术。随着我国公路网的逐步完善，未来公路建设工作的重心将由修建新的沥青路面，逐渐转移至对已建成公路沥青路面的维修和养护，而废旧沥青混合料再生利用是一项可持续发展重要战略。就地热再生是采用专用的就地热再生设备，对沥青路面进行加热、铣刨，就地掺入一定数量的新沥青、新沥青混合料、再生剂等，经热拌合、摊铺、碾压等工序，一次性实现对表面一定深度范围内的旧沥青混凝土路面再生的技术。沥青路面再生技术包括：厂拌热再生、就地热再生、厂拌冷再生、就地冷再生等级技术。

15.3.2　就地热再生分类

就地热再生可以分为：整形再生、复拌再生和加铺再生三种。

（1）整形再生：将旧沥青路面加热、翻松，就地掺加一定数量的再生剂，经热态拌合、摊铺、压实成型。

（2）复拌再生：将旧沥青路面加热、翻松，就地掺加一定数量的再生剂，新沥青、新沥青混合料，经热态拌合、摊铺、压实成型。掺加的新沥青混合料比例一般控制在30%以内。

（3）加铺再生：在整形再生、复拌再生的基础上，再加铺一层新沥青混合料，两层一起碾压成型。加铺再生又可分为整形加铺再生和复拌加铺再生。即利用再生复拌机的第一熨平板摊铺再生混合料，利用再生复拌机的第二熨平板同时将新沥青混合料摊铺于再生混合料之上，两层一起压实成型。

原有路面材料经加热、翻松，并与新拌料、再生剂等拌合，经充分压实后的厚度，为有效参与再生过程的压实路面厚度。再生层与下承层之间的层间粘结对路面再生性能有重要影响。因此，为保证层间热粘结，再生混合料摊铺前下承层的顶面温度不宜低于100℃，施工过程中达不到该温度情况下，需对下承层顶面进行额外加热。

15.3.3　一般规定

（1）就地热再生三种基本工艺各自有其适用性，应根据沥青路面病害特点、成因、产生层位、当地气候、交通条件、病害治理目标、工程经济成本等，经过合理方案比选不同的工艺类型。

（2）就地热再生技术主要适用于 AC、AK 型沥青混合料路面以及 Superpave（高性能沥青路面）和 SAM 沥青路面。其他类型沥青混合料路面在经过技术方案论证后，也可以采用就地热再生技术，具体实施可参照规范执行，但应经过充分的室内试验和试验路段工程验证。

（3）就地热再生技术适用于水泥混凝土桥梁的沥青铺装层的病害处治，但施工前需对具体方案进行必要的论证，施工中应对伸缩缝等进行保护。

15.3.4　适用的路面破损形式

就地热再生技术主要适宜处理沥青路面表层病害，各种就地热再生工艺适用的路面破损形式见表 15-7。

就地热再生不同工艺适用的路面破损形式　　　　　表 15-7

路面损坏形式	可选工艺		
	整形再生	复拌再生	加铺再生
车辙	★	★★★	★★
拥包、泛油	★	★★	★★★
磨光	★★★	★★★	★★★
平整度下降	★★	★★	★★★
渗水	★	★★	★★★
唧泥	★	★	★★
松散、剥落	★	★	★★★

注：1. ★★★表示适合，★★表示一般，★表示适合度低。
　　2. 对未列入表中的路面病害，可根据对病害的成因、程度的分析有针对性地选用。

15.3.5　其他影响因素

就地再生在具体实施过程中，还会受到一些客观因素的影响，见表 15-8。

就地热再生实施的其他影响因素　　　　　表 15-8

影响因素	详细内容
道路承载力	由于就地热再生设备重量较大，因此要求道路(特别桥梁、涵洞)具有足够的承载能力，支承就地热再生设备运行
道路附属设施	对于城市道路，就地热再生施工时，应注意窨井盖等存在于上面层的公共设施的保护
净空	对于立交桥和地下通道等存在净高的道路，不仅要满足就地热再生设备高度要求，也要满足新材料拖运的通行要求
施工区域	就地热再生施工将占用一个或多个车道的宽度，因此，当施工需要占用超过一个车道时，对于较窄的道路需解决来往车辆交通组织问题
气候	就地热再生需要现场加热的沥青路面，因而容易受气候的影响，寒冷季节或大风天气一般不宜施工
降雨	雨水在路面中残留，会明显降低就地热再生的加热效果，因此雨后应留出必要的时间，确保路面中残留水分的蒸发

就地热再生沥青路面的调查、材料技术指标要求、质量控制、验收标准、配合比设计等，详见《沥青路面就地热再生施工技术规范》DB32/T 3134—2016。

15.4　沥青路面施工质量管理与检查

沥青路面施工应根据全面质量管理的要求，建立健全有效的质量保证体系，对施工各阶段的质量进行检查、控制、评定，达到规定的质量标准，确保施工质量的稳定性。

沥青路面施工质量管理与检查包括工程施工前、施工过程中的质量管理与控制、交工验收阶段的质量检查验收。

15.4.1 施工前的材料与设备检查

1. 材料质量检查

施工前材料质量的检查应以同一料源、同一次购入并运至现场的相同规格品种的集料、沥青为一"批"进行检查。材料试样的取样数量与频率按现行试验规程的规定进行，每批材料的质量应符合规范的规定。对于沥青等重要试样，每一批都应在试验时取样、封存备查，并记录沥青使用的路段，留存的数量不宜少于 4kg。

2. 设备检查

机械设备是保证沥青路面施工质量的另一个重要因素，因此施工前应对沥青拌合厂、沥青路面施工机械和设备的配套情况、技术性能、计量精度等进行认真的检查、标定，并报监理审批、认可，不符合规定要求的施工设备杜绝采用。

3. 试验路段检查

高速公路和一级公路的沥青路面在施工前应铺筑试验段。其他等级公路在缺乏施工经验或初次使用重大设备时，也应铺筑试验段。试验段的长度根据试验目的确定，通常为 100～200m，宜选在正线上铺筑。

热拌热铺沥青混合料路面试验段铺筑分试拌、试铺两个阶段。

15.4.2 施工过程中的质量管理与检查

1. 一般要求

沥青面层施工必须在得到开工令后方可开工。施工单位在施工过程中应对施工质量进行自检，实行监理制度的工程项目，监理质量监督人员应进行抽检或旁站检验并对施工单位的自检结果进行检查认定。如发现有质量低劣等异常情况，应立即报告或追加检查。施工过程中所有数据均必须如实记录，不得丢弃。

2. 施工过程中的材料检查

施工中的材料质量检查是在每批材料进场检查及批准的基础上，在施工过程中进行的抽检。施工单位在施工过程中必须对各种材料进行抽样试验，材料质量应符合指标要求。施工过程中材料检查内容及要求符合表 15-9 的要求。

施工过程中材料检查的内容和要求   表 15-9

材料	检查项目	检查频率	
		高速、一级公路	其他等级公路
粗集料	外观（石料品种、扁平细长颗粒、含泥量等）	随时	随时
	颗粒组成	必要时	必要时
	压碎值	必要时	必要时
	磨光值	必要时	必要时
	洛杉矶磨耗值	必要时	必要时
	含水量	施工需要时	施工需要时
	松方单位重	施工需要时	施工需要时
细集料	颗粒组成	必要时	必要时
	含水量	施工需要时	施工需要时
	松方单位重	施工需要时	施工需要时

续表

材料	检查项目	检查频率	
		高速、一级公路	其他等级公路
矿粉	外观 小于0.075mm含量 含水量	随时 必要时 必要时	随时 必要时 必要时
石油沥青	针入度 软化点 延度	每100t 1次· 每100t 1次 每100t 1次	每100t 1次 必要时 必要时
煤沥青	粘度	每50t 1次	每100t 1次
乳化沥青	粘度 沥青含量	每50t 1次 每50t 1次	每100t 1次 每100t 1次

注："必要时"是指施工、监理、质量监督、建设单位等各个部门对质量产生怀疑，提出检查需要时，或根据需要商定的检查频度。

3．沥青混凝土面层和沥青碎（砾）石面层质量检查

1）基本要求

① 基层质量应符合规范规定并满足设计要求，表面应干燥、清洁、无浮土。

② 应严格控制沥青混合料拌合的加热温度。拌合后的沥青混合料应均匀、无花白、无粗细料分离和结团成块现象。

③应按规定要求控制碾压工艺，严格控制摊铺和碾压温度。

2）实测项目

沥青混凝土面层和沥青碎（砾）石面层施工过程中的质量检查实测项目，应符合表15-10的规定。

沥青混凝土面层和沥青碎（砾）石面层实测项目   表15-10

项次	检查项目		规定值或允许偏差		检查方法和频率
			高速公路 一级公路	其他等级公路	
1	压实度（%）		≥实验室标准密度的96%（＊98%） ≥最大理论密度的92%（＊94%） ≥试段段密度的98%（99%）		按本规范附录B检查，每200m测1点，核子（无核）密度仪每200m测1处，每处5点
2	平整度	σ(mm)	≤1.2	≤2.5	平整度仪：全线每四道连续测，按每100m计算IRI或σ
		IRI(m/km)	≤2.0	≤4.2	
		最大间隙（mm）	—	≤5	
3	弯沉值(0.01mm)		不大于设计验收弯沉值		按本规范附录J检查
4	渗水系数（mL/min）	SMA路面	≤120	—	渗水试验仪：每200m测1处
		其他沥青混凝土路面	≤200		

码15-5 沥青路面常规检测试验仪器

续表

项次	检查项目		规定值或允许偏差		检查方法和频率
			高速公路 一级公路	其他等级公路	
5	摩擦系数		满足设计要求	—	摆式仪：每200m测1处 横向力系数测定车：全线连续检测，按本规范附录L附录评定
6	构造深度		满足设计要求	—	铺砂法：每200m测1处
7	厚度 (mm)	代表值	总厚度：$-5\%H$	$-8\%H$	按本规范附录H检查，每200m测1处
		合格值	上面层：$-10\%h$	$-15\%h$	
8	中线平面全偏位(mm)		20	30	全站仪：每200m测2点
9	纵断高程(mm)		±15	±20	水准仪：每200m测2个断面
10	宽度 (mm)	有侧石	±25	±30	尺量：每200m测4个断面
		无侧石	不小于设计值		
11	横坡(%)		±0.3	±0.5	水准仪：每200m测2个断面
12	矿料级配		满足生产配合比要求		T0725，每台班1次
13	沥青含量		满足生产配合比要求		T0722、T0721、T0735，每台班1次
14	马歇尔稳定度		满足生产配合比要求		T0709，每台班1次

注：1. 表内压实度，高速公路、一级公路应选用2个标准评定，以合格率低的作为评定结果；其他公路选用1个标准进行评定。带 * 是指 SMA 路面。

　2. 表列沥青层厚度仅规定负允许偏差。H 为沥青层总厚度，h 为沥青上面层厚度；其他公路的厚度低于表中值和合格值允许偏差按总厚度计，当 $H \leqslant 60mm$ 时，允许偏差分别为 $-5mm$ 和 $-10mm$；当 $H > 60mm$ 时，允许偏差分别为 $-8\%H$ 和 $-15\%H$。

　3. 表中提到的"本规范"是指《公路工程质量检验评定标准　第一册　土建工程》JTG F80/1—2017。

码15-6　多功能快速检测设备

码15-7　多功能路况快速检测系统操作视频

4. 水泥混凝土面层质量检查

1）基本要求

① 基层质量符合规范规定并满足设计要求，表面清洁、无浮土。

② 接缝填缝料应符合规范规定并满足设计要求。

③ 挡缝的位置、规格、尺寸及传力杆、拉杆的设置应满足设计要求。

④ 混凝土路面铺筑后按施工规范要求养护。

⑤ 应对干缩、温缩产生的裂缝进行处理。

2）水泥混凝土面层实测项目

水泥混凝土面层实测项目应符合表15-11的规定。

表 15-11

水泥混凝土面层实测项目

项次	检查项目		规定值或允许偏差		检查方法和频率
			高速公路一级公路	其他公路	
1	弯拉强度(MPa)		在合格标准内		按本规范附录C检查
2	板厚度(mm)	代表值	−5		按本规范附录H检查，每200测2点
		合格值	−10		
		极值	−15		
3	平整度	σ(mm)	≤1.32	≤2.0	平整度仪：全线每车道连续检测，每100m计算σ、IRI
		IRI(m/km)	≤2.2	≤3.3	
		最大间隙 h(mm)	3	5	3m直尺：每半幅车道每200m测2处×5尺
4	抗滑构造深度(mm)	一般路段	0.7~1.1	0.5~1.0	铺砂法：每200m测1处
		特殊路段	0.8~1.2	0.6~1.1	
5	横向力系数SFC	一般路段	≥50	—	按本规范附录L检查：每20m测1点
		特殊路段	≥55	≥50	
6	相邻板高差(mm)		≤2	≤3	尺量：涨缝每条测2点；纵、横缝每200m抽查2条、每条测2点
7	纵横缝隙顺直度(mm)		≤10		纵缝20m拉线尺量：每200m测4处；横缝沿板宽拉线尺量：每200m测4条
8	中线平面偏位(mm)		20		全站仪：每200m测2点
9	路面宽度(mm)		±20		尺量：每200m测4点
10	纵断高程(mm)		±10	±15	水准仪：每200m测2个断面
11	横坡(%)		±0.15	±0.25	水准仪：每200m测2个断面
12	断板率(%)		≤0.2	≤0.4	目测：全部检查，断板面板块数占总块数比例

注：1. 表中σ为平整度仪测定的标准差；IRI为国际平整度指数；h为3m直尺与面层的最大间隙。
2. 特殊路段：高速公路、一级公路特殊路段包括立体交叉匝道、平面交叉口、弯道、变速车道、组合坡度不小于3%坡度段、桥面、隧道路面及收费站广场等处；其他公路特殊路段包括设超高路段、组合坡度大于或等于4%坡度段、交叉口路段、桥面及其上下坡段、隧道路面及集镇附近路段等处。
3. 断板率中包含断角率，应统计行车道与超车道面板，不计硬路肩板，不计修复后的面板。
4. 表中提到的"本规范"是指《公路工程质量检验评定标准　第一册　土建工程》JTG F80/1—2017。

3）水泥混凝土面层质量

① 不应出现《公路工程质量检验评定标准　第一册　土建工程》JTG F80/1—2017附录P中板的外观限制缺陷。

② 面板不应出现坑穴、鼓包和掉角。

③ 接缝填注不得漏填、松脱，不应污染路面。

④ 路面应无积水。

15.5　沥青路面施工案例

【例 15-1】

1. 某Ⅳ5 区高速公路，设计时速：120km/h；设计标准轴载：BZZ-100；设计荷载组合：汽超-20。

2. 路面为双向四车道，总宽 28m，为 3.0(中央分隔带)＋0.75×2(路缘带)＋2×3.75×2(主行车道)＋3.5×2(硬路肩)＋0.75×2(土路肩)＝28m。

3. 路面结构层见表 15-12(宽度根据工程特点设计要求确定)。

路面结构层一览表　　　　　　　　　　　表 15-12

序号	结构层位	材料	厚(cm)	宽(m)
1	上面层	细粒式沥青混凝土 AC-13	4	23.54
2	中层面	中粒式沥青混凝土 AC-20	6	23.64
3	下层面	粗粒式沥青混凝土 AC-25	8	23.80
4	基层	水泥稳定碎石	38	24.80

15.5.1　基本资料

1. 配合比

上面层：油石比 5.5%；　　玄武岩：石屑：矿粉＝57：40：3

中面层：油石比 4.8%；　　石灰岩：石屑：矿粉＝54：44：2

下面层：油石比 4.1%；　　石灰岩：石屑：矿粉＝52：46：2

基层：水泥含量 5%；　　水泥：石子：水＝5：89：6

2. 标准击实密度

上面层：$2.48t/m^3$　　　中面层：$2.45t/m^3$

下面层：$2.45t/m^3$　　　基层：$2.16t/m^3$

15.5.2　计算完成内容

(1) 计算路面各结构层工程数量(每千米)；

(2) 计算路面各结构层主要材料用量(每千米)；

(3) 路面主要结构层的施工工艺和机械配备；

(4) 计算 20km 各路面结构层施工时间(工期)及主要配备设备；

(5) 路面主要结构层施工要点。

15.5.3　计算结果

1. 路面各结构层工程数量(每千米)

$V_1＝23.54×1000×0.04×2.48＝941.6×2.48＝2335.17t$

$V_2＝23.64×1000×0.06×2.45＝1418.4×2.45＝3475.08t$

$V_3＝23.80×1000×0.08×2.45＝1904×2.45＝4664.80t$

$V_{基}＝24.80×1000×0.38×2.16＝9424×2.16＝20355.84t$

2. 计算路面各结构层主材用量(每千米)

(1) 上面层：沥青用量：$0.055×2335.17＝128.4t$

　　　　　　玄武岩：$0.57×2335.17＝1331t$

石屑：0.4×2335.17＝934t

矿粉：0.03×2335.17＝70t

（2）中面层：沥青用量：0.048×3475.08＝166.8t

石灰岩：0.54×3475.08＝1876.5t

石屑：0.44×3475.08＝1529.0t

矿粉：0.02×3475.08＝69.5t

（3）下面层：沥青用量：0.041×4664.8＝191.3t

石灰岩：0.52×4664.8＝2425.7t

石屑：0.46×4664.8＝2145.9t

矿粉：0.02×4664.8＝93.3t

（4）基层：　水泥用量：20355.84×0.05＝1017.8t

石子用量：20355.84×0.89＝18116t

水用量：20355.84×0.06＝1221t

3. 路面主要结构的施工工艺与机械配备

（1）路面面层结构的施工工艺与机械配备

1）沥青面层工艺流程

拌合→运输→摊铺→碾压成型。

2）机械配备与要求

① 沥青混合料的拌合设备（沥青拌合楼）

大型间歇式沥青混合料拌合站构造如图 15-10 所示。目前我国使用的拌合设备大多数是间歇式拌合设备。使用间歇式沥青混合料拌合站，如果采石场供应的矿料粒径不准确，可以通过拌合设备自身进行重新校正，使矿料级配准确。

要求：

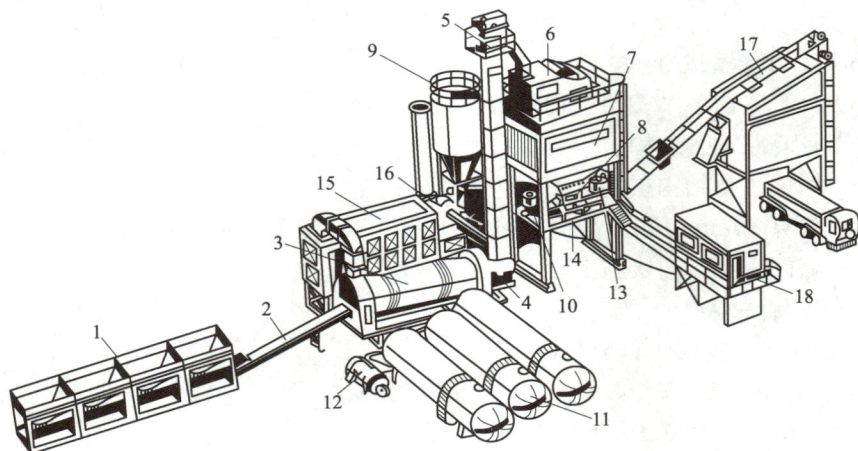

图 15-10　大型间歇式沥青混合料拌合站构造

1—集料配料装置；2—皮带输送机；3—加热烘干筒；4—喷气式燃烧器；5—热矿料提升机；

6—热谷筛分装置；7—热矿料储料器仓；8—热矿料称量斗；9—矿粉筒仓；10—矿粉称量斗；

11—沥青保温罐；12—导热油加热装置；13—沥青称量筒；14—搅拌器（矿粉称量斗的下面）；

15—消烟除尘装置；16—鼓风机；17—成品仓；18—操纵控制室

A. 沥青拌合楼的产量要满足每日沥青混合料施工的用量。

B. 沥青拌合楼能自动控制各材料的加热温度及成品沥青混合料的温度。

C. 沥青拌合楼能够自动按照生产配合比的要求准确地控制各种材料的用量。

D. 沥青拌合楼要配备一到两台用于石子装料的装载机。

② 混合料的运输设备（运输车辆）

要求：

A. 车辆必须是载重 20t 以上的大吨位自卸车，以保持运输中沥青混合料的温度。

B. 车厢内部必须平整干净，方便沥青混合料的卸料。

C. 车辆配备的数量，既要保证前场摊铺工作的连续进行又要注意到拌合楼连续不断生产。所以要根据拌合楼的拌合能力（产量）和运输距离确定用车数量。

③ 摊铺设备（沥青摊铺机）

要求：

A. 摊铺机要有自动控制找平系统，确保路面每层两侧摊铺标高。

B. 摊铺机能精确地控制路面的厚度和平整度，能保证施工路段所要求的摊铺宽度。

C. 在一定的摊铺速度下，摊铺成型的沥青混合料外观各个部分要均匀不发生离析。

D. 摊铺机的熨平板要有自动加热装置并使摊铺的混合料振捣夯实的功能。

E. 根据所需路面的摊铺宽度选配 1～3 台沥青摊铺机。

图 15-11 为间歇式沥青混合料拌合站生产工艺流程。

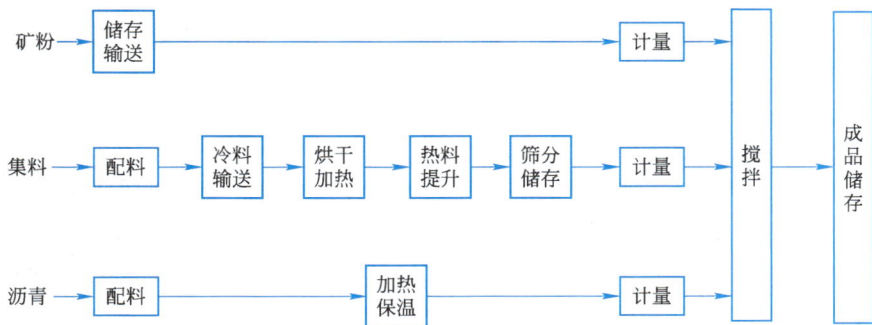

图 15-11　间歇式沥青混合料拌合站生产工艺流程

④ 碾压机械（压路机）

要求：

A. 压路机的自重和振动力能保证将摊铺成型路面材料振动压实到符合规范要求的压实度。

B. 振动压路机要采用高频率低振幅的机型以确保压实路面的平整度。

437

C. 压路机的压实轮外有自动洒水设备，用于冷却碾压轮防止沥青混合料的粘附。

D. 压路机的速度、振动力及转向操作控制要灵活方便，及时将摊铺好的沥青路面碾压成型。

E. 压路机要根据单位时间的摊铺面积选用：

1～3台(10～15t)双钢轮振动压路机；

1～2台(20～25t)轮胎式压路机；

1台小型压路机(1t以内)或振动夯板。

(2) 路面基层结构的施工工艺与机械配备

1) 基层施工工艺流程(水稳)

拌合→运输→摊铺→碾压成型→养护

2) 机械配备与要求

① 基层拌合设备(粒料拌合楼)

要求：

A. 粒料拌合楼的产量满足基层每日施工的粒料用量。

B. 粒料拌合楼要能够自动控制并按配合比准确的称量配料。

C. 粒料拌合楼要能够准确地控制好每盘的用水量。

D. 粒料拌合楼要配备2～3台用于石子装料的装载机。

② 粒料的运输设备(运输车辆)

要求：

A. 车辆必须是载重20t以上的大吨位自卸车。

B. 车厢内部必须平整干净，方便粒料混合料的卸料。

C. 车辆配备的数量要保证前场摊铺工作的连续进行。所以要根据拌合楼的拌合能力(产量)和运输距离确定用车数量。

③ 摊铺设备(粒料摊铺机)

要求：

A. 摊铺机要有自动控制找平系统，确保路面每层两侧摊铺标高。

B. 摊铺机能精确地控制路面的厚度和平整度，能保证施工路段所要求的摊铺宽度。

C. 在一定的摊铺速度下，摊铺成型的沥青混合料各个部分要均匀，不发生离析。

D. 摊铺机的熨平板要有使摊铺的混合料振捣夯实的功能。

E. 根据所需路面的摊铺宽度选配1～3台粒料摊铺机。

④ 碾压机械设备(压路机)

要求：

A. 压路机的自重和振动力能保证将摊铺成型路面材料振动压实到符合规范要求的压实度。

B. 压路机的速度、振动力及转向操作控制要灵活方便，及时将摊铺好的粒料基层碾压成型。

C. 压路机要根据单位时间的摊铺面积选用：1～3台(18～20t)振动压路机。

⑤ 养护设备(洒水车)

要求:

A. 能够使碾压成型的路面基层表面 7d 内始终保持湿润状态。

B. 配备洒水车数量应根据天气的情况和洒水面积确定。

4. 计算 20km 各路面结构层施工时间(工期)及主要配备设备

(1) 路面面层

1) 沥青面层:本项目沥青路面总工作量。

下面层(8cm):4665×20＝93300t

中面层(6cm):3475×20＝69500t

上面层(4cm):2335×20＝46700t

总工作量＝209500t

2) 下面层施工工期:计划从 4 月 1 日开始到 5 月 31 日完成共计 60d,考虑天气、机械故障等各方面因素的影响,时间利用系数取 0.65。

下面层的有效工作日为 60×0.65＝39d

下面层施工每天必须完成的工作量为 93300/39＝2392t/d

计划投入的机械生产能力为 240t/h,按每天工作 10h 计

投入机械每天的生产能力为 240×10＝2400t＞2392t(满足要求)

3) 中面层施工工期:计划从 6 月 1 日开始到 7 月 20 日完成共计 50d,考虑天气、机械故障等各方面因素的影响,时间利用系数取 0.65。

中面层的有效工作日为 50×0.65＝32d

中面层施工每天必须完成的工作量为 69500/32＝2171t/d

计划投入的机械生产能力为 240t/h,按每天工作 10h 计

投入机械每天的生产能力为 240×10＝2400t＞2171t(满足要求)

4) 上面层施工工期:计划从 7 月 21 日开始到 8 月 31 日完成共计 40d,考虑天气、机械故障等各方面因素的影响,时间利用系数取 0.65。

上面层的有效工作日为 40×0.65＝26d

上面层施工每天必须完成的工作量为 46700/26＝1796t/d

计划投入的机械生产能力为 240t/h,按每天工作 10h 计

投入机械每天的生产能力为 240×10＝2400t＞1796t(满足要求)

该套设备完成本项目路面工程沥青面层的总工期为 60＋50＋40＝150d

5) 该项目沥青面层使用配套设备:

ACP3000 沥青拌合楼	1 台
ABG423 沥青摊铺机	2 台
25t 轮胎压路机	2 台
DD110 英格索兰压路机	2 台
20t 自卸车	25 辆
ZL50 装载机	4 辆

(2) 水稳基层

1) 本项目水稳基层总工程数量

水稳基层（38cm）：$20356 \times 20 = 407120t$

2）水稳基层施工工期：计划从 2 月 1 日开始到 4 月 30 日完成共计 89d，考虑天气、机械故障等各方面因素的影响，时间利用系数取 0.65。

水稳基层的有效工作日为 $89 \times 0.65 = 58d$

3）水稳基层施工每天必须完成的工作量为 $407120/58 = 7019t/d$

4）计划投入拌合机械的生产能力为 500t/h，需 2 台，按每天工作 10h 计，考虑机械使用效率取 0.8。

投入机械每天的生产能力为 $500 \times 2 \times 10 \times 0.8 = 8000t > 7019t$（满足要求）

5）该项目基层水稳使用配套设备：

WBC500—R 粒料拌合楼　　　　　　2 台

75A 粒料摊铺机　　　　　　　　　4 台

ZL50 装载机　　　　　　　　　　 6 台

YZ—20 振动压路机　　　　　　　　4 台

YZ—12 振动压路机　　　　　　　　2 台

5t 洒水车　　　　　　　　　　　　2 台

20t 自卸车　　　　　　　　　　　60 辆

完成本项目路面施工的总工期为 $150 + 89 = 239d$

5. 路面主要结构层施工要点

（1）沥青面层施工

1）材料

石子材料的强度、压碎值、针片状含量、黏附性、磨耗值、石屑含泥量均符合规范要求，面层石子的磨光值应符合规范要求。

2）级配

沥青混合料拌合时，各种材料应严格按照生产配合比称量配料。

3）拌合

应按照规范要求严格控制温度，应保证沥青混合料拌合充分均匀。以沥青均匀裹覆集料为准、拌合时间不少于 45s。拌合时发现混合料拌合不均，有花白、结块现象或温度过高时均不得使用。

4）运输

车厢内应保持平整干净，装料后应用篷布覆盖沥青混合料表面。

5）摊铺

沥青混合料供应能确保连续不间断摊铺，摊铺温度应符合规范要求，摊铺中严格控制温度、宽度、厚度、平整度、横坡度，并随时进行外观检查和测试。采用两台或更多摊铺机前后应错开 10～20m 呈梯队方式同步摊铺，摊铺作业应缓慢均匀，连续不间断行走，速度应控制在 1～3m/min 范围。

6）碾压

沥青混合料压实成型的最大厚度不宜大于 10cm，宜采用双钢轮振动压路机和轮胎压路机组合碾压，复压时应适度选用不小于 25t 2 台轮胎压路机反复搓揉碾压，增加均匀性及密实度。碾压遍数一般为 6～8 遍，并以碾压成型的路面碾压

码15-8 沥青混合料初压、复压、终压施工

沥青混合料压实度符合规范要求为准。最后应用双钢轮压路机关闭振动进行收光，至表面无轮迹为准，碾压顺序应由低向高，超高路段由内向外，正常路段两边向中间，碾压轮迹应重叠 20cm 左右。碾压时碾压轮应始终保持洁净，对钢轮可涂刷隔离剂或防粘剂，不停涂刷柴油。

压路机不得在未成型的路段上转向、调头、加水或停留，当天成型的路段上不得停放各种机械和车辆，不得散落矿料、油料。

7）接缝处理

① 纵缝宜采用热接缝，缝边应做成直线的垂直缝，该缝应设置在行车道轮辙以外。

② 横缝一般为冷接缝，接缝相邻高差不大于 1mm，接缝时应除去松散沥青混合料，并切割成垂直的直线缝，接缝处清理干净后涂刷沥青粘层油后方可进行下一段路面作业。

③ 横缝处碾压时压路机应斜向或横向碾压，至接头处平整后再从纵向碾压，充分压实成一体后使接缝两侧连接平顺。

（2）基层施工

1）材料

石子材料的强度、压碎值、针片状含量、含泥量均符合规范要求。

2）级配

级配中各档石料应严格按配合比称量配料，控制各档材料的用量，严格控制水泥用量。水泥的用量一般在 4%～5% 范围内，控制好含水量，应根据天气情况比配合比高 1%～2%。

3）施工拌合时间

应充分搅拌均匀，拌合运输、摊铺、碾压应紧密连接，一般不应超过 2h（在水泥凝结前完成）。

4）摊铺碾压

摊铺过程防止摊铺中发生离析，若有离析及时换料修补，两台摊铺机施工应一前一后阶梯形前进，两台摊铺机前后相隔 5～10m 同步向前摊铺，摊铺成型后碾压应及时进行，一般摊铺碾压成型厚度不超过 20cm，压实遍数不少于 5 遍，压实达到规范规定的压实度为止。

5）养护

碾压完成后应及时覆盖洒水养护，养护期间始终保持基层表面处于湿润状态，养护时间不少于 7d。

6）接缝处理

每日摊铺施工前应将前一段施工的接头处松散部分彻底清除干净，并切成垂直断面，洒水湿润后进行下一步摊铺作业。

码15-9 教学单元
15思考题与习题
参考答案

思 考 题 与 习 题

1. 热拌热铺沥青混合料施工时，从拌制到终压的各个工序的温度是怎样控制的？简述各工序中所配置的机械设备数量及规格。

2. 分别叙述：粘层油、透层油、封层油的概念、作用和采用材料。

3. 简述沥青路面面层的施工工艺流程及配套机械设备。

4. 简述沥青路面基层的施工工艺流程及配套机械设备。

教学单元 16 水泥混凝土路面施工

【**教学目标**】本教学单元学习内容包括：水泥混凝土路面施工准备工作、混凝土板的小型机具施工程序、小型机具施工配套机械选择、滑模摊铺机的施工程序、特殊气候条件下混凝土路面施工内容。通过学习使学生熟悉水泥混凝土路面铺筑施工工艺、施工方法、质量控制。

16.1 概　　述

近年来，国内大型滑模板摊铺机修筑混凝土路面正在兴起。此机尾部两侧装有模板随机前进，能兼做摊铺、振捣、压入杆件、切缝、整面和刻划防滑小槽等作业，成型的路面即在机后延伸出来。此机摊铺过程中是用自带模板，可铺筑不同厚度和不同宽度的混凝土路面，对无筋和配筋混凝土路面均可使用。

但小型机具施工虽然机械化程度很低，施工质量受操作人员素质影响较大，施工速度慢，但由于我国经济水平限制和施工的需要，目前仍然广泛应用于二级以下公路建设中。

码16-1 水泥混凝土路面施工

16.2 施 工 准 备 工 作

1. 选择混凝土拌合场地

根据施工路线的长短和所采用的运输工具，混凝土可集中在一个场地拌制，也可以在沿线选择几个场地，随工程进展情况迁移。拌合场地的选择首先要考虑使运送混合料的运距最短，同时拌合场地还应该接近水源和电源。此外，拌合场地应有足够的面积，以供堆放砂石材料和搭建水泥库房。

2. 进行材料试验和混凝土配合比设计

根据技术设计要求与当地材料供应情况，做好混凝土各组成材料的试验，进行各组成材料的配合比设计。

3. 基层的检查与整修

基层的宽度、路拱与标高、表面平整度和压实度，均应检查其是否符合要求。如有不符之处，应予整修，否则，将使面层的厚度变化过大，而增加其造价，而且会减少其使用寿命。半刚性基层的整修时机很重要，过迟则强度已形成，难以修整且很费工。当在旧砂石路面上铺筑混凝土路面时，所有旧路面的坑洞、松散等损坏，以及路拱横坡或宽度不符合要求之处，均应事先翻修调整压实。

混凝土摊铺前，基层表面应洒水润湿，以免混凝土底部的水分被干燥的基层吸去，变得疏松以致产生细裂缝。有时也可在基层和混凝土之间铺设薄层沥青混合料或塑料薄膜。

16.3　小型机具铺筑施工程序

小型机具铺筑是指采用固定模板，人工布料，手持振捣棒、平板振动器或振动梁振实，用修复尺、抹刀整平，且对其表面进行了抗滑处理的水泥混凝土路面。

小型机具施工主要机械设备有：配备自动重量计量设备的强制式搅拌机、插入式振捣棒、平板振动器和振动梁等振捣式机具；提浆滚杆、叶片式或圆盘式抹面机、3m 刮尺和抹刀等整平工具；拉毛机、工作桥、刻槽机等抗滑构造设备以及运输车辆。

16.3.1　混凝土路面施工程序

水泥混凝土小型机具铺筑施工主要有以下工序：施工放样→安装模板→架设传力杆和拉杆→拌合物搅拌与运输→摊铺与成型→表面整修→抗滑构造制作→接缝的施工→养生与填缝。布料前采用前置钢筋支架法，在基层上预先安置胀缝或缩缝传力杆钢筋支架。

16.3.2　边模的安装

在摊铺混凝土前，应先安装两侧模板。宜采用钢制模板，接头处应拼装牢固，而且装拆容易。钢模板可用厚 4～5mm 的钢板冲压制成，或用 3～4mm 厚钢板与边宽 40～50mm 的角钢或槽钢组合构成。模板厚度应与混凝土面板厚度相同，模板的顶面与面板设计高程一致。如果采用木模板，其厚度应在 5cm 以上。模板安装、检查后，在模板内侧面均匀涂刷一薄层隔离剂（如废机油、肥皂液等），以便于脱模。在弯道和交叉口路缘处，可采用 1.5～3cm 厚的木模板，以便弯成弧形。

当用机械摊铺混凝土时，模板的安装精度直接影响摊铺机的施工质量和施工进度，安装前应先对轨道及模板的有关质量指标进行检查和校正，安装中要用水平仪、经纬仪、皮尺等定出路面高程和线形，每 5～10m 一点，用挂线法将铺筑线形和高程固定下来。

侧模按预先标定的位置安放在基层上，两侧用铁钎打入基层以固定位置。模板顶面用水准仪检查其标高，不符合时予以调整。模板的平面位置和高程控制都很重要，稍有歪斜和不平，都会反映到面层，使其边线不齐，厚度不准和表面呈波浪形。因此，施工时必须经常校验，严格控制。

16.3.3　传力杆设置

当两侧模板安装好后，即可设置纵向接缝处的拉杆和胀缝处的传力杆。

1. 纵缝处的设置

纵缝处拉杆的设置可采用三种形式。

1）在模板上设孔，立模后在浇筑混凝土之前将拉杆穿入孔中。

2）拉杆弯成直角形，立模后用铁丝将其一半绑在模板上，另一半浇筑在混凝土内，拆模后将外露在已浇筑混凝土侧面上的拉杆弯直。

3）采用带螺栓的拉杆，一半拉杆用支架固定在基层上，拆模后另一半带螺栓接头的拉杆同埋在已浇筑混凝土内的半根拉杆相接。

2. 纵缝处传力杆的设置

1）混凝土板连续浇筑

混凝土板连续浇筑时设置胀缝传力杆的做法，一般是在嵌缝板上预留圆孔以便传力杆穿过，嵌缝板上面设木制或铁制压缝板条，其旁再放一块胀缝模板，按传力杆位置和间距，在胀缝模板下部挖成倒 U 形槽，使传力杆由此通过。传力杆的两端固定在钢筋支架上，支架脚插入基层内，如图16-1所示。

2）混凝土板不连续浇筑

对于不连续浇筑的混凝土板在施工结束时设置的胀缝，宜用顶头模板固定传力杆的安装方法。即在端模板外侧增设一块定位模板，板上同样按照传力杆间距及杆径钻成孔眼，将传力杆穿过端模板孔眼并直至外侧定位模板孔眼。两模板之间可用传力杆一半长度的横木固定，如图 16-2 所示。继续浇筑邻板时，拆除挡板、横木及定位模板，设置胀缝板、压缝板条和传力杆套管。

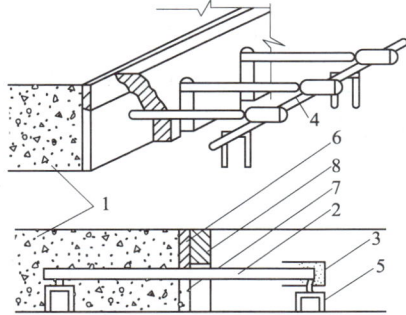

图 16-1　胀缝传力杆的架设（钢筋支架法）
1—现浇混凝土；2—传力杆；3—金属套管；
4—钢筋；5—支架；6—压缝板条；
7—嵌缝板；8—胀缝模板

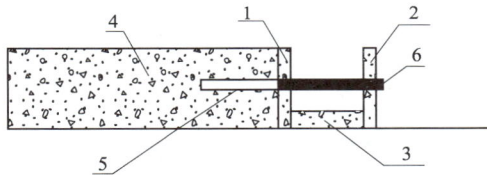

图 16-2　胀缝传力杆的架设（顶头模板固定法）
1—端头挡板；2—外侧定位模板；3—固定模板；
4—先浇混凝土；5—传力杆；6—半段涂沥青

16.3.4　混凝土混合料的制备

混合料的制备可采用两种方式：第一，在工地由拌合机拌制；第二，在中心工厂集中制备，而后用汽车运送到工地。拌合机械及其主要技术指标见表 16-1。

强制式、自落式搅拌机的主要技术指标比较表　　　表 16-1

类别		单位功率（kW/m³）	最佳拌合时间（s）	卸料时间（s）	备注
自落式		8.5～11	90～180	50～80	不能拌干硬性混凝土
强制式	立轴	33～75	60～180	30～60	可能拌干硬性混凝土
	双卧轴	23～26	30～90	18～0	适合拌干硬性混凝土

此外，水泥混凝土混合料还应有适当的施工和易性，一般规定其坍落度为 0～30mm，工作度约 30s。一般坍落度的混凝土，最短的拌合时间不低于最佳拌合时间的低限，最长拌合时间不超过最短拌合时间的 3 倍。

在工地制备混合料时，应在拌合场地上合理布置拌合机和砂石、水泥等材料的堆放地点，力求提高拌合机的生产率。拌制混凝土时，要准确掌握配合比，特别要严格控制用水量。每天开始拌合前，应根据天气变化情况，测定砂、石材料的含水量，以调整拌制时的实际用水量。所用材料应过秤。量配的精确度对水泥为 ±1.5%，砂为 ±2%，碎石为 ±3%，水为 ±1%。每一工班应检查材料量配的精确度至少 2 次，每半天检查混合料的坍落度 2 次。

在施工时，应力求混凝土强度满足设计要求。通常要求面层混凝土的 28d 抗弯拉强度达到 4.0～5.0MPa，28d 抗压强度达到 30～35MPa。

16.3.5　混凝土混合料的运送

1. 一般要求

混合料用手推车、翻斗车或自卸汽车运送。运输车辆应洁净，运输中应防止污染并注意防止产生离析现象。合适的运距视车辆种类和混合料容许的运输时间而定。运输的最长时间，以初凝之前并留有足够的摊铺操作时间为限。当不能满足此要求时，应使用缓凝剂。通常，夏季不宜超过 30～40min，冬季不宜超过 60～90min。高温天气运送混合料时应采取覆盖措施，以防混合料中水分蒸发。运送用的车厢必须在每天工作结束后，用水冲洗干净。

混凝土运至浇筑地点时，如发生离析、严重泌水或坍落度不合要求时，应进行第二次搅拌，并不得任意加水。确有必要时，可同时加水和水泥，以保持水灰比不变。如二次搅拌仍不合要求，严禁使用。

2. 运输设备选择

混凝土运输设备可参考表 16-2 选择。

混凝土运输设备　　　　　　　　　　表 16-2

类型	容量范围(m³)	运输距离(m)	通道宽度(m)
单、双轮手推车	0.10～0.16	30～50	1.6～1.8
机动翻斗车	0.40～1.20	100～500	2.0～3.0
自卸汽车	2.4	500～2000	3.5～4.0
混凝土搅拌运输车	8.9～11.8	500～2000	2.5～3.5

3. 泵送混凝土的要求

（1）混凝土的供应必须保证输送泵能连续工作。

（2）输送泵的输送管线尽量采用直管，弯管转弯要平缓，接头严密。

（3）泵送前应先用适量的、与混凝土内成分相同的水泥浆润滑输送管内壁。泵送时间间隔不宜超过 15min。

（4）在泵送过程中，受料斗内应具有足够的混凝土，以防止吸入空气产生阻塞。

16.3.6　摊铺和振捣

1. 摊铺

（1）防止混凝土离析现象

当运送混合料的车辆运达摊铺地点后，一般直接倒向安装好侧模的路槽内，并用人工找补均匀。如果自高处向模板内倾泻混凝土时，应注意以下要点。

1）直接倾泻时，其自由倾落高度不宜超过 2m，以不发生离析现象为宜。

2）高度超过 2m 时，应采用串筒、溜管或振动管等辅助设施；高度超过 10m 时，应设置减速装置。

3）在串筒等出料口下端，混凝土堆积高度不宜超过 1m。

（2）有序浇筑

混凝土应按照一定厚度、顺序和方向浇筑。当分层浇筑时，应在下层混凝土初凝或能够重塑前完成上一层混凝土浇筑。在倾斜面上浇筑时，应从底处开始逐层扩展升高，保持水平分层。

（3）虚铺

混凝土摊铺时应考虑混凝土振捣后的沉降量，虚高可高出设计厚度 10% 左右，使振实后的面层标高同设计相符。

2. 振捣

浇筑混凝土时，除少量塑性混凝土可用人工捣实外，宜采用振动器振实。混凝土混合料的振捣器具，应由平板振捣器（2.2～2.8kW）、插入式振捣器和振动梁（各 1kW）配套作业。混凝土路面板厚在 0.22m 以内时，一般可一次摊铺，用平板振捣器振实。凡振捣不到之处，如面板的边角部、窨井、进水口附近，以及设置钢筋的部位，可用插入式振捣器进行振实；当混凝土板厚较大时，可先插入振捣，然后再用平板振捣，以免出现蜂窝现象。

平板振捣器在同一位置停留的时间，一般为 10～15s，以达到表面振出浆水，混合料不再沉落为宜。平板振捣后，用带有振捣器的、底面符合路拱横坡的振捣梁，两端搁在侧模上，沿摊铺方向振捣拖平。拖振过程中，多余的混合料将随着振捣梁的拖移而刮去，低陷处则应随时补足。随后，再用直径 75～100mm 的无缝钢管，两端放在侧模上，沿纵向滚压一遍。

必须注意，当摊铺或振捣混合料时，不要碰撞模板和传力杆，以避免其移动变位。

对每一振动部位，必须振到该部位混凝土密实为止。密实的标志是：混凝土停止下沉，不再冒出气泡，表面呈现平坦、泛浆。

3. 筑做接缝

（1）胀缝

先浇筑胀缝一侧混凝土，拆去胀缝模板后，再浇筑另一侧混凝土，钢筋支架浇在混凝土内。压缝板条使用前应涂废机油或其他润滑油，在混凝土振捣后，先抽动一下，随后最迟在终凝前，将压缝板条抽出。抽出时为确保两侧混凝土不被扰动，可用木板条压住两侧混凝土，然后轻轻抽出压缝板条，再用铁抹板将两侧混凝土抹平整。缝隙上部需浇灌填缝料。留在缝隙下部的嵌缝板采用沥青浸制的软木板或油毛毡等材料制成。

（2）横向缩缝

横向缩缝即假缝，可用下列两种方法制作。

1）切缝法

在混凝土捣实整平后，利用振捣梁将 T 形振动刀准确地按缩缝位置振出一条槽，随后将铁制压缝板放入，并用原浆修平槽边。当混凝土收浆抹面后，再轻轻取出压缝板，并用专用抹子修整缝缘。这种做法要求谨慎操作，以免混凝土结构受到扰动和接缝边缘出现不平整（错台）。

2）锯缝法

在结硬的混凝土中用锯缝机（带有金刚石或金刚砂轮锯片）锯割出要求深度的槽口。这种方法可保证缝槽质量，并且不会扰动混凝土结构，但要掌握好锯割时间。过迟因混凝土过硬而使锯片磨损过大且费工，而且更主要的可能在锯割前混凝土会出现收缩裂缝；过早混凝土因还未结硬，锯割时槽口边缘易产生剥落。合适的时间视气候条件而定，炎热而多风的天气，或者早晚气温有突变时，混凝土板会产生较大的湿度或温度坡差，使内应力过大而出现裂缝，锯缝应早在表面整修后 4h 即可开始。如天气较冷，一天内气温变化不大时，锯割时间可晚至 12h 以上。

（3）纵缝

纵缝筑做企口式纵缝，模板内壁做成凸榫状。拆模后，混凝土板侧面即形成凹槽。需设置拉杆时，模板在相应位置处要钻成圆孔，以便拉杆穿入。浇筑另一侧混凝土前，应先在凹槽壁上涂抹沥青。

4. 表面整修与防滑措施

为保证行车安全，混凝土表面应具有粗糙抗滑的表面。最普通的做法是用棕刷沿道路横向在抹平后的表面上轻轻刷毛；也可用金属丝梳子梳成深 1～2mm 的横槽。近年来，国外已采用一种更有效的方法，即在已硬结的路面上，用锯槽机将路面锯割成深 5～6mm、宽 2～3mm、间距 20mm 的小横槽。也可在未结硬的混凝土表面塑压成槽，或压入坚硬的石屑来防滑。

5. 养生与填缝

为防止混凝土中水分蒸发过速而产生缩裂，并保证水泥水化过程的顺利进行，混凝土应及时养生。一般采用下列两种养生方法。

（1）湿润养生

混凝土抹面 2h 后，当表面已有相当硬度，用手指轻压不现痕迹时即可开始养生。一般采用湿麻袋或草垫，或者 20～30mm 厚的湿砂覆盖于混凝土表面。每天均匀洒水数次，使其保持潮湿状态，至少延续 14d。

（2）塑料薄膜或养护剂养生

当混凝土表面不见浮水，用手指按压无痕迹时，即均匀喷洒塑料溶液，形成不透水的薄膜粘附于表面，从而阻止混凝土中水分的蒸发，保证混凝土的水化作用。

填缝工作宜在混凝土初步结硬后及时进行。填缝前，首先将缝隙内杂物清除干净，然后浇灌填缝料。

理想的填缝料应能长期保持弹性、韧性，热天缝隙缩窄时不软化挤出，冷天缝隙增宽时能胀大并不脆裂，同时还要与混凝土粘牢，防止土砂、雨水进入缝内，此外还要耐磨、耐疲劳、不易老化。实践表明，填料不宜填满缝隙全深，最好在浇灌填料前先用多孔柔性材料填塞缝底，然后再加填料，这样夏天胀缝变窄时填料不致受挤而溢至路面。

混凝土强度必须达到设计强度的 90％以上时，方能开放交通。

6. 施工机具选择

混凝土采用小型机具施工时，主要施工机具如表 16-3 所示。

小型机具施工配套机械、机具配置　　　　　　表 16-3

工作内容	主要施工机械机具	
	机械机具名称、规格	数量、生产能力
钢筋加工	钢筋锯断机、折弯机、电焊机	根据需要定规格和数量
测量	水准仪、经纬仪	根据需要定规格和数量
架设模板	与路面厚度等高 3m 长槽钢模板、固定钢钎	数量不少于 3d 摊铺用量
搅拌	强制式搅拌楼，单车道≥25m³/h，双车道≥50m³/h	总搅拌生产能力及搅拌楼数量，根据施工规模和进度由计算确定
	装载机	2～3m³
	发电机	≥120kW
	供水泵和蓄水池	单车道≥100m³/h，双车道≥200m³
运输	5～10t 自卸车	数量由匹配计算确定
振实	手持振捣棒，功率≥1.1kW	每 2m 宽路面不少于 1 根
	平板振动器，功率≥2.2kW	每车道路面不少于 1 个
	振捣整平梁，刚度不足时，采用 2 个振动器，功率≥1.1kW	每车道路面不少于 1 个振动器，每车道路面不少于 1 根振动梁
	现场发动机功率≥30kW	不少于 2 台
提浆整平	提浆滚杠直径 15～20mm，表面光滑无缝钢管，壁厚≥3mm	长度适应铺筑宽度，一次摊铺单车道路面 1 根，双车道路面 2 根
	叶片式或圆盘式抹面机	每车道路面不少于 1 台
	3m 刮尺	每车道路面不少于 2 根
	手工抹刀	每米宽路面不少于 1 把
真空脱水	真空脱水机有效抽速≥15L/s	每车道路面不少于 1 台
	真空吸垫尺寸不小于 1 块板	每台脱水机应配 3 块吸垫
抗滑构造	工作桥	不少于 3 个
	人工拉毛齿耙、压槽器	根据需要定数量
切缝	软锯缝机	根据需要定数量
	手推锯缝机	根据进度定数量
磨平	水磨石磨机	需要处理欠平整部位时
灌缝	灌缝机具	根据需要定规格和数量
养生	洒水车 4.5～8t	按需要定数量
	压力式喷洒机或喷雾器	根据需要定规格和数量
	工地运输车 4～6t	按需要定数量

16.4　滑模摊铺机施工程序

公路水泥混凝土路面的滑模摊铺机施工是一套复杂完整的大型机械化施工系统。目前在我国一些省市高等级道路和机场道路铺筑中已开始使用。

采用滑模摊铺机铺筑混凝土路面的施工工艺，其特点是不架设边缘固定模板，能够一次完成布料摊铺、振捣密实、挤压成形、抹面修饰等混凝土路面摊铺功能。

16.4.1　施工准备

1. 施工前的组织与技术准备

为保证工程项目的质量和进度，控制工程造价，应建立一套科学有效的管理制度，对工程项目的材料、机械、人员、财务等方面进行合理全面管理。

2. 测量放样

施工放样是根据设计图纸确定路中线、路边线、胀缝以及平、竖曲线变化点的中心桩位置等，并相应在路两侧的稳固位置上各设一对边桩。在确定路中线和路边线后，在现场核对施工图纸中的混凝土板块划分线。

3. 检查辅助施工设备机具

拉毛养生机、布料机械、发电机等应全部到场并试运转正常。端模板、手持振捣棒、抄平梁、传力杆定位支架、拉杆、拉毛耙、工作凳、拖行工具、养生剂及其喷洒工具等所有施工器具、工具、材料应全部到位，状态良好，以保证正常、连续施工。

4. 基层检验和修整

面层摊铺前，应对基层进行全面检查和修整。基层局部破损应修补整平，基层上的裂缝应处理完毕，摊铺路面的基层及履带行走部位均应清扫干净并洒水湿润，无积水。整修后加强养护，控制车速，避免出现坑槽等损坏。

5. 横向连接摊铺检查

前次摊铺路面纵缝的溜肩胀宽部位应切割顺直，前次摊铺安装的侧边拉杆应校正扳直，缺少的拉杆应钻孔锚固植入，纵向施工缝的上半部缝壁应涂饱满沥青。

16.4.2　滑模机首次摊铺位置校准

设置基准线是为滑模摊铺机建立一个标高、纵横坡、板厚、板宽、摊铺中线、弯道及连续平整度等基本几何位置的基准参照系。基准线有单向坡双线式、单向坡单线式和双向坡双线式三种。

首次摊铺前，应按照路面设计高程、横坡度或路拱测量设定 2~3 根基准线或 4~6 个桩，将 6 个传感器全部挂到两侧基准线上，并检查传感器的灵敏度和反应方向，开动滑模机进入设好的桩位或线位的施工段，调整水平传感器立柱高度，使滑模摊铺机挤压底板恰好落在经精确测量设置好的木桩或基准线上，同时，调整好滑模摊铺机机架前后左右的水平度。令滑模摊铺机挂线自动行走，再返回校核 1~2 遍，正确无误后，方可开始摊铺。

16.4.3　初始摊铺路面参数校正

首次摊铺前，应校准摊铺位置，即直线段校准滑模摊铺机挤压底板 4 角点高程和侧模前进方向。在开始摊铺的 5m 内，必须对所摊铺出的路面标高、边缘厚度、中线、横坡度等技术参数进行复核测量。

1）注意检查摊铺中线，在设方向传感器的一侧，用钢尺测量基准线到摊铺机侧模前后的横向距离，消除误差。

2）禁止摊铺机在施工过程中，长时间停机，去调整高程、中线和横坡度等，以免严重影响平整度等质量指标。

3）滑模机正常摊铺后，应将滑模机工作参数设置固定并保护起来，不允许非操作手更改。

值得注意的是，摊铺中线误差的调整消除，应通过在行进中调整方向传感器横杆距离实现，禁止停机调整，以防止路面出现大幅度调整的棱槽。

16.4.4　滑模摊铺机的摊铺操作要点

1. 摊铺过程

滑模摊铺机的摊铺过程如图 16-3 所示。首先，由螺旋浆摊铺机把堆积在基层上的水泥混凝土拌合物横向铺开，刮平器进行初步刮平；然后，用振捣器进行振捣密实，刮平板进行振捣后整平，以形成密实、平整的表面，振动式振捣板对混凝土层进行振实和整平；最后用光面带对面层进行光面。

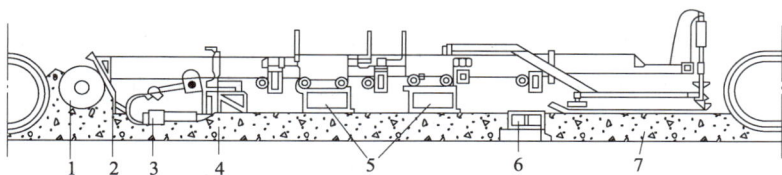

图 16-3　滑模摊铺机摊铺过程示意图
1—螺旋浆摊铺机；2—刮平器；3—振捣器；4—刮平板；
5—振动式振捣板；6—光面带；7—混凝土面层

2. 摊铺操作要点

（1）摊铺应缓慢、匀速、连续不间断地进行

摊铺速度应根据拌合物稠度和设备性能，控制在 0.5～2.0m/min 之间，一般宜为 1m/min 左右。当拌合物的稠度发生变化时，先调整振捣频率，后改变摊铺速度。不得料多时追赶，然后随意停机等待、间歇摊铺。

（2）保证进料要求

1）摊铺中，机手应随时调整松方高度控制板进料位置，开始应略设高一些，以保证进料。正常状态下应保持振捣仓内砂浆料位高于振捣棒 10cm 左右，料位高低上下波动宜控制在 ±4cm 之内。

2）滑模机摊铺时，机前的最高料位不得高于摊铺机前松方控制板顶面，其正常高度应在螺旋布料器叶片最高点以下，也不得缺料。

3）机前缺料或料位过高时，宜采用装载机或挖掘机适当布料和送料，布料应与摊铺速度相协调。

4）采用布料机施工，松铺系数应视坍落度大小由试铺确定。

当坍落度在 1～5cm 时，松铺系数宜在 1.08～1.15 之间。

当坍落度为 3cm 时，松铺系数宜控制在 1.1 左右。热天日照强、风大，取小值；阴天、湿度大、无风，可取大值。

采用布料机以外的布料方式摊铺钢筋混凝土路面、桥面或搭板时，禁止任何机械直接开上钢筋网。宜在钢筋网外侧使用挖掘机或吊斗均衡卸料布料，也可使用便桥板凳加吊车汽车直接卸料，挖掘机布料，但均不得缺料。

（3）控制振捣频率

摊铺机以正常速度施工时，振捣频率可在 6000～11000r/min 之间调整，宜采用 9000r/min 左右。应注意防止混凝土过振、漏振、欠振。操作机手应根据混凝土稠度的大小，随时调整摊铺速度和振捣频率。当混凝土显得偏稀时，应适当降低振捣频率，加快摊铺速度，但最快不得超过 3m/min，最小振捣频率不得小于 6000r/min；当偏干时，应提高混凝土振捣频率，但最大不得大于 11000r/min，同时减慢摊铺速度，最小速度宜控制在 0.5～1.0m/min；摊铺机起步时，应先开启振捣棒振捣 2～3min，再行推进。摊铺机脱离混凝土后，应立即关闭振捣棒。

（4）拉杆的施工要点

摊铺单车道路面，应视路面的设计要求配置一侧或双侧施打纵缝拉杆的机械装置。侧向拉杆装置的正确插入位置应在挤压底板的中下或偏后部。拉杆打入分手推、滚压、气打几种方式。压力应满足一次打（推）到位要求，不允许多次打入。同时摊铺 2 个以上车道时，除侧向打拉杆装置外，还应在假缝位置中间配置 1 个以上中间拉杆自动插入装置，该装置有机前插和机后插两种。前插时，应保证拉杆的设置位置；后插时，要保证其插入部位混凝土的密实度。振动梁和振动修复板的摊铺机应选择机后插入式；其他摊铺机可采用机前插入式。打入的拉杆必须处在路面板厚的中间位置。中间和侧向拉杆打入的高低误差不宜大于±3cm；倾斜及前后误差不宜大于±4cm。振动梁可加固地基，并能提高路面平整齐。

操作机手应密切观察所摊铺的路面情况，注意调整和控制摊铺速度、振捣频率、夯实杆、振动搓平梁和抹平板位置、速度和频率。软拉抗滑构造表面砂浆层厚度宜控制在 4mm，硬刻槽路面的砂浆表层厚度宜控制在 2mm 左右。

16.4.5　特殊条件下的摊铺施工

1. 坡面上摊铺的控制

滑模摊铺机满负荷铺筑的路面最大上坡纵坡为 5％，最大下坡纵坡为 6％。摊铺纵坡较大的路面，上坡时，应将挤压底板前仰角适当调小，同时，适当调小抹平板内外侧压力；下坡时，前仰角宜适当调大，抹平板压力也宜适当调大。抹平板合适的压力是当板底 3/4 长度接触路面时的压力。

2. 弯道与路拱摊铺时的控制

滑模摊铺机可能施工的最小弯道半径为 50m，最大超高坡为 7％。摊铺弯道和渐变路段路面时，单向横坡可使摊铺机跟线摊铺，但应随时观察并调整抹平板内外侧的抹面距离，防止压垮边缘。摊铺中央路拱时，计算机控制条件下，输入弯道和渐变段边缘及拱中几何参数，计算机自动控制生成路拱；手动控制条件下，操作机手应根据路拱消失和生成时的几何位置，在给定路段范围内分级逐渐消除或调成设计路拱。

3. 连接摊铺的要点

连接摊铺时，摊铺机一侧履带驶上前次路面的时间应控制在路面养护 7d 以后，最短不得少于 5d。同时，钢履带底部应铺橡胶垫或使用有挂胶履带的滑模摊铺机。纵向连接摊铺路面时，连接纵缝部位应人工进行整修，连接纵缝的横向平整度应符合相应规定的要求。用钢丝刷刷干净黏附在前幅路面上的砂浆，并刷出粗细抗滑构造，高速公路、一级公路抗滑沟深平均值不应大于 3mm，极值不应大于 5mm；二、三级公路路面抗滑沟深平均值不应大于 5mm，极值不应大于 7mm。

4. 平面交叉口变宽段和匝道路面的施工要点

对平面交叉口、收费站广场或匝道变宽路面，只要摊铺宽度小于滑模摊铺机固定宽度，可采用滑模摊铺机跨一侧或两侧模板施工方式，模板顶面应粘贴橡胶垫，模板顶高程应低于路面高程 3mm。滑模机的振捣仓在模板上部应加隔板，施工时应关闭隔板外侧的振捣棒。

16.4.6 滑模摊铺结束后的工作要点

滑模摊铺结束，必须及时做好下述工作：

（1）将摊铺机驶离工作面，先将所有传感器从基准线上脱开，并解除摊铺机上基准线自动跟踪控制，再升起机架。用水冲洗干净粘附的混凝土；已结硬在机上的混凝土，应轻敲打掉。清理干净后，应对与混凝土接触的机件喷涂废机油或吹（揩）干防锈。同时，对摊铺机进行当日保养，加油加水，打润滑油等。

（2）设置横向施工缝，先做施工缝应先将从摊铺机振动仓内脱出的浓稠砂浆丢弃，然后设置施工缝端模和侧模，插入拉杆和传力杆，并用水准仪测量面板高程和横坡。为使下次摊铺能紧接着施工缝开始，两侧模板应向内各收进 2～4cm，且宜小不宜大，长度与摊铺机侧模板等长或略长。后做施工缝应符合规定的技术要求，可采用第二天硬切齐施工缝端部做法。切缝部位应满足平整度、高程和横坡度要求，可使用缩缝传力杆钢筋支架，上部锯开，下部凿除混凝土；也可锯开后在端部垂直面上钻眼，插入传力杆，再连接施工。连接接头施工，除应测量高程和横坡外，还应采用长度 3m 以上抄平器，保证端头和结合部位的平整度。接头宁高勿低，接头偏高尚可磨平，偏低则难以补救。

常用滑模摊铺机的基本技术参数如表 16-4 所示。

滑模摊铺机的基本技术参数表　　　　　　　　　　　　　表 16-4

项目	发动机功率（kW）	摊铺宽度(m)	摊铺厚度（mm）	摊铺速度（m/min）	空驶速度（m/min）	行走速度（m/min）	履带数（个）	整机质量(t)
三车道滑模摊铺机	200～300	12.5～16.0	0～500	0～3	0～5	0～15	4	57～135
双车道滑模摊铺机	150～200	3.6～9.7	0～500	0～3	0～5	0～18	2～4	22～50
多功能单车道滑模摊铺机	70～150	2.5～6.0	0～400 护栏高度 800～1900	0～3	0～9	0～15	2～4	12～27
路缘石滑模摊铺机	≤80	<2.5	<450	0～5	0～9	0～10	2～3	≤10

16.5　特殊气候条件下混凝土路面的施工

16.5.1　一般规定

混凝土路面铺筑期间，应注意收集天气预报资料，遇到影响混凝土路面施工质量的天气时，应暂停施工或采取防范措施，制定特殊气候的施工方案。

混凝土施工如果遇到下述条件时，必须停止施工：

1）现场降雨；

2）风力大于 6 级，风速在 10.8m/s 以上的强风天气；

3）现场气温高于 40℃或拌合物摊铺温度高于 35℃；

4）摊铺现场连续 5 昼夜平均气温低于 5℃，夜间最低气温低于－3℃。

16.5.2　夏期施工

在气温超过 25℃时施工，应防止混凝土的温度超过 30℃，以免混凝土中水分蒸发过快，致使混凝土干缩而出现裂缝，必要时可采取下列措施：

1）当现场气温高于 30℃时，应避开中午高温时段施工；

2）砂石料堆应设遮阳篷；抽取地下冷水或采用冰屑水拌合混合物；

3）对湿混合料，在运输途中要加以遮盖；

4）各道工序应紧凑衔接，尽量缩短施工时间；

5）搭设临时性的遮光挡风设备，避免混凝土遭到烈日暴晒并降低混凝土表面的风速，减少水分蒸发；

6）在采用覆盖保湿养护时，应加强洒水，并保持足够的湿度；

7）应根据混凝土强度的增长情况确定切缝时间，应比常温施工时适当提前。特别是在降雨或夜间降温幅度较大时，应提早切缝。

16.5.3　低温季节施工

混凝土强度的增长主要依靠水泥的水化作用。当水结冰时，水泥的水化作用即停止，而混凝土的强度也就不再增长，而且当水结冰时体积会膨胀，促使混凝土结构松散破坏。因此，混凝土路面应尽可能在气温高于＋5℃时施工。由于特殊情况必须在低温情况下（5 昼夜平均气温低于＋5℃和最低气温低于－3℃）施工时，应按低温季节施工处理，采取相应措施。

1）采用高强度（42.5 级以上）快凝水泥，或掺入早强剂，或增加水泥用量。

2）加热水或集料。较常用的方法是仅将水加热，一是因为加热设备简单，水温容易控制；二是因为水的热容量比粒料热容量大，1kg 水升高 1℃所吸收的热量比同样重的粒料升高 1℃所吸收的热量多 4 倍左右，所以提高水温的方法最为有效。

拌制混凝土时，先用温度超过 70℃的水同冷集料相拌合，使混合料在拌合时的温度不超过 40℃，摊铺后的温度不低于 10（气温为 0℃时）～20（气温为－3℃时）。

3）混凝土整修完毕后，表面应覆盖蓄热保温材料，必要时还应加盖养生暖棚。

码16-2 水泥混凝土冬期施工保温措施

低温条件下施工时，混凝土路面养生天数不得少于 28d。

在持续寒冷和昼夜平均气温低于－5℃，或混凝土温度在 5℃ 以下时，应停止施工。

路面养护是公路养护工作的中心环节。路面是供汽车行驶、直接承受行车作用和自然因素作用的结构层，必须采取预防性、经常性的养护、修理措施，以保证路面乃至公路的正常使用。

公路路面养护包括公路沥青路面养护、公路水泥混凝土路面养护，应分别按照《公路沥青路面养护技术规范》JTG 5142—2019、《公路水泥混凝土路面养护技术规范》JTJ 073.1—2001 的规定进行养护。

思 考 题 与 习 题

1. 水泥混凝土路面施工准备工作有哪些方面？
2. 简述水泥混凝土滑模摊铺机施工程序。
3. 简述水泥混凝土滑模摊铺操作要点。

码16-3 教学单元16
思考题与习题
参考答案

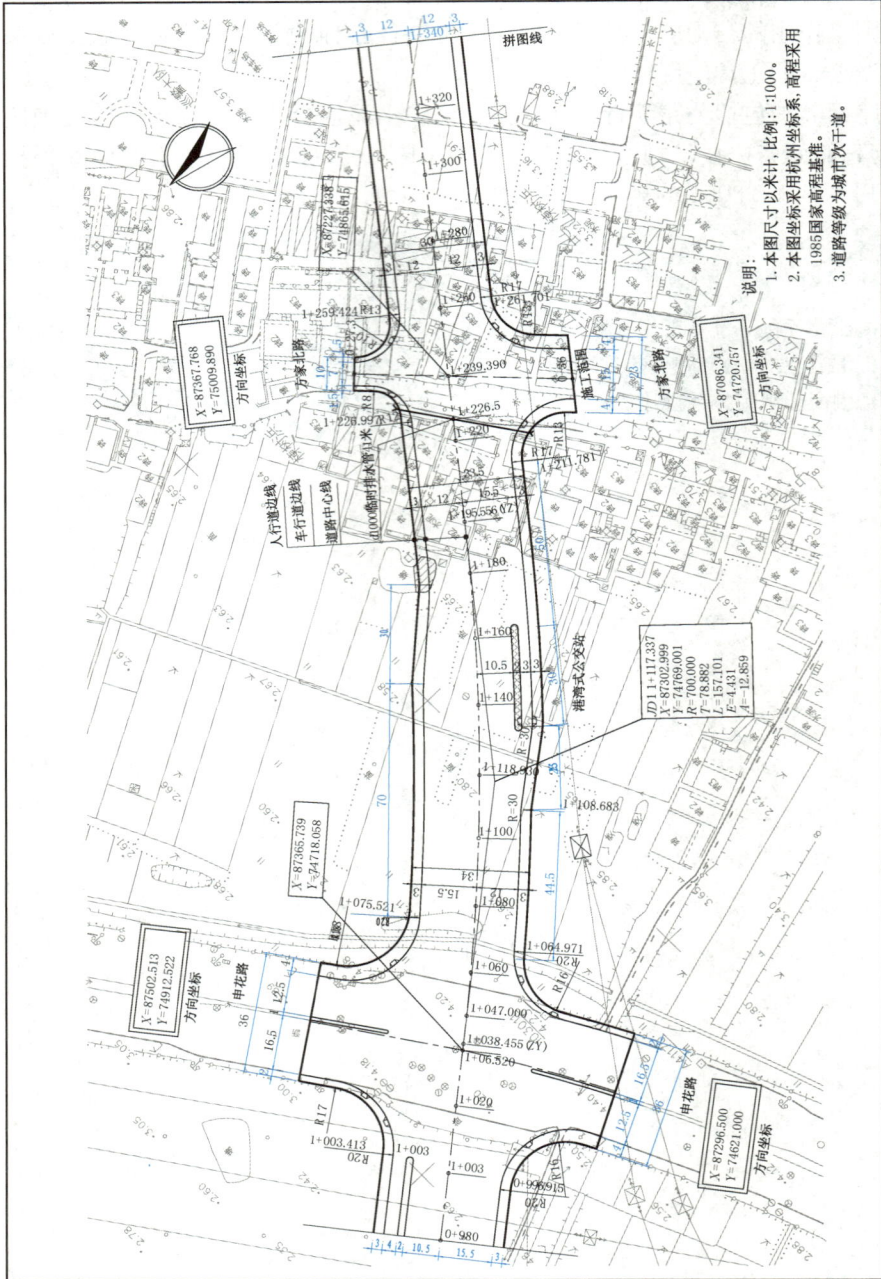

附图 1 道路平面设计图

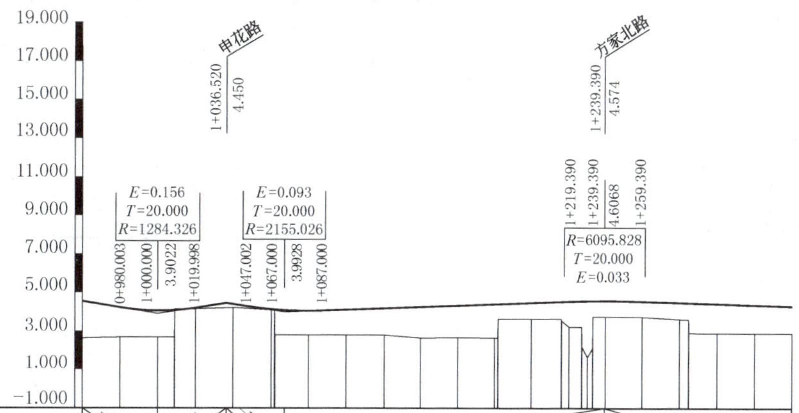

附图 2　道路纵断面设计图

纵向标高标尺：19.000、17.000、15.000、13.000、11.000、9.000、7.000、5.000、3.000、1.000、-1.000

交叉口：
- 电池路　4.450　1+036.520
- 方案2路　4.574　1+239.390

竖曲线要素：

VPI	E	T	R	标高	起点	终点
1+000.000	0.156	20.000	1284.326	3.9022	0+980.003	1+019.998
1+047.002	0.093	20.000	2155.026	3.9928	1+067.000	1+087.000
1+239.390	0.033	20.000	6095.828	4.6068	1+219.390	1+259.390

坡度及距离：
- -1.614%　40.000
- 1.300%　36.520
- -1.500%　30.480
- 0.356%　172.390
- -0.300%　100.610

直线曲线：
- 直线　1+038.455　L=78.465
- 圆曲线　R=700.000　1+195.556　L=157.101
- 直线　L=144.444

纵断面数据表：

桩号	路面标高	路基标高	原地面标高	填(+)挖(-)高
0+960.000		3.738	2.640	1.098
0+980.000	4.225	3.415	2.680	0.735
1+000.000	4.058	3.248	2.680	0.568
1+020.000	4.202	3.392	4.150	-0.758
1+036.520	4.450	3.640	4.208	-0.568
1+040.000	4.293	3.483	4.179	-0.696
1+060.000	4.137	3.327	4.100	-0.773
1+080.000	4.050	3.240	2.800	0.440
1+100.000	4.110	3.330	2.800	0.500
1+120.000	4.182	3.372	2.800	0.572
1+140.000	4.253	3.443	2.650	0.793
1+160.000	4.324	3.514	2.670	0.844
1+180.000	4.395	3.585	2.650	0.935
1+200.000	4.467	3.657	3.620	0.037
1+220.000	4.538	3.728	3.220	0.508
1+239.390	4.574	3.764	3.740	0.024
1+260.000	4.545	3.735	3.740	-0.005
1+280.000	4.485	3.675	3.620	0.055
1+300.000	4.425	3.615	2.900	0.715
1+320.000	4.365	3.555	2.900	0.655
1+340.00	4.305	3.495	2.900	0.595

行标题（左侧表头）：设计中心线、坡度及距离、路面标高、路基标高、原地面标高、填(+)挖(-)高、桩号、直线曲线交叉口

说明：
1. 本图单位以米计。
2. 本图比例横向为1:2000，纵向为1:200。

图名：道路纵断面设计图

图号：路-2

阶段：施工图　日期：　末盖章无效

工程号　审定　审核　校核　校对　设计　制图　工程总称　项目　项目经理　工种负责

图题：附图 2　道路纵断面设计图

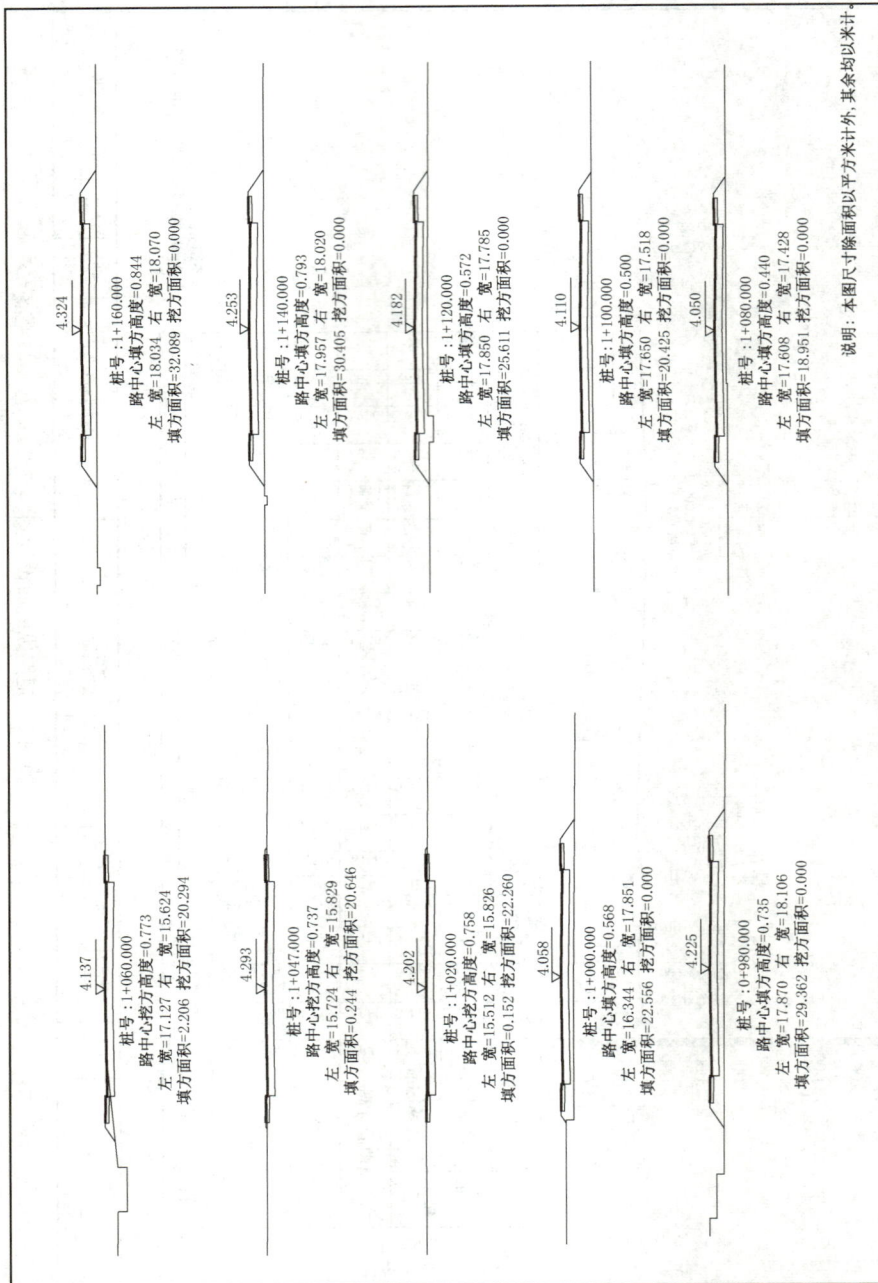

桩号：1+160.000
路中心填方高度=0.844
左　宽=18.034　右　宽=18.070
填方面积=2.206　挖方面积=0.000
4.324

桩号：1+140.000
路中心填方高度=0.793
左　宽=17.957　右　宽=18.020
填方面积=30.405　挖方面积=0.000
4.253

桩号：1+120.000
路中心填方高度=0.572
左　宽=17.850　右　宽=17.785
填方面积=25.611　挖方面积=0.000
4.182

桩号：1+100.000
路中心填方高度=0.500
左　宽=17.650　右　宽=17.518
填方面积=20.425　挖方面积=0.000
4.110

桩号：1+080.000
路中心填方高度=0.440
左　宽=17.608　右　宽=17.428
填方面积=18.951　挖方面积=0.000
4.050

桩号：1+060.000
路中心挖方高度=0.773
左　宽=17.127　右　宽=15.624
填方面积=2.206　挖方面积=20.294
4.137

桩号：1+047.000
路中心挖方高度=0.737
左　宽=15.724　右　宽=15.829
填方面积=0.244　挖方面积=20.646
4.293

桩号：1+020.000
路中心挖方高度=0.758
左　宽=15.512　右　宽=15.826
填方面积=0.152　挖方面积=22.260
4.202

桩号：1+000.000
路中心填方高度=0.568
左　宽=16.344　右　宽=17.851
填方面积=22.556　挖方面积=0.000
4.058

桩号：0+980.000
路中心填方高度=0.735
左　宽=17.870　右　宽=18.106
填方面积=29.362　挖方面积=0.000
4.225

说明：本图尺寸除面积以平方米计外，其余均以米计。

| 审定 | | 审核 | | 项目经理 | | 工种负责 | | 校核 | | 设计 | | 制图 | | 工程总称 | 项目 | | 图名 | 道路横断面设计图 | 工程号 | | 图号 | 路-3 | 阶段 | | 日期 | | 施工图 | | 未盖章 | 无效 |

附图 3　道路横断面设计图

I—I剖面图 横 1:200

挡土墙工程量计算表　单位:10m³

填方		挖方		墙身	基础	封顶	土工布 (m²)	护墙	锥形护坡
填土	填石	挖石	挖土						
1.896	1.908	6.760	6.404	18.662	9.360	0.31	0.195	0.450	0.978
3.804		13.164							

说明:
1. 本图尺寸及标高均以米计,比例横向1:200,纵向1:100。
2. 图中道路为二级道路,设计车速80km/h,道路纵坡2%,道路横坡2%;
3. 设计两车道路基宽度12m,硬路肩1.5m,土路肩0.75m,行车道3.75m;
4. 每隔10m设置一道伸缩缝,缝的宽度为2cm,采用塑料胶泥进行填充;
5. 泄水孔的规格采用10cm×10cm,泄水孔的间距为3m,用土工布包裹;
6. I—I剖面图中设置不连续排水层,在底层铺设30cm的排水层,泄水孔发现率为0.15m;
7. 护墙尺寸为长×宽×高=2.5m×0.5m,基底埋入深度为10cm的排水层;
8. 墙顶、底、面外层用浆砌块石,内用片石砌筑,砂浆强度为7.5MPa,封浆层厚度10cm;
9. 块石强度≥25MPa,砂浆强度7.5MPa,封浆层厚度0.5m;
10. 基础开挖时按面宽度比设计尺寸各边增宽0.5m;
11. 挡墙与路堤相接设置设置0.75m,锥形护坡并深入路基0.75m,与路堑相接设置增深2cm的护墙。

挡墙纵断面图 纵1:100

挡墙平面图 横1:200,纵1:100

| 仰斜式重力挡土墙布置图 | | 姓名 | | 学号 | | 指导老师 | | 图号 | JG-1 | 日期 | |

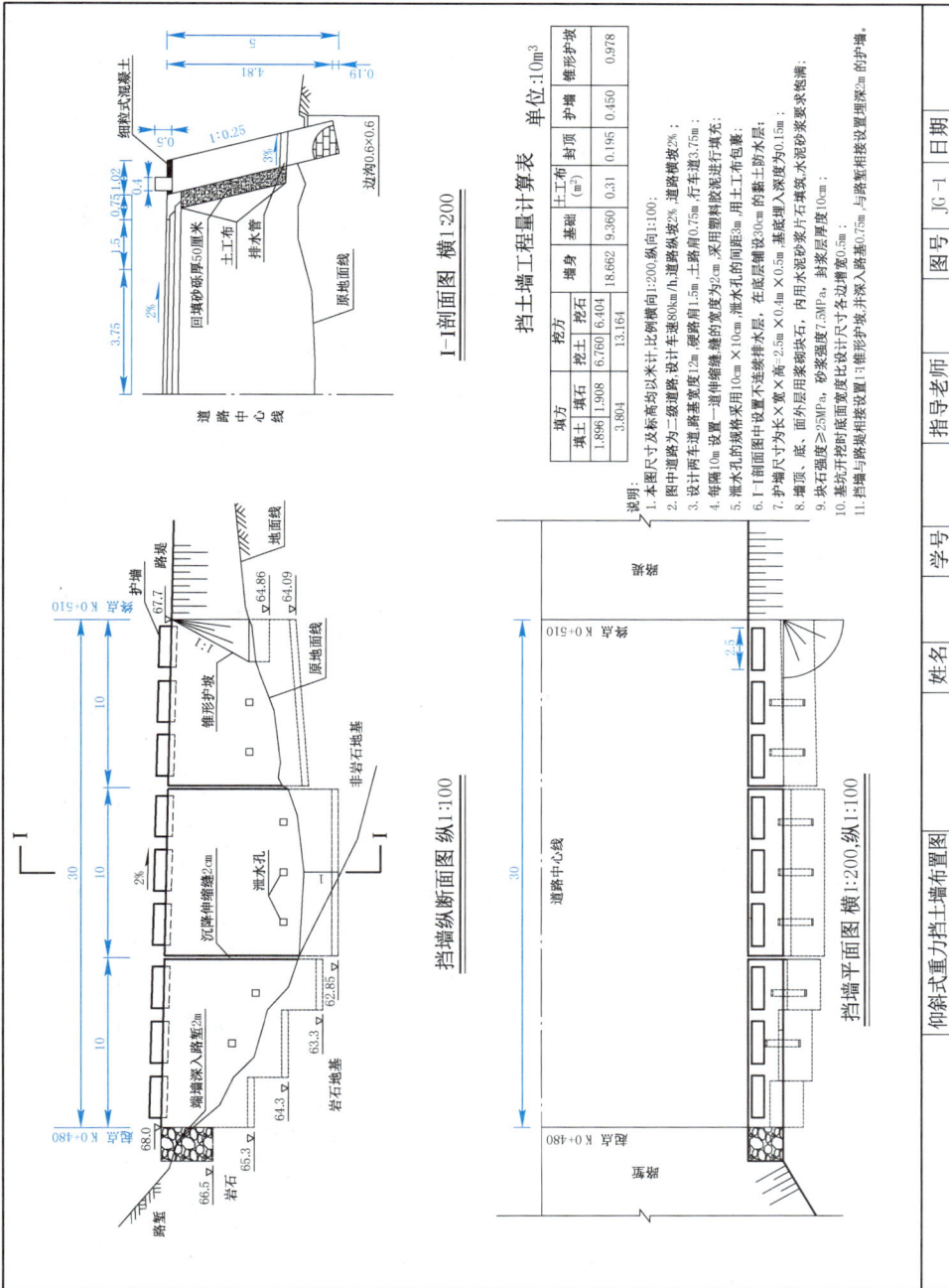

附图 4　仰斜式重力挡土墙布置图

459

共 1 张	第 1 张
K0+000—K1+688	

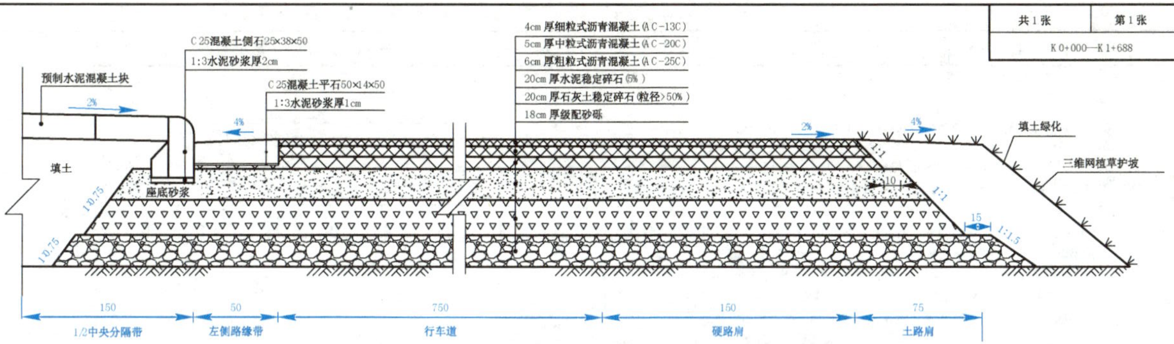

沥青路面结构横向布置图 1:20

路面结构设计图

自然区划	Ⅳ4					
路面类型	沥青混凝土路面					
填筑情况	填方		土质挖方		岩石挖方	
路基土级	黏性土		黏性土		花岗岩	
干湿类型	中湿		中湿			
累计轴次	1354.19万次					
设计弯沉值	22.48(0.01mm)					
路面结构 类型	行车道	硬路肩	行车道	硬路肩	行车道	硬路肩
路面结构 图示	4 5 6 20 20 18	4 5 6 20 20 18	4 5 6 20 20 18	4 5 6 20 20 18	4 5 6 20 20 18	4 5 6 20 20
土基回弹模量E_0	42.5MPa	42.5MPa	42.5MPa	42.5MPa	42.5MPa	42.5MPa

路面材料级配、规格及材料用量表

结构类型	级配类型	最大粒径	抗压模量(MPa)		劈裂强度(MPa)
细粒式沥青混凝土	AC-13C	13.2mm	1500(20℃)	2100(15℃)	1.4
中粒式沥青混凝土	AC-20C	16.0mm	1300(20℃)	1800(15℃)	1.0
粗粒式沥青混凝土	AC-25C	26.5mm	800(20℃)	1300(15℃)	0.8
水泥稳定碎石	CCR	26.5mm	1500(20℃)	3600(15℃)	0.6
石灰土稳定碎石	LS		800(20℃)	2000(15℃)	0.3
级配砂砾			250(20℃)	250(15℃)	—

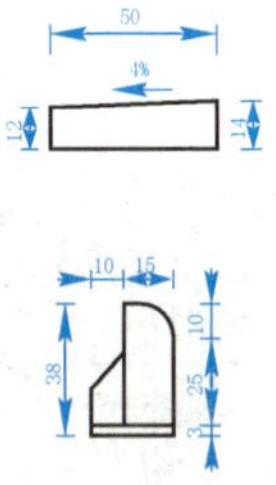

侧平石大样图

每千米路面工程数量表

单位:$100m^2$

	4cm 细粒式沥青混凝土(AC-13C)	6cm 细粒式沥青混凝土(AC-20C)	8cm 细粒式沥青混凝土(AC-25C)	18cm 水泥稳定碎石(5%)	20cm 石灰稳定石(粒径>50%)	18cm 级配砂砾
填方	200	200	200	214	224	234
土质挖方	200	200	200	214	224	234
岩石挖方	200	200	200	214	224	204

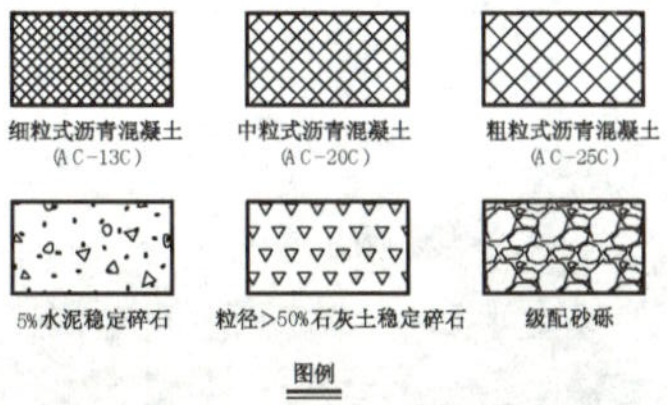

图例

说明:

1. 本图尺寸均以厘米计,比例1:20;
2. 图中道路为一级道路路面结构横向布置图;
3. 设计车速80km/h,采用双向四车道,道路横坡2%,土路肩坡度4%。

沥青路面结构图		姓名		学号		指导老师		图号	JG-1	日期	

附图 5　沥青路面结构图

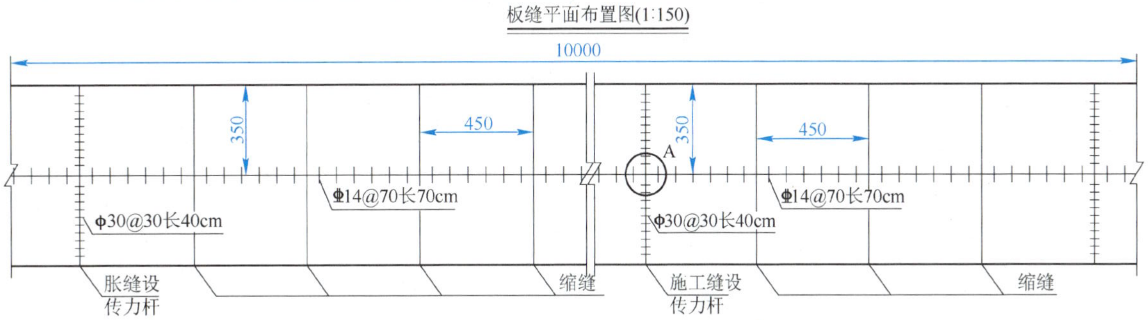

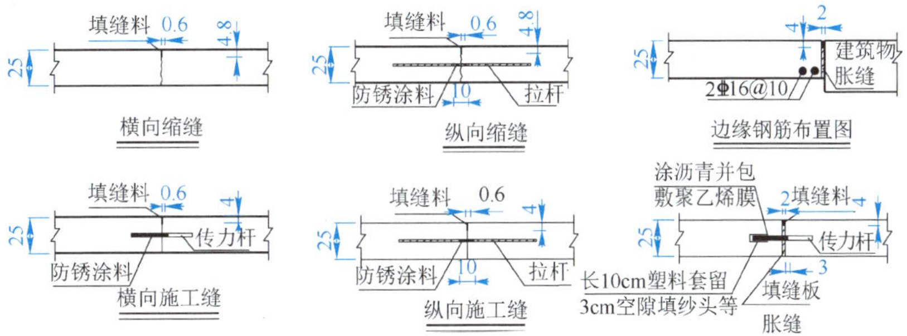

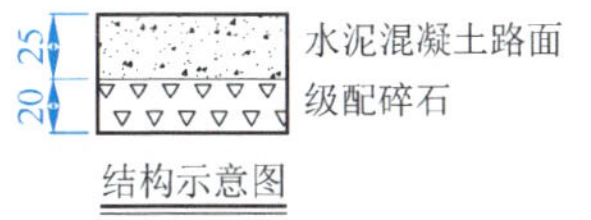

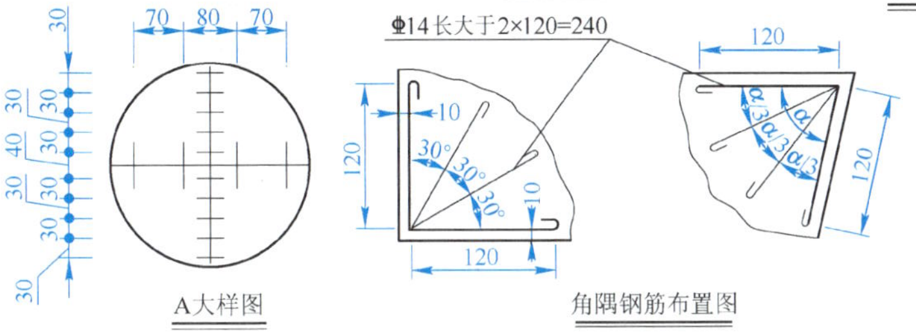

板缝平面布置图(1:150)

10000

缩缝

Φ14@70长70cm

Φ30@30长40cm

施工缝设传力杆

450

350

胀缝设传力杆

横向缩缝

填缝料 0.6

防锈涂料

纵向缩缝

填缝料 0.6

防锈涂料

纵向施工缝

拉杆

横向施工缝

填缝料 0.6

传力杆

防锈涂料

建筑物胀缝

边缘钢筋布置图

2Φ16@10/7

涂沥青并包覆聚乙烯膜

填缝料

传力杆

填缝板

胀缝

长10cm塑料套管留3cm空隙填砂或其等

边缘钢筋

角隅钢筋布置图

Φ14 长大于 2×120=240

120 120 120 120

30°30° 10

A大样图

70 80 70

30 40 30 30 30 30

结构示意图

水泥混凝土路面

级配碎石

路面工程数量表（每千米）

项目	材料	钢筋直径(mm)	每根长(cm)	根数	共长(m)	单位质量(kg/m)	质量(kg)
拉杆	Φ14	70.0	16000	11200	1.2	13440
传力杆	Φ30	30.0	13000	3900	5.55	21645
C40混凝土用量(m³)				2000		

注：
1. 本图单位除钢筋直径以毫米计外，其条均以厘米计；
2. 路基压实均匀,局部弹簧土采用挖除换土处理方式；
3. 路面基层采用厚20cm的级配碎石,压实密度应达到98%,CBR值应达到60%；
4. 水泥混凝土面层板的强度等级为C40,板厚25cm,抗折强度不低于4.5MPa；
5. 与建筑物相接处,设置边缘钢筋构造施工进行增角,当出现锐角时,应设置角隅钢筋。其工程量根据施工进行增加；
6. 填缝料采用玛琋脂沥青,填缝板采用沥青纤维板；
7. 本图适用于二级公路。

水泥混凝土板块接缝布置图	班级		设计		板块		图号	SJ-07
			审核		指导教师		日期	

附图 6 水泥混凝土板块接缝布置图

主 要 参 考 文 献

[1] 邓学钧. 路基路面工程[M]. 2版. 北京：人民交通出版社，2004.

[2] 王秉刚，郑木莲. 水泥混凝土路面设计与施工[M]. 北京：人民交通出版社，2004.

[3] 刘伯莹，姚祖康. 公路设计工程师手册[M]. 北京：人民交通出版社，2002.

[4] 沙庆林. 高等级公路半刚性基层沥青路面[M]. 北京：人民交通出版社，1999.

[5] 伍石生. 低噪声沥青路面设计与施工养护[M]. 北京：人民交通出版社，2005.

[6] 中华人民共和国交通部. 公路沥青路面施工技术规范：JTG F40—2004[S]. 北京：人民交通出版社，2004.

[7] 荆农. 沥青路面机械化施工[M]. 北京：人民交通出版社，2005.

[8] 陈方晔，李绪梅. 公路勘测设计[M]. 北京：人民交通出版社，2005.

[9] 黄志义. 路基路面工程[M]. 杭州：浙江科学技术出版社，2002.

[10] 陈忠达. 公路挡土墙设计[M]. 北京：人民交通出版社，2005.

[11] 黄兴安. 公路与城市道路设计手册[M]. 北京：中国建筑工业出版社，2005.

[12] 杨少伟. 道路勘测设计[M]. 北京：人民交通出版社，2004.

[13] 徐家钰. 城市道路设计[M]. 北京：中国水利水电出版社，知识产权出版社，2005.

[14] 黄兴安. 公路与城市道路设计手册[M]. 北京：中国建筑工业出版社，2005.

[15] 国家市场监督管理总局，国家标准化管理委员会. 汽车、挂车及汽车列车的术语和定义 第1部分：类型：GB/T 3730.1—2022[S]. 北京：中国标准出版社，2022.

[16] 中华人民共和国住房和城乡建设部. 城市道路——路缘石：23MR404[S]. 北京：中国标准出版社，2023.

[17] 中华人民共和国住房和城乡建设部. 城镇道路养护技术规范：CJJ 36—2016[S]. 北京：中国建筑工业出版社，2017.

[18] 中华人民共和国住房和城乡建设部. 城镇道路工程施工与质量验收规范：CJJ 1—2008[S]. 北京. 中国建筑工业出版社，2008.

[19] 中华人民共和国住房和城乡建设部. 给水排水管道工程施工及验收规范：GB 50268—2008[S]. 北京：中国建筑工业出版社，2009.

[20] 中华人民共和国交通运输部. 公路工程无机结合料稳定材料试验规程：JTG 3441—2024[S]. 北京：人民交通出版社，2024.

[21] 中华人民共和国住房和城乡建设部. 城市快速路设计规程：CJJ 129—2009[S]. 北京：中国建筑工业出版社，2009.

[22] 中华人民共和国住房和城乡建设部. 城市道路交叉口规划规范：GB 50647—2011[S]. 北京：中国计划出版社，2012.

[23] 中华人民共和国交通运输部. 公路水泥混凝土路面设计规范：JTG D40—2011[S]. 北京：人民交通出版社，2011.

[24] 中华人民共和国交通运输部. 公路桥涵施工技术规范：JTG/T 3650—2020[S]. 北京：人民交通出版社，2020.

[25] 中华人民共和国住房和城乡建设部. 城市道路工程设计技术措施：2011JSCS—MR[S].

北京：中国计划出版社，2011.

[26] 中华人民共和国住房和城乡建设部. 城市道路工程设计规范（2016 年版）：CJJ 37—2012 [S]. 北京：中国建筑工业出版社，2012.

[27] 吉林省质量技术监督局. 公路填石路基施工技术规范：DB22/T 1961—2013[S]. 2013.

[28] 中华人民共和国交通运输部. 公路排水设计规范：JTG/T D33—2012[S]. 北京：人民交通出版社，2012.

[29] 姚昱晨. 道路建筑材料[M]. 北京：中国建筑工业出版社，2012.

[30] 中华人民共和国交通运输部. 公路水泥混凝土路面施工技术细则：JTG/T F30—2014 [S]. 北京：人民交通出版社，2014.

[31] 中华人民共和国交通运输部. 公路工程技术标准：JTG B01—2014[S]. 北京：人民交通出版社，2015.

[32] 天津市市场监督管理委员会. 公路沥青路面泡沫沥青冷再生技术规范：DB 12/T 1305—2024 [S]. 2024.

[33] 中华人民共和国交通运输部. 公路路面基层施工技术细则：JTG/T F20—2015 [S]. 北京：人民交通出版社，2015.

[34] 中华人民共和国交通运输部. 公路路基设计规范：JTG D30—2015[S]. 北京：人民交通出版社，2015.

[35] 中华人民共和国工业和信息化部. 混凝土路缘石：JC/T 899—2016[S]. 北京：中国建材工业出版社，2017.

[36] 中华人民共和国交通运输部. 公路沥青路面设计规范：JTG D50—2017[S]. 北京：人民交通出版社，2017.

[37] 中华人民共和国交通运输部. 公路路线设计规范：JTG D20—2017[S]. 北京：人民交通出版社，2017.

[38] 中华人民共和国交通运输部. 公路工程质量检验评定标准 第一册 土建工程：JTG F80/1—2017 [S]. 北京：人民交通出版社，2017.

[39] 中华人民共和国交通运输部. 公路路基施工技术规范：JTG/T 3610—2019[S]. 北京：人民交通出版社，2019.

[40] 黄晓明. 路基路面工程[M]. 北京：人民交通出版社，2019.

[41] 中华人民共和国交通运输部. 公路路基路面现场测试规程 JTG 3450—2019[S]. 北京：人民交通出版社，2019.

[42] 中华人民共和国交通运输部. 公路土工试验规程：JTG 3430—2020[S]. 北京：人民交通出版社，2020.

[43] 中华人民共和国住房和城乡建设部. 室外排水设计标准：GB 50014—2021[S]. 北京：中国计划出版社，2021.

[44] 江苏省质量技术监督局. 沥青路面就地热再生施工技术规范：DB32/T 3134—2016 [S]. 2016.